INSTITUIÇÕES DE DIREITO PÚBLICO E PRIVADO

www.editorasaraiva.com.br/direito
Visite nossa página

Sergio Pinto Martins

INSTITUIÇÕES DE DIREITO PÚBLICO E PRIVADO

19ª edição

2022

saraiva jur

saraiva EDUCAÇÃO | saraiva jur

Av. Paulista, 901, Edifício CYK, 3º andar
Bela Vista – São Paulo – SP – CEP 01310-100

SAC | sac.sets@saraivaeducacao.com.br

Diretoria executiva	Flávia Alves Bravin
Diretoria editorial	Ana Paula Santos Matos
Gerência editorial e de projetos	Fernando Penteado
Novos projetos	Aline Darcy Flôr de Souza Dalila Costa de Oliveira
Gerência editorial	Isabella Sánchez de Souza
Edição	Daniel Pavani Naveira
Produção editorial	Daniele Debora de Souza (coord.) Cintia Aparecida dos Santos Paula Brito
Arte e digital	Mônica Landi (coord.) Camilla Felix Cianelli Chaves Claudirene de Moura Santos Silva Deborah Mattos Guilherme H. M. Salvador Tiago Dela Rosa
Projetos e serviços editoriais	Daniela Maria Chaves Carvalho Emily Larissa Ferreira da Silva Kelli Priscila Pinto Klariene Andrielly Giraldi
Diagramação	NSM Soluções Gráficas
Revisão	Juliana Bormio
Capa	Tiago Dela Rosa
Produção gráfica	Marli Rampim Sergio Luiz Pereira Lopes
Impressão e acabamento	

DADOS INTERNACIONAIS DE CATALOGAÇÃO NA PUBLICAÇÃO (CIP)
VAGNER RODOLFO DA SILVA – CRB-8/9410

M386i Martins, Sergio Pinto

Instituições de Direito Público e Privado / Sergio Pinto Martins. – 19. ed. – São Paulo : SaraivaJur, 2022.
552 p.

ISBN 978-65-5362-117-6 (Impresso)

1. Direito. 2. Teoria Geral do Direito. 3. Noções de Direito. 4. Direito Público. 5. Direito Privado. I. Título.

2021-4560 CDD 340.1
CDU 340.11

Índices para catálogo sistemático:

1. Teoria Geral do Direito 340.1
2. Teoria Geral do Direito 340.11

Data de fechamento da edição: 10-1-2022

Dúvidas? Acesse www.editorasaraiva.com.br/direito

CL 607686 CAE 791965

LIVROS

1. *Imposto sobre serviços – ISS*. São Paulo: Atlas, 1992.
2. *Direito da seguridade social*. 39. ed. São Paulo: Saraiva, 2020.
3. *Direito do trabalho*. 37. ed. São Paulo: Saraiva, 2021.
4. *A terceirização e o direito do trabalho*. 15. ed. São Paulo: Saraiva, 2018.
5. *Manual do ISS*. 10. ed. São Paulo: Saraiva, 2017.
6. *Participação dos empregados nos lucros das empresas*. 5. ed. São Paulo: Saraiva, 2021.
7. *Práticas discriminatórias contra a mulher e outros estudos*. São Paulo: LTr, 1996.
8. *Contribuição confederativa*. São Paulo: LTr, 1996.
9. *Medidas cautelares*. São Paulo: Malheiros, 1996.
10. *Manual do trabalho doméstico*. 14. ed. São Paulo: Saraiva, 2018.
11. *Tutela antecipada e tutela específica no processo do trabalho*. 3. ed. São Paulo: Atlas, 2002.
12. *Manual do FGTS*. 5. ed. São Paulo: Saraiva, 2017.
13. *Comentários à CLT*. 23. ed. São Paulo: Saraiva, 2020.
14. *Manual de direito do trabalho*. 14. ed. São Paulo: Saraiva, 2021.
15. *Direito processual do trabalho*. 43. ed. Saraiva, 2021.
16. *Contribuições sindicais*. 6. ed. São Paulo: Saraiva, 2020.
17. *Contrato de trabalho de prazo determinado e banco de horas*. 4. ed. São Paulo: Atlas, 2002.
18. *Estudos de direito*. São Paulo: LTr, 1998.
19. *Legislação previdenciária*. 23. ed. São Paulo: Saraiva, 2020.
20. *Síntese de direito do trabalho*. Curitiba: JM, 1999.
21. *Continuidade do contrato de trabalho*. 2. ed. São Paulo: Saraiva, 2019.
22. *Flexibilização das condições de trabalho*. 6. ed. São Paulo: Saraiva, 2020.
23. *Legislação sindical*. São Paulo: Atlas, 2000.
24. *Direito processual do trabalho*. Coleção Fundamentos. 20. ed. São Paulo: Saraiva, 2017.
25. *Comissões de conciliação prévia*. 3. ed. São Paulo: Atlas, 2008.
26. *Instituições de direito público e privado*. 17. ed. São Paulo: Saraiva, 2017.
27. *Direito do trabalho*. Coleção Fundamentos. 21. ed. São Paulo: Saraiva, 2020.
28. *Direito da seguridade social*. Coleção Fundamentos. 16. ed. São Paulo: Saraiva, 2016.
29. *Greve do servidor público*. 2. ed. São Paulo: Saraiva, 2017.
30. *O pluralismo do direito do trabalho*. 2. ed. São Paulo: Saraiva, 2016.
31. *Execução da contribuição previdenciária na justiça do trabalho*. 5. ed. São Paulo: Saraiva, 2019.
32. *Manual de direito tributário*. 18. ed. São Paulo: Saraiva, 2019.
33. *Cooperativas de trabalho*. 7. ed. São Paulo: Saraiva, 2020.
34. *CLT universitária*. 26. ed. São Paulo: Saraiva, 2020.
35. *Reforma previdenciária*. 3. ed. São Paulo: Atlas, 2020.
36. *Manual da justa causa*. 7. ed. São Paulo: Saraiva, 2018.
37. *Comentários às Súmulas do TST*. 13. ed. São Paulo: Atlas, 2014.
38. *Constituição – CLT – Legislação previdenciária e legislação complementar*. 3. ed. São Paulo: Atlas, 2012.
39. *Dano moral decorrente do contrato de trabalho*. 3. ed. São Paulo: Atlas, 2012.
40. *Profissões regulamentadas*. 2. ed. São Paulo: Atlas, 2013.
41. *Direitos fundamentais trabalhistas*. 3. ed. São Paulo: Saraiva, 2020.
42. *Convenções da OIT*. 3. ed. São Paulo: Saraiva, 2016.
43. *Estágio e relação de emprego*. 4. ed. São Paulo: Saraiva, 2015.
44. *Comentários às Orientações Jurisprudenciais da SBDI-1 e 2 do TST*. 7. ed. São Paulo: Saraiva, 2016.
45. *Direitos trabalhistas do atleta profissional de futebol*. 2. ed. São Paulo: Saraiva, 2016.
46. *Prática trabalhista*. 9. ed. São Paulo: Saraiva, 2019.
47. *Assédio moral*. 5. ed. São Paulo: Saraiva, 2017.
48. Comentários à Lei n. 8.212/91. *Custeio*. 2. ed. São Paulo: Saraiva, 2021.
49. Comentário à Lei n. 8.213/91. *Benefícios da Previdência Social*. 2. ed. São Paulo: Saraiva, 2021.
50. *Prática previdenciária*. 5. ed. São Paulo: Saraiva, 2019.
51. *Teoria geral do processo*. 6. ed. São Paulo: Saraiva, 2021.
52. *Teoria geral do Estado*. 2. ed. São Paulo: Saraiva, 2018.
53. *Introdução ao Estudo do Direito*. São Paulo: Saraiva, 2018.
54. *Reforma Trabalhista*. São Paulo: Saraiva, 2018.

ARTIGOS

1. A dupla ilegalidade do IPVA. *Folha de S. Paulo*, São Paulo, 12 mar. 1990. Caderno C, p. 3.
2. Descumprimento da convenção coletiva de trabalho. *LTr*, São Paulo, n. 54-7/854, jul. 1990.
3. Franchising ou contrato de trabalho? *Repertório IOB de Jurisprudência*, n. 9, texto 2/4990, p. 161, 1991.
4. A multa do FGTS e o levantamento dos depósitos para aquisição de moradia. *Orientador Trabalhista – Suplemento de Jurisprudência e Pareceres*, n. 7, p. 265, jul. 1991.
5. O precatório e o pagamento da dívida trabalhista da fazenda pública. *Jornal do II Congresso de Direito Processual do Trabalho*, jul. 1991, p. 42. (Promovido pela LTr Editora.)
6. As férias indenizadas e o terço constitucional. *Orientador Trabalhista Mapa Fiscal – Suplemento de Jurisprudência e Pareceres*, n. 8, p. 314, ago. 1991.
7. O guarda de rua contratado por moradores. Há relação de emprego? *Folha Metropolitana*, Guarulhos, 12 set. 1991, p. 3.
8. O trabalhador temporário e os direitos sociais. *Informativo Dinâmico IOB*, n. 76, p. 1164, set. 1991.
9. O serviço prestado após as cinco horas em sequência ao horário noturno. *Orientador Trabalhista Mapa Fiscal – Suplemento de Jurisprudência e Pareceres*, n. 10, p. 414, out. 1991.
10. Incorporação das cláusulas normativas nos contratos individuais do trabalho. *Jornal do VI Congresso Brasileiro de Direito Coletivo do Trabalho e V Seminário sobre Direito Constitucional do Trabalho*, nov. 1991, p. 43. (Promovido pela LTr Editora.)
11. Adicional de periculosidade no setor de energia elétrica: algumas considerações. *Orientador Trabalhista Mapa Fiscal – Suplemento de Jurisprudência e Pareceres*, n. 12, p. 544, dez. 1991.
12. Salário-maternidade da empregada doméstica. *Folha Metropolitana*, Guarulhos, 2-3 fev. 1992, p. 7.
13. Multa pelo atraso no pagamento de verbas rescisórias. *Repertório IOB de Jurisprudência*, n. 1, texto 2/5839, p. 19, 1992.
14. Base de cálculo dos adicionais. *Orientador Trabalhista Mapa Fiscal – Suplemento de Legislação, Jurisprudência e Doutrina*, n. 2, p. 130, fev. 1992.
15. Base de cálculo do adicional de insalubridade. *Orientador Trabalhista Mapa Fiscal – Suplemento de Legislação, Jurisprudência e Doutrina*, n. 4, p. 230, abr. 1992.
16. Limitação da multa prevista em norma coletiva. *Repertório IOB de Jurisprudência*, n. 10, texto 2/6320, p. 192, 1992.
17. Estabilidade provisória e aviso prévio. *Orientador Trabalhista Mapa Fiscal – Suplemento de Legislação, Jurisprudência e Doutrina*, n. 5, p. 279, maio 1992.
18. Contribuição confederativa. *Orientador Trabalhista Mapa Fiscal – Suplemento de Legislação, Jurisprudência e Doutrina*, n. 6, p. 320, jun. 1992.
19. O problema da aplicação da norma coletiva de categoria diferenciada à empresa que dela não participou. *Orientador Trabalhista Mapa Fiscal – Suplemento de Legislação, Jurisprudência e Doutrina*, n. 7, p. 395, jul. 1992.
20. Intervenção de terceiros no processo de trabalho: cabimento. *Jornal do IV Congresso Brasileiro de Direito Processual do Trabalho*, jul. 1992, p. 4. (Promovido pela LTr Editora.)
21. Relação de emprego: dono de obra e prestador de serviços. *Folha Metropolitana*, Guarulhos, 21 jul. 1992, p. 5.
22. Estabilidade provisória do cipeiro. *Orientador Trabalhista Mapa Fiscal – Suplemento de Legislação, Jurisprudência e Doutrina*, n. 8, p. 438, ago. 1992.
23. O ISS e a autonomia municipal. *Suplemento Tributário LTr*, n. 54, p. 337, 1992.
24. Valor da causa no processo do trabalho. *Suplemento Trabalhista LTr*, n. 94, p. 601, 1992.
25. Estabilidade provisória do dirigente sindical. *Orientador Trabalhista Mapa Fiscal – Suplemento de Legislação, Jurisprudência e Doutrina*, n. 9, p. 479, set. 1992.
26. Estabilidade no emprego do aidético. *Folha Metropolitana*, Guarulhos, 20-21 set. 1992, p. 16.
27. Remuneração do engenheiro. *Orientador Trabalhista Mapa Fiscal – Suplemento de Legislação, Jurisprudência e Doutrina*, n. 10, p. 524, out. 1992.
28. Estabilidade do acidentado. *Repertório IOB de Jurisprudência*, n. 22, texto 2/6933, p. 416, 1992.
29. A terceirização e suas implicações no direito do trabalho. *Orientador Trabalhista Mapa Fiscal – Legislação, Jurisprudência e Doutrina*, n. 11, p. 583, nov. 1992.
30. Contribuição assistencial. *Jornal do VII Congresso Brasileiro de Direito Coletivo do Trabalho e VI Seminário sobre Direito Constitucional do Trabalho*, nov. 1992, p. 5.
31. Descontos do salário do empregado. *Orientador Trabalhista Mapa Fiscal – Suplemento de Legislação, Jurisprudência e Doutrina*, n. 12, p. 646, dez. 1992.

32. Transferência de empregados. *Orientador Trabalhista Mapa Fiscal – Suplemento de Legislação, Jurisprudência e Doutrina*, n. 1, p. 57, jan. 1993.
33. A greve e o pagamento dos dias parados. *Orientador Trabalhista Mapa Fiscal – Suplemento de Legislação, Jurisprudência e Doutrina*, n. 2, p. 138, fev. 1993.
34. Auxílio-doença. *Folha Metropolitana*, Guarulhos, 30 jan. 1993, p. 5.
35. Salário-família. *Folha Metropolitana*, Guarulhos, 16 fev. 1993, p. 5.
36. Depósito recursal. *Repertório IOB de Jurisprudência*, n. 4, texto 2/7239, p. 74, fev. 1993.
37. Terceirização. *Jornal Magistratura & Trabalho*. n. 5, p. 12, jan. e fev. 1993.
38. Auxílio-natalidade. *Folha Metropolitana*, Guarulhos, 9 mar. 1993, p. 4.
39. A diarista pode ser considerada empregada doméstica? *Orientador Trabalhista Mapa Fiscal – Suplemento Trabalhista Mapa Fiscal – Suplemento de Legislação, Jurisprudência e Doutrina*, n. 3/93, p. 207.
40. Renda mensal vitalícia. *Folha Metropolitana*, Guarulhos, 17 mar. 1993, p. 6.
41. Aposentadoria espontânea com a continuidade do aposentado na empresa. *Jornal do Primeiro Congresso Brasileiro de Direito Individual do Trabalho*, 29 e 30 mar. 1993, p. 46-47. (Promovido pela LTr Editora.)
42. Relação de emprego e atividades ilícitas. *Orientador Trabalhista Mapa Fiscal – Suplemento de Legislação, Jurisprudência e Doutrina*, n. 5/93, p. 345.
43. Conflito entre norma coletiva do trabalho e legislação salarial superveniente. *Revista do Advogado*, n. 39, p. 69, maio 1993.
44. Condição jurídica do diretor de sociedade em face do direito do trabalho. *Orientador Trabalhista Mapa Fiscal – Suplemento de Legislação, Jurisprudência e Doutrina*, n. 6/93, p. 394.
45. Equiparação salarial. *Orientador Trabalhista Mapa Fiscal – Suplemento de Legislação, Jurisprudência e Doutrina*, n. 7/93, p. 467.
46. Dissídios coletivos de funcionários públicos. *Jornal do 5º Congresso Brasileiro de Direito Processual do Trabalho*, jul. 1993, p. 15. (Promovido pela LTr Editora.)
47. Contrato coletivo de trabalho. *Orientador Trabalhista Mapa Fiscal – Suplemento de Legislação, Jurisprudência e Doutrina*, n. 8/93, p. 536.
48. Reintegração no emprego do empregado aidético. *Suplemento Trabalhista LTr*, n. 102/93, p. 641.
49. Incidência da contribuição previdenciária nos pagamentos feitos na Justiça do Trabalho. *Orientador Trabalhista Mapa Fiscal – Suplemento de Legislação, Jurisprudência e Doutrina*, n. 9/93, p. 611.
50. Contrato de trabalho por obra certa. *Orientador Trabalhista Mapa Fiscal – Suplemento de Legislação, Jurisprudência e Doutrina*, n. 10/93, p. 674.
51. Autoaplicabilidade das novas prestações previdenciárias da Constituição. *Revista de Previdência Social*, n. 154, p. 697, set. 1993.
52. Substituição processual e o Enunciado 310 do TST. *Orientador Trabalhista Mapa Fiscal – Suplemento de Legislação, Jurisprudência e Doutrina*, n. 11/93, p. 719.
53. Litigância de má-fé no processo do trabalho. *Repertório IOB de Jurisprudência*, n. 22/93, texto 2/8207, p. 398.
54. Constituição e custeio do sistema confederativo. *Jornal do 8º Congresso Brasileiro de Direito Coletivo do Trabalho e 7º Seminário sobre Direito Constitucional do Trabalho*, nov. 1993, p. 68. (Promovido pela LTr Editora.)
55. Participação nos lucros. *Orientador Trabalhista Mapa Fiscal – Suplemento de Legislação, Jurisprudência e Doutrina*, n. 12/93, p. 778.
56. Auxílio-funeral. *Folha Metropolitana*, Guarulhos, 22-12-1993, p. 5.
57. Regulamento de empresa. *Orientador Trabalhista Mapa Fiscal – Suplemento de Legislação, Jurisprudência e Doutrina*, n. 1/94, p. 93.
58. Aviso prévio. *Orientador Trabalhista Mapa Fiscal – Suplemento de Legislação, Jurisprudência e Doutrina*, n. 2/94, p. 170.
59. Compensação de horários. *Orientador Trabalhista Mapa Fiscal – Suplemento de Legislação, Jurisprudência e Doutrina*, n. 3/94, p. 237.
60. Controle externo do Judiciário. *Folha Metropolitana*, Guarulhos, 10-3-1994, p. 2; *Folha da Tarde*, São Paulo, 26-3-1994, p. A2.
61. Aposentadoria dos juízes. *Folha Metropolitana*, Guarulhos, 11-3-1994, p. 2; *Folha da Tarde*, São Paulo, 23-3-1994, p. A2.
62. Base de cálculo da multa de 40% do FGTS. *Jornal do Segundo Congresso Brasileiro de Direito Individual do Trabalho*, promovido pela LTr, 21 a 23-3-1994, p. 52.
63. Denunciação da lide no processo do trabalho. *Repertório IOB de Jurisprudência*, n. 7/94, abril de 1994, p. 117, texto 2/8702.
64. A quitação trabalhista e o Enunciado n. 330 do TST. *Orientador Trabalhista Mapa Fiscal – Suplemento de Legislação, Jurisprudência e Doutrina*, n. 4/94, p. 294.
65. A indenização de despedida prevista na Medida Provisória n. 457/94. *Repertório IOB de Jurisprudência*, n. 9/94, p. 149, texto 2/8817.
66. A terceirização e o Enunciado n. 331 do TST. *Orientador Trabalhista Mapa Fiscal – Suplemento de Legislação, Jurisprudência e Doutrina*, n. 5/94, p. 353.
67. Superveniência de acordo ou convenção coletiva após sentença normativa – prevalência. *Orientador Trabalhista Mapa Fiscal – Suplemento de Legislação, Jurisprudência e Doutrina*, n. 6/94, p. 386.
68. Licença-maternidade da mãe adotiva. *Orientador Trabalhista Mapa Fiscal – Suplemento de Legislação, Jurisprudência e Doutrina*, n. 7/94, p. 419.
69. Medida cautelar satisfativa. *Jornal do 6º Congresso Brasileiro de Direito Processual do Trabalho*, promovido pela LTr nos dias 25 a 27-7-1994, p. 58.
70. Estabelecimento prestador do ISS. *Suplemento Tributário LTr*, n. 35/94, p. 221.
71. Turnos ininterruptos de revezamento. *Orientador Trabalhista Mapa Fiscal – Suplemento de Legislação, Jurisprudência e Doutrina*, n. 8/94, p. 468.
72. Considerações em torno do novo Estatuto da OAB. *Repertório IOB de Jurisprudência*, n. 17/94, set. 1994, p. 291, texto 2/9269.
73. Diárias e ajudas de custo. *Orientador Trabalhista Mapa Fiscal – Suplemento de Legislação, Jurisprudência e Doutrina*, n. 9/94, p. 519.
74. Reajustes salariais, direito adquirido e irredutibilidade salarial. *Orientador Trabalhista Mapa Fiscal – Suplemento de Legislação, Jurisprudência e Doutrina*, n. 10/94, p. 586.
75. Os serviços de processamento de dados e o Enunciado n. 239 do TST. *Orientador Trabalhista Mapa Fiscal – Suplemento de Legislação, Jurisprudência e Doutrina*, n. 11/94, p. 653.
76. Desnecessidade de depósito administrativo e judicial para discutir o crédito da seguridade social. *Orientador Trabalhista Mapa Fiscal – Suplemento de Legislação, Jurisprudência e Doutrina*, n. 12/94, p. 700.
77. Número máximo de dirigentes sindicais beneficiados com estabilidade. *Repertório IOB de Jurisprudência*, n. 24/94, dez. 1994, p. 408, texto 2/9636.
78. Participação nos lucros e incidência da contribuição previdenciária. *Revista de Previdência Social*, n. 168, nov. 1994, p. 853.
79. Proteção do trabalho da criança e do adolescente – considerações gerais. *BTC – Boletim Tributário Contábil – Trabalho e Previdência*, dez. 1994, n. 51, p. 625.
80. Critérios de não discriminação no trabalho. *Orientador Trabalhista Mapa Fiscal – Suplemento de Legislação, Jurisprudência e Doutrina*, n. 1/95, p. 103.
81. Embargos de declaração no processo do trabalho e a Lei n. 8.950/94 que altera o CPC. *Repertório IOB de Jurisprudência*, n. 3/95, fev. 1995, texto 2/9775, p. 41.
82. Empregado doméstico – Questões polêmicas. *Orientador Trabalhista Mapa Fiscal – Suplemento de Legislação, Jurisprudência e Doutrina*, n. 2/95, p. 152.
83. Não concessão de intervalo para refeição e pagamento de hora extra. *Orientador Trabalhista Mapa Fiscal – Suplemento de Legislação, Jurisprudência e Doutrina*, n. 3/95, p. 199.
84. Lei altera artigo da CLT e faz prover conflitos. *Revista Literária de Direito*, mar./abr. 1995, p. 13.
85. Empregados não sujeitos ao regime de duração do trabalho e o artigo 62 da CLT. *Orientador Trabalhista Mapa Fiscal – Suplemento de Legislação, Jurisprudência e Doutrina*, n. 4/95, p. 240.
86. A Justiça do Trabalho não pode ser competente para resolver questões entre sindicato de empregados e empregador. *Revista Literária de Direito*, maio/jun. 1995, p. 10.
87. Minutos que antecedem e sucedem a jornada de trabalho. *Orientador Trabalhista Mapa Fiscal – Suplemento de Legislação, Jurisprudência e Doutrina*, n. 5/95, p. 297.
88. Práticas discriminatórias contra a mulher e a Lei n. 9.029/95. *Repertório IOB de Jurisprudência*, n. 11/95, jun. 1995, p. 149, texto 2/10157.
89. Conflito entre a nova legislação salarial e a norma coletiva anterior. *Orientador Trabalhista Mapa Fiscal – Suplemento de Legislação, Jurisprudência e Doutrina*, n. 6/95, p. 362.
90. Imunidade tributária. *Suplemento Tributário LTr*, 34/95, p. 241.
91. Cogestão. *Revista do Tribunal Regional do Trabalho da 8ª Região*, v. 28, n. 54, jan./jun. 1995, p. 101.
92. Licença-paternidade. *Orientador Trabalhista Mapa Fiscal – Suplemento de Legislação, Jurisprudência e Doutrina*, n. 7/95, p. 409.
93. Embargos de declaração. *Jornal do 7º Congresso Brasileiro de Direito Processual do Trabalho*, São Paulo, LTr, 24 a 26 jul. 1995, p. 54.
94. Reforma da constituição e direitos previdenciários. *Jornal do 8º Congresso Brasileiro de Previdência Social*, n. 179, out. 1995, p. 723.
95. Ação declaratória incidental e coisa julgada no processo do trabalho. *Suplemento Trabalhista LTr* 099/95, p. 665 e *Revista do TRT da 8ª Região*, Belém, v. 28, n. 55, jul./dez. 1995, p. 39.

SUMÁRIO

NOTA DO AUTOR

No curso que fiz sobre Contabilidade, observei que o professor que ministrava a matéria no primeiro ano era muito filosófico. Não se entendia sua aula e não eram explicados os conceitos básicos sobre o tema de forma didática, além de o aluno não guardar nada sobre as aulas. Fiz os textos de forma que haja ordem na exposição, dividindo o tema em direito público e privado.

Penso que o livro poderá servir para as pessoas o estudarem para concursos, pois tem os conceitos básicos e as várias matérias de Direito pedidas nesses certames.

Espero que possa ter acertado na exposição e ser útil ao leitor e estudante. Se atingir esse objetivo, já me sentirei recompensado.

Nesta edição, foram feitas atualizações e correções no curso dos capítulos, especialmente em decorrência de alterações feitas na lei de falências pela Lei n. 14.112/20, lei de licitações (Lei n. 14.133/21), lei de liberdade econômica (Lei n. 13.874/19).

O Autor

Parte I

TEORIA DO DIREITO

Capítulo 1

CONCEITO DE DIREITO

1.1 ETIMOLOGIA

Direito vem do latim *directu (m)*, acusativo singular da forma participial adjetiva *directus, a, um*. Tem o significado de colocado em linha reta, alinhado, direito, reto, da qualidade do que é conforme a regra.

São encontrados vários significados para a palavra *Direito*, como norma, lei, regra, faculdade, o que é devido à pessoa, fenômeno social etc.

1.2 DENOMINAÇÃO

O Direito tem várias denominações em cada língua. Em espanhol, fala-se *derecho*. Em italiano, *diritto*. Em francês, *droit*. Em inglês, *law*. Em alemão, *Recht*.

1.3 CONCEITO

Conceituar é estabelecer limites do significado e sentido de cada palavra.

Muitas vezes, diz-se que o conceito de Direito deve ser elaborado pela Filosofia do Direito, que pode fazer as críticas necessárias para esse fim.

Aristóteles mencionava que o homem é um animal político, destinado a viver em sociedade. Assim, havia necessidade de regras para que pudesse viver em harmonia, evitando a desordem.

Celso, no Direito Romano, dizia que o Direito é a arte do bom e do equitativo (*ius est ars boni et aequi*).

Direito é o conjunto de princípios, de regras e de instituições destinado a regular a vida humana em sociedade[1].

É preciso analisar os elementos desse conceito.

O Direito representa um conjunto, pois é composto de várias partes organizadas, formando um todo, um sistema.

Tem o Direito princípios próprios, como qualquer ciência, ainda que não seja exata. Exemplos são o princípio da boa-fé, razoabilidade, proporcionalidade etc.

Possui o Direito inúmeras regras. Algumas delas são compendiadas em códigos, como o Código Civil, o Código Tributário Nacional (CTN), o Código Comercial, o Código de Processo Civil (CPC), além de inúmeras leis esparsas.

As instituições são entidades que perduram no tempo. O Direito tem várias delas, como os sindicatos, os órgãos do Poder Judiciário, do Poder Executivo etc.

O objetivo do Direito é regular a vida humana em sociedade, estabelecendo, para esse fim, normas de conduta, que devem ser observadas pelas pessoas. Tem por finalidade a realização da paz e da ordem social, mas também vai atingir as relações individuais das pessoas.

O Direito é um meio para a realização ou obtenção de um fim, que é a Justiça.

O homem por natureza é um ser gregário. Vive em conjunto com os demais, necessitando de regras para regular essa situação. O Direito é fruto da convivência humana.

O ordenamento jurídico também tem função social, de reger as relações jurídicas para a convivência das pessoas.

A sanção no Direito existe para que a norma seja cumprida, quando a submissão não ocorre espontaneamente. Em relação a determinadas comunidades ou sociedades, se a pessoa não cumpre suas regras, é desprezada e rejeitada por seus componentes, porém pode não haver imposição de sanção.

O importante não é se o Direito tem ou não coação ou sanção pelo descumprimento da norma, de forma a torná-la coercitiva, mas se ela é cumprida, o que pode ser feito espontaneamente pela pessoa, sem que exista a sanção.

O Direito tem numa das mãos a balança e na outra a espada. A balança serve para sopesar o Direito. A espada visa fazer cumprir as determinações do Direito. A espada sem a balança é a desproporção, a força bruta. A balança sem a espada é um

---

1 MARTINS, Sergio Pinto. *Introdução ao Estudo do Direito*. São Paulo: Saraiva, 2018, p. 33.

direito ineficaz. As duas têm de caminhar juntas. A proporção do emprego da espada e da balança tem de ser igual para não criar desigualdades.

Blaise Pascal afirma que "a justiça sem a força é impotente. A força sem a justiça é tirânica. É preciso colocar juntas a justiça e a força e fazer com que aquilo que é justo seja forte ou o que é forte seja justo".

Tem o Direito três dimensões: (a) os fatos que ocorrem na sociedade; (b) a valoração que se dá a esses fatos; (c) a norma, que pretende regular as condutas das pessoas, de acordo com os fatos e valores. O resultado dos fatos que ocorrem na sociedade é valorado, resultando em normas jurídicas. Há, portanto, uma interação entre fatos, valores e normas, que se complementam. O Direito é uma ordem de fatos integrada numa ordem de valores. Da integração de um fato em um valor surge a norma[2]. É o que Miguel Reale denomina tridimensionalidade do Direito.

Os sistemas jurídicos podem ser classificados basicamente em duas famílias: as originárias do sistema romano-germânico e do *common law*. No sistema romano-germânico impera a lei, que rege as relações entre as pessoas. No sistema do *common law* valem as decisões judiciais, partindo-se do caso concreto, indicando precedentes, que são seguidos para casos semelhantes. O juiz faz a lei (*judge made law*). Esse é o sistema adotado na Inglaterra e nos Estados Unidos.

1.4 DIREITO OBJETIVO E DIREITO SUBJETIVO

Direito objetivo é o complexo de normas que são impostas às pessoas, tendo caráter de universalidade, para regular suas relações. É o direito como norma (*ius est norma agendi*).

Direito subjetivo é a faculdade de a pessoa postular seu direito, visando à realização de seus interesses (*ius est facultas agendi*).

Pressupõe o Direito a existência dos seguintes elementos: sujeito, objeto e relação. Todo direito tem um sujeito, uma pessoa, que são as pessoas físicas ou jurídicas. Objeto do Direito é o bem ou a vantagem determinada pela ordem jurídica em relação à pessoa. A relação do Direito é a garantia que a ordem jurídica estabelece para proteger o sujeito de direito e seu objeto.

1.5 DISTINÇÃO

É preciso estabelecer a distinção entre Direito e moral.

A palavra *moral* vem do latim *mos* ou *mores* que significa costumes. É um conjunto de normas que são cumpridas por hábito.

---

2 REALE, Miguel. *Teoria do direito e do Estado*. São Paulo: Saraiva, 1940, p. 26.

Paulo dizia que nem tudo que é permitido juridicamente é moral (*non omne quod licet honestum est*).

A moral tem um conceito que varia com o tempo, em razão de questões políticas, sociais, econômicas.

A moral de ontem pode não ser a moral de hoje. Ela varia historicamente e em cada sociedade.

A moral é unilateral, pois não existe sanção para o descumprimento da norma. O Direito é bilateral, pois, além de impor comportamento, determina também a sanção, daí se dizer que é bilateral-atributivo.

Miguel Reale distingue o Direito da moral sob os seguintes aspectos:

	Direito	**Moral**
1. quanto à valoração do ato	a) bilateral b) visa à exteriorização do ato, partindo da intenção	a) unilateral b) visa à intenção, partindo da exteriorização do ato
2. quanto à forma	a) pode vir de fora da vontade das partes (heterônomo) b) é coercível	a) é autônoma, proveniente da vontade das partes b) não há coação
3. quanto ao objeto ou conteúdo	a) visa ao bem social ou aos valores de convivência	a) visa ao bem individual ou aos valores da pessoa[3]

1.6 CARACTERÍSTICAS

O Direito, como norma para regular a conduta das pessoas, é o dever ser. Prescreve uma conduta genérica para o futuro.

O Direito não vê a lei como é (sein), mas como deveria ser (Sollen), visando regular situações futuras. A norma jurídica descreve o que deve ser e não o que é.

Em outras Ciências, muitas vezes toma-se por base o que ocorre naquele momento. É o ser. O Direito vai preocupar-se com o que deve ser diante da norma de conduta ou de organização, que corresponde ao que deve ser, do dever-ser[4]. A Ciência jurídica preocupa-se com o dever-ser, isto é, com o ideal para uma situação

---

3 *Curso de filosofia do direito*, cit., p. 626.

4 KELSEN, Hans. *Teoria pura do direito*. São Paulo: Martins Fontes, 1987, p. 4-10 e 96-101.

de comportamento ou organização e não efetivamente com o ser, que traz a ideia de um elemento concreto.

O Direito não é apenas um juízo descritivo, mas prescritivo, de como devem ser as condutas.

A elaboração da regra jurídica depende das necessidades da sociedade, que vão-se modificando no curso do tempo.

O Direito deve ser estável, mas não pode ficar estático.

Questionário

1. Quais as denominações empregadas para a palavra Direito?
2. O que é Direito?
3. O que é Direito Objetivo?
4. O que é Direito Subjetivo?
5. Distinguir Direito da moral.
6. Qual é a etimologia da palavra Direito?
7. Quais são as características do Direito?

Capítulo 2

RAMOS DO DIREITO

Há várias classificações do Direito.

Uma primeira classificação compreende o direito natural e o direito positivo.

O Direito Natural nasce a partir do momento em que surge o homem. Aparece, portanto, naturalmente para regular a vida humana em sociedade, de acordo com as regras da natureza. Seria uma norma criada pela natureza e não pelo homem. Decorre da natureza das coisas. São princípios gerais e universais para regular os direitos e deveres do homem.

Os jusnaturalistas entendem que a lei deve ser justa para ser lei. Se não o for, não tem validade.

Direito Positivo é apenas a norma legal, emanada do Estado e não de outras fontes do Direito.

O Direito Natural seria universal, valendo em toda parte, e é imutável. O Direito Positivo valeria por determinado tempo, podendo ser modificado, e dentro de certo espaço geográfico. O Direito Natural estabelece, segundo Paulo, aquilo que é bom (*bonum et aequum*). O Direito Positivo estabelece o que é útil. O Direito Natural é conhecido pela razão. O Direito Positivo é conhecido por uma declaração de vontade alheia, que é a promulgação.

Uma subclassificação divide o Direito Positivo em Direito Internacional e Direito Nacional.

O Direito Internacional é subdividido em Direito Internacional Público e Direito Internacional Privado.

Pretende o Direito Internacional Público regular questões internacionais que seriam de ordem pública e deveriam ser respeitadas em relação a cada país. São as relações entre Estados, enquanto nações. Exemplos são os tratados internacionais, as declarações de direitos, como a Declaração Universal dos Direitos Humanos (1948), as convenções da Organização Internacional do Trabalho (OIT), as questões relativas à guerra, ao mar territorial etc.

O Direito Internacional Privado procura disciplinar as relações das pessoas no espaço, em que existe mais de uma norma tratando do assunto. Exemplo seria um empregado que é transferido da Argentina para o Brasil. Qual é a lei que se aplica: a argentina, em que o empregado foi contratado, ou a brasileira, em que o empregado trabalha? Quais são, por exemplo, os efeitos do casamento de uma pessoa no Uruguai perante o Direito brasileiro etc.

O Direito Nacional pode ser dividido em Público e Privado.

Ulpiano, no Direito Romano, dividia o Direito em público e privado. O Direito Público tinha por objeto o estado das coisas em Roma. O Direito Privado preocupava-se com a utilidade de cada cidadão (Digesto, Livro I, Título I, § 2º). Essa classificação tem natureza eminentemente didática, pois o Direito enquanto ciência é o gênero, e tem seus diversos ramos, que são considerados as espécies. Cada ramo do Direito mantém relações com as demais espécies do gênero.

No Digesto, Direito Privado era o que tinha utilidade singular. No Direito Público, há interesse coletivo a proteger. No Direito Privado, há um interesse individual. Entretanto, um interesse individual também pode ser tutelado pelo Direito Público.

O Direito Público envolve a organização do Estado, em que são estabelecidas normas de ordem pública, que não podem ser mudadas pela vontade das partes, como a obrigação de pagar tributos. Já o Direito Privado diz respeito ao interesse dos particulares, às normas contratuais que são estabelecidas pelos particulares, decorrentes da manifestação de vontade dos interessados.

Divide-se o Direito Público em Direito: Constitucional, Econômico, Administrativo, Penal, Financeiro, Tributário, Processual (Civil, Penal e Trabalhista), da Seguridade Social (Previdência Social, Assistência Social, Saúde).

O Direito Privado é dividido em Direito Civil, Comercial e do Trabalho. Há autores que entendem que o Direito do Trabalho pertence ao Direito Público, mas o que prepondera é a autonomia da vontade das pessoas na contratação, apesar da existência de normas de ordem pública que incidem sobre a relação de emprego.

- Direito
  - Natural
  - Positivo
    - Internacional
      - Público
      - Privado
    - Nacional
      - Público
        - Constitucional, Econômico, Administrativo, Penal, Financeiro, Tributário, Processual, da Seguridade Social
      - Privado
        - Civil, Comercial e Trabalhista

Questionário

1. O que é Direito Natural?
2. O que é Direito Positivo?
3. Como se divide o Direito Público?
4. Como se divide o Direito Privado?
5. Para que serve o Direito Internacional Público?
6. Para que serve o Direito Internacional Privado?

Capítulo 3

FONTES DO DIREITO

3.1 INTRODUÇÃO

Fonte vem do latim *fons*, com o significado de nascente, manancial.

No significado vulgar, *fonte* tem o sentido de nascente de água, o lugar donde brota água. Figuradamente, refere-se à origem de alguma coisa, de onde provém algo. Fonte de Direito tem significado metafórico, em razão de que já é uma fonte de várias normas.

Claude du Pasquier afirma que fonte de regra jurídica "é o ponto pelo qual ela sai das profundezas da vida social para aparecer à superfície do Direito"[1].

José de Oliveira Ascensão menciona que fonte tem diferentes significados: (a) histórico: considera as fontes históricas do sistema, como o Direito Romano; (b) instrumental: são os documentos que contêm as regras jurídicas, como códigos, leis etc.; (c) sociológico ou material: são os condicionamentos sociais que produzem determinada norma; (d) orgânico: são os órgãos de produção das normas jurídicas; (e) técnico-jurídico ou dogmático: são os modos de formação e revelação das regras jurídicas[2].

---

1 PASQUIER, Claude du. *Introduction à la théorie générale et à la philosophie du droit*. Paris: Delachaux et Niestlé, 1978, p. 47.

2 ASCENSÃO, José de Oliveira. *O direito*: introdução e teoria geral. Lisboa: Fundação Calouste Gulbenkian, 1978, p. 39.

O estudo das fontes do Direito pode ter várias acepções, como sua origem, fundamento de validade das normas jurídicas e a própria exteriorização do Direito.

Fontes formais são as formas de exteriorização do Direito. Exemplos seriam as leis, o costume etc.

Fontes materiais são o complexo de fatores que ocasionam o surgimento de normas, envolvendo fatos e valores. São analisados fatores sociais, psicológicos, econômicos, históricos etc. São os fatores reais que irão influenciar na criação da norma jurídica.

Alguns autores afirmam que o Estado é a única fonte do Direito, pois ele goza do poder de sanção. Uma segunda corrente prega que existem vários centros de poder, de onde emanam normas jurídicas.

Para certos autores, relevante é apenas o estudo das fontes formais. As fontes materiais dependem da investigação de causas sociais que influenciaram na edição da norma jurídica, matéria que é objeto da Sociologia do Direito.

Miguel Reale prefere trocar a expressão *fonte formal* por *teoria do modelo jurídico*. Esta é "a estrutura normativa que ordena os fatos segundo valores, numa qualificação tipológica de comportamentos futuros, a que se ligam determinadas consequências"[3].

As fontes do Direito têm por objetivo estabelecer como o Direito se expressa. Pode significar o ente que produz a norma.

As fontes podem ser classificadas em heterônomas e autônomas. Heterônomas são as impostas por agente externo. Exemplos: Constituição, leis, decretos, sentença normativa, regulamento de empresa, quando unilateral. Autônomas são as elaboradas pelos próprios interessados. Exemplos: costume, convenção e acordo coletivo, regulamento de empresa (quando bilateral), contrato.

Podem as fontes ser estatais, em que o Estado estabelece a norma. Exemplos: Constituição, leis, sentença normativa. Extraestatais são as fontes oriundas das próprias partes, como o regulamento de empresa, o costume, a convenção e o acordo coletivo, o contrato. São profissionais as fontes estabelecidas pelos trabalhadores e empregadores interessados, como a convenção e o acordo coletivo de trabalho.

As fontes do Direito podem, ainda, ser mediatas (diretas) e imediatas (indiretas); principais e secundárias. Fontes internas são originárias do próprio território

---

[3] REALE, Miguel. *O direito como experiência*. 2. ed. São Paulo: Saraiva, 1999, p. 162.

daquele Estado. Fontes externas são provenientes do exterior ao Estado, como fontes internacionais.

Quanto à vontade das pessoas, as fontes podem ser voluntárias e imperativas. Voluntárias são as dependentes da vontade dos interessados, como o contrato, a convenção e o acordo coletivo, o regulamento de empresa (quando bilateral). Imperativas são as impostas coercitivamente às pessoas pelo Estado, como a Constituição, as leis, a sentença normativa.

Pode-se dizer, para justificar as fontes de Direito, que as normas de maior hierarquia seriam o fundamento de validade das regras de hierarquia inferior.

São fontes do Direito: a Constituição, as leis, os decretos, os atos do Poder Executivo, os contratos, as convenções e os acordos coletivos.

3.2 CONSTITUIÇÕES

As normas jurídicas têm hierarquias diversas, porém compõem um todo, que se inicia com a Constituição.

A Constituição é como se fosse um esqueleto ou um tronco de árvore. O esqueleto dá sustentação ao corpo. O tronco da árvore dá sustentação a toda a árvore. A Lei Maior dá sustentação a todo o ordenamento jurídico de determinada nação. Traz regras sobre produção das leis, direitos trabalhistas, de família, filhos, tributos, previdência social e até financeiras. Os ramos da árvore são as espécies do Direito.

3.3 LEI

3.3.1 Conceito

Na Declaração dos Direitos do Homem e do Cidadão, de 1789, "lei é a expressão da vontade geral".

Portalis, na introdução ao Código Civil de Napoleão, afirmava que "lei é o Direito reduzido a regras positivas e preceitos particulares".

A lei é estabelecida genericamente para regular condutas. Não pretende atender a certa e específica questão, mas regular genericamente condutas. Obriga igualmente a todos.

É geral a lei, disciplinando o comportamento de várias pessoas que estão em certa situação. É abstrata, pois determina uma categoria de ações e não uma ação singular. A lei realiza a certeza jurídica.

Lei em sentido formal é a norma emanada do Estado, e tem caráter imperativo. Lei em sentido material é a disposição imperativa, que tem caráter geral, contendo regra de direito objetivo.

Abaixo da Constituição, existem as leis ordinárias, como: o Código Civil, que trata de direitos e obrigações, de contratos, de regras sobre família e sucessões, sobre coisas; leis sobre organização de sociedades, como da Lei das Sociedades por Ações (Lei n. 6.404/76); sobre benefícios da Previdência Social (Lei n. 8.213/91) etc.

3.3.2 Classificação

Quanto à natureza, as leis podem ser classificadas em materiais e instrumentais ou processuais. As leis materiais regulam os direitos das pessoas, como o direito ao casamento, à filiação, ao contrato de trabalho e aos direitos trabalhistas etc. As leis instrumentais ou processuais são o meio que a pessoa tem para fazer valer seu direito material, que são o Código de Processo Civil (CPC), o Código de Processo Penal (CPP) e outras normas.

Leis federais são as que vinculam a Administração Pública da União. Leis nacionais são as que dizem respeito a todos os entes da Federação (União, Estados, Municípios, Distrito Federal) que têm de obedecê-las. Exemplo, nesse aspecto, pode ser o CTN.

Quanto aos órgãos em relação aos quais são provenientes as leis, eles podem ser federais, estaduais e municipais. As regras federais são oriundas do Congresso Nacional (Senado e Câmara Federal). As estaduais, das Assembleias Legislativas e as municipais, das Câmaras Municipais.

3.3.3 Formação das leis

O processo de elaboração das leis compreende três fases: (a) iniciativa; (b) aprovação; (c) execução.

Iniciativa é a faculdade que a pessoa tem de propor um projeto de lei. Pode ser proveniente de uma pessoa ou órgão. O § 2º do art. 61 da Constituição admite que a iniciativa popular pode ser exercida pela apresentação à Câmara dos Deputados de projeto de lei subscrito por, no mínimo, 1% do eleitorado nacional, distribuído pelo menos por cinco Estados, com não menos de 0,3% dos eleitores de cada um deles. A lei disporá sobre a iniciativa popular no processo legislativo estadual (§ 4º do art. 27 da Constituição).

O projeto de lei é estudado e discutido. São apresentadas emendas, voltando o projeto à Casa de origem.

A execução da lei compreende sanção, veto, promulgação e publicação da norma.

Na sanção, o chefe do Poder Executivo (federal, estadual ou municipal) manifesta sua aquiescência quanto ao projeto aprovado pelo Poder Legislativo. Pode ser a sanção expressa, em que essa pessoa manifesta-se formalmente de acordo com a norma aprovada. É tácita quando o chefe do Poder Executivo não se manifesta no prazo legal para declarar-se de acordo com o projeto votado pelo Poder Legislativo, deixando decorrer o prazo sem se manifestar sobre o tema.

Veto é a oposição do chefe do Poder Executivo quanto ao projeto. O veto é apreciado pelo Poder Legislativo, que pode aceitá-lo ou rejeitá-lo.

Promulgação é a declaração do chefe do Poder Executivo ou presidente do Congresso de que a lei passa a fazer parte do ordenamento jurídico.

Publicação é a forma de dar publicidade da norma às pessoas. Geralmente, é feita na imprensa oficial ou em jornal local. Pode ser feita também pela fixação da lei no mural da Prefeitura.

3.4 ATOS DO PODER EXECUTIVO

Não são apenas as leis oriundas do Poder Legislativo que são fontes do Direito, mas também as normas provenientes do Poder Executivo.

No período em que o Poder Executivo podia expedir decretos-leis, foram baixadas várias normas; entre as vigentes, está a CLT (Decreto-Lei n. 5.452/43), que trata dos direitos trabalhistas dos empregados urbanos.

Edita o Poder Executivo medidas provisórias, que têm força de lei no período de 60 dias (§ 3º do art. 62 da Constituição). As medidas provisórias têm força de lei, pois não são aprovadas pelo Legislativo, mas são editadas pelo presidente da República.

Os decretos complementam as leis, regulamentando-as. Também são chamados de regulamentos de execução, porém não podem contrariar ou inovar seu conteúdo. Determina o inciso IV do art. 84 da Constituição que compete privativamente ao presidente da República expedir decretos e regulamentos para a fiel execução da lei.

Os Ministérios do Poder Executivo muitas vezes expedem portarias, ordens de serviço, instruções normativas, circulares etc., que visam ao esclarecimento da lei e a sua interpretação.

Decreto é atribuição do presidente da República. Instrução normativa é atribuição de Ministro de Estado (art. 87, II, da Constituição).

3.5 DISPOSIÇÕES CONTRATUAIS

Os contratos são leis entre as partes, fixando regras de conduta e até multas pelo inadimplemento de certa cláusula. São, portanto, fontes do Direito, como ocorre com o contrato de trabalho ou com qualquer contrato.

3.6 USOS E COSTUMES

Na reiterada aplicação de certo costume pela sociedade é que se pode originar a norma legal.

Antecedeu o costume à lei, pois os povos não conheciam a escrita. O direito costumeiro era ligado à religião e as modificações eram feitas muito lentamente.

A Lei das XII Tábuas é uma espécie de consolidação de usos e costumes do povo do Lácio. Era esculpida na tábua, para conhecimento de todos, o que o poder do costume tinha revelado.

A Lei da Boa Razão, de 18 de agosto de 1769, só admitia o costume se não fosse contra a lei, se fosse racional, não contrariasse os princípios da justiça, além de ter 100 anos de existência. Com o Código Civil de 1916, o costume passou a ter apenas função supletiva e interpretativa.

Nos países que adotam o sistema da *common law*, não existe lei escrita. As normas são decorrentes dos costumes e da tradição. Há os precedentes judiciais, que influenciam outras decisões. É um direito originário das decisões judiciais: *judge made law*.

As sociedades modernas passaram a se utilizar das leis, sendo que o costume passou a ocupar posição secundária entre as fontes do Direito.

Os romanos usavam a palavra *consuetudo* para significar costume. Empregavam também a palavra *mores*, que indica os costumes em geral, e *mores maiorum*, para designar os costumes dos antepassados.

Em muitas legislações usam-se indistintamente as palavras *uso* e *costume*. Em outras legislações, utiliza-se a expressão *usos e costumes*, como na brasileira e na espanhola.

O costume é a vontade social decorrente de uma prática reiterada, de certo hábito, de seu exercício.

O uso transforma-se em costume quando a prática é obrigatória entre as pessoas.

Compreende o uso o elemento objetivo do costume, que é a reiteração em sua utilização. A observância do uso não é, porém, sempre garantida. No uso nem sempre há o elemento subjetivo da *opinio iuris*, da convicção de sua obrigatoriedade pelas pessoas. O costume tem valor normativo e existe sanção por seu descumprimento, que pode até mesmo ser moral. O uso não é fonte do direito objetivo, enquanto o costume tem essa característica, não podendo deixar de ser observado. Na Espanha, o uso de empresa é considerado como condição do contrato de trabalho ou serve de interpretação da declaração de vontade, mas não tem natureza de fonte (art. 1º, n. 3, do Código Civil).

Distingue-se a lei do costume, pois a primeira é escrita.

Surge o costume da prática de certa situação. Não tem forma prevista ou é escrito, nem é controlado. Perde sua vigência pelo desuso, pois esta é decorrência de sua eficácia[4]. Não tem prazo certo de vigência.

O costume é espontâneo. É elaborado e cumprido pelo grupo.

A lei é decorrente do Poder Legislativo. Tem um processo técnico para sua elaboração, sendo escrita. O costume não se promulga, é criado, formado no curso do tempo.

Adapta-se o costume à realidade, correspondendo a ela, pois, do contrário, desaparece. A lei, de modo geral, é rígida diante da realidade social evolutiva, e perde, muitas vezes, correspondência com a realidade.

Havendo um conflito entre a lei e o costume, prevalece a primeira.

Se o ato deve ser observado por sua consciência, sujeita-se a uma regra moral. Se deve ser observado por todos, é uma regra jurídica ou costume com eficácia jurídica.

Só haverá o costume jurídico quando: (a) seja habitual um comportamento durante certo período; (b) esse comportamento obrigue a consciência social.

No costume há dois fatores: (a) objetivo: que é seu uso prolongado; (b) subjetivo: a convicção jurídica e a certeza de sua imprescindibilidade (*opinio iuris est necessitatis*).

Torna-se o costume Direito quando as pessoas que o praticam reconhecem-lhe a obrigatoriedade, como se fosse uma lei.

Não basta, porém, que haja um uso prolongado do costume, mas que seja observado pelas pessoas obrigatoriamente.

Muitas vezes, é do costume que acaba surgindo a norma legal, servindo de base para a criação desta última regra.

Classifica-se o costume em: (a) *extra legem* (fora da lei) ou *praeter* (além de) *legem*, que atua na hipótese de lacuna da lei (art. 4º do Decreto-Lei n. 4.657/42); (b) *secundum legem*, segundo o que dispõe a lei e que a interpreta; (c) *contra legem*, que contraria o disposto na norma legal. O costume ab-rogatório cria uma nova regra.

---

4 REALE, Miguel. *Lições preliminares de direito*. 23. ed. São Paulo: Saraiva, 1996, p. 156-157.

O costume *contra legem* indica a não aplicação da lei. Quando a lei não é aplicada, chama-se desuso.

Pode o costume ser proveniente de determinado lugar, onde é observado, ou de certo ofício ou profissão, tendo característica profissional.

As funções do costume são: (a) supletiva ou integrativa, em que serve para suprir as lacunas da lei; (b) interpretativa, aclarando o conteúdo da norma legal.

Dispõe o art. 4º do Decreto-Lei n. 4.657/42 que, sendo a lei omissa, o juiz decidirá o caso de acordo com os costumes.

O art. 8º da CLT permite que as autoridades administrativas e a Justiça do Trabalho, na falta de disposições legais e contratuais, decidirão, conforme o caso, de acordo com os usos e costumes, mas sempre de maneira que nenhum interesse de classe ou particular prevaleça sobre o interesse público. Indica o art. 8º da CLT que os usos e costumes são fontes supletivas, na falta de disposições legais e contratuais sobre questões trabalhistas.

Nos países da *common law*, o Direito costumeiro obriga quando os precedentes judiciais o consagram, como ocorre na Inglaterra. Os precedentes judiciais são utilizados para casos semelhantes que irão ser julgados.

3.7 DOUTRINA E JURISPRUDÊNCIA

A doutrina e a jurisprudência também exercem importante papel no Direito, mas a verdadeira fonte é a legislação.

Jurisprudência vem de *iurisprudentia*, que era o direito dos escritos dos *iuris prudentes* ou conhecedores do direito, na época clássica romana. As respostas dadas por estas pessoas eram consideradas como se fossem leis. Jurisprudência é o conjunto de reiteradas decisões dos tribunais sobre certa matéria. Súmula é o resumo dos tópicos principais das decisões predominantes dos tribunais em determinada matéria.

A jurisprudência pode ser considerada como fonte do Direito. Ela representa o caminho predominante em que os tribunais entendem de aplicar a lei, suprindo, inclusive, eventuais lacunas desta última. Dispõe o § 2º do art. 102 da Constituição quando menciona que "as decisões definitivas de mérito, proferidas pelo Supremo Tribunal Federal, nas ações diretas de inconstitucionalidade e nas ações declaratórias de constitucionalidade produzirão eficácia contra todos e efeito vinculante, relativamente aos demais órgãos do Poder Judiciário e à administração pública direta e indireta, nas esferas federal, estadual e municipal".

O Supremo Tribunal Federal poderá, de ofício ou por provocação, mediante decisão de dois terços de seus membros, após reiteradas decisões sobre matéria constitucional, aprovar súmula que, a partir de sua publicação na imprensa oficial, terá efeito vinculante em relação aos demais órgãos do Poder Judiciário e à administração pública direta e indireta, nas esferas federal, estadual e municipal, bem como fazer a sua revisão ou cancelamento, na forma estabelecida em lei (art. 103-A da Constituição).

A súmula terá por objetivo a validade, a interpretação e a eficácia de normas determinadas, acerca das quais haja controvérsia atual entre órgãos judiciários ou entre esses e a administração pública que acarrete grave insegurança jurídica e relevante multiplicação de processos sobre questão idêntica.

O parágrafo único do art. 28 da Lei n. 9.868/99 estabelece que a declaração de constitucionalidade ou de inconstitucionalidade, inclusive a interpretação conforme a Constituição e a declaração parcial de inconstitucionalidade sem redução de texto, tem eficácia contra todos e efeito vinculante em relação aos órgãos do Poder Judiciário e à Administração Pública federal, estadual e municipal.

O CPC de 2015 estabelece que os tribunais devem uniformizar sua jurisprudência e mantê-la estável (art. 926). Os juízes observarão a orientação do plenário ou do órgão especial aos quais estiverem vinculados (art. 927, V). Dispõe o inciso VI do § 1º do art. 489 do CPC que não se considera fundamentada a sentença que deixar de seguir enunciado de súmula, jurisprudência ou precedente invocado pela parte, sem demonstrar a existência de distinção no caso em julgamento ou a superação do entendimento. A súmula, a jurisprudência ou o precedente passam a ser fontes de direito. Assim, passamos de um sistema de *civil law* para um sistema de *common law*, em que a jurisprudência e os precedentes são considerados como fonte de direito e devem ser respeitados.

A jurisprudência não cria exatamente o direito. Interpreta-o.

A doutrina também se constitui em valioso subsídio para a análise do Direito, mas também não se pode dizer que venha a ser uma de suas fontes, justamente porque os juízes não estão obrigados a observar a doutrina em suas decisões, tanto que a doutrina muitas vezes não é pacífica, tendo posicionamentos opostos.

A analogia, a equidade, os princípios gerais de Direito e o Direito Comparado não constituem fontes formais e, sim, critérios de integração da norma jurídica.

3.8 HIERARQUIA

Para Hans Kelsen, o ordenamento jurídico forma uma verdadeira unidade, que tem sua validez na constituição estatal. Há uma série de ordenamentos subordinados a uma hierarquia de graus sucessivos (*Stufenbau der Rechtsordnung*). O fundamento de validade dessa unidade é a norma fundamental (*Grundnorm*). É a norma fundamental que constitui a unidade de uma pluralidade de normas enquanto representa o fundamento de validade de todas as normas pertencentes a essa ordem normativa[5].

O art. 59 da Constituição dispõe quais são as normas existentes no sistema jurídico brasileiro. Não menciona que haja hierarquia entre umas e outras. A hierarquia entre as normas somente viria a ocorrer quando a validade de determinada norma dependesse de outra, onde esta regularia inteiramente a forma de criação da primeira norma. É certo que a Constituição é hierarquicamente superior às demais normas, pois o processo de validade destas é regulado pela primeira. Abaixo da Constituição estão os demais preceitos legais, cada qual com campos diversos: leis complementares, leis ordinárias, decretos-leis (nos períodos em que existiram), medidas provisórias, leis delegadas, decretos legislativos e resoluções. Não há dúvida de que os decretos são hierarquicamente inferiores às primeiras normas, até porque não são emitidos pelo Poder Legislativo, mas pelo Poder Executivo. Após os decretos, há normas internas da Administração Pública, como portarias, circulares, ordens de serviço etc., que são hierarquicamente inferiores aos decretos.

A exceção diz respeito à hipótese do parágrafo único do art. 59 da Constituição, quando determina que a lei complementar disporá sobre a elaboração, redação, alteração e consolidação das leis. Foi editada a Lei Complementar n. 95/98, que tratou do tema. As leis devem observar a referida lei complementar, daí se podendo dizer que ela tem hierarquia superior a outras leis.

Os tratados e convenções internacionais sobre direitos humanos que foram aprovados, em cada Casa do Congresso Nacional, em dois turnos, por três quintos dos votos dos respectivos membros, serão equivalentes às emendas constitucionais (§ 3º do art. 5º da Constituição). A hierarquia será, portanto, de emenda constitucional.

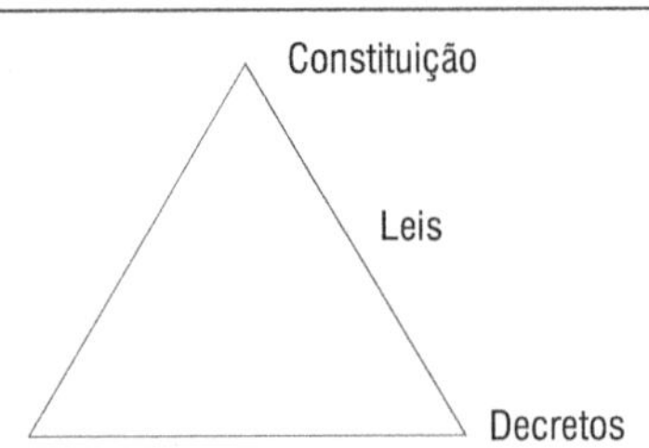

5 KELSEN, Hans. *Teoria pura do direito*. São Paulo: Martins Fontes, 1997, p. 217.

Questionário

1. O que é fonte?
2. O que é fonte normal?
3. O que é fonte material?
4. Quais são as fontes do Direito?
5. Como são formadas as leis?
6. A jurisprudência e a doutrina são fontes do Direito?

Capítulo 4

APLICAÇÃO DAS NORMAS DE DIREITO

Na aplicação da lei, o juiz atenderá aos fins sociais a que ela se dirige e às exigências do bem comum.

Se há duas ou mais normas sobre a mesma matéria, começa a surgir o problema de qual delas deva ser aplicada.

4.1 INTERPRETAÇÃO

Interpretar é explicar, esclarecer, indicar o conteúdo da palavra, frase ou norma.

Interpretar a norma é compreender o que o legislador quer dizer. É a análise da norma jurídica que vai ser aplicada aos casos concretos.

Quanto às fontes que interpretam a norma podem ser: autêntica, doutrinária, jurisprudencial.

Quanto aos meios: gramatical, lógica, histórica e sistemática.

Quanto aos resultados: declarativa, extensiva, restritiva, finalística (teleológica).

Várias são as formas de interpretação da norma jurídica:

a) gramatical, literal (*verba legis*) ou filológica: consiste em verificar qual o sentido do texto gramatical da norma jurídica. É analisado o valor semântico das palavras utilizadas no texto da norma. Verifica-se o alcance das palavras encerradas no texto da lei. Deve-se observar a linguagem comum empregada pelo legislador; porém, se são utilizados termos técnicos, o conceito destes deve prevalecer. Interpreta-se literalmente a norma que outorgue isenção (art. 111, II, do CTN);

b) lógica (*mens legis*): em que se estabelece uma conexão entre vários textos legais a serem interpretados. São verificadas as proposições enunciadas pelo legislador. Parte-se de uma premissa menor. Passa-se para uma premissa maior, chegando à conclusão;
c) teleológica ou finalística: a interpretação será dada ao dispositivo legal de acordo com o fim colimado pelo legislador;
d) sistemática: a interpretação será dada ao dispositivo legal de acordo com a análise do sistema no qual está inserido, sem se ater à interpretação isolada de um dispositivo, mas, sim, a seu conjunto. São comparados vários dispositivos para constatar-se o que o legislador pretende dizer, como de outras leis, mas que tratem de questão semelhante. A lei está inserida dentro de uma estrutura, razão pela qual as partes componentes dessa estrutura devem ser analisadas;
e) extensiva ou ampliativa: dá-se um sentido mais amplo à norma a ser interpretada do que ela normalmente teria;
f) restritiva ou limitativa: dá-se um sentido mais restrito, limitado, à interpretação da norma jurídica. Os negócios jurídicos benéficos e a renúncia interpretam-se estritamente (art. 114 do Código Civil);
g) histórica: o Direito decorre de um processo evolutivo. Há necessidade de analisar, na evolução histórica dos fatos, o pensamento do legislador não só à época da edição da lei, mas também de acordo com sua exposição de motivos, mensagens, emendas, discussões parlamentares etc. O Direito, portanto, é uma forma de adaptação do meio em que vivemos em razão da evolução natural das coisas. A interpretação histórica reconstrói a vontade do legislador quando da elaboração da lei;
h) autêntica: é a realizada pelo próprio órgão que editou a norma, que irá declarar seu sentido, alcance e conteúdo, por meio de outra norma jurídica. Também é chamada de interpretação legal ou legislativa. Na interpretação autêntica há coincidência do autor da declaração e do autor da interpretação;
i) sociológica: em que se constata a realidade e a necessidade social na elaboração da lei e em sua aplicação. A própria Lei de Introdução às Normas do Direito Brasileiro determina que o juiz, ao aplicar a lei, deve ater-se aos fins sociais a que ela se dirige e às exigências do bem comum (art. 5º).

Muitas vezes, a interpretação literal do preceito legal, ou a interpretação sistemática (ao se analisar o sistema no qual está inserida a lei, em seu conjunto), é que dará a melhor solução ao caso que se pretenda resolver. Já dizia Celso, no Direito Romano, que é injurídico julgar ou emitir parecer tendo diante dos olhos apenas uma parte da lei, em vez de considerá-la em seu conjunto ("*incivile est, nisi tota lege perspecta, una aliqua particula eis proposita, iudicare, vel respondere*").

Não há uma única interpretação a ser feita, mas seguem-se os métodos de interpretação mencionados nas alíneas *a* a *i* supra.

A interpretação do negócio jurídico deve lhe atribuir o sentido que:

I – for confirmado pelo comportamento das partes posterior à celebração do negócio;

II – corresponder aos usos, costumes e práticas do mercado relativas ao tipo de negócio;

III – corresponder à boa-fé;

IV – for mais benéfico à parte que não redigiu o dispositivo, se identificável; e

V – corresponder a qual seria a razoável negociação das partes sobre a questão discutida, inferida das demais disposições do negócio e da racionalidade econômica das partes, consideradas as informações disponíveis no momento de sua celebração (§ 1º do art. 113 do Código Civil).

As partes poderão livremente pactuar regras de interpretação, de preenchimento de lacunas e de integração dos negócios jurídicos diversas daquelas previstas em lei.

Hermenêutica é a ciência que estuda a interpretação da norma. A palavra provém de Hermes, o deus da arte de compreender, expressar, explicar, descobrir o sentido. Era uma homenagem a esse deus, que era considerado eloquente e o mensageiro dos deuses.

A interpretação é um processo. A Hermenêutica é que vai estudar o referido processo.

Existem várias escolas de hermenêutica. A escola da exegese entende que os casos concretos devem ser resolvidos pela aplicação da lei imposta pelo Estado. A lei está dentro de um sistema e devem ser usados os conceitos desse sistema. Alega que o intérprete do direito é um escravo da lei. Os códigos não deixam nada ao arbítrio do intérprete. Este não tem por missão fazer o direito. O direito está feito. O jurisconsulto apenas aplica a lei (Laurent). Bugnet afirmava que "não conheço o direito civil, só ensino o Código de Napoleão". É a escola existente na França, por volta da edição do Código Civil de Napoleão, que o interpretava.

Escola histórica é a que entende que a lei deve ser interpretada de acordo com a vontade do legislador. É a adaptação dos textos aos fatos. Assevera que o direito é um produto da história. Surge da consciência do povo. Essa escola tem como um de seus defensores Savigny.

A Escola do Direito livre preconiza que a lei não irá ser aplicada imediatamente, mas compreende criação jurídica. A lei não cria o Direito, pois é genérica. Entre as várias possibilidades, caberá ao juiz escolher a solução mais justa para o litígio. É representante desta escola Oskar Bülow. Mencionava que deveria ser observada uma concepção sociológica do Direito. Kantoroviwcs afirma que não se deve apegar ao Direito do Estado, mas o Direito seria livremente elaborado. O juiz deveria julgar conforme a ciência e sua consciência. Deveria ser observado o Direito justo, mesmo na falta de previsão legal ou contra a própria lei.

A Escola da livre investigação científica é representada por François Geny[1]. São adeptos desta corrente Salleiles, Bufuoir e Stamler. Deve-se observar a vontade do legislador, complementando-a pelo costume. Havendo omissão na legislação, pode ser empregada a livre pesquisa científica, não estando vinculada a nenhuma autoridade. Ehrlich afirmava que deveria haver a compreensão sociológica do Direito. É facultado ao juiz estabelecer livremente uma solução própria, com fundamento sociológico, quando o texto legal não permite inferir uma solução que corresponda ao fato em apreço, de maneira adequada e justa.

A Escola dos pandectistas, na Alemanha, aplica o Pandectas, que era a coleção de textos de Direito Romano, organizado por Justiniano. Windscheid entende que a interpretação deve ser feita de acordo com a intenção possível do legislador não na época da elaboração da lei, mas na época em que ela vai ser aplicada.

A Escola da jurisprudência de interesses parte do pressuposto que na aplicação da norma devem ser observados os interesses que o legislador deseja satisfazer. Devem ser compreendidos tais interesses, de forma a não se aplicar a letra fria da lei. São representantes dessa escola Heck, Philipp e Stoll, Heinrich.

Defende a Escola da jurisprudência de valores a compreensão finalística da lei. Devem ser observados os valores contidos na norma, verificando os fins a que se destina.

Lacunas deontológicas dizem respeito ao interior da ordem normativa. Lacunas ontológicas compreendem a inadequação da ordem normativa à diversidade das ações humanas. Havendo uma norma, ela não corresponde aos fatos sociais. Na la-

---

1 *Método de interpretación y fuentes en derecho privado positivo*. 2. ed. Madri: Reus, 1925, p. 520 e s.

cuna axiológica, a norma não é justa. A aplicação da lei ao caso concreto resultará solução injusta. Lacuna normativa é quando não existe norma para tratar de determinado tema; é a ausência de regra específica para determinado caso concreto.

4.2 INTEGRAÇÃO

Integrar tem o significado de completar, inteirar. O intérprete fica autorizado a suprir as lacunas existentes na norma jurídica por meio da utilização de técnicas jurídicas. As técnicas jurídicas são a analogia e a equidade, e podem também ser utilizados os princípios gerais do Direito.

Quando a lei for omissa, o juiz decidirá o caso de acordo com a analogia, os costumes e os princípios gerais de direito (art. 4º do Decreto-Lei n. 4.657/42).

O art. 8º da CLT autoriza o juiz, na falta de expressa disposição legal ou convencional, a utilizar a analogia ou a equidade. Inexistindo lei que determine a solução para certo caso, pode o juiz utilizar por analogia outra lei que verse sobre questão semelhante.

A analogia não é um meio de interpretação da norma jurídica, mas de preencher as lacunas deixadas pelo legislador. Consiste na utilização de uma regra semelhante para o caso em exame.

Analogia *legis* ocorre quando se toma por base regra existente, que não regula exatamente aquela hipótese, mas situação semelhante.

Na analogia *iuris* é usado um conjunto de normas que disciplinam o instituto.

Em grego, equidade chama-se *epieikeia*, e tem o significado de completar a lei lacunosa, porém será vedado julgar contra a lei. Para Aristóteles, equidade era a justiça do caso concreto. Afirma Aristóteles que o equitativo é o justo. A função da equidade não é só suprir o silêncio do legislador, como também corrigir a lei, na medida em que, em razão do seu caráter genérico, ela se mostre insuficiente para fazer justiça[2]. No Direito Romano, a equidade (*aequitas*) era um processo de criação da norma jurídica para sua integração no ordenamento jurídico. Tem também um significado de igualdade, de benignidade, de proporção, equilíbrio. A decisão por equidade só poderá, porém, ser feita nas hipóteses autorizadas em lei (parágrafo único do art. 140 do CPC). O art. 8º da CLT autoriza o juiz a decidir por equidade. Consiste esta, portanto, em suprir imperfeição da lei ou torná-la mais branda de modo a moldá-la à realidade. Daí por que os romanos já advertiam que a estrita

---

2 *Ética*. São Paulo: Atena, 1941, Livro V, Cap. X.

aplicação do Direito poderia trazer consequências danosas à justiça (*summum ius, summa injuria*). Assim, o juiz pode até praticar injustiça num caso concreto quando segue rigorosamente o mandamento legal, razão pela qual haveria também a necessidade de temperar a lei para aplicá-la ao caso concreto e fazer justiça.

A equidade não pode ser utilizada para julgar contra expressa disposição de lei.

4.3 EFICÁCIA

A eficácia significa a aplicação ou a execução da norma jurídica. É a produção de efeitos jurídicos concretos ao regular as relações. Tal conceito não se confunde com validade, que é a força imponível que a norma tem, isto é, a possibilidade de ser observada. A vigência da norma diz respeito a seu tempo de atuação.

Aplicabilidade tem o sentido de pôr a norma em contato com fatos e atos.

A eficácia compreende a aplicabilidade da norma e se ela é obedecida ou não pelas pessoas.

Eficácia global é a aceitação da norma por todos.

A eficácia parcial ocorre se é aceita parcialmente, implicando ineficácia parcial.

Eficácia jurídica é a possibilidade de a norma ser aplicada ao caso concreto, gerando efeitos jurídicos.

Eficácia social é a aplicação efetiva da norma no âmbito da sociedade.

Efetividade é a observância da lei pelos destinatários.

A eficácia da norma jurídica pode ser dividida em relação ao tempo e ao espaço.

4.3.1 Eficácia no tempo

A eficácia no tempo refere-se à entrada da lei em vigor.

Geralmente, a lei entra em vigor na data de sua publicação. Se inexiste disposição expressa da lei, esta começa a vigorar 45 dias depois de oficialmente publicada (art. 1º do Decreto-Lei n. 4.657/42). Nos Estados estrangeiros, a obrigatoriedade da lei brasileira, quando admitida, inicia-se três meses depois de oficialmente publicada (§ 1º do art. 1º do Decreto-Lei n. 4.657/42). É o que se chama de *vacatio legis*. Objetiva-se com isso divulgar o texto, discuti-lo e apreender seu conteúdo.

Se, antes de entrar a lei em vigor, ocorrer nova publicação de seu texto, destinada a correção, o prazo de vigência começará a correr da nova publicação.

As correções a texto de lei já em vigor consideram-se lei nova.

Não se destinando a lei a ter vigência temporária, terá vigor até que outra a modifique ou revogue.

A lei posterior revoga a anterior quando:

a) expressamente o declare, como ocorre no final de muitas leis que rezam: revogam-se as disposições em contrário, ou quando revoga especificamente outra lei ou artigo de lei;
b) seja com ela incompatível. Exemplo seria prescrever conduta totalmente contrária à especificada na lei anterior;
c) regule inteiramente a matéria de que tratava a lei anterior. As Leis n. 8.212/91 e 8.213/91, que tratam da organização do custeio da Seguridade Social e dos benefícios da Previdência Social, regularam inteiramente a matéria, tendo revogado a antiga norma que versava sobre o assunto: a Lei n. 3.807/60, embora inexista determinação expressa nesse sentido nas novas leis.

A lei nova, que estabeleça disposições gerais ou especiais a par das já existentes, não revoga nem modifica a lei anterior. Difícil na maioria das vezes é dizer qual é a lei geral e qual é a lei especial.

Salvo disposição em contrário, a lei revogada não se restaura por ter a lei revogadora perdido a vigência. Repristinação é a restauração da norma anteriormente revogada, pelo fato de que a lei revogadora perdeu vigência. No sistema jurídico brasileiro, em regra, não existe repristinação. A repristinação só existirá se a lei assim dispuser em sentido contrário, como se observa do § 3º do art. 2º da Lei de Introdução. O § 2º do art. 11 da Lei n. 9.868/99 diz respeito à restauração da lei anterior, em caso de concessão de liminar em cautelar para declarar a inconstitucionalidade de norma.

Revogação total é ab-rogação.

Revogação parcial é derrogação.

A cláusula de revogação deverá enumerar, expressamente, as leis ou disposições legais revogadas (art. 9º da Lei Complementar n. 95/98).

A lei em vigor terá efeito imediato e geral, respeitados o ato jurídico perfeito, o direito adquirido e a coisa julgada.

Reputa-se ato jurídico perfeito o já consumado segundo a lei vigente ao tempo em que se efetuou.

Direito adquirido é o que integra o patrimônio jurídico da pessoa, por esta já ter implementado todas as condições para adquirir o direito, podendo exercê-lo a qualquer momento. Consideram-se, assim, adquiridos os direitos que seu titular, ou alguém por ele, possa exercer, como aqueles cujo começo do exercício tenha prazo prefixado, ou condição preestabelecida inalterável em relação à vontade de outra pessoa.

Chama-se coisa julgada a decisão judicial de que já não caiba qualquer recurso.

4.3.2 Eficácia no espaço

A eficácia da lei no espaço diz respeito ao território em que vai ser aplicada a norma. A lei aplica-se ao Brasil, tanto para os nacionais como para os estrangeiros que aqui residam.

Em certos casos, a lei pode ter eficácia no exterior, quando a própria norma assim disponha. É o que ocorre com o art. 3º da Lei n. 7.064/82, que prevê que o empregado brasileiro contratado para trabalhar no exterior tem direito às verbas trabalhistas (inciso II) e à previdência social previstas na legislação brasileira (parágrafo único).

Questionário

1. O que é interpretação?
2. Quais são as espécies de interpretação da norma jurídica?
3. O que é integração e quais são suas espécies?
4. O que é eficácia?
5. Como se verifica a eficácia no tempo da norma?
6. Como se verifica a eficácia no espaço da norma?
7. O que é repristinação?
8. O que é ab-rogação?
9. O que é derrogação?
10. O que são lacunas deontológicas?

Capítulo 5

PRINCÍPIOS DE DIREITO

5.1 CONCEITO GENÉRICO DE PRINCÍPIO

Inicialmente, poder-se-ia dizer que princípio é onde começa algo. É o início, a origem, o começo, a causa. É o momento em que algo tem origem. Princípio de uma estrada é seu ponto de partida, onde ela começa.

Princípio vem do latim *principium, principii*, com o significado de origem, começo, base. Num contexto vulgar, quer dizer o começo da vida ou o primeiro instante. Na linguagem leiga, é o começo, o ponto de partida, a origem, a base. São normas elementares, requisitos primordiais, proposições básicas.

Princípio é, portanto, começo, alicerce, ponto de partida, "vigas mestras", requisito primordial, base, origem, ferramenta operacional.

Evidentemente, não é esse o conceito geral de princípio que precisamos conhecer, mas seu significado perante o Direito.

Os princípios poderiam ser considerados como fora do ordenamento jurídico, pertencendo à ética. Seriam regras morais, regras de conduta que informariam e orientariam o comportamento das pessoas. Entretanto, os princípios do Direito têm características jurídicas, pois se inserem no ordenamento jurídico, inspiram e orientam o legislador e o aplicador do Direito. Os princípios podem originar-se da ética ou da política, mas acabam integrando-se e tendo aplicação no Direito.

Outra corrente entende que os princípios estão no âmbito do Direito Natural, do jusnaturalismo. Seriam ideias fundantes do Direito, que estariam acima do ordenamento jurídico positivo. Seriam regras oriundas do Direito Natural. Os princípios estariam acima do direito positivo, sendo metajurídicos. Prevaleceriam sobre as leis que os contrariassem. Expressam valores que não podem ser contrariados pelas leis.

5.2 CONCEITO DE PRINCÍPIO PARA O DIREITO

Princípios são as proposições básicas que informam as ciências, orientando-as. Para o Direito, o princípio é seu fundamento, a base que irá informar e orientar as normas jurídicas.

São os princípios como as vigas ou alicerces que dão sustentação ao edifício. Este é o ordenamento jurídico, que é subdividido em tantos andares quantos são seus ramos.

5.3 DISTINÇÕES

5.3.1 Diferença entre princípio e norma

A norma é prescrição objetiva e obrigatória por meio da qual organizam-se, direcionam-se ou impõem-se condutas. Também não deixa a norma de ser prescrição de vontade impositiva para estabelecer disciplina a respeito de uma conduta dirigida ao ser humano. O conceito de norma não é, contudo, pacífico. A norma tem um sentido de orientação, de regular conduta, tendo caráter imperativo (de superioridade, que mostra quem ordena e quem recebe a ordem, que pode envolver obrigação ou proibição). Jhering entende que a norma jurídica é imperativo abstrato dirigido ao agir humano. A norma não deixa de ser uma proposição – proposição que diz como deve ser o comportamento. De maneira geral, toda norma define comportamento. As normas são classificadas, segundo Miguel Reale, em: de conduta ou de organização[1]. As de conduta pretendem disciplinar o comportamento das pessoas. As de organização têm caráter instrumental, visando à estrutura e ao funcionamento de órgãos ou à disciplina de processos técnicos de identificação e aplicação de normas, a fim de assegurar uma convivência juridicamente ordenada[2]. As normas, geralmente, têm sanção por seu descumprimento, porém há normas

---

1 REALE, Miguel. *Lições preliminares de direito*. 23. ed. São Paulo: Saraiva, 1996, p. 97.

2 REALE, Miguel. *Lições preliminares de direito*, cit., p. 97.

interpretativas, por exemplo, que não têm sanção. O fato social preexiste à norma jurídica.

Em determinado sistema jurídico, não se encontram apenas normas, mas também princípios, que podem estar ou não positivados, isto é, previstos na legislação.

Os princípios e as normas são razões de juízo concreto do dever-ser.

Princípios são *standards*[3] jurídicos. São gerais. As normas são atinentes, geralmente, a uma matéria.

Têm os princípios grau de abstração muito maior do que o da norma. São as normas gerais, visando ser aplicadas para um número indeterminado de atos e fatos, que são específicos. Não são editadas para uma situação específica. Os princípios servem para uma série indefinida de aplicações.

Trazem os princípios estimações objetivas, éticas, sociais, podendo ser positivados. Exemplo no Direito do Trabalho seria o princípio da irredutibilidade salarial, que não era expresso em nosso ordenamento jurídico e hoje está explicitado no inciso VI, do art. 7º da Constituição da República. Os princípios em forma de norma jurídica são, entretanto, regras, pois estão positivados, mas não deixam também de ser princípios, como ocorre com o princípio da irredutibilidade salarial.

Norma jurídica é gênero, englobando como espécies regras e princípios. Princípios são normas jurídicas[4].

5.3.2 Diferença entre princípio e regra

Os princípios diferenciam-se das regras por vários aspectos. As regras estão previstas no ordenamento jurídico. Os princípios nem sempre estão positivados, expressos no ordenamento jurídico, pois em alguns casos estão implícitos nesse ordenamento, contidos em alguma regra. Decorrem os princípios de estimação ética e social.

A regra serve de expressão a um princípio, quando, por exemplo, este é positivado, ou até como forma de interpretação da própria regra, que toma por base o princípio. Os princípios não servem de expressão às regras. As regras são a aplicação dos princípios ou operam a concreção dos princípios, sobre os quais se apoiam.

Sustentam os princípios os sistemas jurídicos, dando-lhes unidade e solidez. São, portanto, vigas mestras do ordenamento jurídico. Princípio é a bússola que

---

3 DWORKIN, Ronald. *Taking right seriously*. Londres: Duckworth, 1987, p. 22.

4 GRAU, Eros Roberto. *A ordem econômica na Constituição de 1988*: interpretação e crítica. 2. ed. São Paulo: Revista dos Tribunais, 1991, p. 127.

norteia a elaboração da regra, embasando-a e servindo de forma para sua interpretação. Os princípios influenciam as regras.

Os princípios inspiram, orientam, guiam, fundamentam a construção do ordenamento jurídico. Sob certo aspecto, podem até limitar o ordenamento jurídico, erigido de acordo com os princípios. Não são, porém, axiomas absolutos e imutáveis, pois pode haver mudança da realidade fática, que implica a necessidade da mudança da legislação, do Direito em razão da realidade histórica em que foi erigido.

As regras são instituídas tomando por base os princípios. Orientam os princípios a formação de todo o sistema, enquanto a regra está inserida nele, sendo influenciada pelos princípios. O princípio pode ser levado em consideração para a interpretação da regra, enquanto o inverso não ocorre. A aplicação dos princípios é um modo de harmonizar as regras.

Tem o princípio acepção filosófica, enquanto a regra tem natureza técnica[5].

É o princípio o primeiro passo na elaboração das regras, pois dá sustentáculo a elas. O princípio é muito mais abrangente que uma simples regra; além de estabelecer certas limitações, fornece fundamentos que embasam uma ciência e visam a sua correta compreensão e interpretação. A não observância de um princípio implica ofensa não apenas a específico dispositivo, mas a todo o sistema jurídico.

Têm os princípios grau de abstração relativamente elevado. Podem ser vagos, indeterminados, amplos. São *standards* juridicamente vinculantes, fundados na exigência de justiça ou na ideia de direito. Fundamentam regras e permitem verificar a *ratio legis*. As regras podem ser normas vinculativas, com conteúdo meramente funcional, prescrevendo imperativamente uma exigência (de imposição, permissão ou proibição).

A norma tem característica genérica, enquanto a regra tem natureza específica. As regras trazem muitas vezes a concreção dos princípios.

As regras aplicam-se diretamente, não comportando exceções. Ou são aplicadas por completo ou não são aplicadas. É um "tudo ou nada", como afirma Eros Grau[6]. Havendo situação de fato que se encaixa no pressuposto fático, a norma é aplicada. Determina o inciso II do art. 1.864 do Código Civil que há necessidade de que duas testemunhas presenciem o testamento público. Apenas uma testemunha não poderá presenciá-lo, pois o requisito básico não foi observado.

---

5 MANS PUIGARNAU, Jaime M. *Los principios generales del derecho*. Barcelona: Bosch, 1947, p. XXX.

6 GRAU, Eros. *A ordem econômica na Constituição de 1988*: interpretação e crítica, cit., p. 107.

Coexistem os princípios entre si. Permitem interpretação de valores e de interesses, de acordo com seu peso e ponderação. Os princípios devem ser interpretados da mesma maneira como se interpretam as leis, inclusive sistematicamente. Quando os princípios se entrecruzam, deve-se verificar o peso relativo de cada um deles, segundo o entendimento de Eros Grau[7]. A adoção de um princípio implica o afastamento do outro, porém o último não desaparece do sistema. Um princípio pode ser hierarquicamente superior a outro, por ser mais abrangente, ou por ser desdobramento do primeiro ou de outro. Não se pode negar que há uma hierarquia entre os princípios. Se há conflito entre um e outro, a solução decorre sempre da interpretação que faz prevalecer o mais recente sobre o anterior, o de maior grau sobre o de menor grau. Entretanto, os princípios especiais de certa disciplina, quando existentes, devem prevalecer sobre um princípio geral. O intérprete somente irá socorrer-se dos princípios gerais de direito, caso não existam princípios de certa matéria. Os princípios constitucionais, apesar de alguns serem mais abrangentes e importantes do que outros, também estão hierarquizados dentro do sistema, com a prevalência do princípio de hierarquia superior sobre o de hierarquia inferior. Nos jogos de princípios, deve-se observar a preponderância do princípio do interesse público sobre o particular, ou a prevalência do princípio do interesse público sobre o direito adquirido.

Em relação às regras, não há como verificar a que tem mais importância, pois, se há conflito entre duas regras, uma delas não é válida[8], deixando de existir. As regras antinômicas excluem-se. O ordenamento jurídico pode ter critérios para resolver o conflito de regras. Dependendo do caso, a regra de maior hierarquia tem preferência sobre a de menor hierarquia, ou a mais nova tem preferência sobre a mais antiga (§ 1º do art. 2º da Lei de Introdução) ou a mais específica sobre a mais genérica.

A regra, de modo geral, é instituída para ser aplicada a uma situação jurídica determinada, embora aplique-se a vários atos ou fatos. O princípio acaba, porém, sendo aplicado a uma série indeterminada de situações[9]. Não tem por objetivo o princípio ser aplicado apenas a determinada situação jurídica.

Os princípios não têm sanção por intermédio da lei, por seu descumprimento. A sanção que pode existir é moral.

---

7 *A ordem econômica na Constituição de 1988*: interpretação e crítica, cit., p. 111.

8 GRAU, Eros. *A ordem econômica na Constituição de 1988*: interpretação e crítica, cit., p. 111.

9 BOULANGER, Jean. Principes généraux du droit positif: le droit privé français au milieu du XXe siècle. In: *Études offertes à Georges Ripert*. Paris: LGDJ, 1950, p. 55-56.

As regras são normas fundamentais que informam a elaboração e a interpretação do Direito, sendo identificadas, portanto, nos textos legais, nas teorias e na doutrina. A regra tem por objetivo ordenação, pôr ordem, regrar, espelhando uma regulamentação de caráter geral. Princípios são construções que servem de base ao Direito como fontes de sua criação, aplicação ou interpretação.

Os princípios e as regras são razões de juízos concretos de dever-ser.

Permitem os princípios o balanceamento de valores e interesses, de acordo com seu peso e a ponderação de outros princípios conflitantes. As regras não deixam espaço para outra solução, pois ou têm validade ou não têm. Os princípios envolvem problemas de validade e peso, de acordo com sua importância, ponderação, valia. As regras apresentam apenas questões de validade. Têm os princípios função sistemática.

Aplicam-se os princípios automática e necessariamente quando as condições previstas como suficientes para sua aplicação manifestam-se. A regra é geral porque estabelecida para número indeterminado de atos ou fatos, não sendo editada para ser aplicada a uma situação jurídica determinada. O princípio é geral porque comporta série indefinida de aplicações, não admitindo hipóteses nas quais não seria aplicável, porém não contém nenhuma especificação de hipótese de estatuição.

5.3.3 Diferença entre princípios e diretrizes

Princípios distinguem-se de diretrizes. Diretrizes são objetivos almejados, que podem ou não ser atingidos. É uma pretensão desejada. Princípios não são objetivos, pois fundamentam o sistema jurídico.

5.3.4 Diferença entre princípios e peculiaridades

Princípios não se confundem com peculiaridades. Wagner Giglio faz interessante distinção entre princípios e peculiaridades, sendo adaptadas para o presente estudo, pois foram analisadas apenas no âmbito do Direito Processual do Trabalho:

a) princípios são necessariamente gerais, enquanto peculiaridades são restritas, atinentes a um ou poucos casos;
b) princípios informam, orientam e inspiram preceitos legais. Deles, podem ser extraídas conclusões por meio de raciocínio indutivo. Das peculiaridades não é possível a extração de princípios, nem delas derivam normas legais;

c) princípios dão organicidade a institutos e sistemas. As peculiaridades, não, pois esgotam sua atuação em âmbito restrito[10];
d) princípios são a regra. Peculiaridades são as exceções.

5.4 CONSIDERAÇÕES GERAIS

Para o Direito, o princípio é observado dentro de um sistema. O papel dos princípios nesse sistema será fundamental, pois irá informar e orientar tanto o legislador como o intérprete.

Dentro da Ciência do Direito, o princípio é uma proposição diretora, um condutor para efeito da compreensão da realidade diante de certa norma. Os princípios do Direito não são, porém, regras absolutas e imutáveis, que não podem ser modificadas, mas a realidade acaba mudando certos conceitos e padrões anteriormente verificados, formando novos princípios, adaptando os já existentes e assim por diante. Têm, também, de ser os princípios examinados dentro do contexto histórico em que surgiram. Dentro da dinâmica histórica, podem ser alterados ou adaptados diante da nova situação.

Atuam os princípios no Direito inicialmente antes de a regra ser feita, ou numa fase pré-jurídica ou política. Nessa fase, os princípios acabam influenciando a elaboração da regra, como proposições ideais. Correspondem ao facho de luz que irá iluminar o legislador na elaboração da regra jurídica. São fontes materiais do Direito, pois muitas vezes são observados na elaboração da regra jurídica.

5.5 FUNÇÕES DOS PRINCÍPIOS

Os princípios têm várias funções: informadora, normativa e interpretativa.

A função informadora serve de inspiração ou orientação ao legislador, dando base à criação de preceitos legais, fundamentando as normas jurídicas e servindo de sustentáculo para o ordenamento jurídico. São descrições informativas que irão inspirar o legislador. Num segundo momento, os princípios informadores servirão também de auxílio ao intérprete da norma jurídica positivada.

Atua a função normativa como fonte supletiva, nas lacunas ou omissões da lei, quando inexistam outras normas jurídicas que possam ser utilizadas pelo intérprete. Irão atuar em casos concretos em que inexista uma disposição específica

[10] GIGLIO, Wagner D. *Direito processual do trabalho*. 12. ed. São Paulo: LTr, 2002, p. 71.

para disciplinar determinada situação. Nesse caso, são utilizados como regra de integração da norma jurídica, preenchendo as lacunas existentes no ordenamento jurídico, completando-a, inteirando-a. Seria também uma espécie de função integrativa, como instrumentos de integração das normas jurídicas, como ocorre, por exemplo, nas lacunas.

A interpretação de certa norma jurídica também deve ser feita de acordo com os princípios. Irá a função interpretativa servir de critério orientador para os intérpretes e aplicadores da lei. Será uma forma de auxílio na interpretação da norma jurídica e também em sua exata compreensão. De modo geral, qualquer princípio acaba cumprindo também uma função interpretativa da norma jurídica, podendo servir como fonte subsidiária do intérprete para a solução de um caso concreto.

Têm ainda os princípios função construtora. Indicam a construção do ordenamento jurídico, os caminhos que devem ser seguidos pelas normas.

Os princípios têm função de integração da norma no ordenamento jurídico.

O art. 8º da CLT autoriza o intérprete a utilizar-se da analogia, da equidade, dos princípios gerais de Direito, principalmente do Direito do Trabalho, dos usos e costumes, na falta de disposições legais ou contratuais específicas, porém desde que nenhum interesse de classe ou particular prevaleça sobre o interesse público. O art. 4º do Decreto-Lei n. 4.657/42 permite ao juiz, quando a lei for omissa, decidir o caso concreto que lhe foi submetido de acordo com a analogia, os costumes e os princípios gerais de direito. O juiz não se exime de decidir alegando lacuna ou obscuridade da lei do ordenamento jurídico (art. 140 do CPC). No julgamento da lide, caber-lhe-á aplicar as normas legais; não as havendo, recorrerá à analogia, aos costumes e aos princípios gerais de direito. O juiz, porém, só decidirá por equidade nos casos previstos em lei (parágrafo único do art. 140 do CPC), como ocorre no Direito do Trabalho com a autorização do art. 8º da CLT. Da forma como o art. 8º da CLT está redigido, os princípios têm função integrativa da norma jurídica, pois apenas na falta de disposições legais ou contratuais é que serão aplicados. Isso significa que serão utilizados quando houver lacuna na lei, completando a norma jurídica. Poderão também ser utilizados como forma de interpretação, quando a norma não seja suficientemente clara para o caso a ser dirimido.

Em nosso sistema, os princípios não têm função retificadora ou corretiva da lei, pois só são aplicáveis em caso de lacuna da lei. A finalidade dos princípios é de integração da lei. Se há norma legal, convencional ou contratual, os princípios não são aplicáveis.

Os princípios serão o último elo a que o intérprete irá se socorrer para a solução do caso que lhe foi apresentado. São, portanto, os princípios espécies de fontes secundárias para aplicação da norma jurídica, sendo fundamentais na elaboração das leis e na aplicação do direito, preenchendo lacunas da lei.

Os princípios são usados como critérios de interpretação e de integração.

5.6 PRINCÍPIOS GERAIS DE DIREITO

Existem princípios que são comuns ao Direito em geral. É de se destacar, por exemplo, que ninguém poderá alegar a ignorância do Direito. O art. 3º do Decreto-Lei n. 4.657/42 é claro no sentido de que ninguém se escusa de cumprir a lei, alegando que não a conhece.

O princípio do respeito à dignidade da pessoa humana é hoje encontrado até mesmo na Constituição (art. 1º, III), como um dos objetivos da República Federativa do Brasil, como um Estado Democrático de Direito. Há de se respeitar a personalidade humana, como um direito fundamental. O inciso X do art. 5º da Lei Maior assegura a inviolabilidade à intimidade, à vida privada, à honra e à imagem das pessoas, assegurando o direito à indenização pelo dano material ou moral decorrente de sua violação.

O princípio da proibição do abuso de direito ou do lícito exercício regular do próprio direito é fundamental no Direito. O inciso I do art. 188 do Código Civil mostra que não constituem atos ilícitos os praticados no exercício regular de um direito reconhecido. Logo, se o ato é praticado mediante seu exercício irregular, estaremos diante de um ato ilícito. Silvio Rodrigues afirma que o abuso do direito constitui uma das dimensões do ilícito[11].

Veda também o Direito o enriquecimento sem causa. Uma pessoa não poderá locupletar-se de outra, enriquecendo à custa dela, sem que haja causa para tanto.

Tem ainda o Direito função social, que é regular a vida humana na sociedade, estabelecendo regras de conduta que devem ser respeitadas por todos. No Direito Romano já se dizia que, onde existe sociedade, aí existirá Direito (*ubi societas, ibi ius*) e, reciprocamente, onde existe Direito, aí existirá sociedade (*ubi ius, ibi societas*). Entretanto, pode-se dizer que o Direito é que está a serviço da sociedade e não esta a serviço do Direito. Não há como negar, porém,

---

[11] RODRIGUES, Silvio. *Direito civil*. São Paulo: Max Limonad, 1962, p. 338.

que o Direito desempenha função social, que é fundamental para regular a vida humana em sociedade.

As pessoas devem agir com razoabilidade. Na aplicação da norma isso também deve ocorrer.

O princípio da proporcionalidade deve ser entendido no sentido de que não se pode impor condutas a não ser para o estrito cumprimento do interesse público. Não se pode agir com excessos, nem de modo insuficiente.

O princípio da segurança jurídica mostra a necessidade da manutenção das relações jurídicas.

É aplicável o princípio da boa-fé, inclusive nos contratos (art. 422 do Código Civil), seja no Direito Civil ou no Comercial, mas também no Direito do Trabalho. É observado inclusive no processo civil (art. 5º do CPC). Presume-se a boa-fé. A má-fé deve ser provada.

Não se pode alegar a própria torpeza como forma de deixar de cumprir certa relação. Determinada situação não pode ser considerada como nula em razão de a própria parte lhe ter dado causa. É a aplicação da regra latina *nemo suam propriam turpitudinem profitare potest.*

Ulpiano entendia que são preceitos do Direito: viver honestamente, não lesar a outrem e dar a cada um o que lhe pertence (*iuris praecepta sunt haec – honest vivere, allerum non suum cuique tribuere*).

Os princípios gerais cumprem, assim, função primordial de assegurar a unidade do sistema, como um conjunto de valores e partes coordenadas entre si.

Há também princípios relativos a contratos, como o de que o contrato faz lei entre as partes, ou da força obrigatória dos contratos. Disso decorre o *pacta sunt servanda*, ou seja: os acordos devem ser cumpridos.

É claro que o *pacta sunt servanda* sofre certas atenuações, como da cláusula *rebus sic stantibus contractus qui habent tractum sucessivum et dependentiam de futuro, rebus sic stantibus intelligentur.* Enquanto as coisas permanecerem como estão, devem ser observadas as regras anteriores. Se houver alguma modificação substancial, deve haver revisão da situação anterior. É o que ocorreria com o empregador que se obriga a pagar adicional de insalubridade ao empregado que presta serviços em condições prejudiciais a sua saúde. Entretanto, esse pagamento pode ser revisto em decorrência da utilização de equipamentos de proteção individual que eliminem a insalubridade existente no ambiente de trabalho. O mesmo se pode dizer quando há mudança na realidade econômica, que pode implicar grave desequilíbrio contratual entre as partes, que não era previsto na relação inicial, necessitando também haver revisão das condições anteriormente pactuadas.

Lembre-se, ainda, do princípio da *exceptio non adimpleti contractus*, ou seja: nenhum dos contraentes pode exigir o implemento da obrigação do outro antes de cumprir sua parte no pactuado (art. 476 do CC). Existe também o sinalagma inerente a qualquer contrato, em que há uma reciprocidade de direitos e obrigações.

Há ainda algumas máximas ou brocardos aplicáveis ao Direito.

O direito de uma pessoa termina onde começa o da outra.

Quem age direito está de acordo com a lei.

O que não é proibido é permitido.

O direito não socorre os que dormem (*dormientibus non succurrit ius*). Se o credor dormiu, é porque não tem interesse em seu direito.

Onde há a mesma razão, deve-se aplicar a mesma disposição legal (*ubi eadem ius, ibi idem dispositio*).

Não exigência do impossível a qualquer pessoa.

Quem pode o mais pode o menos.

Questionário

1. O que é princípio para o Direito?
2. Qual a diferença entre princípio e norma?
3. Qual a diferença entre princípios e peculiaridades?
4. Quais são as funções dos princípios?
5. Quais são os princípios gerais do Direito?

Parte II

DIREITO PÚBLICO

Capítulo 6

TEORIA DO ESTADO

6.1 HISTÓRICO

Estado vem do latim *statu*. Tem o significado de estar firme.

O Estado é mesmo um ser vivo, pois nasce, floresce e morre[1].

Na escravatura, os escravos e os párias não tinham direito. Os escravos eram considerados coisas, não sendo sujeitos de direitos.

Os nobres tinham todas as regalias, como direitos privados.

Nessa primeira fase, o Estado é representado pelo soberano, que era o próprio Deus, como ocorreu, por exemplo, com os faraós.

Inicialmente, o homem pertencia à família. Quando esta se ampliou, deu origem à cidade.

O *pater familias* era o chefe de um pequeno Estado, sendo o único proprietário, juiz das situações relativas à família e também chefe religioso.

Gens era a família num sentido amplo, abrangendo todos os descendentes de um antepassado comum.

As famílias uniram-se e formaram outros organismos, que os romanos chamavam *curia* e os gregos, *fratria*. Esses grupos de famílias tinham seu altar próprio

1 CALMON, Pedro. *Curso de direito público*. Rio de Janeiro: Freitas Bastos, 1938, p. 149.

e um deus protetor. O chefe da cúria era o sacerdote, que fazia os sacrifícios, aplicando o Direito estabelecido nas assembleias.

Começa a existir um agrupamento humano, como a horda, o clã, a tribo, as *polis* ou *civitas*.

O Estado surge a partir da evolução da família.

Há teorias que informam que o Estado foi formado natural e espontaneamente.

O Estado Antigo ou Teocrático tinha como características ser unitário e religioso. Em certos casos, o governante era considerado um representante divino.

Não houve exatamente um único Estado grego. Falava-se nas cidades-Estado, na pólis. Não havia uma ordem comum, mas uma autossuficiência de cada cidade.

Platão afirmava que o Estado era originário das profissões econômicas. Em A *república*, Platão assevera que o indivíduo é formado de três partes: (a) a razão, que governa; (b) o coração, que atua; (c) os sentidos, que obedecem. O Estado é formado de três classes: (a) os sábios, que devem governar; (b) os guerreiros, para atuar na defesa do Estado; (c) os artesãos e camponeses, que devem obedecer. Os intelectuais é que teriam o poder de decidir. As demais pessoas deveriam trabalhar para sustentar a organização social. O Estado tem um poder absoluto. Tudo é da sua competência e intervenção. Afirma que deve haver a supressão da família e da propriedade privada. A comunidade dos bens e das mulheres seria sustentada pelos sábios e pelos guerreiros. Trata de um Estado ideal, de como ele deveria ser.

Aristóteles dizia que o Estado é uma criação natural, sendo anterior ao próprio homem. O Estado era derivado da família, que era dirigida pelo homem mais velho. A união de várias famílias é que formava o Estado. O Estado é uma necessidade. Visa à virtude e à felicidade universal. Não se concebe o indivíduo sem o Estado. Defendia, ainda, a propriedade privada. O Estado necessita de que certas classes de homens se ocupem de atribuições físicas, enquanto outras classes tenham condições de se dedicar às atividades superiores, como de pensar. Aristóteles é considerado o precursor da teoria dos três poderes, que posteriormente foi desenvolvida por Locke e Montesquieu. Independentemente de ser o governo de um só, de alguns ou de todos, bom governo é o exercido para o bem de todos.

O Estado egípcio compreendia o faraó e sua família, os nobres, os sacerdotes, o povo e os escravos.

A primeira fase do Estado romano era do governo pela monarquia. O rei tinha um poder quase absoluto. No período da república, os cidadãos tinham participação na vida pública.

No império romano, o senado era vitalício. No governante eram concentrados todos os poderes, inclusive de vida e morte.

Para Cícero, o Estado era destinado a proteger a propriedade e regular as relações de ordem patrimonial. Cícero preferia regime misto, com a república aristocrática com seleção de valores. Seria uma democracia qualitativa.

Na teocracia, o governante tinha autoridade em decorrência da sua divindade. Sua autoridade não poderia ser contestada.

Santo Agostinho, na *Suma teológica*, afirmava que o Estado é um produto natural e indispensável à satisfação das necessidades humanas. Visa garantir a segurança de seus integrantes e promover o bem comum.

No feudalismo, o feudo era um pequeno Estado, dominado pelo senhor feudal, que era o dono das terras e as explorava. O Estado medieval ou feudal era caracterizado pelo poder do imperador e por vários poderes menores. Havia fraqueza do poder central. Os feudos eram fortalecidos. O chefe tinha soberania sobre os bens e pessoas que moravam nos seus domínios. Os vassalos davam apoio ao senhor feudal nas guerras e entregavam-lhe contribuições pecuniárias em troca da proteção militar. O servo recebia uma faixa de terra do senhor feudal, na qual fazia plantação para sua subsistência e destinava uma parte da produção para o senhor feudal, que era o beneficiário. O servo vinculava-se à gleba de terra. O senhor feudal estabelecia o que o servo poderia ou não fazer. Havia multiplicidade de ordens jurídicas, compreendendo o poder imperial, eclesiástico, o direito das comunas etc.

Na monarquia, o rei tinha todo o poder e era o próprio Estado.

No século XIII, na Inglaterra, foi imposta a Carta Magna a João sem Terra.

Nicolau Maquiavel escreveu *O príncipe*. Nessa obra, mostra a política como técnica de alcançar o poder e nele permanecer. Poderiam ser empregados quaisquer meios, desde que os objetivos fossem legítimos. A ele se atribui a frase "os fins justificam os meios". Descreve minuciosamente as atividades que o monarca deve fazer para governar o Estado. Mostra as condições para a conquista do poder e a sua permanência.

Jean Bodin, em 1566, afirma que o rei tem o poder absoluto e perpétuo. Está sujeito apenas à Lei Natural. A soberania não tem limites de poder, de encargos e nem por certo tempo. O Estado representa a superioridade de um grupo social sobre outros. É a chamada teoria da força.

Hobbes menciona em *Leviatã* que o Estado determina tudo, como um monstro horrível que devora e absorve todos os direitos individuais das pessoas. O Estado é um grande e robusto homem artificial, construído pelo homem para sua proteção e defesa. Mostra o contrato entre a sociedade e o Estado. Em *Leviatã*, haveria a criação da sociedade civil. No contrato social, as pessoas abdicariam de suas liberdades e direitos naturais em favor do Estado, que iria instaurar e garantir a ordem.

Luís XIV era chamado de o rei sol (Le roi soleil). Com a morte de Mazarin, em 9 de março de 1661, o rei disse: "o cardeal Mazarin está morto. Senhores ministros, é a mim que vocês irão se endereçar doravante. Eu quero governar por mim próprio. Não quero um primeiro ministro". Dizem que nesse momento teria dito a frase "o Estado sou eu" (L'État c'est moi). A lei era a vontade do soberano. Seu poder não tinha limites. Inaugura a fase do absolutismo monárquico. Ele não poderia ver outra autoridade que não a sua. Nasce a noção do poder absoluto. Era a monarquia absoluta de direito divino. O rei governava por ele mesmo (Le roi gouverne par lui même, frase inscrita no topo da Sala dos Espelhos, em Versalhes). Havia um Conselho, composto de seis conselheiros, o chanceler, o diretor das finanças, secretários de Estado (da Guerra, da Marinha, da Casa Real e dos Assuntos Estrangeiros). Teria dito o rei: "Não temos nada a ver com anjos, mas com homens, a quem o poder excessivo dá quase sempre alguma tentação de usá-lo". O Conselho de Estado privado era presidido pelo rei. Era composto por magistrados. Reuniu mais de 30 conselheiros que faziam os julgamentos e 80 referendários, que preparavam os dossiês. As reuniões eram às segundas-feiras na sala do Conselho. Era encarregado de regulamentar os litígios judiciários. Havia também outras instâncias de decisão, de importância secundária. É falado em devolução ou efeito devolutivo da apelação, mas isso se referia a devolver a quem de direito para julgar a questão, que era o rei. O rei controlava tudo: a Corte, a economia, os prazeres, a guerra, a ciência, as artes. Construiu um Estado centralizado, com a centralização do poder no rei. No âmbito jurídico, fez o Código Luis, em 1667, uma espécie de Código Civil; o Código Criminal, em 1670; o Código Florestal, a ordenança de comércio de 1673; o Código Escuro, de março de 1685, sobre a escravidão. Esse código é considerado por alguns como "o texto jurídico mais monstruoso que foi produzido nos tempos modernos". De acordo com o texto, expulsa os judeus das Antilhas e regula o uso dos escravos nas colônias. Em caso de fuga dos escravos, havia amputações. Aboliu o Edito de Nantes em 1685, que dava liberdade de culto aos protestantes. Com a revogação do Edito de Nantes, o reino se tornou exclusivamente católico. Os templos se transformaram em igrejas, mas a adesão ao catolicismo pelos protestantes foi superficial. Sua política exterior reforçou as defesas nas fronteiras, limitou o poder dos Habsburgos, se assegurou da neutralidade do príncipe da Suécia. Conquistou alguns territórios, como: Roussilon (1659), Lille (1668), Alsace (1675), Franché-Comté (1678), Artas, Estrasburgo (1681). Ele organizou a armada, unificou os soldos, determinou o poder do ministro das armas sobre os comandantes em chefe que dispunham de seus homens como queriam. Ele usa da diplomacia, com as embaixadas, tratados, alianças, uniões de dinastias, sustentação aos opositores de seus inimigos. Afirma que é sempre a impaciência de ganhar que faz perder.

John Locke tomava por base o Direito Natural. O Estado é uma ficção humana que visa viabilizar a vida dentro da coletividade. Afirmava que o cidadão deveria ter direitos fundamentais, que seriam tutelados pelo Estado. Esses direitos seriam os limites de sua inserção na vida social. Ao Estado incumbiria fornecer os meios necessários para que a pessoa atingisse sua realização pessoal. O Estado tem por objetivo preservar direitos naturais do homem, a vida e a propriedade. Entendia que o Estado teria sido criado por meio de um contrato entre homens, mas considerava que o homem não vivia em guerra permanente. Os homens concordaram em ceder ao Estado uma parte de seus direitos para ele determinar a ordem civil, julgar e punir as pessoas e promover a defesa externa. Eles delegam os poderes de regulamentação, das relações externas na vida social, mantendo seus direitos fundamentais. Se o governante violasse o contrato, o povo reassumiria o poder. Dizia que cabem ao Estado três funções específicas, nas quais todas as outras estariam resumidas: elaborar a lei, executá-la e administrar as relações com o exterior. Os mesmos homens que fazem as leis não devem aplicá-las. O legislador poderia utilizar a lei para casos particulares, ao seu arbítrio.

Montesquieu, no *Espírito das leis*, afirma que a república envolve a devoção dos cidadãos ao bem público, tendo por característica a virtude. Na monarquia, o fundamento é o amor dos privilégios e distinções. Despotismo tem fundamento na força e por sustentação o medo. Retoma as ideias de Aristóteles e Locke, alegando que o poder estatal seria dividido em três: o legislativo, que elaborava as leis; o executivo, que as aplicava, as executava; o judiciário, que as faria cumprir nos casos concretos. Os poderes deveriam ser independentes uns dos outros e determinados a pessoas diferentes.

Para Rousseau, o Estado nasce de um contrato. Não poderiam existir corpos intermediários entre o indivíduo e o Estado, ficando proibidas as corporações de ofício. A lei é a expressão da vontade geral. Esses ideais foram observados na Revolução Francesa de 1789. No *Contrato social*, os homens estabeleceram um poder supremo que a todos defenderia, firmando um contrato social. Cada um põe em comum sua pessoa e todo seu poder sob a suprema direção da vontade geral. Cada um, obedecendo a essa vontade geral, não obedece senão a si mesmo. O Estado somente é suportável se for justo. Caso isso não ocorra, o povo tem o direito de substituí-lo, refazendo o pacto. Rousseau defendia que a soberania era do povo, que poderia se rebelar contra o Estado. Rousseau afirmava que cada homem exercia sobre si mesmo o poder soberano. Quando o homem se organiza em sociedade transfere essa soberania ao Estado, que passa a ser o detentor do poder. O princípio essencial do Estado é sua soberania inalienável, indivisível e imprescritível. O Direito não provém da natureza, mas tem fundamento nas convenções. Os objetivos da legislação são liberdade e igualdade. Todos os homens são iguais.

A Revolução Francesa de 1789 estabeleceu a soberania nacional. Todo governo que não provém da vontade nacional é tirania. A nação é soberana e sua soberania é una, indivisível, inalienável e imprescritível. O Estado é uma organização artificial e precária. É resultante de um pacto nacional voluntário. Deve servir ao homem. O pacto social é rompido quando uma parte viola uma de suas cláusulas. Não há governo legítimo sem o consentimento popular. A lei é a expressão da vontade geral.

A Declaração dos Direitos do Homem e do Cidadão da Constituição Francesa de 1793 previa que "a soberania reside no povo; ela é una, indivisível, imprescritível e inalienável" (art. 25).

A Declaração dos Direitos e Deveres do Homem e do Cidadão da Constituição Francesa de 1795 determinava que "a soberania reside essencialmente na universalidade dos cidadãos" (art. 17).

Hegel (1770-1831) afirmava que o Estado estava incluído na evolução dialética. O homem estava a serviço do Estado.

Marx e Engels declaram que o Estado foi criado exclusivamente para servir a burguesia, protegendo a propriedade privada em detrimento da classe proletária. Engels afirma em *A origem da família, da propriedade privada e do Estado* que o Estado era o instrumento de que se serve o capital para explorar o trabalho assalariado. É um instrumento da burguesia para a exploração do proletariado. As classes deveriam desaparecer, sumindo também o Estado. O proletariado assumiria o poder e o Estado seria extinto.

A doutrina fascista dizia que a nação era elemento integrante do Estado. Afirmava Mussolini: tudo no Estado, nada fora do Estado, nada contra o Estado. O Estado seria um fim em si mesmo. Houve o agrupamento em corporações de todos os membros de cada ramo de produção, dando origem ao corporativismo.

O governo nazista tinha como lema a expressão *Ein Volk, ein Reich, ein Fuehrer*, isto é, um povo, um império e um líder. Era um sistema altamente estatizado.

O Estado do bem-estar social preconizava a proteção das pessoas do nascimento à morte. Foram instituídos o salário-desemprego, educação gratuita para todos os níveis, saúde gratuita, pensão para aposentados e para mães solteiras.

Hans Kelsen afirma que o Estado é produzido pelo Direito e não pela realidade social. O Estado é restringido pela ordem jurídica. Somente a norma jurídica pode definir o Estado. As normas de direito geram o Estado. O fundamento do Estado é a ordem jurídica. Nem toda ordem jurídica é um Estado, como a ordem jurídica internacional. Para ser Estado, a ordem jurídica tem de caracterizar uma organização, de instituir órgãos. O Estado é uma ordem jurídica, relativamente centralizada[2]. A pureza do Estado é definida pelas suas repercussões normativas.

Ferdinand Lassale defende que o Estado é uma realidade social e não jurídica. O Estado é fundado nos fatos sociais. Os fatos seriam a causa, o fundamento do Estado. Constituiriam os fatos o ordenamento jurídico do Estado. Os fatores reais do poder são a força ativa e eficaz que informa todas as leis e instituições jurídicas do Estado. O texto da Constituição reflete fatores políticos, econômicos e religiosos. A norma apenas descreve as camadas sociais que existem num certo momento histórico. O Direito ficaria relegado a um segundo plano[3].

O Estado neoliberal, de acordo com as ideias de Margaret Thatcher, deveria deixar de intervir na economia, desregulamentando a relação de emprego. Deveria haver a retirada do Estado dos meios de produção. Defendia a privatização das empresas estatais. O mercado seria regulado espontaneamente.

Está o Estado moderno amparado na lei, que é votada em duas casas.

A divisão dos poderes é necessária em razão de que o poder único, centralizado num único órgão, implicaria poder absoluto de uma única pessoa, o soberano, retornando-se à monarquia.

Existe o Estado em razão da pessoa e não esta em razão do primeiro.

O Estado tem uma realidade sociológica, pois verifica-se a evolução do homem até chegar à sociedade. Tem uma realidade jurídica, pois é estabelecido de acordo com normas jurídicas.

Acaba sendo o Estado um polígono, tendo vários lados, várias as faces ou dimensões, dependendo do lado que seja olhado.

O direito acaba sendo um limite ao poder do Estado.

Não se pode falar em Teoria Geral do Estado, pois toda teoria ou doutrina é geral.

A Teoria do Estado estuda a origem, a organização, o funcionamento e as finalidades do Estado.

---

2 *Teoria pura do direito*. 4. ed. Coimbra: Armênio Amado, 1976, p. 385.

3 *O que é uma constituição*. Rio de Janeiro: Laemmert, 1969, p. 28-29.

6.2 CONCEITO

Estado é a reunião de pessoas numa sociedade política e juridicamente organizada, dotada de soberania, dentro de um território, sob um governo, para a realização do bem comum do povo[4].

Bem comum é o conjunto de todas as condições de vida social que consistam e favoreçam o desenvolvimento integral da personalidade humana[5].

O Estado é um fato social e histórico.

Difere a Teoria do Estado da Ciência Política. Na primeira, o Estado é analisado de forma abstrata. Visa-se a uma visão geral. A Ciência Política estuda o Estado de forma mais concreta ou abrangente. Serve de base a Ciência Política para a Teoria do Estado, pois estuda os fenômenos políticos.

6.3 ELEMENTOS DO ESTADO

São elementos do Estado: o povo, o território e o governo.

O povo é o componente humano ou pessoal. É o conjunto de pessoas que estão adstritas, pela ordem jurídica estatal, a sua jurisdição, que compreende tanto o que reside no Estado como o que está fora dele.

O povo tem o aspecto subjetivo, no sentido de ser elemento componente do Estado. O aspecto objetivo diz respeito à atividade do Estado.

População é o número total de habitantes que vivem num país, incluindo nacionais e estrangeiros. É a expressão numérica das pessoas que vivem no país. O povo é composto de pessoas que pertençam ao país, mesmo residindo no exterior, como ocorre com um embaixador em outro país.

Nação vem do latim *natio*, palavra derivada de *natus*, particípio do verbo *nascor*, que significa nascer. Num sentido ético, é o fato de a pessoa ser nascida no território (indígena), em oposição aos alienígenas.

Nação é uma comunidade de base histórico-cultural, pertencendo a ela, em regra, os que nascem em certo ambiente cultural feito de tradições e costumes, geralmente expresso numa língua comum, tendo um conceito idêntico de vida e dinamizado pelas mesmas aspirações de futuro e os mesmos ideais coletivos[6].

---

4 MARTINS, Sergio Pinto. *Teoria geral do Estado*. 2. ed. São Paulo: Saraiva, 2018, p. 48.

5 Papa João XXIII, *Pacem in terris*, Encíclica, II, 58.

6 REALE, Miguel. *Teoria do direito e do estado*. 2. ed. São Paulo: Martins, 1960, p. 158.

Nação não tem sentido de povo.

O conceito de Estado é jurídico, enquanto o conceito de Nação é sociológico. Nação é a sociedade natural de homens, dentro de um território, com mesma origem, costumes, língua e comunhão de vida. Exemplo de nação era a Itália antes da unificação social, que era constituída de vários Estados. A nação seria, em princípio, a semente da qual surgiu o Estado.

Sociedade é a união durável de indivíduos que têm um objetivo comum.

Alessandro Gropalli afirma que raça é o complexo de caracteres somáticos que identificam um determinado grupo humano e são transmitidos hereditariamente.

Território é o elemento material, espacial ou físico do Estado. É o limite espacial no qual o Estado exerce seu poder sobre pessoas e bens. Compreende a superfície do solo que o Estado ocupa, seu subsolo, seu mar territorial e o espaço aéreo.

O Estado exerce uma relação de domínio sobre o território. É um poder que o Estado exerce sobre pessoas e coisas.

Não existe Estado sem território. O território é a delimitação da soberania. O Estado tem o monopólio de ocupação em determinado espaço.

O mar territorial brasileiro estende-se a 200 milhas da costa.

Governo é a organização necessária para o exercício do poder político[7].

Soberania é o poder de organizar-se juridicamente e de fazer valer dentro de seu território a universalidade de suas decisões nos limites dos fins éticos de convivência[8]. A soberania do Estado não reconhece poder igual, superior ou concorrente na ordem interna, nem poder superior na ordem internacional. Consiste a soberania num poder: incondicionado, absoluto, sem qualquer limite, já que seus limites são traçados pelo próprio Estado; originário, pois não é derivado de qualquer outro, nascendo com o próprio Estado; e exclusivo, visto que só o Estado o possui e pode exercê-lo[9]. É una a soberania, porque não se admite que um mesmo Estado tenha duas soberanias, sendo um poder superior aos demais, não admitindo a convivência de dois poderes iguais no mesmo âmbito. É indivisível, visto que não admite a separação das partes autônomas da mesma soberania[10]. É imprescritível, pois não tem prazo certo de duração. O Estado soberano pode autodeterminar-se ou autogovernar-se, autolimitar-se, isto é, estabelecendo seu ordenamento jurídico, sendo,

---

7 SALVETTI NETTO, Pedro. *Curso de teoria do estado*. 4. ed. São Paulo: Saraiva, 1981, p. 55 e 273.

8 REALE, Miguel. *Teoria do direito e do estado*, cit., p. 127.

9 ZANZUCCHI, Marco Tullio. *Istituzioni di diritto publico*. Milão: Giuffrè, 1948, p. 21.

10 DALLARI, Dalmo de Abreu. *Elementos de teoria geral do estado*. 19. ed. São Paulo: Saraiva, 1995, p. 69.

contudo, autônomo para decidir sobre tal ordenamento jurídico[11]. Tem, pois, o Estado um poder superior aos demais. A soberania é um dos fundamentos da República Federativa do Brasil (art. 1º, I, da Constituição). É exercida a soberania popular por meio do sufrágio universal e pelo voto direto e secreto, com valor igual para todos, conforme o art. 14 da Lei Fundamental.

O poder é a expressão da soberania.

O Estado tem um só povo, um território, uma única soberania e um governo, que exerce a soberania interna e internacional.

6.4 FUNDAMENTOS DO ESTADO

O Estado tem vários fundamentos, como religiosos, jurídicos, éticos, psicológicos etc.

Ensina a teoria religiosa que o Estado tem fundamento em Deus ou na providência divina.

Compreende a teoria jurídica a proteção do Estado em relação à família, ao patrimônio da pessoa.

Para a teoria da força, o Estado é o domínio dos fortes sobre os fracos.

Indica a teoria ética que a vida fora do Estado não pode ser considerada válida.

A teoria psicológica menciona que o fundamento do Estado está no impulso que leva os homens a se reunirem e viverem sob o império do Estado.

6.5 FINS DO ESTADO

O fim do Estado é assegurar a vida humana em sociedade, pelo fato de que o homem não vive isoladamente e necessita de normas que disciplinem comportamentos. Visa ao bem comum do povo.

O Estado deve garantir a ordem interna, assegurar a soberania na ordem internacional, fazer as regras de conduta, distribuir justiça.

São objetivos fundamentais da República Federativa do Brasil, que é um Estado Democrático de Direito: (a) construir uma sociedade livre, justa e solidária; (b) garantir o desenvolvimento nacional; (c) erradicar a pobreza e a marginalização e reduzir as desigualdades sociais e regionais; (d) promover o bem de todos, sem preconceitos de origem, raça, sexo, cor, idade e quaisquer outras formas de discriminação (art. 3º da Constituição).

---

[11] MORAES, Bernardo Ribeiro de. *Compêndio de direito tributário*. Rio de Janeiro: Forense, 1984, p. 118-119.

Os fins sociais ou não essenciais ao Estado são a assistência à família, à educação, à criança, ao adolescente, ao idoso e à previdência social.

6.6 FORMAS DE ESTADO

Forma de Estado é a organização interna da soberania.

No Estado unitário ou simples só existe uma única fonte de Direito, que é de âmbito nacional, estendendo-se uniformemente sobre todo o seu território. A França, a Bélgica, a Itália, Portugal, Inglaterra, Uruguai e Paraguai são Estados unitários.

O Estado composto é a reunião de dois ou mais Estados, sob o mesmo governo, formando uma união. Era o que ocorria na antiga União Soviética, que congregava a Rússia, a Ucrânia etc., e também na Iugoslávia, que incluía a Bósnia, Herzegovina, a Croácia e a Dalmácia.

No Estado federado, há a reunião de vários Estados que formam a federação. É a união de Estados que eram independentes. A União faz nascer um novo Estado, sob o império de uma Constituição e não de um tratado. Os Estados que aderem à federação não podem mais dela se desligar. Perdem os Estados sua soberania. Há distribuição de competências na Constituição. Existem várias fontes de Direito, que são a federal, a estadual e a municipal. Os Estados podem impor tributos para fazer face a seus encargos. O Brasil e os Estados Unidos são Estados federais.

O Senado é o órgão de representação dos Estados. A Câmara representa o povo.

6.7 FORMAS DE GOVERNO

Forma de governo é a maneira de constituir os órgãos políticos, a organização do poder e o seu funcionamento.

As formas de governo são a monarquia e a república.

Monarquia é o governo do soberano, que é o supremo legislador. É o governo do rei. O monarca exerce o poder vitaliciamente. Há sucessão hereditária na monarquia. Na monarquia absoluta, o governo cabe a um único indivíduo, que possui poderes ilimitados, fazendo e aplicando as leis. Monarquia limitada ocorre quando o exercício do poder é feito por elementos aristocráticos e democráticos. Aristocracia é o governo de poucos, geralmente dos nobres, dos mais ricos.

Monarquia constitucional ocorre quando o rei continua governando, mas está sujeito a limitações previstas na Constituição. É o que ocorre na Inglaterra.

Monarquia constitucional pura é a que adota o princípio da separação e independência dos poderes. Exerce o monarca a função executiva. É chefe de Estado e de governo.

Monarquia constitucional parlamentar ocorre quando o monarca é apenas o chefe de Estado, mas a chefia do governo é exercida pelo Gabinete ou Conselho de Ministros. Há interdependência entre Legislativo e Executivo.

República vem do latim *res publicae*, coisa pública. O Senado romano reunia um grupo de chefes das famílias mais importantes de Roma, que eram os patrícios. Eles eram quase 300 membros vitalícios. Faziam a fiscalização das finanças do Estado e decidiam sobre a guerra e a paz. É a forma de governo democrática, exercitada pelo povo, em seu benefício, por meio do voto. Na República, os mandatos políticos são temporários e não há sucessão hereditária.

O nome do país é Brasil. O nome do Estado é República Federativa do Brasil. Na Espanha, coincidem o nome do país e o do Estado.

6.8 SISTEMA DE GOVERNO

Os sistemas de governo são o parlamentar e o presidencial.

Com a morte da Rainha Ana, na Inglaterra, o trono foi ocupado pelos príncipes alemães (a casa de Hanover). Jorge I e Jorge II não conheciam os interesses britânicos, ignorando até a língua do povo que governavam. Deixaram o governo nas mãos de um de seus ministros. Surge o primeiro-ministro. A rainha da Inglaterra reina, mas não governa. Ela é apenas a chefe de Estado. O chefe do governo governa e administra. Se a maioria no Parlamento votar uma moção de desconfiança, o governo cai.

No regime parlamentar, o Parlamento representa o Estado. O primeiro-ministro exerce uma função de confiança, podendo ser destituído do cargo. O governo é efetivamente estabelecido por um colegiado, com a direção do primeiro-ministro. O chefe do governo é o primeiro-ministro e o chefe de Estado é o rei ou presidente. O chefe de Estado não tem qualquer responsabilidade política. O regime parlamentarista é empregado nas monarquias (Inglaterra, Espanha) e repúblicas (Itália). No Brasil, existiu no período do Império (1847-1889). Na monarquia no Brasil, o regime era parlamentarista, mas o imperador tinha o Poder Moderador, que lhe permitia nomear primeiros-ministros, mesmo que não tivessem apoio da maioria parlamentar. Após a renúncia do presidente Jânio Quadros, a Emenda Constitucional n. 4/61, instituiu o sistema parlamentar de governo, tendo terminado pela manifestação do povo no referendo de 6 de janeiro de 1963.

No parlamentarismo, os poderes não são autônomos nem independentes. O Legislativo pode ser dissolvido pelo chefe de Estado, com convocação de novas eleições. Na França, por exemplo, o Poder Judiciário é uma repartição do Ministério da Justiça. O chefe de Estado (presidente da República) tem várias funções de governo. Em certos casos, estas funções são superiores aos poderes do Primeiro-Ministro.

No parlamentarismo puro, somente os parlamentares podem ser ministros.

Parlamentarismo dualista é o que exige a dupla confiança do rei e do Parlamento.

No parlamentarismo monista, o gabinete só depende da maioria parlamentar.

A Constituição dos Estados Unidos de 1787 criou o primeiro regime presidencialista.

No sistema presidencialista, o presidente governa durante seu mandato. Não pode dissolver o Congresso, nem ser por ele destituído. É eleito direta ou indiretamente pelo povo. O sistema do presidencialismo ocorre apenas nos Estados republicanos (Brasil, Estados Unidos, França).

O Presidente da República é o chefe de governo e de Estado. Como chefe de governo, administra os interesses internos do país. Como chefe de Estado, representa o país, defendendo seus interesses no exterior, e o governa. Os ministros de Estado não são escolhidos pelo Congresso, nem precisam da autorização dessa casa para serem dispensados. O mandato do presidente é de prazo definido.

Há um sistema de freios e contrapesos, pelo qual um poder controla o outro e um poder pode depender do outro.

O Legislativo aprova as leis, inclusive o orçamento, que fixa as despesas. Ao controlar as despesas, controla os gastos dos Poderes Executivo e Judiciário.

O presidente da República pode vetar o projeto de lei, controlando o Legislativo. O Legislativo pode rejeitar o veto, controlando o Executivo.

O presidente da República indica os nomes dos membros do STF e escolhe os membros de tribunais superiores e dos tribunais regionais federais e do trabalho, exercendo certo controle sobre o Judiciário. O Legislativo aprova os nomes dos ministros para os tribunais superiores, controlando as indicações do presidente da República.

O Poder Judiciário pode julgar inconstitucional uma lei ou determinar como será aplicada, controlando a atividade do Legislativo.

6.9 REGIME POLÍTICO

Pode ser o regime político: democrático, autocrático, ditatorial etc.

Democracia vem do grego dêmos, que significa povo, e Kratia, que tem o sentido de força, poder. Democracia é o governo do povo, pelo povo e para o povo. Grupos opostos lutam entre si para a conquista do poder. Determina o parágrafo único do art. 1º da Constituição que todo o poder emana do povo, que o exerce por meio de representantes eleitos ou diretamente. Há a descentralização da criação das normas.

De Lincoln se verifica que democracia é o governo do povo, porque provém do povo; pelo povo, porque é exercido pelo povo, diretamente ou por meio de seus representantes eleitos; e para o povo, porque a democracia, encarada do ponto de vista substancial ou de conteúdo, tem essa necessária vertente popular.

Democracia direta ocorria em Atenas, no período clássico, em que o povo deliberava em assembleia sobre os destinos do Estado ou o exercício da administração pública. Hoje, isso não é mais possível, pois é impossível que todo o povo de um país vá à assembleia.

Democracia indireta é o sistema representativo, pois o povo não pode participar diretamente do poder. Assim, há eleição de representantes populares, que irão discutir e exercer o governo. Rousseau criticava a democracia indireta ou representativa, pois seria o governo de alguns e não do povo.

A democracia semidireta compreende o *referendum*, o plebiscito e o veto popular.

Plebiscito vem do latim *plebis* (relativo à plebe) e *scitum* (decreto). No Direito Romano, o plebiscito era o que a plebe deliberava por proposta do magistrado plebeu. Hoje, plebiscito é a consulta ao povo sobre assunto de interesse relevante para que manifeste livremente sua opinião sobre o tema. O povo vai opinar sobre uma matéria antes de ser adotada qualquer medida. Determinou o art. 2º do ADCT que, em 7 de setembro de 1993, o eleitorado, mediante plebiscito, iria definir a forma (república ou monarquia constitucional) e o sistema de governo (parlamentarismo ou presidencialismo). O resultado foi a república e o presidencialismo.

O *referendum* mostra que a pessoa irá referendar, confirmar, aprovar ou rejeitar uma situação que foi submetida a dar sua opinião. É o procedimento *a posteriori* pelo qual os eleitores irão se pronunciar sobre decisão legislativa. Exemplo foi o de 23 de outubro de 2005, em que o povo teve de se pronunciar sobre a proibição do comércio de armas.

A iniciativa dá a certo número de eleitores o direito de propor emenda constitucional ou projeto de lei.

O veto popular é a aprovação dentro de certo prazo de um projeto de lei. Exemplo é a previsão do § 2º do art. 61 da Constituição.

Na democracia representativa, o povo concede mandato a certas pessoas para representarem a vontade popular e tomarem as decisões.

Autocracia é o governo absoluto exercido por uma só pessoa. A vontade desse homem é a lei. Na autocracia, existe a centralização da criação das normas.

Ditadura é o governo do ditador, que estabelece tudo e reúne em si todos os poderes públicos, inclusive legislando. É o que ocorreu nos regimes militares no Brasil e também em outros países da América Latina.

O totalitarismo é uma forma de ditadura que usa a força para impor sua vontade visando realizar os objetivos do Estado. São exemplos o fascismo, o nazismo e o stalinismo.

No despotismo uma só pessoa governa, sem obedecer a normas, realizando sua vontade e seus caprichos.

Oligarquia é o governo discricionário de um grupo.

6.10 SISTEMAS ELEITORAIS

Na representação majoritária, somente o grupo majoritário elege representantes. Não importa quantos são os partidos. Se a eleição é de um só turno, é eleito quem mais votos tiver. Como muitas vezes os candidatos não têm maioria de votos, há um segundo turno com apenas os dois mais votados. No segundo turno, será eleito o que mais votos tiver.

Na representação proporcional, todos os partidos têm direito a representação, estabelecendo-se uma proporção entre o número de votos recebidos pelo partido e o número de cargos obtidos. É o sistema estabelecido para vereadores, deputados estaduais e federais.

No sistema de distritos eleitorais, o colégio eleitoral é dividido em distritos, devendo o eleitor votar apenas no candidato do seu distrito.

O sistema distrital misto compreende certo número de cargos para serem preenchidos por meio de votação de qualquer parte do Estado.

Nas sublegendas, o partido pode apresentar vários candidatos ao mesmo cargo. São contados todos os votos das sublegendas para o partido. É considerado eleito o candidato mais votado.

Na eleição direta, o povo elege diretamente seus representantes.

A eleição indireta nos Estados Unidos é feita por meio do povo, que escolhe em cada Estado as pessoas que irão eleger o Presidente. Todos os votos do Estado são dados ao nome mais votado no Estado. É eleito quem obtiver a maioria absoluta dos votos nos Estados.

Questionário

1. O que é Estado?
2. Quais são os elementos do Estado?
3. O que é Governo?
4. O que é Soberania?
5. Quais são os fundamentos do Estado?
6. Quais são os fins do Estado?
7. Quais são as formas do Estado?
8. Quais são as formas de Governo?
9. Quais são os sistemas de Governo?
10. O que é Democracia?
11. O que é autocracia?

Capítulo 7

DIREITO CONSTITUCIONAL

7.1 HISTÓRICO

Aristóteles entendia que a Constituição era o conjunto normativo disciplinador da estrutura da *polis*. A Constituição teria por objeto a organização das magistraturas, a distribuição dos poderes, as atribuições de soberania, a determinação do fim especial de cada associação política.

Na República romana, a Constituição dizia respeito à organização jurídica do povo.

Na Idade Média, a Constituição passa a ser identificada como Lei Fundamental. Inicialmente, era um conjunto de princípios ético-religiosos e normas costumeiras que disciplinavam a relação entre o rei e os súditos.

A partir do século VI, a Constituição passa a ser uma restrição ao poder do soberano. Na França, era feita distinção entre *lois royaux* e *lois du roi*. As primeiras compreendiam as normas fundamentais. Tinham natureza jusnaturalista e ficavam acima do rei. As últimas eram normas editadas pelo rei, podendo ser modificadas ou revogadas de forma unilateral.

Em 1215, os barões ingleses impuseram a *Magna Charta Libertatum* a João sem Terra. A Magna Carta constitui um antecedente das Constituições, pois tinha forma escrita e protegia direitos individuais. A nobreza impõe ao monarca a supremacia de uma norma que ele deve observar. Foram limitados poderes do rei.

Em 1628, é elaborada a *Petition of Rights* na Inglaterra, indicando liberdades civis. Era a imposição ao rei da Inglaterra, Carlos I, forçando o respeito aos direitos dos cidadãos. Em 1649, surge o *Agreement of People*, que foi precursor da primeira Constituição escrita: *Instrument of Government*, de Cromwell, aprovado em 1653. Era feita referência a um governo de leis e não de homens.

Em 1689, foi aprovado o *Bill of Rights*, que era uma relação de direito e garantias dadas ao indivíduo contra o poder estatal.

A primeira Constituição escrita foi a do Estado de Virgínia, nos Estados Unidos, em 1776. A Constituição dos Estados Unidos surgiu em 1787. Adota a separação de poderes de Montesquieu. Consagrou o governo das leis. Tinha sete artigos.

A Declaração dos Direitos do Homem e do Cidadão, de 1789, é resultado da luta da burguesia contra os privilégios do clero e da nobreza. Afirmava que "toda sociedade na qual não está assegurada a garantia dos direitos nem determinada a separação dos poderes, não tem Constituição" (art. 16).

O constitucionalismo tem origem nas Constituições escritas dos EUA (1787), após a independência das 13 Colônias, e da França, de 1791, logo após a Revolução Francesa. O Estado passa a se organizar. É limitado o poder estatal, assegurando-se direitos e garantias fundamentais.

A Constituição francesa de 1791 previa a soberania popular. Tinha caráter universalista e racionalista.

A partir do término da Primeira Guerra Mundial, surge o que pode ser chamado de constitucionalismo social, que é a inclusão nas constituições de preceitos relativos à defesa social da pessoa, de limitação de normas de interesses social e de garantia de certos direitos fundamentais.

A primeira Constituição que versou sobre o tema foi a do México, em 1917. A segunda Constituição a dispor sobre o assunto foi a de Weimar, de 1919. Previam regras trabalhistas, previdenciárias e econômicas.

Surge nova teoria pregando a necessidade de separação entre o econômico e o social, o que é verificado hoje na Constituição de 1988, que não mais trata dos dois temas de forma reunida, mas em separado. Da mesma forma, preconiza-se um Estado neoliberalista, com menor intervenção nas relações entre as pessoas.

Há também uma classificação que divide os direitos em gerações. Os direitos de primeira geração são os que pretendem valorizar o homem, assegurar liberdades abstratas, que formariam a sociedade civil. São os direitos à liberdade e à igualdade. Os direitos de segunda geração são os direitos econômicos, sociais e culturais, bem como os direitos coletivos e das coletividades. Os direitos de terceira geração são os que pretendem proteger, além do interesse do indivíduo, os relativos ao meio ambiente, ao patrimônio comum da humanidade, à comunicação, à paz.

7.2 CONCEITOS

Direito Constitucional é o ramo do Direito Público que estuda os princípios, as regras estruturadoras do Estado e garantidoras dos direitos e liberdades individuais[1].

Constituição é a organização de alguma coisa. Constituição de uma empresa é uma forma de organizá-la. Constituição é o conjunto dos elementos essenciais de alguma coisa.

Não pode haver Estado sem Constituição.

Constituição é um conjunto de normas que tratam da organização do Estado. É o conjunto de princípios e regras relativos à estrutura e ao funcionamento do Estado. Constituição é uma norma, escrita ou costumeira, que regula a forma de Estado e governo, a sua organização.

Não tem a Constituição normas espalhadas, mas um conjunto de normas formando um núcleo.

Na Constituição são encontradas várias regras de Direito Tributário, Internacional, Administrativo, Penal, do Trabalho, da Seguridade Social etc. Há um pouco de cada um dos outros ramos do Direito.

O economismo vê a Constituição como o modo de produção para a vida material.

O sociologismo encara a Constituição como é a forma de ser da sociedade, em decorrência das estruturas sociais. Ferdinand Lassale vê a Constituição no sentido sociológico. A soma dos fatores reais de poder que regem esse país é constituição real e efetiva. A Constituição escrita não passa de "uma folha de papel"[2].

Carl Schmitt entende que a Constituição tem sentido político. É a divisão concreta de conjunto sobre o modo e a forma de existência da unidade política[3].

A Constituição é um documento político. É dirigida a todas as pessoas. Geralmente, tem uma linguagem comum e não técnica.

O juridicismo enxerga a Constituição como regras de direito. Hans Kelsen afirma que o sentido lógico-jurídico é a norma fundamental hipotética. É o fun-

---

1 JACQUES, Paulino. *Curso de direito constitucional.* Rio de Janeiro: Forense, 1954, p. 23.

2 *Que es una Constitución?* Buenos Aires: Sigilo Veinto, 1946, p. 61-62.

3 *Teoria de la constitución.* Madrid: Revista de Derecho Privado, p. 20.

damento lógico de validade da Constituição. A concepção jurídica positiva é o conjunto de normas que regula a criação de outras normas. É a lei no seu mais alto grau[4].

7.3 DENOMINAÇÃO DA CONSTITUIÇÃO

A palavra constituição vem de cum + stituto, *constitutio*, de *constituere*, com o sentido de constituir, estabelecer, organizar, delimitar, construir, edificar, formar.

Constituição é o ato de constituir, de estabelecer, de formar.

No Império Romano, constituição tinha o sentido das manifestações de vontade normativa provenientes do *princeps*.

Na Idade Média, a palavra era usada para significar regras provenientes do papa, dos sínodos ou do imperador.

A palavra somente passou a ser empregada com o significado atual com a Constituição de Virgínia, nos Estados Unidos.

São empregadas as denominações *Carta Magna*, *Carta Política*, *Norma Ápice*, *Lei Fundamental*, *Lei Magna*, *Código Supremo*, *Estatuto Básico*, *Estatuto Fundamental*, *Estatuto Supremo* para se referir à Constituição.

As expressões *Carta Magna* ou *Carta Política* não devem ser empregadas para Constituições que foram votadas, mas apenas para as que foram outorgadas ou impostas às pessoas, o que ocorreu nos regimes totalitários e militares.

Constituição é o conjunto de regras e princípios que regem a organização de um Estado.

7.4 CLASSIFICAÇÕES

Várias classificações podem ser feitas quanto às Constituições.

Quanto ao conteúdo, as Constituições podem ser materiais e formais. Constituição em sentido material é o conjunto das normas que irão disciplinar a organização política do país. Constituição em sentido formal é a norma escrita.

No que diz respeito à forma, são escritas e não escritas (costumeiras). Constituição escrita é a codificada e sistematizada num único documento. A Constituição não escrita é o conjunto de regras que não são previstas num único documento, mas são decorrentes de leis esparsas, costumes, convenções. A Constituição

---

4 *Teoria pura do direito*. 2. ed. Coimbra: Armênio Amado, 1962, v. I, p. 2 e 7.

inglesa consta de vários textos, que nunca foram codificados. Adota o direito inglês o que se chama de direito comum (*common law*), em que os tribunais estabelecem precedentes sobre questões, sem que exista exatamente uma norma escrita para regular as condutas das pessoas. As primeiras constituições escritas foram editadas nas colônias inglesas da América do Norte. Depois, foi estabelecida a Constituição dos Estados Unidos de 1787, que entrou em vigor em 1789. A maioria dos países adota constituições escritas.

Quanto ao modo de elaboração, são dogmáticas ou históricas. Dogmática é a Constituição escrita e sistematizada pela Assembleia Constituinte, de acordo com princípios. A Constituição histórica é decorrente da formação paulatina da norma no curso do tempo, de acordo com tradições de um povo (exemplo seria o da Constituição inglesa).

Quanto à origem, são promulgadas ou outorgadas. Promulgadas são as Constituições votadas pela Assembleia Constituinte. São normas democráticas. Constituições outorgadas são impostas, geralmente pelo ditador, sem que sejam votadas.

Quanto à estabilidade são imutáveis, rígidas, flexíveis e semirrígidas. São imutáveis as que não podem sofrer qualquer alteração. Rígidas são as que não podem ser alteradas, salvo critérios especiais. Flexíveis são as que podem ser alteradas, segundo o critério de modificações da lei ordinária. Semirrígidas são as que possuem uma parte rígida e outra flexível. Exemplo é o art. 178 da Constituição de 1824: "É só constitucional o que diz respeito aos limites e atribuições respectivas dos poderes políticos, e aos direitos políticos e individuais do cidadão; tudo o que não é constitucional pode ser alterado, sem as formalidades referidas (nos arts. 173 a 177), pelas legislaturas ordinárias". A Constituição de 1988 é rígida, pois para ser modificada por emenda constitucional necessita de *quorum* de 3/5 dos membros de cada Casa do Congresso Nacional (§ 2º do art. 60 da Lei Magna).

Quanto à extensão e à finalidade, são analíticas e sintéticas. Analíticas são as normas constitucionais detalhistas, que tratam de muitos assuntos, como a Constituição de 1988. São sintéticas as Constituições que tratam apenas de princípios e normas gerais, estabelecendo direitos e garantias fundamentais.

7.5 CONSTITUIÇÕES BRASILEIRAS

A primeira Lei Magna brasileira foi a Constituição de 25 de março de 1824, denominada de Constituição Política do Império do Brasil. Foi influenciada pelo liberalismo do século XVIII, restringindo a atuação do Estado.

A segunda foi a Constituição da República dos Estados Unidos do Brasil, de 24 de fevereiro de 1891. A Constituição de 1891 teve por base a Constituição americana de 1787 e, em alguns aspectos, as Constituições da Suíça e da Argentina.

Visava implantar o modelo federalista. Teve influência das Constituições americana e argentina e de Rui Barbosa.

A terceira foi a Constituição da República dos Estados Unidos do Brasil, de 16 de julho de 1934. É fruto da Revolução Constitucionalista de 1932. Teve como influência a Constituição de Weimar de 1919.

A quarta foi a Norma Magna editada por ocasião do golpe de Getúlio Vargas e a instituição do Estado Novo, em 10 de novembro de 1937, denominada Constituição dos Estados Unidos do Brasil. Foi elaborada por Francisco Campos, inspirado na Constituição Polonesa, no regime fascista de Mussolini, no Estado Novo português e talvez na Constituição Estadual do Rio Grande do Sul de 1890, em que são encontrados aspectos corporativistas. O Poder Executivo passa a funcionar como legislador, pois o presidente da República legislava por decreto-lei, depreciando a função do Poder Legislativo. O poder ficou centralizado em Getúlio Vargas. A Constituição de 1937 era conhecida popularmente como Polaca, em razão da forte influência da Carta constitucional autoritária da Polônia, de 1935.

A quinta foi a Constituição dos Estados Unidos do Brasil, de 18 de setembro de 1946, também conhecida como democrática, pois foi votada.

A sexta foi a Constituição da República Federativa do Brasil, de 24 de janeiro de 1967. Foi editada por ocasião do regime militar e do golpe militar de 1964.

A Emenda Constitucional n. 1, de 17 de outubro de 1969, não é exatamente uma Constituição, mas uma emenda constitucional. Na prática, acaba sendo uma Constituição, pois alterou toda a Constituição de 1967.

A última é a Constituição da República Federativa do Brasil, de 5 de outubro de 1988. Foi inspirada, em parte, nas Constituições portuguesa e italiana e no que havia de mais moderno na época.

A Lei Magna de 1824 foi outorgada pelo imperador D. Pedro I, depois de dissolver a Assembleia Nacional Constituinte.

A Constituição da República de 1891, a de 1934, de 1946 e de 1988 foram promulgadas, tendo sido votadas pela Assembleia Nacional Constituinte.

As Constituições de 1937, 1967 e a Emenda Constitucional n. 1/69 foram outorgadas, impostas às pessoas, por regimes ditatoriais.

7.6 PRINCÍPIOS CONSTITUCIONAIS

O princípio da supremacia da Constituição mostra que a Lei Maior, por ser norma hierárquica superior, prevalece sobre as inferiores.

Indica o princípio da unidade da Constituição que ela deve ser interpretada na sua unidade, no seu conjunto, sistematicamente. A interpretação das normas constitucionais deve ser feita com equilíbrio e harmonia, sem antinomias. Deve ser feita de forma a evitar contradições. Um preceito não pode ser interpretado isoladamente.

O princípio da máxima efetividade da Constituição evidencia que as normas constitucionais têm eficácia. Na interpretação da Lei Maior, deve-se buscar o sentido que dê maior eficácia ou efetividade ao preceito constitucional.

O princípio da interpretação conforme a Constituição mostra que se houver mais de uma interpretação a ser dada à norma infraconstitucional, deve-se preferir a que está de acordo com a Constituição.

O princípio da proporcionalidade indica que a Constituição deve ser interpretada com razoabilidade, proporcionalmente. Razoável é o oposto ao arbitrário. É o moderado, o justo, o prudente. Compreende relação de fins e meios. A razoabilidade mostra que a norma deve ser interpretada conforme a razão, com equilíbrio, moderação e harmonia. Não pode haver aplicação da norma por capricho ou de forma arbitrária. O princípio pode ser dividido em: Adequação: (a) em que é identificado o meio próprio para obter os objetivos almejados; (b) necessidade ou exigibilidade: o meio escolhido não deve exceder os limites indispensáveis à conservação dos fins desejados; (c) proporcionalidade estrita, em que o meio escolhido deve ser o mais vantajoso para a promoção dos valores pretendidos no caso concreto.

A força normativa da Constituição mostra que, entre as interpretações possíveis, deve ser empregada a que garanta maior eficácia, aplicabilidade e permanência das normas constitucionais.

O princípio da legalidade é um princípio do Estado fundamental de Direito. Ninguém é obrigado a fazer ou deixar de fazer algo a não ser em virtude de lei (art. 5º, II, da Constituição). A Administração Pública deve fazer o que manda a lei (art. 37 da Constituição).

7.6.1 Princípios fundamentais

Prevê o preâmbulo da Constituição que "nós, representantes do povo brasileiro, reunidos em Assembleia Nacional Constituinte para instituir um Estado Democrático, destinado a assegurar o exercício dos direitos sociais e individuais, a liberdade, a segurança, o bem-estar, o desenvolvimento, a igualdade e a justiça como valores supremos de uma sociedade fraterna, pluralista e sem preconceitos, fundada na harmonia social e comprometida, na ordem interna e internacional, com a solução pacífica das controvérsias, promulgamos, sob a proteção de Deus, a seguinte Constituição da República Federativa do Brasil". O preâmbulo indica as intenções da Constituição. Não é norma constitucional e não tem caráter normativo.

A expressão *Estado Democrático de Direito* está certa no ponto em que a palavra *democrático* está adjetivando o Estado. É errado se falar em Estado de Direito Democrático. Não é o Direito que é democrático, mas o Estado.

Surge a expressão *Estado Democrático de Direito* na Espanha como espécie de transição do Estado espanhol para o socialismo.

Tem a característica de um conceito mais político do que jurídico.

O Brasil é uma República Federativa, pois a sucessão não é feita por hereditariedade, mas pelo voto. Representa uma Federação, pois os Estados, Municípios e o Distrito Federal são reunidos de forma indissolúvel, não podendo haver secessão ou desligamento de seus entes, como ocorre na confederação.

Federação deriva do latim *foederatio*, *foederare*, que tem o significado de unir, ligar por aliança.

São características do Estado Federal: (a) a união cria um novo Estado. Os entes que aderiram à federação deixam de ter a condição de Estado; (b) o fundamento jurídico do Estado é a Constituição; (c) não há a possibilidade de divisão do Estado; (d) a Constituição fixa as competências de cada pessoa; (e) cada Estado ou Município da federação tem poderes de impor tributos, como impostos, taxas, contribuições, de acordo com a previsão da Constituição.

Representa o Brasil um Estado de Direito, em razão de que é governado por meio de leis.

São fundamentos da República Federativa do Brasil: (a) soberania; (b) cidadania; (c) dignidade da pessoa humana; (d) valores sociais do trabalho e da livre-iniciativa. O trabalho proporciona bem-estar. Se não há trabalho, fica violada a dignidade da pessoa humana, pois o homem não poderá prover o sustento de sua família; (e) pluralismo político, sendo vedada a existência de partido único (art. 1º da Constituição).

Constituem objetivos fundamentais da República Federativa do Brasil: (a) construir uma sociedade livre, justa e solidária; (b) garantir o desenvolvimento nacional; (c) erradicar a pobreza e a marginalização e reduzir as desigualdades sociais e regionais; (d) promover o bem de todos, sem preconceitos de origem, raça, sexo, cor, idade e quaisquer outras formas de discriminação (art. 3º da Constituição).

Nas relações internacionais, o Brasil é regido pelos seguintes princípios: (a) independência nacional; (b) prevalência dos direitos humanos; (c) autodeterminação dos povos; (d) não intervenção; (e) igualdade entre os Estados; (f) defesa da paz; (g) solução pacífica dos conflitos; (h) repúdio ao terrorismo e ao racismo; (i) cooperação entre os povos para o progresso da humanidade; (j) concessão de asilo político (art. 4º da Constituição). O Brasil buscará a integração econômica, política, social e cultural dos povos da América Latina, visando à formação de uma comunidade latino-americana de nações.

7.7 APLICABILIDADE DA NORMA CONSTITUCIONAL

Quanto à eficácia, as normas constitucionais são divididas em normas de eficácia plena, contida e limitada[5]. Têm eficácia plena dispositivos que não necessitam ser regulamentados pela legislação infraconstitucional. Exemplo seria o adicional de horas extras de 50% (art. 7º, XVI). Na eficácia contida, a norma constitucional terá eficácia, porém o legislador infraconstitucional poderá determinar restrições em relação ao tema. Na eficácia limitada, a norma somente terá eficácia quando for regulamentada no plano infraconstitucional (exemplo: participação na gestão das empresas).

A Constituição deve ser interpretada de acordo com o princípio da unidade da Constituição e da máxima efetividade das normas constitucionais. Não se interpreta a Lei Maior de forma isolada, mas de acordo com a sua unidade. A máxima efetividade das normas constitucionais pressupõe que a Lei Magna tem normas, em princípio, de eficácia imediata. Deve-se atribuir à Constituição o sentido que lhe confira maior eficácia. As normas constitucionais devem ser interpretadas de forma progressiva ou evolutiva.

Normas programáticas estabelecem um programa ou metas a serem cumpridas ou então enunciam princípios gerais, necessitando de complementação pela legislação infraconstitucional. Não são normas de execução imediata. Estabelecem valores ou conceitos indeterminados ou parcialmente indeterminados. Exemplo: o art. 205 da Constituição, ao tratar da educação, um direito de todos e um dever do Estado. Se é norma, que tem característica impositiva, não pode ser programática, que enuncia um programa.

Normas autoexecutáveis ou *self-executing* são as normas constitucionais que independem de lei para prover sua eficácia, por serem completas.

Normas não autoexecutáveis ou *not self-executing* são as que dependem do legislador ordinário para terem eficácia.

Normas constitucionais bastantes em si são as que independem de lei para ter eficácia plena.

---

[5] SILVA, José Afonso da. *Aplicabilidade das normas constitucionais*. 3. ed. São Paulo: Revista dos Tribunais, 1999, p. 82.

Normas não bastantes em si são as que necessitam de lei para serem complementadas.

7.8 PODER CONSTITUINTE

Poder Constituinte é a manifestação da vontade política de um povo em estabelecer regras que irão regular condutas e a própria organização do Estado.

Titular do Poder Constituinte é o povo, sendo exercido por meio da escolha dos representantes no Congresso Nacional.

São espécies de Poder Constituinte o originário e o derivado.

Implica o Poder Constituinte originário o estabelecimento de uma nova Constituição. Visa a implementação de uma nova ordem político-jurídica. É inicial, ilimitado, autônomo e incondicionado. Não está o Poder Constituinte originário limitado pela Constituição anterior, inexistindo qualquer condição para ser exercido.

Poder Constituinte derivado é a possibilidade de reformar a Constituição vigente, de acordo com regra nela inserida. Compreende um legislador constituinte secundário. O poder constituinte derivado é, por natureza, subordinado e condicionado às determinações já inseridas na Constituição, isto é, limitado ao que está previsto na Lei Maior. Não pode exceder a autorização contida na Constituição para a reforma. No Brasil, a reforma extraordinária é feita por meio de emenda à Constituição.

A Constituição formal é o processo de formação e alteração da Lei Maior.

A Constituição material compreende as matérias constantes da Lei Magna, como as de estrutura, atribuições e competências dos órgãos do Estado.

Reforma constitucional é o gênero, que compreende revisão (art. 3º do ADCT) e emenda (art. 60 da Constituição). Reforma é dar nova forma a algo. Revisão quer dizer modificação, alteração, transformação. A revisão compreende a reconstituição e não a elaboração de outra Constituição, sua substituição ou desconstituição. O certo é, porém, que reforma, revisão, emenda são expressões decorrentes do poder constitucional derivado, previsto na própria Constituição.

O art. 3º do ADCT previa que a revisão constitucional seria "realizada após cinco anos, contados da promulgação da Constituição, pelo voto da maioria absoluta dos membros do Congresso Nacional, em sessão unicameral". Apesar de a revisão ter-se iniciado em 1993, foram editadas apenas seis emendas de revisão, que começaram a ser promulgadas em 1994.

A revisão constitucional não mais pode ser feita, pois estava prevista no art. 3º do ADCT. Nesta revisão constitucional poderia ser revista toda a Constituição, com exceção das hipóteses contidas no § 4º do art. 60 da Lei Maior. Era possível a revisão, que seria feita de forma unicameral, quer dizer, sem necessidade de passar separadamente pelas duas casas legislativas, e por voto da maioria absoluta, isto é, metade mais um e não por 3/5. A revisão não seria ilimitada, pois teria de observar as limitações contidas no § 4º do art. 60 da Constituição. Trata-se de uma interpretação sistemática feita dentro da própria Constituição.

As limitações constitucionais ao poder de alterar a Lei Maior em questões circunstanciais estão no § 1º do art. 60 da Constituição: a Constituição não poderá ser emendada na vigência de intervenção federal, de estado de defesa ou de estado de sítio (§ 1º do art. 60 da Lei Maior).

Existem limitações formais que são as pertinentes ao processo de reforma da Constituição, que deve atender a certos requisitos, como quórum mínimo de 3/5 de votação no Congresso Nacional em dois turnos (§ 2º do art. 60 da Lei Magna).

Há também limitações materiais, que são chamadas de cláusulas pétreas, decorrentes de pedra, de algo duro, que não pode ser modificado. São dispositivos constitucionais insuscetíveis de ser modificados ou revogados, visando impedir inovações temerárias em certos temas, como de cidadania e do Estado.

As cláusulas chamadas pétreas não podem ser alteradas por reforma, que compreende tanto a revisão como a emenda, salvo por outra Constituição.

É considerada cláusula pétrea a hipótese do § 4º do art. 60 da Constituição, que dispõe: "não será objeto de deliberação a proposta de emenda tendente a abolir: I – a forma federativa de Estado; II – o voto direto, secreto, universal e periódico; III – a separação dos Poderes; IV – os direitos e garantias individuais".

Abolir tem o sentido de revogar, extinguir, nulificar, excluir da Constituição.

Os direitos e garantias individuais vieram à tona para coibir os abusos praticados pelas autoridades, como de João sem Terra, daí surgindo o *Bill of rights* (*Bill of rights are for the most part reactions against evil of the past rather than promisses for the future*), que eram uma espécie de reação das pessoas contra as dominações do Estado da época.

A Declaração de Virgínia, de junho de 1776, serviu de modelo para os Estados da América do Norte.

A Declaração dos Direitos do Homem e do Cidadão, de 1789, surgiu com a Revolução Francesa. A Revolução Francesa de 1848 e sua Constituição reconheceram o primeiro dos direitos econômicos e sociais: o direito ao trabalho. Foi imposta ao Estado a obrigação de dar meios ao desempregado de ganhar sua subsistência.

O inciso IV do § 4º do art. 60 da Constituição deve ser interpretado restritivamente, pois menciona apenas direitos e garantias individuais. Direitos e garantias individuais são as liberdades clássicas contra a opressão do Estado. Direitos e garantias individuais estão contidos no Capítulo I (Dos Direitos e Deveres Individuais e Coletivos), pois se o constituinte quisesse referir-se aos Direitos e Garantias Fundamentais, que é o Título II da Constituição, teria sido explícito nesse sentido, usando a expressão direitos e garantias fundamentais, o que incluiria os direitos sociais (Capítulo II) e também a nacionalidade (Capítulo III), os direitos políticos (Capítulo IV) e os partidos políticos (Capítulo V), e não direitos e garantias individuais. Pela própria disposição sistemática da Constituição, os direitos e garantias fundamentais são divididos em direitos e garantias individuais (Capítulo I, art. 5º), direitos sociais (Capítulo II), assim como a nacionalidade, os direitos políticos e os partidos políticos. O constituinte não quis, portanto, referir-se a direitos sociais, mas apenas a direitos e garantias individuais, que estão inscritos no art. 5º da Constituição. Isso quer dizer que os direitos sociais podem ser modificados por emenda constitucional. Ainda que se queira fazer distinção entre os direitos sociais individuais e coletivos contidos nos arts. 7º a 11, o constituinte não fez referência a eles para a proposta de emenda constitucional, mas apenas direitos e garantias individuais e não direitos sociais e garantias individuais. Assim, mais uma vez a interpretação deve ser de que apenas os direitos e garantias individuais contidos no art. 5º da Lei Maior não podem ser alterados por emenda constitucional.

O Estado deve-se abster de ferir direitos individuais contidos no art. 5º da Constituição, tratando-se de obrigação de fazer, enquanto as normas de direitos sociais contidos no art. 7º são destinadas ao empregador, que não poderá desrespeitar tais direitos mínimos.

7.9 ORGANIZAÇÃO DO ESTADO

Prevê o art. 1º da Constituição que a República Federativa do Brasil é formada pela união indissolúvel dos Estados, Municípios e do Distrito Federal. É indissolúvel justamente por se tratar de uma federação.

São Poderes da União: o Legislativo, o Executivo e o Judiciário (art. 2º da Constituição).

A organização político-administrativa da República Federativa do Brasil compreende a União, os Estados, o Distrito Federal e os Municípios, todos autônomos, nos termos da Constituição (art. 18 da Lei Maior). Isso quer dizer que a autonomia desses entes é determinada de acordo com o que for disposto apenas na Constituição.

Brasília é a Capital Federal.

Os Territórios Federais integram a União. Sua criação, transformação em Estado ou reintegração ao Estado de origem serão reguladas em lei complementar.

Os Estados podem incorporar-se entre si, subdividir-se ou desmembrar-se para se anexarem a outros, ou formarem novos Estados ou Territórios Federais, mediante aprovação da população diretamente interessada, por meio de plebiscito, e do Congresso Nacional, por lei complementar.

A criação, a incorporação, a fusão e o desmembramento de Municípios far-se-ão por lei estadual, dentro do período determinado por lei complementar federal, e dependerão de consulta prévia, mediante plebiscito, às populações dos Municípios envolvidos, após divulgação dos Estudos de Viabilidade Municipal, apresentados e publicados na forma da lei.

É vedado à União, aos Estados, ao Distrito Federal e aos Municípios: (a) estabelecer cultos religiosos ou igrejas, subvencioná-los, embaraçar-lhes o funcionamento ou manter com eles ou seus representantes relações de dependência ou aliança, ressalvada, na forma da lei, a colaboração de interesse público; (b) recusar fé aos documentos públicos; (c) criar distinções entre brasileiros ou preferências entre si (art. 19 da Lei Magna).

A União tem competência exclusiva (art. 21, I, da Constituição), por exemplo, para manter relações com Estados estrangeiros e participar de organizações internacionais. Tem competência privativa (art. 22) para legislar, por exemplo, sobre Direito Civil. Há competência comum da União, dos Estados, do Distrito Federal e dos Municípios para as matérias descritas no art. 23 da Lei Magna. Existe competência concorrente para a União, Estados e Distrito Federal legislar sobre, por exemplo, direito tributário, financeiro, penitenciário, econômico e urbanístico. A competência concorrente da União limita-se a estabelecer normas gerais.

Os Estados-membros organizam-se e regem-se pelas Constituições e leis que adotarem, observados os princípios previstos na Constituição (art. 25). Cada Estado tem sua Constituição estadual.

Poderão os Estados-membros, por meio de lei complementar, instituir regiões metropolitanas, aglomerações urbanas e microrregiões, constituídas por agrupamentos de Municípios limítrofes, para integrar a organização, o planejamento e a execução de funções públicas de interesse comum.

O Município será regido pela respectiva lei orgânica, votada em dois turnos, com o interstício mínimo de 10 dias. Deve ser aprovada por dois terços dos membros da Câmara Municipal, que a promulgará, atendidos os princípios estabelecidos na Constituição da República e na Constituição do respectivo Estado (art. 29 da Lei Magna).

O Distrito Federal rege-se por lei orgânica, votada em dois turnos, com interstício mínimo de 10 dias. É aprovada por dois terços da Câmara Legislativa, que a promulgará (art. 32 da Lei Maior). Ao Distrito Federal são atribuídas as competências legislativas reservadas aos Estados e Municípios.

Os Estados-membros e o Distrito Federal terão um Governador e um Vice-governador.

A lei disporá sobre a organização administrativa e judiciária dos Territórios. Os Territórios poderão ser divididos em Municípios.

7.10 INTERVENÇÃO

A União não intervirá nos Estados nem no Distrito Federal, exceto para: (1) manter a integridade nacional; (2) repelir invasão estrangeira ou de uma unidade da Federação em outra; (3) pôr termo a grave comprometimento da ordem pública; (4) garantir o livre exercício de qualquer dos Poderes nas unidades da Federação; (5) reorganizar as finanças da unidade da Federação que: (a) suspender o pagamento da dívida fundada por mais de dois anos consecutivos, salvo motivo de força maior; (b) deixar de entregar aos Municípios receitas tributárias fixadas na Constituição, dentro dos prazos estabelecidos em lei; (6) prover a execução de lei federal, ordem ou decisão judicial; (7) assegurar a observância dos seguintes princípios constitucionais: (a) forma republicana, sistema representativo e regime democrático; (b) direitos da pessoa humana; (c) autonomia municipal; (d) prestação de contas da administração pública, direta e indireta; (e) aplicação do mínimo exigido da receita resultante de impostos estaduais, compreendida a proveniente de transferências, na manutenção e desenvolvimento do ensino (art. 34 da Lei Magna).

O Estado não intervirá em seus municípios, nem a União nos municípios localizados em Território Federal, exceto quando: (1) deixar de ser paga, sem motivo de força maior, por dois anos consecutivos, a dívida fundada; (2) não forem prestadas contas devidas, na forma da lei; (3) não tiver sido aplicado o mínimo exigido da receita municipal na manutenção e desenvolvimento do ensino; (4) o Tribunal de Justiça der provimento a representação para assegurar a observância de princípios indicados na Constituição Estadual, ou para prover a execução de lei, de ordem ou de decisão judicial (art. 35 da Constituição).

7.11 DA DEFESA DO ESTADO

O estado de defesa é decretado pelo Presidente da República para preservar ou prontamente restabelecer, em locais restritos e determinados, a ordem pública ou a paz social ameaçadas por grave e iminente instabilidade institucional ou atingidas por calamidades de grandes proporções na natureza (art. 136 da Constituição).

No estado de sítio, o Presidente da República pode solicitar ao Congresso Nacional autorização para decretá-lo nos seguintes casos: (a) comoção grave de repercussão nacional ou ocorrência de fatos que comprovem a ineficácia de medida tomada durante o estado de defesa; (b) declaração de estado de guerra ou resposta a agressão armada estrangeira (art. 137 da Constituição).

As Forças Armadas são constituídas pela Marinha, pelo Exército e pela Aeronáutica. São instituições nacionais permanentes e regulares, organizadas com base na hierarquia e na disciplina, sob a autoridade suprema do Presidente da República. Destinam-se à defesa da pátria, à garantia dos poderes constitucionais e, por iniciativa de qualquer destes, da lei e da ordem (art. 142 da Constituição).

A segurança é dever do Estado, direito e responsabilidade de todos. É exercida para a preservação da ordem pública e da incolumidade das pessoas e do patrimônio, por meio dos seguintes órgãos: (a) polícia federal; (b) polícia rodoviária federal; (c) polícia ferroviária federal; (d) polícias civis; (e) polícias militares e corpos de bombeiros militares (art. 144 da Constituição).

7.12 DIVISÃO DOS PODERES

Atribui-se a Montesquieu, em *O espírito das leis*, o princípio da separação dos poderes em: Legislativo, Executivo e Judiciário. Afirmava Montesquieu que "tudo estaria perdido se o mesmo homem, ou o mesmo corpo dos principais, ou dos nobres ou do povo exercesse os três poderes"[6]. "Em todos os Estados existem três espécies de Poder Público: o Poder Legislativo, o Executivo para assuntos externos e o Executivo para a política interna. Por meio do primeiro, o príncipe ou autoridade emite novas leis para certo tempo ou para sempre, e melhora ou derroga as velhas. Pelo segundo, declara a paz ou a guerra, envia embaixadas e as recebe, vela pela segurança e previne os ataques do inimigo. O último é o Poder Judiciário". Este ele considerava, "de certa forma, nulo". O Executivo é dividido em "das coisas que dependem dos direitos das gentes" e "das coisas que dependem do direito civil". O

---

6 *O espírito das leis*. São Paulo: Martins Fontes, 2000, p. 168.

último tem o poder de punir os crimes e julgar os conflitos entre particulares. Chama o último de poder de julgar. Depois Montesquieu reduz os poderes para dois (Legislativo e Executivo). Montesquieu afirma que "o poder deve controlar o poder". Deve haver um equilíbrio entre os poderes estatais. Daí nasce a teoria americana dos freios e contrapesos (*checks and balances*).

A Declaração de Direitos de Virgínia, de 1776, estabelecia no seu § 5º que "os poderes executivo e legislativo do Estado deverão ser separados e distintos do judiciário".

Previa a Declaração dos Direitos do Homem e do Cidadão da França, de 1789, que "toda sociedade na qual a garantia dos direitos não está assegurada, nem a separação dos poderes determinada, não tem Constituição" (art. 16).

A Constituição francesa de 1791 consagrou a tripartição dos poderes, porém o Poder Judiciário era delegado a juízes temporários eleitos pelo povo (art. 5). Os tribunais não podem imiscuir-se no exercício do Poder Legislativo, ou suspender a execução das leis, nem interferir nas funções administrativas, ou citar perante eles os administradores em razão de suas funções (art. 3, V).

Falava-se num quarto poder, que seria ou real ou moderador. O Poder Moderador foi previsto no Brasil na Constituição de 1824, em que o art. 98 determinava que ele "é a chave de toda a organização política e é delegado privativamente ao imperador, como chefe supremo da nação e seu primeiro representante, para que incessantemente vele sobre a manutenção da independência, equilíbrio e harmonia dos demais poderes políticos". Hoje, não mais existe o Poder Moderador.

Aristóteles, na *Política*, divide as funções do Estado em: (a) deliberante, que consiste na tomada das decisões; (b) executiva, em que os magistrados aplicam as decisões; (c) judiciária, de fazer justiça.

Locke afirma que o Estado tem três funções distintas: (a) legislativa, na qual é decidido como a força pública será empregada; (b) executiva, de aplicar a força no âmbito interno; (c) federativa, de os Estados manterem relações entre si.

Georges Burdeau divide as funções do Estado em: (a) governamental, que é a manifestação do poder condicionada pela Constituição; (b) administrativa, que consiste em tomar decisões.

Karl Loewenstein divide a função do Estado em: (a) *policy determination*, que é a função governamental; (b) *policy execution*, que é a função administrativa, de execução; (c) *policy control*, que compreende o controle político, que é feito pelo Parlamento e o controle formal, que é feito pelo Judiciário[7].

---

7 *The political power and the governmental process*. 3. ed. Chicago, 1965, p. 42 e s.

O regime de concentração de poderes ocorria no sistema soviético, em que o Soviet Supremo concentrava todo o poder nas ditaduras.

O regime de colaboração existe nos sistemas parlamentaristas.

O regime de separação de poderes existe no sistema presidencialista.

O Legislativo, às vezes, julga o Presidente por crimes de responsabilidade. Administra seus funcionários. O Judiciário administra seu pessoal e legisla, quando estabelece seu regimento interno. O Executivo legisla por medidas provisórias e julga, nos processos administrativos, como no tributário e no previdenciário.

A separação dos poderes não é absolutamente rígida, mas relativa, de acordo com as atribuições que são fixadas aos poderes.

Reza o art. 2º da Constituição que são poderes da União, independentes e harmônicos entre si, o Legislativo, o Executivo e o Judiciário.

7.12.1 Poder Legislativo

O Congresso Nacional é representado pela Câmara dos Deputados e pelo Senado Federal. Nos Estados, há as Assembleias Legislativas e, nos Municípios, as Câmaras dos Vereadores.

O sistema brasileiro é bicameral, em que há uma Câmara baixa, correspondente à Câmara dos Deputados, e uma Câmara alta, que é o Senado Federal.

A Câmara dos Deputados tem os representantes do povo, enquanto o Senado Federal tem os representantes dos Estados e do Distrito Federal.

Os deputados são escolhidos pelo sistema proporcional, e cada Estado e o Distrito Federal não poderão ter menos de oito e mais de 70 representantes. Cada Território elegerá quatro deputados. O mandato dos deputados é de quatro anos. Devem ter a idade mínima de 21 anos.

Os senadores são eleitos pelo sistema majoritário, sendo três para cada Estado e para o Distrito Federal. Seus mandatos são de oito anos. Os senadores têm mandato maior do que o dos deputados para dar maior estabilidade aos seus membros nas respectivas funções. Deverão ter os senadores pelo menos 35 anos.

Os deputados estaduais deverão ter a idade mínima de 21 anos.

Vereador é o representante do povo na Câmara dos Vereadores. O número de vereadores é proporcional à população do município, observadas as seguintes condições: (1) até um milhão de habitantes: mínimo de 9 e máximo de 20 vereadores; (2) mais de um milhão de habitantes e menos de cinco milhões de habitantes: mínimo de 33 e máximo de 41 vereadores; (3) mais de cinco milhões de habitantes: mínimo de 42 e máximo de 55 vereadores. Deverá ter no mínimo 18 anos.

Os deputados e senadores são invioláveis, civil e penalmente, por quaisquer de suas opiniões, palavras e votos (art. 53 da Constituição). É o que se chama de imunidade parlamentar. Desde a expedição do diploma, os membros do Congresso Nacional não poderão ser presos, salvo em flagrante de crime inafiançável. Nesse caso, os autos serão remetidos dentro de 24 horas à Casa respectiva, para que, pelo voto da maioria de seus membros, resolva sobre a prisão. Não há mais necessidade de autorização da Câmara ou do Senado Federal para o parlamentar ser processado. Recebida a denúncia contra o senador ou deputado, por crime ocorrido após a diplomação, o Supremo Tribunal Federal dará ciência à Casa respectiva, que, por iniciativa de partido político nela representado e pelo voto da maioria de seus membros, poderá, até a decisão final, sustar o andamento da ação. A imunidade parlamentar ocorrerá a partir da diplomação e não da posse. Quanto a crimes praticados antes da diplomação, não há imunidade formal em relação ao processo. O pedido de sustação será apreciado pela Casa respectiva no prazo improrrogável de 45 dias de seu recebimento pela Mesa Diretora. A sustação do processo suspende a prescrição, enquanto durar o mandato. As imunidades de deputados ou senadores subsistirão durante o estado de sítio, só podendo ser suspensas mediante o voto de dois terços dos membros da Casa respectiva, nos casos de atos praticados fora do recinto do Congresso Nacional, que sejam incompatíveis com a execução da medida.

Em relação a crimes praticados após a diplomação, o parlamentar poderá ser processado e julgado pelo STF, sem autorização. A pedido de partido político com representação na casa legislativa respectiva, poderá ser sustado o andamento da ação penal pelo voto nominal da maioria absoluta de seus membros.

Após o término do mandato do parlamentar, não há mais imunidade.

Inexigibilidade é o fato de a norma não permitir que o congressista faça parte do Parlamento. Ela se caracteriza antes da eleição.

Incompatibilidade é o impedimento estabelecido na Constituição de o congressista acumular com o seu mandato legislativo outras situações nela descritas adquiridas antes ou no curso do mandato. A incompatibilidade não impede que a eleição seja considerada válida, tendo o parlamentar de optar pelo mandato ou pela função anterior. "Ela o impede de conservar simultaneamente o mandato parlamentar e a situação incompatível"[8]. Tem a incompatibilidade a característica moralizadora do Parlamento e a sua independência.

Incompatibilidades funcionais são as de aceitar ou exercer cargo, função ou emprego remunerado em pessoa jurídica, autarquia, empresa pública, sociedade de

---

[8] LAFERRIÈRE, J. *Manuel de droit constitutionnel*. 2. ed. Paris: Domat, 1947, p. 669.

economia mista ou empresa concessionária de serviço público (art. 54, I, *b*, da Constituição). Deputados e senadores não podem, desde a posse, ocupar cargo ou função de que sejam demissíveis *ad nutum* (art. 54, II, *b*, da Constituição).

Incompatibilidades negociais são as relativas a manter contrato com pessoa jurídica de direito público, autarquia, empresa pública, sociedade de economia mista ou concessionária de serviço público, salvo quando o contrato obedecer a cláusulas uniformes (art. 54, I, *a*, da Constituição).

Incompatibilidades profissionais são o fato de os congressistas, desde a posse, terem a propriedade, controle ou serem diretores de empresa que goze de favor decorrente de contrato com pessoa jurídica de direito público, ou nela exercerem função remunerada (art. 54, II, *a*, da Constituição). Não podem também patrocinar causa em que sejam interessadas pessoa jurídica de direito público, autarquia, empresa pública, sociedade de economia mista ou empresa concessionária de serviço público (art. 54, II, *c*, da Lei Maior).

Incompatibilidades políticas são o fato de que os congressistas não podem, desde a posse, ser titulares de mais de um cargo ou mandato público eletivo (art. 54, II, *d*, da Lei Magna).

7.12.1.1 Processo legislativo

Prevê o art. 59 da Constituição que o processo legislativo compreende: (a) emendas à Constituição; (b) leis complementares; (c) leis ordinárias; (d) leis delegadas; (e) medidas provisórias; (f) decretos legislativos; (g) resoluções.

A Constituição poderá ser emendada mediante proposta: (a) de um terço, no mínimo, dos membros da Câmara dos Deputados ou do Senado Federal; (b) do Presidente da República; (c) de mais da metade das Assembleias Legislativas das unidades da Federação, manifestando-se, cada uma delas, pela maioria relativa de seus membros (art. 60 da Constituição). A Lei Maior não poderá ser emendada na vigência de intervenção federal, de estado de defesa ou de estado de sítio. A proposta será discutida e votada em cada Casa do Congresso Nacional, em dois turnos, considerando-se aprovada se obtiver, em ambos, três quintos dos votos dos respectivos membros.

Leis ordinárias dependem de *quorum* de maioria simples para sua aprovação, de metade mais um dos presentes.

As leis complementares serão aprovadas por maioria absoluta (art. 69 da Constituição).

A iniciativa das leis complementares e ordinárias cabe a qualquer membro ou Comissão da Câmara dos Deputados, do Senado Federal ou do Congresso Nacional, ao Presidente da República, ao Supremo Tribunal Federal, aos Tribunais Superiores, ao Procurador-geral da República e aos cidadãos, na forma e nos casos previstos na Constituição (art. 61 da Constituição).

São de iniciativa privativa do Presidente da República as leis que: (a) fixem ou modifiquem os efetivos das Forças Armadas; (b) disponham sobre: (1) criação de cargos, funções ou empregos públicos na administração direta e autárquica ou aumento de sua remuneração; (2) organização administrativa e judiciária, matéria tributária e orçamentária, serviços públicos e pessoal da administração dos Territórios; (3) servidores públicos da União e Territórios, seu regime jurídico, provimento de cargos, estabilidade e aposentadoria; (4) organização do Ministério Público e da Defensoria Pública da União, bem como normas gerais para a organização do Ministério Público e da Defensoria Pública dos Estados, do Distrito Federal e dos Territórios; (5) criação, estruturação e atribuições dos Ministérios e órgãos da administração pública; (6) militares das Forças Armadas, seu regime jurídico, provimento de cargos, promoções, estabilidade, remuneração, reforma e transferência para a reserva.

A iniciativa popular pode ser exercida pela apresentação à Câmara dos Deputados de projeto de lei subscrito por, no mínimo, 1% do eleitorado nacional, distribuído pelo menos por cinco Estados, com não menos de três décimos por cento dos eleitores de cada um deles (§ 2º do art. 61 da Constituição).

O projeto de lei aprovado por uma Casa será revisto pela outra em um só turno de discussão e votação, sendo enviado à sanção ou promulgação, se a Casa revisora o aprovar, ou arquivado, se o rejeitar (art. 65 da Lei Maior). Se o projeto for emendado, voltará à Casa iniciadora.

A Casa na qual tenha sido concluída a votação enviará o projeto de lei ao Presidente da República, que, aquiescendo, o sancionará.

Se o presidente da República não concorda com o texto da lei, irá vetá-lo. O veto deve ser fundamentado. Dois são seus fundamentos: (a) inconstitucionalidade; (b) contrariedade ao interesse público. Na inconstitucionalidade, a norma aprovada pelo Congresso Nacional viola a Constituição. Há incompatibilidade da nova norma com a Lei Maior. Defende o presidente da República a Constituição, na função de seu guardião. A contrariedade ao interesse público envolve um aspecto eminentemente político. O presidente da República defende o interesse público.

O veto visa, portanto, excluir da lei disposições contraditórias, inconvenientes e que, portanto, são inaceitáveis.

Pode o veto ser total ou parcial. Será total se incidir sobre todo o projeto aprovado. Será parcial se atingir parte do projeto.

O veto parcial foi criado no sistema brasileiro para evitar que o presidente da República tenha de aceitar o texto legislativo quanto a "caudas" que são acrescentadas no debate parlamentar, sem poder rejeitar todo o projeto.

O objetivo do veto é impor ao Congresso Nacional a reapreciação da matéria. No veto parcial, haverá o reexame apenas da parte vetada.

Texto de lei vetado é texto inexistente. Se mudava a lei anterior, com o veto, a lei nova não existe e prevalece o texto da lei anterior, porque ele não foi modificado.

O prazo para o veto é de 15 dias úteis, contados da data do recebimento. O presidente comunicará, dentro de 48 horas, ao presidente do Senado Federal os motivos do veto. O veto parcial somente abrangerá texto integral de artigo, de parágrafo, de inciso ou de alínea. Decorrido o prazo de 15 dias, o silêncio do presidente da República importará sanção. O veto será apreciado em sessão conjunta, dentro de 30 dias a contar de seu recebimento, só podendo ser rejeitado pelo voto da maioria absoluta dos Deputados e Senadores, em escrutínio secreto. Se o veto não for mantido, será o projeto enviado, para promulgação, ao presidente da República. Esgotado sem deliberação o prazo de 30 dias, o veto será colocado na ordem do dia da sessão imediata, sobrestadas as demais proposições, até sua votação final. Se a lei não for promulgada dentro de 48 horas pelo presidente da República, o presidente do Senado a promulgará, e, se este não o fizer em igual prazo, caberá ao vice-presidente do Senado fazê-lo.

A matéria constante de projeto de lei rejeitado somente poderá constituir objeto de novo projeto, na mesma sessão legislativa, mediante proposta da maioria absoluta dos membros de qualquer das Casas do Congresso Nacional (art. 67 da Constituição).

As medidas provisórias são expedidas em casos de relevância e urgência, pelo presidente da República. O STF entende que relevância e urgência são critérios que ficam a cargo do presidente da República, isto é, têm característica subjetiva. Terão força de lei, devendo ser submetidas de imediato ao Congresso Nacional (art. 62 da Constituição). Não são leis, pois não são elaboradas pelo Poder Legislativo, mas têm força de lei. Perderão as medidas provisórias eficácia, desde a edição, se não forem convertidas em lei no prazo de 60 dias, prorrogável uma vez por igual período, devendo o Congresso Nacional disciplinar, por decreto legislativo, as relações jurídicas delas decorrentes. O prazo será contado da publicação da medida provisória, suspendendo-se durante os períodos de recesso do Congresso Nacional.

Se a medida provisória não for apreciada em até 45 dias contados de sua publicação, entrará em regime de urgência, subsequentemente, em cada uma das Casas do Congresso Nacional, ficando sobrestadas, até que se termine a votação, todas as demais deliberações legislativas da Casa em que estiver tramitando. Será prorrogada uma única vez por igual período a vigência de medida provisória que, no prazo de 60 dias, contado de sua publicação, não tiver sua votação encerrada nas duas Casas do Congresso Nacional. As medidas provisórias terão sua votação iniciada na Câmara dos Deputados. A deliberação de cada uma das Casas do Congresso Nacional sobre o mérito das medidas provisórias dependerá de juízo prévio sobre o atendimento de seus pressupostos constitucionais. Caberá à comissão mista de Deputados e Senadores examinar as medidas provisórias e sobre elas emitir parecer, antes de serem apreciadas, em sessão separada, pelo plenário de cada uma das Casas do Congresso Nacional. É vedada reedição, na mesma sessão legislativa, de medida provisória que tenha sido rejeitada ou que tenha perdido sua eficácia por decurso de prazo. Não editado o decreto legislativo até 60 dias após a rejeição ou perda de eficácia de medida provisória, as relações jurídicas constituídas e decorrentes de atos praticados durante sua vigência conservar-se-ão por ela regidas. Aprovado projeto de lei de conversão que altera o texto original da medida provisória, esta manter-se-á integralmente em vigor até que seja sancionado ou vetado o projeto.

É proibida a edição de medidas provisórias sobre matéria: (1) relativa a: (a) nacionalidade, cidadania, direitos políticos, partidos políticos e direito eleitoral; (b) direito penal, processual penal e processual civil; (c) organização do Poder Judiciário e do Ministério Público, a carreira e a garantia de seus membros; (d) planos plurianuais, diretrizes orçamentárias, orçamento e créditos adicionais e suplementares, ressalvada a previsão do § 3º do art. 167 da Constituição; (2) que vise a detenção ou sequestro de bens, de poupança popular ou qualquer outro ativo financeiro; (3) reservada a lei complementar. A matéria de lei complementar necessita de quórum de maioria absoluta do Congresso Nacional (art. 69 da Constituição). Logo, não pode ser objeto de medida provisória, que exige maioria simples na votação; (4) já disciplinada em projeto de lei aprovado pelo Congresso Nacional e pendente de sanção ou veto do presidente da República.

Medida provisória que implique instituição ou majoração de impostos, exceto imposto de importação, de exportação, IPI, IOF, impostos extraordinários em caso de guerra externa, só produzirá efeitos no exercício seguinte se houver sido convertida em lei até o último dia daquele em que foi editada. Em relação aos impostos citados, a medida provisória que os majorar ou instituir terá efeito imediato.

Não é possível a adoção de medida provisória na regulamentação de artigo da Constituição cuja redação tenha sido alterada por meio de emenda constitucional entre 1º de janeiro de 1995 e 12 de setembro de 2001 (art. 246 da Constituição).

As leis delegadas serão elaboradas pelo presidente da República, que deverá solicitar a delegação ao Congresso Nacional (art. 68 da Constituição). A delegação ao Presidente da República terá a forma de resolução do Congresso Nacional, que especificará seu conteúdo e os termos de seu exercício.

O controle de constitucionalidade das leis pode ser feito de forma: (a) difusa ou não concentrada, que é a apreciação por qualquer juiz da arguição de inconstitucionalidade da norma; (b) concentrada, por meio de apreciação do Supremo Tribunal Federal.

A Lei Complementar n. 95/98 disciplina a elaboração das leis.

O Congresso Nacional será reunido, anualmente, em Brasília, de 2 de fevereiro a 17 de julho e de 1º de agosto a 22 de dezembro (art. 57 da Constituição). A sessão legislativa não será interrompida sem a aprovação do projeto de lei de diretrizes orçamentárias.

Cada uma das Casas reunir-se-á em sessões preparatórias, a partir de 1º de fevereiro, no primeiro ano da legislatura, para a posse de seus membros e eleição das respectivas Mesas, para mandato de dois anos, vedada a recondução para o mesmo cargo na eleição imediatamente subsequente.

7.12.2 Poder Executivo

O Poder Executivo é exercido pelo Presidente da República, auxiliado pelos Ministros de Estado (art. 76 da Constituição).

A eleição do Presidente da República importará a do Vice-presidente com ele registrado.

Substituirá o Presidente, no caso de impedimento, e suceder-lhe-á, no de vaga, o Vice-presidente (art. 79 da Lei Maior).

Em caso de impedimento do Presidente e do Vice-presidente, ou vacância dos respectivos cargos, serão sucessivamente chamados ao exercício da presidência o Presidente da Câmara dos Deputados, o do Senado Federal e o do Supremo Tribunal Federal (art. 80 da Constituição).

O mandato do Presidente da República é de quatro anos e terá início em primeiro de janeiro do ano seguinte ao de sua eleição. É permitida a reeleição por um único período.

O Presidente da República pode cometer crimes: (a) de responsabilidade, definidos em lei especial; (b) comuns, previstos na legislação ordinária.

Admitida a acusação contra o Presidente da República, por dois terços da Câmara dos Deputados, será ele submetido a julgamento perante o Supremo Tribunal Federal, nas infrações penais comuns, ou perante o Senado Federal, nos crimes de responsabilidade (art. 86 da Constituição).

O presidente e o vice-presidente da República deverão ter 35 anos. O governador e o vice-governador de Estado e do Distrito Federal deverão ter 30 anos. O prefeito e o vice-prefeito deverão ter 21 anos.

7.12.3 Poder Judiciário

O Poder Judiciário será estudado no capítulo relativo ao Direito Processual.

7.13 DIREITOS E GARANTIAS FUNDAMENTAIS

Os direitos e garantias individuais foram estabelecidos para coibir os abusos praticados pelas autoridades, como de João sem Terra, daí surgindo o Bill of Rights (*Bill off Rights are for the most part reactions against evil of the past rather than promisses for the future*), que era uma espécie de reação das pessoas contra as dominações do Estado da época.

Direitos não se confundem com garantias. Os direitos são aspectos, manifestações da personalidade humana em sua existência subjetiva ou em suas situações de relação com a sociedade ou os indivíduos que compõem[9]. Garantias são os instrumentos para o exercício dos direitos consagrados na Constituição, como o *habeas corpus*, o mandado de segurança, o mandado de injunção e o *habeas data*.

Direitos fundamentais são sempre direitos humanos.

Os direitos e deveres são individuais e coletivos.

Todos são iguais perante a lei, sem distinção de qualquer natureza. Aos brasileiros e aos estrangeiros residentes no Brasil a Constituição assegura a inviolabilidade do direito à vida, à liberdade, à igualdade, à segurança e à propriedade (art. 5º da Constituição).

Os direitos e garantias expressos na Constituição não excluem outros decorrentes do regime e dos princípios por ela adotados ou dos tratados internacionais de que o Brasil seja parte (§ 2º do art. 5º da Lei Maior).

A Constituição assegura que:

(1) homens e mulheres são iguais em direitos e obrigações, nos termos da Constituição. Poderá haver tratamento diferenciado se assim a Constituição estabelecer;

(2) ninguém será obrigado a fazer ou deixar de fazer algo a não ser em virtude de lei. É o princípio da legalidade;

---

9 CASTRO, Araújo. A *nova Constituição brasileira*. Rio de Janeiro: Freitas Bastos, 1936, p. 356.

(3) ninguém será submetido a tortura nem a tratamento desumano ou degradante;

(4) é livre a manifestação do pensamento, sendo vedado o anonimato;

(5) é assegurado o direito de resposta, proporcional ao agravo, além da indenização por dano material, moral ou à imagem;

(6) é inviolável a liberdade de consciência e de crença, sendo assegurado o livre exercício dos cultos religiosos e garantida, na forma da lei, a proteção aos locais de culto e a suas liturgias;

(7) é assegurada, nos termos da lei, a prestação de assistência religiosa nas entidades civis e militares de internação coletiva;

(8) ninguém será privado de direitos por motivo de crença religiosa ou de convicção filosófica ou política, salvo se as invocar para eximir-se de obrigação legal a todos imposta e recusar-se a cumprir prestação alternativa, fixada em lei;

(9) é livre a expressão da atividade intelectual, artística, científica e de comunicação, independentemente de censura ou licença;

(10) são invioláveis a intimidade, a vida privada, a honra e a imagem das pessoas, assegurado o direito à indenização pelo dano material ou moral decorrente de sua violação;

(11) a casa é asilo inviolável do indivíduo, ninguém nela podendo penetrar sem consentimento do morador, salvo em caso de flagrante delito ou desastre, ou para prestar socorro, ou, durante o dia, por determinação judicial;

(12) é inviolável o sigilo da correspondência e das comunicações telegráficas, de dados e das comunicações telefônicas, salvo, no último caso, por ordem judicial, nas hipóteses e na forma que a lei estabelecer para fins de investigação criminal ou instrução processual penal. A norma que trata do assunto é a Lei n. 9.296/96;

(13) é livre o exercício de qualquer trabalho, ofício ou profissão, atendidas as qualificações profissionais que a lei estabelecer;

(14) é assegurado a todos o acesso à informação e resguardado o sigilo da fonte, quando necessário ao exercício profissional;

(15) é livre a locomoção no território nacional em tempo de paz, podendo qualquer pessoa, nos termos da lei, nele entrar, permanecer ou dele sair com seus bens;

(16) todos podem reunir-se pacificamente, sem armas, em locais abertos ao público, independentemente de autorização, desde que não frustrem

outra reunião anteriormente convocada para o mesmo local, sendo apenas exigido prévio aviso à autoridade competente;

(17) é plena a liberdade de associação para fins lícitos, vedada a de caráter paramilitar;

(18) a criação de associações e, na forma da lei, a de cooperativas independem de autorização, sendo vedada a interferência estatal em seu funcionamento. As sociedades cooperativas são reguladas na Lei n. 5.764/71;

(19) as associações só poderão ser compulsoriamente dissolvidas ou ter suas atividades suspensas por decisão judicial, exigindo-se, no primeiro caso, o trânsito em julgado;

(20) ninguém poderá ser compelido a associar-se ou a permanecer associado;

(21) as entidades associativas, quando expressamente autorizadas, têm legitimidade para representar seus filiados judicial ou extrajudicialmente;

(22) é garantido o direito de propriedade;

(23) a propriedade atenderá a sua função social;

(24) a lei estabelecerá o procedimento para desapropriação por necessidade ou utilidade pública, ou por interesse social, mediante justa e prévia indenização em dinheiro, ressalvados os casos previstos na Constituição;

(25) no caso de iminente perigo público, a autoridade competente poderá usar de propriedade particular, assegurada ao proprietário indenização ulterior, se houver dano;

(26) a pequena propriedade rural, assim definida em lei, desde que trabalhada pela família, não será objeto de penhora para pagamento de débitos decorrentes de sua atividade produtiva, dispondo a lei sobre os meios de financiar o seu desenvolvimento;

(27) aos autores pertence o direito exclusivo de utilização, publicação ou reprodução de suas obras, transmissível aos herdeiros pelo tempo que a lei fixar. A Lei n. 9.610/98 trata dos direitos do autor;

(28) são assegurados, nos termos da lei: (a) a proteção às participações individuais em obras coletivas e à reprodução da imagem e voz humanas, inclusive nas atividades desportivas; (b) o direito de fiscalização do aproveitamento econômico das obras que criarem ou de que participarem aos criadores, aos intérpretes e às respectivas representações sindicais e associativas;

(29) a lei assegurará aos autores de inventos industriais privilégio temporário para sua utilização, bem como proteção às criações industriais, à propriedade das marcas, aos nomes de empresas e a outros signos distintivos, tendo em vista o interesse social e o desenvolvimento tecnológico e econômico do país. A Lei n. 9.279/96 regula direitos e obrigações relativas a propriedade industrial;

(30) é garantido o direito de herança;

(31) a sucessão de bens de estrangeiros situados no país será regulada pela lei brasileira em benefício do cônjuge ou dos filhos brasileiros, sempre que não lhes seja favorável a lei pessoal do *de cujus*;

(32) o Estado promoverá, na forma da lei, a defesa do consumidor. O Código de Defesa do Consumidor é a Lei n. 8.078/90;

(33) todos têm direito a receber dos órgãos públicos informações de seu interesse particular, ou de interesse coletivo ou geral, que serão prestadas no prazo de lei, sob pena de responsabilidade, ressalvadas aquelas cujo sigilo seja imprescindível à segurança da sociedade e do Estado. A Lei n. 12.527/2011 é a norma de acesso a informações;

(34) são a todos assegurados, independentemente do pagamento de taxas: (a) o direito de petição aos Poderes Públicos em defesa de direito ou contra ilegalidade ou abuso de poder; (b) a obtenção de certidões em repartições públicas, para defesa de direitos e esclarecimento de situações de interesse pessoal;

(35) a lei não excluirá da apreciação do Poder Judiciário lesão ou ameaça a direito;

(36) a lei não prejudicará o direito adquirido, o ato jurídico perfeito e a coisa julgada. Direito adquirido é o que faz parte do patrimônio jurídico da pessoa, que implementou todas as condições para esse fim, podendo exercê-lo a qualquer momento. Na expectativa de direito, a pessoa não reuniu todas as condições para adquirir o direito, que não faz parte do seu patrimônio jurídico, nem pode ser exercitado de imediato. Há a esperança, a probabilidade de adquirir o direito no curso do tempo. Ato jurídico perfeito é o que se formou sob o império da lei velha e não pode ser modificado. A lei não pode ser retroativa. Devem ser respeitadas as situações estabelecidas na vigência de lei anterior, em razão da estabilidade e segurança jurídicas. Modestino, no Digesto, chamava coisa julgada a que põe fim às controvérsias por meio de pronunciamento do juiz: o que sucede, ocorrendo condenação ou absolvição (livro 42, título 1º). Chama-se coisa julgada ou caso julgado a decisão judicial de que já não caiba recurso (§ 3º do art. 6º do Decreto-Lei n. 4.657/42). Há coisa julgada "quando se repete ação que já foi decidida por decisão transitada em julgado" (§ 4º do art. 337 do CPC). Denomina-se coisa julgada material a autoridade que torna imutável e indiscutível a decisão de mérito não mais sujeita a recurso (art. 502 do CPC). Faz referência o art. 506 do CPC ao fato de que a *sentença* faz coisa julgada, que, portanto, não ocorre fora do processo, mas apenas nessa decisão do juiz;

(37) não haverá juízo ou tribunal de exceção;

(38) é reconhecida a instituição do júri, com a organização que lhe der a lei, assegurados: (a) a plenitude de defesa; (b) o sigilo das votações; (c) a soberania dos veredictos; (d) a competência para o julgamento dos crimes dolosos contra a vida;

(39) não há crime sem lei anterior que o defina, nem pena sem prévia cominação legal (*nullum crime, nulla poena sine lege*);

(40) a lei penal não retroagirá, salvo para beneficiar o réu;

(41) a lei punirá qualquer discriminação atentatória dos direitos e liberdades fundamentais;

(42) a prática do racismo constitui crime inafiançável e imprescritível, sujeito à pena de reclusão, nos termos da lei;

(43) a lei considerará crimes inafiançáveis e insuscetíveis de graça ou anistia a prática da tortura, o tráfico ilícito de entorpecentes e drogas afins, o terrorismo e os definidos como crimes hediondos, por eles respondendo os mandantes, os executores e os que, podendo evitá-los, se omitirem. A Lei n. 8.072/90 trata dos crimes hediondos. A Lei n. 13.260/2016 versa sobre o terrorismo;

(44) constitui crime inafiançável e imprescritível a ação de grupos armados, civis ou militares, contra a ordem constitucional e o Estado Democrático;

(45) nenhuma pena passará da pessoa do condenado, podendo a obrigação de reparar o dano e a decretação do perdimento de bens ser, nos termos da lei, estendidas aos sucessores e contra eles executadas, até o limite do valor do patrimônio transferido;

(46) a lei regulará a individualização da pena e adotará, entre outras, as seguintes: (a) privação ou restrição da liberdade; (b) perda de bens; (c) multa; (d) prestação social alternativa; (e) suspensão ou interdição de direitos;

(47) não haverá penas: (a) de morte, salvo em caso de guerra declarada; (b) de caráter perpétuo; (c) de trabalhos forçados; (d) de banimento; (e) cruéis;

(48) a pena será cumprida em estabelecimentos distintos, de acordo com a natureza do delito, a idade e o sexo do apenado;

(49) é assegurado aos presos o respeito à integridade física e moral;

(50) às presidiárias serão asseguradas condições para que possam permanecer com seus filhos durante o período de amamentação;

(51) nenhum brasileiro será extraditado, salvo o naturalizado, em caso de crime comum, praticado antes da naturalização, ou de comprovado envolvimento em tráfico ilícito de entorpecentes e drogas afins, na forma da lei;

(52) não será concedida extradição de estrangeiro por crime político ou de opinião;

(53) ninguém será processado nem sentenciado senão pela autoridade competente;

(54) ninguém será privado da liberdade ou de seus bens sem o devido processo legal;

(55) aos litigantes, em processo judicial ou administrativo, e aos acusados em geral são assegurados o contraditório e a ampla defesa, com os meios e recursos a ela inerentes;

(56) são inadmissíveis, no processo, as provas obtidas por meios ilícitos;

(57) ninguém será considerado culpado até o trânsito em julgado de sentença penal condenatória;

(58) o civilmente identificado não será submetido a identificação criminal, salvo nas hipóteses previstas em lei;

(59) será admitida ação privada nos crimes de ação pública, se esta não for intentada no prazo legal. A Lei n. 12.037/2009 versa sobre a identificação criminal do civilmente identificado;

(60) a lei só poderá restringir a publicidade dos atos processuais quando a defesa da intimidade ou o interesse social o exigirem;

(61) ninguém será preso senão em flagrante delito ou por ordem escrita e fundamentada de autoridade judiciária competente, salvo nos casos de transgressão militar ou crime propriamente militar, definidos em lei;

(62) a prisão de qualquer pessoa e o local onde estiver serão comunicados imediatamente ao juiz competente e à família do preso ou à pessoa por ele indicada;

(63) o preso será informado de seus direitos, entre os quais o de permanecer calado, sendo-lhe assegurada a assistência da família e de advogado;

(64) o preso tem direito à identificação dos responsáveis por sua prisão ou por seu interrogatório policial;

(65) a prisão ilegal será imediatamente relaxada pela autoridade judiciária;

(66) ninguém será levado à prisão ou nela mantido, quando a lei admitir a liberdade provisória, com ou sem fiança;

(67) não haverá prisão civil por dívida, salvo a do responsável pelo inadimplemento voluntário e inescusável de obrigação alimentícia e a do depositário infiel;

(68) conceder-se-á *habeas corpus* sempre que alguém sofrer ou se achar ameaçado de sofrer violência ou coação em sua liberdade de locomoção, por ilegalidade ou abuso de poder;

(69) conceder-se-á mandado de segurança para proteger direito líquido e certo, não amparado por *habeas corpus* ou *habeas data*, quando o responsável pela ilegalidade ou abuso de poder for autoridade pública ou agente de pessoa jurídica no exercício de atribuições do Poder Público;

(70) o mandado de segurança coletivo pode ser impetrado por: (a) partido político com representação no Congresso Nacional; (b) organização sindical, entidade de classe ou associação legalmente constituída e em funcionamento há pelo menos um ano, em defesa dos interesses de seus membros ou associados. O mandado de segurança é regulado pela Lei n. 12.016/2009;

(71) conceder-se-á mandado de injunção sempre que a falta de norma regulamentadora torne inviável o exercício dos direitos e liberdades constitucionais e das prerrogativas inerentes à nacionalidade, à soberania e à cidadania. A Lei n. 13.300/2016 disciplina o procedimento e o julgamento do mandado de injunção;

(72) conceder-se-á *habeas data*: (a) para assegurar o conhecimento de informações relativas à pessoa do impetrante, constantes de registros ou bancos de dados de entidades governamentais ou de caráter público; (b) para a retificação de dados, quando não se prefira fazê-lo por processo sigiloso, judicial ou administrativo. A Lei n. 9.507/97 trata do *habeas data*;

(73) qualquer cidadão é parte legítima para propor ação popular que vise a anular ato lesivo ao patrimônio público ou de entidade de que o Estado participe, à moralidade administrativa, ao meio ambiente e ao patrimônio histórico e cultural, ficando o autor, salvo comprovada má-fé, isento de custas judiciais e do ônus da sucumbência. A Lei n. 4.717/65 dispõe sobre a ação popular;

(74) o Estado prestará assistência jurídica integral e gratuita aos que comprovarem insuficiência de recursos. A Lei n. 1.060/50 e o CPC de 2015 tratam da assistência judiciária;

(75) o Estado indenizará o condenado por erro judiciário, assim como o que ficar preso além do tempo fixado na sentença;

(76) são gratuitos para os reconhecidamente pobres, na forma da lei: (a) o registro civil de nascimento; (b) a certidão de óbito;

(77) são gratuitas as ações de *habeas corpus* e *habeas data*, e, na forma da lei, os atos necessários ao exercício da cidadania;

(78) a todos, no âmbito judicial e administrativo, são assegurados a razoável duração do processo e os meios que garantam a celeridade de sua tramitação.

São direitos sociais a educação, a saúde, a alimentação, o trabalho, a moradia, o transporte, o lazer, a segurança, a previdência social, a proteção à maternidade e à infância, a assistência aos desamparados (art. 6º da Constituição).

7.14 NACIONALIDADE

Há dois critérios para definir a nacionalidade: o *ius sanguinis* e o *ius soli*. No *ius sanguinis*, a pessoa tem a mesma nacionalidade de seus pais, sendo, portanto, decorrente do sangue, seja qual for o local em que nascer. No *ius soli*, a pessoa que nascer no território do Estado adquire a nacionalidade desse Estado.

São brasileiros natos: (a) os nascidos na República Federativa do Brasil, ainda que de pais estrangeiros, desde que estes não estejam a serviço de seu país. É a aplicação do *ius soli*; (b) os nascidos no estrangeiro, depois de atingida a maioridade, de pai brasileiro ou mãe brasileira, desde que sejam registrados em repartição brasileira competente ou qualquer deles esteja a serviço do Brasil. É a observância do *ius sanguinis*; (c) os nascidos no estrangeiro de pai brasileiro ou mãe brasileira, desde que sejam registrados em repartição brasileira competente ou venham a residir no Brasil e optem, em qualquer tempo, depois de atingida a maioridade pela nacionalidade brasileira (art. 12, I, da Constituição).

Serão brasileiros naturalizados: (a) os que, na forma da lei, adquiram a nacionalidade brasileira, exigidas aos originários de países de língua portuguesa apenas residência por um ano ininterrupto e idoneidade moral; (b) os estrangeiros de qualquer nacionalidade residentes no Brasil há mais de 15 anos ininterruptos e sem condenação penal, desde que requeiram a nacionalidade brasileira.

Aos portugueses com residência permanente no país, se houver reciprocidade em favor dos brasileiros, serão atribuídos os direitos inerentes ao brasileiro, salvo os casos previstos na Constituição.

A lei não poderá estabelecer distinção entre brasileiros natos e naturalizados, salvo as previstas na própria Constituição.

São privativos de brasileiro nato os cargos: (a) de Presidente e Vice-presidente da República; (b) de Presidente da Câmara dos Deputados; (c) de Presidente do Senado Federal; (d) de Ministro do Supremo Tribunal Federal; (e) de carreira diplomática; (f) de oficial das Forças Armadas; (g) de Ministro de Estado da Defesa.

Será declarada a perda da nacionalidade do brasileiro que: (a) tiver cancelada sua naturalização, por sentença judicial, em virtude de atividade nociva ao interesse nacional; (b) adquirir outra nacionalidade, salvo nos casos de: (1) reconhecimento de nacionalidade originária pela lei estrangeira; (2) imposição de naturalização, pela forma estrangeira, ao brasileiro residente em Estado estrangeiro, como condição para permanência em seu território ou para o exercício de direitos civis.

7.15 DIREITOS POLÍTICOS

A soberania popular será exercida pelo sufrágio universal e pelo voto direto e secreto, com valor igual para todos, e, nos termos da lei, mediante: (a) plebiscito; (b) referendo; (c) iniciativa popular (art. 14 da Constituição).

Sufrágio é o direito subjetivo de uma pessoa de eleger (sufrágio ativo) ou de ser eleito (sufrágio passivo).

O voto é o exercício de sufragar, de eleger uma pessoa.

Escrutínio é a forma de votar, que pode ser aberto ou secreto.

Plebiscito é a consulta anterior formulada ao povo para aprovar ou rejeitar o que lhe houver sido submetido, o que é feito por meio do voto. O referendo é a consulta posterior formulada ao povo para ratificar ou rejeitar ato legislativo ou administrativo já determinado.

O alistamento eleitoral e o voto são: (1) obrigatórios para os maiores de 18 anos; (2) facultativos para: (a) os analfabetos; (b) os maiores de 70 anos; (c) os maiores de 16 e menores de 18 anos.

Não podem alistar-se eleitores os estrangeiros e, durante o período do serviço militar obrigatório, os conscritos.

São condições de elegibilidade, na forma da lei: (a) a nacionalidade brasileira; (b) o pleno exercício dos direitos políticos; (c) o alistamento eleitoral; (d) o domicílio eleitoral na circunscrição; (e) a filiação partidária.

Para ser eleito, é preciso idade mínima de: (a) 35 anos para Presidente, Vice-presidente da República e senador; (b) 30 anos para governador e vice-governador de Estado e do Distrito Federal; (c) 21 anos para deputado federal, deputado estadual ou distrital, prefeito, vice-prefeito e juiz de paz; (d) 18 anos para vereador. Não há limite máximo de idade para se candidatar.

São inelegíveis os inalistáveis e os analfabetos.

O Presidente da República, os governadores de Estado e do Distrito Federal, os prefeitos e quem os houver sucedido ou substituído no curso dos mandatos poderão ser reeleitos para um único período subsequente.

Para concorrerem a outros cargos, o Presidente da República, os governadores de Estado e do Distrito Federal e os prefeitos devem renunciar aos respectivos mandatos até seis meses antes do pleito.

7.16 PARTIDOS POLÍTICOS

Um dos fundamentos da República Federativa do Brasil é o pluralismo político (art. 1º, V, da Constituição). Isso quer dizer que é vedada a existência de apenas um único partido.

Quanto à organização interna, os partidos podem ser: (a) de quadros: não pretendem número de integrantes, mas figuras notáveis; (b) de massas: procuram o maior número de pessoas.

Quanto à organização externa: (a) partido único: só há um partido no Estado; (b) sistema bipartidário: o sistema se concentra no governo. Exemplo é o dos Estados Unidos, com os partidos Democrata e Republicano; (c) sistema pluripartidário, de muitos partidos, que ocorre na maioria dos países.

Quanto ao âmbito de atuação, os partidos são: (a) universais: há relações de partidos de um Estado com os de outro; (b) nacionais; (c) regionais, que atuam apenas em certa região do Estado; (d) locais, que são de âmbito municipal.

É livre a criação, fusão, incorporação e extinção de partidos políticos, resguardados a soberania nacional, o regime democrático, o pluripartidarismo, os direitos fundamentais da pessoa humana (art. 17 da Constituição).

Os partidos políticos: (a) terão caráter nacional; (b) são proibidos de recebimento de recursos financeiros de entidade ou governo estrangeiros ou de subordinação a estes; (c) devem prestar contas à Justiça Eleitoral; (d) têm funcionamento parlamentar de acordo com a lei.

É assegurada autonomia aos partidos políticos para definir sua estrutura interna, organização e funcionamento e para adotar os critérios de escolha e o regime de suas coligações eleitorais, sem obrigatoriedade de vinculação entre as candidaturas em âmbito nacional, estadual, distrital ou municipal, devendo seus estatutos estabelecer normas de fidelidade e disciplina partidárias.

Os partidos políticos, após adquirirem personalidade jurídica, na forma da lei civil, registrarão seus estatutos no Tribunal Superior Eleitoral.

Têm direito os partidos políticos a recursos do fundo partidário e acesso gratuito ao rádio e à televisão, na forma da lei.

É vedada a utilização pelos partidos políticos de organização paramilitar.

7.17 ORDEM SOCIAL

A ordem social tem como base o primado do trabalho. Seus objetivos são o bem-estar e a justiça sociais (art. 193 da Constituição).

Compreende a ordem social: a seguridade social, a educação, a cultura e o desporto, a ciência e tecnologia, o meio ambiente, a comunicação social, a família, a criança, o adolescente, o idoso e os índios.

A educação é direito de todos e dever do Estado e da família, sendo promovida e incentivada com a colaboração da sociedade, visando ao pleno desenvolvimento da pessoa, seu preparo para o exercício da cidadania e sua qualificação para o trabalho (art. 205 da Constituição). A Lei n. 9.394/96 versa sobre diretrizes e bases da educação nacional.

Os Municípios atuarão prioritariamente no ensino fundamental e na educação infantil. Os Estados e o Distrito Federal atuarão prioritariamente no ensino fundamental e médio.

O Estado garantirá a todos o pleno exercício dos direitos culturais e acesso às fontes da cultura nacional, e apoiará e incentivará a valorização e a difusão das manifestações culturais (art. 215 da Constituição).

É dever do Estado fomentar práticas desportivas formais e não formais, como direito de cada um (art. 217 da Constituição).

Promoverá e incentivará o Estado o desenvolvimento científico, a pesquisa e a capacitação tecnológicas (art. 218 da Lei Maior).

A manifestação do pensamento, a criação, a expressão e a informação, sob qualquer forma, processo ou veículo não sofrerão qualquer restrição, observado o disposto na Constituição (art. 220 da Lei Magna).

A propriedade de empresa jornalística e de radiodifusão sonora e de sons e imagens é privativa de brasileiros natos ou naturalizados há mais de 10 anos, ou de pessoas jurídicas constituídas sob as leis brasileiras e que tenham sede no país. Em qualquer caso, pelo menos 70% do capital total e do capital votante das empresas jornalísticas e de radiodifusão sonora e de sons e imagens deverá pertencer, direta ou indiretamente, a brasileiros natos ou naturalizados há mais de 10 anos, que exercerão obrigatoriamente a gestão das atividades e estabelecerão o conteúdo da programação. A responsabilidade editorial e as atividades de seleção e direção da programação veiculada são privativas de brasileiros natos ou naturalizados há mais de 10 anos, em qualquer meio de comunicação social.

Todos têm direito ao meio ambiente ecologicamente equilibrado, bem de uso comum do povo e essencial à sadia qualidade de vida, impondo-se ao Poder Público e à coletividade o dever de defendê-lo e preservá-lo para as presentes e futuras gerações (art. 225 da Lei Maior).

A família é a base da sociedade, tendo especial proteção do Estado (art. 226 da Constituição). O casamento é civil e gratuita a celebração. O casamento religioso tem efeito civil, nos termos da lei. É reconhecida a união estável entre o homem e a mulher como entidade familiar, devendo a lei facilitar sua conversão em casamento. Entende-se também como entidade familiar a comunidade formada por qualquer dos pais e seus descendentes. Os direitos e deveres referentes à sociedade conjugal são exercidos igualmente pelo homem e pela mulher.

É dever da família, da sociedade e do Estado assegurar à criança, ao adolescente e ao jovem, com absoluta prioridade, o direito à vida, à saúde, à alimentação, à educação, ao lazer, à profissionalização, à cultura, à dignidade, ao respeito, à liberdade e à convivência familiar e comunitária, além de colocá-los a salvo de toda forma de negligência, discriminação, exploração, violência, crueldade e opressão (art. 227 da Lei Magna). Os filhos, havidos ou não da relação do casamento, ou por adoção, terão os mesmos direitos e qualificações, proibidas quaisquer designações discriminatórias relativas à filiação.

Os pais têm o dever de assistir, criar e educar os filhos menores, e os filhos maiores têm o dever de ajudar e amparar os pais na velhice, carência ou enfermidade.

A família, a sociedade e o Estado têm o dever de amparar as pessoas idosas, assegurando sua participação na comunidade, defendendo sua dignidade e bem-estar e garantindo-lhes o direito à vida.

Aos maiores de 65 anos é garantida a gratuidade dos transportes coletivos urbanos.

São reconhecidos aos índios sua organização social, costumes, línguas, crenças e tradições, e os direitos originários sobre as terras que tradicionalmente ocupam, competindo à União demarcá-las, proteger e fazer respeitar todos os seus bens (art. 231 da Lei Magna).

Questionário

1. O que é Direito Constitucional?
2. O que é Constituição?
3. Como são divididas as Constituições quanto ao conteúdo?
4. Como são divididas as Constituições quanto à forma?
5. Como são divididas as Constituições quanto à elaboração?
6. Como são divididas as Constituições quanto à origem?
7. Como são divididas as Constituições quanto à estabilidade?
8. Como são divididas as Constituições quanto à finalidade?
9. Quais foram as Constituições brasileiras?
10. Quais foram as Constituições votadas e quais as outorgadas?

11. Como é dividida a aplicabilidade da norma constitucional?

12. O que é Poder Constituinte originário?

13. O que é Poder Constituinte derivado?

14. O que são cláusulas pétreas?

15. O que não pode ser objeto de emenda constitucional?

16. Como é dividido o Congresso Nacional?

17. Qual a característica das leis complementares?

18. Indique três direitos e garantias individuais.

19. O que é *ius sanguinis*?

20. O que é *ius soli*?

21. Quais são os objetivos da ordem social?

22. No que consiste a educação?

23. O que compreende a Ordem Social?

Capítulo 8

DIREITO ECONÔMICO

8.1 HISTÓRICO

A expressão *ordem econômica* surgiu com a Constituição de Weimar, em 1919.

Diz respeito a ordem econômica a substituição da economia liberal pela economia intervencionista[1].

8.2 CONCEITO

Direito econômico é o conjunto de princípios, de regras e de instituições que visa à intervenção do Estado no domínio econômico.

8.3 DISTINÇÃO

Distingue-se o Direito econômico do Direito da economia. Este é mais amplo e abrange o primeiro. O Direito da economia abrange todas as matérias que dizem respeito à economia.

---

1 NAZAR, Nelson. *Direito econômico*. Bauru: Edipro, 2004, p. 39.

8.4 REGRAS GERAIS

A ordem econômica é fundada na valorização do trabalho humano e na livre-iniciativa. Tem por fim assegurar a todos existência digna, conforme os ditames da justiça social (art. 170 da Constituição).

A Constituição de 1988 é dirigente, pois indica os fins da política econômica. Daí se falar numa Constituição econômica. A Constituição econômica estabelece um conjunto de normas que visam organizar a economia.

A ideia de liberdade também concerne à livre-iniciativa, a liberdade econômica de poder livremente se estabelecer e desenvolver sua atividade. A livre-iniciativa também é relacionada com a propriedade privada.

8.5 PRINCÍPIOS

São princípios da ordem econômica: (a) soberania; (b) propriedade privada; (c) função social da propriedade; (d) livre concorrência; (e) defesa do consumidor; (f) defesa do meio ambiente; (g) redução das desigualdades regionais e sociais; (h) busca do pleno emprego; (i) tratamento favorecido para as empresas de pequeno porte constituídas sob as leis brasileiras e que tenham sua sede e administração no país.

A soberania diz respeito à autogestão pelo Estado. Ela é exercida dentro do território brasileiro.

O direito de propriedade é garantido no inciso XXII do art. 5º da Constituição. A propriedade atenderá a sua função social (art. 5º, XXIII, da Constituição), que é servir para a pessoa morar e viver com sua família.

A livre concorrência é inerente a um sistema capitalista, visando a um sistema regulador do mercado.

Ofende o princípio da livre concorrência lei municipal que impede a instalação de estabelecimentos comerciais do mesmo ramo em determinada área (Súmula Vinculante 49 do STF).

Nas Constituições e leis anteriores a 5 de outubro de 1988, não se falava na defesa do consumidor. Este é o polo mais fraco da relação de consumo, necessitando de proteção jurídica em razão da sua inferioridade econômica diante do produtor ou vendedor. A Lei n. 8.078/90 instituiu o Código de Defesa do Consumidor.

O meio ambiente deve ser preservado para as pessoas obterem uma vida saudável.

A Constituição visa reduzir as desigualdades regionais e sociais. É um dos princípios da República Federativa do Brasil erradicar a pobreza e a marginalização, reduzindo as desigualdades sociais e regionais (art. 3º, III). O Brasil é um país desigualmente desenvolvido em suas regiões, causando desigualdade social.

O inciso VIII do art. 170 da Constituição estabelece o princípio de que a ordem econômica busca o pleno emprego. Essa é, contudo, uma regra programática que deve ser complementada pela lei ordinária, não querendo dizer, portanto, que a terceirização é proibida quando implica a diminuição dos postos de trabalho nas empresas, pois é apenas um princípio a ser buscado. O pleno emprego pode ser entendido no sentido de ausência de desemprego involuntário ou da existência de trabalho para todos aqueles que desejam trabalhar, de acordo com a OIT.

A busca do pleno emprego pode até parecer uma condição utópica, inatingível, mas, na verdade, é uma forma de política econômica adotada pelos governos, com o objetivo de ser atingida.

O objetivo do constituinte parece ser atingir o ideal de Keynes, no sentido de emprego pleno de todos os recursos e fatores da produção.

O pleno emprego tem sentido econômico e não jurídico. É uma forma de garantir o direito social ao trabalho (art. 6º da Constituição) ou o primado do trabalho (art. 193 da Lei Magna).

O jurista deve, porém, dar subsídios jurídicos para que os economistas possam estabelecer um sistema voltado para o pleno emprego, como requer a Constituição.

Pleno emprego quer dizer emprego total, emprego para todos que procuram trabalho.

Há relação entre pleno emprego e oferta de trabalhadores. Se aumenta a oferta de trabalhadores sem que haja postos de trabalho, temos desemprego.

O pleno emprego só será conseguido com investimentos, de forma a gerar postos de trabalho.

Pleno emprego é a situação em que a demanda de trabalho é igual ou inferior à oferta. Isso significa que todos que desejarem vender sua força de trabalho pelo salário corrente terão condições de obter um emprego. Em termos globais, podemos dizer que é o grau máximo de utilização dos recursos produtivos tanto materiais como humanos, dentro de uma economia. Numa economia dinâmica é muito difícil ocorrer a eliminação total do desemprego, pois: atividades como agricultura não ocupam a mesma força continuamente (efeito sazonal); é necessário algum tempo para que as pessoas troquem de emprego, uma vez que ninguém quer viver desempregado; existe uma situação de pleno emprego caso a mão de obra desempregada não exceda 3 a 4% (versão moderna da teoria keynesiana).

A conquista e a manutenção de um nível de pleno emprego são um importante fator de crescimento econômico acompanhadas da elevação do padrão de vida da população. Os governos podem aplicar uma política de pleno emprego, por meio de recursos fiscais, como incentivos e empreendimentos geradores de emprego, e monetários quando ocorre o direcionamento dos créditos e das verbas. Exemplo da crise de 1929, o pleno emprego tornou-se um objetivo nacional de todos os grandes países industrializados e mais especificamente nos EUA, com a implantação do *New Deal* e a aprovação da Lei do Emprego em 1946.

O tratamento favorecido para as empresas de pequeno porte é feito por intermédio da Lei Complementar n. 123/2006.

A livre-iniciativa compreende a liberdade de o indivíduo estabelecer seu empreendimento, organizando o capital e o trabalho, visando obter um proveito econômico.

A justiça social visa corrigir as desigualdades sociais.

É assegurado a todos o livre exercício de qualquer atividade econômica, independentemente de autorização de órgãos públicos, salvo nos casos previstos em lei.

8.6 INTERVENÇÃO DO ESTADO NO DOMÍNIO ECONÔMICO

A intervenção do Estado no domínio econômico visa regular o mercado, promove o equilíbrio das forças na Economia. Isso se dá porque os mais fortes podem querer impor regras de mercado aos mais fracos.

Pode a intervenção ser direta, quando o Estado se utiliza da empresa pública ou de sociedade de economia mista. Pode ser indireta, quando o Estado estimula e apoia a atividade econômica dos particulares.

O liberalismo defendido por Milton Friedman prega a liberdade da economia, que funciona de acordo com a lei da oferta e da procura. Deve haver a desregulamentação da economia e a liberdade de comércio e do capital. As empresas estatais devem ser privatizadas.

A lei disciplinará, com base no interesse nacional, os investimentos de capital estrangeiro, incentivará os reinvestimentos e regulará a remessa de lucros.

A atividade econômica é explorada pelo particular. O Estado, em princípio, não pode explorar atividade econômica. A exploração da atividade econômica pelo Estado só será permitida quando necessária aos imperativos da segurança nacional ou a relevante interesse coletivo, conforme definidos em lei (art. 173 da Constituição).

Estabelecerá a lei o estatuto jurídico da empresa pública, da sociedade de economia mista e de suas subsidiárias que explorem atividade econômica de produção ou comercialização de bens ou de prestação de serviços, dispondo sobre: (a) sua função social e formas de fiscalização pelo Estado e pela sociedade; (b) a sujeição ao regime jurídico próprio das empresas privadas, inclusive quanto aos direitos e obrigações civis, comerciais, trabalhistas e tributários; (c) licitação e contratação de obras, serviços, compras e alienações, observados os princípios da administração pública; (d) a constituição e o funcionamento dos conselhos de administração e fiscal, com a participação de acionistas minoritários; (e) os mandatos, a avaliação de desempenho e a responsabilidade dos administradores.

As empresas públicas e as sociedades de economia mista não poderão gozar de privilégios fiscais não extensivos às do setor privado.

A lei regulamentará as relações da empresa pública com o Estado e a sociedade.

Reprimirá a lei o abuso do poder econômico que vise à dominação de mercados, à eliminação da concorrência e ao aumento arbitrário dos lucros.

Estabelecerá a lei, sem prejuízo da responsabilidade individual dos dirigentes da pessoa jurídica, a responsabilidade desta, sujeitando-a às punições compatíveis com sua natureza, nos atos praticados contra a ordem econômica e financeira e contra a economia popular.

Como agente normativo e regulador da atividade econômica, o Estado exercerá, na forma da lei, as funções de fiscalização, incentivo e planejamento, sendo este determinante para o setor público e indicativo para o setor privado.

Determinará a lei as diretrizes e bases do planejamento do desenvolvimento nacional equilibrado, o qual incorporará e compatibilizará os planos nacionais e regionais de desenvolvimento.

No âmbito da política de intervencionismo econômico, o Direito passa a desempenhar função da mais profunda relevância como instrumento de ordenação econômica, havendo necessidade de o Estado orientar e dar correção a desvios ocorridos no rumo do processo econômico, fenômeno ao qual se dá o nome de exercício da capacidade normativa de conjuntura[2]. O Estado tem, portanto, de estabelecer regras para efeito de ordenar a economia. A esse fenômeno pode-se dar a denominação de capacidade normativa de conjuntura.

A capacidade normativa de conjuntura é exercida por meio de normas emanadas do Poder Executivo, seja por intermédio da administração centralizada, seja

---

[2] GRAU, Eros. *Planejamento econômico e regra jurídica*. São Paulo: Revista dos Tribunais, 1977, p. 69.

por alguns de seus entes autônomos, daí advindo a função normativa. É a exigência de produção de normas de maneira imediata, decorrentes de imposição da conjuntura econômica. São normas editadas pelo Poder Executivo, visando dinamismo e flexibilidade, que são mais adequadas à realidade econômica[3]. São, portanto, normas que devem ser veiculadas com maior rapidez, em razão de que os fenômenos econômicos exigem reação imediata, que não se coadunam com os procedimentos morosos e longos do Poder Legislativo e a imperfeição das normas elaboradas, muitas vezes por pessoas despreparadas para esse mister, além das várias correntes políticas existentes no parlamento. Aí se verifica também a necessidade de aperfeiçoamento na estrutura dos processos de elaboração normativa econômica. Essa delegação de atribuição legislativa no âmbito do Direito Econômico é necessária, dada, por conseguinte, a premência de elaboração de normas para regular a conjuntura econômica. Entretanto, deve ter seus limites fixados no objeto da delegação, os termos do seu uso e, em certos casos, o prazo de sua duração.

O fim do Direito é a ordenação, mas o seu fundamento é a legalidade, pois o Direito existe para ser cumprido. O Direito não é em si um fim, mas um meio. O Direito, na verdade, é "um instrumento de organização social. Compreende um sistema de normas que regula – para o fim de assegurá-la – a preservação das condições de existência do homem em sociedade"[4].

O princípio da legalidade tem origem na soberania popular e representação parlamentar em relação à Constituição monárquica. Visa reprimir qualquer atentado à liberdade econômica com consenso dos representantes da burguesia.

Apenas quando a Constituição estabelece em termos absolutos ao Legislativo o poder de tratar do tema é que este não pode atribuir ao Executivo o exercício da função regulamentar. A reserva normativa está prevista no início II do art. 5º da Norma Ápice.

Normalmente, o princípio da legalidade vem sendo analisado como uma regra de limite para atuação estatal[5]. A análise do princípio da legalidade deve, porém, verificar a expressão de uma garantia material e não apenas formal.

O significado do princípio da legalidade também é liberal, de garantir os indivíduos particulares contra a atuação do Estado[6]. A legalidade serve, portanto,

---

3 GRAU, Eros. *Planejamento econômico e regra jurídica*, cit., p. 70.

4 GRAU, Eros. *Elementos de direito econômico*. São Paulo: Revista dos Tribunais, 1981, p. 1.

5 GRAU, Eros. Algumas notas para a reconstrução do princípio da legalidade. *Revista da Faculdade de Direito da Universidade de São Paulo*, v. 78, p. 161, 1983.

6 GRAU, Eros. Algumas notas para a reconstrução do princípio da legalidade, cit., p. 161.

para proteger os indivíduos contra o Estado. O Poder Executivo não pode, por ato seu, estabelecer restrições à liberdade e à propriedade dos indivíduos. Visa, portanto, o princípio da legalidade a defesa dos indivíduos contra o Poder Público, ou seja, há um limite à atuação do Estado. Tem, por conseguinte, por objetivo a proteção do interesse privado, não se prestando a instrumentar o interesse público. Também serve para defender os particulares contra si próprios. O princípio da legalidade tem uma dupla finalidade: de instrumento de preservação de liberdade e o de substituto do princípio da legitimidade. A legalidade não só garante as liberdades do indivíduo, que têm um aspecto formal, como também promovem a sua defesa contra o arbítrio do Estado, dando instrumentos para a defesa de cada indivíduo titular de propriedade contra aqueles que não são proprietários.

Nota-se, entretanto, que o Estado moderno não é apenas titular de *jus imperii*. No dizer autorizado de Hely Lopes Meirelles, "na Administração Pública, não há liberdade nem vontade pessoal. Enquanto na administração particular é lícito fazer tudo que a lei não proíbe, na Administração Pública só é permitido fazer o que a lei autoriza. A lei para o particular, significa 'pode fazer assim'; para o administrador público significa 'deve fazer assim'"[7]. A Administração só pode, portanto, fazer aquilo que a lei determina e não o que ela não proíbe.

O princípio da legalidade tinha antigamente função de estabelecer hipótese normativa, fixando direitos, deveres, modos de procedimentos, atos e efeitos, sendo que se verificava a concentração do Poder Executivo como administração e da Administração como execução.

Modernamente, o princípio da legalidade tem, segundo Massimo Severo Giannini, aspecto mais limitado, pois atém-se à atividade administrativa, enquanto esta se exprime em atos que possuem conteúdo autoritário. Assim, o princípio deixa de ter regra de conteúdo da atividade administrativa, para aparecer como regra do seu limite. O princípio respeita aos procedimentos administrativos, porém enquanto a eles seja correlata uma situação subjetiva do particular, em que haja incidência um efeito de extinção ou limitação. O princípio, contudo, não é aplicado na atividade de programação do Estado em que não se exprime um ato autoritário. Assim, o princípio tem mais por objetivo estabelecer limites à ação da Administração do que garantia de fins públicos, pois o objetivo é a proteção do interesse privado. Contudo, também é possível dizer que tanto a Administração está limitada na lei, como também o particular o está. A Administração não esta-

7 MEIRELLES, Hely Lopes. *Direito administrativo brasileiro*. 16. ed. São Paulo: Revista dos Tribunais, 1991, p. 78.

ria sujeita apenas à lei, como ato legislativo, mas meramente à norma que tiver emitido, no exercício de função normativa, que é o aspecto material. O aspecto formal é a vinculação não à lei, mas em decorrência da lei. O princípio da legalidade não é concebido, ainda, como regra do conteúdo da atividade administrativa, mas como regra do seu limite.

O Estado de Direito não tem por objetivo um fim em si mesmo, mas a realização da democracia e a construção de uma ordem jurídica legítima. A desmistificação da legalidade leva não apenas ao limite da atuação estatal, mas principalmente como regra de predeterminação do conteúdo dessa atuação, pois a lei é o pressuposto de atuar da Administração (*Bindung*). Entretanto, o princípio da reserva legal parece ser superior aos demais, pois dele se originam as normas.

O Direito também é afetado pela racionalidade que lhe permite o desempenho da função de ordenar a circulação econômica regulada pelo mercado.

O Executivo exercita amplamente a sua função normativa e o Legislativo produz as leis-medidas[8]. As leis-medidas configuram ato administrativo praticado pelo Legislativo, tratando-se apenas de lei em sentido formal, leis que não são dotadas de generalidade e abstração, que não constituem preceito primário, no sentido de que se impõem por força própria autônoma (Renato Alessi). A norma-objetivo não deixa de ser uma norma, porém não define nem conduta nem organização[9], mas resultados que devem ser alcançados pelos seus destinatários (como resultado econômico), determinados fins a serem alcançados, fixando objetivos e regulações de destinos. A hierarquia da norma-objetivo será determinada de acordo com o aparato normativo, das fontes de que provêm. A norma-objetivo está voltada ao futuro e implica a tentativa de prever eventos futuros, compreendendo a indicação tanto dos fins como dos meios previstos para alcançá-los. São exemplos de normas-objetivo as disposições contidas nos arts. 1º das Leis n. 5.727/71 e 6.151/74 que aprovam as diretrizes e prioridades contidas no I e no II Plano Nacional de Desenvolvimento ou de planos econômicos, planos nacionais, setoriais e industriais. Nessas normas são definidos os fins da política econômica a ser empreendida pelo Estado dentro de certo período de tempo. O art. 170 da Constituição também retrata norma-objetivo quando fala em assegurar existência digna, conforme os ditames da justiça social. O próprio art. 203 menciona quais são os objetivos da Assistência Social, evidenciando também uma norma-objetivo. Outro exemplo de

---

8 GRAU, Eros. *A ordem econômica na Constituição de 1988*. 2. ed. São Paulo: Revista dos Tribunais, 1991, p. 33.

9 GRAU, Eros. *Direito, conceitos e normas jurídicas*. São Paulo: Revista dos Tribunais, 1988, p. 132.

norma-objetivo é o art. 154 da Lei n. 6.404/76 (lei das sociedades anônimas) ao estabelecer que "o administrador deve exercer as atribuições que a lei e o estatuto lhe conferem para lograr os fins e no interesse da companhia, satisfeitas as exigências do bem público e da função social da empresa". A distinção entre uma norma comum e a norma-objetivo é que esta determina objetivos a alcançar. Geralmente, a norma-objetivo é estabelecida apenas ditando os fins a serem alcançados, mas em geral não prescreve os meios ou comportamentos pelos quais possam ser obtidos. A norma-regra que contraria a norma-objetivo é com ela incompatível. A norma-objetivo não disciplina comportamento, nem estrutura o funcionamento de um órgão, estabelece obrigações de resultado e não de meios. A opção pelos meios a serem adotados para o alcance do resultado, naturalmente atendidas as normas de conduta e de organização aplicáveis, é dos destinatários da norma-objetivo. A norma-objetivo, segundo Eros Grau, não tem sanção pelo seu descumprimento, mas consubstancia desvio de finalidade ou de poder o seu não cumprimento, gerando nulidade dos atos decorrentes.

A função normativa compreende estatuições primárias (impostos por força própria), contendo preceitos abstratos, seja em decorrência do exercício de poder originário para tanto, seja em decorrência de poder derivado[10]. A função legislativa compreende uma série de atos legislativos sem conteúdo normativo, que são as leis em sentido apenas formal.

Os regulamentos são expressões do exercício de função normativa pelo Executivo, mas são estatuições primárias decorrentes do poder derivado, que está contido no poder normativo determinado implícita ou explicitamente na Constituição ou em lei. Entretanto, o poder regulamentar está contido no poder normativo e não no poder discricionário da Administração. Em matéria de regulamentos temos o inciso IV do art. 84 da Constituição, que estabelece que é de competência privativa do Presidente da República expedir decretos e regulamentos para fiel execução das leis. Trata-se de regulamento de execução. Contudo, o regulamento da execução não pode ir além da lei, sendo vedado inovar a ordem jurídica. Só se pode delegar aquilo que a Constituição ou a lei determina competência, sendo que no caso o Poder Executivo está simplesmente explicitando. O parágrafo único do art. 84 da Lei Maior autoriza o Presidente da República a delegar a organização e funcionamento da administração federal aos Ministros do Estado, ao Procurador-Geral da República ou ao Advogado-Geral da União, que observarão os limites traçados nas respectivas delegações. Trata-se de delegação. Os regulamentos auto-

---

[10] GRAU, Eros. *Direito urbano*. São Paulo: Revista dos Tribunais, 1983, p. 140.

rizados ou autônomos contêm função normativa, explícita, sendo que estão hoje previstos, por exemplo, no inciso VI do art. 84 da Constituição, quando estabelece competência privativa do Presidente da República para dispor sobre a organização e funcionamento da administração federal, na forma da lei, mostrando que são regulamentos que não podem ser editados independentemente de lei[11].

Temos que diferenciar o exercício da função normativa, que autoriza a determinada pessoa ou órgão o exercício de capacidade regulamentar, que é plenamente compatível com a ordem jurídico-constitucional, que não se confunde com regulamentos delegados, pois na primeira hipótese não há função legislativa, mas tão somente atribuição do exercício de função normativa[12].

A função estatal sob o aspecto material pode ser dividida em: função normativa, que é a de produzir normas jurídicas; função administrativa, de execução de normas jurídicas; função jurisdicional, de aplicação das normas jurídicas. Dentro da função normativa é que temos a função legislativa, que é exercida com exclusividade pelo Poder Legislativo. Só se pode falar em delegação de função quando o Executivo desempenha função legislativa, como na hipótese do art. 62 da Constituição. O Executivo ainda tem função regulamentar, que é atribuída pelo Legislativo, mas neste caso o último não está delegando função legislativa.

Antigamente não se admitia que o Estado interferisse na ordem natural da economia, ainda que lhe incumbisse a defesa da propriedade. Posteriormente verifica-se que o Direito deixa de meramente prestar-se à harmonia de conflitos e à legitimação do poder, passando a funcionar como instrumento de implementação de políticas públicas. Verifica-se que o Estado passa a intervir na esfera econômica, tanto pela emissão de moeda como pelo poder de polícia, para mais tarde passar a ser o agente regulador da economia. O próprio Estado também desempenha atividade econômica no tocante a serviços públicos e também aí passa a regular a economia. Muitas vezes o Estado passa a intervir no processo econômico, por meio da organização dos mercados para preservar o ideal da livre concorrência. O Estado, ao conduzir o processo econômico, passa a ordená-lo, de maneira a preservar os mercados. O capitalismo não reclama o afastamento do Estado dos mercados, mas sim a sua atuação reguladora, a serviço dos interesses do mercado, pois os processos econômicos demandam regulação, visto que não seria possível a existência do mercado sem uma legislação que o protegesse e uma racional intervenção, que assegurasse a sua existência e preservação.

---

11 CLÈVE, Clèmerson Merlin. *Atividade legislativa do Poder Executivo no Estado Contemporâneo e na Constituição de 1988*. São Paulo: Revista dos Tribunais, 1993, p. 241.

12 GRAU, Eros. *Direito urbano*, cit., p. 141.

Temos uma Constituição Econômica estatutária, que estatui, definindo os estatutos da propriedade dos meios de produção, dos agentes econômicos, do trabalho, da coordenação da economia, das organizações do capital e do trabalho. Temos, também, uma Constituição Econômica diretiva ou programática, que define o quadro de diretrizes das políticas públicas, de acordo com certos objetivos também por ela enunciados.

A Lei Fundamental, porém, não prevê nem garante qualquer sistema econômico, mas estabelece limites para a atuação do Estado.

Como agente normativo e regulador da atividade econômica, o Estado exercerá, na forma da lei, as funções de fiscalização, incentivo e planejamento, sendo este determinante para o setor público e indicativo para o setor privado (art. 174 da Constituição). Esse artigo, contudo, não trata de desregulamentação ou desregulação da economia. A atuação reguladora de que trata a Constituição compreende o exercício das funções de incentivo e planejamento. O planejamento não abrange apenas a atividade econômica em sentido estrito, porém toda a atividade econômica em sentido amplo.

A ordenação normativa do Direito Econômico é de competência concorrente da União, dos Estados e do Distrito Federal, mas não dos Municípios, como se verifica do inciso I, do art. 24, da Constituição. Trata-se de um princípio que Antoine Jeammaud entende como de proposição descritiva e não normativa, que por inspiração doutrinária pode vir a ser positivado. A União, os Estados e o Distrito Federal têm o dever-poder de legislar. Indiretamente também já se verifica o princípio da ordenação normativa por meio do Direito Econômico na competência privativa da União de legislar sobre sistema monetário, política de crédito, câmbio, seguros e transferência de valores, comércio exterior e interestadual, o que era previsto na Emenda Constitucional n. 1, de 1969 (art. 8º, XVII, *j* e *l*) e na atual Constituição (art. 24, VI, VII e VIII). A ordenação normativa por meio do Direito Econômico viabiliza a implementação de políticas públicas, que é um dever do Estado e direito da sociedade.

O exercício da capacidade normativa de conjuntura será ilegal quando não houver a atribuição normativa no ato legislativo. O art. 25 do ADCT revoga todos os dispositivos legais que atribuam ou deleguem a órgão do Poder Executivo competência assinalada pela Constituição ao Congresso Nacional, especialmente no que tange à ação normativa. Esse dispositivo tinha por objetivo atingir as resoluções do Banco Central, entretanto alcançou apenas os decretos-leis, tanto que o § 2º do citado artigo fala em decreto-lei. O citado art. 25 do ADCT não atinge os regulamentos delegados, pois isso não é competência legislativa, é regulamentar.

Apoiará e estimulará a lei o cooperativismo e outras formas de associativismo. A Lei n. 5.764/71 trata das cooperativas.

O Estado favorecerá a organização da atividade garimpeira em cooperativas, levando em conta a proteção do meio ambiente e a promoção econômico-social dos garimpeiros.

As cooperativas terão prioridade na autorização ou concessão para pesquisa e lavra dos recursos e jazidas de minerais garimpáveis, nas áreas onde estejam atuando, e naquelas fixadas na forma da lei.

Incumbe ao Poder Público, na forma da lei, diretamente ou sob regime de concessão ou permissão, sempre por meio de licitação, a prestação de serviços públicos.

A lei disporá sobre: (a) o regime das empresas concessionárias e permissionárias de serviços públicos, o caráter especial de seu contrato e de sua prorrogação, bem como as condições de caducidade, fiscalização e rescisão da concessão ou permissão; (b) os direitos dos usuários; (c) a política tarifária; (d) a obrigação de manter serviço adequado.

As jazidas, em lavra ou não, e demais recursos minerais e os potenciais de energia hidráulica constituem propriedade distinta da do solo, para efeito de exploração ou aproveitamento, e pertencem à União, garantida ao concessionário a propriedade do produto da lavra (art. 176 da Constituição).

A pesquisa e a lavra de recursos minerais e o aproveitamento dos potenciais somente poderão ser efetuados mediante autorização ou concessão da União, no interesse nacional, por brasileiros ou empresa constituída sob as leis brasileiras e que tenha sua sede e administração no país, na forma da lei, que estabelecerá as condições específicas quando essas atividades se desenvolverem em faixa de fronteira ou terras indígenas.

É assegurada participação ao proprietário do solo nos resultados da lavra, na forma e no valor sobre que dispuser a lei.

A autorização de pesquisa será sempre por prazo determinado, e as autorizações e concessões não poderão ser cedidas ou transferidas, total ou parcialmente, sem prévia anuência do poder concedente.

Não dependerá de autorização ou concessão o aproveitamento do potencial de energia renovável de capacidade reduzida.

8.7 LIBERDADE ECONÔMICA

A Lei n. 13.874, de 20.9.2019, trata da liberdade econômica.

Interpretam-se em favor da liberdade econômica, da boa-fé e do respeito aos contratos, aos investimentos e à propriedade todas as normas de ordenação pública sobre atividades econômicas privadas (§ 2º do art. 1º da Lei n. 13.874).

São princípios que norteiam o disposto nesta Lei:

I – a liberdade como uma garantia no exercício de atividades econômicas;

II – a boa-fé do particular perante o poder público;

III – a intervenção subsidiária e excepcional do Estado sobre o exercício de atividades econômicas; e

IV – o reconhecimento da vulnerabilidade do particular perante o Estado (art. 2º da Lei n. 13.874).

CAPÍTULO II

DA DECLARAÇÃO DE DIREITOS DE LIBERDADE ECONÔMICA

São direitos de toda pessoa, natural ou jurídica, essenciais para o desenvolvimento e o crescimento econômicos do País:

I – desenvolver atividade econômica de baixo risco, para a qual se valha exclusivamente de propriedade privada própria ou de terceiros consensuais, sem a necessidade de quaisquer atos públicos de liberação da atividade econômica;

II – desenvolver atividade econômica em qualquer horário ou dia da semana, inclusive feriados, sem que para isso esteja sujeita a cobranças ou encargos adicionais, observadas:

a) as normas de proteção ao meio ambiente, incluídas as de repressão à poluição sonora e à perturbação do sossego público;

b) as restrições advindas de contrato, de regulamento condominial ou de outro negócio jurídico, bem como as decorrentes das normas de direito real, incluídas as de direito de vizinhança; e

c) a legislação trabalhista;

III – definir livremente, em mercados não regulados, o preço de produtos e de serviços como consequência de alterações da oferta e da demanda;

IV – receber tratamento isonômico de órgãos e de entidades da administração pública quanto ao exercício de atos de liberação da atividade econômica, hipótese em que o ato de liberação estará vinculado aos mesmos critérios de interpretação adotados em decisões administrativas análogas anteriores, observado o disposto em regulamento;

V – gozar de presunção de boa-fé nos atos praticados no exercício da atividade econômica, para os quais as dúvidas de interpretação do direito civil, empresarial, econômico e urbanístico serão resolvidas de forma a preservar a autonomia privada, exceto se houver expressa disposição legal em contrário;

VI – desenvolver, executar, operar ou comercializar novas modalidades de produtos e de serviços quando as normas infralegais se tornarem desatualizadas por força de desenvolvimento tecnológico consolidado internacionalmente, nos termos estabelecidos em regulamento, que disciplinará os requisitos para aferição da situação concreta, os procedimentos, o momento e as condições dos efeitos;

VII – ter a garantia de que os negócios jurídicos empresariais paritários serão objeto de livre estipulação das partes pactuantes, de forma a aplicar todas as regras de direito empresarial apenas de maneira subsidiária ao avençado, exceto normas de ordem pública;

VIII – ter a garantia de que, nas solicitações de atos públicos de liberação da atividade econômica, apresentados todos os elementos necessários à instrução do processo, o particular será cientificado expressa e imediatamente do prazo máximo estipulado para a análise de seu pedido e de que, transcorrido o prazo fixado, o silêncio da autoridade competente importará aprovação tácita para todos os efeitos, ressalvadas as hipóteses expressamente vedadas em lei;

IX – arquivar qualquer documento por meio de microfilme ou por meio digital, conforme técnica e requisitos estabelecidos em regulamento, hipótese em que se equiparará a documento físico para todos os efeitos legais e para a comprovação de qualquer ato de direito público;

X – não ser exigida medida ou prestação compensatória ou mitigatória abusiva, em sede de estudos de impacto ou outras liberações de atividade econômica no direito urbanístico, entendida como aquela que a) requeira medida que já era planejada para execução antes da solicitação pelo particular, sem que a atividade econômica altere a demanda para execução da referida medida; b) utilize-se do particular para realizar execuções que compensem impactos que existiriam independentemente do empreendimento ou da atividade econômica solicitada; c) requeira a execução ou prestação de qualquer tipo para áreas ou situação além daquelas diretamente impactadas pela atividade econômica; ou d) mostre-se sem razoabilidade ou desproporcional, inclusive utilizada como meio de coação ou intimidação; e

XI – não ser exigida pela administração pública direta ou indireta certidão sem previsão expressa em lei (art. 3º da Lei n. 13.874).

É dever da administração pública e das demais entidades, no exercício de regulamentação de norma pública pertencente à legislação, exceto se em estrito cumprimento a previsão explícita em lei, evitar o abuso do poder regulatório de maneira a, indevidamente:

I – criar reserva de mercado ao favorecer, na regulação, grupo econômico, ou profissional, em prejuízo dos demais concorrentes;

II – redigir enunciados que impeçam a entrada de novos competidores nacionais ou estrangeiros no mercado;

III – exigir especificação técnica que não seja necessária para atingir o fim desejado;

IV – redigir enunciados que impeçam ou retardem a inovação e a adoção de novas tecnologias, processos ou modelos de negócios, ressalvadas as situações consideradas em regulamento como de alto risco;

V – aumentar os custos de transação sem demonstração de benefícios;

VI – criar demanda artificial ou compulsória de produto, serviço ou atividade profissional, inclusive de uso de cartórios, registros ou cadastros;

VII – introduzir limites à livre formação de sociedades empresariais ou de atividades econômicas;

VIII – restringir o uso e o exercício da publicidade e propaganda sobre um setor econômico, ressalvadas as hipóteses expressamente vedadas em lei federal; (art. 4º da Lei n. 13.874).

As propostas de edição e de alteração de atos normativos de interesse geral de agentes econômicos ou de usuários dos serviços prestados, editadas por órgão ou entidade da administração pública federal, incluídas as autarquias e as fundações públicas, serão precedidas da realização de análise de impacto regulatório, que conterá informações e dados sobre os possíveis efeitos do ato normativo para verificar a razoabilidade do seu impacto econômico (art. 5º da Lei n. 13.874).

8.8 OS REGIMES DE MERCADO

Oligopólio é o regime em que a oferta está concentrada nas mãos de poucos produtores ou vendedores.

Monopólio é o regime em que apenas uma pessoa ou uma empresa vende certo produto.

Constituem monopólio da União: (a) a pesquisa e a lavra das jazidas de petróleo e gás natural e outros hidrocarbonetos fluidos; (b) a refinação do petróleo nacional ou estrangeiro; (c) a importação e exportação dos produtos e derivados básicos resultantes das atividades anteriores; (d) o transporte marítimo do petróleo bruto de origem nacional ou de derivados básicos de petróleo produzidos no país, bem assim o transporte, por meio de conduto, de petróleo bruto, seus derivados e gás natural de qualquer origem; (e) a pesquisa, a lavra, o enriquecimento, o reprocessamento, a industrialização e o comércio de minérios e minerais nucleares e seus derivados.

A União poderá contratar com empresas estatais ou privadas a realização das atividades previstas nos itens *a* a *d* anteriores, observadas as condições estabelecidas em lei.

A lei disporá sobre: (a) garantia do fornecimento dos derivados de petróleo em todo o território nacional; (b) as condições de contratação; (c) a estrutura e atribuições do órgão regulador do monopólio da União.

A Lei n. 9.478/97 trata da política energética nacional e atividades relativas ao monopólio do petróleo.

No monopsônio, um único comprador irá comprar os produtos dos vendedores.

Cartel é um acordo entre empresas para adotar decisões ou políticas comuns a respeito de suas atividades. Exemplo é a Organização dos Países Exportadores de Petróleo (Opep).

To trust é confiar em inglês. No truste, os acionistas de uma sociedade confiam a terceira pessoa os direitos relativos às suas ações. Um grupo de truste pode dominar várias sociedades, ainda que não tenha a maioria do seu capital.

To hold em inglês significa segurar. *Holding* é a empresa que tem participação em outras sociedades. Geralmente é a empresa-mãe, que participa das filhas.

No *pool*, várias empresas mantêm uma atividade ou serviço comum a todas elas.

Disporá a lei sobre a ordenação dos transportes aéreo, aquático e terrestre, devendo, quanto à ordenação do transporte internacional, observar os acordos firmados pela União, atendido o princípio da reciprocidade.

Na ordenação do transporte aquático, a lei estabelecerá as condições em que o transporte de mercadorias na cabotagem e a navegação interior poderão ser feitos por embarcações estrangeiras.

A União, os Estados, o Distrito Federal e os municípios dispensarão às microempresas e às empresas de pequeno porte, assim definidas em lei, tratamento jurídico diferenciado, visando incentivá-las pela simplificação de suas obrigações administrativas, tributárias, previdenciárias e creditícias, ou pela eliminação ou redução destas por meio de lei. Regula a matéria a Lei Complementar n. 123/2006.

Promoverão e incentivarão o turismo a União, os Estados, o Distrito Federal e os municípios como fator de desenvolvimento social e econômico.

O atendimento de requisição de documento ou informação de natureza comercial, feita por autoridade administrativa ou judiciária estrangeira a pessoa física ou jurídica residente ou domiciliada no país, dependerá de autorização do Poder competente.

8.9 CADE

O Conselho Administrativo de Defesa Econômica (Cade) foi criado pela Lei n. 4.137/62.

A lei reprimirá o abuso do poder econômico que vise à dominação dos mercados, à eliminação da concorrência e ao aumento arbitrário dos lucros (§ 4º do art. 173 da Constituição). Eliminar a concorrência seria violar os princípios da liberdade de iniciativa e da livre concorrência. A competição deve ser justa no mercado.

Dumping vem do verbo inglês *to dump*, com o sentido de desfazer-se de algo e depositá-lo em determinado lugar, como descarte.

O *dumping* pode ser caracterizado pela venda de produto por preço abaixo do normal com o fim de eliminar a concorrência.

A Lei n. 12.529/2011 estrutura o Sistema Brasileiro de Defesa da Concorrência, dispõe sobre a prevenção e repressão às infrações contra a ordem econômica e revoga a Lei n. 8.884/94.

O Sistema Brasileiro de Defesa da Concorrência é formado pelo Conselho Administrativo de Defesa Econômica – Cade e pela Secretaria de Acompanhamento Econômico do Ministério da Fazenda.

Passou o Cade a ser um instrumento de ação do governo e não do Estado, visando à implementação de políticas econômicas.

O Cade é entidade judicante com jurisdição em todo o território nacional, que se constitui em autarquia federal, vinculada ao Ministério da Justiça, com sede e foro no Distrito Federal, e competências previstas em lei (art. 4º da Lei n. 12.529/2011). O Cade é constituído pelos seguintes órgãos: I – Tribunal Administrativo de Defesa Econômica; II – Superintendência-Geral; e III – Departamento de Estudos Econômicos.

Constituem infração da ordem econômica, independentemente de culpa, os atos sob qualquer forma manifestados, que tenham por objeto ou que possam produzir os seguintes efeitos, ainda que não sejam alcançados: (a) limitar, falsear ou de qualquer forma prejudicar a livre concorrência ou a livre-iniciativa; (b) dominar mercado relevante de bens ou serviços; (c) aumentar arbitrariamente os lucros; (d) exercer de forma abusiva posição dominante (art. 36 da Lei n. 12.529/2011).

A conquista de mercado resultante de processo natural fundado na maior eficiência de agente econômico em relação a seus competidores não caracteriza ilícito.

Presume-se posição dominante sempre que uma empresa ou grupo de empresas for capaz de alterar unilateral ou coordenadamente as condições de mercado ou quando controlar 20% ou mais do mercado relevante, podendo este porcentual ser alterado pelo Cade para setores específicos da economia (§ 2º do art. 36 da Lei n. 12.529/2011).

Também caracterizam infração da ordem econômica:

(1) acordar, combinar, manipular ou ajustar com concorrente, sob qualquer forma:

   (a) os preços de bens ou serviços ofertados individualmente;

   (b) a produção ou a comercialização de uma quantidade restrita ou limitada de bens ou a prestação de um número, volume ou frequência restrita ou limitada de serviços;

   (c) a divisão de partes ou segmentos de um mercado atual ou potencial de bens ou serviços, mediante, entre outros, a distribuição de clientes, fornecedores, regiões ou períodos;

   (d) preços, condições, vantagens ou abstenção em licitação pública.

(2) promover, obter ou influenciar a adoção de conduta comercial uniforme ou concertada entre concorrentes;

(3) limitar ou impedir o acesso de novas empresas ao mercado;

(4) criar dificuldades à constituição, ao funcionamento ou ao desenvolvimento de empresa concorrente ou de fornecedor, adquirente ou financiador de bens ou serviços;

(5) impedir o acesso de concorrente às fontes de insumo, matérias-primas, equipamentos ou tecnologia, bem como aos canais de distribuição;

(6) exigir ou conceder exclusividade para divulgação de publicidade nos meios de comunicação de massa;

(7) utilizar meios enganosos para provocar a oscilação de preços de terceiros;

(8) regular mercados de bens ou serviços, estabelecendo acordos para limitar ou controlar a pesquisa e o desenvolvimento tecnológico, a produção de bens ou prestação de serviços, ou para dificultar investimentos destinados à produção de bens ou serviços ou à sua distribuição;

(9) impor, no comércio de bens ou serviços, a distribuidores, varejistas e representantes preços de revenda, descontos, condições de pagamento, quantidades mínimas ou máximas, margem de lucro ou quaisquer outras condições de comercialização relativos a negócios destes com terceiros;

(10) discriminar adquirentes ou fornecedores de bens ou serviços por meio da fixação diferenciada de preços, ou de condições operacionais de venda ou prestação de serviços;

(11) recusar a venda de bens ou a prestação de serviços, dentro das condições de pagamento normais aos usos e costumes comerciais;

(12) dificultar ou romper a continuidade ou desenvolvimento de relações comerciais de prazo indeterminado em razão de recusa da outra parte em submeter-se a cláusulas e condições comerciais injustificáveis ou anticoncorrenciais;

(13) destruir, inutilizar ou açambarcar matérias-primas, produtos intermediários ou acabados, assim como destruir, inutilizar ou dificultar a operação de equipamentos destinados a produzi-los, distribuí-los ou transportá-los;

(14) açambarcar ou impedir a exploração de direitos de propriedade industrial ou intelectual ou de tecnologia;

(15) vender mercadoria ou prestar serviços injustificadamente abaixo do preço de custo;

(16) reter bens de produção ou de consumo, exceto para garantir a cobertura dos custos de produção;

(17) cessar parcial ou totalmente as atividades da empresa sem justa causa comprovada;

(18) subordinar a venda de um bem à aquisição de outro ou à utilização de um serviço, ou subordinar a prestação de um serviço à utilização de outro ou à aquisição de um bem; e

(19) exercer ou explorar abusivamente direitos de prioridade industrial, intelectual, tecnologia ou marca.

8.10 AGÊNCIAS REGULADORAS

A agência reguladora é um órgão do Estado que visa ao controle, à regulamentação e à fiscalização de serviços públicos transferidos para o setor privado. É uma autarquia federal.

A Agência Nacional de Energia Elétrica (Aneel) foi criada pela Lei n. 9.427/96.

O inciso XI do art. 21 da Constituição estabelece que a criação de um órgão regulador nas telecomunicações será feita por lei.

Foi instituída a Agência Nacional de Telecomunicações (Anatel) pela Lei n. 9.472/97.

Prevê o inciso III do § 2º do art. 177 da Constituição que a lei irá estabelecer a estrutura e atribuições do órgão regulador do monopólio da União em relação à exploração e refinação de petróleo.

A Agência Nacional de Petróleo (ANP) foi criada pela Lei n. 9.478/97.

A Lei n. 9.782/99 instituiu a Agência Nacional de Vigilância Sanitária (Anvisa).

A Agência Nacional de Saúde Suplementar (ANS) foi criada pela Lei n. 9.961/2000.

A Lei n. 9.984/2000 criou a Agência Nacional de Águas e Saneamento Básico (ANA).

As agências possuem renda própria e liberdade de aplicação do numerário.

Têm poder normativo de estabelecer normas.

8.11 SISTEMA FINANCEIRO NACIONAL

O Sistema Financeiro Nacional, estruturado de forma a promover o desenvolvimento equilibrado do país e a servir aos interesses da coletividade em todas as partes que o compõem, abrangendo as cooperativas de crédito, será regulado por leis complementares que disporão, inclusive, sobre a participação do capital estrangeiro nas instituições que o integram (art. 192 da Constituição).

A Lei n. 4.595/64 dispõe sobre a política e as instituições monetárias, bancárias e creditícias. Cria o Conselho Monetário Nacional.

É constituído o Sistema Financeiro Nacional do Conselho Monetário Nacional, do Banco Central do Brasil, do Banco do Brasil, do Banco Nacional de Desenvolvimento Econômico e Social e das demais instituições financeiras públicas e privadas.

As principais atribuições do Conselho Monetário Nacional são: (a) adaptar o volume dos meios de pagamento às necessidades da economia; (b) regular o valor interno da moeda; (c) regular o valor externo da moeda e o equilíbrio no balanço de pagamentos do país; (d) orientar a aplicação de recursos das instituições financeiras públicas ou privadas; (e) propiciar o aperfeiçoamento das instituições e dos instrumentos financeiros; (f) zelar pela liquidez e solvência das instituições financeiras; (g) coordenar as políticas monetária, creditícia, orçamentária, fiscal e da dívida pública, interna e externa (art. 3º da Lei n. 4.595/64).

Compete ao Conselho Monetário Nacional, segundo diretrizes estabelecidas pelo presidente da República: (a) autorizar a emissão de papel-moeda; (b) estabelecer condições para que o Banco Central emita papel-moeda; (c) aprovar os orçamentos sobre necessidades de moeda e crédito, elaborados pelo Banco Central; (d) fixar as normas da política cambial; (e) disciplinar o crédito; (f) coordenar a política monetária e de crédito com a política de investimentos do Banco Central; (g) limitar, sempre que necessário, as taxas de juros; (h) estabelecer o porcentual máximo dos recursos que as instituições financeiras poderão emprestar a um mesmo cliente; (i) delimitar o capital mínimo das instituições financeiras privadas; (j) regulamentar as operações de redesconto e empréstimo; (k) disciplinar as atividades das bolsas de valores e dos corretores de fundos públicos.

O Conselho Monetário Nacional é composto por dez membros. Seu presidente é o Ministro da Economia.

A competência da União para emitir moeda será exercida exclusivamente pelo Banco Central. É vedado ao Banco Central conceder, direta ou indiretamente, empréstimos ao Tesouro Nacional e a qualquer órgão ou entidade que não seja instituição financeira. O Banco Central poderá comprar e vender títulos de emissão do Tesouro Nacional, com o objetivo de regular a oferta de moeda ou a taxa de juros. As disponibilidades de caixa da União serão depositadas no Banco Central; as dos Estados, do Distrito Federal e dos municípios e dos órgãos ou entidades do Poder Público e das empresas por ele controladas, em instituições financeiras oficiais, ressalvados os casos previstos em lei.

O Banco Central do Brasil foi criado pela Lei n. 4.595/64. É uma autarquia federal. Tem as seguintes incumbências: (a) emitir papel e moeda metálica; (b) receber os recolhimentos compulsórios e voluntários das instituições financeiras; (c) realizar operações de empréstimos a instituições financeiras bancárias; (d) exercer o controle do crédito e o controle dos capitais estrangeiros; (e) ser depositário das reservas oficiais de ouro e moeda estrangeira; (f) realizar operações de compra e venda de títulos públicos federais.

A Comissão de Valores Mobiliários (CVM) é regulada pela Lei n. 6.385/76. É uma autarquia vinculada ao Ministério da Fazenda. Tem por função fiscalizar e disciplinar o mercado de capitais.

As instituições financeiras podem ser públicas ou privadas. As públicas funcionam como órgãos auxiliares da política econômica do governo federal, como o Banco do Brasil e o Banco Nacional de Desenvolvimento Econômico e Social (BNDES).

O Banco do Brasil é uma sociedade de economia mista. É uma pessoa jurídica de direito privado. Tem natureza de banco comercial.

O BNDES executa a política do governo em relação ao crédito industrial.

A Caixa Econômica Federal é uma instituição financeira que visa à concessão de crédito e financiamento a programas sociais. Seus recursos são originários da caderneta de poupança, depósitos judiciais e dos depósitos do FGTS.

A Lei n. 8.137/90 define crimes contra a ordem tributária, econômica e contra as relações de consumo.

8.12 POLÍTICA URBANA

A política de desenvolvimento urbano, executada pelo Poder Público municipal, conforme diretrizes gerais fixadas em lei, tem por objetivo ordenar o pleno desenvolvimento das funções sociais da cidade e garantir o bem-estar de seus habitantes (art. 182 da Constituição).

A Lei n. 10.257/2001 traça diretrizes gerais de política urbana. É também chamada de estatuto das cidades.

A Lei n. 13.089/2015 institui Estatuto da Metrópole.

Consideram-se:

(1) aglomeração urbana: unidade territorial urbana constituída pelo agrupamento de dois ou mais Municípios limítrofes, caracterizada por complementaridade funcional e integração das dinâmicas geográficas, ambientais, políticas e socioeconômicas;

(2) função pública de interesse comum: política pública ou ação nela inserida cuja realização por parte de um Município, isoladamente, seja inviável ou cause impacto em Municípios limítrofes;

(3) gestão plena: condição de região metropolitana ou de aglomeração urbana que possui:

   (a) formalização e delimitação mediante lei complementar estadual;

   (b) estrutura de governança interfederativa própria, e

   (c) plano de desenvolvimento urbano integrado aprovado mediante lei estadual;

(4) governança interfederativa: compartilhamento de responsabilidades e ações entre entes da Federação em termos de organização, planejamento e execução de funções públicas de interesse comum;

(5) metrópole: espaço urbano com continuidade territorial que, em razão de sua população e relevância política e socioeconômica, tem influência nacional ou sobre uma região que configure, no mínimo, a área de influência de uma capital regional, conforme os critérios adotados pela Fundação Instituto Brasileiro de Geografia e Estatística – IBGE;

(6) plano de desenvolvimento urbano integrado: instrumento que estabelece, com base em processo permanente de planejamento, as diretrizes para o desenvolvimento urbano da região metropolitana ou da aglomeração urbana;

(7) região metropolitana: aglomeração urbana que configure uma metrópole.

(8) governança interfederativa das funções públicas de interesse comum: compartilhamento de responsabilidades e ações entre entes da Federação em termos de organização, planejamento e execução de funções públicas de interesse comum, mediante a execução de um sistema integrado e articulado de planejamento, de projetos, de estruturação financeira, de implantação, de operação e de gestão.

O plano diretor, aprovado pela Câmara Municipal, obrigatório para cidades com mais de 20 mil habitantes, é o instrumento básico da política de desenvolvimento e de expansão urbana.

A propriedade urbana cumpre sua função social quando atende às exigências fundamentais de ordenação da cidade expressas no plano diretor.

As desapropriações de imóveis urbanos serão feitas com prévia e justa indenização em dinheiro.

É facultado ao Poder Público municipal, mediante lei específica para área incluída no plano diretor, exigir, nos termos da lei federal, do proprietário do solo urbano não edificado, subutilizado ou não utilizado, que promova seu adequado aproveitamento, sob pena, sucessivamente, de: (a) parcelamento ou edificação compulsórios; (b) imposto sobre a propriedade predial e territorial urbana progressivo no tempo; (c) desapropriação com pagamento mediante títulos da dívida pública de até dez anos, em parcelas anuais, iguais e sucessivas, assegurados o valor real da indenização e os juros legais.

Expropriação é o gênero. Desapropriação é a expropriação com justa e prévia indenização, tendo por fundamento necessidade pública, utilidade pública ou interesse social.

Aquele que possuir área urbana de até 250 metros quadrados, por cinco anos, ininterruptamente e sem oposição, utilizando-a para sua moradia ou de sua família adquirir-lhe-á o domínio, desde que não seja proprietário de outro imóvel urbano ou rural.

O título de domínio e a concessão de uso serão conferidos ao homem ou à mulher, ou a ambos, independentemente do estado civil.

Este direito não será reconhecido por mais de uma vez ao mesmo possuidor.

Os imóveis públicos não serão adquiridos por usucapião.

8.13 POLÍTICA AGRÁRIA E FUNDIÁRIA

Compete à União desapropriar por interesse social, para fins de reforma agrária, o imóvel rural que não esteja cumprindo sua função social, mediante prévia e justa indenização em títulos da dívida agrária, com cláusula de preservação do valor real, resgatáveis no prazo de até 20 anos, a partir do segundo ano de sua emissão, e cuja utilização será definida em lei.

As benfeitorias úteis e necessárias serão indenizadas em dinheiro.

O decreto que declarar o imóvel como de interesse social, para fins de reforma agrária, autorizará a União a propor a ação de desapropriação.

Cabe à lei complementar estabelecer procedimento contraditório especial, de rito sumário, para o processo judicial de desapropriação.

O orçamento fixará anualmente o volume total de títulos da dívida agrária, assim como o montante de recursos para atender ao programa de reforma agrária no exercício.

São isentas de impostos federais, estaduais e municipais as operações de transferência de imóveis desapropriados para fins de reforma agrária.

São insuscetíveis de desapropriação para fins de reforma agrária: (a) a pequena e média propriedade rural, assim definida em lei, desde que seu proprietário não possua outra; (b) a propriedade produtiva.

A lei garantirá tratamento especial à propriedade produtiva e fixará normas para o cumprimento dos requisitos relativos a sua função social.

A função social é cumprida quando a propriedade rural atende, simultaneamente, segundo critérios e graus de exigência estabelecidos em lei, aos seguintes requisitos: (a) aproveitamento racional e adequado; (b) utilização adequada dos recursos naturais disponíveis e preservação do meio ambiente; (c) observância das disposições que regulam as relações de trabalho; (d) exploração que favoreça o bem-estar dos proprietários e dos trabalhadores.

A política agrícola será planejada e executada na forma da lei, com a participação efetiva do setor de produção, compreendendo produtores e trabalhadores rurais, bem como dos setores de comercialização, de armazenamento e de transportes, levando em conta, especialmente: (a) os instrumentos creditícios e fiscais; (b) os preços compatíveis com os custos de produção e a garantia de comercialização; (c) o incentivo à pesquisa e à tecnologia; (d) a assistência técnica e extensão rural; (e) o seguro agrícola; (f) o cooperativismo; (g) a eletrificação rural e irrigação; (h) a habitação para o trabalhador rural.

Incluem-se no planejamento agrícola as atividades agroindustriais, agropecuárias, pesqueiras e florestais.

Serão compatibilizadas as ações de política agrícola e de reforma agrária.

A destinação de terras públicas e devolutas será compatibilizada com a política agrícola e com o plano nacional de reforma agrária.

A alienação ou a concessão, a qualquer título, de terras públicas com área superior a 2.500 hectares a pessoa física ou jurídica, ainda que por interposta pessoa, dependerá de prévia aprovação do Congresso Nacional. São exceções as alienações ou as concessões de terras públicas para fins de reforma agrária.

Os beneficiários da distribuição de imóveis rurais pela reforma agrária receberão títulos de domínio ou de concessão de uso, inegociáveis pelo prazo de dez anos.

O título de domínio e a concessão de uso serão conferidos ao homem ou à mulher, ou a ambos, independentemente do estado civil, nos termos e condições previstos em lei.

A lei regulará e limitará a aquisição ou o arrendamento de propriedade rural por pessoa física ou jurídica estrangeira e estabelecerá os casos que dependerão de autorização do Congresso Nacional.

Aquele que, não sendo proprietário de imóvel rural ou urbano, possua como seu, por cinco anos ininterruptos, sem oposição, área de terra, em zona rural, não superior a 50 hectares, tornando-a produtiva por seu trabalho ou de sua família, tendo nela sua moradia, adquirir-lhe-á a propriedade.

Questionário

1. O que é Direito econômico?
2. Quais são os princípios do Direito econômico?
3. Qual é a finalidade da intervenção do Estado no domínio econômico?
4. O que é o Cade e para que serve?
5. O que são agências reguladoras?
6. Como é composto o sistema financeiro nacional?
7. Como é estabelecida a política rural?
8. O que é capacidade normativa de conjuntura?

Capítulo 9

DIREITO ADMINISTRATIVO

9.1 CONCEITO

José Cretella Jr. afirma que Direito Administrativo é "o ramo do Direito Público Interno que regula a atividade das pessoas jurídicas públicas e a instituição de meios e órgãos relativos à ação dessas pessoas"[1].

Leciona Hely Lopes Meirelles que o conceito de Direito Administrativo Brasileiro "sintetiza-se no conjunto harmônico de princípios jurídicos que regem as atividades públicas tendentes a realizar concreta, direta e imediatamente os fins desejados pelo Estado"[2].

O Direito Administrativo pertence ao Direito Público e depende a Administração da lei para ser obrigada a fazer alguma coisa, diante do princípio da legalidade administrativa (art. 37 da Constituição).

O costume, de um modo geral, é fonte de Direito, tanto que, se a lei for omissa, o juiz decidirá o caso de acordo com a analogia, os costumes e os princípios gerais de direito (art. 4º da Lei de Introdução às Normas do Direito Brasileiro).

---

1 CRETELLA JR., José. *Curso de direito administrativo*. 11. ed. Rio de Janeiro: Forense, 1991, p. 31.

2 MEIRELLES, Hely Lopes. *Direito administrativo brasileiro*. 16. ed. São Paulo: Revista dos Tribunais, 1991, p. 24.

Não se pode dizer que seria válido um costume que cria um direito a pagamento de um valor, pois os vencimentos decorrem do princípio da reserva legal, isto é, de estarem previstos em lei, além da necessidade de se observar a lei orçamentária. Entretanto, se não se trata de costume que cria um direito ao pagamento de algum valor, que dependa da previsão da lei, o costume também é fonte do Direito Administrativo.

Exemplo é o fato de que, se a matéria não está regulada em lei, o costume pode preencher a lacuna da lei. É, por exemplo, costume na Faculdade de Direito da USP que os docentes de maior titulação e antiguidade escolham a matéria que querem ministrar. O Regimento da USP não estabelece a forma de escolher as aulas a ministrar. Outorga ao Departamento competência da atribuição da distribuição das aulas, mas não a forma como serão distribuídas. Logo, elas podem ser distribuídas de acordo com o costume na USP de antiguidade e titulação.

A parte que alega direito consuetudinário, que é o direito costumeiro, deve prová-lo (art. 376 do CPC). Direito costumeiro é o que "se irradia de repetição de atitudes humanas que o meio social fez regras jurídicas". Isso mostra que o costume é fonte de direito e também no Direito Público, como no Direito Processual. O CPC não faz distinção em relação à matéria de Direito Público ou Privado.

O inciso III do art. 100 do CTN mostra que as práticas reiteradamente observadas pelas autoridades administrativas devem ser respeitadas. Logo, o costume deve também ser respeitado no âmbito do Direito Público, especificamente no Direito Tributário.

A Administração Pública direta e indireta de qualquer dos Poderes da União, dos Estados, do Distrito Federal e dos Municípios obedecerá aos princípios da legalidade, impessoalidade, moralidade, publicidade e eficiência (art. 37 da Constituição).

Consiste o princípio da legalidade em a Administração Pública fazer apenas aquilo que a lei determina. O particular pode fazer aquilo que a lei não proíbe. A Administração Pública só pode fazer o que a lei autoriza ou determina. Deve agir de acordo com a lei, segundo a lei, conforme a lei. Não pode agir contra a lei.

A moralidade abrange a honestidade, a probidade administrativa, evitando desvios de poder.

O princípio da impessoalidade mostra que os atos administrativos não devem ser voltados à satisfação de determinadas pessoas. A impessoalidade também é entendida como finalidade. A finalidade da Administração Pública é o interesse público. Na impessoalidade, considera-se que o ato não é prestado pelo agente público, mas pela Administração Pública.

Na eficiência, a Administração Pública deve desenvolver serviços com presteza e perfeição, visando aos resultados almejados pelo público. O princípio diz respeito não só ao modo de atuação do agente público, mas também à organização, estruturação e disciplina da Administração Pública.

A publicidade é a divulgação oficial do ato administrativo para o conhecimento público. Indica que os atos da Administração devem ser públicos, não podendo ser sigilosos.

9.2 ADMINISTRAÇÃO PÚBLICA

A Administração Pública pode ser entendida como Poder Executivo ou como todos os órgãos pertencentes a esse poder.

Pode ser dividida a Administração Pública em direta e indireta. Administração Pública Direta compreende serviços prestados pela própria Administração e se confunde com o Poder Executivo, seus ministérios, secretarias etc.

A Administração Pública indireta é composta pelas sociedades de economia mista, pelas empresas públicas que exploram atividade econômica, pelas fundações públicas e pelas autarquias (art. 4º do Decreto-Lei n. 200/67). Mesmo na atual Constituição, a Administração Pública indireta compreende as citadas entidades.

A palavra *autarquia* vem do grego *autós* (próprio) e *arquia* (comando, governo). Significa governar-se a si próprio. É o autossuficiente, que pode suprir suas próprias necessidades.

Autarquias são órgãos autônomos criados por lei, com personalidade jurídica, patrimônio e receita próprios, para executar atividades típicas da Administração Pública, que requeiram, para seu melhor funcionamento, gestão administrativa e financeira descentralizada (art. 5º, I, do Decreto-Lei n. 200/67). Existem vários tipos de autarquias, como: (a) de previdência: INSS; (b) de ensino: Universidade de São Paulo (USP) etc.

As autarquias têm personalidade de direito público interno. São criadas por lei específica, porém seu regulamento é estabelecido por decreto.

Fundações públicas são pessoas jurídicas de direito privado, sem fins lucrativos, desde que autorizadas por lei, compostas de patrimônio próprio e destacado do fundador, visando a determinada finalidade específica (art. 5º, IV, do Decreto-Lei n. 200/67) (ex.: Fundação Casa).

Dispõe o inciso XIX do art. 37 da Constituição que "somente por lei específica poderá ser criada autarquia e autorizada a instituição de empresa pública, de sociedade de economia mista e de fundação, cabendo à lei complementar, neste último caso, definir as áreas de sua atuação". Essa lei complementar não existe até o momento.

Distingue-se a fundação pública da fundação privada. As fundações privadas são pessoas jurídicas de direito privado (art. 44, III, do Código Civil). A fundação privada será criada por escritura pública ou testamento, com dotação especial de bens livres, especificando o fim a que se destina, e declarando, se quiser, a maneira de administrá-la (art. 62 do Código Civil). A fundação privada somente poderá constituir-se para fins religiosos, morais, culturais ou de assistência. A fundação pública será criada por lei ou a lei autorizará a sua criação. Não será criada a fundação pública por escritura pública ou por testamento.

Se a lei cria a fundação, ela é pública. A Administração Pública direta ou indireta está sujeita ao princípio da legalidade administrativa (art. 37 da Constituição), a só fazer aquilo que a lei determina.

Maria Sylvia Zanella di Pietro leciona que a fundação tem natureza pública quando "é instituída pelo poder público com patrimônio, total ou parcialmente público, dotado de personalidade jurídica, de direito público ou privado, e, destinado, por lei, ao desempenho de atividades do Estado na ordem social, com capacidade de auto administração e mediante controle da Administração Pública, nos limites da lei"[3]. Destaca as suas características: (a) dotação patrimonial ou inicial do ente governamental; (b) personalidade jurídica; (c) desempenho de atividade atribuída ao Estado no âmbito social; (d) capacidade autoadministrativa; (e) sujeição ao controle administrativo ou tutela por parte da Administração direta[4].

A fundação pública não tem fins lucrativos. É formada por meio de dotação do Estado. São recursos da Fundação as dotações, subvenções, contribuições que o Estado anualmente consignar em seus orçamentos. No caso de extinção da fundação, seus bens e direitos são incorporados ao patrimônio do ente público que a criou. Tem direito a fundação pública a isenção de tributos em relação ao ente da Administração Pública que pertencer.

A fundação pública não pode aplicar em despesas administrativas, inclusive de pessoal, mais que determinado porcentual do seu orçamento. Isso também mostra que se trata de determinação de Direito Administrativo.

Atendidos tais requisitos a fundação é considerada pública e não privada.

O STF já afirmou que "nem toda fundação instituída pelo Poder Público é fundação de direito privado. As fundações, instituídas pelo Poder Público, que assumem a gestão de serviço estatal e se submetem a regime administrativo previsto, nos Estados-membros, por leis estaduais, são fundações de direito público, e, portanto, pessoas jurídicas de direito público. Tais fundações são espécie do gênero

---

3 DI PIETRO, Maria Sylvia Zanella. *Direito administrativo*. 5. ed. São Paulo: Atlas, 1995, p. 320.

4 DI PIETRO, Maria Sylvia Zanella. *Direito administrativo*, cit., p. 320.

autarquia, aplicando-se a elas a vedação a que alude o § 2º do art. 99 da Constituição Federal" (RE 101.126/84, Rel. Min. Moreira Alves).

Somente por lei específica poderá ser criada autarquia e autorizada a instituição de empresa pública, de sociedade de economia mista e de fundação, cabendo à lei complementar, neste último caso, definir as áreas de sua atuação (art. 37, XIX, da Constituição). Depende de autorização legislativa, em cada caso, a criação de subsidiárias das entidades mencionadas anteriormente, assim como a participação de qualquer delas em empresa privada.

A exploração de atividade econômica pelo Estado será exercida por meio de empresa pública, de sociedade de economia mista e de suas subsidiárias (art. 2º da Lei n. 13.303/2016).

Empresa pública é a entidade dotada de personalidade jurídica de direito privado, com criação autorizada por lei e com patrimônio próprio, cujo capital social é integralmente detido pela União, pelos Estados, pelo Distrito Federal ou pelos Municípios (art. 3º da Lei n. 13.303/2016). Tem por objetivo a realização de atividade econômica de interesse da Administração Pública (ex.: Embratel, Infraero).

Sociedade de economia mista é a entidade dotada de personalidade jurídica de direito privado, com criação autorizada por lei, sob a forma de sociedade anônima, cujas ações com direito a voto pertençam em sua maioria à União, aos Estados, ao Distrito Federal, aos Municípios ou a entidade da administração indireta (art. 4º da Lei n. 13.303/2016) (ex.: Petrobras). A lei do ente federativo autoriza a criação da sociedade de economia mista.

A constituição de empresa pública ou de sociedade de economia mista dependerá de prévia autorização legal que indique, de forma clara, relevante interesse coletivo ou imperativo de segurança nacional.

O estatuto da empresa pública, da sociedade de economia mista e de suas subsidiárias deverá observar regras de governança corporativa, de transparência e de estruturas, práticas de gestão de riscos e de controle interno, composição da administração e, havendo acionistas, mecanismos para sua proteção (art. 6º da Lei n. 13.303/2016).

A lei que autorizar a criação da empresa pública e da sociedade de economia mista deverá dispor sobre as diretrizes e restrições a serem consideradas na elaboração do estatuto da companhia, em especial sobre: I – constituição e funcionamento do Conselho de Administração, observados o número mínimo de sete e o número máximo de 11 membros; II – requisitos específicos para o exercício do cargo de diretor, observado o número mínimo de três diretores (art. 13 da Lei n. 13.303/2016).

A sociedade de economia mista será constituída sob a forma de sociedade anônima e, ressalvado o disposto na Lei n. 13.303/2016, estará sujeita ao regime previsto na Lei n. 6.404/76 (art. 5º da Lei n. 13.303/2016).

As despesas com publicidade e patrocínio da empresa pública e da sociedade de economia mista não ultrapassarão, em cada exercício, o limite de 0,5% (cinco décimos por cento) da receita operacional bruta do exercício anterior. O limite poderá ser ampliado, até o limite de 2% da receita bruta do exercício anterior, por proposta da diretoria da empresa pública ou da sociedade de economia mista justificada com base em parâmetros de mercado do setor específico de atuação da empresa ou da sociedade e aprovada pelo respectivo Conselho de Administração (§ 1º do art. 93 da Lei n. 13.303/2016).

9.3 ÓRGÃOS DA ADMINISTRAÇÃO

9.3.1 Administração federal

O Presidente da República dirige a administração federal, auxiliado por gabinetes, ministérios e outros funcionários.

9.3.2 Administração estadual

Os governadores dos Estados dirigem a administração estadual, auxiliados por secretários e outros órgãos.

9.3.3 Administração municipal

Os prefeitos dirigem as prefeituras, auxiliados por secretários e outros órgãos.

9.4 ATO ADMINISTRATIVO

Define Hely Lopes Meirelles ato administrativo como "toda manifestação unilateral de vontade da Administração Pública, que, agindo nessa qualidade, tenha por fim imediato adquirir, resguardar, transferir, modificar, extinguir e declarar direitos, ou impor obrigações aos administradores ou a si própria"[5].

9.4.1 Classificação

Ato de império é o praticado pela Administração de forma unilateral e coercitiva. É regido pelo Direito Administrativo.

---

[5] MEIRELLES, Hely Lopes. *Direito administrativo brasileiro*. 16. ed. São Paulo: Revista dos Tribunais, 1991, p. 126.

Atos de gestão são os praticados pela Administração em igualdade de condições com os particulares. São regidos pelo Direito privado.

Os atos administrativos podem ser classificados:

(1) quanto à posição da administração: (a) atos de gestão, em que a administração age como se fosse um particular (exemplo: contrato de locação firmado pela administração); (b) atos de império ou de autoridade: são os atos por meio dos quais a administração se utiliza de sua supremacia sobre os particulares, como na desapropriação;

(2) quanto à liberdade de ação: (a) atos vinculados, em que a lei é observada rigidamente, sem possibilidade de escolha, como ocorre no lançamento tributário para a constituição do crédito tributário pelo fiscal; (b) atos discricionários, em que o sujeito tem liberdade de agir dentro da própria lei, que permite que faça mais de uma coisa, podendo escolhê-la. O ato discricionário diz respeito a apreciação subjetiva da Administração Pública;

(3) quanto a sua formação: (a) simples: são oriundos de um único órgão; (b) complexos: são originários os atos de vários órgãos; (c) compostos: quando provêm de um órgão, mas dependem da fiscalização de outro;

(4) quanto ao conteúdo: (a) constitutivos: criam uma situação jurídica: (b) extintivos: terminam uma situação jurídica; (c) modificativos: alteram uma situação anterior; (d) declaratórios: indicam a existência ou inexistência de certa relação; (e) alienativos: implicam a transferência de bens;

(5) quanto à eficácia: (a) válidos, por observarem a previsão legal e serem oriundos da autoridade competente; (b) nulos, quando contiverem defeitos que os invalidem;

(6) quanto à retratabilidade: (a) irrevogáveis, os que não podem ser revogados; (b) revogáveis, os que podem ser invalidados; (c) suspendíveis, quando os efeitos dos atos podem ser suspensos temporariamente.

9.4.2 Espécies de atos administrativos

Há várias espécies de atos administrativos:

(1) decreto: é ato de competência do chefe do Poder Executivo. Visa, geralmente, esclarecer o conteúdo das leis. Podem ser: (a) regulamentares ou de execução, para esclarecimento e interpretação da lei (art. 84, IV, da Constituição); (b) independentes ou autônomos: quando disciplinam matéria não estabelecida em lei. A letra *a* do inciso VI do art. 84 da Constituição permite o estabelecimento do regulamento autônomo apenas para organização e funcionamento da administração federal, quando não implicar aumento de despesa nem criação ou extinção de órgãos

públicos. A criação e extinção de Ministérios e órgãos da Administração Pública continuam a depender da lei (art. 88 da Constituição);

(2) regimento: é a regulamentação interna dos órgãos públicos, relativa, por exemplo, a procedimentos (ex.: regimentos internos dos tribunais);

(3) instrução: é a ordem escrita relativa ao funcionamento de certo serviço. É emitida por um superior e destinada a um servidor inferior;

(4) circular: a autoridade passa ordens internas uniformes para seus subordinados, ordenando o serviço;

(5) portaria: é o ato administrativo que só vincula os servidores da área para a qual foi destinada;

(6) ordem de serviço: é o ato em que a Administração estabelece normas técnicas sobre o modo e forma de realizar obras ou serviços;

(7) autorização: o Poder Público faculta ao particular o exercício de certa atividade;

(8) permissão: é o ato administrativo unilateral, discricionário e precário, gratuito ou oneroso, em que a Administração faculta ao particular a execução de serviço público ou a utilização de bem público;

(9) licença: é o ato administrativo unilateral e vinculado em que a Administração faculta ao interessado o exercício de uma atividade. É um ato vinculado à previsão legal;

(10) alvará: é o instrumento pelo qual a administração concede licença ou autorização ao administrado para a prática ou exercício de certo ato, como para construir.

A permissão é um ato administrativo unilateral, discricionário, precário, gratuito ou oneroso, em que a Administração Pública delega ao particular a execução de serviço público ou a utilização de um bem público.

O objetivo da permissão, segundo o art. 175 da Constituição, é a execução de um serviço público ou a utilização privativa de um bem público, sendo esta última hipótese a permissão de uso. Será sempre feito por meio de licitação.

A permissão não tem natureza contratual, não é um contrato administrativo, mas um ato administrativo. Por ser a permissão unilateral, discricionária e precária, não há direito do particular contra a Administração Pública. O contrato de concessão tem de ter prazo determinado e, portanto, não é precário (art. 23, I, da Lei n. 8.987/95).

Permissão de serviço público é a delegação, a título precário, mediante licitação, da prestação de serviços públicos feita pelo poder concedente a pessoa física ou jurídica que demonstre capacidade para seu desempenho, por sua conta e risco (art. 2º, IV, da Lei n. 8.987/95).

Autorização de uso é um ato unilateral e discricionário do Poder Público, em que este faculta ao particular o uso privativo de bem público, a título precário.

Autorização de serviço público é o ato administrativo discricionário e unilateral em que há delegação do Poder Público ao particular da exploração, a título precário, de serviço público.

O inciso XII do art. 21 da Constituição estabelece que compete à União explorar, diretamente ou mediante autorização, concessão ou permissão, vários tipos de serviços, como de radiodifusão, energia elétrica, transporte ferroviário e aquaviário.

Licença é o ato administrativo unilateral e vinculado em que a Administração Pública faculta à pessoa que preencha os requisitos legais o exercício de uma atividade.

Admissão é o ato unilateral e vinculado em que a Administração Pública reconhece ao particular o direito à prestação de um serviço público, desde que preencha os requisitos previstos em lei.

Aprovação é o ato unilateral e discricionário da Administração Pública em que se exerce o controle antecipado e *a posteriori* do ato administrativo.

Homologação é o ato unilateral e vinculado da Administração Pública que reconhece a legalidade de um ato jurídico. Exemplo é a homologação da licitação (art. 43, VI, da Lei n. 8.666/93).

A Administração Pública pode rever os seus atos. A Súmula 473 do STF mostra isso: "A administração *pode* anular seus próprios atos, quando eivados de vícios que os tornam ilegais, porque deles não se originam direitos; ou revogá-los, por motivo de conveniência ou oportunidade, respeitados os direitos adquiridos, e ressalvada, em todos os casos, a apreciação judicial".

O direito da Administração de anular os atos afirmativos de que decorram efeitos favoráveis para os destinatários decai em cinco anos, contados da data em que foram praticados, salvo comprovada má-fé (art. 54 da Lei n. 9.784/99).

9.5 CONTRATOS ADMINISTRATIVOS

Contrato administrativo é o ajuste que a Administração faz com um particular (pessoa física ou jurídica, pública ou privada), visando à realização de fins públicos, de acordo com regime jurídico de Direito Público.

São contratos da Administração Pública: os contratos de obra pública, a empreitada de obra pública, a concessão de serviço ou de uso de bens públicos, o fornecimento ao poder público de materiais, o contrato de serviços técnicos ou especializados com pessoa física ou jurídica.

A empreitada de obra pública envolve um contrato de resultado, em que se pretende a realização da obra, que pode ser feita por pessoa física ou jurídica, com ou sem o emprego de material. É regulada a empreitada nos arts. 610 a 626 do Código Civil. Exemplos seriam a construção de pontes, ruas, canalização de esgotos etc.

Concessão é o contrato administrativo em que a Administração Pública defere ao particular a execução remunerada de serviço público ou de obra pública, ou lhe cede o uso de bem público, para que o explore por sua conta e risco, pelo prazo e condições ajustadas. Exemplo é a concessão para o particular explorar linhas de ônibus.

Em 13 de fevereiro de 1995, foi editada a Lei n. 8.987, que trata do regime de concessão e permissão da prestação de serviços públicos, regulamentando o art. 175 da Constituição.

O inciso II do art. 2º da Lei n. 8.987/95 define concessão de serviço público como a delegação de sua prestação, feita pelo poder concedente, mediante licitação, na modalidade de concorrência ou diálogo competitivo, a pessoa jurídica ou consórcio de empresas que demonstre capacidade para seu desempenho, por sua conta e risco e por prazo determinado. Concessão de serviço público precedida da execução de obra pública é a construção, total ou parcial, conservação, reforma, ampliação ou melhoramento de quaisquer obras de interesse público, delegados pelo poder concedente, mediante licitação, na modalidade de concorrência ou diálogo competitivo, a pessoa jurídica ou consórcio de empresas que demonstre capacidade para sua realização, por sua conta e risco, de forma que o investimento da concessionária seja remunerado e amortizado mediante a exploração do serviço ou da obra por prazo determinado (art. 2º, III).

A concessão de obra pública é um contrato administrativo em que a Administração transfere a outrem a execução da obra pública, o que será feito por sua conta e risco, com pagamento feito pelos benefícios da obra ou em razão da exploração dos serviços ou utilidades proporcionadas pela obra.

Admite-se a subconcessão, nos termos previstos no contrato de concessão, desde que expressamente autorizada pelo poder concedente (art. 26). A outorga de subconcessão será precedida de concorrência (art. 26, § 1º). O § 2º dispõe que "o subconcessionário se sub-rogará em todos os direitos e obrigações da subconcedente dentro dos limites da subconcessão". A subconcessão é uma espécie de contrato acessório, que se vincula ao contrato de concessão. É, portanto, um contrato administrativo e não um contrato de direito privado. Um exemplo seria o de uma empresa de ônibus com vinte linhas que resolve fazer subconcessão de três dessas linhas.

O § 1º do art. 25 da norma em comentário permite à concessionária contratar com terceiros o desenvolvimento de atividades inerentes, acessórias ou complementares ao serviço concedido, bem como a implementação de projetos associados. É o caso da contratação de serviços de limpeza, vigilância, obras, reparos etc. Os contratos celebrados entre a concessionária e os terceiros reger-se-ão pelo direito privado, não se estabelecendo qualquer relação jurídica entre os terceiros e o poder concedente (§ 2º do art. 25 da Lei n. 8.987/95). Tais contratos não são contratos administrativos, mas contratos de direito privado. Não há exigência de autorização da Administração para celebração do contrato, mas o concessionário é que irá responder pela adequada prestação do serviço perante o poder concedente. Não se exige, também, a licitação para a subcontratação.

A transferência da concessão ou do controle societário da concessionária não poderá ser feita sem prévia anuência do poder concedente. Caso isso ocorra, implicará a caducidade da concessão. Para fins de obtenção da anuência para a transferência, o pretendente deverá: (a) atender às exigências de capacidade técnica, idoneidade financeira e regularidade jurídica e fiscal necessárias à assunção do serviço; (b) comprometer-se a cumprir todas as cláusulas do contrato em vigor (§ 1º do art. 27 da Lei n. 8.987/95).

O parágrafo único do art. 31 estabelece que as contratações, inclusive de mão de obra, feitas pela concessionária serão regidas pelas disposições de direito privado e pela legislação trabalhista, não se estabelecendo qualquer relação entre os terceiros contratados pela concessionária e o poder concedente.

Tarefa é o contrato administrativo de mão de obra para pequenos procedimentos, em que há pagamento por preço certo, com ou sem fornecimento de material.

Fornecimento é o contrato administrativo em que a Administração Pública adquire bens móveis e semoventes para execução de obras ou serviços.

Convênio não é um contrato administrativo, mas um instrumento da Administração Pública para se associar com outras entidades públicas ou com entidades privadas.

Prevê o art. 241 da Constituição que "a União, os Estados, o Distrito Federal e os Municípios disciplinarão por meio de lei os consórcios públicos e os convênios de cooperação entre os entes federados, autorizando a gestão associada de serviços públicos, bem como a transferência total ou parcial de encargos, serviços, pessoal e bens essenciais à continuidade dos serviços transferidos". A Lei n. 13.019/2014 estabelece o regime jurídico das parcerias em regime de mútua cooperação.

Convênio é um ajuste feito entre o Poder Público e entidades públicas ou privadas sobre interesses desse ente. O convênio compreende um objetivo comum, parceria, cooperação. No convênio não existe exatamente tomador dos serviços.

O convênio não é um contrato[6], mas um ajuste administrativo. O objetivo é um resultado comum, mediante mútua colaboração. Nos contratos as vontades são antagônicas; os interesses são opostos e diversos.

Os convênios são atos complexos. São acordos de vontades não contratuais celebrados pelo ente público e outra pessoa. São acordos de cooperação.

No convênio e na parceria há colaboração mútua e não prestação de serviços ao ente público.

Nos convênios, os interesses são recíprocos e os entes conveniados têm objetivos institucionais comuns, reunindo-se para alcançá-los. Objetiva um resultado comum, com mútua colaboração.

Nos convênios e em outros ajustes similares não existe a "estipulação de obrigações recíprocas".

A celebração de convênio depende de prévia aprovação pela organização interessada, como se extrai do § 1º do art. 116 da Lei n. 8.666/93.

No convênio administrativo, quando do cumprimento das obrigações trabalhistas por parte da entidade conveniada, não existe intervenção por parte do ente público, não podendo lhe ser imposto o dever de fiscalizar o cumprimento das obrigações trabalhistas pelo conveniado.

Consórcio administrativo é um acordo de vontades entre duas ou mais pessoas jurídicas de Direito Público da mesma natureza e nível de governo ou entre entidades da administração indireta visando objetivos comuns.

Parceria público-privada é o contrato administrativo de concessão, na modalidade patrocinada ou administrativa (art. 2º da Lei n. 11.079/2004).

Concessão patrocinada é a concessão de serviços públicos ou de obras públicas de que trata a Lei n. 8.987/95, quando abranger, adicionalmente à tarifa cobrada dos usuários, contraprestação pecuniária do parceiro público ao parceiro privado.

Concessão administrativa é o contrato de prestação de serviços de que a Administração Pública seja a usuária direta ou indireta, ainda que envolva execução de obra ou fornecimento e instalação de bens. As concessões administrativas e patrocinadas são regidas pela Lei n. 11.079/2004.

Na contratação de parceria público-privada serão observadas as seguintes diretrizes: (1) eficiência no cumprimento das missões de Estado e no emprego dos recursos da sociedade; (2) respeito aos interesses e direitos dos destinatários dos serviços e dos entes privados incumbidos da sua execução; (3) indelegabilidade das

---

6 No mesmo sentido: MEIRELLES, Hely Lopes. *Direito administrativo brasileiro*. 21. ed. São Paulo: Malheiros. 1990, p. 358. Há também julgamento nesse sentido no STF (*RTJ* 141/619).

funções de regulação, jurisdicional, do exercício do poder de polícia e de outras atividades exclusivas do Estado; (4) responsabilidade fiscal na celebração e execução das parcerias; (5) transparência dos procedimentos e das decisões; (6) repartição objetiva de riscos entre as partes; (7) sustentabilidade financeira e vantagens socioeconômicas dos projetos de parceria.

As cláusulas dos contratos de parceria público-privada deverão prever o prazo de vigência do contrato, compatível com a amortização dos investimentos realizados, não inferior a cinco, nem superior a 35 anos, incluindo eventual prorrogação.

A contraprestação da Administração Pública nos contratos de parceria público-privada poderá ser feita por: (a) ordem bancária; (b) cessão de créditos não tributários; (c) outorga de direitos contra a Administração Pública; (d) outorga de direitos sobre bens públicos dominicais.

As obrigações pecuniárias contraídas pela Administração Pública em contrato de parceria público-privada poderão ser garantidas mediante: (a) vinculação de receitas; (b) instituição ou utilização de fundos especiais previstos em lei; (c) contratação de seguro-garantia com as companhias seguradoras que não sejam controladas pelo Poder Público; (d) garantia prestada por organismos internacionais ou instituições financeiras que não sejam controladas pelo Poder Público; (e) garantias prestadas por fundo garantidor ou empresa estatal criada para essa finalidade.

Antes da celebração do contrato, deverá ser constituída sociedade de propósito específico, incumbida de implantar e gerir o objeto da parceria. A sociedade de propósito específico poderá assumir a forma de companhia aberta, com valores mobiliários admitidos à negociação no mercado.

A contratação de parceria público-privada será precedida de licitação na modalidade de concorrência.

As Organizações de Sociedade Civil de Interesse Público (OSCIP) foram reguladas pela Lei n. 9.790/99 e regulamentadas pelo Decreto n. 3.100/99. São pessoas jurídicas de direito privado, sem fins lucrativos, que visam desempenhar serviços sociais não exclusivos do Estado, por meio de parceria.

As Organizações Sociais são regidas pela Lei n. 9.637/98. São pessoas jurídicas de direito privado, sem fins lucrativos, que visam desempenhar serviços sociais não exclusivos do Estado, mediante contrato de gestão.

Antigamente, se falava em fato do príncipe como toda medida arbitrária, feita com violência por parte da autoridade, que tinha força coercitiva[7]. Se dizia: o que agradou o príncipe tem força de lei.

---

7 BADAOUI, Saroit. *Le fait du prince*. Paris: LGDJ, 1955, p. 1.

Na Antiguidade, a palavra príncipe significava a Administração, o Estado. Príncipe seria a autoridade pública, o poder público.

O conceito de fato do príncipe é mais desenvolvido no Direito Administrativo.

A maioria da doutrina francesa considera o fato do príncipe (*le fait du prince*) quando a execução do contrato é onerada por medida proveniente de autoridade pública contratante, mas que exerce esse poder em um campo de competência estranho ao contrato[8].

Fato do príncipe é toda determinação estatal, positiva (fazer) ou negativa (não fazer), geral, imprevista e imprevisível[9] praticada pelo Estado. É praticado pela autoridade pública. Obriga o Poder Público a compensar integralmente os prejuízos suportados[10] pelo particular. A Administração não pode causar danos ou prejuízos aos administrados, ainda que em benefício da coletividade. Quando isso ocorre, surge a obrigação de indenizar[11]. Exemplos: desapropriação feita pelo Poder Público (fato da Administração), que o obriga a pagar justa e prévia indenização (art. 5.º, XXIV, da Constituição); proibição de importar para equilibrar a balança comercial; proibição de fabricar, transportar ou guardar certos produtos ou mercadorias por serem perigosos à saúde pública[12].

O fato do príncipe não se confunde com a teoria da imprevisão, pois compreende ato de vontade da Administração. Na teoria da imprevisão, os fatos são independentes da vontade da Administração. São decorrentes da álea econômica.

9.6 LICITAÇÃO

Inicialmente, a licitação era tratada nos artigos 125 a 144 do Decreto-lei n. 200/67. O Decreto-lei n. 2.300/86 tratou de licitações e contratos da Administração Federal e revogou os artigos 125 a 144 do Decreto-lei n. 200/67. O Decreto-lei n. 2.300/86 foi revogado pela Lei n. 8.666/93 que passou a tratar do tema. A Lei n. 14.133/2021 passa a tratar do assunto.

Maria Sylvia Zanella Di Pietro conceitua licitação como "o procedimento administrativo pelo qual um ente público, no exercício da função administrativa,

---

8 MORAND- DEVILEER. *Cours de droit adminsitratif*: cours, thèmes de réflexion, commentaires d´arrêts aves corrigés. 6. ed. Paris: Montchrestien, 1999, p. 423.

9 MEIRELLES, Hely Lopes. *Direito administrativo brasileiro*. 21. ed. São Paulo: Revista dos Tribunais, 1996, p. 222.

10 MEIRELLES, *op. cit.*, p. 222.

11 Idem, p. 223.

12 GASPARINI, Diógenes. *Direito administrativo*. 3. ed. São Paulo: Saraiva, 1993, p. 417.

abre a todos os interessados, que se sujeitem às condições fixadas no instrumento convocatório, a possibilidade de formularem propostas dentre as quais selecionará e aceitará a mais conveniente para a celebração de contrato"[13].

As obras, serviços, compras e alienações serão contratados mediante processo de licitação pública, que assegure igualdade de condições a todos os concorrentes, com cláusulas que estabeleçam obrigações de pagamento, mantidas as condições efetivas da proposta, nos termos da lei, o qual somente permitirá as exigências de qualificação técnica e econômica indispensáveis à garantia do cumprimento das obrigações (art. 37, XXI, da Constituição).

Na aplicação Lei n. 14.133/2021, serão observados os princípios da legalidade, da impessoalidade, da moralidade, da publicidade, da eficiência, do interesse público, da probidade administrativa, da igualdade, do planejamento, da transparência, da eficácia, da segregação de funções, da motivação, da vinculação ao edital, do julgamento objetivo, da segurança jurídica, da razoabilidade, da competitividade, da proporcionalidade, da celeridade, da economicidade e do desenvolvimento nacional sustentável, assim como as disposições do Decreto-Lei n. 4.657/42 (Lei de Introdução às Normas do Direito Brasileiro) (art. 5º da Lei n. 14.133/2021).

Licitante é pessoa física ou jurídica, ou consórcio de pessoas jurídicas, que participa ou manifesta a intenção de participar de processo licitatório, sendo-lhe equiparável, para os fins desta Lei, o fornecedor ou o prestador de serviço que, em atendimento à solicitação da Administração, oferece proposta (art. 6º IX, da Lei n. 14.133/2021).

Notória especialização é a qualidade de profissional ou de empresa cujo conceito, no campo de sua especialidade, decorrente de desempenho anterior, estudos, experiência, publicações, organização, aparelhamento, equipe técnica ou outros requisitos relacionados com suas atividades, permite inferir que o seu trabalho é essencial e reconhecidamente adequado à plena satisfação do objeto do contrato.

Serviço de engenharia é toda atividade ou conjunto de atividades destinadas a obter determinada utilidade, intelectual ou material, de interesse para a Administração e que, não enquadradas no conceito de obra a que se refere o inciso XII do *caput* deste artigo, são estabelecidas, por força de lei, como privativas das profissões de arquiteto e engenheiro ou de técnicos especializados, que compreendem: a) serviço comum de engenharia: todo serviço de engenharia que tem por objeto ações, objetivamente padronizáveis em termos de desempenho e qualidade, de ma-

---

[13] DI PIETRO, Maria Sylvia Zanella. *Direito administrativo*. 20. ed. São Paulo: Atlas, 2007, p. 325.

nutenção, de adequação e de adaptação de bens móveis e imóveis, com preservação das características originais dos bens; b) serviço especial de engenharia: aquele que, por sua alta heterogeneidade ou complexidade, não pode se enquadrar na definição constante da alínea "a" deste inciso.

Obras, serviços e fornecimentos de grande vulto são aqueles cujo valor estimado supera R$ 200.000.000,00.

Termo de referência é o documento necessário para a contratação de bens e serviços, que deve conter os seguintes parâmetros e elementos descritivos: definição do objeto, incluídos sua natureza, os quantitativos, o prazo do contrato e, se for o caso, a possibilidade de sua prorrogação.

Empreitada por preço unitário é a contratação da execução da obra ou do serviço por preço certo de unidades determinadas.

Empreitada por preço global é a contratação da execução da obra ou do serviço por preço certo e total.

Empreitada integral é a contratação de empreendimento em sua integralidade, compreendida a totalidade das etapas de obras, serviços e instalações necessárias, sob inteira responsabilidade do contratado até sua entrega ao contratante em condições de entrada em operação, com características adequadas às finalidades para as quais foi contratado e atendidos os requisitos técnicos e legais para sua utilização com segurança estrutural e operacional.

Contratação por tarefa é o regime de contratação de mão de obra para pequenos trabalhos por preço certo, com ou sem fornecimento de materiais.

Contratação integrada é o regime de contratação de obras e serviços de engenharia em que o contratado é responsável por elaborar e desenvolver os projetos básico e executivo, executar obras e serviços de engenharia, fornecer bens ou prestar serviços especiais e realizar montagem, teste, pré-operação e as demais operações necessárias e suficientes para a entrega final do objeto.

Contratação semi-integrada é o regime de contratação de obras e serviços de engenharia em que o contratado é responsável por elaborar e desenvolver o projeto executivo, executar obras e serviços de engenharia, fornecer bens ou prestar serviços especiais e realizar montagem, teste, pré-operação e as demais operações necessárias e suficientes para a entrega final do objeto.

Concorrência é a modalidade de licitação para contratação de bens e serviços especiais e de obras e serviços comuns e especiais de engenharia, cujo critério de julgamento poderá ser: a) menor preço; b) melhor técnica ou conteúdo artístico; c) técnica e preço; d) maior retorno econômico; e) maior desconto;

Concurso é a modalidade de licitação para escolha de trabalho técnico, científico ou artístico, cujo critério de julgamento será o de melhor técnica ou conteúdo artístico, e para concessão de prêmio ou remuneração ao vencedor.

Leilão é a modalidade de licitação para alienação de bens imóveis ou de bens móveis inservíveis ou legalmente apreendidos a quem oferecer o maior lance.

Pregão é a modalidade de licitação obrigatória para aquisição de bens e serviços comuns, cujo critério de julgamento poderá ser o de menor preço ou o de maior desconto.

Diálogo competitivo é a modalidade de licitação para contratação de obras, serviços e compras em que a Administração Pública realiza diálogos com licitantes previamente selecionados mediante critérios objetivos, com o intuito de desenvolver uma ou mais alternativas capazes de atender às suas necessidades, devendo os licitantes apresentar proposta final após o encerramento dos diálogos.

Credenciamento é o processo administrativo de chamamento público em que a Administração Pública convoca interessados em prestar serviços ou fornecer bens para que, preenchidos os requisitos necessários, se credenciem no órgão ou na entidade para executar o objeto quando convocados.

Sobrepreço é o preço orçado para licitação ou contratado em valor expressivamente superior aos preços referenciais de mercado, seja de apenas 1 (um) item, se a licitação ou a contratação for por preços unitários de serviço, seja do valor global do objeto, se a licitação ou a contratação for por tarefa, empreitada por preço global ou empreitada integral, semi-integrada ou integrada.

Superfaturamento é o dano provocado ao patrimônio da Administração, caracterizado, entre outras situações, por: a) medição de quantidades superiores às efetivamente executadas ou fornecidas; b) deficiência na execução de obras e de serviços de engenharia que resulte em diminuição da sua qualidade, vida útil ou segurança; c) alterações no orçamento de obras e de serviços de engenharia que causem desequilíbrio econômico-financeiro do contrato em favor do contratado.

Reajustamento em sentido estrito: forma de manutenção do equilíbrio econômico-financeiro de contrato consistente na aplicação do índice de correção monetária previsto no contrato, que deve retratar a variação efetiva do custo de produção, admitida a adoção de índices específicos ou setoriais.

Repactuação é a forma de manutenção do equilíbrio econômico-financeiro de contrato utilizada para serviços contínuos com regime de dedicação exclusiva de mão de obra ou predominância de mão de obra, por meio da análise da variação dos custos contratuais, devendo estar prevista no edital com data vinculada à apresentação das propostas, para os custos decorrentes do mercado, e com data vinculada ao acordo, à convenção coletiva ou ao dissídio coletivo ao qual o orçamento esteja vinculado, para os custos decorrentes da mão de obra.

O processo licitatório tem por objetivos: I – assegurar a seleção da proposta apta a gerar o resultado de contratação mais vantajoso para a Administração Pública, inclusive no que se refere ao ciclo de vida do objeto; II – assegurar tratamento isonômico entre os licitantes, bem como a justa competição; III – evitar contratações com sobrepreço ou com preços manifestamente inexequíveis e superfaturamento na execução dos contratos; IV – incentivar a inovação e o desenvolvimento nacional sustentável (art. 11 da Lei n. 14.133/2021).

Os atos praticados no processo licitatório são públicos, ressalvadas as hipóteses de informações cujo sigilo seja imprescindível à segurança da sociedade e do Estado, na forma da lei (art. 13 da Lei n. 14.133/2021). A publicidade será diferida: I – quanto ao conteúdo das propostas, até a respectiva abertura; II – quanto ao orçamento da Administração (art. 13 da Lei n. 14.133/2021).

São modalidades de licitação: pregão, concorrência, concurso, leilão e diálogo competitivo (art. 28 da Lei n. 14.133/2021).

A modalidade diálogo competitivo é restrita a contratações em que a Administração: I – vise a contratar objeto que envolva as seguintes condições: a) inovação tecnológica ou técnica; b) impossibilidade de o órgão ou entidade ter sua necessidade satisfeita sem a adaptação de soluções disponíveis no mercado; e c) impossibilidade de as especificações técnicas serem definidas com precisão suficiente pela Administração; II – verifique a necessidade de definir e identificar os meios e as alternativas que possam satisfazer suas necessidades, com destaque para os seguintes aspectos: a) a solução técnica mais adequada; b) os requisitos técnicos aptos a concretizar a solução já definida; c) a estrutura jurídica ou financeira do contrato (art. 32 da Lei n. 14.133/2021).

Quando houver registro de preços, a modalidade de licitação a ser utilizada é a concorrência, independentemente de valor (art. 15, V, § 3º, I, da Lei n. 8.666/93).

Em relação a obras e serviços de engenharia, até R$ 150.000,00 a licitação é feita por convite. Acima de R$ 150.000,00 e até R$ 1.500.000,00, a modalidade é a tomada de preços. Acima do último valor utiliza-se a concorrência.

O julgamento das propostas será realizado de acordo com os seguintes critérios: menor preço, maior desconto, melhor técnica ou conteúdo artístico, técnica e preço, maior lance, no caso de leilão e maior retorno econômico (art. 33 da Lei n. 14.133/2021).

É inexigível a licitação quando inviável a competição, em especial nos casos de: I – aquisição de materiais, de equipamentos ou de gêneros ou contratação de serviços que só possam ser fornecidos por produtor, empresa ou representante comercial exclusivos; II – contratação de profissional do setor artístico, diretamente ou por meio de empresário exclusivo, desde que consagrado pela crítica especializada ou pela opinião pública; III – contratação dos seguintes serviços técnicos especializados de natureza predominantemente intelectual com profissionais ou empresas de notória especialização, vedada a inexigibilidade para serviços de publicidade e divulgação: a) estudos técnicos, planejamentos, projetos básicos ou projetos executivos; b) pareceres, perícias e avaliações em geral; c) assessorias ou consultorias técnicas e auditorias financeiras ou tributárias; d) fiscalização, supervisão ou gerenciamento de obras ou serviços; e) patrocínio ou defesa de causas judiciais ou administrativas; f) treinamento e aperfeiçoamento de pessoal; g) restauração de obras de arte e de bens de valor histórico; h) controles de qualidade e tecnológico, análises, testes e ensaios de campo e laboratoriais, instrumentação e monitoramento de parâmetros específicos de obras e do meio ambiente e demais serviços de engenharia que se enquadrem no disposto neste inciso; IV – objetos que devam ou possam ser contratados por meio de credenciamento; V – aquisição ou locação de imóvel cujas características de instalações e de localização tornem necessária sua escolha (art. 74 da Lei n. 14.133/2021).

O contratado será responsável pelos danos causados diretamente à Administração ou a terceiros em razão da execução do contrato, e não excluirá nem reduzirá essa responsabilidade a fiscalização ou o acompanhamento pelo contratante (art. 120 da Lei n. 14.133/2021).

Somente o contratado será responsável pelos encargos trabalhistas, previdenciários, fiscais e comerciais resultantes da execução do contrato (art. 121 da Lei n. 14.133/2021). A inadimplência do contratado em relação aos encargos trabalhistas, fiscais e comerciais não transferirá à Administração a responsabilidade pelo seu pagamento e não poderá onerar o objeto do contrato nem restringir a regularização e o uso das obras e das edificações, inclusive perante o registro de imóveis. Exclusivamente nas contratações de serviços contínuos com regime de dedicação exclusiva de mão de obra, a Administração responderá solidariamente pelos encargos previdenciários e subsidiariamente pelos encargos trabalhistas se comprovada falha na fiscalização do cumprimento das obrigações do contratado. Nas contratações de serviços contínuos com regime de dedicação exclusiva de mão de obra, para assegurar o cumprimento de obrigações trabalhistas pelo contratado, a Administração, mediante disposição em edital ou em contrato, poderá, entre outras medidas: I – exigir caução, fiança bancária ou contratação de seguro-garantia com cobertura para verbas rescisórias inadimplidas; II – condicionar o pagamento à comprovação de quitação das obrigações trabalhistas vencidas relativas ao contrato; III – efetuar o depósito de valores em conta vinculada; IV – em caso de inadimplemento, efetuar diretamente o pagamento das verbas trabalhistas, que serão deduzidas do pagamento devido ao contratado; V – estabelecer que os valores destinados a férias, a décimo terceiro salário, a ausências legais e a verbas rescisórias dos empregados do contratado que participarem da execução dos serviços contratados serão pagos pelo contratante ao contratado somente na ocorrência do fato gerador.

9.7 SERVIÇOS PÚBLICOS E DE UTILIDADE PÚBLICA

O serviço público é o prestado pela Administração para satisfazer as necessidades gerais das pessoas (ex.: polícia).

Serviço de utilidade pública é o prestado pela Administração ou por delegação desta para facilitar a existência da pessoa (ex.: telefone, gás, água e energia elétrica).

9.8 SERVIDOR PÚBLICO

Servidor público é gênero, englobando funcionário público (estatutário), empregado público (celetista), comissionado e pessoa contratada para atender à necessidade transitória de serviço público. O art. 37 da Constituição usa as referidas expressões. Funcionário público e empregado público devem prestar concurso público para serem admitidos (art. 37, II, da Constituição). A necessidade de concurso público mostra que o ente público não pode fazer contratações com objetivos eleitorais.

É inconstitucional toda modalidade de provimento que propicie ao servidor investir-se, sem prévia aprovação em concurso público destinado ao seu provimento, em cargo que não integra a carreira na qual anteriormente investido (Súmula Vinculante 43 do STF).

Funcionário público é o servidor estatutário, que não pode ser dispensado salvo mediante procedimento administrativo, em que se confira ampla defesa ao servidor. Tem regime legal, de Direito Administrativo. Presta concurso público para ser admitido.

O limite de idade para a inscrição em concurso público só se legitima em decorrência do inciso XXX do artigo 7º da Constituição quando possa ser justificado pela natureza das atribuições do cargo a ser preenchido.

Empregado público é o servidor regido pela Consolidação das Leis do Trabalho (CLT). Seu regime é contratual, de Direito do Trabalho. Presta concurso público. A Administração Pública direta, indireta ou fundacional, que inclui as fundações, as autarquias, as empresas públicas que explorem atividades econômicas e as sociedades de economia mista, que podem ter empregos públicos, fica sujeita à regra do concurso público.

As subsidiárias do Estado também devem, para admitir empregados, fazer concurso público, em razão até mesmo de o inciso XX do art. 37 da Constituição estar incluso no capítulo da Administração Pública, além de a regra geral ser o concurso público. O concurso, portanto, é exigido para empresas públicas, sociedades de economia mista, fundações e autarquias.

Ressalte-se que o § 2º do art. 37 da Constituição mostra que a não observância dos requisitos previstos no inciso II do mesmo artigo, entre os quais a necessidade de concurso público, implica a nulidade do ato e a punição da autoridade responsável, nos termos da lei.

Prevê o inciso II do § 1º do art. 173 da Constituição que "a lei estabelecerá o estatuto jurídico da empresa pública, da sociedade de economia mista e de suas subsidiárias que explorem atividade econômica de produção ou comercialização de bens ou de prestação de serviços, dispondo sobre: II – a sujeição ao regime jurídico próprio das empresas privadas, inclusive quanto aos direitos e obrigações civis, comerciais, trabalhistas e tributários". Logo, o regime das sociedades de economia mista e das empresas públicas que exploram atividade econômica é de Direito Privado, devendo observar as regras de Direito do Trabalho.

Os trabalhadores admitidos pelas sociedades de economia mista e pelas empresas públicas que exploram atividade econômica também devem fazer concurso público para serem admitidos como empregados públicos.

O pessoal admitido para emprego público na Administração federal direta, autárquica e fundacional terá sua relação de trabalho regida pela CLT e legislação trabalhista correlata (art. 1º da Lei n. 9.962/2000). Nesse caso, o contrato de trabalho por tempo indeterminado somente será rescindido por ato unilateral da Administração Pública, nas seguintes hipóteses:

(a) prática de falta grave, entre as enumeradas no art. 482 da CLT;
(b) acumulação ilegal de cargos, empregos ou funções públicos;
(c) necessidade de redução de quadro de pessoal, por excesso de despesa, nos termos da lei complementar a que se refere o art. 169 da Constituição;
(d) insuficiência de desempenho, apurada em procedimento no qual se assegurem pelo menos um recurso hierárquico dotado de efeito suspensivo, que

> será apreciado em 30 dias, e o prévio conhecimento dos padrões mínimos exigidos para continuidade da relação de emprego, obrigatoriamente estabelecidos de acordo com as peculiaridades das atividades exercidas.

Carreiras específicas serão reguladas pela Lei n. 8.112/90 ou por legislação especial, como de magistrados, promotores, diplomatas, auditores fiscais, delegados etc.

Cargo em comissão é estabelecido apenas para o movimento em caráter provisório e para função de confiança. A pessoa não presta concurso público. É de livre nomeação e exoneração.

Na necessidade temporária de serviço público, o trabalhador é admitido sem concurso público para atender determinada contingência até ser feito concurso público para a contratação de trabalhadores. No âmbito da União, a Lei n. 8.745/93 regula a contratação temporária de servidores pela Administração Pública Federal, conforme o inciso IX do art. 37 da Lei Magna. Seu regime é de Direito Administrativo e tem previsão legal. A referida lei permite o ingresso de pessoas, nos quadros funcionais de entidades da Administração Pública, sem o requisito do concurso público, por exemplo, em casos de calamidade pública, admissão de professor substituto e professor visitante; admissão de professor e pesquisador visitantes estrangeiros (arts. 1º e 2º). O trabalhador contratado sob o regime temporário não presta concurso público, justamente em razão de sua precariedade. É um regime excepcional até ser feito concurso público e regularizar as vagas existentes. Logo, não pode ser empregado público. Exemplo é o de professores contratados durante o ano letivo até que seja feito o concurso público, visando que os alunos das escolas não fiquem sem professor. Estados e Municípios terão lei específica para cada um deles regulando a contratação de necessidade temporária.

Agente público é a pessoa que exerce alguma função pública. Exemplos: agentes políticos, servidores públicos, empregados públicos, servidores temporários, agentes administrativos, agentes credenciados, agentes delegados, agentes honoríficos e militares. Agente público é o gênero.

Agente político é espécie de agente público. Agentes políticos são pessoas investidas em cargos, funções, mandato ou comissões, por nomeação ou por eleição, designação ou delegação para o exercício de atribuições previstas na Constituição. São exemplos de agentes políticos o presidente da República, deputados, senadores, vereadores etc.

No âmbito da União, a regra que regula os direitos e deveres do funcionário público federal é a Lei n. 8.112/90, que era chamada de regime jurídico único.

O limite de idade para inscrição em concurso público só se legitima em razão do inciso XXX do art. 7º da Constituição, quando possa ser justificado pela natureza das atribuições do cargo a ser preenchido (Súmula 683 do STF).

É inconstitucional o veto não motivado à participação de candidato a concurso público (Súmula 684 do STF).

Só por lei se pode sujeitar a exame psicotécnico a habilitação de candidato a cargo público (Súmula Vinculante 44 do STF). Isso, portanto, não pode ser exigido no edital do concurso.

O prazo de validade do concurso público será de dois anos, prorrogável uma vez, por igual período.

A Administração Pública federal direta, autárquica e fundacional pode contratar pela CLT (art. 1º da Lei n. 9.962/2000), que também deverá ser feita por concurso público.

Estados e Municípios podem ter leis próprias tratando de regime de funcionários públicos, em que serão estabelecidos direitos e obrigações.

A Administração Pública também pode contratar serviços temporários, na forma da Lei n. 8.745/93, que regula a contratação temporária de servidores pela Administração Pública Federal, conforme o inciso IX do art. 37 da Constituição. Seu regime é administrativo. A referida lei permite o ingresso de pessoas, nos quadros funcionais de entidades da Administração Pública, sem o requisito do concurso público, para atender à necessidade temporária de excepcional interesse público, em casos de calamidade pública, combate a surtos endêmicos, recenseamentos; admissão de professor substituto e professor visitante; admissão de professor e pesquisador visitantes estrangeiros; atividades especiais nas organizações das Forças Armadas para atender à área industrial ou encargos temporários e serviços de Engenharia (arts. 1º e 2º). O trabalhador contratado sob o regime temporário não presta concurso público, justamente em razão de sua precariedade. É um regime excepcional até ser feito concurso público e regularizar as vagas existentes. Logo, não pode ser empregado público.

Cargo é o lugar determinado na organização, tendo denominação própria e atribuições específicas, sendo provido na forma da lei, que estabelece a respectiva remuneração.

Função é a atribuição ou o conjunto de atribuições determinadas ao servidor público. Distingue-se do cargo em comissão pelo fato de não titularizar cargo público[14].

Todo cargo tem função, mas pode haver função sem cargo[15]. Não existe cargo sem função. As funções do cargo são definitivas. As funções autônomas são provi-

---

14 MEIRELLES, Hely Lopes. *Direito administrativo brasileiro*. 24. ed. São Paulo: Malheiros, 1999, p. 371.

15 MEIRELLES, Hely Lopes. *Direito administrativo brasileiro*. 16. ed. São Paulo: Revista dos Tribunais, 1991, p. 356.

sórias, dada a transitoriedade do serviço. Os servidores adquirem estabilidade nos cargos, mas não nas funções.

Empregado público não tem cargo, mas pode ter função. Cargo é privativo de funcionário público, que é o lugar ocupado na hierarquia do sistema.

Classe "é o agrupamento de cargos da mesma profissão, e com idênticas atribuições, responsabilidades e vencimentos. As classes constituem os degraus de acesso na carreira"[16].

Carreira é o agrupamento de classes da mesma profissão ou atividade, de acordo com uma hierarquia, para acesso apenas de titulares que a integram.

Quadro é o conjunto de carreiras, cargos isolados e funções gratificadas de um mesmo serviço, órgão ou poder[17].

Cargo em comissão é estabelecido apenas para o provimento em caráter provisório e para função de confiança. A pessoa não presta concurso público. É de livre nomeação e exoneração.

Não basta o servidor ser nomeado. Ele deve tomar posse, que é a aceitação do cargo. Com a posse, há a investidura do servidor no cargo (art. 7º da Lei n. 8.112/90).

Exercício é o efetivo desempenho das atribuições do cargo público ou função de confiança (art. 15 da Lei n. 8.112/90).

Vencimento é a retribuição pecuniária pelo exercício de cargo público, com valor fixado em lei (art. 40 da Lei n. 8.112/90).

Afirma Hely Lopes Meirelles que vencimento em sentido estrito é a retribuição pecuniária devida ao servidor pelo efetivo exercício do cargo, correspondendo ao padrão fixado em lei. Vencimento em sentido amplo é o padrão com as vantagens pecuniárias auferidas pelo serviço a título de adicional ou gratificação. Informa que "quando o legislador pretende restringir o conceito ao padrão do servidor emprega o vocábulo no singular – vencimento; quando quer abranger também as vantagens conferidas ao servidor usa o termo no plural – vencimentos"[18]. Leciona Diógenes Gasparini que a palavra *vencimentos* "tem sentido lato e corresponde à retribuição pecuniária a que tem direito o servidor pelo efetivo exercício do cargo, acrescida pelas vantagens pecuniárias (adicionais e gratificações) que lhe são incidentes"[19].

---

16 Idem, ibidem, p. 357.

17 Idem, ibidem.

18 *Direito administrativo brasileiro*. 21. ed. São Paulo: Malheiros, 1996, p. 403.

19 *Direito administrativo*. 3. ed. São Paulo: Saraiva, 1993, p. 133.

Remuneração é o vencimento e mais as vantagens pecuniárias atribuídas em lei (art. 41). Provento é a remuneração do funcionário aposentado. Pensão é o pagamento aos dependentes do funcionário falecido.

Não cabe ao Poder Judiciário, que não tem função legislativa, aumentar vencimentos de servidores públicos sob o fundamento de isonomia (Súmula Vinculante 37 do STF).

As funções de confiança, exercidas exclusivamente por servidores ocupantes de cargo efetivo, e os cargos em comissão, a serem preenchidos por servidores de carreira nos casos, condições e porcentuais mínimos previstos em lei, destinam-se apenas às atribuições de direção, chefia e assessoramento (art. 37, V, da Constituição). Seu regime é administrativo e não celetista.

O servidor público civil pode sindicalizar-se (art. 37, VI, da Constituição).

O § 3º do art. 39 da Constituição não assegura a observância do inciso XXVI do art. 7º da Constituição. Isso quer dizer que os servidores públicos não podem negociar com o Estado, mediante acordos ou convenções coletivas, justamente porque a Administração Pública está sujeita ao regime da estrita legalidade (art. 37 da Constituição). Também não será possível aos servidores públicos celebrar dissídios coletivos. A exceção diz respeito às sociedades de economia mista e às empresas públicas que explorem atividade econômica, que estão sujeitas às regras trabalhistas (art. 173, § 1º, da Constituição). Em relação a essas empresas, será possível celebrar acordos e convenções coletivas e também dissídios coletivos, assim como exercer o direito de greve.

O STF afirmou que a fixação de vencimentos dos servidores públicos não pode ser objeto de convenção coletiva (Súmula 679). Só pode ser fixada por lei, diante do princípio da legalidade administrativa.

Ao militar são proibidas a sindicalização e a greve (art. 142, § 3º, IV, da Constituição).

O direito de greve do servidor público "será exercido nos termos e nos limites definidos em lei específica". Lei específica significa lei ordinária. Já não se trata de lei complementar, pois o constituinte não mais dispôs nesse sentido, em que seria exigido *quorum* de maioria absoluta (art. 69 da Constituição). É a lei ordinária da União sobre o tema, a de cada Estado, a do Distrito Federal e a de cada Município. Atualmente, o STF entende que, enquanto não for editada a lei específica de que trata a Constituição, deve ser aplicada a Lei n. 7.783/89, que trata da greve na área privada (MI 708/DF, Rel. Min. Gilmar Mendes, j. 25-10-2007).

É vedada a acumulação remunerada de cargos públicos, exceto quando houver compatibilidade de horários: (a) a de dois cargos de professor; (b) a de um cargo de professor com outro, técnico ou científico; (c) a de dois cargos ou empregos privativos de profissionais de saúde, com profissões regulamentadas, como, por exemplo, médicos. A proibição de acumular estende-se a empregos e funções e abrange autarquias, fundações, empresas públicas, sociedades de economia mista, suas subsidiárias, e sociedades controladas, direta ou indiretamente, pelo Poder Público.

Efetividade é o fato de que o funcionário público ocupa um cargo público. Quem exerce cargo em comissão não tem efetividade. Efetividade é o direito do funcionário público em permanecer nos quadros da Administração. Efetividade é atributo do cargo.

Estabilidade é o direito de o funcionário público não ser dispensado, salvo se cometer falta grave, assegurada ampla defesa em processo administrativo ou judicial. É uma garantia constitucional do servidor público. Os funcionários públicos são estáveis depois de três anos de efetivo exercício (art. 41 da Constituição).

São estáveis após três anos de efetivo exercício os servidores nomeados para cargo de provimento efetivo em virtude de concurso público (art. 41 da Constituição). Visa a estabilidade permitir que o servidor possa desenvolver seu mister de forma livre e isenta, sem pressões de outras pessoas, principalmente de ser dispensado a cada troca de governo. Como condição para a aquisição da estabilidade, é obrigatória a avaliação especial de desempenho por comissão instituída para essa finalidade.

Estágio probatório é o período em que a Administração Pública vai apurar a conveniência de manter o funcionário público no serviço público. O prazo do estágio é de 24 meses (art. 20 da Lei n. 8.112/90).

Para ter direito à estabilidade, o funcionário público deve passar pelo estágio probatório.

O servidor público estável só perderá o cargo: (a) em virtude de sentença judicial transitada em julgado; (b) mediante processo administrativo em que lhe seja assegurada ampla defesa; (c) mediante procedimento de avaliação periódica de desempenho, na forma de lei complementar, assegurada ampla defesa. Invalidada por sentença judicial a demissão do servidor estável, será ele reintegrado, e o eventual ocupante da vaga, se estável, reconduzido ao cargo de origem, sem direito a indenização, aproveitado em outro cargo ou posto em disponibilidade com remuneração proporcional ao tempo de serviço.

Constitui ato de improbidade administrativa que atenta contra os princípios da administração pública qualquer ação ou omissão que viole os deveres de honestidade, imparcialidade, legalidade, e lealdade às instituições, e notadamente: (a) praticar ato visando fim proibido em lei ou regulamento ou diverso daquele previsto, na regra de competência; (b) retardar ou deixar de praticar, indevidamente, ato de ofício; (c) revelar fato ou circunstância de que tem ciência em razão das atribuições e que deva permanecer em segredo; (d) negar publicidade aos atos oficiais; (e) frustrar a licitude de concurso público; (f) deixar de prestar contas quando esteja obrigado a fazê-lo; (g) revelar ou permitir que chegue ao conhecimento de terceiro, antes da respectiva divulgação oficial, teor de medida política ou econômica capaz de afetar o preço de mercadoria, bem ou serviço.

A remuneração e o subsídio dos ocupantes de cargos, funções e empregos públicos da administração direta, autárquica e fundacional, dos membros de qualquer dos Poderes da União, dos Estados, do Distrito Federal e dos Municípios, dos detentores de mandato eletivo e dos demais agentes políticos e os proventos, pensões ou outra espécie remuneratória, percebidos cumulativamente ou não, incluídas as vantagens pessoais ou de qualquer outra natureza, não poderão exceder o subsídio mensal, em espécie, dos Ministros do Supremo Tribunal Federal, aplicando-se como limite, nos Municípios, o subsídio do prefeito, e nos Estados e no Distrito Federal, o subsídio do governador no âmbito do Poder Executivo, o subsídio dos deputados estaduais e distritais no âmbito do Poder Legislativo e o subsídio dos desembargadores do Tribunal de Justiça, limitado a 90,25% do subsídio mensal, em espécie, dos Ministros do Supremo Tribunal Federal, no âmbito do Poder Judiciário, aplicável este limite aos membros do Ministério Público, aos procuradores e aos defensores públicos.

O empregado, durante o desvio funcional, tem direito à diferença salarial, ainda que o empregador possua quadro de pessoal organizado em carreira (Súmula 223 do extinto TFR).

A Súmula 275 do TST afirma que "Na ação que objetive corrigir desvio funcional, a prescrição só alcança as diferenças salariais vencidas no período de cinco anos que precedeu o ajuizamento. Em se tratando de pedido de reenquadramento, a prescrição é total, contada da data do enquadramento do empregado" (II).

O desvio funcional não tem previsão em lei. Geralmente, ocorre no serviço público. A pessoa não tem direito de ficar na função indefinidamente, mas tem direito ao pagamento das diferenças salariais enquanto permanecer na função.

Esclarece a Orientação Jurisprudencial 125 da SBDI-1 do TST que o simples desvio funcional do empregado não gera direito a novo enquadramento, mas apenas às diferenças salariais respectivas.

Reconhecido o desvio de função, o servidor faz jus às diferenças salariais decorrentes (Súmula 378 do STJ).

A aposentadoria do servidor público pode ser classificada como: de ofício, que é a compulsória e por invalidez; voluntária, que depende da vontade do funcionário.

O servidor público será aposentado: (a) por incapacidade permanente para o trabalho, no cargo em que estiver investido, quando insuscetível de readaptação, hipótese em que será obrigatória a realização de avaliações periódicas para verificação da continuidade das condições que ensejaram a concessão da aposentadoria, na forma de lei do respectivo ente federativo; (b) compulsoriamente, com proventos proporcionais ao tempo de contribuição, aos 70 anos de idade, ou aos 75 anos de idade, na forma de lei complementar . A Lei Complementar n. 152/2015 dispõe sobre a matéria para os funcionários públicos em geral; (c) no âmbito da União, aos 62 anos de idade, se mulher, e aos 65 anos de idade, se homem, e, no âmbito dos Estados, do Distrito Federal e dos Municípios, na idade mínima estabelecida mediante emenda às respectivas Constituições e Leis Orgânicas, observados o tempo de contribuição e os demais requisitos estabelecidos em lei complementar do respectivo ente federativo.

Os servidores que forem admitidos no serviço público a partir da edição da lei de cada ente da federação sobre previdência complementar terão como limite de proventos de aposentadoria e pensões o valor de R$ 6.433,57. O servidor, se desejar, poderá fazer planos de previdência privada complementar pública fechada e de contribuição definida, mas não de valor definido. A Lei n. 12.618/2012 institui o regime da previdência complementar para os servidores públicos federais de cargo efetivo.

A despesa com pessoal ativo e inativo e pensionistas da União, dos Estados, do Distrito Federal e dos Municípios não pode exceder os limites estabelecidos em lei complementar (art. 169 da Constituição).

9.9 PROPRIEDADE PÚBLICA

Os bens públicos são divididos, quanto à destinação, em bens de uso comum do povo, bens de uso especial e bens de uso indeterminado.

Bens de uso comum do povo são os locais abertos a qualquer pessoa, como as ruas, praças, estradas, mares etc.

Bens de uso especial ou patrimoniais indisponíveis são os móveis e imóveis utilizados pela Administração Pública.

Bens de uso indeterminado ou bens patrimoniais disponíveis ou bens dominicais são os que não são utilizados pela Administração Pública ou que não tenham destinação específica, como as terras devolutas (não utilizadas) e os terrenos de marinha. Estes compreendem a faixa de terra que vai da linha do preamar médio até a distância de 33 metros para o lado da costa.

Desapropriação ou expropriação é o ato do Poder Público de retirar a propriedade do particular. É decorrente de necessidade ou utilidade pública, ou por interesse social, mediante justa e prévia indenização em dinheiro (art. 5º, XXIV, da Constituição).

9.10 PODER DE POLÍCIA

Poder de polícia é o poder que o Estado tem de, limitando o direito individual, promover o bem público. É o que ocorre com a fiscalização de anúncios, para autorização do funcionamento de estabelecimentos etc. O poder de polícia é discricionário e não vinculado.

A polícia administrativa é dividida em geral e especial. Polícia geral é a de segurança e de costumes. A polícia de segurança visa à prevenção da criminalidade. A de costumes diz respeito a jogos, alcoolismo, entorpecentes etc. Exemplo de polícia especial é a polícia ferroviária.

Questionário

1. O que é Direito Administrativo?
2. Quais as pessoas que fazem parte da Administração Pública indireta?
3. O que é ato administrativo?
4. Para que serve o decreto?
5. O que é contrato administrativo?
6. Quais são as modalidades de licitação?
7. Para que serve o convite?
8. Para que serve o concurso?
9. Qual a diferença entre funcionário público e empregado público?
10. O que é poder de polícia?

Capítulo 10

DIREITO FINANCEIRO

10.1 DIREITO FINANCEIRO E CIÊNCIA DAS FINANÇAS

Finanças vem do latim *finis*, que significa fim. Pode-se entender que se trata do fim de uma operação em decorrência do pagamento.

Ciência das Finanças é a disciplina que estuda as receitas e despesas para o funcionamento das atividades do Estado.

A Ciência das Finanças fornece dados econômicos, esclarece o legislador na elaboração de leis fiscais para a incidência da norma tributária, visando obter arrecadação para o Estado.

Direito Financeiro é o conjunto de princípios, de regras e de instituições que regula a atividade financeira do Estado.

Estuda o Direito Financeiro a despesa pública, a receita pública, o orçamento público e o crédito público.

O Direito Financeiro é considerado autônomo dentro da Ciência do Direito, conforme se depreende do inciso I do art. 24 da Constituição, pois há distinção entre Direito Financeiro, Tributário e Econômico.

10.2 RECEITAS PÚBLICAS

Entrada é o gênero, que compreende as receitas e os ingressos.

Ingressos são entradas provisórias no caixa do Estado. Exemplos são os empréstimos públicos, os empréstimos compulsórios, que posteriormente deverão ser devolvidos; depósitos para participar de licitações.

Receita é toda a entrada de numerário nos cofres de uma pessoa de forma permanente. Receita pública é toda a entrada definitiva de numerário nos cofres do Estado para a satisfação das necessidades públicas.

Há vários tipos de receitas, como a obtida mediante exigência de outros Estados, em virtude de guerra; de tributos; de aluguéis; de bens públicos, como da concessão de *box* de mercado público, de estacionamento em vias públicas etc.

A receita pública pode ser classificada em razão da periodicidade da sua exigência. Assim, pode ser: (a) ordinária, comum ou regular, que é realizada periodicamente, como mensalmente, anualmente etc.; (b) extraordinária, que é utilizada excepcionalmente, como no caso de empréstimos compulsórios.

Quanto à origem, a receita pública pode ser originária ou derivada.

Receita originária é a proveniente do patrimônio do Estado, como financeira, comercial, industrial, de aluguel de um bem do Estado etc. Receita derivada é a decorrente da imposição do tributo, que deriva do patrimônio do particular.

Quanto à vontade da pessoa em recolher a receita pública, ela pode ser facultativa ou compulsória.

Receita facultativa é a que depende da vontade da pessoa de contribuir, como as doações, legados. Receita compulsória é a que independe da vontade da pessoa de contribuir, como ocorre com o tributo, com o perdimento proveniente de contrabando, dos valores obtidos com a venda de bens de traficantes etc.

Receitas transferidas são compulsórias, mas o produto da arrecadação do tributo não é destinado integralmente a quem a Constituição outorgou competência tributária. É o que ocorre, por exemplo, com o IPI.

A Lei n. 4.320/64 classifica as receitas públicas em correntes e de capital (art. 11).

Receitas correntes são as receitas tributárias, de contribuições, patrimoniais, agropecuária, industrial, de serviços e outras, e, ainda, as provenientes de recursos financeiros recebidos de outras pessoas de Direito Público ou Privado, quando destinadas a atender às despesas classificáveis em despesas correntes (§ 1º do art. 11 da Lei n. 4.320/64). Exemplos são as receitas de impostos, taxas, contribuições de melhoria, contribuições sociais, patrimonial, agropecuária, industrial, de serviços, transferências correntes.

São receitas de capital as provenientes da realização de recursos financeiros oriundos de constituição de dívidas; da conversão, em espécie, de bens e direitos;

dos recursos recebidos de outras pessoas de direito público ou privado, destinados a atender a despesas classificáveis em despesas de capital e, ainda, o superávit do orçamento corrente. São exemplos de receitas de capital: operações de crédito, alienação de bens, amortização de empréstimos, transferências de capital e outras receitas de capital.

O preço público é o número de unidades monetárias que o Estado exige de uma pessoa pela venda de um material (ex.: mercadoria) ou imaterial (serviço). É cobrado por meio de tarifa. Preço público é uma receita não tributária, pois depende da vontade da pessoa de contribuir para adquirir o bem público. Não tem por base o poder fiscal do Estado. Não é compulsório.

10.3 DESPESAS PÚBLICAS

As despesas públicas visam poder fazer frente aos serviços públicos prestados pelo Estado.

Representa a despesa pública o dispêndio em dinheiro para fazer face às necessidades do Estado.

Quanto à periodicidade, as despesas podem ser ordinárias ou extraordinárias.

Despesas ordinárias são as destinadas a fazer face à rotina dos serviços públicos que são previstos a cada orçamento.

Despesas extraordinárias são as destinadas a custear despesas esporádicas ou excepcionais.

Em relação à competência, as receitas podem ser federais, estaduais, distritais ou municipais.

A Lei n. 4.320/64 classifica as despesas públicas em correntes e de capital (art. 12).

Despesas correntes são as necessárias à execução de serviços públicos e aos fins do Estado, mas não têm um caráter econômico reprodutivo.

Despesas de custeio são as necessárias para assegurar o funcionamento dos serviços públicos, em que o Estado recebe em contraprestação bens e serviços. Exemplos: com pessoal civil/militar, com material de consumo, serviços de terceiros, encargos diversos.

As despesas correntes são divididas em custeio e transferências correntes.

As despesas de custeio são as dotações para manutenção de serviços anteriormente criados, inclusive as destinadas a atender às obras de conservação e adaptação de bens imóveis. São exemplos de despesa de custeio as com pessoal civil, pessoal militar, material de consumo, serviços de terceiros, encargos diversos.

Transferências correntes são as dotações para despesas às quais não corresponda contraprestação direta em bens e serviços, inclusive para contribuições e subvenções destinadas a atender à manifestação de outras entidades de direito público ou privado. São exemplos: subvenções sociais, subvenções econômicas, inativos, pensionistas, salário-família e abono familiar, juros da dívida pública, contribuição da previdência social, diversas transferências correntes.

Subvenções sociais são as transferências que se destinem a instituições públicas ou privadas de caráter assistencial ou cultural, sem finalidade lucrativa. A concessão de subvenções sociais visará à prestação de serviços essenciais de assistência social, médica e educacional, sempre que a suplementação de recursos de origem privada aplicados a esses objetivos revelar-se mais econômica. O valor das subvenções, sempre que possível, será calculado com base em unidades de serviços efetivamente prestados ou postos à disposição dos interessados, obedecidos os padrões mínimos de eficiência previamente fixados.

Subvenções econômicas são as transferências que se destinam a empresas públicas ou privadas de caráter industrial, comercial, agrícola e pastoril. A cobertura dos déficits de manutenção das empresas públicas, de natureza autárquica ou não, far-se-á mediante subvenções econômicas expressamente incluídas nas despesas correntes do orçamento da União, do Estado, do Município ou do Distrito Federal. Consideram-se, igualmente, subvenções econômicas: (a) as dotações destinadas a cobrir a diferença entre os preços de mercado e os preços de revenda, pelo governo, de gêneros alimentícios ou outros materiais; (b) as dotações destinadas ao pagamento de bonificações a produtores de determinados gêneros ou materiais.

As despesas de capital são investimentos, inversões financeiras e transferências de capital. Investimentos são as dotações para o planejamento e a execução de obras, inclusive as destinadas à aquisição de imóveis considerados necessários à realização destas últimas, bem como para os programas especiais de trabalho, aquisição de instalações, equipamentos e material permanente e constituição ou aumento do capital de empresas que não sejam de caráter comercial ou financeiro. São exemplos: obras públicas, serviços em regime de programação especial, equipamentos e instalações, material permanente, participação em constituição ou aumento de capital de empresas ou entidades industriais ou agrícolas.

Os programas especiais de trabalho que, por sua natureza, não possam cumprir-se subordinadamente às normas gerais de execução da despesa poderão ser custeados por dotações globais, classificadas entre as despesas de capital.

Inversões financeiras são as dotações destinadas a: (a) aquisição de imóveis ou de bens de capital já em utilização; (b) aquisição de títulos representativos do capital de empresas ou entidades de qualquer espécie, já constituídas, quando a operação não importe aumento do capital; (c) constituição ou aumento do capital de entidades ou empresas que visem a objetivos comerciais ou financeiros, inclusive operações bancárias ou de seguros. São exemplos: aquisição de imóveis, participação em constituição ou aumento de capital de empresas ou entidades comerciais ou financeiras, aquisição de títulos representativos de capital de empresas em funcionamento, constituição de fundos rotativos, concessão de empréstimos, diversas inversões financeiras.

São transferências de capital as dotações para investimentos ou inversões financeiras que outras pessoas de direito público ou privado devem realizar, independentemente de contraprestação direta em bens ou serviços, constituindo essas transferências auxílios ou contribuições, segundo derivem diretamente da lei de orçamento ou de lei especialmente anterior, bem como as dotações para amortização da dívida pública. São exemplos de transferências de capital: amortização da dívida pública, auxílios para obras públicas, auxílios para equipamentos e instalações, auxílios para inversões financeiras, outras contribuições.

Para efeito de classificação da despesa, considera-se material permanente o de duração superior a dois anos.

A criação, a expansão ou o aperfeiçoamento de ação governamental que acarrete aumento da despesa serão acompanhados de: (a) estimativa do impacto orçamentário-financeiro no exercício em que deva entrar em vigor e nos dois subsequentes; (b) declaração do ordenador da despesa de que o aumento tem adequação orçamentária e financeira com a lei orçamentária anual e compatibilidade com o plano plurianual e com a lei de diretrizes orçamentárias.

Considera-se adequada com a lei orçamentária anual a despesa objeto de dotação específica e suficiente, ou que esteja abrangida por crédito genérico, de forma que somadas todas as despesas da mesma espécie, realizadas e a realizar, previstas no programa de trabalho, não sejam ultrapassados os limites estabelecidos para o exercício.

É compatível com o plano plurianual e a lei de diretrizes orçamentárias a despesa que se conforme com as diretrizes, objetivos, prioridades e metas previstos nesses instrumentos e não infrinja qualquer de suas disposições.

Considera-se obrigatória de caráter continuado a despesa corrente derivada de lei, medida provisória ou ato administrativo normativo que fixem para o ente a obrigação legal de sua execução por um período superior a dois exercícios.

Os atos que criarem ou aumentarem despesa deverão ser instruídos com a estimativa do impacto orçamentário-financeiro e demonstrar a origem dos recursos para seu custeio.

A despesa total com pessoal será apurada somando-se a realizada no mês em referência com as dos 11 meses imediatamente anteriores, adotando-se o regime de competência.

Não poderá a despesa total com pessoal, em cada período de apuração e em cada ente da federação, exceder os porcentuais da receita corrente líquida: (a) União: 50%; (b) Estados: 60%; (c) Municípios: 60%.

Na verificação do atendimento dos limites não serão computadas as despesas: (a) de indenização por demissão de servidores ou empregados; (b) relativas a incentivos à demissão voluntária; (c) decorrentes de decisão judicial e da competência de período anterior ao da apuração dos 11 meses imediatamente anteriores ao mês de referência; (d) com inativos, ainda que por intermédio de fundo específico, custeadas por recursos provenientes: (1) da arrecadação de contribuições dos segurados; (2) da compensação financeira; (3) das demais receitas diretamente arrecadadas por fundo vinculado a tal finalidade, inclusive o produto da alienação de bens, direitos e ativos, bem como seu superávit financeiro.

O não atendimento dos requisitos anteriores torna nulo o ato que provoque aumento da despesa com pessoal.

Os valores de contratos de terceirização de mão de obra que se referem à substituição de servidores e empregados públicos serão contabilizados como "outras despesas de pessoal".

10.4 ORÇAMENTO PÚBLICO

Orçamento é o programa de governo que prevê as receitas e a autorização de despesas dentro de um período, que geralmente é de um ano.

O orçamento é um ato administrativo, mas formalmente também é uma lei, porque é aprovada pelo órgão do Poder Legislativo competente.

Princípios

O princípio da legalidade indica que o orçamento deve ser estabelecido por lei do ente federado.

Não pode o orçamento ser estabelecido por meio de lei delegada.

O descumprimento da lei orçamentária implica responsabilidade do presidente da República (art. 85, VI, da Constituição).

Dispõe o princípio da universalidade que todas as receitas e despesas devem estar previstas na lei orçamentária.

A lei orçamentária anual compreenderá: (a) o orçamento fiscal referente aos Poderes da União, seus fundos, órgãos e entidades da administração direta e indireta, inclusive fundações instituídas e mantidas pelo Poder Público; (b) o orçamento de investimento das empresas em que a União, direta ou indiretamente, detenha a maioria do capital social com direito a voto; (c) o orçamento da seguridade social, abrangendo todas as entidades e órgãos a ela vinculados, da administração direta ou indireta, bem como os fundos e fundações instituídos e mantidos pelo Poder Público.

Esclarece a Súmula 66 do STF que "é legítima a cobrança de tributo que houver sido aumentado após o orçamento, mas antes do início do respectivo exercício financeiro".

O princípio da anualidade mostra que os orçamentos serão estabelecidos anualmente, como consta do inciso III do art. 165 da Constituição. Régis Fernandes de Oliveira considera esse princípio ultrapassado, pois o orçamento é periódico, tanto que ao lado do orçamento anual há o plano plurianual[1], conforme a previsão no inciso I do art. 165 da Lei Maior.

Mostra o princípio da exclusividade que no orçamento anual devem estar toda a previsão da receita e a fixação da despesa, não se incluindo na proibição a autorização para abertura de créditos suplementares e contratação de operações de crédito, ainda que por antecipação de receita (§ 8º do art. 165 da Constituição).

Indica o princípio da unidade que toda receita e despesa devem estar no orçamento. O orçamento é um documento único.

O princípio da não afetação mostra que é vedada a vinculação da receita de impostos a órgão, fundo ou despesa, ressalvadas a repartição do produto da arrecadação do imposto de renda, do ITR, do IPVA, do ICMS e IPI, da contribuição de intervenção no domínio econômico, a destinação de recursos para as ações e serviços públicos de saúde, para manutenção e desenvolvimento do ensino e para a realização de atividades da administração tributária, como determinado na Constituição, e a prestação de garantias às operações de crédito por antecipação de receita (art. 167, IV, da Constituição). Nas Constituições anteriores, a vinculação era a tributos. Agora, fala-se apenas em impostos. É possível, portanto, a vinculação de taxas, contribuições de melhorias e contribuições sociais a órgão, fundo ou despesa.

---

1 OLIVEIRA, Régis Fernandes de. *Manual de direito financeiro*. 6. ed. São Paulo: Revista dos Tribunais, 2004, p. 123.

10.4.1 Leis orçamentárias

Leis de iniciativa do Poder Executivo obedecerão: (a) ao plano plurianual; (b) às diretrizes orçamentárias; (c) aos orçamentos anuais.

A lei que instituir o plano plurianual estabelecerá, de forma regionalizada, as diretrizes, objetivos e metas da administração pública federal para as despesas de capital e outras delas decorrentes e para as relativas aos programas de duração continuada.

A lei de diretrizes orçamentárias compreenderá as metas e prioridades da administração pública federal, incluindo as despesas de capital para o exercício financeiro subsequente, orientará a elaboração da lei orçamentária anual, disporá sobre as alterações na legislação tributária e estabelecerá a política de aplicação das agências financeiras oficiais de fomento.

O Poder Executivo publicará, até 30 dias após o encerramento de cada bimestre, relatório resumido da execução orçamentária.

Os planos e programas nacionais, regionais e setoriais serão elaborados em consonância com o plano plurianual e apreciados pelo Congresso Nacional.

Os orçamentos fiscal e de investimento, compatibilizados com o plano plurianual, terão entre suas funções a de reduzir desigualdades inter-regionais, segundo critério populacional.

A lei orçamentária anual não conterá dispositivo estranho à previsão da receita e à fixação da despesa, não se incluindo na proibição a autorização para abertura de créditos suplementares e contratação de operações de crédito, ainda que por antecipação de receita, nos termos da lei (§ 8º do art. 165 da Constituição).

Cabe à lei complementar: (a) dispor sobre o exercício financeiro, a vigência, os prazos, a elaboração e a organização do plano plurianual, da lei de diretrizes orçamentárias e da lei orçamentária anual; (b) estabelecer normas de gestão financeira e patrimonial da administração direta e indireta, bem como condições para a instituição e funcionamento de fundos.

Os projetos de lei relativos ao plano plurianual, às diretrizes orçamentárias, ao orçamento anual e aos créditos adicionais serão apreciados pelas duas casas do Congresso Nacional, na forma do regimento comum.

Caberá a uma comissão mista permanente de senadores e deputados examinar e emitir parecer sobre os projetos e sobre as contas apresentadas anualmente pelo presidente da República.

O presidente da República poderá enviar mensagem ao Congresso Nacional para propor modificação nos projetos de lei orçamentária enquanto não iniciada a votação, na Comissão mista, da parte cuja alteração é proposta.

Nenhum investimento cuja execução ultrapasse um exercício financeiro poderá ser iniciado sem prévia inclusão no plano plurianual, ou sem lei que autorize a inclusão, sob pena de crime de responsabilidade.

Os créditos especiais e extraordinários terão vigência no exercício financeiro em que forem autorizados, salvo se o ato de autorização for promulgado nos últimos quatro meses daquele exercício, caso em que, reabertos nos limites de seus saldos, serão incorporados ao orçamento do exercício financeiro subsequente.

A abertura de crédito extraordinário somente será admitida para atender a despesas imprevisíveis e urgentes, como as decorrentes de guerra, comoção interna ou calamidade pública, podendo, em casos de urgência ou relevância, ser adotadas medidas provisórias.

É permitida a vinculação de receitas próprias geradas pelos impostos estaduais e municipais, e dos recursos transferidos de um ente para outro, para a prestação de garantia ou contragarantia à União e para pagamento de débitos para com esta.

Os recursos correspondentes às dotações orçamentárias, compreendidos os créditos suplementares e especiais, destinados aos órgãos dos Poderes Legislativo e Judiciário e do Ministério Público, ser-lhes-ão entregues até o dia 20 de cada mês.

A despesa com pessoal ativo e inativo da União, dos Estados, do Distrito Federal e dos municípios não poderá exceder os limites estabelecidos em lei complementar.

O orçamento deve ser executado fielmente de acordo com o que dispõe a lei respectiva.

Cabe ao presidente da República a iniciativa de enviar ao Congresso Nacional o plano plurianual, o projeto de lei de diretrizes orçamentárias e as propostas de orçamentos previstos na Constituição (art. 84, XXIII, da Lei Maior).

Se não receber a proposta orçamentária no prazo fixado nas Constituições ou nas Leis Orgânicas dos Municípios, o Poder Legislativo considerará como proposta a Lei de Orçamento vigente (art. 32 da Lei n. 4.320/64).

O projeto de lei orçamentária será acompanhado de demonstrativo regionalizado do efeito, sobre as receitas e despesas, decorrente de isenções, anistias, remissões, subsídios e benefícios de natureza financeira, tributária e creditícia.

O presidente da República poderá enviar mensagem ao Congresso Nacional para propor modificação nos projetos de lei orçamentária enquanto não iniciada a votação, na Comissão mista, da parte cuja alteração é proposta.

Caberá a uma comissão mista permanente de senadores e deputados examinar e emitir parecer sobre os planos e programas nacionais, regionais e setoriais previstos na Constituição e exercer o acompanhamento e a fiscalização orçamentária, sem prejuízo da atuação das demais comissões do Congresso Nacional e de suas casas.

As emendas serão apresentadas na Comissão mista, que sobre elas emitirá parecer, e apreciadas, na forma regimental, pelo Plenário das duas casas do Congresso Nacional.

As emendas ao projeto de lei de orçamento anual ou aos projetos que o modifiquem somente podem ser aprovadas caso: (a) sejam compatíveis com o plano plurianual e com a lei de diretrizes orçamentárias; (b) indiquem os recursos necessários, admitidos apenas os provenientes de anulação de despesa, excluídas as que incidam sobre: (1) dotações para pessoal e seus encargos; (2) serviço da dívida; (3) transferências tributárias constitucionais para Estados, municípios e Distrito Federal; ou (c) sejam relacionadas: (1) com a correção de erros ou omissões; (2) com os dispositivos do texto do projeto de lei.

Não poderão ser aprovadas as emendas ao projeto de lei de diretrizes orçamentárias quando incompatíveis com o plano plurianual.

Os recursos que, em decorrência de veto, emenda ou rejeição do projeto de lei orçamentária anual, ficarem sem despesas correspondentes poderão ser utilizados, conforme o caso, mediante créditos especiais ou suplementares, com prévia e específica autorização legislativa.

10.4.2 Vedações orçamentárias

São vedados: (a) o início de programas ou projetos não incluídos na lei orçamentária anual; (b) a realização de despesas de assunção de obrigações diretas que excedam os créditos orçamentários ou adicionais; (c) a realização de operações de créditos que excedam o montante das despesas de capital, ressalvadas as autorizadas mediante créditos suplementares ou especiais com finalidade precisa, aprovados pelo Poder Legislativo por maioria absoluta; (d) a vinculação de receita de impostos a órgão, fundo ou despesa, ressalvadas a repartição do produto da arrecadação do imposto de renda, do ITR, do IPVA, do ICMS e IPI, da contribuição de intervenção no domínio econômico, a destinação de recursos para as ações e serviços públicos de saúde, para manutenção e desenvolvimento do ensino e para a realização de atividades da administração tributária, como determinado na Constituição, e a prestação de garantias às operações de crédito por antecipação de receita. A vinculação ocorrerá, portanto, apenas em relação a recursos destinados a saúde, educação e para a realização de atividades da administração tributária; (e) a abertura de crédito suplementar ou especial sem prévia autorização legislativa e sem indicação dos recursos correspondentes; (f) a transposição, o remanejamento ou a transferência de recursos de uma categoria de programação para outra ou de um órgão para outro, sem prévia autorização legislativa; (g) a concessão ou utilização de créditos ilimitados; (h) a utilização, sem autorização legislativa específica, de recursos dos orçamentos fiscal e da seguridade social para suprir necessidade ou cobrir déficit de empresas, fundações e fundos; (i) a instituição de fundos de qualquer natureza, sem prévia autorização legislativa; (j) a transferência voluntária de recursos e a concessão de empréstimos, inclusive por antecipação de receitas, pelos governos federal e estaduais e suas instituições financeiras, para pagamento de despesas com pessoal ativo, inativo e pensionista, dos Estados, do Distrito Federal e dos municípios; (k) a utilização dos recursos provenientes das contribuições sociais da empresa e do trabalhador para a realização de despesas distintas do pagamento de benefícios do regime geral de previdência social.

10.4.3 Despesas com pessoal

A despesa com pessoal ativo e inativo da União, dos Estados, do Distrito Federal e dos municípios não poderá exceder os limites fixados em lei complementar (art. 169 da Constituição). A Lei n. 9.801/99 dispõe sobre normas gerais para perda do cargo público por excesso de despesa. A Lei Complementar n. 101/2000 regula os referidos limites.

A concessão de qualquer vantagem ou aumento de remuneração, a criação de cargos, empregos e funções ou alteração de estrutura de carreiras, bem como a admissão ou contratação de pessoal, a qualquer título, pelos órgãos e entidades da administração direta ou indireta, inclusive fundações instituídas e mantidas pelo poder público, só poderão ser feitas: (a) se houver prévia dotação orçamentária suficiente para atender às projeções de despesa de pessoal e aos acréscimos dela decorrentes; (b) se houver autorização específica na lei de diretrizes orçamentárias, ressalvadas as empresas públicas e as sociedades de economia mista.

10.4.4 Exercício financeiro

O exercício financeiro coincidirá com o ano civil.

Pertencem ao exercício financeiro: (a) as receitas nele arrecadadas; (b) as despesas nele legalmente empenhadas.

Consideram-se Restos a Pagar as despesas empenhadas mas não pagas até 31 de dezembro, distinguindo-se as processadas das não processadas. Os empenhos que correm à conta de créditos com vigência plurianual, que não tenham sido liquidados, só serão computados como Restos a Pagar no último ano de vigência do crédito.

Os créditos da Fazenda Pública, de natureza tributária ou não tributária, serão escriturados como receita do exercício em que forem arrecadados, nas respectivas rubricas orçamentárias.

10.4.5 Créditos adicionais

São créditos adicionais as autorizações de despesa não computadas ou insuficientemente dotadas na lei de orçamento.

Os créditos adicionais classificam-se em: (a) suplementares, os destinados a reforço de dotação orçamentária; (b) especiais, os destinados a despesas para as quais não haja dotação orçamentária específica; (c) extraordinários, os destinados a despesas urgentes e imprevistas, em caso de guerra, comoção intestina ou calamidade pública.

Os créditos suplementares e especiais serão autorizados por lei e abertos por decreto executivo.

A abertura dos créditos suplementares e especiais depende da existência de recursos disponíveis para fazer face à despesa e será precedida de exposição justificada. Consideram-se recursos, desde que não comprometidos: (a) o superávit financeiro apurado em balanço patrimonial do exercício anterior; (b) os provenientes de excesso de arrecadação; (c) os resultantes de anulação parcial ou total de dotações orçamentárias ou de créditos adicionais, autorizados em lei; (d) o produto de operações de crédito autorizadas, em forma que juridicamente possibilite ao Poder Executivo realizá-las.

Superávit financeiro é a diferença positiva entre o ativo financeiro e o passivo financeiro, conjugando-se, ainda, os saldos dos créditos adicionais transferidos e as operações de crédito a eles vinculadas.

Excesso de arrecadação é o saldo positivo das diferenças acumuladas mês a mês, entre a arrecadação prevista e a realizada, considerando-se, ainda, a tendência do exercício.

Os créditos adicionais terão vigência adstrita ao exercício financeiro em que forem abertos, salvo expressa disposição legal em contrário, quanto aos especiais e extraordinários.

O ato que abrir crédito adicional indicará a importância, a sua espécie e a classificação da despesa, até onde for possível.

10.4.6 Execução do orçamento

Imediatamente após a promulgação da lei de orçamento e com base nos limites nela fixados, o Poder Executivo aprovará um quadro de cotas trimestrais da despesa que cada unidade orçamentária fica autorizada a utilizar.

A fixação das cotas atenderá aos seguintes objetivos: (a) assegurar às unidades orçamentárias, em tempo útil, a soma de recursos necessários e suficientes a melhor execução do seu programa anual de trabalho; (b) manter, durante o exercício, na medida do possível o equilíbrio entre a receita arrecadada e a despesa realizada, de modo a reduzir ao mínimo eventuais insuficiências de tesouraria.

A programação da despesa orçamentária levará em conta os créditos adicionais e as operações extraorçamentárias.

As cotas trimestrais poderão ser alteradas durante o exercício, observados o limite da dotação e o comportamento da execução orçamentária.

Os agentes da arrecadação devem fornecer recibos das importâncias que arrecadarem. Serão fornecidos em uma única via.

O recolhimento de todas as receitas será feito em estrita observância à unidade da tesouraria, vedada qualquer fragmentação para criação de caixas especiais.

Empenho da despesa é o ato emanado de autoridade competente que cria para o Estado obrigação de pagamento pendente ou não de implemento de condição.

O empenho da despesa não poderá exceder o limite dos créditos concedidos.

É vedada a realização de despesa sem prévio empenho.

Em casos especiais previstos na legislação específica será dispensada a emissão da nota de empenho.

Será feito por estimativa o empenho da despesa cujo montante não se possa determinar.

É permitido o empenho global de despesas contratuais e outras, sujeitas a parcelamento.

Para cada empenho, será extraído um documento denominado "nota de empenho" que indicará o nome do credor, a representação e a importância da despesa, bem como a dedução desta do saldo da dotação própria.

O pagamento da despesa só será efetuado quando ordenado após sua regular liquidação.

A liquidação da despesa consiste na verificação do direito adquirido pelo credor, tendo por base os títulos e documentos comprobatórios do respectivo crédito. A verificação tem por objetivo apurar: (a) a origem e o objeto do que se deve pagar; (b) a importância exata a pagar; (c) a quem se deve pagar a importância, para extinguir a obrigação. A liquidação da despesa por fornecimentos feitos ou serviços prestados terá por base: (a) o contrato, ajuste ou acordo respectivo; (b) a nota de empenho; (c) os comprovantes da entrega de material ou da prestação efetiva do serviço.

A ordem de pagamento é o despacho exarado por autoridade competente, determinando que a despesa seja paga. Só poderá ser exarada em documentos processados pelos serviços de contabilidade.

As dotações atribuídas às diversas unidades orçamentárias poderão, quando expressamente determinado na lei de orçamento, ser movimentadas por órgãos centrais de administração geral.

O regime de adiantamento é aplicável aos casos de despesas expressamente definidos em lei e consiste na entrega de numerário a servidor, sempre precedida de empenho na dotação própria para o fim de realizar despesas que não possam subordinar-se ao processo normal de aplicação.

Não se fará adiantamento a servidor em alcance nem a responsável por dois adiantamentos.

Constitui fundo especial o produto de receitas especificadas que por lei se vinculam à realização de determinados objetivos ou serviços, facultada a adoção de normas peculiares de aplicação.

Salvo determinação em contrário da lei que instituiu o fundo especial, o saldo positivo apurado em balanço será transferido para o exercício seguinte, a crédito do mesmo fundo.

A lei que instituir fundo especial poderá determinar normas peculiares de controle, prestação e tomada de contas, sem, de qualquer modo, elidir a competência específica do Tribunal de Contas ou órgão equivalente.

O controle da execução orçamentária compreenderá: (a) a legalidade dos atos de que resultem a arrecadação da receita ou a realização da despesa, o nascimento ou a extinção de direitos e obrigações; (b) a fidelidade funcional dos agentes da administração, responsáveis por bens e valores públicos; (c) o cumprimento do programa de trabalho expresso em termos monetários e em termos de realização de obras e prestação de serviços.

O controle de execução poderá ser interno ou externo.

A fiscalização é exercida pelo sistema de controle interno de cada Poder (art. 70 da Constituição). Os Poderes Legislativo, Executivo e Judiciário manterão, de forma integrada, sistema de controle interno com a finalidade de: (a) avaliar o cumprimento das metas previstas no plano plurianual, a execução dos programas de governo e dos orçamentos da União; (b) comprovar a legalidade e avaliar os resultados, quanto à eficácia e eficiência, da gestão orçamentária, financeira e patrimonial nos órgãos e entidades da administração federal, bem como da aplicação de recursos públicos por entidades de direito privado; (c) exercer o controle das operações de crédito, avais e garantias, bem como dos direitos e haveres da União; (d) apoiar o controle externo no exercício de sua missão institucional.

Os responsáveis pelo controle interno, ao tomarem conhecimento de qualquer irregularidade ou ilegalidade, dela darão ciência do Tribunal de Contas da União, sob pena de responsabilidade solidária.

A verificação da legalidade dos atos de execução orçamentária será prévia, concomitante e subsequente.

Além da prestação ou tomada de contas anual, quando instituída em lei, ou por fim de gestão, poderá haver, a qualquer tempo, levantamento, prestação ou tomada de contas de todos os responsáveis por bens ou valores públicos.

Qualquer cidadão, partido político, associação ou sindicato é parte legítima para, na forma da lei, denunciar irregularidades ou ilegalidades perante o Tribunal de Contas da União.

Deve prestar contas qualquer pessoa física ou jurídica, pública ou privada, que utilize, arrecade, guarde, gerencie ou administre dinheiros, bens e valores públicos ou pelos quais a União responda, ou que, em nome desta, assuma obrigações de natureza pecuniária.

O controle externo é feito pelo Poder Legislativo, com o auxílio do Tribunal de Contas (art. 71 da Constituição).

O controle da execução orçamentária, pelo Poder Legislativo, terá por objetivo verificar a probidade da administração, a guarda e legal emprego dos dinheiros públicos e o cumprimento da lei de orçamento.

O Poder Executivo, anualmente, prestará contas ao Poder Legislativo, no prazo estabelecido nas Constituições ou nas Leis Orgânicas dos Municípios.

As contas do Poder Executivo serão submetidas ao Poder Legislativo, com parecer prévio do Tribunal de Contas ou órgão equivalente.

Ressalvada a competência do Tribunal de Contas ou órgão equivalente, a Câmara de Vereadores poderá designar peritos-contadores para verificar as contas e sobre elas emitir parecer.

10.5 RESPONSABILIDADE FISCAL

A Lei Complementar n. 101/2000 estabelece normas de finanças públicas voltadas para a responsabilidade da gestão fiscal. É também chamada de lei de responsabilidade fiscal.

Constituem requisitos essenciais da responsabilidade na gestão fiscal a instituição, a previsão e a efetiva arrecadação de todos os tributos da competência constitucional do ente da federação (art. 11 da Lei Complementar n. 101/2000). É vedada a realização de transferências voluntárias para o ente que desobedeça ao que foi dito anteriormente, no que se refere aos impostos. É o que ocorre com determinado município que não exige o ISS de certas atividades. O governo do Estado não precisará remeter receitas para certas atividades culturais do município se ele não cobra integralmente o tributo que lhe é devido. A regra diz respeito, porém, a transferências voluntárias e não compulsórias.

As previsões de receita observarão as normas técnicas legais, considerarão os efeitos das alterações na legislação, da variação do índice de preços, do crescimento econômico ou de qualquer outro fator relevante e serão acompanhadas de demonstrativo de sua evolução nos últimos três anos, da projeção para os dois seguintes àquele a que se referirem, e da metodologia de cálculo e premissas utilizadas (art. 12 da Lei Complementar n. 101/2000). Reestimativa de receita por parte do Poder Legislativo só será admitida se comprovado erro ou omissão de ordem técnica ou legal.

O montante previsto para as receitas de operações de crédito não poderá ser superior ao das despesas de capital constantes do projeto de lei orçamentária.

O Poder Executivo de cada ente colocará à disposição dos demais poderes e do Ministério Público, no mínimo 30 dias antes do prazo final para encaminhamento de suas propostas orçamentárias, os estudos e estimativas das receitas para o exercício subsequente, inclusive da corrente líquida, e as respectivas memórias de cálculo.

No prazo de 30 dias após a publicação dos orçamentos, as receitas previstas serão desdobradas, pelo Poder Executivo, em metas bimestrais de arrecadação, com a especificação, em separado, quando cabível, das medidas de combate à evasão e à sonegação, da quantidade e valores de ações ajuizadas para cobrança da dívida ativa, bem como da evolução do montante dos créditos tributários passíveis de cobrança administrativa.

A concessão ou ampliação de incentivo ou benefício de natureza tributária da qual decorra renúncia de receita deverá estar acompanhada de estimativa do impacto orçamentário-financeiro no exercício em que deva iniciar sua vigência e nos dois seguintes, atender ao disposto na lei de diretrizes orçamentárias e a pelo menos uma das seguintes condições: (a) demonstração pelo proponente de que a renúncia foi considerada na estimativa de receita orçamentária, e de que não afetará as metas de resultados fiscais previstas no anexo próprio da lei de diretrizes orçamentárias; (b) estar acompanhada de medidas de compensação, no período mencionado, por meio do aumento de receita, proveniente da elevação de alíquotas, ampliação da base de cálculo, majoração ou criação de tributo ou contribuição.

É vedada aos Estados, Municípios e Distrito Federal a emissão de títulos da dívida pública mobiliária (art. 11 da Lei Complementar n. 148/2014).

10.6 PRECATÓRIO

Precatório provém do latim *precatorius*. Precatório é o documento em que se pede alguma coisa. É o ato de pedir, de deprecar. É a requisição feita pelo juiz da execução ao presidente do tribunal, para que a Fazenda Pública expeça as ordens de pagamento para saldar o débito a que foi condenada. O juiz de primeiro grau não ordena, apenas solicita ao presidente do tribunal que requisite o numerário necessário para o pagamento do débito da Fazenda Pública.

Os pagamentos devidos pela Fazenda Federal, Estadual, Distrital ou Municipal, em virtude de sentença judiciária, far-se-ão exclusivamente na ordem cronológica de apresentação dos precatórios e à conta dos créditos respectivos, proibida a designação de casos ou de pessoas nas dotações orçamentárias e nos créditos adicionais abertos para este fim (art. 100 da Constituição).

É obrigatória a inclusão, no orçamento das entidades de direito público, de verba necessária ao pagamento de seus débitos, oriundos de sentenças transitadas em julgado, constantes de precatórios judiciários, apresentados até 1º de julho, fazendo-se o pagamento até o final do exercício seguinte, quando terão seus valores atualizados monetariamente.

Os débitos de natureza alimentícia cujos titulares, originários ou por sucessão hereditária, tenham 60 anos de idade, ou sejam portadores de doença grave, ou pessoas com deficiência, definidos na forma da lei, serão pagos com preferência a todos os demais débitos, até o valor equivalente ao triplo do fixado em lei para os fins de créditos de natureza alimentícia, admitido o fracionamento para essa finalidade, sendo que o restante será pago na ordem cronológica de apresentação do precatório.

Os débitos de natureza alimentícia compreendem aqueles decorrentes de salários, vencimentos, proventos, pensões e suas complementações, benefícios previdenciários e indenizações por morte ou invalidez, fundadas em responsabilidade civil, em virtude de sentença transitada em julgado, e serão pagos com preferência sobre os demais débitos, salvo os débitos de natureza alimentícia de pessoas maiores de 60 anos ou portadores de doença grave.

Poderão ser fixados, por leis próprias, valores distintos às entidades de direito público, segundo as diferentes capacidades econômicas, sendo o mínimo igual ao valor do maior benefício do Regimento Geral da Previdência Social.

As dotações orçamentárias e os créditos abertos serão consignados diretamente ao Poder Judiciário, cabendo ao presidente do Tribunal que proferir a decisão exequenda determinar o pagamento integral e autorizar, a requerimento do credor, e exclusivamente para os casos de preterimento de seu direito de precedência ou de não alocação orçamentária do valor necessário à satisfação do seu débito, o sequestro da quantia respectiva.

A previsão do art. 100 da Constituição relativamente à expedição de precatórios não se aplica aos pagamentos de obrigações definidas em lei como de pequeno valor que a Fazenda Federal, Estadual, Distrital ou Municipal deva fazer em virtude de sentença judicial transitada em julgado.

São vedados a expedição de precatório complementar ou suplementar de valor pago, bem como fracionamento, repartição ou quebra do valor da execução, a fim de que seu pagamento não se faça, em parte, na forma estabelecida no parágrafo anterior e, em parte, mediante expedição de precatório.

O credor poderá ceder, total ou parcialmente, seus créditos em precatório a terceiros, independentemente da concordância do devedor.

O presidente do tribunal competente que, por ato comissivo ou omissivo, retardar ou tentar frustrar a liquidação regular de precatório incorrerá em crime de responsabilidade.

A União, os Estados, o Distrito Federal e os Municípios aferirão mensalmente, em base anual, o comprometimento de suas respectivas receitas correntes líquidas com o pagamento de precatórios e obrigações de pequeno valor.

Entende-se como receita corrente líquida o somatório das receitas tributárias, patrimoniais, industriais, agropecuárias, de contribuições e de serviços, de transferências correntes e outras receitas correntes, incluindo as oriundas da partição em receitas de exploração de petróleo ou gás natural (§ 1º do art. 20 da Constituição), verificado no período compreendido pelo segundo mês imediatamente anterior ao de referência e os 11 meses precedentes, excluídas as duplicidades, e deduzidas:

I – na União, as parcelas entregues aos Estados, ao Distrito Federal e aos Municípios por determinação constitucional;

II – nos Estados, as parcelas entregues aos Municípios por determinação constitucional;

III – na União, nos Estados, no Distrito Federal e nos Municípios, a contribuição dos servidores para custeio de seu sistema de previdência e assistência social e as receitas provenientes da compensação financeira.

Caso o montante total de débitos decorrentes de condenações judiciais em precatórios e obrigações de pequeno valor, em período de 12 meses, ultrapasse a média do comprometimento percentual da receita corrente líquida nos cinco anos imediatamente anteriores, a parcela que exceder esse percentual poderá ser financiada, excetuada dos limites de endividamento de que tratam os incisos VI e VII do art. 52 da Constituição e de quaisquer outros limites de endividamento previstos, não se aplicando a esse financiamento a vedação de vinculação de receita de impostos a órgão, fundo ou despesa.

10.7 TRIBUNAL DE CONTAS

Surge o Tribunal de Contas pelo Decreto n. 9.066-A, de 7 de setembro de 1890.

A Lei n. 830/49 reorganiza o Tribunal de Contas da União.

O Decreto-Lei n. 199/67 dispõe sobre a lei orgânica do Tribunal de Contas.

O Tribunal de Contas da União é regido pela Lei n. 8.443/92, que revoga o Decreto-Lei n. 199/67.

Compete ao Tribunal de Contas da União:

(a) apreciar as contas prestadas anualmente pelo presidente da República mediante parecer prévio que deverá ser elaborado em 60 dias a contar de seu recebimento;

(b) julgar as contas dos administradores e demais responsáveis por dinheiros, bens e valores públicos da administração direta e indireta, inclusive as fundações e sociedades instituídas e mantidas pelo Poder Público federal, e as contas daqueles que derem causa a perda, extravio ou outra irregularidade de que resulte prejuízo ao erário público. Entende-se que a função do Tribunal de Contas é jurisdicional, pois emprega-se o verbo *julgar*;

(c) apreciar, para fins de registro, a legalidade dos atos de admissão de pessoa, a qualquer título, na administração direta e indireta, incluídas as fundações instituídas e mantidas pelo Poder Público, excetuadas as nomeações para cargo de provimento em comissão, bem como a das concessões de aposentadorias, reformas e pensões, ressalvadas as melhorias posteriores que não alterem o fundamento legal do ato concessório;

(d) realizar, por iniciativa própria, da Câmara dos Deputados, do Senado Federal, de Comissão técnica ou de inquérito, inspeções e auditorias de natureza contábil, financeira, orçamentária, operacional e patrimonial, nas unidades administrativas dos Poderes Legislativo, Executivo e Judiciário e demais entidades;

(e) fiscalizar as contas nacionais das empresas supranacionais de cujo capital social a União participe, de forma direta ou indireta, nos termos do tratado constitutivo;

(f) fiscalizar a aplicação de quaisquer recursos repassados pela União mediante convênio, acordo, ajuste ou outros instrumentos congêneres, a Estado, ao Distrito Federal ou a Município;

(g) prestar as informações solicitadas pelo Congresso Nacional, por qualquer de suas casas, ou por qualquer das respectivas Comissões, sobre a fiscalização contábil, financeira, orçamentária, operacional e patrimonial sobre resultados de auditorias e inspeções realizadas;

(h) aplicar aos responsáveis, em caso de ilegalidade de despesa ou irregularidade de contas, as sanções previstas em lei, que estabelecerá, entre outras cominações, multa proporcional ao dano causado ao erário;

(i) assinar prazo para que o órgão ou entidade adote as providências necessárias ao exato cumprimento da lei, se verificada ilegalidade;

(j) sustar, se não atendida, a execução do ato impugnado, comunicando a decisão à Câmara dos Deputados e ao Senado Federal;

(k) representar ao poder competente sobre irregularidades ou abusos apurados.

No caso de contrato, o ato de sustação será adotado diretamente pelo Congresso Nacional, que solicitará, de imediato, ao Poder Executivo as medidas cabíveis.

As decisões do Tribunal de que resulte imputação de débito ou multa terão eficácia de título executivo.

O Tribunal encaminhará ao Congresso Nacional, trimestral e anualmente, relatório de suas atividades.

A Comissão mista permanente, diante de indícios de despesas não autorizadas, ainda que sob a forma de investimentos não programados ou de subsídios não aprovados, poderá solicitar à autoridade governamental responsável que, no prazo de cinco dias, preste os esclarecimentos necessários.

Não prestados os esclarecimentos, ou considerados estes insuficientes, a Comissão solicitará ao Tribunal pronunciamento conclusivo sobre a matéria, no prazo de 30 dias.

Entendendo o Tribunal ser irregular a despesa, a Comissão, se julgar que o gasto possa causar dano irreparável ou grave lesão à economia pública, proporá ao Congresso Nacional sua sustação.

O Tribunal de Contas da União é integrado por nove ministros. Tem sede no Distrito Federal, quadro próprio de pessoal e jurisdição em todo território nacional. Os ministros deverão ter: (a) mais de 35 anos e menos de 65 anos de idade; (b) idoneidade moral e reputação ilibada; (c) notórios conhecimentos jurídicos, contábeis, econômicos e financeiros ou de administração pública; (d) mais de dez anos de exercício de função ou de efetiva atividade profissional que exija os conhecimentos mencionados na alínea anterior.

10.8 CRÉDITO PÚBLICO

Cabe ao Congresso Nacional dispor sobre operações de crédito e dívida pública (art. 48, II, da Constituição).

Ao Senado Federal compete: (a) autorizar operações externas de natureza financeira, de interesse da União, dos Estados, do Distrito Federal, dos Territórios e dos municípios (art. 52, V, da Lei Maior); (b) fixar, por proposta do presidente da República, os limites globais para o montante da dívida consolidada da União, dos Estados, do Distrito Federal e dos municípios (art. 52, VI, da Constituição); (c) dispor sobre limites globais e condições para as operações de crédito externo e interno da União, dos Estados, do Distrito Federal e dos municípios, suas autarquias e demais entidades controladas pelo Poder Público federal; (d) dispor sobre limites e condições para a concessão de garantia da União em operações de crédito externo e interno; (e) estabelecer limites globais e condições para o montante da dívida mobiliária dos Estados, do Distrito Federal e dos municípios.

Quanto à pessoa jurídica que obtém o crédito, a dívida pode ser federal, estadual, distrital, municipal.

As dívidas podem ser internas e externas. Interna é a emitida e paga dentro do próprio país. A dívida externa é a transferência de divisas para o exterior em relação aos créditos assumidos pelo país.

Dívida flutuante é a adquirida em razão de déficit de caixa. É resgatada em curto prazo.

A dívida fundada é a que compreende os compromissos de exigibilidade superior a 12 meses (art. 98 da Lei n. 4.320/64), contraídos para atender a desequilíbrio orçamentário ou a financeiro de obras e serviços públicos. A dívida fundada será escriturada com individuação e especificações que permitam verificar, a qualquer momento, a posição dos empréstimos, bem como os respectivos serviços de amortização e juros.

Questionário

1. Qual a diferença entre Direito Financeiro e Ciência das Finanças?
2. O que é Direito Financeiro?
3. O que são receitas públicas?
4. O que são despesas públicas?
5. Qual é a classificação das despesas públicas?
6. O que é orçamento público?
7. Quais são os princípios do orçamento público?
8. O que são créditos adicionais?
9. Como é o procedimento do precatório?
10. Quais são as funções do Tribunal de Contas?
11. O que é crédito público?

Capítulo 11

DIREITO TRIBUTÁRIO

11.1 DENOMINAÇÃO

São empregadas várias denominações para nominar a matéria, como Direito Financeiro, Direito Fiscal, Direito Tributário, Direito do Imposto.

Direito Financeiro é, na verdade, o gênero que compreende o estudo de todas as receitas e despesas públicas. O tributo é uma das receitas públicas.

Direito Fiscal é o que diz respeito ao fisco, ao erário público.

Atualmente, a denominação empregada é Direito Tributário, por dizer respeito ao gênero tributo.

11.2 CONCEITO

Direito Tributário é o conjunto de princípios, de regras e de instituições que regem o poder fiscal do Estado e suas relações[1].

---

1 MARTINS, Sergio Pinto. *Manual de direito tributário*. 18. ed. São Paulo: Saraiva, 2019, p. 40.

11.3 PRINCÍPIOS

O princípio da legalidade mostra que não haverá tributo sem prévia determinação legal (*nullum tributum sine praevia lege*). Esclarece o inciso I do art. 150 da Constituição que é vedado ao ente público exigir ou aumentar tributo sem lei que o estabeleça. A lei tem de definir o fato gerador, a base de cálculo e o contribuinte do tributo (art. 97 do CTN).

O princípio da anterioridade da lei mostra que nenhum tributo pode ser exigido no mesmo exercício financeiro em que haja sido publicada a lei que o instituiu ou aumentou (art. 150, III, *b*, da Constituição). A exceção ocorre em relação aos seguintes impostos: IPI, IOF, imposto de importação e imposto de exportação.

Reza o princípio da igualdade tributária que todos são iguais perante a lei para efeito de tributação, não podendo haver exceção entre pessoas que estejam na mesma situação. Trata-se de aplicação específica do princípio da igualdade contido genericamente no *caput* do art. 5º da Constituição. Esclarece o inciso II do art. 150 da Constituição que é vedado ao sujeito ativo instituir tratamento desigual entre contribuintes que estejam em situação equivalente, proibida qualquer distinção em razão de ocupação profissional ou função por eles exercida, independentemente da denominação jurídica dos rendimentos, títulos ou direitos.

O princípio da vedação do confisco indica que os tributos não podem ser utilizados com efeitos de confisco. Isso quer dizer que a tributação não pode exigir exação em porcentual superior a 50% do patrimônio da pessoa, pois importaria a absorção pelo Estado da maior parte do patrimônio dela.

Menciona o princípio da uniformidade que é vedado à União instituir tributo que não seja uniforme em todo o território nacional ou que implique distinção ou preferência em relação a Estado, ao Distrito Federal ou a Município, em detrimento de outro, admitida a concessão de incentivos fiscais destinados a promover o equilíbrio do desenvolvimento socioeconômico entre as diferentes regiões do país (art. 151, I, da Constituição).

11.4 TRIBUTO

Tributo é toda prestação pecuniária, compulsória, que não constitua sanção de ato ilícito, instituída em lei e cobrada mediante atividade administrativa plenamente vinculada (art. 3º do Código Tributário Nacional – CTN).

Tributo é o objeto da relação tributária. É uma prestação de dar, de pagar. Não se trata de obrigação de fazer ou de não fazer.

Prestação pecuniária é a que pode ser exigida em moeda ou valor que nela possa exprimir-se.

O tributo é compulsório, por independer da vontade da pessoa de contribuir. A pessoa não paga o tributo porque quer ou gosta.

A previsão do tributo deve estar inserida em lei para que possa ser cobrado, de acordo com o princípio da estrita legalidade tributária.

Não se constitui o tributo em sanção de ato ilícito. Não é uma penalidade, como na sanção pelo descumprimento da lei.

A atividade administrativa plenamente vinculada é feita pelo lançamento do fiscal. Compreende o ato de que a autoridade administrativa não tem a liberdade de agir, entre mais de uma situação. A autoridade fica inteiramente vinculada à previsão legal. A autoridade administrativa não tem discricionariedade para exigir o tributo.

Os tributos podem ser classificados em fiscais e extrafiscais. No tributo fiscal, o Estado arrecada valores para o bem geral da coletividade. Tributos extrafiscais são tributos que têm por objetivo restringir certas condutas das pessoas, como de atividades nocivas. Exemplo seria o tributo contra o cigarro. Tributos parafiscais (ao lado do Estado) são tributos vinculados à satisfação de certas situações que não são características do Estado (ex.: as contribuições sociais).

A natureza específica do tributo é determinada pelo fato gerador da respectiva obrigação, sendo irrelevantes para qualificá-la: (a) a denominação e demais características formais adotadas pela lei; (b) a destinação legal do produto de sua arrecadação (art. 4º do CTN).

São espécies de tributo: o imposto, a taxa, a contribuição de melhoria, as contribuições sociais e o empréstimo compulsório.

11.4.1 Imposto

O imposto é o tributo que tem por fato gerador uma situação independente de qualquer atividade estatal específica, relativa ao contribuinte (art. 16 do CTN).

É genérico o imposto, pois atende aos interesses gerais da coletividade.

Representa uma prestação não vinculada, justamente por ser geral. Veda o inciso IV do art. 167 da Constituição a vinculação da receita de impostos a órgão, fundo ou despesa.

Sempre que possível, os impostos terão caráter pessoal e serão graduados segundo a capacidade econômica do contribuinte, facultado à administração tributária, especialmente para conferir efetividade a esses objetivos, identificar, respeitados os direitos individuais e nos termos da lei, o patrimônio, os rendimentos e as atividades econômicas do contribuinte.

Competem à União, em Território Federal, os impostos estaduais e, se o Território não for dividido em Municípios, cumulativamente, os impostos municipais; ao Distrito Federal cabem os impostos municipais.

11.4.2 Taxa

11.4.2.1 Histórico

O art. 18 da Emenda Constitucional n. 18/65 estabelecia a competência da União, dos Estados, do Distrito Federal e dos Municípios, no âmbito de suas respectivas atribuições, para "cobrar taxa em função do exercício regular do poder de polícia, ou pela utilização, efetiva ou potencial, de serviços públicos específicos e divisíveis, prestados ao contribuinte ou postos à sua disposição". Pela primeira vez, o conceito de taxa estava inserido na Lei Maior, podendo ser exigido tanto pela União como pelos Estados, Distrito Federal e Municípios, pois havia competência comum.

Acrescentou o art. 77 do CTN apenas que o fato gerador da taxa seria "o exercício do poder de polícia, ou a utilização, efetiva ou potencial, de serviço público específico e divisível, prestado ao contribuinte ou posto à sua disposição". O Ato Complementar n. 34, de 30 de janeiro de 1967, apenas acrescentou a palavra *regular* após *exercício*, referindo-se ao poder de polícia.

Dispôs o inciso II do art. 19 da Constituição de 1967 que havia competência comum dos entes tributantes para arrecadar "taxas pelo exercício regular do poder de polícia ou pela utilização de serviços públicos de sua atribuição, específicos e divisíveis, prestados ao contribuinte ou postos à sua disposição". Não constava do preceito constitucional a expressão *efetiva ou potencial*. A Emenda Constitucional n. 1, de 1969, incluiu novamente essa expressão no inciso I do art. 18, rezando que as taxas poderiam ser instituídas e arrecadadas "em razão do exercício do poder de polícia ou pela utilização efetiva ou potencial de serviços públicos específicos e divisíveis, prestados ao contribuinte ou postos à sua disposição". A palavra *regular*, referente ao exercício do poder de polícia, foi, porém, novamente suprimida da Lei Magna.

Determinou o inciso II do art. 145 da Constituição de 1988 que as taxas podem ser instituídas "em razão do poder de polícia ou pela utilização, efetiva ou potencial, de serviços públicos específicos e divisíveis, prestados ao contribuinte ou postos à sua disposição". Nota-se que a atual redação constitucional a respeito de taxa é quase igual à da Emenda Constitucional n. 1, de 1969, com exceção da vírgula entre a expressão *serviços públicos específicos e divisíveis*.

11.4.2.2 Conceito

A taxa tem por fato gerador o exercício regular do poder de polícia, ou a utilização, efetiva ou potencial, de serviço público específico e divisível, prestado ao contribuinte ou posto a sua disposição (art. 77 do CTN).

11.4.2.3 Classificação

Podem as taxas ser de polícia ou de serviços.

A taxa de polícia é decorrente do poder de polícia da Administração Pública. Considera-se poder de polícia a atividade da administração que, limitando ou disciplinando direito, interesse ou liberdade, regula a prática de ato ou abstenção de fato, em razão de interesse público concernente à segurança, à higiene, à ordem, aos costumes, à disciplina da produção e do mercado, ao exercício de atividades econômicas dependentes de concessão ou autorização do Poder Público, à tranquilidade pública ou ao respeito à propriedade e aos direitos individuais ou coletivos (art. 78 do CTN). Exemplos são as taxas de vistoria, de licença e funcionamento, de anúncio público etc.

Taxa de serviço é a dependente de serviço prestado ou posto à disposição do contribuinte. Exemplo seria a taxa de limpeza pública.

Serviço prestado ao contribuinte é aquele realizado efetivamente e não mera possibilidade de ser algum dia proporcionado. Serviço posto à disposição é o que a Administração Pública proporciona ao contribuinte, mesmo que este não o utilize. O serviço foi posto à disposição do contribuinte mediante atividade administrativa em efetivo funcionamento. Exemplifica-se: o fato de o contribuinte deixar de colocar o lixo para ser recolhido. Tal situação não pode implicar a inexigência do tributo, pois o serviço está sendo colocado à disposição do sujeito passivo.

Dispõe o inciso II do art. 79 do CTN que são considerados específicos os serviços "quando possam ser destacados em unidades autônomas de intervenção, de utilidade ou de necessidades públicas".

Divisível é o serviço público que pode ser prestado aos contribuintes (*uti singuli*), dividindo-se em prestações individualmente utilizadas, permitindo uma divisão de seu custo. O inciso II do art. 79 do CTN dispõe que divisível é o serviço suscetível de utilização, separadamente, por parte de cada um de seus usuários. Para Rubens Gomes de Sousa, são situações que "podem ser individualizadas e destacadas do complexo dos serviços e atividades gerais do Estado"[2]. Para Bernar-

---

[2] SOUSA, Rubens Gomes de. *Compêndio de legislação tributária*. 2. ed. Rio de Janeiro: Financeiras, 1954, p. 124.

do Ribeiro de Moraes, são "serviços que podem ser individualizados, permitindo que se identifique e se avalie, isoladamente do complexo da atividade estatal, a parcela utilizada individualmente pela pessoa ou grupo de pessoas. O serviço público indivisível se caracteriza, ao contrário, por ser impossível a determinação da quantidade específica que cada cidadão da comunidade absorve do aludido serviço"[3]. Hector B. Villegas afirma que "a atividade estatal a que se vincula o gravame taxa deve ser susceptível de ser dividida em unidades de uso ou consumo que possam ser atribuíveis a pessoas concretas, determinadas"[4].

11.4.2.4 Características essenciais

A taxa, para ser cobrada, depende da atuação do Estado, dirigida especificamente ao contribuinte. Trata-se de uma prestação unilateral. O destino da arrecadação acaba sendo para atender à atividade estatal dirigida ao contribuinte. A referida atividade só pode ser prestada pelo Poder Público, ainda que por delegação a particular, mas não diretamente por este.

A taxa é um tributo vinculado, pois sua receita será destinada ao custeio da atividade prestada pelo Estado. Compreende contraprestação pelo serviço prestado ou posto à disposição do contribuinte.

11.4.2.5 Base de cálculo

Dispunha o parágrafo único do art. 18 da Emenda Constitucional n. 18/65 que "as taxas não terão base de cálculo idêntica à que corresponda a imposto referido nesta Emenda".

O § 2º do art. 19 da Constituição de 1967 determinava que "para a cobrança das taxas não se poderá tomar como base de cálculo a que tenha servido para a incidência dos impostos".

Não pode a taxa ter base de cálculo ou fato gerador idênticos aos previstos para os impostos, nem ser calculada em razão do capital das empresas (parágrafo único do art. 77 do CTN).

Tinha o § 2º do art. 18 da Emenda Constitucional n. 1, de 1969, a mesma redação prevista na Constituição de 1967.

A redação do § 2º do art. 145 da Constituição é um pouco diferente: "as taxas não poderão ter base de cálculo própria de impostos".

---

3 MORAES, Bernardo Ribeiro de. *Doutrina e prática das taxas*. São Paulo: Revista dos Tribunais, 1976, p. 142.

4 VILLEGAS, Hector B. Verdades e ficções em torno da taxa, *RDP*, v. 17, p. 329.

Assim, as taxas não podem ter base de cálculo de impostos previstos na Constituição, como os de renda, de serviços, o predial e territorial urbano etc.

A base de cálculo da taxa tem de ser específica. Se sua base de cálculo é de imposto, estamos diante de imposto e não de taxa, sendo seu custeio geral e não específico, como o da taxa. A taxa também não poderá ser um adicional ao imposto, pois haveria também a mesma base de cálculo.

As taxas, por sua própria natureza, representam o ressarcimento do valor da atuação estatal a elas correspondente. Somente podem ser medidas a partir dos custos dessa mesma atuação. Inútil, errada e inconstitucional é a tomada, para base de cálculo da taxa de remoção de lixo domiciliar e vigilância e conservação e limpeza de vias públicas e iluminação pública, dos componentes quantificativos próprios do IPTU, tais como: área construída, testada do imóvel, localização, categoria etc.

A taxa cobrada exclusivamente em razão de serviços públicos de coleta, remoção e tratamento ou destinação de lixo ou resíduos provenientes de imóveis não viola o inciso II do art. 145 da Constituição (Súmula Vinculante 19 do STF).

O serviço de iluminação pública não pode ser remunerado mediante taxa (Súmula Vinculante 41 do STF).

11.4.3 Contribuição de melhoria

Contribuição de melhoria é o tributo que visa a custear obra pública, decorrente de valorização imobiliária.

Tem como limite total a despesa realizada e como limite individual o acréscimo de valor que da obra resultar para cada imóvel beneficiado.

Inexistindo valorização imobiliária, não há como cobrar a contribuição de melhoria. É o que ocorreria com uma obra pública que viesse a desvalorizar o imóvel do contribuinte.

O Decreto-Lei n. 195/67 dispõe sobre a cobrança da contribuição de melhoria.

As obras que implicam valorização imobiliária são: (a) abertura, alargamento, pavimentação, iluminação, arborização, esgotos pluviais e outros melhoramentos de praças e vias públicas; (b) construção e ampliação de parques, campos de desportos, pontes, túneis e viadutos; (c) construção ou ampliação de sistemas de trânsito rápido, inclusive todas as obras e edificações necessárias ao funcionamento do sistema; (d) serviços de obras de abastecimento de água potável, esgotos, instalações de redes elétricas, telefônicas, transportes e comunicações em geral ou de suprimento de gás, funiculares, ascensores e instalações de comodidade pública;

(e) proteção contra secas, inundações, erosão, ressacas, e de saneamento e drenagem em geral, diques, cais, desobstrução de barras, portos e canais, retificação e regularização de cursos de água e irrigação; (f) construção de estradas de ferro e construção, pavimentação e melhoramento de estradas de rodagem; (g) construção de aeródromos e aeroportos e seus acessos; (h) aterros e realizações de embelezamento em geral, inclusive desapropriações em desenvolvimento de plano de aspecto paisagístico.

11.4.4 Contribuição social

Contribuição social é o tributo destinado a custear atividades estatais específicas, que não são inerentes ao Estado.

As contribuições sociais podem ser: (a) de intervenção no domínio econômico. Exemplo: salário-educação, FGTS; (b) de interesses de categorias econômicas ou profissionais. Exemplo: contribuição destinada aos órgãos fiscalizadores do exercício da profissão (OAB, CREA, CRC, CRM etc.); (c) contribuição para o custeio do sistema da seguridade social, que compreende a Previdência Social, a Assistência Social e a Saúde.

As contribuições sociais e de intervenção no domínio econômico: (a) não incidirão sobre as receitas decorrentes de exportação; (b) incidirão sobre produtos estrangeiros ou serviços; (c) poderão ter alíquotas: (1) *ad valorem* (sobre o valor), tendo por base o faturamento, a receita bruta ou o valor da operação e, no caso de importação, o valor aduaneiro; (2) específica, tendo por base a unidade de medida adotada. A lei definirá as hipóteses em que as contribuições incidirão uma única vez.

A lei que instituir contribuição de intervenção no domínio econômico relativa às atividades de importação ou comercialização de petróleo e seus derivados, gás natural e seus derivados e álcool combustível deverá atender aos seguintes requisitos: (a) a alíquota da contribuição poderá ser: (1) diferenciada por produto ou uso; (2) reduzida e restabelecida por ato do Poder Executivo, não se lhe aplicando o princípio da anterioridade; (b) os recursos arrecadados serão destinados: (1) ao pagamento de subsídios a preços ou transporte de álcool combustível, gás natural e seus derivados e derivados de petróleo; (2) ao financiamento de projetos ambientais relacionados com a indústria do petróleo e do gás; (3) ao financiamento de programas de infraestrutura de transportes.

São tributos vinculados. A vinculação é feita a órgão (INSS), fundo (FGTS) ou despesa. A Constituição veda a vinculação de impostos a órgão, fundo ou despesa (art. 167, IV), mas não de contribuições.

Os Estados, o Distrito Federal e os Municípios instituirão contribuição, cobrada de seus servidores, para o custeio, em benefícios destes, do regime previdenciário de que trata o art. 40 da Constituição, cuja alíquota não será inferior à da contribuição dos servidores titulares de cargos efetivos da União sobre o total da remuneração.

Os municípios e o Distrito Federal poderão instituir contribuição, na forma das respectivas leis, para o custeio do serviço de iluminação pública (art. 149-A da Constituição). A contribuição somente poderá ser cobrada após a edição da lei municipal ou distrital sobre o tema. Não poderá haver a cobrança da contribuição em relação a fatos geradores ocorridos antes do início da vigência da lei ordinária que os houver instituído. O tributo não poderá ser cobrado no mesmo exercício financeiro em que haja sido publicada a lei que o criou. É facultada a cobrança da contribuição na fatura de consumo de energia elétrica.

11.4.5 Empréstimo compulsório

As hipóteses de criação de empréstimo compulsório são apenas: (a) para atender a despesas extraordinárias, decorrentes de calamidade pública, de guerra externa ou sua iminência; (b) no caso de investimento público de caráter urgente e de relevante interesse nacional, não podendo ser cobrado no mesmo exercício financeiro em que haja sido publicada a lei que o instituiu ou aumentou. Com isso, o art. 148 da Constituição derrogou o inciso III do art. 15 do CTN, no que diz respeito à hipótese de empréstimo compulsório no caso de conjuntura que exija a absorção temporária de poder aquisitivo.

O empréstimo compulsório só pode ser estabelecido por lei complementar e não por lei ordinária.

A aplicação dos recursos provenientes de empréstimo compulsório será vinculada à despesa que fundamentou sua instituição.

11.5 LIMITAÇÕES CONSTITUCIONAIS AO PODER DE TRIBUTAR

As limitações constitucionais ao poder de tributar são garantias do contribuinte contra o insaciável poder fiscal do Estado.

Cabe à lei complementar: (a) dispor sobre conflitos de competência, em matéria tributária, entre a União, os Estados, o Distrito Federal e os Municípios; (b) regular as limitações constitucionais ao poder de tributar; (c) estabelecer normas gerais em matéria de legislação tributária, especialmente sobre: (1) definição de tributos e suas espécies, bem como em relação aos impostos discriminados nesta

Constituição, dos respectivos fatos geradores, bases de cálculo e contribuintes; (2) obrigação, lançamento, crédito, prescrição e decadência tributários; (3) adequado tratamento tributário ao ato cooperativo praticado pelas sociedades cooperativas; (4) definição de tratamento diferenciado e favorecido para as microempresas e para as empresas de pequeno porte, inclusive regimes especiais ou simplificados de ICMS, da contribuição da empresa destinada ao custeio da seguridade social e do PIS.

A lei complementar prevista no item 4 também poderá instituir um regime único de arrecadação dos impostos e contribuições da União, dos Estados, do Distrito Federal e dos Municípios, observado que: (a) será opcional para o contribuinte; (b) poderão ser estabelecidas condições de enquadramento diferenciadas por Estado; (c) o recolhimento será unificado e centralizado e a distribuição da parcela de recursos pertencentes aos respectivos entes federados será imediata, vedada qualquer retenção ou condicionamento; (d) a arrecadação, a fiscalização e a cobrança poderão ser compartilhadas pelos entes federados, adotado cadastro nacional único de contribuintes.

Lei complementar poderá estabelecer critérios especiais de tributação, com objetivo de prevenir desequilíbrios da concorrência, sem prejuízo da competência de a União, por lei, estabelecer normas de igual objetivo.

É proibido à União, aos Estados, ao Distrito Federal e aos Municípios: (a) exigir ou aumentar tributo sem lei que o estabeleça; (b) instituir tratamento desigual entre contribuintes que estejam em situação equivalente, proibida qualquer distinção em razão de ocupação ou função por eles exercida, independentemente da denominação jurídica dos rendimentos, títulos ou direitos; (c) cobrar tributos: (1) em relação a fatos geradores ocorridos antes do início da vigência da lei que os houver instituído ou aumentado; (2) no mesmo exercício financeiro em que haja sido publicada a lei que os instituiu ou aumentou (princípio da anterioridade da lei tributária); (3) antes de decorridos 90 dias da data em que haja sido publicada a lei que os instituiu ou aumentou, observado o disposto no item 2; (d) utilizar tributo com efeito de confisco; (e) estabelecer limitações ao tráfego de pessoas ou bens, por meio de tributos interestaduais ou intermunicipais, ressalvada a cobrança de pedágio pela utilização de vias conservadas pelo Poder Público.

A vedação contida no item c, 2, não se aplica ao empréstimo compulsório (art. 148, I, da Constituição), imposto de importação, de exportação, IPI, IOF e imposto extraordinário decorrentes de guerra externa. A vedação contida no item c, 3, não se aplica ao empréstimo compulsório (art. 148, I, da Constituição), imposto de importação, exportação, de renda, IOF e imposto extraordinário decorrente de guerra externa, nem à fixação da base de cálculo do IPVA e do IPTU.

A imunidade é uma limitação constitucional ao poder de tributar do fisco. Representa uma barreira à tributação. O fato gerador não chega sequer a ocorrer, pois a Constituição determina que o tributo não incide sobre determinado caso.

Diz respeito a imunidade, em princípio, apenas a impostos e não a outros tributos.

A União, os Estados, o Distrito Federal e os Municípios não podem instituir impostos sobre: (a) patrimônio, renda ou serviços, uns dos outros; (b) templos de qualquer culto; (c) patrimônio, renda ou serviços dos partidos políticos, inclusive suas fundações, das entidades sindicais dos trabalhadores, das instituições de educação e de assistência social, sem fins lucrativos, atendidos os requisitos da lei. Ainda quando alugado a terceiros, permanece imune ao IPTU o imóvel pertencente a qualquer das entidades referidas pelo art. 150, VI, c, da Constituição, desde que o valor dos aluguéis seja aplicado nas atividades para as quais tais entidades foram constituídas (Súmula Vinculante 52 do STF); (d) livros, jornais, periódicos e o papel destinado a sua impressão; (e) fonogramas e videofonogramas musicais produzidos no Brasil contendo obras musicais ou literomusicais de autores brasileiros e/ou obras em geral interpretadas por artistas brasileiros, bem como os suportes materiais ou arquivos digitais que os contenham, salvo na etapa de replicação industrial de mídias ópticas de leitura a laser.

Qualquer subsídio ou isenção, redução de base de cálculo, concessão de crédito presumido, anistia ou remissão, relativo a impostos, taxas ou contribuições, só poderá ser concedido mediante lei específica, federal, estadual ou municipal, que regule exclusivamente as matérias anteriormente enumeradas ou o correspondente tributo ou contribuição.

É vedado à União:

a) instituir tributo que não seja uniforme em todo o território nacional ou que implique distinção ou preferência em relação a Estado, ao Distrito Federal ou a Município, em detrimento de outro, admitida a concessão de incentivos fiscais destinados a promover o equilíbrio do desenvolvimento socioeconômico entre as diferentes regiões do país;
b) tributar a renda das obrigações da dívida pública dos Estados, do Distrito Federal e dos Municípios, bem como a remuneração e os proventos dos respectivos agentes públicos, em níveis superiores aos que fixar para suas obrigações e para seus agentes;
c) instituir isenções de tributos da competência dos Estados, do Distrito Federal ou dos Municípios. As isenções de tributos estaduais, distritais ou municipais só poderão ser feitas por meio de lei editada pelos próprios Estados, Distrito Federal ou Municípios.

11.6 DISCRIMINAÇÃO DE RENDAS TRIBUTÁRIAS

11.6.1 Impostos da União

Compete à União instituir impostos sobre: (a) importação de produtos estrangeiros; (b) exportação, para o exterior, de produtos nacionais ou nacionalizados; (c) renda e proventos de qualquer natureza; (d) produtos industrializados; (e) operações de crédito, câmbio e seguro, ou relativas a títulos ou valores mobiliários; (f) propriedade territorial rural; (g) grandes fortunas, nos termos de lei complementar.

O imposto de renda será informado pelos critérios da generalidade, da universalidade e da progressividade, na forma da lei. Tem o imposto por fato gerador a aquisição da disponibilidade econômica ou jurídica:

a) de renda, assim entendido o produto do capital, do trabalho ou da combinação de ambos;
b) de proventos de qualquer natureza, assim entendidos os acréscimos patrimoniais não compreendidos no item anterior, como os benefícios previdenciários. A incidência do imposto independe da denominação da receita ou rendimento, da localização, condição jurídica ou nacionalidade da fonte, da origem e da forma de percepção. Na hipótese de receita ou de rendimento oriundos do exterior, a lei estabelecerá as condições e o momento em que se dará sua disponibilidade, para fins de incidência do imposto de renda. A base de cálculo do imposto é o montante real, arbitrado ou presumido da renda ou dos proventos tributáveis. Contribuinte do imposto é o titular da disponibilidade econômica ou jurídica, sem prejuízo de atribuir à lei ou possuidor, a qualquer título dos bens produtores de renda ou dos proventos tributáveis.

O IPI: (a) será seletivo, em função da essencialidade do produto; (b) não será cumulativo, compensando-se o que lhe for devido em cada operação com o montante cobrado nas anteriores; (c) não será incidente sobre produtos industrializados destinados ao exterior; (d) terá reduzido seu impacto sobre a aquisição de bens de capital pelo contribuinte do imposto, na forma da lei.

O imposto sobre a propriedade rural (ITR): (a) será progressivo e terá suas alíquotas fixadas de forma a desestimular a manutenção de propriedades improdutivas; (b) não incidirá sobre pequenas glebas rurais, definidas em lei, quando as explore o proprietário que não possua outro imóvel; (c) será fiscalizado e cobrado pelos Municípios que assim optarem, na forma da lei, desde que não implique redução do imposto ou qualquer outra forma de renúncia fiscal.

O princípio da anterioridade não se aplica ao IPI, imposto de importação e exportação e sobre operações de crédito, câmbio e seguro (Isoc), podendo ser aumentados no mesmo exercício financeiro da publicação da lei que os alterou.

Mediante lei complementar, a União pode instituir: (a) outros impostos, desde que sejam não cumulativos e não tenham fato gerador ou base de cálculo próprios dos discriminados na Constituição; (b) na iminência ou no caso de guerra externa, impostos extraordinários compreendidos ou não em sua competência tributária, os quais serão suprimidos, gradativamente, cessadas as causas de sua criação (art. 154 da Constituição).

11.6.2 Impostos dos Estados e do Distrito Federal

Compete aos Estados e ao Distrito Federal instituir impostos sobre: (a) transmissão *causa mortis* e doação, de quaisquer bens ou direitos; (b) operações relativas à circulação de mercadorias e sobre prestações de serviços de transporte interestadual e intermunicipal e de comunicação (ICMS), ainda que as operações e as prestações se iniciem no exterior; (c) propriedade de veículos automotores (IPVA).

O imposto de transmissão: (a) relativamente a bens imóveis e respectivos direitos, compete ao Estado da situação do bem, ou ao Distrito Federal; (b) relativamente a bens móveis, títulos e créditos, compete ao Estado onde se processar o inventário ou arrolamento, ou tiver domicílio o doador, ou ao Distrito Federal; (c) terá a competência para sua instituição regulada por lei complementar: (1) se o doador tiver domicílio ou residência no exterior; (2) se o *de cujus* possuía bens, era residente ou domiciliado ou teve seu inventário processado no exterior; (d) terá suas alíquotas máximas fixadas pelo Senado Federal.

O ICMS atenderá ao seguinte: (a) será não cumulativo, compensando-se o que for devido em cada operação relativa à circulação de mercadorias ou prestação de serviços com o montante cobrado nas anteriores pelo mesmo ou outro Estado ou pelo Distrito Federal; (b) a isenção ou não incidência, salvo determinação em contrário da legislação: (1) não implicará crédito para compensação com o montante devido nas operações ou prestações seguintes; (2) acarretará a anulação do crédito relativo às operações anteriores; (c) poderá ser seletivo, em função da essencialidade das mercadorias e serviços; (d) resolução do Senado Federal, de iniciativa do Presidente da República ou de um terço dos senadores, aprovada pela maioria absoluta de seus membros, estabelecerá as alíquotas aplicáveis às operações e prestações, interestaduais e de exportação; (e) em relação às operações e prestações que destinem bens e serviços a consumidor final localizado em outro Estado, adotar-se-á: (1) a alíquota interestadual, quando o destinatário for contribuinte do imposto; (2) a alíquota interna, quando o destinatário não for contribuinte dele; (f) incidirá também: (1) sobre a entrada de bem ou mercadoria importados do exterior, ainda que não seja contribuinte habitual do imposto, qualquer que seja sua finalidade, assim como sobre o serviço prestado no exterior, cabendo o imposto ao Estado onde estiver situado o domicílio ou o estabelecimento do destinatário da mercadoria, bem ou serviço; (2) sobre o valor total da operação, quando mercadorias forem fornecidas com serviços não compreendidos na competência tributária dos Municípios; (g) não incidirá: (1) sobre operações que destinem mercadorias ao exterior, nem sobre serviços prestados a destinatários no exterior, asseguradas a manutenção e o aproveitamento do montante do imposto cobrado nas operações e prestações anteriores; (2) sobre operações que destinem a outros Estados petróleo, inclusive lubrificantes, combustíveis líquidos e gasosos dele derivados e energia elétrica; (3) sobre o ouro, quando definido em lei como ativo financeiro ou instrumento cambial, ficando sujeito apenas ao Isoc; (4) nas prestações de comunicação nas modalidades de radiodifusão sonora e de sons e imagens de recepção livre e gratuita; (h) não compreenderá, em sua base de cálculo, o montante do IPI, quando a operação, realizada entre contribuintes e relativo a produto destinado à industrialização ou à comercialização, configure fato gerador dos dois impostos. O fato gerador, a base de cálculo e os contribuintes são definidos no Decreto-Lei n. 406/68. Outras disposições estão nas Leis Complementares n. 87/96 e 92/97.

O IPVA: (a) terá alíquotas mínimas fixadas pelo Senado Federal; (b) poderá ter alíquotas diferenciadas em função do tipo e utilização.

11.6.3 Impostos dos municípios

Compete aos Municípios instituir impostos sobre: (a) propriedade predial e territorial urbana (IPTU); (b) transmissão *inter vivos*, a qualquer título, por ato oneroso, de bens imóveis, por natureza ou acessão física, e de direitos reais sobre imóveis, exceto os de garantia, bem como cessão de direitos a sua aquisição; (c) serviços de qualquer natureza (ISS), não compreendidos no ICMS, definidos em lei complementar.

O IPTU poderá ser progressivo, nos termos de lei municipal, de forma a assegurar o cumprimento da função social da propriedade.

O imposto de transmissão *inter vivos*: (a) não incide sobre a transmissão de bens ou direitos incorporados ao patrimônio de pessoa jurídica em realização de capital, nem sobre a transmissão de bens ou direitos decorrente de fusão, incorporação, cisão ou extinção de pessoa jurídica, salvo se, nesses casos, a atividade preponderante do adquirente for a venda e compra desses bens ou direitos, locação de bens imóveis ou arrendamento mercantil; (b) compete ao Município da situação do bem.

O fato gerador do imposto sobre serviços de qualquer natureza (ISS) é a prestação de serviços constantes da lista de serviços, ainda que esses não se constituam como atividade preponderante do prestador (art. 1º da Lei Complementar n. 116/2003). Serviço é um bem imaterial na etapa da circulação econômica[5]. O imposto incide também sobre o serviço proveniente do exterior do país ou cuja prestação se tenha iniciado no exterior do país. Ressalvadas as exceções expressas na lista de serviços, os serviços nela mencionados não ficam sujeitos ao ICMS, ainda que sua prestação compreenda fornecimento de mercadorias. O imposto não incide sobre: (a) as exportações de serviços para o exterior do país; (b) a prestação de serviços em relação de emprego, dos trabalhadores avulsos, dos diretores e membros de conselho consultivo ou de conselho fiscal de sociedades e fundações, bem como dos sócios-gerentes e dos gerentes-delegados; (c) o valor intermediado no mercado de títulos e valores mobiliários, o valor dos depósitos bancários, o principal, juros e acréscimos moratórios relativos a operações de crédito realizadas por instituições financeiras. O serviço considera-se prestado, de modo geral, e o imposto devido no local do estabelecimento prestador ou, na falta do estabelecimento, no local do domicílio do prestador. O imposto será devido no local: da execução da obra de construção civil; da execução da varrição, coleta, remoção, incineração, tratamento, reciclagem, separação e destinação final de lixo; da execução da limpeza, manutenção e conservação de vias e logradouros públicos, imóveis, chaminés, piscinas, parques, jardins e congêneres; dos bens ou do domicílio das pessoas vigiadas, seguradas ou monitoradas. Considera-se estabelecimento prestador o local onde o contribuinte desenvolva a atividade de prestar serviços, de modo permanente ou temporário, e que configure unidade econômica ou profissional, sendo irrelevantes para caracterizá-lo as denominações de sede, filial, agência, posto de atendimento, sucursal, escritório de representação ou contato ou quaisquer outras que venham a ser utilizadas. Contribuinte é o prestador do serviço (art. 5º). Os municípios e o Distrito Federal, mediante lei, poderão atribuir de modo expresso a responsabilidade pelo crédito tributário a terceira pessoa, vinculada ao fato gerador da respectiva obrigação, excluindo a responsabilidade do contribuinte ou atribuindo-a a este caráter supletivo do cumprimento total ou parcial da referida obrigação, inclusive no que se refere à multa e aos acréscimos legais. É o caso da retenção do ISS na fonte, que depende da lei ordinária de cada município ou do Distrito Federal. A base de cálculo do imposto é o preço do serviço.

---

5 MARTINS, Sergio Pinto. *Manual do ISS*. 10. ed. São Paulo: Saraiva, 2017, p. 69.

Em relação ao ISS, cabe à lei complementar: (a) fixar suas alíquotas mínimas e máximas; (b) excluir de sua incidência exportações de serviços para o exterior; (c) regular a forma e as condições como isenções, incentivos e benefícios fiscais serão concedidos e revogados.

A alíquota mínima do imposto sobre serviços de qualquer natureza é de 2% (art. 8º-A da Lei Complementar n. 116/03). O imposto não será objeto de concessão de isenções, incentivos ou benefícios tributários ou financeiros, inclusive de redução de base de cálculo ou de crédito presumido ou outorgado, ou sob qualquer outra forma que resulte, direta ou indiretamente, em carga tributária menor que a decorrente da aplicação da alíquota mínima de 2%, exceto para os serviços de construção civil.

É nula a lei ou o ato do Município ou do Distrito Federal que não respeite as disposições relativas à alíquota mínima previstas no art. 8º-A da Lei Complementar n. 116/03 no caso de serviço prestado a tomador ou intermediário localizado em Município diverso daquele onde está localizado o prestador do serviço.

A nulidade gera, para o prestador do serviço, perante o Município ou o Distrito Federal que não respeitar as disposições do art. 8º-A, o direito à restituição do valor efetivamente pago do imposto sobre serviços de qualquer natureza calculado sob a égide da lei nula (§ 2º do art. 8º-A da Lei Complementar n. 116).

A alíquota máxima do ISS para os serviços em geral é de 5% (art. 8º, II, da Lei Complementar n. 116/03).

11.7 COMPETÊNCIA TRIBUTÁRIA

A atribuição constitucional de competência tributária compreende a competência legislativa plena, ressalvadas as limitações contidas na Constituição da República, nas Constituições Estaduais e nas Leis Orgânicas do Distrito Federal e dos Municípios.

Os tributos, cuja receita seja distribuída, no todo ou em parte, a outras pessoas jurídicas de direito público, pertencem à competência legislativa daquela a que tenham sido atribuídos.

A competência tributária é indelegável, salvo atribuição das funções de arrecadar ou fiscalizar tributos, ou de executar leis, serviços, atos ou decisões administrativas em matéria tributária conferida por uma pessoa jurídica de direito público a outra.

A atribuição compreende as garantias e os privilégios processuais que competem à pessoa jurídica de direito público que a conferir.

Pode a atribuição ser revogada, a qualquer tempo, por ato unilateral da pessoa jurídica de direito público que a tenha conferido.

Não constitui delegação de competência o cometimento, a pessoas de direito privado, do encargo ou da função de arrecadar tributos.

O não exercício da competência tributária não a defere a pessoa jurídica de direito público diversa daquela a que a Constituição a tenha atribuído (art. 8º do CTN). Assim, se Município não institui e cobra o IPTU, o Estado não poderá fazê-lo, pois aquele imposto é de competência municipal e não estadual.

11.8 NORMAS GERAIS SOBRE TRIBUTAÇÃO

Somente a lei pode estabelecer: (a) a instituição de tributos, ou sua extinção; (b) a majoração de tributos, ou sua redução, salvo impostos de importação e exportação, IPI, IOF; (c) a definição do fato gerador da obrigação tributária principal; (d) a fixação da alíquota do tributo e de sua base de cálculo; (e) a cominação de penalidades para as ações ou omissões contrárias a seus dispositivos, ou para outras infrações nela definidas; (f) as hipóteses de exclusão, suspensão e extinção de créditos tributários, ou de dispensa ou redução de penalidades (art. 97 do CTN).

Equipara-se à majoração do tributo a modificação de sua base de cálculo, que importe em torná-lo mais oneroso.

Não constitui majoração de tributo a atualização do valor monetário da respectiva base de cálculo.

Os tratados e as convenções internacionais revogam ou modificam a legislação tributária interna e serão observados pela que lhes sobrevenha.

O conteúdo e o alcance dos decretos restringem-se aos das leis em função das quais sejam expedidos, determinados com a observância das regras de interpretação. O objetivo do decreto é esclarecer o conteúdo da lei, mas não pode exceder o que nela contém.

São normas complementares das leis, dos tratados e das convenções internacionais e dos decretos: (a) os atos normativos expedidos pelas autoridades administrativas (instruções normativas, circulares, portarias, atos declaratórios); (b) as decisões dos órgãos singulares ou coletivos de jurisdição administrativa, a que a lei atribua eficácia normativa (ex.: Conselho de Administrativo de Recursos Fiscais, Tribunal de Impostos e Taxas); (c) as práticas reiteradamente observadas pelas autoridades administrativas; (d) os convênios que entre si celebrem a

União, os Estados, o Distrito Federal e os Municípios (como os relativos a ICMS). A observância das normas mencionadas exclui a imposição de penalidades, a cobrança de juros de mora e a atualização do valor monetário da base de cálculo do tributo.

A vigência, no espaço e no tempo, da legislação tributária rege-se pelas disposições legais aplicáveis às normas jurídicas em geral.

A legislação tributária dos Estados, do Distrito Federal e dos Municípios vigora, no país, fora dos respectivos territórios, nos limites em que lhe reconheçam extraterritorialidade dos convênios de que participem, ou do que disponham esta ou outras leis de normas gerais expedidas pela União.

Salvo disposição em contrário, entram em vigor: (a) os atos administrativos, na data de sua publicação; (b) as decisões dos órgãos singulares ou coletivos de jurisdição administrativa, 30 dias após a data de sua publicação; (c) os convênios, na data neles prevista.

Entram em vigor no primeiro dia do exercício seguinte àquele em que ocorra sua publicação os dispositivos de lei, referentes a impostos sobre o patrimônio ou a renda que: (a) instituem ou majoram tais impostos; (b) definem novas hipóteses de incidências; (c) extinguem ou reduzem isenções, salvo se a lei dispuser de maneira mais favorável ao contribuinte.

A lei aplica-se a ato ou fato pretérito: (I) em qualquer caso, quando seja expressamente interpretativa, excluída a aplicação de penalidade à infração dos dispositivos interpretados; (II) tratando-se de ato não definitivamente julgado: (a) quando deixe de defini-lo como infração; (b) quando deixe de tratá-lo como contrário a qualquer exigência de ação ou omissão, desde que não tenha sido fraudulento e não tenha implicado falta de pagamento de tributo; (c) quando lhe comine penalidade menos severa que a prevista na lei vigente ao tempo de sua prática.

Na ausência de disposição expressa, a autoridade competente para aplicar a legislação tributária utilizará sucessivamente, na ordem indicada: (a) a analogia; (b) os princípios gerais de direito tributário; (c) os princípios gerais de direito público; (d) a equidade (art. 108 do CTN). O emprego da analogia não poderá resultar na exigência de tributo não previsto em lei. A utilização da equidade não poderá resultar na dispensa do pagamento de tributo devido.

Os princípios gerais de direito privado utilizam-se para pesquisa da definição, do conteúdo e do alcance de seus institutos, conceitos e formas, mas não para definição dos respectivos efeitos tributários.

A lei tributária não pode alterar a definição, o conteúdo e o alcance de institutos, conceitos e formas de direito privado, utilizados, expressa ou implicitamente, pela Constituição da República, pelas Constituições dos Estados, ou pelas Leis

Orgânicas do Distrito Federal ou dos Municípios, para definir ou limitar competências tributárias.

Interpreta-se literalmente a legislação tributária que disponha sobre: (a) suspensão ou exclusão do crédito tributário; (b) outorga de isenção; (c) dispensa do cumprimento de obrigações tributárias acessórias.

A lei tributária que define infrações, ou lhes comina penalidades, interpreta-se da maneira mais favorável ao acusado, em caso de dúvida quanto: (a) à capitulação legal do fato; (b) à natureza ou às circunstâncias materiais do fato, ou à natureza ou extensão de seus efeitos; (c) à autoria, imputabilidade, ou punibilidade; (d) à natureza da penalidade aplicável ou a sua graduação.

11.9 FATO GERADOR

Fato gerador é "o conjunto dos pressupostos abstratos descritos na norma de direito material, de cuja concreta realização decorrem os efeitos jurídicos previstos"[6].

O fato gerador da obrigação principal é a situação definida em lei como necessária e suficiente a sua ocorrência (art. 114 da Constituição).

Fato gerador da obrigação acessória é qualquer situação que, na forma da legislação aplicável, impõe a prática ou a abstenção de ato que não configure obrigação principal. Ex.: escriturar livros, apresentar ou guardar documentos, inclusive as guias de recolhimento.

11.10 SUJEITO ATIVO

Sujeito ativo da obrigação é a pessoa jurídica de Direito Público titular da competência para exigir seu cumprimento (art. 119 do CTN). É a União, os Estados, o Distrito Federal e os Municípios.

11.11 SUJEITO PASSIVO

Sujeito passivo da obrigação principal é a pessoa obrigada ao pagamento de tributo ou penalidade pecuniária (art. 121 do CTN).

O sujeito passivo é dividido em: (a) contribuinte; (b) responsável.

Contribuinte é a pessoa física ou jurídica que tem relação pessoal e direta com a situação que constitua o respectivo fato gerador.

---

6 NOGUEIRA, Ruy Barbosa. *Curso de direito tributário*. 8. ed. São Paulo: Saraiva, 1987, p. 154.

Responsável é a pessoa cuja obrigação, sem revestir a condição de contribuinte, decorra de disposição expressa de lei. O empregador é responsável pela retenção e recolhimento do imposto de renda na fonte sobre os pagamentos feitos a seus empregados.

Sujeito passivo da obrigação acessória é a pessoa obrigada às prestações que constituam seu objeto.

A lei poderá atribuir ao sujeito passivo de obrigação tributária a condição de responsável pelo pagamento de imposto ou contribuição, cujo fato gerador deva ocorrer posteriormente, assegurada a imediata e preferencial restituição da quantia paga, caso não se realize o fato gerador presumido (§ 7º do art. 150 da Lei Magna).

11.12 BASE DE CÁLCULO

É a grandeza econômica escolhida pelo legislador para estabelecer a tributação.

11.13 ALÍQUOTA

Alíquota é o porcentual que irá incidir sobre a base de cálculo para apurar-se o montante devido do tributo.

11.14 OBRIGAÇÃO TRIBUTÁRIA

A obrigação tributária é principal ou acessória.

Obrigação principal surge com a ocorrência do fato gerador, tendo por objeto o pagamento de tributo ou penalidade pecuniária, e extingue-se juntamente com o crédito dela decorrente (§ 1º do art. 113 do CTN).

Norma legal que altera o prazo de recolhimento de obrigação tributária não se sujeita ao princípio da anterioridade (Súmula Vinculante 50 do STF).

Decorre a obrigação acessória da legislação tributária e tem por objeto as prestações, positivas ou negativas, nela previstas no interesse da arrecadação ou da fiscalização dos tributos. Exemplo: escriturar livros.

A obrigação acessória, pelo simples fato de sua inobservância, converte-se em obrigação principal relativamente à penalidade pecuniária.

11.15 CRÉDITO TRIBUTÁRIO

O crédito tributário decorre da obrigação principal e tem a mesma natureza desta (art. 139 do CTN).

É constituído o crédito tributário pelo lançamento fiscal. O crédito tributário regularmente constituído somente se modifica ou extingue, ou tem sua exigibilidade suspensa ou excluída, nos casos previstos no CTN, fora dos quais não podem ser dispensadas, sob pena de responsabilidade funcional na forma da lei, sua efetivação ou as respectivas garantias (art. 141 do CTN).

Ficará a exigibilidade do crédito tributário suspensa: (a) pela moratória; (b) pelo depósito de seu montante integral; (c) pelas reclamações e recursos, nos termos das leis reguladoras do processo tributário administrativo; (d) pela concessão de medida liminar em mandado de segurança.

11.16 LANÇAMENTO

Lançamento é o procedimento administrativo pelo qual o agente fiscal vai verificar a ocorrência do fato gerador da obrigação correspondente, determinar a matéria tributável, calcular o montante do tributo devido, identificar o sujeito passivo e, se for o caso, propor a aplicação da penalidade cabível. Com o lançamento, haverá a constituição do crédito tributário.

A atividade administrativa do lançamento é vinculada e obrigatória, sob pena de responsabilidade do agente fiscal.

Reporta-se o lançamento ao fato gerador da obrigação e rege-se pela lei então vigente, ainda que posteriormente modificada ou revogada.

O lançamento regularmente notificado ao sujeito passivo só pode ser alterado em virtude de: (a) impugnação do sujeito passivo; (b) recurso de ofício; (c) iniciativa de ofício da autoridade administrativa.

São espécies de lançamento: de declaração, de ofício, por homologação.

No lançamento por declaração, o sujeito passivo tem de prestar informações sobre matéria de fato ao fisco para que este possa fazer o lançamento. Exemplos são os lançamentos relativos ao imposto de renda da pessoa física ou jurídica, em que estas têm de prestar informações ao fisco.

Lançamento de ofício é o realizado sem qualquer provocação do contribuinte, mas pela própria fiscalização. É realizado de ofício quando: (a) a lei assim o determine; (b) a declaração não seja prestada, por quem de direito, no prazo e na forma da legislação tributária; (c) a pessoa legalmente obrigada, embora tenha prestado declaração nos termos da letra anterior, deixe de atender, no prazo e na forma da legislação tributária, a pedido de esclarecimento formulado pela autoridade administrativa, recuse-se a prestá-lo ou não o preste satisfatoriamente, a juízo dessa autoridade; (d) comprove-se falsidade, erro ou omissão quanto a qualquer elemento definido na legislação tributária como sendo de declaração obrigatória; (e) comprove-se omissão ou inexatidão, por parte da pessoa legalmente obrigada; (f) comprove-se ação ou omissão do sujeito passivo, ou de terceiro legalmente obrigado, que dê lugar à aplicação de penalidade pecuniária; (g) comprove-se que o sujeito passivo, ou terceiro em benefício daquele, agiu com dolo, fraude ou simulação; (h) comprove-se que, no lançamento anterior, ocorreu fraude ou falta funcional da autoridade que o efetuou, ou omissão, pela mesma autoridade, de ato ou formalidade essencial.

Lançamento por homologação ou autolançamento é a hipótese em que o sujeito passivo antecipa o pagamento do tributo devido e posteriormente a Administração vai verificar se está correto ou não e homologá-lo. Exemplo: ICMS.

Suspendem a exigibilidade dos efeitos do crédito tributário: (a) a moratória; (b) o depósito de seu montante integral; (c) as reclamações e os recursos, nos termos das leis reguladoras do processo tributário administrativo; (d) a concessão de medida liminar em mandado de segurança; (e) a concessão de medida liminar ou de tutela antecipada, em outras espécies de ações judiciais; (f) o parcelamento.

O parcelamento será concedido na forma e condição estabelecidas em lei específica (art. 155-A do CTN). Salvo disposição de lei em contrário, o parcelamento do crédito tributário não exclui a incidência de juros e multas. São aplicadas subsidiariamente ao parcelamento as regras relativas à moratória contidas no CTN.

Extinguem o crédito tributário: (a) o pagamento; (b) a compensação; (c) a transação; (d) a remissão; (e) a prescrição e a decadência; (f) a conversão do depósito em renda; (g) o pagamento antecipado e a homologação do lançamento; (h) a consignação em pagamento; (i) a decisão administrativa irreformável, assim entendida a definitiva na órbita administrativa, que não mais possa ser objeto de ação anulatória; (j) a decisão judicial passada em julgado; (k) a dação em pagamento em bens imóveis, na forma e nas condições estabelecidas em lei.

Não se tipifica crime material contra a ordem tributária, previsto no art. 1º, I a IV, da Lei n. 8.137/90, antes do lançamento definitivo do tributo (Súmula Vinculante 24 do STF).

11.17 EXCLUSÃO DO CRÉDITO TRIBUTÁRIO

São hipóteses de exclusão do crédito tributário a isenção e a anistia.

Isenção é a dispensa pela lei de tributo devido. Ocorre o fato gerador da obrigação tributária, porém a lei dispensa seu pagamento.

Na não incidência, a situação de fato ficou fora da tributação. Não ocorre fato gerador, em virtude de que a lei não tipifica essa situação como hipótese de incidência tributária.

A isenção é sempre decorrente de lei que especifique as condições e requisitos exigidos para sua concessão, os tributos a que se aplica e, se for o caso, o prazo de sua duração (art. 176 do CTN).

A anistia é a exclusão do crédito tributário, no que diz respeito a penalidades pecuniárias, como multa. Atinge apenas as infrações cometidas antes da vigência da lei que a concede. Pode a anistia ser concedida em caráter geral, abrangendo tributos e penalidades, sem qualquer condição.

Remissão é o perdão da dívida, pelo fato de o crédito tributário já estar constituído. Abrange tanto o tributo como a penalidade.

11.18 GARANTIAS E PRIVILÉGIOS DO CRÉDITO TRIBUTÁRIO

Outras garantias podem ser expressamente previstas em lei, em razão da natureza ou das características do tributo a que se refiram. A natureza das garantias atribuídas ao crédito tributário não altera a natureza deste nem a da obrigação tributária que corresponda.

Sem prejuízo dos privilégios especiais sobre determinados bens, que sejam previstos em lei, responde pelo pagamento do crédito tributário a totalidade dos bens e das rendas, de qualquer origem ou natureza, do sujeito passivo, seu espólio ou de sua massa falida, inclusive os gravados por ônus real ou da cláusula de inalienabilidade ou impenhorabilidade, seja qual for a data da constituição do ônus ou da cláusula, excetuados unicamente os bens e rendas que a lei declare absolutamente impenhoráveis.

Presume-se fraudulenta a alienação ou oneração de bens ou rendas, ou seu começo, por sujeito passivo em débito para com a Fazenda Pública por crédito tributário regularmente inscrito como dívida ativa em fase de execução.

O crédito tributário prefere a qualquer outro, seja qual for sua natureza ou tempo de sua constituição, ressalvados os créditos decorrentes da legislação do trabalho e do acidente do trabalho.

Na falência: (1) o crédito tributário não prefere aos créditos extraconcursais ou às importâncias passíveis de restituição, nos termos da lei falimentar, nem aos créditos com garantia real (hipoteca), no limite do valor do bem gravado; (2) a lei poderá estabelecer limites e condições para a preferência dos créditos decorrentes da legislação do trabalho; (3) a multa tributária prefere apenas aos créditos subordinados.

A cobrança judicial do crédito tributário não é sujeita a concurso de credores ou habilitação em falência, recuperação judicial, inventário ou arrolamento.

O concurso de preferência somente se verifica entre pessoas jurídicas de direito público, na seguinte ordem: (a) União; (b) Estados, Distrito Federal e Territórios, conjuntamente e *pro rata*; (c) Municípios, conjuntamente e *pro rata*.

São extraconcursais os créditos tributários decorrentes de fatos geradores ocorridos no curso do processo de falência.

São pagos preferencialmente a quaisquer créditos habilitados em inventário ou arrolamento, ou a outros encargos do monte, os créditos tributários vencidos ou vincendos, a cargo do *de cujus* ou de seu espólio, exigíveis no decurso do processo de inventário ou arrolamento.

A extinção das obrigações do falido requer prova de quitação de todos os tributos.

A concessão de recuperação judicial depende da apresentação da prova de quitação de todos os tributos.

Nenhuma sentença de julgamento de partilha ou adjudicação será proferida sem prova da quitação de todos os tributos relativos aos bens do espólio, ou às suas rendas.

11.19 DÍVIDA ATIVA

Constitui dívida ativa tributária a proveniente de crédito dessa natureza, regularmente inscrita na repartição administrativa competente, depois de esgotado o prazo fixado, para pagamento, pela lei ou por decisão final proferida em processo regular (art. 201 do CTN).

Há necessidade de o termo da dívida ativa conter, obrigatoriamente, os seguintes requisitos: (a) nome do devedor e, se for o caso, o dos corresponsáveis, bem como, sempre que possível, o domicílio ou a residência de um e de outros; (b) a quantia devida e a maneira de calcular os juros de mora acrescidos; (c) a origem e a natureza do crédito, mencionada especificamente a disposição da lei em que seja fundado; (d) a data em que foi inscrita; (e) se for o caso, o número do processo administrativo de que se originar o crédito. A certidão conterá, além dos requisitos anteriormente mencionados, a indicação do livro e da folha da inscrição.

A omissão de quaisquer dos requisitos previstos anteriormente ou o erro a eles relativo são causas de nulidade da inscrição e do processo de cobrança dela decorrente, mas a nulidade poderá ser sanada até a decisão de primeira instância, mediante substituição da certidão nula, devolvido ao sujeito passivo, acusado ou interessado, o prazo para defesa, que somente poderá versar sobre a parte modificada.

A dívida regularmente inscrita goza da presunção de certeza e liquidez e tem o efeito de prova pré-constituída.

Considera-se líquida a obrigação certa, quanto a sua existência, e determinada, quanto a seu objeto.

A presunção mencionada é relativa (*iuris tantum*) e não absoluta (*iures et de iure*), podendo ser ilidida por prova inequívoca, a cargo do sujeito passivo ou do terceiro a que aproveite.

É inconstitucional a exigência de depósito ou arrolamento prévio de bens ou dinheiro para a admissibilidade de recurso administrativo (Súmula Vinculante 21 do STF).

Questionário

1. O que é Direito Tributário?
2. O que é receita?
3. O que são receitas correntes?
4. O que é tributo?
5. O que é imposto?
6. O que é taxa?
7. O que é contribuição de melhoria?
8. O que é contribuição social?
9. O que é empréstimo compulsório e quando pode ser utilizado?
10. O que é imunidade?
11. O que é isenção?
12. O que é fato gerador?
13. O que é obrigação tributária?
14. O que é crédito tributário?
15. O que é dívida ativa?
16. O que é responsável?
17. O que é lançamento?
18. Quem são os sujeitos passivos?

Capítulo 12

DIREITO DA SEGURIDADE SOCIAL

12.1 CONCEITO

Direito da Seguridade Social é o conjunto de princípios, de regras e de instituições destinado a estabelecer um sistema de proteção social aos indivíduos contra contingências que os impeçam de prover suas necessidades pessoais básicas e de suas famílias, integrado por ações de iniciativa dos Poderes Públicos e da sociedade, visando assegurar os direitos relativos à saúde, à previdência social e à assistência social[1].

Seguridade Social é, portanto, o gênero que engloba a Previdência Social, a Assistência Social e a Saúde.

12.2 PRINCÍPIOS

São princípios da seguridade social: (a) universalidade da cobertura e do atendimento; (b) uniformidade e equivalência dos benefícios e serviços às populações urbanas e rurais; (c) seletividade e distributividade na prestação dos benefícios e serviços; (d) irredutibilidade do valor dos benefícios; (e) equidade na forma

---

1 MARTINS, Sergio Pinto. *Direito da seguridade social*. 39. ed. São Paulo: Saraiva, 2020, p. 58.

de participação do custeio; (f) diversidade da base de financiamento; (g) caráter democrático e descentralizado da administração, mediante gestão quadripartite, com a participação dos trabalhadores, dos empregadores, dos aposentados e do governo nos órgãos colegiados.

12.3 CUSTEIO

A Seguridade Social é custeada por toda a sociedade, de forma direta (contribuições) e indireta (impostos), mediante recursos provenientes dos orçamentos da União, dos Estados, do Distrito Federal e dos Municípios e das contribuições dos empregadores, incidentes sobre a folha de salários, o faturamento (PIS e Cofins) e o lucro, dos trabalhadores, da receita de concursos de prognósticos (loteria esportiva, sena, loto, loteria federal etc.) e do importador de bens ou serviços do exterior, ou de quem a lei a ele equiparar.

A arrecadação decorrente das contribuições do PIS-Pasep serve para custear o seguro-desemprego (art. 239 da Constituição).

As contribuições previdenciárias só poderão ser exigidas após decorridos 90 dias da data de publicação da lei que as houver instituído ou modificado (§ 6º do art. 195 da Constituição), não se lhes aplicando o princípio da anterioridade tributária.

A lei poderá instituir outras fontes destinadas a garantir a manutenção ou expansão da seguridade social (§ 4º do art. 195 da Constituição), desde que mediante lei complementar, não sendo cumulativa nem tendo o mesmo fato gerador ou base de cálculo próprios dos discriminados na Constituição.

A Lei n. 8.212/91 trata do custeio da Seguridade Social.

O Decreto n. 3.048/99 é o regulamento da Previdência Social, tendo regras de custeio, mas também de benefícios.

São segurados do sistema: (a) como empregado: (1) o empregado urbano e rural, o trabalhador temporário, o diretor empregado, o servidor público ocupante de cargo em comissão; (2) o empregado doméstico; (b) como contribuinte individual: o autônomo, o eventual, o empresário, o equiparado a autônomo; (c) o trabalhador avulso, que é a pessoa que presta serviços a diversas empresas, sem vínculo empregatício, de natureza urbana ou rural, porém arregimentado pelo sindicato da categoria profissional ou pelo Órgão Gestor de Mão de Obra (estivador, conferente de carga etc.); (d) segurado especial: o produtor, o parceiro, o meeiro e o arrendatário rurais, o pescador artesanal e o assemelhado, que exerçam essas atividades individualmente ou em regime de economia familiar, ainda que com o auxílio eventual de terceiros, bem como seus respectivos cônjuges ou companheiros e filhos maiores de 14 anos ou a eles equiparados, desde que trabalhem, comprovadamente, com o grupo familiar respectivo; (e) facultativo, que é a pessoa que não tem obrigação legal de recolher a contribuição, sendo o maior de 16 anos de idade que se filiar ao Regime Geral de Previdência Social, fazendo o pagamento da contribuição.

A contribuição normal do empregado, empregado doméstico e avulso é de 7,5%, 9%, 12% ou 14% sobre o salário de contribuição. A contribuição dos demais segurados (autônomos, empresários, equiparados a autônomo e segurado facultativo) é calculada à razão de 20% sobre a remuneração ou remuneração declarada. O empregador irá recolher a contribuição de 20% sobre a remuneração paga ao empregado, sem qualquer teto. Recolherá ainda a contribuição de acidente do trabalho de 1 a 3%, dependendo do risco de sua atividade (leve, médio e grave). A contribuição do empregador doméstico é de 8% sobre a remuneração do empregado doméstico. A contribuição do empregador doméstico para custeio de prestações de acidente do trabalho é de 0,8%.

O órgão que paga os benefícios é o Instituto Nacional do Seguro Social (INSS).

12.4 PREVIDÊNCIA SOCIAL

A Previdência Social é o segmento da Seguridade Social, composto de um conjunto de princípios, de regras e de instituições destinado a estabelecer um sistema de proteção social, mediante contribuição, que tem por objetivo proporcionar meios indispensáveis de subsistência ao segurado e a sua família, quando ocorrer certa contingência prevista em lei. A Previdência Social atenderá a: (a) cobertura dos eventos de doença, invalidez, morte e idade avançada; (b) proteção à maternidade, especialmente à gestante; (c) proteção ao trabalhador em situação de desemprego involuntário; (d) salário-família e auxílio-reclusão para os dependentes dos segurados de baixa renda; (e) pensão por morte do segurado, homem ou mulher, ao cônjuge ou companheiro e dependentes (art. 201 da Constituição).

A lei disporá sobre sistema especial de inclusão previdenciária para atender a trabalhadores de baixa renda e àqueles sem renda própria que se dediquem exclusivamente ao trabalho doméstico no âmbito de sua residência, desde que pertencentes a famílias de baixa renda, garantindo-lhes o acesso a benefícios de valor igual a um salário mínimo.

O sistema especial de inclusão previdenciária terá alíquotas e carências inferiores às vigentes para os demais segurados do regime geral de previdência social.

O sistema de Previdência Social é o de repartição simples, que visa à captação de recursos e à distribuição de renda. Ainda não se está exatamente diante de um sistema de capitalização, em que o segurado iria receber exatamente o que contribuiu a título de benefício.

São dependentes da Previdência Social: (a) o cônjuge, a companheira, o companheiro, o filho não emancipado, de qualquer condição, menor de 21 anos ou inválido; (b) os pais; (c) o irmão não emancipado, de qualquer condição, menor de 21 anos ou inválido. A existência de dependente de qualquer das classes mencionadas exclui do direito às prestações os das classes seguintes. O enteado e o menor tutelado equiparam-se a filho mediante declaração do segurado e desde que comprovada a dependência econômica. A dependência econômica das pessoas indicadas na classe *a* é presumida e a das demais deve ser comprovada.

Período de carência é o número mínimo de contribuições mensais indispensáveis para que o beneficiário faça jus ao benefício, consideradas a partir do transcurso do primeiro dia dos meses de suas competências. O período de carência dos benefícios é o seguinte: (a) auxílio-doença e aposentadoria por invalidez: 12 contribuições mensais; (b) aposentadoria por idade, aposentadoria por tempo de contribuição e aposentadoria especial: 180 contribuições mensais; (c) salário-maternidade para as seguradas especial, contribuinte individual e facultativa, 10 contribuições mensais. Independe de carência a concessão das seguintes prestações: (a) pensão por morte, auxílio-reclusão, salário-família e auxílio-acidente; (b) auxílio-doença e aposentadoria por invalidez nos casos de acidente de qualquer natureza ou causa e de doença profissional ou do trabalho; (c) serviço social, reabilitação profissional; (d) salário-maternidade para as seguradas empregada, trabalhadora avulsa e empregada doméstica.

A perda da qualidade de segurado não será considerada para a concessão das aposentadorias por tempo de contribuição e especial.

Na hipótese de aposentadoria por idade, a perda da qualidade de segurado não será considerada para a concessão desse benefício, desde que o segurado conte com, no mínimo, o tempo de contribuição correspondente ao exigido para efeito de carência na data do requerimento do benefício.

Salário de benefício é: (a) para os benefícios aposentadoria por idade e por tempo de contribuição, a média aritmética simples dos maiores salários de contribuição correspondentes a 80% de todo o período contributivo, multiplicada pelo fator previdenciário; (b) para os benefícios aposentadoria por invalidez, aposentadoria especial, auxílio-doença e auxílio-acidente, a média simples dos maiores salários de contribuição correspondentes a 80% de todo o período contributivo.

$$f = \frac{Tc \times a}{Es} \times \left[1 + \frac{(Id + Tc \times a)}{100}\right]$$

Fator previdenciário

f = fator previdenciário;

Es = expectativa de sobrevida no momento da aposentadoria;

Tc = tempo de contribuição até o momento da aposentadoria;

Id = idade no momento da aposentadoria;

a = alíquota de contribuição correspondente a 0,31.

O segurado que preencher o requisito para a aposentadoria por tempo de contribuição poderá optar pela não incidência do fator previdenciário no cálculo de sua aposentadoria, quando o total resultante da soma de sua idade e de seu tempo de contribuição, incluídas as frações, na data de requerimento da aposentadoria, for:

(1) igual ou superior a 95 pontos, se homem, observando o tempo mínimo de contribuição de 35 anos; ou
(2) igual ou superior a 85 pontos, se mulher, observado o tempo mínimo de contribuição de 30 anos.

Serão somadas as frações em meses completos de tempo de contribuição e idade. As somas de idade e de tempo de contribuição previstas acima serão majoradas em um ponto em:

(a) 31 de dezembro de 2018;
(b) 31 de dezembro de 2020;
(c) 31 de dezembro de 2022;
(d) 31 de dezembro de 2024; e
(e) 31 de dezembro de 2026.

O tempo mínimo de contribuição do professor e da professora que comprovarem exclusivamente tempo de efetivo exercício de magistério na educação infantil e no ensino fundamental e médio será de, respectivamente, 30 e 25 anos, e serão acrescidos cinco pontos à soma da idade com o tempo de contribuição.

Ao segurado que alcançar o requisito necessário ao exercício da opção de não incidência do fator previdenciário no cálculo de sua aposentadoria e deixar de requerer aposentadoria será assegurado o direito à opção com a aplicação da pontuação exigida na data do cumprimento do requisito.

Renda mensal inicial é o salário de benefício multiplicado pelo coeficiente de cálculo do benefício. Não poderá ser inferior ao salário mínimo nem superior ao teto de contribuição.

As prestações da Previdência Social são reguladas na Lei n. 8.213/91. São divididas em benefícios e serviços. Benefícios são os pagamentos em dinheiro feitos ao segurado. Serviços são os bens imateriais prestados ou postos à disposição do segurado. Podem ser classificadas da seguinte forma, quanto: aos segurados, aos dependentes e aos segurados e aos dependentes.

Quanto ao segurado, os benefícios são os seguintes:

(a) aposentadoria por invalidez, em que o segurado estiver insusceptível de recuperação para o exercício de atividade, tendo ou não recebido auxílio-doença. Será devida enquanto o segurado permanecer na referida condição. O coeficiente é de 100% do salário de benefício. O médico é que irá dizer se a aposentadoria é definitiva. O aposentado por invalidez e o pensionista inválido que não tenham retornado à atividade estarão isentos do exame médico: I – após completarem 55 anos ou mais de idade e quando decorridos quinze anos da data da concessão da aposentadoria por invalidez ou do auxílio-doença que a precedeu; ou II – após completarem 60 anos de idade (art. 101, § 1º, da Lei n. 8.213/91);

(b) aposentadoria por idade aos 65 anos para o homem e 62 para a mulher, reduzida a idade para os trabalhadores rurais em 60 anos e para a trabalhadora rural e para os que exerçam suas atividades em regime de economia familiar, incluindo o produtor rural, o garimpeiro e o pescador artesanal em 55 anos. O coeficiente começa a partir de 70% do salário de benefício, mais 1% para cada grupo de 12 contribuições, não podendo ultrapassar 100% do salário de benefício;

(c) aposentadoria por tempo de contribuição, com 35 anos de contribuição para o homem e 30 para a mulher. O coeficiente de cálculo começa a partir de 70% do salário de contribuição;

(d) aposentadoria especial para os casos em que haja prejuízo à saúde ou integridade física do empregado durante 15, 20 ou 25 anos. O coeficiente é de 100% do salário de benefício. Dependerá de prova do tempo de trabalho permanente, não ocasional nem intermitente, em condições especiais que prejudiquem a saúde ou a integridade física;

(e) auxílio-doença para a pessoa que ficar incapacitada para o trabalho por mais de 15 dias, sendo devido a partir do 16º dia de afastamento. O coeficiente é de 91% do salário de benefício. Sempre que possível, o ato de concessão ou de reativação de auxílio-doença, judicial ou administrativo, deverá fixar o prazo estimado para a duração do benefício (art. 60, § 8º, da Lei n. 8.213/91). Na ausência de fixação do prazo, o benefício cessará após o prazo de 120 dias, contado da data de concessão ou de reativação do auxílio-doença, exceto se o segurado requerer a sua prorrogação perante o INSS (art. 60, § 9º, da Lei n. 8.213/91). O segurado em gozo de auxílio-doença, concedido judicial ou administrativamente, poderá ser convocado a qualquer momento para avaliação das condições que ensejaram sua concessão ou manutenção;

(f) salário-maternidade. É pago por 120 dias pelo INSS. A empregada urbana e a rural receberão o benefício na própria empresa, que desconta o valor adiantado da importância devida a título de contribuição previdenciária. A empregada doméstica e a trabalhadora avulsa recebem o benefício no INSS. Para a empregada e a trabalhadora avulsa, consiste numa renda mensal igual a sua remuneração integral, tendo por limite máximo a remuneração de Ministro do STF, observado o salário mínimo. Para a empregada doméstica, é igual a seu último salário de contribuição. É concedido o salário-maternidade no período de 28 dias antes do parto e 92 depois do parto. O médico é que irá fixar o período de afastamento da segurada;

(g) auxílio-acidente. É devido como indenização, ao segurado, quando, após a consolidação das lesões decorrentes de acidente de qualquer natureza, resultarem sequelas que impliquem redução da capacidade para o trabalho que habitualmente exercia. Corresponde a 50% do salário de benefício. É devido até a véspera do início de qualquer aposentadoria ou até a data de óbito do segurado;

(h) salário-família para os dependentes do segurado de baixa renda. É devido ao empregado, exceto o doméstico, e ao segurado trabalhador avulso, em relação a cada filho ou equiparado até 14 anos. Deve haver apresentação pelo empregado de certidão de nascimento do filho, atestado anual de vacinação obrigatória e de comprovante de frequência à escola;

(i) seguro-desemprego, em caso de desemprego involuntário. O seguro-desemprego é regido pela Lei n. 7.998/90. O trabalhador que for dispensado sem justa causa, inclusive mediante rescisão indireta, deverá comprovar: (1) ter recebido salários de pessoa jurídica ou de pessoa física a ela equiparada, relativos a: (i) pelo menos 12 (doze) meses nos últimos dezoito meses imediatamente anteriores à data de dispensa, quando da primeira solicitação; (ii) pelo menos nove meses nos últimos 12 meses imediatamente anteriores à data de dispensa, quando da segunda solicitação; e (iii) cada um dos seis meses imediatamente anteriores à data de dispensa, quando das demais solicitações; (2) não estar em gozo de qualquer benefício previdenciário de prestação continuada, previsto no Regulamento dos Benefícios da Previdência Social, excetuado o auxílio-acidente e o auxílio suplementar previstos na Lei n. 6.367/76; (3) não estar em gozo de seguro-desemprego; (4) não possuir renda própria de qualquer natureza suficiente à sua manutenção e de sua família; (5) matrícula e frequência, quando aplicável, nos termos do regulamento, em curso de formação inicial e continuada ou de qualificação profissional habilitado pelo Ministério da Educação, nos termos do art. 18 da Lei n. 12.513/2011, ofertado por meio da Bolsa-Formação Trabalhador concedida no âmbito do Programa Nacional de Acesso ao Ensino Técnico e Emprego (Pronatec), instituído pela Lei n. 12.513/2011, ou de vagas gratuitas na rede de educação profissional e tecnológica. É devido ao empregado por um período máximo variável de três a cinco meses, de maneira contínua ou alternada, a cada período aquisitivo cuja duração será definida pelo Conselho Deliberativo do Fundo de Amparo ao Trabalhador (Codefat). Para a primeira solicitação: (i) quatro parcelas, se o trabalhador comprovar vínculo empregatício com pessoa jurídica ou pessoa física a ela equiparada de, no mínimo, 12 meses e, no máximo, 23 meses, no período de referência; ou (ii) cinco parcelas, se o trabalhador comprovar vínculo empregatício com pessoa jurídica ou pessoa física a ela equiparada de, no mínimo, 24 meses, no período de referência. Para a segunda solicitação: (i) três parcelas, se o trabalhador comprovar vínculo empregatício com pessoa jurídica ou pessoa física a ela equiparada de, no mínimo, nove meses e, no máximo, 11 meses, no período de referência; (ii) quatro parcelas, se o trabalhador comprovar vínculo empregatício com pessoa jurídica ou pessoa física a ela equiparada de, no mínimo, 12 meses e, no máximo, 23 meses, no período de referência; ou (iii) cinco parcelas, se o trabalhador comprovar vínculo empregatício com pessoa jurídica ou pessoa física a ela equiparada de, no mínimo, 24 meses, no período de referência. A partir da terceira solicitação: (i) três parcelas, se o trabalhador comprovar vínculo empregatício com pessoa jurídica ou pessoa física a ela equiparada de, no mínimo, seis meses e, no máximo, onze meses, no período de referência; (ii) quatro parcelas, se o trabalhador comprovar vínculo empregatício com pessoa jurídica ou pessoa física a ela equiparada de, no mínimo, 12 meses e, no máximo, 23 meses, no período de referência; ou (iii) cinco parcelas, se o trabalhador comprovar vínculo empregatício com pessoa jurídica ou pessoa física a ela equiparada de, no mínimo, 24 meses, no período de referência. A fração igual ou superior a 15 dias de trabalho será havida como mês integral.

Quanto aos dependentes, os benefícios são divididos em:

(a) pensão por morte. É devida ao conjunto de dependentes do segurado que falecer, aposentado ou não. O coeficiente é de 100% do valor da aposentadoria que o segurado recebia ou daquela a que teria direito se estivesse aposentado por invalidez na data de seu falecimento. O direito à percepção de cada cota individual cessará: I – pela morte do pensionista; II – para o filho, a pessoa a ele equiparada ou o irmão, de ambos os sexos, ao completar vinte e um anos de idade, salvo se for inválido ou tiver deficiência intelectual ou mental ou deficiência grave; III – para filho ou irmão inválido, pela cessação da invalidez; IV – pelo decurso do prazo de recebimento de pensão pelo cônjuge, companheiro ou companheira; V – para cônjuge ou companheiro: a) se inválido ou com deficiência, pela cessação da invalidez ou pelo afastamento da deficiência, respeitados os períodos mínimos decorrentes da aplicação das alíneas *b* e *c*; b) em quatro meses, se o óbito ocorrer sem que o segurado tenha vertido 18 contribuições mensais ou se o casamento ou a união estável tiverem sido iniciados em menos de dois anos antes do óbito do segurado; c) transcorridos os seguintes períodos, estabelecidos de acordo com a idade do beneficiário na data de óbito do segurado, se o óbito ocorrer depois de vertidas 18 (dezoito) contribuições mensais e pelo menos dois anos após o início do casamento ou da união estável: 1) 3 anos, com menos de 21 anos de idade; 2) 6 anos, entre 21 e 26 anos de idade; 3) 10 anos, entre 27 e 29 anos de idade; 4) 15 anos, entre 30 e 40 anos de idade; 5) 20 anos, entre 41 e 43 anos de idade; 6) vitalícia, com 44 ou mais anos de idade;

(b) auxílio-reclusão. É devido nas mesmas condições da pensão por morte, aos dependentes do segurado de baixa renda recolhido à prisão, que não receber remuneração da empresa nem estiver em gozo de auxílio-doença, nem de aposentadoria. O coeficiente é o mesmo da pensão por morte.

Quanto ao segurado e ao dependente, os benefícios são os seguintes: (a) serviço social; (b) reabilitação profissional.

Acidente do trabalho é a contingência que ocorre pelo exercício de trabalho a serviço do empregador ou pelo exercício de trabalho dos segurados especiais, provocando lesão corporal ou perturbação funcional que cause a morte ou a perda ou redução, permanente ou temporária, da capacidade para o trabalho. Considera-se também acidente do trabalho a doença profissional ou do trabalho.

Doença profissional é a produzida ou desencadeada pelo exercício de trabalho peculiar a determinada atividade. São doenças inerentes à profissão e não ao trabalho, causadas por agentes físicos, químicos e biológicos inerentes a certas funções ou atividades.

Doença do trabalho é a adquirida ou desencadeada em razão de condições especiais em que o trabalho é realizado e com ele se relaciona diretamente.

O acidente do trabalho ocorre: (a) no serviço (acidente tipo); (b) no local e no horário de trabalho, em consequência de: (1) ato de agressão, sabotagem, ou terrorismo praticado por terceiro ou companheiro de trabalho; (2) ofensa física intencional, inclusive de terceiro, por motivo de disputa relacionada ao trabalho; (3) ato de imprudência, de negligência ou de imperícia de terceiro ou de companheiro de trabalho; (4) ato de pessoa privada do uso da razão; (5) desabamento, inundação, incêndio e outros casos fortuitos ou decorrentes de força maior; (c) em relação a doença proveniente de contaminação acidental do empregado no exercício de sua atividade; (d) ainda que fora do local e do horário de trabalho: (1) na execução de ordem ou na realização de serviço sob a autoridade da empresa; (2) na prestação espontânea de qualquer serviço à empresa para evitar-lhe prejuízo ou proporcionar proveito; (3) em viagem a serviço da empresa, inclusive para estudo quando financiada por esta dentro de seus planos para melhor capacitação da mão de obra, independentemente do meio de locomoção utilizado, inclusive veículo de propriedade do segurado; (4) no percurso da residência para o local de trabalho ou deste para aquela (acidente *in itinere* ou de trajeto), qualquer que seja o meio de locomoção, inclusive veículo de propriedade do segurado. O período em que o empregado estiver fazendo intervalo na empresa será considerado como no exercício do trabalho, como a hora do almoço. Não se considera acidente o causado por dolo do próprio acidentado.

São benefícios de acidente do trabalho a aposentadoria por invalidez acidentária, o auxílio-doença acidentário e o auxílio-acidente.

Não há período de carência para os benefícios de acidente do trabalho.

12.5 ASSISTÊNCIA SOCIAL

Assistência Social é o conjunto de princípios, de regras e de instituições destinado a estabelecer uma política social aos hipossuficientes, por meio de atividades particulares e estatais, visando à concessão de pequenos benefícios e serviços, independentemente de contribuição por parte do próprio interessado.

Tem por objetivos a Assistência Social: (a) a proteção à família, à maternidade, à infância, à adolescência e à velhice; (b) o amparo às crianças e adolescentes carentes; (c) a promoção da integração ao mercado de trabalho; (d) a habilitação e reabilitação das pessoas portadoras de deficiência e ao idoso que comprovem não possuir meios de prover a própria subsistência ou de tê-la provida por sua família; (e) a garantia de um salário mínimo de benefício à pessoa portadora de deficiência e ao idoso que comprovem não possuir meios de prover à própria manutenção ou de tê-la provida por sua família (art. 203 da Constituição).

A Assistência Social é disciplinada pela Lei n. 8.742/93.

Benefício de prestação continuada é a garantia de um salário mínimo mensal à pessoa portadora de deficiência e ao idoso que comprovarem não possuir meios de prover a própria manutenção nem de tê-la provida por sua família. O benefício é devido ao idoso a partir de 65 anos. Não há período de carência para o referido benefício.

Benefícios eventuais são os que visam ao pagamento de auxílio por natalidade ou morte às famílias cuja renda mensal *per capita* seja inferior a 1/4 do salário mínimo.

12.6 SAÚDE

A Saúde é direito de todos e dever do Estado, garantido mediante políticas sociais e econômicas que visem à redução do risco de doenças e de outros agravos e ao acesso universal e igualitário às ações e serviços para sua promoção, proteção e recuperação.

A Saúde é informada pelos seguintes princípios:

(a) acesso universal e igualitário. Todos têm direito à saúde, de igual modo;

(b) provimento das ações e dos serviços por meio de rede regionalizada e hierarquizada, integrados em sistema único;

(c) descentralização, com direção única em cada esfera de governo (SUS);

(d) atendimento integral, com prioridade para as atividades preventivas, como, por exemplo, vacinação;

(e) participação da comunidade na gestão, fiscalização e acompanhamento das ações e dos serviços de saúde;

(f) participação da iniciativa privada na assistência à saúde, obedecidos os preceitos constitucionais.

É regida a Saúde pela Lei n. 8.080/90.

Questionário

1. O que é Direito da Seguridade Social?
2. O que é Previdência Social?
3. O que é Assistência Social?
4. O que é Saúde?
5. Como é feito o custeio dos empregados?
6. O que é período de carência?
7. O que é salário de benefício?
8. O que é renda mensal inicial?
9. Quais são os dependentes para a Previdência Social?
10. O que é benefício de prestação continuada?

Capítulo 13

DIREITO PENAL

13.1 CONCEITO

Magalhães Noronha afirma que "Direito Penal é o conjunto de normas jurídicas que regulam o poder punitivo do Estado, tendo em vista os fatos de natureza criminal e as medidas aplicáveis a quem os pratica"[1].

O Direito Penal vai tipificar os crimes e estabelecer as penas pela transgressão da legislação.

13.2 FONTES

A principal fonte do Direito Penal é a Constituição, pois muitas regras estão nela inseridas. São exemplos alguns incisos do art. 5º:

> XXXIX – não há crime sem lei anterior que o defina nem pena sem prévia cominação legal;
>
> XL – a lei penal não retroagirá, salvo para beneficiar o réu;
>
> XLI – a lei punirá qualquer discriminação atentatória dos direitos e liberdades fundamentais;

---

1 NORONHA, Edgar de Magalhães. *Direito penal*. 20. ed. São Paulo: Saraiva, 1982, p. 12.

XLII – a prática do racismo constitui crime inafiançável e imprescritível, sujeito a pena de reclusão, nos termos da lei;

XLIII – a lei considerará crimes inafiançáveis e insuscetíveis de graça ou anistia a prática da tortura, o tráfico ilícito de entorpecentes e drogas afins, o terrorismo e os definidos como crimes hediondos, por eles respondendo os mandantes, os executores e os que, podendo evitá-los, se omitirem;

XLIV – constitui crime inafiançável e imprescritível a ação de grupos armados, civis ou militares, contra a ordem constitucional e o Estado Democrático;

XLV – nenhuma pena passará da pessoa do condenado, podendo a obrigação de reparar o dano e a decretação do perdimento de bens ser, nos termos da lei, estendidas aos sucessores e contra eles executadas, até o limite do valor do patrimônio transferido;

XLVI – a lei regulará a individualização da pena e adotará, entre outras, as seguintes:

a) privação ou restrição da liberdade;

b) perda de bens;

c) multa;

d) prestação social alternativa;

e) suspensão ou interdição de direitos;

XLVII – não haverá penas:

a) de morte, salvo em caso de guerra declarada;

b) de caráter perpétuo;

c) de trabalhos forçados;

d) de banimento;

e) cruéis;

XLVIII – a pena será cumprida em estabelecimentos distintos, de acordo com a natureza do delito, a idade e o sexo do apenado;

XLIX – é assegurado aos presos o respeito à integridade física e moral;

L – às presidiárias serão asseguradas condições para que possam permanecer com seus filhos durante o período de amamentação;

LI – nenhum brasileiro será extraditado, salvo o naturalizado, em caso de crime comum, praticado antes da naturalização, ou de comprovado envolvimento em tráfico ilícito de entorpecentes e drogas afins, na forma da lei;

LII – não será concedida extradição de estrangeiro por crime político ou de opinião.

A segunda fonte é a previsão da lei, que irá estabelecer as penas e os crimes. O Decreto-Lei n. 2.848/40 é o Código Penal, tendo várias alterações. Contém a maioria dos crimes e das penas. Existem ainda outras leis penais esparsas.

Norma penal em branco em sentido amplo é a necessidade de a norma ser complementada por outra de igual nível. Norma penal em branco em sentido estrito compreende a necessidade de a norma ser complementada por outra de nível diverso, como por portaria ou regulamento de preços.

13.3 PRINCÍPIOS

Não há crime sem lei anterior que o defina, nem pena sem prévia cominação legal (art. 5º, XXXIX, da Lei Maior). Prevê também o art. 1º do Código Penal que "não há crime sem lei anterior que o defina. Não há pena sem prévia cominação legal". É o princípio da estrita legalidade ou da reserva legal em matéria penal, de que só pode haver crime e pena, caso exista previsão na lei (*nullum crimen, nulla poena sine praevia lege*).

Ninguém será considerado culpado até o trânsito em julgado da sentença penal condenatória, garantindo-se sempre a ampla defesa.

A lei penal é irretroativa, porém poderá retroagir para beneficiar o réu (art. 5º, XL, da Constituição).

13.4 IMUNIDADE PARLAMENTAR

Em 1397 o rei mandou prender o deputado Haxey, autor da proposta para reduzir o orçamento da casa real. Quando Henrique IV chegou ao trono dois anos depois, julgou ilegal a prisão ordenada por seu antecessor. Daí ficou firmado o princípio de que o membro do Parlamento não pode ser responsabilizado pelas opiniões e votos no exercício de suas funções.

Em 1603, sir Thomas Shiley, membro da Câmara dos Comuns, foi preso em Londres por ordem do rei. O presidente da Câmara mandou soltá-lo, mas não foi atendido pelo carcereiro. Ordenou a prisão desse funcionário e somente o libertou quando o deputado foi libertado. Em seguida, a Câmara promulgou lei proibindo a prisão de qualquer deputado sem prévia licença da respectiva Câmara.

Os parlamentares têm imunidade material ou absoluta, pois há inviolabilidade por suas palavras, opiniões e votos (art. 53 da Constituição).

Não há mais necessidade de licença do Congresso Nacional para o parlamentar ser processado.

Os vereadores são invioláveis por suas opiniões, palavras e votos no exercício do mandato e na circunscrição do Município.

13.5 SUJEITO ATIVO E PASSIVO

Sujeito ativo ou agente é a pessoa que pratica o fato considerado como crime.

São penalmente inimputáveis (irresponsáveis) os menores de 18 anos, sujeitos às normas da legislação especial (art. 228 da Constituição).

Sujeito passivo ou vítima é a pessoa que sofre o crime.

13.6 CRIMES E PENAS

Tipo penal é a descrição da conduta prevista na lei.

As infrações penais podem ser divididas em crimes ou delitos e contravenções.

Crime é o fato típico e antijurídico.

Contravenção é uma ofensa menos grave que o crime, sendo punida com pena de prisão simples ou multa. Exemplo: porte de arma sem autorização.

Elementos objetivos do crime dizem respeito à materialidade do fato. Elementos subjetivos são os que versam sobre particularidades psíquicas da ação.

Dolo é a vontade de praticar o ato, sabidamente criminoso, ou a assunção do risco em produzi-lo. Existe, portanto, a intenção de praticar o ato, como de sacar um revólver e roubar uma pessoa.

Dolo específico é o que se refere a um fim especial almejado pelo agente, como de fraudar o recolhimento do tributo.

Dolo genérico é o dolo em que o agente quer o resultado ou assume o risco de produzi-lo. É o dolo comum.

No dolo geral, o agente visa a um resultado que acaba ocorrendo, porém não do modo previsto, mas em razão de outras circunstâncias praticadas.

Dolo direto ocorre quando o agente quer o resultado.

No dolo indireto ou indeterminado a vontade do agente não está exatamente definida. É dividido em dolo alternativo e eventual.

No dolo alternativo, o objeto da ação é dividido entre dois ou mais resultados, como roubar ou matar.

No dolo eventual, há a produção de um resultado danoso, embora o agente não o deseje, mas aceite-o como consequência de sua ação.

Culpa é a ação ou omissão decorrente de negligência, imprudência ou imperícia na prática do ato. Não existe intenção na prática do ato. Negligência é displiciência. Imprudência é a conduta precipitada. Imperícia é a falta de habilidade técnica para certa atividade, como para dirigir um veículo.

Preterdolo é uma das modalidades do crime qualificado pelo resultado, tendo a pena agravada.

O resultado do crime somente é imputável a quem lhe deu causa. Considera-se causa a ação ou omissão sem a qual o resultado não teria ocorrido.

Crime consumado é o que reuniu todos os elementos de sua definição legal (art. 14, I, do Código Penal).

Crime tentado é o que, iniciada sua execução, não se consumou por circunstâncias alheias à vontade do agente.

Os crimes hediondos são definidos na Lei n. 8.072/90, sejam eles consumados ou tentados: homicídio simples quando praticado em atividade típica de grupo de extermínio, ainda que cometido por um só agente; homicídio qualificado; latrocínio (roubo seguido de morte); extorsão qualificada pela morte; extorsão mediante sequestro; estupro; atentado violento ao pudor; genocídio.

Excluem a ilicitude penal quando o agente pratica o fato: (a) em estado de necessidade; (b) em legítima defesa; (c) em estrito cumprimento de dever legal ou no exercício regular de direito (art. 23 do Código Penal). Considera-se em estado de necessidade quem pratica o fato para salvar de perigo atual, que não provocou por sua vontade, nem podia de outro modo evitar, direito próprio ou alheio, cujo sacrifício, nas circunstâncias, não era razoável exigir-se. Entende-se em legítima defesa quem, usando moderadamente dos meios necessários, repele injusta agressão, atual ou iminente, a direito seu ou de outrem.

A pena não poderá passar da pessoa do infrator. Se (A) foi condenado, a pena não pode passar para seu sucessor (B).

13.7 INIMPUTABILIDADE

É isento de pena o agente que, por doença mental ou desenvolvimento mental incompleto ou retardado, era, ao tempo da ação ou da omissão, inteiramente incapaz de entender o caráter ilícito do fato de determinar-se de acordo com esse entendimento (art. 26 do Código Penal). A pena nesses casos pode ser reduzida.

Os menores de 18 anos são penalmente inimputáveis, ficando sujeitos às normas estabelecidas na legislação especial (art. 27 do Código Penal).

Não excluem a imputabilidade penal: (a) a emoção ou a paixão; (b) a embriaguez, voluntária ou culposa, pelo álcool ou substância de efeitos análogos.

13.8 PENAS

As penas são: (a) privativas de liberdade; (b) restritivas de direitos; (c) de multa.

As penas privativas de liberdade são de reclusão e detenção. A pena de reclusão deve ser cumprida em regime fechado, semiaberto ou aberto. A de detenção, em regime semiaberto, ou aberto, salvo necessidade de transferência a regime fechado. No regime fechado, ocorre a execução da pena em estabelecimento de segurança máxima ou média. No regime semiaberto, a execução da pena é feita em colônia agrícola, industrial ou estabelecimento similar. No regime aberto, a execução da pena é feita em casa de albergado ou em estabelecimento adequado.

As penas restritivas de direitos são: (a) prestação pecuniária; (b) perda de bens e valores; (c) prestação de serviço à comunidade ou a entidades públicas (para condenações superiores a seis meses de privação de liberdade), que é feita em entidades assistenciais; (d) interdição temporária de direitos, como de dirigir veículo; (e) limitação de fim de semana.

Detração é o abatimento, na contagem do cumprimento da pena privativa de liberdade ou de medida de segurança, do tempo anterior de prisão provisória, no Brasil ou no estrangeiro, de prisão administrativa ou de internação em hospital de custódia e tratamento psiquiátrico ou estabelecimento similar (art. 42 do Código Penal).

13.9 CIRCUNSTÂNCIAS AGRAVANTES E ATENUANTES

São circunstâncias agravantes: (a) a reincidência; (b) ter o agente cometido o crime: (1) por motivo fútil ou torpe; (2) para facilitar ou assegurar a execução, a ocultação, a impunidade ou vantagem de outro crime; (3) à traição, de emboscada, ou mediante dissimulação, ou outro recurso que dificultou ou tornou impossível a defesa do ofendido; (4) com emprego de veneno, fogo, explosivo, tortura ou outro meio insidioso ou cruel, ou de que podia resultar perigo comum; (5) contra ascendente, descendente, irmão ou cônjuge; (6) com abuso de autoridade ou prevalecendo-se de relações domésticas, de coabitação ou de hospitalidade; (7) com abuso de poder ou violação de dever inerente a cargo, ofício, ministério ou profissão; (8) contra criança, velho, enfermo ou mulher grávida; (9) quando o ofendido estava sob a imediata proteção da autoridade; (10) em ocasião de incêndio, naufrágio, inundação ou qualquer calamidade pública, ou de desgraça particular do ofendido; (11) em estado de embriaguez preordenada.

Reincidência ocorre quando o agente comete novo crime, depois de transitar em julgado a sentença que, no país ou no estrangeiro, tenha-o condenado por crime anterior (art. 63 do Código Penal).

São circunstâncias atenuantes: (a) ser o agente menor de 21 anos, na data do fato, ou maior de 70 anos, na data da sentença; (b) o desconhecimento da lei; (c) ter o agente: (1) cometido o crime por motivo de relevante valor social ou moral; (2) procurado, por sua espontânea vontade e com eficiência, logo após o crime, evitar-lhe ou minorar-lhe as consequências, ou ter, antes do julgamento, reparado o dano; (3) cometido o crime sob coação a que poderia resistir, ou em cumprimento de ordem de autoridade superior, ou sob influência de violenta emoção, provocada por ato injusto da vítima; (4) confessado espontaneamente, perante a autoridade, a autoria do crime; (5) cometido o crime sob a influência de multidão em tumulto, se não o provocou.

13.10 CONCURSOS

Dá-se o concurso material quando o agente, mediante mais de uma ação ou omissão, pratica dois ou mais crimes, idênticos ou não, aplicando-se cumulativamente as penas privativas de liberdade em que haja incorrido.

Ocorre o concurso formal quando o agente, mediante uma só ação ou omissão, pratica dois ou mais crimes, idênticos ou não, aplicando-se-lhe a pena mais grave das cabíveis ou, se iguais, somente uma delas, mas aumentada, em qualquer caso, de um sexto até metade.

13.11 *SURSIS*

Sursis é a suspensão condicional da pena, que ocorre quando a execução da pena privativa de liberdade, não superior a dois anos, pode ser suspensa, por dois a quatro anos, desde que: (a) o condenado não seja reincidente em crime doloso; (b) a culpabilidade, os antecedentes, a conduta social e personalidade do agente, bem como os motivos e as circunstâncias, autorizem a concessão do benefício; (c) não seja indicada ou cabível a substituição da pena.

13.12 MEDIDAS DE SEGURANÇA

As medidas de segurança são: (a) internação em hospital de custódia e tratamento psiquiátrico ou, à falta, em outro estabelecimento adequado; (b) sujeição a tratamento ambulatorial.

13.13 EXTINÇÃO DA PUNIBILIDADE

Extingue-se a punibilidade: (a) pela morte do agente; (b) pela anistia, graça ou indulto; (c) pela retroatividade de lei que não mais considera o fato como criminoso; (d) pela prescrição, decadência ou perempção (morte da ação); (e) pela renúncia do direito de queixa ou pelo perdão aceito, nos crimes de ação privada; (f) pela retratação do agente, nos casos em que a lei a admite; (g) pelo casamento do agente com a vítima, nos crimes contra os costumes; (h) pelo casamento da vítima com terceiro, nos crimes referidos na alínea anterior, se cometidos com violência real ou grave ameaça e desde que a ofendida não requeira o prosseguimento do inquérito policial ou da ação penal no prazo de 60 dias, a contar da celebração; (i) pelo perdão judicial, nos casos previstos em lei.

Dispõe o inciso II do art. 107 do Código Penal que se extingue a punibilidade pela anistia, graça ou indulto.

Anistia quer dizer esquecimento. É o perdão. Nela, o crime fica excluído. Faz desaparecer suas consequências penais. Extingue a ação penal, a infração penal e a condenação. Se a pessoa cometer outra infração penal, não será considerada reincidente. A suspensão condicional da pena pode ser concedida em relação a indivíduo que foi anistiado. Pode a anistia ser concedida antes da sentença ou depois do seu trânsito em julgado. Somente é concedida a anistia por lei do Congresso Nacional (arts. 21, XVII, e 48, VIII, da Constituição). Pode ser geral ou restrita e incondicionada e condicionada.

É impossível a concessão de anistia em relação a crimes hediondos, a prática de tortura, o tráfico ilícito de entorpecentes e drogas afins, o terrorismo (art. 5º, XLIII, da Constituição e Lei n. 8.072/90).

Havendo anistia, não se configura a hipótese da alínea *d* do art. 482 da CLT. Não há, portanto, justa causa para a dispensa com base na referida alínea, mas pode existir outra falta.

O indulto é concedido coletivamente aos condenados, como ocorre por ocasião do Natal. É de competência privativa do presidente da República (art. 84, XII, da Constituição), que pode delegar o ato a Ministro do Estado, ao Procurador-

-Geral da República ou ao Advogado-Geral da União. Os réus devem ser primários e ter cumprido uma parte da pena.

A graça é concedida a pessoa determinada. É uma espécie de indulto individual.

Na graça e no indulto, há a extinção da punibilidade, mas persistem os efeitos do crime. Só podem ser concedidos depois do trânsito em julgado da condenação. Excluem a punibilidade e não o crime.

A graça e a anistia são proibidas ao condenado por crime de tortura (§ 6º do art. 1º da Lei n. 9.455/97).

13.14 ALGUNS CRIMES

Homicídio é matar alguém.

Latrocínio é o roubo seguido de morte.

Lesão corporal é quando há ofensa à integridade corporal ou à saúde de outrem.

Crimes contra a honra são os de calúnia, difamação ou injúria. (a) Caluniar é imputar falsamente fato definido como crime, como roubo de um banco. Não há calúnia se o fato é verdadeiro. O fato deve constituir crime. (b) Difamar é imputar fato ofensivo a sua reputação. Haverá difamação quando se afirma que jovem mantém relações sexuais com seu companheiro de pensão. O fato deve ser determinado, existindo ofensa. (c) Injuriar é ofender a dignidade ou o decoro de outrem. Na injúria, não há imputação de fato, mas opinião, como afirmar ser a pessoa marido traído. Inexiste fato preciso e determinado, criminoso ou não, mas algo vago ou qualidades negativas do sujeito passivo.

Furto é subtrair, para si ou para outrem, sem violência, coisa alheia móvel.

Roubo é subtrair coisa móvel alheia, para si ou para outrem, mediante grave ameaça ou violência a pessoa, ou depois de havê-la, por qualquer meio, reduzido à impossibilidade de resistência.

Extorsão é constranger alguém, mediante violência ou grave ameaça, e com o intuito de obter para si ou para outrem indevida vantagem econômica, a fazer, tolerar que se faça ou deixe de fazer algo. Compreende, portanto, violência ou grave ameaça.

Apropriação indébita é apoderar-se de coisa alheia móvel, de que tem a posse ou a detenção. É o que ocorre com quem é caixa e subtrai o dinheiro do que foi recebido no dia.

Apropriação indébita previdenciária é deixar de repassar à Previdência Social as contribuições recolhidas dos contribuintes, no prazo e forma legal ou convencional. Incide no mesmo crime quem deixar de: (a) recolher, no prazo legal, contribuição ou outra importância destinada à Previdência Social que tenha sido descontada de pagamento efetuado a segurados (como dos empregados), a terceiros ou arrecadada do público (contribuição sobre a renda do espetáculo esportivo dos clubes de futebol); (b) recolher contribuições devidas à Previdência Social que tenham integrado despesas contábeis ou custos relativos à venda de produtos ou à prestação de serviços; (c) pagar benefício devido a segurado, quando as respectivas cotas ou valores já tiverem sido reembolsados à empresa pela Previdência Social, como no caso do salário-família.

Sonegação de contribuição previdenciária é suprimir ou reduzir contribuição social previdenciária e qualquer acessório, mediante as seguintes condutas: (a) omitir de folha de pagamento da empresa ou de documento de informações previsto pela legislação previdenciária segurados empregado, empresário, trabalhador avulso (ex.: estivador) ou trabalhador autônomo (ex.: contador) ou a este equiparado que lhe prestem serviços; (b) deixar de lançar mensalmente nos títulos próprios da contabilidade da empresa as quantias descontadas dos segurados ou as devidas pelo empregador ou pelo tomador de serviços; (c) omitir, total ou parcialmente, receitas ou lucros auferidos, remunerações pagas ou creditadas e demais fatos geradores de contribuições previdenciárias.

Estelionato é obter, para si ou para outrem, vantagem ilícita, em prejuízo alheio, induzindo ou mantendo alguém em erro, mediante artifício, ardil ou qualquer outro meio fraudulento. Não há violência, mas a astúcia do estelionatário.

Receptação é adquirir, receber, transportar, conduzir ou ocultar, em proveito próprio ou alheio, coisa que sabe ser produto de crime, ou influir para que terceiro, de boa-fé, adquira-o, receba ou oculte.

Estupro é constranger mulher à conjunção carnal ou a praticar ou permitir que com ele se pratique outro ato libidinoso, mediante violência ou grave ameaça. Não compreende, portanto, consentimento.

Falsidade ideológica é omitir, em documento público ou particular, declaração que dele devia constar, ou nele inserir ou fazer inserir declaração falsa ou diversa da que devia ser escrita, com o fim de prejudicar direito, criar obrigação ou alterar a verdade sobre fato juridicamente relevante.

Crimes praticados por funcionário público contra a Administração Pública em geral são, por exemplo, peculato, concussão, excesso de exação, prevaricação, advocacia administrativa e corrupção passiva. Peculato é apropriar-se o funcionário público de dinheiro, valor ou qualquer outro bem móvel, público ou particular, de que tem a posse em razão do cargo, ou desviá-lo, em proveito próprio ou alheio. Concussão é exigência, para si ou para outrem, direta ou indiretamente, ainda que fora da função ou antes de assumi-la, mas em razão dela, de vantagem indevida; exige violência. Ocorre excesso de exação se o funcionário público exige tributo ou contribuição social que sabe ou deveria saber indevido, ou quando, devido, emprega na cobrança meio vexatório ou gravoso, que a lei não autoriza. Prevaricação é retardar ou deixar de praticar, indevidamente, ato de ofício, ou praticá-lo contra disposição expressa de lei, para satisfazer interesse ou sentimento pessoal. Advocacia administrativa é patrocinar, direta ou indiretamente, interesse privado perante a Administração Pública, valendo-se da qualidade de funcionário. Corrupção passiva é solicitar ou receber, para si ou para outrem, direta ou indiretamente, ainda que fora da função ou antes de assumi-la, mas em razão dela, vantagem indevida, ou aceitar promessa de tal vantagem; não há exigência ou violência.

Contrabando é importar ou exportar mercadoria proibida.

Descaminho é iludir, no todo ou em parte, o pagamento de direito ou imposto devido pela entrada, pela saída ou pelo consumo de mercadoria.

Desobediência é não observar a ordem legal de funcionário público. Se for ilegal, não precisará ser obedecida, nem caracterizará crime.

Desacato é ofender funcionário público no exercício da função ou em razão dela. Compreende ofensa, menosprezo, humilhação e menoscabo ao funcionário público.

Tráfico de influência é solicitar, exigir, cobrar ou obter, para si ou para outrem, vantagem ou promessa de vantagem, a pretexto de influir em ato praticado por funcionário público no exercício da função.

Corrupção ativa significa oferecer ou prometer vantagem indevida a funcionário público, para determiná-lo a praticar, omitir ou retardar ato de ofício.

Inserção de dados falsos em sistema de informações é inserir ou facilitar, o funcionário autorizado, a inserção de dados falsos, alterar ou excluir indevidamente dados corretos, nos sistemas informatizados ou bancos de dados da Administração Pública, com o fim de obter vantagem indevida para si ou para outrem ou para causar dano.

Modificação ou alteração não autorizada de sistema de informações é modificar ou alterar, o funcionário, sistema de informações ou programa de informática sem autorização ou solicitação de autoridade competente.

Questionário

1. O que é Direito Penal?
2. O que é sujeito ativo?
3. O que é dolo?
4. O que é culpa?
5. O que é preterdolo?
6. O que é inimputabilidade?
7. O que é *sursis*?
8. Quando ocorre a extinção da punibilidade?
9. O que é latrocínio?
10. O que é extorsão?
11. O que é falsidade ideológica?
12. Qual é a diferença entre contrabando e descaminho?
13. Qual a diferença entre peculato e concussão?
14. O que é graça?
15. Qual é a diferença entre contrabando e descaminho?

Capítulo 14

DIREITO PROCESSUAL

14.1 DENOMINAÇÃO

São encontradas as denominações *Direito Judiciário* e *Direito Processual.*

Direito Judiciário, como o próprio nome menciona, diz respeito ao Poder Judiciário e ao juiz. Entretanto, não se estudam apenas esses aspectos, mas o desenvolvimento do processo. Daí por que a denominação correta é *Direito Processual.*

14.2 DIVISÃO

O Direito Processual é dividido em: Direito Processual Civil, Direito Processual Penal, Direito Processual do Trabalho, Direito Processual Militar.

A maior parte das regras do Direito Processual Civil está no Código de Processo Civil (CPC), que é a Lei n. 13.105/2015.

O Código de Processo Penal vigente foi determinado pelo Decreto-Lei n. 3.689/41. A norma que versa sobre execução penal é a Lei n. 7.210/84.

O Brasil não tem um Código de Processo do Trabalho. A maior parte das normas processuais trabalhistas está nos arts. 643 a 910 da CLT, além de algumas leis esparsas. O Direito Processual Civil será fonte subsidiária do Processo do Trabalho, havendo omissão na CLT e compatibilidade com suas disposições (art. 769 da CLT). Na execução trabalhista, havendo omissão na CLT, aplica-se em primeiro lugar a lei de execução fiscal (Lei n. 6.830/80). Omissa essa, observa-se o CPC (art. 889 da CLT).

14.3 ORGANIZAÇÃO JUDICIÁRIA BRASILEIRA

O Poder Judiciário tem a função de julgar as questões que lhe forem submetidas, dizendo o direito aplicável ao caso concreto.

São órgãos do Poder Judiciário:

(a) o Supremo Tribunal Federal;

(b) o Superior Tribunal de Justiça;

(c) o Tribunal Superior do Trabalho, os Tribunais e juízes do trabalho;

(d) os Tribunais Regionais Federais e juízes federais;

(e) os Tribunais e juízes eleitorais;

(f) os Tribunais e juízes militares;

(g) os Tribunais e juízes dos Estados, do Distrito Federal e dos Territórios.

São órgãos da Justiça Federal: (a) os Tribunais Regionais Federais, que são cinco; (b) os juízes federais.

São órgãos da Justiça do Trabalho: (a) o Tribunal Superior do Trabalho; (b) os Tribunais Regionais do Trabalho, que são 24; (c) os juízes do trabalho.

São órgãos da Justiça Eleitoral: (a) o Tribunal Superior Eleitoral; (b) os Tribunais Regionais Eleitorais; (c) os juízes eleitorais; (d) as Juntas Eleitorais.

São órgãos da Justiça Militar: (a) o Superior Tribunal Militar; (b) os Tribunais e juízes militares instituídos por lei.

Nos Estados e no Distrito Federal haverá Tribunais de Justiça e juízes de Direito.

Os membros do Tribunal de Justiça são chamados de desembargadores. Os juízes dos tribunais superiores são denominados ministros.

O Supremo Tribunal Federal e os Tribunais Superiores têm sede na Capital Federal e jurisdição em todo o território nacional. O primeiro julga, de modo geral, questões constitucionais.

O Supremo Tribunal Federal é composto de 11 ministros; o Superior Tribunal de Justiça, de, no mínimo, 33 ministros; o Tribunal Superior do Trabalho, de 27 ministros; o Tribunal Superior Eleitoral, de, no mínimo, sete membros, o Superior Tribunal Militar, de 15 ministros.

Ao STF compete julgar matéria constitucional, inconstitucionalidade de lei ou ato normativo federal ou estadual e a ação declaratória de constitucionalidade de lei ou ato normativo federal.

O Conselho Nacional de Justiça compõe-se de 15 membros, com mandato de dois anos, admitida uma recondução. Compete ao Conselho o controle da atuação administrativa e financeira do Poder Judiciário e do cumprimento dos deveres funcionais dos juízes.

O STJ julga, de modo geral, questões que contrariem tratado ou lei federal, lei ou ato de governo local contestado em relação a lei federal, uniformizar a jurisprudência dos Tribunais Regionais Federais e dos Tribunais estaduais.

O TST julga questões trabalhistas que compreendem violação de lei federal e uniformiza a jurisprudência dos Tribunais Regionais do Trabalho.

À Justiça Militar compete processar e julgar os crimes militares definidos em lei. A lei disporá sobre a organização, o funcionamento e a competência da Justiça Militar.

O Tribunal Superior Eleitoral julga matéria eleitoral. O TSE é composto de três juízes do STF, dois juízes do STJ, dois advogados. Haverá um Tribunal Regional Eleitoral na Capital de cada Estado e no Distrito Federal. São compostos os Tribunais Regionais Eleitorais: (a) de dois juízes, entre desembargadores do Tribunal de Justiça; (b) de dois juízes, entre juízes de direito, escolhidos pelo Tribunal de Justiça; (c) de um juiz do TRF com sede na Capital do Estado ou no Distrito Federal; (d) por dois juízes, entre advogados. Lei complementar disporá sobre a organização e competência dos tribunais, dos juízes de direito e das juntas eleitorais.

Os juízes dos tribunais superiores, dos Tribunais Regionais do Trabalho e dos Tribunais Regionais Federais são nomeados pelo Presidente da República.

Um quinto dos lugares dos Tribunais Regionais Federais, dos Tribunais Regionais do Trabalho, dos Tribunais dos Estados e do Distrito Federal e Territórios será composto de membros do Ministério Público, com mais de 10 anos de carreira, e de advogados de notório saber jurídico e de reputação ilibada, com mais de 10 anos de efetiva atividade profissional, indicados em lista sêxtupla pelos órgãos de representação das respectivas classes.

Os juízes gozam das seguintes garantias: (a) vitaliciedade, que, no primeiro grau, só será adquirida após dois anos de exercício, dependendo a perda do cargo, nesse período, de deliberação do tribunal a que o juiz estiver vinculado, e, nos demais casos, de sentença transitada em julgado; (b) inamovibilidade, salvo por motivo de interesse público; (c) irredutibilidade de subsídio, havendo incidência de imposto de renda e contribuição previdenciária.

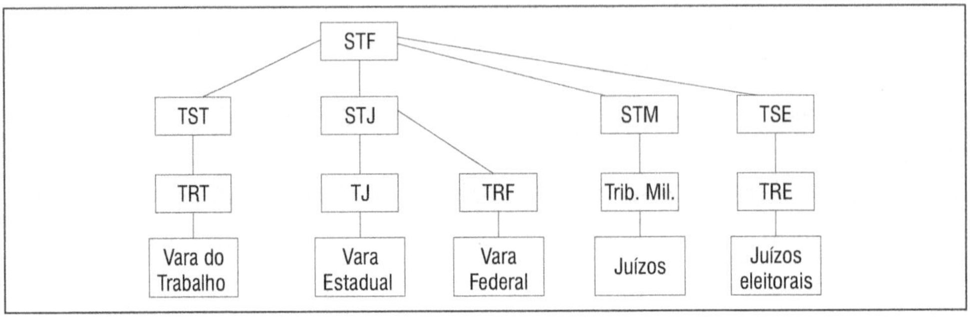

Aos juízes é vedado: (a) exercer, ainda que em disponibilidade, outro cargo ou função, salvo uma de magistério; (b) receber, a qualquer título ou pretexto, custas ou participação no processo; (c) dedicar-se à atividade político-partidária; (d) receber, a qualquer título ou pretexto, auxílios ou contribuições de pessoas físicas, entidades públicas ou privadas, ressalvadas as exceções previstas em lei; (e) exercer a advocacia no juízo ou tribunal do qual se afastou, antes de decorridos três anos do afastamento do cargo por aposentadoria ou exoneração.

Todos os julgamentos dos órgãos do Poder Judiciário serão públicos, e fundamentadas todas as decisões, sob pena de nulidade, podendo a lei limitar a presença, em determinados atos, às próprias partes e a seus advogados, ou somente a estes, em casos nos quais a preservação do direito à intimidade do interessado no sigilo não prejudique o interesse público à informação.

Somente pelo voto da maioria absoluta de seus membros ou dos membros do respectivo órgão especial poderão os tribunais declarar a inconstitucionalidade de lei ou ato normativo do Poder Público (art. 97 da Constituição).

A todos no âmbito judicial e administrativo, são assegurados a razoável duração do processo e os meios que garantam a celeridade de sua tramitação.

A atividade jurisdicional será ininterrupta, sendo vedadas férias coletivas nos juízos e tribunais de segundo grau, funcionando, nos dias em que não houver expediente forense normal, juízes em plantão permanente (art. 93, XII, da Constituição).

A distribuição de processos será imediata, em todos os graus de jurisdição.

O número de juízes na unidade jurisdicional será proporcional à efetiva demanda judicial e à respectiva população.

Ao Poder Judiciário é assegurada autonomia administrativa e financeira.

14.4 FUNÇÕES ESSENCIAIS À JUSTIÇA

Exercem funções essenciais à Justiça o Ministério Público, a Advocacia-Geral da União, a advocacia e a Defensoria Pública.

O Ministério Público é instituição permanente, essencial à função jurisdicional do Estado, incumbindo-lhe a defesa da ordem jurídica, do regime democrático e dos interesses sociais e individuais indisponíveis.

Abrange o Ministério Público: (1) o Ministério Público da União, que compreende: (a) o Ministério Público Federal; (b) o Ministério Público do Trabalho; (c) o Ministério Público Militar; (d) o Ministério Público do Distrito Federal e Territórios; (2) os Ministérios Públicos dos Estados. A Lei Complementar n. 75/93 trata do Ministério Público da União.

A Advocacia-Geral da União é a instituição que, diretamente ou por meio de órgão vinculado, representa a União, judicial e extrajudicialmente, cabendo-lhe, nos termos da lei complementar que dispuser sobre sua organização e funcionamento, as atividades de consultoria e assessoramento jurídico do Poder Executivo. A Lei Complementar n. 73/93 é a Lei Orgânica da Advocacia-Geral da União.

O advogado é indispensável à administração da justiça, sendo inviolável por seus atos e manifestações no exercício da profissão, nos limites da lei. A Lei n. 8.906/94 versa sobre o estatuto da advocacia.

A Defensoria Pública é instituição permanente, essencial à função jurisdicional do Estado, incumbindo-lhe a orientação jurídica, a promoção dos direitos humanos e a defesa, em todos os graus, judicial e extrajudicialmente, dos direitos individuais e coletivos, de forma integral e gratuita dos necessitados. São princípios institucionais da Defensoria Pública a unidade, a individualidade e a independência funcional.

14.5 PROCESSO

A pessoa deve ter acesso à Justiça. Para isso, são estabelecidas condições de justiça gratuita à pessoa que não tem condições de ingressar na justiça.

O direito de ação é assegurado no inciso XXXV do art. 5º da Constituição.

O juiz deve ser uma pessoa imparcial para julgar a lide.

A ação deve ser proposta diante do juiz que seria o natural para a causa, não devendo existir tribunais de exceção (art. 5º, XXXVII, da Constituição).

O juiz deve ser competente em razão da matéria, das pessoas e do lugar para julgar a questão.

Ação é o direito de provocar o exercício da tutela jurisdicional pelo Estado, para solucionar dado conflito existente entre certas pessoas.

Lide é um conflito de interesses qualificado pela pretensão do autor, que é resistida pelo réu.

Controvérsia diz respeito aos fatos.

Processo é o complexo de atos e termos coordenados por meio dos quais a ação é exercitada, sendo concretizada a prestação jurisdicional[1].

Procedimento é a forma pela qual se desenvolve o processo.

Jurisdição é o poder que o juiz tem de dizer o direito no caso concreto que lhe é submetido.

Competência é uma parcela da jurisdição, indicadora da área geográfica em que o juiz irá atuar, da matéria e das pessoas que examinará.

Litisconsórcio é a existência de várias pessoas em cada polo da relação processual. Litisconsórcio ativo é a pluralidade de autores no polo ativo da ação. Litisconsórcio passivo é a pluralidade de réus no polo passivo da ação.

São elementos da ação: os sujeitos, o objeto e a causa de pedir. Sujeitos são autor e réu. Objeto é o pedido de obtenção de um pronunciamento judicial. A causa de pedir pressupõe a existência de um direito material assegurado ao autor, o qual gerou a pretensão resistida.

São condições da ação: (a) o interesse de agir; (b) a legitimidade de parte. O interesse de agir compreende o proveito da parte de recorrer ao Judiciário para a obtenção do reconhecimento de um direito ameaçado ou violado. Legitimidade de parte é a identidade da pessoa que faz o pedido com a pessoa a que a lei assegura o direito material.

Há litispendência quando for proposta ação com as mesmas partes, a mesma causa de pedir e o mesmo pedido em relação a outra ação que está em curso.

Reputam-se conexas duas ou mais ações quando lhes for comum o pedido ou a causa de pedir (art. 55 do CPC).

Dá-se a continência entre duas ou mais ações quando houver identidade quanto às partes e à causa de pedir, mas o pedido de uma, por ser mais amplo, abrange o das demais (art. 56 do CPC).

Reconvenção é a ação proposta pelo réu contra o autor no mesmo processo.

---

1 MARTINS, Sergio Pinto. *Teoria geral do processo*. 6. ed. São Paulo: Saraiva, 2021, p. 191.

Sentença é o ato pelo qual o juiz põe termo ao processo, decidindo ou não o mérito da causa.

Decisão interlocutória é o ato pelo qual o juiz, no curso do processo, resolve questão incidente.

Despachos são todos os demais atos do juiz praticados no processo, de ofício ou a requerimento da parte, a cujo respeito a lei não estabelece outra forma.

Acórdão é o julgamento colegiado proferido pelos tribunais (art. 204 do CPC).

Coisa julgada ocorre quando não há mais possibilidade de recurso da decisão do juiz. Coisa julgada material é a autoridade que torna imutável e indiscutível a decisão de mérito não mais sujeita a recurso (art. 502 do CPC).

14.6 JUIZADOS ESPECIAIS CÍVEIS E CRIMINAIS

A União, no Distrito Federal e nos Territórios, e os Estados criarão juizados especiais, providos por juízes togados, ou togados e leigos, competentes para conciliação, julgamento e execução de causas cíveis de menor complexidade e infrações penais de menor potencial ofensivo, mediante os procedimentos oral e sumariíssimo, permitidos a transação e o julgamento de recursos por turmas de juízes de primeiro grau (art. 98, I, da Constituição).

A Lei n. 9.099/95 instituiu os juizados especiais cíveis e criminais.

O objetivo da criação dos juizados especiais é principalmente a conciliação entre as partes.

O processo será orientado pelos critérios da oralidade, simplicidade, informalidade, economia processual e celeridade, buscando, sempre que possível, a conciliação ou a transação.

O juizado especial cível tem competência para conciliação e julgamento das causas cíveis de menor complexidade, assim consideradas: (a) cujo valor não exceda a 40 vezes o salário mínimo; (b) a ação de despejo para uso próprio; (c) as ações possessórias sobre bens imóveis de valor não excedente a 40 salários mínimos; (d) as ações para a cobrança de honorários de profissionais liberais e de condomínio. Terá ainda competência para executar seus julgados e de títulos executivos extrajudiciais de até 40 salários mínimos.

É competente o juizado do foro: (a) do domicílio do réu ou, a critério do autor, do local onde aquele exerça atividades profissionais ou econômicas ou mantenha estabelecimento, filial, agência, sucursal ou escritório; (b) do lugar onde a obrigação deva ser satisfeita; (c) do domicílio do autor ou do local do ato ou fato, nas ações para reparação de dano de qualquer natureza.

Podem existir conciliadores e juízes leigos, que são auxiliares da Justiça. Os primeiros são recrutados entre bacharéis em Direito. Os segundos, entre advogados com mais de cinco anos de experiência.

Os atos processuais são públicos e podem ser realizados em horário noturno.

O pedido do autor poderá ser escrito ou oral.

Nas causas de até 20 salários mínimos, as partes comparecerão pessoalmente, podendo ser assistidas por advogado. Se o valor for superior a 20 salários mínimos, a assistência é obrigatória. Se uma das partes comparecer assistida por advogado, ou se o réu for pessoa jurídica ou empresário individual, terá a outra parte, se quiser, assistência judiciária prestada por órgão instituído junto ao juizado especial. O juiz alertará as partes da conveniência do patrocínio por advogado, quando a causa o recomendar.

Haverá tentativa de conciliação.

Se o autor não comparecer a qualquer das audiências, o processo será extinto sem julgamento de mérito.

O juizado especial criminal será integrado por juízes togados ou togados e leigos, com competência para conciliação, julgamento e execução das infrações penais de menor potencial ofensivo.

Consideram-se infrações penais de menor potencial ofensivo as contravenções penais e os crimes a que a lei comine pena máxima não superior a um ano, excetuados os casos em que a lei preveja procedimento especial.

A competência do juizado será determinada pelo lugar em que foi praticada a infração penal.

A Lei n. 10.259/2001 criou os juizados cíveis e criminais no âmbito da Justiça Federal. Aplica-se a pequenas causas até 60 salários mínimos. Não estão sujeitas aos juizados especiais as causas entre Estado estrangeiro ou organismo internacional e municípios ou pessoa domiciliada ou residente no país; causas fundadas em tratado ou contrato da União com Estado estrangeiro ou organismo internacional e disputa sobre direitos indígenas. Só poderão ser partes nos juizados especiais federais cíveis as pessoas físicas, as microempresas e as empresas de pequeno porte. Como rés estarão a União, suas autarquias, fundações e empresas públicas federais. A audiência não pode ser marcada para mais de 30 dias. Não há precatório. A tramitação do processo não pode exceder 180 dias. Não há remessa de ofício ao órgão superior para reexame, sendo que os atos processuais serão cumpridos no mesmo prazo dos particulares.

Questionário

1. Qual é a divisão do Direito Processual?
2. Quais são as entidades que exercem funções essenciais à Justiça?
3. O que é ação?
4. O que é lide?
5. O que é processo?
6. O que é jurisdição?
7. O que é competência?
8. Quais são as condições da ação?
9. O que é procedimento?
10. Quais são os elementos da ação?
11. O que é sentença?

Capítulo 15

DIREITO INTERNACIONAL PÚBLICO

15.1 CONCEITO

A primeira denominação do Direito Internacional foi *ius gentium*, ou direito das gentes, pois regulava essa situação.

Direito Internacional Público é o conjunto de princípios ou regras destinados a reger os direitos e deveres internacionais, tanto dos Estados ou outros organismos análogos quanto dos indivíduos[1].

15.2 ORGANIZAÇÃO DAS NAÇÕES UNIDAS (ONU)

A Carta das Nações Unidas, aprovada em 26 de junho de 1945, na conferência mundial reunida em São Francisco, na Califórnia, tem em seu preâmbulo os seguintes aspectos: preservar as gerações vindouras do flagelo da guerra que, por duas vezes, no espaço de nossa vida trouxe sofrimentos indizíveis à humanidade e a reafirmar a fé nos direitos fundamentais do homem, na dignidade e no valor do ser humano, na igualdade de direitos dos homens e das mulheres, assim como das nações grandes e pequenas; estabelecer condições sob as quais a justiça e o respeito às obrigações decorrentes de tratados e de outras fontes do Direito Internacional

---

1 ACCIOLY, Hildebrando. *Manual de direito internacional público*. 10. ed. São Paulo: Saraiva, 1973, p. 1.

possam ser mantidos; promover o progresso social e melhores condições de vida dentro de uma liberdade mais ampla; praticar a tolerância e viver em paz com os outros como bons vizinhos; unir nossas forças para manter a paz e a segurança internacionais, e garantir, pela aceitação de princípios e a instituição de métodos, que a força armada não será usada a não ser no interesse comum; empregar um mecanismo internacional para promover o progresso econômico e social de todos os povos.

A ONU não é um Estado, mas uma organização. É um terceiro *inter partes* (entre as partes). Não está acima das partes. Não tem soberania. Tem personalidade jurídica de Direito Internacional Público. Tem sede em Nova York. São seus objetivos: (a) manter a paz e a segurança internacionais; (b) desenvolver relações de amizade entre os Estados; (c) obter a cooperação internacional para resolver problemas econômicos, sociais, culturais ou humanitários. A Assembleia Geral é constituída de todos os membros da organização. Cada membro tem direito a um voto. O Conselho de Segurança tem atribuições deliberativas e executivas. O Conselho Econômico e Social faz elaboração de estudos e relatórios sobre questões internacionais de caráter econômico, sociais, culturais, educacionais. O Conselho de Tutela relaciona-se com os povos que não sejam autogovernados. A Corte Internacional de Justiça é o órgão judiciário. O Secretariado é encarregado das atividades burocráticas da ONU.

Compreende os seguintes órgãos: Assembleia Geral (composta de todos os membros da Organização), Conselho de Segurança (composto de cinco membros permanentes: China, Estados Unidos, França, Reino Unido e Rússia), Conselho Econômico e Social (com 18 membros eleitos por três anos), Conselho de Tutela, Corte Internacional de Justiça e um Secretariado (órgão administrativo).

São organizações da ONU:

(1) Organização para Alimentação e Agricultura (FAO), com sede em Roma.

(2) Organização das Nações Unidas para a Educação, a Ciência e a Cultura (Unesco), com sede em Paris.

(3) Organização das Nações Unidas para o Desenvolvimento Industrial (Unido), com sede em Viena.

(4) Fundo das Nações Unidas para a Infância (Unicef – United Nations Children's Fund), que é uma agência especializada da ONU, com sede em Nova York.

São organizações internacionais especializadas:

(1) Organização Internacional do Trabalho (OIT), com sede em Genebra.
(2) Organização de Aviação Civil Internacional, com sede em Montreal.
(3) Organização Mundial de Saúde (OMS), com sede em Genebra.
(4) Banco Internacional de Reconstrução e Fomento, com sede em Washington;
(5) Fundo Monetário Internacional (FMI), com sede em Washington;
(6) Organização Meteorológica Mundial, com sede em Genebra;
(7) União Postal Universal, com sede em Berna;
(8) União Internacional de Telecomunicações, com sede em Genebra.

O Brasil se submete à jurisdição do Tribunal Penal Internacional a cuja criação tenha manifestado adesão (§ 4º do art. 5º da Constituição).

15.3 ORGANIZAÇÃO INTERNACIONAL DO TRABALHO (OIT)

A OIT foi esboçada na Parte XIII do Tratado de Versalhes, de 1919, tendo sido complementada posteriormente pela Declaração de Filadélfia, de 1944.

É composta a OIT de três órgãos: a Conferência ou Assembleia Geral, o Conselho de Administração e a Repartição Internacional do Trabalho.

A Conferência ou Assembleia Geral é o órgão de deliberação da OIT, que se reúne no local indicado pelo Conselho de Administração. A Conferência é constituída de representantes dos Estados-membros. São realizadas sessões, pelo menos uma vez por ano, onde comparecem as delegações de cada Estado-membro, compostas de membros do governo e representantes dos trabalhadores e dos empregadores. A Conferência traça as diretrizes básicas a serem observadas no âmbito da OIT quanto à política social. É na Conferência que são elaboradas as convenções e recomendações internacionais da OIT.

O Conselho de Administração exerce função executiva, administrando a OIT, sendo também composto de representantes de empregados, empregadores e do governo. O Conselho de Administração irá fixar data, local e ordem do dia das reuniões da Conferência, eleger o Diretor-Geral da Repartição Internacional do Trabalho e instituir comissões permanentes ou especiais. Reúne-se o Conselho de Administração três vezes por ano em Genebra, sendo composto, atualmente, de 56 membros.

A Repartição Internacional do Trabalho é a secretaria da OIT, dedicando-se a documentar e divulgar suas atividades, publicando as convenções e recomendações adotadas, editando a *Revista Internacional do Trabalho* e a Série Legislativa, de maneira a expor as leis trabalhistas dos países-membros. A Repartição Internacional do Trabalho é dirigida pelo Diretor-Geral nomeado pelo Conselho de Administração, de quem irá receber instruções.

Convenções da OIT são normas jurídicas provenientes da Conferência da OIT, tendo por objetivo determinar regras gerais obrigatórias para os Estados que as ratificarem, passando a fazer parte de seu ordenamento jurídico interno. As Convenções da OIT são aprovadas pela Conferência Internacional por maioria de dois terços dos delegados presentes (art. 19.2 da Constituição da OIT) e, para terem validade, devem ser ratificadas pelos países signatários. Os Estados, porém, não são obrigados a ratificá-las, só o fazendo quando assim têm interesse. Entre as principais Convenções da OIT, podem-se destacar a de n. 87, que trata de liberdade sindical, e a de n. 98, que versa sobre negociação coletiva.

A vigência internacional de uma Convenção da OIT passa a ocorrer geralmente a partir de 12 meses após o registro de duas ratificações por Estados-membros na Repartição Internacional do Trabalho.

Após ser a Convenção aprovada pela Conferência Internacional do Trabalho, o governo do Estado-membro deve submetê-la, no prazo máximo de 18 meses, ao órgão nacional competente (art. 19, § 5º, *b*, da Constituição da OIT), que, em nosso caso, é o Congresso Nacional (art. 49, I, da Constituição). O chefe de Estado poderá ratificá-la em ato formal dirigido ao Diretor-geral da Repartição Internacional do Trabalho (art. 19, § 5º, *d*, da Constituição da OIT). A convenção entrará em vigor no país depois de certo período da data em que haja sido registrada na OIT sua ratificação, o que normalmente é especificado na referida norma internacional. A ratificação tem validade decenal. No Brasil, a Convenção é aprovada por meio de decreto legislativo. Há necessidade, ainda, de que a Convenção seja tornada pública, para efeito de divulgação de seu texto, o que é feito por meio de decreto do Presidente da República, pois a lei ou a norma internacional só vige "depois de oficialmente publicada" (art. 1º do Decreto-Lei n. 4.657/42) no *Diário Oficial.*

Recomendação é uma norma da OIT em que não houve um número suficiente de adesões para que ela viesse a se transformar numa convenção. Para tanto, passa a ter validade apenas como sugestão ao Estado, de modo que oriente seu direito interno. Ela não é, assim, ratificada pelo Estado-membro, ao contrário do que ocorre com a Convenção. A Recomendação tem duas características: (a) é facultativa, não obrigando os países-membros da OIT, servindo apenas como indicação; (b) normalmente, tem a finalidade de complementar as disposições de uma Convenção da OIT. A Recomendação é mera fonte material de Direito.

As resoluções da OIT servem para dar seguimento aos procedimentos das normas internacionais, como se fossem decisões ordinatórias.

Tanto para a Convenção como para a Recomendação há necessidade de que sejam aprovadas pela Conferência em duas sessões seguidas, que são realizadas em dois anos seguidos, visando, assim, maior segurança.

15.4 ORGANIZAÇÃO DOS ESTADOS AMERICANOS (OEA)

A Organização dos Estados Americanos tem os seguintes órgãos:

(1) Conferência Interamericana, que é o órgão supremo;

(2) Reunião de Consulta dos Ministros das Relações Exteriores;

(3) Conselho, que é composto de representantes de todos os Estados-membros;

(4) União Pan-Americana, que é o órgão administrativo dirigido por um Secretário Geral;

(5) Comissão Interamericana da Paz, que é composta de cinco países-membros.

São organismos governamentais especializados da OEA:

(1) Junta Interamericana de Defesa;

(2) Instituto Pan-Americano de Geografia e História;

(3) Repartição Sanitária Pan-Americana;

(4) Instituto Internacional Americano de Proteção à Infância;

(5) Instituto Interamericano de Ciências Agrícolas;

(6) Instituto Interamericano de Indianistas.

15.5 SANTA SÉ

O Vaticano é Estado independente desde 1929, conforme o Tratado de Latrão. Foi assinado entre a Igreja Católica e o governo italiano.

A Santa Sé é considerada pessoa de direito internacional. É dirigida pelo Papa, tendo outros ajudantes, que são os cardeais, os bispos, os arcebispos e os padres.

15.6 UNIÃO EUROPEIA

A União Europeia é originária da Comunidade Econômica Europeia (CEE), que foi fundada em 1957. Foram suprimidas as barreiras alfandegárias em 1992. Foi criada pelo Tratado de Maastrich de 1992. O Acordo Schengen permite a livre circulação de pessoas entre 30 países europeus, incluindo todos os membros da

União Europeia, exceto Irlanda e Reino Unido. O Tratado de Lisboa, de 13 de dezembro de 2007, modificou as regras jurídicas do espaço Schengen, estabelecendo um "espaço de liberdade, segurança e justiça". Visa a cooperação policial e judiciária com a implementação de políticas comuns no tocante a concessão de vistos, asilo e imigração, mediante substituição do *método intergovernamental* pelo *método comunitário*. O Parlamento Europeu é o órgão máximo da comunidade para o qual são eleitos cidadãos europeus pelo voto direto, a cada cinco anos. A adesão à União implica perda de parte da soberania do país, devendo observar as regras da comunidade. O direito comunitário prevalece sobre o direito local. Há outros órgãos, como: o Tribunal de Justiça, o Tribunal de Contas, o Comitê Econômico e Social, o Comitê das Regiões, o Banco Central Europeu e o Banco Europeu de Investimento. Transformou a Comunidade Econômica Europeia em uma organização política. Implantou moeda única, que é o euro. O direito comunitário, que é o conjunto das normas da União Europeia, tem hierarquia superior às normas internas de cada país pertencente ao citado bloco.

Os direitos são baseados na reciprocidade e na não discriminação.

15.7 MERCOSUL

O Tratado de Assunção criou o Mercosul, em 26 de março de 1991. Era integrado por Argentina, Brasil, Paraguai e Uruguai. Atualmente, também faz parte a Venezuela.

Pretende o Mercosul: (a) a livre circulação de bens, serviços e fatores de produção entre os países, por meio, entre outros, da eliminação dos direitos alfandegários, restrições não tarifárias à circulação de mercadorias e de qualquer outra medida de efeito equivalente; (b) o estabelecimento de uma tarifa externa e a adoção de uma política comercial comum em relação a terceiros Estados ou agrupamentos de Estados e a coordenação de posições em foros econômico-comerciais regionais e internacionais.

Em matéria de impostos, taxas e outros gravames internos, os produtos originários do território de um Estado-Parte gozarão, nos outros Estados-Partes, do mesmo tratamento que se aplique ao produto nacional.

15.8 DECLARAÇÕES INTERNACIONAIS

As declarações internacionais são atos que indicam regras genéricas, geralmente inspiradas por critérios de justiça, de modo que sirvam de base a um dado sistema jurídico. De certa forma, seriam equiparadas a uma norma programática, que traçaria critérios gerais. Não são regras imperativas, mas apenas uma orientação geral. Exemplos: a Declaração Universal dos Direitos Humanos, a Carta Social Europeia etc.

A Declaração Universal dos Direitos Humanos foi aprovada pela Assembleia Geral das Nações Unidas em 1948. Prevê direitos gerais do homem, inclusive trabalhistas.

15.9 TRATADOS

Em português, são usadas as expressões acordo, ajuste, arranjo, ata, ato, carta, código, compromisso, constituição, contrato, convenção, convênio, declaração, estatuto, memorando, pacto, protocolo e regulamento. São termos de uso livre e aleatório, segundo Francisco Rezek[2].

Carta e constituição vêm a ser usados nos tratados constitutivos de organizações internacionais, como a OIT.

Ajuste, arranjo e memorando são empregados na denominação de tratados bilaterais de importância reduzida.

Concordata é utilizada para o tratado bilateral em que uma das partes é a Santa Sé e que tem por objeto a organização do culto, a disciplina eclesiástica, missões apostólicas, relações entre a Igreja Católica local e o Estado copactuante.

O inciso I do art. 49 da Constituição faz referência a tratados, acordos e atos internacionais. O inciso VIII do art. 84 da mesma norma menciona tratados, convenções ou atos internacionais. O § 2º do art. 5º usa a expressão *tratados internacionais*. Em princípio, se poderia entender que seriam coisas diversas.

Convenção parece ter um sentido específico, pois é empregado para as determinações oriundas da Conferência da OIT.

Tratado vem a ser uma norma jurídica escrita celebrada entre Estados, visando solucionar ou prevenir situações ou estabelecer certas condições. No âmbito trabalhista, seria o estabelecimento de regras ou a solução de certas situações. Exemplo: o tratado que o Brasil mantém com o Paraguai, no que diz respeito a Itaipu, quanto a questões de natureza trabalhista e previdenciária.

Implica o tratado direitos e obrigações.

---

2 REZEK, José Francisco. *Direito internacional público*. 7. ed. São Paulo: Saraiva, 1998, p. 17.

Consiste a ratificação no "ato pelo qual o poder executivo, devidamente autorizado pelo órgão para isso designado na lei interna, confirma um tratado ou declara que este deve produzir seus devidos efeitos"[3].

O tratado não se confunde com o costume, pois é um ajuste formal, segue certas formas. Não precisa necessariamente ser escrito.

Distingue-se o tratado do *gentleman agreement* porque este não compreende sujeitos de direito internacional. É mero acordo de cavalheiros.

Os tratados podem ser classificados em bilaterais, que abrangem duas partes, ou multilaterais ou plurilaterais, em que há várias partes. É também encontrada a expressão *tratado coletivo* quando as partes são muito numerosas.

Hildebrando Accioly prefere a classificação de tratados-contratos e tratados-leis ou tratados normativos. Os tratados normativos são celebrados entre muitos Estados, fixando normas de direito internacional, podendo ser comparados a verdadeiras leis. Os tratados-contratos regulam interesses recíprocos dos Estados convenentes, resultando de concessões mútuas, tendo aparência de contratos. Alguns tratados têm as duas qualidades, de contrato e de lei, como acontece com os tratados de paz.

A hierarquia das normas internacionais pode ser analisada sob o ângulo de duas teorias: a teoria monista, que prega a unidade do sistema do Direito Internacional e do Direito interno do país, e a teoria dualista, que entende que existem duas ordens jurídicas distintas, a internacional e a interna.

Na corrente monista seria possível sustentar duas situações: (a) a que entende que haveria primazia da ordem internacional sobre o direito interno, tese defendida por Haroldo Valladão[4]; (b) a que equipara a norma internacional ao direito interno, "dependendo a prevalência de uma fonte sobre a outra da ordem cronológica de sua criação"[5], isto é, o direito interno prevalece sobre o direito internacional, se aquele for posterior a este.

A Constituição de 1988 não é clara no sentido de que observou uma teoria ou outra. Tudo indica que adotou a teoria monista, em virtude da qual o tratado ratificado complementa, altera ou revoga o direito interno, desde que se trate de norma autoaplicável e já esteja em vigor no âmbito internacional. O Brasil, em suas relações internacionais, rege-se pelo princípio da independência nacional

---

3 ACCIOLY, Hildebrando. *Tratado de direito internacional público*. 2. ed. Rio de Janeiro: IBGE, 1956, v. 1, p. 574.

4 VALLADÃO, Haroldo. *Direito internacional privado*: introdução e parte geral. 3. ed. Rio de Janeiro: Freitas Bastos, 1971, p. 95.

5 DOLINGER, Jacob. *Direito internacional privado*: parte geral. Rio de Janeiro: Renovar, 1994, p. 83.

(art. 4º, I), não podendo haver, portanto, a coexistência de duas ordens ao mesmo tempo. O § 2º do art. 5º da Lei Maior determina que os direitos e garantias expressos na Constituição não excluem outros decorrentes do regime e dos princípios por ela adotados, ou dos tratados internacionais que o Brasil seja parte. O inciso VIII do art. 84 da Lei Magna dispõe que compete privativamente ao presidente da República celebrar tratados, convenções e atos internacionais, sujeitos a referendo do Congresso Nacional. A norma internacional tem natureza de lei federal, tanto que o Congresso Nacional tem competência exclusiva para resolver definitivamente sobre tratados internacionais (art. 49, I), o que é feito por meio de decreto legislativo, que também tem natureza de lei federal (art. 59, VI, da Constituição). Esclarece a alínea *b* do inciso III do art. 102 da Constituição que compete ao STF, em grau de recurso extraordinário, julgar as causas em única ou última instância, para declarar a inconstitucionalidade de tratado, mostrando que o tratado fica hierarquicamente logo abaixo da Constituição. Dispõe a alínea *a* do inciso III do art. 105 da Lei Maior que compete ao STJ julgar, em recurso especial, as decisões que contrariem tratado, ou negar-lhes vigência, indicando que o tratado tem hierarquia de lei federal. Adotam a teoria monista a Alemanha, o México, o Uruguai, os Estados Unidos, a França e outros países.

A teoria dualista afirma que não há a aplicação da norma internacional sem que a norma interna a regulamente. O país tem o compromisso de legislar na conformidade do diploma internacional. Amílcar de Castro, que é adepto de tal teoria, afirma que o tratado "só opera na ordem internacional, que é independente da nacional, e entre ordens independentes não podem as normas de uma provir da outra. É aceitável, por isso, a opinião de Azilotti no sentido de que 'as normas internacionais não podem influir sobre o valor obrigatório das normas internas, e vice-versa'"[6]. Adotam esse sistema a Austrália, o Canadá, a Inglaterra, entre outros.

O STF já entendeu que a norma posterior ao tratado prevalece sobre o instrumento internacional, ainda que não tenha sido ele denunciado pelo Brasil[7]. O STF julgou que "os tratados concluídos pelo Estado Federal possuem, em nosso sistema normativo, o mesmo grau de autoridade e de eficácia das leis mencionadas"[8]. Não há necessidade, portanto, de aprovação de uma lei ordinária para que o tratado tenha validade no país. Entretanto, é possível justificar que a norma internacional tem sua forma própria de revogação, a denúncia, e só pode ser alterada por

---

6 CASTRO, Amílcar de. *O direito internacional privado*. Rio de Janeiro: Forense, 1995, p. 123.

7 STF, Pleno, RE 80.004, Rel. Min. Cunha Peixoto, j. 1-6-77, *RTJ* 83/809.

8 STF, ADIn 1.347-5, Rel. Min. Celso de Mello, *DJU* I 1º-12-1995.

outra norma de categoria igual ou superior, internacional ou supranacional, e jamais pela inferior, interna ou nacional.

Sendo o tratado anterior à Constituição e contrário a ela, prevalece a Lei Maior, se esta for mais recente. Se o tratado for posterior à Constituição, o primeiro é inconstitucional, tanto que é cabível o recurso extraordinário para declarar sua inconstitucionalidade (art. 102, III, *b*, da Constituição). Nesse sentido, foi acolhida representação do Procurador-Geral da República para afirmar a ineficácia jurídica de determinadas normas da Convenção n. 110 da OIT, por se atritarem com disposições da Constituição no momento da ratificação (STF, Pleno, Representação 803, Rel. Min. Djaci Falcão j. 14-6-1974). Estabelece o art. 60 da Constituição o processo de emenda à Constituição, porém o tratado não está nele incluído.

Determina o art. 98 do CTN que os tratados e as convenções internacionais revogam ou modificam a legislação tributária interna, e serão observados pela que lhes sobrevenha, justamente porque têm hierarquia de lei federal.

O STF já entendeu, ao analisar a aplicação da Lei Cambiária Uniforme, que se a norma internacional foi promulgada, passa a integrar o direito positivo, inclusive naquilo em que modifique a legislação interna da mesma hierarquia, havendo igualdade de hierarquia entre a lei ordinária e o tratado internacional incorporado ao nosso ordenamento jurídico[9].

Atualmente, o STF entende que os tratados e convenções internacionais têm natureza supralegal. Estão acima da lei e abaixo da Constituição.

Os tratados e convenções internacionais sobre direitos humanos que forem aprovados, em cada Casa do Congresso Nacional, em dois turnos, por três quintos dos votos dos respectivos membros, serão equivalentes às emendas constitucionais (§ 3º do art. 5º da Constituição).

Leciona Hildebrando Accioly que promulgação "é o ato jurídico, de natureza interna, pelo qual o governo de um Estado afirma ou atesta a existência de um tratado por ele celebrado e o preenchimento das formalidades exigidas para sua conclusão e, além disso, ordena sua execução dentro dos limites aos quais se estende a competência estatal"[10]. Menciona ainda o mestre que "essa publicação tem em

---

9 RE 71.154/PR, *RTJ* 58/70.

10 ACCIOLY, Hildebrando. *Tratado de direito internacional público*. 2. ed. Rio de Janeiro: Ministério das Relações Exteriores, 1956, v. 1, p. 602.

vista apenas a produção de efeitos na ordem interna e é regulada pelo direito público interno de cada Estado"[11].

A vigência da norma internacional exige publicidade, tornando público o texto oficial, o que é feito por intermédio de decreto de promulgação, isto é, por decreto do presidente da República.

A Constituição da OIT não dispõe, porém, que a convenção deve ser promulgada.

A norma internacional só vige "depois de oficialmente publicada" (art. 1º do Decreto-Lei n. 4.657/42), o que é feito com o decreto de promulgação publicado no *Diário Oficial da União*. Com isso, a norma internacional é traduzida para o português, é tornada pública, sendo indicada a data de sua vigência.

A publicação do texto da norma internacional no *Diário do Congresso Nacional* não tem o condão de torná-la obrigatória, o que só é realizado com a publicação no *Diário Oficial da União*, quando é fixada a data do início de sua vigência.

O protocolo é a forma em que é feito o acordo entre os negociadores a respeito de um tratado.

A ratificação é a maneira de se dar validade ao tratado, mostrando que o governo aprova o pacto, que passa a integrar sua ordem jurídica.

Denúncia é o aviso prévio dado pelo Estado no sentido de que não tem interesse em continuar aplicando dada norma internacional.

Revisão é o ato pelo qual a norma internacional vai ser adaptada à realidade econômica e social do país acordante. Geralmente, as próprias convenções já tratam da forma como serão revistas.

Embaixadas são a representação política do Estado. Consulados são a representação comercial.

Questionário

1. O que é Direito Internacional Público?
2. Quais são os órgãos da ONU?
3. Quais são os órgãos da OIT?
4. Qual a diferença entre convenções e recomendações?
5. Quais são os países que pertencem ao Mercosul?
6. O que é tratado?

---

11 Idem, ibidem, p. 601.

7. Quais os requisitos para um tratado ser considerado lei no Brasil?

8. O que é deportação?

9. O que é extradição?

10. Como se caracteriza a expulsão?

Parte III

DIREITO PRIVADO

Capítulo 16

DIREITO CIVIL

16.1 CONCEITO

Direito Civil é o conjunto de princípios, de regras e de instituições que regula as relações entre pessoas e entre estas e os bens de que se utilizam.

16.2 CODIFICAÇÃO

O projeto de Código Civil foi de autoria de Clóvis Beviláqua, que deu origem à Lei n. 3.071, de 1º de janeiro de 1916. Entrou em vigor em 1º de janeiro de 1917.

O Código Civil de 1916 foi elaborado em época em que vigia a sociedade patriarcal e rural.

A Lei n. 10.406, de 10 de janeiro de 2002, estabeleceu o novo Código Civil. Ele entrou em vigor em 11 de janeiro de 2003.

Foi dividido o Código Civil em Parte Geral e Parte Especial. Na Parte Geral, são estudadas as noções de pessoas, de bens, de atos e fatos jurídicos. Na Parte Especial, são incluídas regras sobre família, sucessões, coisas, obrigações, contratos.

16.3 PERSONALIDADE

Pessoa natural é o ser humano provindo da mulher.

A personalidade civil da pessoa começa quando do nascimento com vida (art. 2º do Código Civil). O nascituro é sujeito de direito, pois pode receber doações e legados, pode ser adotado e legitimado.

16.4 CAPACIDADE

A partir do momento em que a pessoa adquire personalidade, é sujeito de direitos e obrigações.

A capacidade em direito é a aptidão determinada pela ordem jurídica para gozo e exercício de um direito por seu titular.

Todo sujeito de direito pode gozar e fruir as vantagens decorrentes dessa condição, mas nem sempre está habilitado a exercer esse direito em toda a sua extensão.

Reza o art. 1º do Código Civil que "toda pessoa é capaz de direitos e deveres na ordem civil", implicando a capacidade de ser parte.

A capacidade pode ser dividida em: de direito ou de fato.

A capacidade de direito é também chamada de jurídica ou de gozo. É a aptidão da pessoa de gozar seus direitos. O homem adquire essa capacidade desde o nascimento com vida, que é o que se denomina de personalidade civil da pessoa (art. 2º do Código Civil). O menor, o louco e o surdo-mudo gozam de direitos e obrigações, eis que nasceram com vida, mas não têm capacidade de estar em juízo, podendo, entretanto, ajuizar ação.

A capacidade processual é denominada de capacidade de fato ou de exercício. O homem, ao nascer com vida, pode pleitear a tutela jurisdicional do Estado, mas há a necessidade de que tenha capacidade processual. Capacidade de fruir e gozar seu direito o louco tem, porém não tem capacidade processual de estar em juízo, apesar de ter o direito de ação. É nesse sentido que, para o louco estar em juízo, tem que haver a participação de uma outra pessoa para verificar seus interesses ao ajuizar a ação.

A capacidade, no Direito Civil, é dividida em: absolutamente incapazes, relativamente capazes, capacidade absoluta ou plena.

São absolutamente incapazes de exercer pessoalmente os atos da vida civil os menores de 16 anos (art. 3º do Código Civil). A partir dos 16 anos o menor pode trabalhar. Pode também trabalhar a partir dos 14 anos, na condição de aprendiz.

São relativamente incapazes a certos atos ou à maneira de os exercer:

(a) os maiores de 16 e menores de 18 anos;

(b) os ébrios habituais e os viciados em tóxicos. Ébrio é a pessoa que se embriaga com constância. Os viciados são as pessoas que usam drogas com frequência. Se não puderem exprimir transitoriamente sua vontade, será hipótese de incapacidade absoluta;

(c) aqueles que, por causa transitória ou permanente, não puderem exprimir sua vontade;

(d) os pródigos. Pródigo vem do latim *prodigus*, *prodigere*, com o sentido de gastar desordenadamente, dissipar, desperdiçar. É a pessoa que gasta desordenadamente, que dissipa ou dilapida seu patrimônio sem justificativa. Faz despesas inúteis, insensatas e excessivas, podendo ser levado à miséria (art. 4º do Código Civil).

A capacidade dos indígenas será regulada por legislação especial.

Tem capacidade plena o maior de 18 anos, que fica habilitado à prática de todos os atos da vida civil.

Reza o inciso V do art. 1.634 do Código Civil que, até os 16 anos, os filhos menores devem ser representados pelos pais. A partir dos 16 anos e até os 18 anos, o menor é assistido.

Emancipação é a cessação, para os menores, de sua incapacidade, antes da idade prevista em lei, nos seguintes casos:

(1) por concessão dos pais, ou de um deles na falta do outro, mediante instrumento público, independentemente de homologação judicial, ou por sentença do juiz, ouvido o tutor, se o menor tiver 16 anos completos. Não pode ser feita a emancipação por instrumento particular;

(2) pelo exercício de emprego público efetivo. Algumas legislações, porém, só admitem a pessoa no serviço público se tiver 18 anos;

(3) pela colação de grau em curso de ensino superior. Dificilmente haverá emancipação com a colação de grau em curso superior, pois dificilmente alguém vai terminar o curso antes de 18 anos;

(4) pelo casamento;

(5) pelo estabelecimento civil ou comercial, ou pela existência de relação de emprego, desde que, em função deles, o menor com 16 anos completos tenha economia própria. Estabelecimento civil implica a constituição de empresa para a prestação de serviços. O menor pode trabalhar a partir dos 16 anos e na condição de aprendiz a partir de 14 anos (art. 7º, XXXIII, da Constituição). Se o menor trabalha, mas não tem economia própria, não adquire a capacidade civil. A economia própria é adquirida

quando o menor tem remuneração suficiente para o seu sustento ou de sua família.

A existência da pessoa natural termina com a morte.

Morte presumida é a declarada pelo juiz, tendo por fundamento fatos que permitam presumir que a pessoa esteja morta. É o que ocorre em naufrágios, guerras etc.

Nome é a denominação que identifica uma pessoa. O nome é composto do prenome (Sergio), que pode ser simples (Sergio) ou composto (Sergio Augusto), e do sobrenome, apelido ou patronímico, que indica a filiação. Pode ser simples (Martins) ou composto (Pinto Martins).

Serão inscritos em registro público: (1) os nascimentos, casamentos e óbitos; (2) a emancipação, por outorga dos pais ou por sentença do juiz; (3) a interdição por incapacidade absoluta ou relativa; (4) a sentença declaratória de ausência e de morte presumida (art. 9º do Código Civil).

16.5 PESSOA JURÍDICA

Pessoa vem do latim *persona*, que era a máscara usada pelos atores com a finalidade de ecoar suas palavras. Mais tarde, passou a significar o papel que cada ator representava. Posteriormente, passa a significar o próprio indivíduo. No direito, significa o indivíduo sujeito de direitos e obrigações.

A pessoa jurídica é uma ficção estabelecida pelo Estado diante de certas situações. É uma abstração, uma criação da lei.

Pessoa jurídica é a entidade constituída por pessoas ou bens, com vida, direitos, obrigações e patrimônio próprios.

As pessoas jurídicas são de Direito Público, interno ou externo, e de Direito Privado.

São pessoas jurídicas de Direito Público externo ou internacional os Estados estrangeiros e todas as pessoas que forem regidas pelo Direito Internacional Público (art. 42 do Código Civil). Os Estados estrangeiros têm sua representação política exercida pelas embaixadas e sua representação comercial pelos consulados. Pessoas regidas pelo Direito Internacional Público são, por exemplo, a ONU e seus órgãos, a OEA, o Mercosul, a União Europeia etc.

São pessoas jurídicas de Direito Público interno: (a) a União; (b) os Estados, o Distrito Federal; (c) os Municípios; (d) as autarquias, inclusive as associações públicas; (e) as demais entidades de caráter público criadas por lei. As fundações públicas são criadas por lei, sendo consideradas pessoas jurídicas de direito público interno.

São consideradas pessoas jurídicas de direito privado: (a) as associações, como os sindicatos, as associações de classe etc.; (b) as sociedades. Aqui não importa a espécie de sociedade, podendo ser enquadradas as empresas públicas que exploram atividade econômica e as sociedades de economia mista, que são regidas pelas regras do direito privado (art. 173, § 1º, II, da Constituição); (c) as fundações privadas; (d) as organizações religiosas; (e) os partidos políticos; (f) as empresas individuais de responsabilidade limitada.

Os homens se unem numa empresa para poder praticar atos de comércio.

A pessoa jurídica visa fazer com que os esforços das pessoas e o emprego de recursos econômicos sejam direcionados para a realização das atividades produtivas. As pessoas isoladamente não têm condições normais de se inserir sozinhas no mercado. Daí porque a lei estabelece personalidade jurídica às empresas para que elas possam realizar suas atividades.

A pessoa jurídica não se confunde com os seus sócios, associados, instituidores ou administradores (art. 49-A do Código Civil). A pessoa jurídica tem existência jurídica distinta da de seus membros. A pessoa jurídica é titular de seus direitos e de suas obrigações, inclusive no que diz respeito à sua responsabilidade patrimonial. A autonomia patrimonial das pessoas jurídicas é um instrumento lícito de alocação e segregação de riscos, estabelecido pela lei com a finalidade de estimular empreendimentos, para a geração de empregos, tributo, renda e inovação em benefício de todos.

Em regra, observa-se a autonomia patrimonial, a separação patrimonial entre a sociedade e seus sócios, em que os sócios não respondem pelas dívidas da sociedade.

São livres a criação, a organização, a estrutura interna e o funcionamento das organizações religiosas, sendo vedado ao poder público negar-lhes reconhecimento ou registro dos atos constitutivos e necessários ao seu funcionamento.

Os partidos políticos serão organizados e funcionarão conforme o disposto em lei específica.

Começa a existência legal das pessoas jurídicas de Direito Privado com a inscrição de seus contratos, atos constitutivos, estatutos ou compromissos em seu registro peculiar.

As pessoas jurídicas têm existência distinta da de seus membros.

Termina a existência da pessoa jurídica por sua dissolução ou extinção.

Em caso de abuso de personalidade jurídica, caracterizado pelo desvio de finalidade, ou pela confusão patrimonial, pode o juiz, a requerimento da parte, ou do Ministério Público quando lhe couber intervir no processo, desconsiderá-la para que os efeitos de certas e determinadas relações de obrigações sejam estendidos aos bens particulares de administradores ou de sócios da pessoa jurídica beneficiados direta ou indiretamente pelo abuso (art. 50 do Código Civil). É o que se chama de desconsideração da personalidade jurídica. O desvio de finalidade ocorre quando a personalidade jurídica é utilizada para fins diversos para os quais foi constituída. Confusão patrimonial existe quando a pessoa física dos sócios e a pessoa jurídica são um só, como quando utilizam a mesma conta bancária.

Desvio de finalidade é a utilização da pessoa jurídica com o propósito de lesar credores e para a prática de atos ilícitos de qualquer natureza.

Confusão patrimonial é a ausência de separação de fato entre os patrimônios, caracterizada por:

I – cumprimento repetitivo pela sociedade de obrigações do sócio ou do administrador ou vice-versa;

II – transferência de ativos ou de passivos sem efetivas contraprestações, exceto os de valor proporcionalmente insignificante; e

III – outros atos de descumprimento da autonomia patrimonial.

A mera existência de grupo econômico sem a presença dos requisitos de que trata o *caput* deste artigo não autoriza a desconsideração da personalidade da pessoa jurídica.

Não constitui desvio de finalidade a mera expansão ou a alteração da finalidade original da atividade econômica específica da pessoa jurídica.

As associações são constituídas pela união de pessoas que se organizem para fins não econômicos. Não há, entre os associados, direitos e obrigações recíprocos.

A associação não tem objetivo lucrativo e geralmente não tem fim patrimonial (ex. para fins artísticos, culturais, científicos).

O estatuto das associações conterá: (a) a denominação, os fins e a sede da associação; (b) os requisitos para a admissão, demissão e exclusão dos associados; (c) os direitos e deveres dos associados; (d) as fontes de recursos para sua manutenção; (e) o modo de constituição e funcionamento dos órgãos deliberativos; (f) as condições para a alteração das disposições estatutárias e para a dissolução; (g) a forma de gestão administrativa e de aprovação das respectivas contas.

Os associados devem ter iguais direitos, mas o estatuto poderá instituir categorias com vantagens especiais.

Nenhum associado poderá ser impedido de exercer direito ou função que lhe tenha sido legitimamente conferido, a não ser nos casos e pela forma previstos na lei ou no estatuto.

A exclusão do associado só é admissível havendo justa causa, assim reconhecida em procedimento que assegure direito de defesa e de recurso, nos termos previstos no estatuto.

Compete privativamente à assembleia geral: (a) destituir os administradores; (b) alterar o estatuto.

Para as deliberações referentes aos itens a e b, é exigido o voto de dois terços dos presentes à assembleia especialmente convocada para esse fim, não podendo ela deliberar, em primeira convocação, sem a maioria absoluta dos associados, ou com menos de um terço nas convocações seguintes.

A convocação da assembleia geral será feita na forma do estatuto, garantido a um quinto dos associados o direito de promovê-la.

16.6 FUNDAÇÕES

A fundação será criada por seu instituidor por escritura pública ou testamento. Será feita dotação especial de bens livres, especificando o fim a que se destina e declarando, se quiser, a maneira de administrá-la.

O ato de criação é o da constituição da fundação. O ato de dotação é a reserva de bens livres, a indicação dos fins e a maneira pela qual haverá a administração da fundação.

Os bens da fundação devem estar livres e desembaraçados. Não podem conter qualquer ônus.

A fundação somente poderá ser constituída para: (a) assistência social; (b) cultura, defesa e conservação do patrimônio histórico e artístico; (c) educação; (d) saúde; (e) segurança alimentar e nutricional; (f) defesa, preservação e conservação do meio ambiente e promoção do desenvolvimento sustentável; (g) pesquisa científica, desenvolvimento de tecnologias alternativas, modernização de sistemas de gestão, produção e divulgação de informações e conhecimentos técnicos e científicos; (h) promoção da ética, da cidadania, da democracia e dos direitos humanos; (i) atividades religiosas.

Poderão as fundações ser formadas de forma direta ou fiduciária. Na forma direta, o instituidor disciplina a fundação. Na forma fiduciária, o instituidor determina quem irá organizá-la.

Quando insuficientes para constituir a fundação, os bens a ela destinados serão, se de outro modo não dispuser o instituidor, incorporados em outra fundação que se proponha a fim igual ou semelhante.

Constituída a fundação por negócio jurídico entre vivos, o instituidor é obrigado a transferir-lhe a propriedade, ou outro direito real, sobre os bens dotados e, se não o fizer, serão registrados, em nome dela, por mandado judicial.

Aqueles a quem o instituidor cometer a aplicação do patrimônio, em tendo ciência do encargo, formularão logo, de acordo com suas bases, o estatuto da fundação projetada, submetendo-o, em seguida, à aprovação da autoridade competente, com recurso ao juiz. Se o estatuto não for elaborado no prazo assinado pelo instituidor ou, não havendo prazo, em 180 dias, a incumbência caberá ao Ministério Público.

Velará pelas fundações o Ministério Público do Estado onde situadas. Caso estenderem a atividade por mais de um Estado, caberá o encargo, em cada um deles, ao respectivo Ministério Público. Se funcionarem no Distrito Federal ou em Território, caberá o encargo ao Ministério Público do Distrito Federal e Territórios.

Para que se possa alterar o estatuto da fundação é mister que a reforma: (1) seja deliberada por dois terços dos competentes para gerir e representar a fundação; (2) não contrarie ou desvirtue o fim desta; (3) seja aprovada pelo órgão do Ministério Público no prazo máximo de 45 dias, findo o qual ou no caso de o Ministério Público a denegar, poderá o juiz supri-la, a requerimento do interessado.

Quando a alteração não houver sido aprovada por votação unânime, os administradores da fundação, ao submeterem o estatuto do órgão do Ministério Público, requererão que se dê ciência à minoria vencida para impugná-la, se quiser, em dez dias.

Tornando-se ilícita, impossível ou inútil a finalidade a que visa a fundação, ou vencido o prazo de sua existência, o órgão do Ministério Público, ou qualquer interessado, lhe promoverá a extinção, incorporando-se seu patrimônio, salvo disposição em contrário no ato constitutivo, ou no estatuto, em outra fundação, designada pelo juiz, que se proponha a fim igual ou semelhante.

16.7 DOMICÍLIO

Domicílio da pessoa física é o lugar onde ela estabelece sua residência com ânimo definitivo (art. 70 do Código Civil).

Residência é o local onde a pessoa mora, como, por exemplo, onde dorme, faz refeições etc.

Domicílio voluntário é o que fica a critério do indivíduo. Domicílio legal ou necessário é o determinado pela lei, como do filho menor, que é o de seu pai.

Se, porém, a pessoa física tiver diversas residências onde alternadamente viva, considerar-se-á domicílio seu qualquer delas.

Considera-se domicílio da pessoa física, que não tenha residência habitual, o lugar onde for encontrada.

Quanto às pessoas jurídicas, o domicílio é: (a) da União, o Distrito Federal; (b) dos Estados, as respectivas capitais; (c) do Município, o lugar onde funcione a administração municipal; (d) das demais pessoas jurídicas, o lugar onde funcionarem as respectivas diretorias e administrações, ou onde elegerem domicílio especial em seus estatutos ou atos constitutivos.

Os incapazes têm por domicílio o de seus representantes.

Os funcionários públicos reputam-se domiciliados onde exercem permanentemente suas funções.

O domicílio do militar em serviço ativo é o lugar onde servir. Se for da Marinha ou Aeronáutica, o domicílio é a sede do comando a que se encontrar imediatamente subordinado.

O domicílio dos marítimos é o lugar onde estiver matriculado o navio.

O preso tem o domicílio no lugar onde cumpre sentença.

O agente diplomático do Brasil que, citado no estrangeiro, alegar extraterritorialidade sem designar onde tem, no país, seu domicílio, poderá ser demandado no Distrito Federal ou no último ponto do território brasileiro onde o teve.

Nos contratos escritos, poderão os contraentes especificar domicílio onde se exercitem e cumpram os direitos e obrigações deles resultantes. É o que se chama de domicílio de eleição.

A pessoa jurídica tem sede e não domicílio, que diz respeito à pessoa física.

16.8 BENS

Bem vem do latim *bene*. É tudo o que está em ordem e conforme o direito.

Os bens podem ser classificados em corpóreos e incorpóreos. Bens corpóreos são os bens físicos, como uma cadeira. Bens incorpóreos ou imateriais são os bens abstratos, como um direito.

São bens móveis os suscetíveis de movimento próprio, podendo ser transportados de um local para outro, como os veículos. Bens imóveis são os que não podem ser transportados, sem que seja alterada sua substância. Os bens imóveis são divididos em imóveis: (a) por natureza (o solo, o mar); (b) por acessão, como as construções; (c) por destinação, como os utensílios agrícolas; (d) por disposição legal (o navio, que pode ser hipotecado, conforme o inciso VI do art. 1.473 do Código Civil).

Bens fungíveis são os que podem ser substituídos por outros da mesma espécie, qualidade e quantidade (ex.: uma dúzia de laranja-lima). Bens infungíveis são os que não podem ser substituídos.

Bens consumíveis são os que deixam de existir à medida que vão sendo usados, como os alimentos. Inconsumíveis são os bens duráveis, como um veículo.

Divisíveis são os bens que podem ser repartidos, como um queijo. Indivisíveis são os bens que não podem ser divididos sem prejudicar sua integridade, como uma caneta.

Singulares são os bens que podem ser individualizados, como um livro. Coletivos são os bens considerados em sua totalidade, como uma colmeia.

Principal é a coisa que existe sobre si, abstrata ou concretamente. Acessórios são as coisas que dependem da existência do principal e a ele estão vinculadas, como os galhos em relação à árvore. O acessório segue a sorte do principal (art. 92 do Código Civil). Os acessórios são divididos em benfeitorias e frutos. Benfeitorias são: (a) necessárias, como a necessidade de conservação do imóvel; (b) úteis, como os melhoramentos; (c) voluptuárias, que dizem respeito ao embelezamento do bem. Os frutos são: (a) naturais, como os provenientes das árvores; (b) industriais; (c) civis, como os rendimentos, os juros e os dividendos.

Públicos são os bens que pertencem a toda a coletividade. São bens de uso comum do povo os mares, rios, estradas, ruas e praças. São bens de uso especial os edifícios ou terrenos aplicados a serviço ou estabelecimento federal, estadual ou municipal. Bens dominicais são os que constituem o patrimônio da União, dos Estados ou dos municípios, como objeto de direito pessoal ou real de cada uma dessas entidades. Particulares são os bens das pessoas físicas ou jurídicas.

Bens alienáveis ou no comércio são os bens que podem ser negociados. Bens inalienáveis ou fora do comércio são os bens que não podem ser vendidos, como os bens públicos.

Os bens públicos de uso comum do povo e os de uso especial são inalienáveis, enquanto conservarem sua qualificação, na forma determinada pela lei.

Os bens públicos dominicais podem ser alienados, observadas as exigências da lei.

Não estão sujeitos a usucapião os bens públicos.

O uso comum dos bens públicos pode ser gratuito ou retribuído, conforme for estabelecido legalmente pela entidade a cuja administração pertencerem.

Podem os cônjuges, ou a entidade familiar, mediante escritura pública ou testamento, destinar parte de seu patrimônio para instituir bem de família, desde que não ultrapasse um terço do patrimônio líquido existente ao tempo da instituição, mantidas as regras sobre a impenhorabilidade do imóvel residencial estabelecida em lei especial, que é a Lei n. 8.009/90.

O terceiro poderá igualmente instituir bem de família por testamento ou doação, dependendo a eficácia do ato da aceitação expressa de ambos os cônjuges beneficiados ou da entidade familiar beneficiada.

Consistirá o bem de família em prédio residencial urbano ou rural, com suas pertenças e acessórios, destinando-se em ambos os casos a domicílio familiar, e poderá abranger valores mobiliários, cuja renda será aplicada na conservação do imóvel e no sustento da família.

A constituição do bem de família depende de registro de seu título no Registro de Imóveis.

É isento o bem de família de execução por dívidas posteriores a sua instituição, salvo as que provierem de tributos relativos ao prédio, ou de despesas de condomínio.

O favor legal durará enquanto viver um dos cônjuges, ou, na falta destes, até que os filhos completem a maioridade.

Salvo disposição em contrário do ato de instituição, a administração do bem de família compete a ambos os cônjuges, resolvendo o juiz em caso de divergência.

A dissolução da sociedade conjugal não extingue o bem de família.

Dissolvida a sociedade conjugal pela morte de um dos cônjuges, o sobrevivente poderá pedir a extinção do bem de família, se for o único bem do casal.

Extingue-se, igualmente, o bem de família com a morte de ambos os cônjuges e a maioridade dos filhos, desde que não sujeitos a curatela.

16.9 FATOS JURÍDICOS

No Direito Romano, afirmava-se que o Direito nasce dos fatos (*ex facto oritur ius*).

Fato jurídico é o acontecimento em que a relação jurídica nasce, se modifica e se extingue. Exemplos seriam o nascimento, a morte etc.

Um fato é jurídico quando lhe é atribuído efeito jurídico.

Ato jurídico é o fato proveniente da ação humana, de forma voluntária e lícita, com o objetivo de adquirir, resguardar, transferir, modificar ou extinguir direitos. Ato jurídico é, portanto, espécie de fato jurídico. São exemplos o casamento, os contratos etc.

O fato jurídico independe da vontade do homem, enquanto o ato jurídico depende de sua vontade.

Os atos jurídicos são classificados em: (a) *inter vivos*, que são os realizados entre pessoas vivas, como a venda e compra; (b) *causa mortis*, que são decorrentes da morte da pessoa, como o testamento; (c) unilaterais, que dependem da vontade de uma única pessoa; (d) bilaterais, que dependem da vontade de duas pessoas para sua configuração, como num contrato; (e) onerosos, em que há reciprocidade de direitos e obrigações, como na locação; (f) gratuitos, como na doação simples; (g) patrimoniais, como na venda e compra; (h) pessoais, como o registro do nome civil; (i) formais ou solenes, quando a lei determina forma especial para sua configuração, como no casamento; (j) informais, em que não existe uma formalidade para serem considerados válidos, como na maioria dos contratos, que não exigem que sejam estipulados por escrito; (k) constitutivos, que têm por objetivo criar, modificar ou extinguir um direito; (l) declaratórios, em que se declara a existência ou inexistência de uma relação jurídica ou a falsidade ou autenticidade de um documento; (m) lícitos, que são praticados de acordo com a previsão legal; (n) ilícitos, que são praticados em desconformidade com a determinação da lei.

Negócio jurídico é a declaração de vontade da pessoa para adquirir, modificar, alterar ou extinguir uma relação jurídica. A pessoa adquire quando compra um bem; modifica quando cede direitos; altera quando faz novação; extingue quando faz pagamento, distrato de sociedade etc.

Negócio jurídico é espécie de ato jurídico lícito, como um contrato.

- Fatos jurídicos
  - fatos naturais
  - atos jurídicos (atos humanos)
    - lícitos
      - meramente lícitos
      - negócios jurídicos
    - ilícitos

Elementos essenciais são os necessários à validade do negócio jurídico. Exemplo: o contrato ser escrito, quando a lei assim o exigir.

Elementos acidentais são os inseridos pela vontade das partes.

Negócio simulado é o que tem aparência totalmente diversa da realidade.

16.9.1 Elementos dos negócios jurídicos

Para a validade do negócio jurídico, é preciso: (a) agente capaz; (b) objeto lícito, possível, determinado ou determinável; (c) forma prescrita ou não proibida por lei (art. 104 do Código Civil).

A capacidade plena da pessoa é adquirida aos 18 anos.

O objeto da relação jurídica deve ser lícito. Objetos ilícitos não irão dar validade à relação jurídica, como contrabando, tráfico de drogas, jogo do bicho etc. Haveria objeto ilícito quando fosse contratado um assassinato ou um casamento para obter vantagens pecuniárias. Não constituem atos ilícitos: (a) os praticados em legítima defesa ou no exercício regular de um direito reconhecido; (b) a deterioração ou destruição da coisa alheia, a fim de remover perigo iminente. Nesse último caso, o ato será legítimo somente quando as circunstâncias o tornarem absolutamente necessário, não excedendo os limites do indispensável para a remoção do perigo.

Objeto possível é o materialmente realizável. Seria impossível entregar a outra pessoa um disco voador, um fantasma, o saci-pererê, a mula sem cabeça etc.

Ilegal seria o contrato de trabalho do empregado contratado para matar pessoas. Proibido seria o trabalho do menor de 16 anos.

Objeto determinado é o especificado, como vou comprar um veículo Volkswagen, modelo Gol, motor 1.0. A prestação será determinável quando no momento do cumprimento ela for especificada.

A forma prescrita em lei é a prevista em lei. Abrange a observância de seu conteúdo. Forma não proibida pela lei é a que esta não vede a prática do ato da maneira como está sendo feito. Casamento civil celebrado por outra pessoa que não o juiz de paz não tem valor.

16.9.2 Forma dos negócios jurídicos

A incapacidade relativa de uma das partes não pode ser invocada pela outra em benefício próprio, nem aproveita aos cointeressados capazes, salvo se, neste caso, for indivisível o objeto do direito ou da obrigação comum (art. 105 do Código Civil).

A validade da declaração de vontade não dependerá de forma especial, senão quando a lei expressamente a exigir (art. 107 do Código Civil). Exemplo é a necessidade de duas testemunhas presenciarem o testamento (art. 1.864, II, do Código Civil).

Não dispondo a lei em contrário, a escritura pública é essencial à validade dos negócios jurídicos que visem à constituição, transferência, modificação ou renúncia de direitos reais sobre imóveis de valor superior a 30 salários mínimos.

No negócio jurídico celebrado com a cláusula de não valer sem instrumento público, este é da substância do ato.

A manifestação de vontade subsiste ainda que o seu autor haja feito a reserva mental de não querer o que manifestou, salvo se dela o destinatário tinha conhecimento (art. 110 do Código Civil). Compreende a reserva mental o desacordo entre a vontade real da pessoa e a vontade declarada. Uma das pessoas oculta sua verdadeira intenção, visando enganar a outra pessoa.

Pode a reserva mental ser lícita, quando a intenção da declaração não visa prejudicar outrem. Será ilícita quando tiver o objetivo de prejudicar outra pessoa. A reserva mental não implica vício de consentimento, pois a vontade é livre, mas vício social.

O silêncio importa anuência, quando as circunstâncias ou os usos o autorizarem, e não for necessária a declaração de vontade expressa (art. 111 do Código Civil). Se houver necessidade de declaração expressa, o silêncio não implica anuência, no sentido de quem cala, consente.

Nas declarações de vontade se atenderá mais à intenção nelas consubstanciada do que ao sentido literal da linguagem (art. 112 do Código Civil). Importa, portanto, a vontade das partes e não a linguagem por elas empregada no contrato.

Os negócios jurídicos devem ser interpretados conforme a boa-fé e os usos do lugar de sua celebração.

Interpretam-se restritivamente os negócios jurídicos benéficos e a renúncia (art. 114 do Código Civil).

16.10 CONDIÇÃO, TERMO E ENCARGO

Considera-se condição a cláusula que, derivando exclusivamente da vontade das partes, subordina o efeito do negócio jurídico a evento futuro e incerto (art. 121 do Código Civil). Exemplo: o pai dará um imóvel ao filho quando este se casar.

São lícitas, em geral, todas as condições não contrárias à lei, à ordem pública ou aos bons costumes. Entre as condições proibidas incluem-se as que privarem de todo efeito o negócio jurídico, ou o sujeitarem ao puro arbítrio de uma das partes. A última hipótese trata da condição puramente potestativa, como se eu entender conveniente te darei um automóvel.

Cláusula puramente potestativa depende do arbítrio exclusivo de uma das partes. É ilícita. Ex.: art. 122 do Código Civil.

Cláusula simplesmente potestativa depende da prática de um ato e não do mero arbítrio de quem a estabelece. Depende da vontade de ambas as partes, como no atendimento de certa meta a ser atendida. É lícita.

As condições fisicamente impossíveis, bem como as de não fazer coisa impossível, têm-se por inexistente. As juridicamente impossíveis invalidam os atos a elas subordinados.

Não se considera condição a cláusula que não derive exclusivamente da vontade das partes, mas decorra necessariamente da natureza do direito a que adere.

Subordinando-se a eficácia do ato à condição suspensiva, enquanto esta não se verificar, não se terá adquirido o direito a que ele visa. Exemplo: "Te darei um automóvel quando você fizer 18 anos". Ao titular de direito eventual, no caso de condição suspensiva, é permitido exercer os atos destinados a conservá-lo.

Condição resolutiva ocorre quando o direito se desfaz na ocorrência de determinado evento. Se for resolutiva a condição, enquanto esta não se realizar, vigorará o ato jurídico, podendo exercer-se, desde o momento deste, o direito por ele estabelecido. Verificada, porém, a condição, para todos os efeitos, extingue-se o direito a que ela se opõe.

Considera-se verificada a condição, quanto aos efeitos jurídicos, cujo implemento for maliciosamente obstado pela parte a quem desfavorecer. Reputa-se, ao contrário, não verificada a condição maliciosamente levada a efeito por aquele que aproveita seu implemento.

Salvo disposição legal ou convencional em contrário, computam-se os prazos, excluído o dia do começo e incluído o do vencimento. Se o dia do vencimento cair em feriado, considerar-se-á prorrogado o prazo até o seguinte dia útil. Meado considera-se, em qualquer mês, seu décimo quinto dia. Os prazos de meses e anos expiram no dia de igual número do de início, ou no imediato, se faltar exata correspondência. Os prazos fixados por hora contar-se-ão minuto a minuto.

O encargo não suspende a aquisição nem o exercício do direito, salvo quando expressamente imposto no negócio jurídico, pelo disponente, como condição suspensiva.

Considera-se não escrito o encargo ilícito ou impossível, salvo se constituir o motivo determinante da liberalidade, caso em que se invalida o negócio jurídico.

16.11 DEFEITOS DOS NEGÓCIOS JURÍDICOS

São defeitos dos negócios jurídicos: erro, dolo, coação, estado de perigo, lesão e fraude contra credores.

Vício de consentimento afeta diretamente a manifestação da vontade.

16.11.1 Erro

Erro é a falsa noção a respeito de alguma coisa.

Erro de fato é o que decorre do fato. Erro de direito é proveniente da norma jurídica. Ninguém se escusa de cumprir a lei, alegando que não a conhece (art. 3º do Decreto-Lei n. 4.657/42).

O erro anulável é apenas o substancial ou essencial, em que a pessoa pensa que fez uma coisa e, na verdade, ocorreu outra. Considera-se erro substancial o que interessa à natureza do ato, o objeto principal da declaração, ou alguma das qualidades a ele essenciais (art. 139 do Código Civil). Tem-se igualmente por erro substancial o que disser respeito a qualidades essenciais da pessoa, a quem se refira a declaração de vontade. No erro substancial há tal importância que se a questão fosse de conhecimento do agente, o negócio não seria realizado. É o que ocorreria na compra de um quadro em que se pensava que o pintor era uma pessoa e não outra.

Erro justificável ou escusável é o que ocorre mesmo com o emprego da diligência e da prudência comuns.

Só vicia o ato a falsa causa, quando expressa como razão determinante ou sob forma de condição.

O erro de cálculo apenas autoriza a retificação da declaração de vontade.

Não prejudica o erro a validade do negócio jurídico quando a pessoa, a quem a manifestação de vontade se dirige, oferecer-se para executá-la na conformidade da vontade real do manifestante.

16.11.2 Dolo

No dolo, uma pessoa induz outra a praticar o ato que prejudica a segunda e beneficia a primeira. É a vontade de praticar o ato.

O dolo ocorre quando uma pessoa induz em erro outra, por malícia ou astúcia. No erro, a própria pessoa avalia incorretamente os elementos do negócio jurídico.

O dolo acidental só obriga à satisfação das perdas e danos. É acidental quando, a seu despeito, o negócio seria realizado, embora por outro modo.

Nos negócios jurídicos bilaterais, o silêncio intencional de uma das partes a respeito do fato ou qualidade que a outra parte haja ignorado constitui omissão dolosa, provando-se que sem ela o negócio não se teria celebrado.

Se ambas as partes procederam com dolo, nenhuma pode alegá-lo, para anular o ato, ou reclamar indenização.

16.11.3 Coação

Coação é a violência física ou moral que impede a pessoa de manifestar livremente sua vontade.

A coação, para viciar a manifestação da vontade, há de ser tal que incuta ao paciente fundado temor de dano iminente e considerável a sua pessoa, a sua família, ou a seus bens.

Ao apreciar-se a coação, deve-se ter em conta o sexo, a idade, a condição, a saúde, o temperamento do paciente e todas as demais circunstâncias que lhe possam influir na gravidade.

Não se considera coação a ameaça do exercício normal de um direito (fazer um boletim de ocorrência), nem o simples temor reverencial (respeito do filho em relação ao pai).

16.11.4 Estado de perigo

Configura-se o estado de perigo quando alguém, premido da necessidade de salvar-se, ou a pessoa de sua família, de grave dano conhecido pela outra parte, assume obrigação excessivamente onerosa.

16.11.5 Lesão

Ocorre lesão quando uma pessoa, sob premente necessidade, ou por inexperiência, se obriga a prestação manifestamente desproporcional ao valor da prestação oposta (art. 157 do Código Civil). A necessidade diz respeito ao contrato e não ao estado de necessidade ou de perigo. A inexperiência pode ocorrer inclusive em relação a certa pessoa culta ou erudita, que não tem experiência quanto a certa situação de fato.

Aprecia-se a desproporção das prestações segundo os valores vigentes ao tempo em que foi celebrado o negócio jurídico.

Não se decretará a anulação do negócio se for oferecido suplemento suficiente, ou se a parte favorecida concordar com a redução do proveito.

16.11.6 Fraude contra credores

Fraude é o ato ilícito de uma pessoa de forma maliciosa com o objetivo de produzir efeitos diversos dos normais, como falsificação de produtos, documentos, etc. A fraude não pode ser presumida. Tem de ser provada. A boa-fé se presume.

Fraude contra credores é o desfalque do patrimônio do devedor, que aliena bens com o objetivo de não pagar suas dívidas. São artifícios usados pelo devedor visando prejudicar a outra pessoa.

Presumem-se, porém, de boa-fé, tendo validade, os negócios ordinários indispensáveis à manutenção de estabelecimento mercantil, agrícola ou industrial, ou à subsistência do devedor e de sua família.

A boa-fé acaba sendo uma técnica de interpretação para o negócio jurídico.

16.12 INVALIDADE DO NEGÓCIO JURÍDICO

Invalidade do negócio jurídico é expressão mais abrangente, que engloba a nulidade e a anulabilidade.

Nulidade é a sanção estabelecida em lei pelo descumprimento de regras previstas na norma jurídica.

O negócio jurídico não é exatamente nulo, pois só pode ser considerado nulo se assim for declarado. Antes disso, produz efeitos jurídicos.

Assim, a denominação mais correta é invalidade do negócio jurídico.

A nulidade no Código Civil diz respeito a negócio jurídico. Se a manifestação de vontade não visa a determinados efeitos, não há que se falar em nulidade.

Nulidade absoluta é um defeito substancial da prática do ato jurídico, assim considerado pela lei.

É nulo o negócio jurídico quando:

(1) celebrado por pessoa absolutamente incapaz, que são os menores de 16 anos, os que por enfermidade ou deficiência mental não tiverem o necessário discernimento para a prática desses atos; os que, por causa transitória, não puderem exprimir sua vontade;

(2) for ilícito, impossível ou indeterminável seu objeto. É ilícita a prestação de serviços em que o empregado vende drogas. É impossível o negócio jurídico no contrato que previr a entrega da lua;

(3) o motivo determinante, comum a ambas as partes, for ilícito. É o que ocorre com empregada que mantém contrato de trabalho com empregador que explora a prostituição, em que a primeira tem de manter relações sexuais com os clientes do segundo;

(4) não revestir a forma prescrita em lei. É a hipótese em que o empregado é contratado pela Administração Pública, porém não presta concurso público (art. 37, II, da Constituição). Se o órgão público estava proibido de contratar pessoas sem concurso público, o trabalhador também deveria ter conhecimento de que, para ser admitido, deveria prestar concurso, pois não pode alegar a ignorância da lei (art. 3º do Decreto-Lei n. 4.657/42).

(5) for preterida alguma solenidade que a lei considere essencial para sua validade. É exemplo a inscrição no Registro de Imóveis para validar venda e compra perante terceiros;

(6) tiver por objetivo fraudar lei imperativa;

(7) a lei taxativamente o declarar nulo, ou proibir-lhe a prática, sem cominar sanção.

Os incisos III e VI do art. 166 do Código Civil não tinham previsão no Código anterior.

Simulação é a declaração falsa da vontade, tendo por objetivo a produção de efeito diverso do pretendido, visando iludir terceiros.

O Código Civil de 2002 classificou a simulação como caso de nulidade do negócio jurídico. No Código Civil de 1916, a simulação era hipótese de anulabilidade do ato jurídico, de vício do ato jurídico.

É nulo o negócio jurídico simulado, mas subsistirá o que se dissimulou, se válido for na substância e na forma.

Haverá simulação nos negócios jurídicos quando: (1) aparentarem conferir ou transmitir direitos a pessoas diversas daquelas às quais realmente se conferem, ou transmitem; (2) contiverem declaração, confissão, condição ou cláusula não verdadeira; (3) os instrumentos particulares forem antedatados, ou pós-datados.

Ressalvam-se os direitos de terceiros de boa-fé contra os contraentes do negócio jurídico simulado.

O objetivo da simulação é fraudar a lei ou causar prejuízo a outrem.

Se o negócio jurídico nulo tiver conexão com outro negócio, subsistirá este se demonstrado que era o desejo dos contratantes (art. 170 do Código Civil).

Na nulidade relativa, sua declaração depende de provocação do interessado com a demonstração da violação legal.

A anulabilidade é direcionada ao interesse privado da pessoa. O negócio jurídico produz efeitos até a declaração de sua invalidade.

É anulável o negócio jurídico: (a) por incapacidade relativa do agente; são relativamente incapazes os maiores de 16 e menores de 18 anos; os ébrios habituais; os viciados em tóxicos; os que, por deficiência mental, tenham o discernimento reduzido; os excepcionais, sem desenvolvimento mental completo e os pródigos; (b) por vício resultante de erro, dolo, coação, estado de perigo, lesão ou fraude contra credores.

A anulabilidade do negócio jurídico só pode ser arguida pelas partes. Não pode ser arguida de ofício pelo juiz, mas deve ser declarada na sentença (art. 177 do Código Civil).

O negócio anulável pode ser confirmado pelas partes, salvo direito de terceiro (art. 172 do Código Civil).

O ato de confirmação deve conter a substância do negócio celebrado e a vontade expressa de mantê-lo (art. 173 do Código Civil). Exemplo pode ser a celebração de contrato de trabalho de menor entre 16 e 18 anos, sem a anuência dos pais. Estes podem convalidar posteriormente o ato do menor.

Quando a anulabilidade do ato resultar de falta de autorização de terceiro, será validado se este a der posteriormente (art. 176 do Código Civil). É a mesma hipótese em que o pai dá validade posteriormente ao contrato de trabalho celebrado por menor de 18 anos.

A anulabilidade não tem efeito antes de julgada por sentença, nem se pronuncia de ofício. Somente os interessados a podem alegar, aproveitando exclusivamente aos que a alegarem, salvo o caso de solidariedade ou indivisibilidade.

A invalidade do instrumento não induz à do negócio jurídico sempre que este puder provar-se por outro meio.

O menor, entre 16 e 18 anos, não pode, para se eximir de uma obrigação, invocar sua idade, se dolosamente a ocultou, quando inquirido pela outra parte, ou se, no ato de se obrigar, declarou-se maior.

Ninguém pode reclamar o que, por uma obrigação anulada, pagou a um incapaz, se não provar que reverteu em proveito dele a importância paga.

Anulado o ato, restituir-se-ão as partes ao estado em que antes dele se achavam (*status quo ante*). Não sendo possível restituí-las, serão indenizadas com o equivalente.

A nulidade parcial de um negócio jurídico não o prejudicará na parte válida, se esta for separável. A nulidade da obrigação principal implica a das obrigações acessórias, mas a destas não induz a da obrigação principal.

Ato jurídico inexistente ocorre quando a nulidade é muito grande e salta aos olhos. Exemplo seria um testamento verbal.

Ato jurídico ineficaz vale entre as partes, porém não produz efeitos quanto a certa pessoa ou em relação a todas as outras pessoas.

Aquele que, por ação ou omissão voluntária, negligência ou imprudência, violar direito ou causar prejuízo a outrem, fica obrigado a reparar o dano (art. 186 do Código Civil). A culpa compreende negligência, imprudência ou imperícia.

Imperícia é a falta de habilidade técnica ou de aptidão para a prática do ato, por exemplo, para dirigir um automóvel, para dirigir um caminhão pesado.

Negligência é a falta de precaução, de atenção, de medidas preventivas quando se pratica o ato. Implica falta de diligência, descaso, desleixo. Exemplo de negligência é o motorista andar no automóvel com freios gastos.

A imprudência revela a falta de reflexão adequada, de cautela. Exemplo é não observar o limite de velocidade na via pública.

Culpa lata ou grave é uma falta imprópria, que se assemelha ao dolo.

Culpa levíssima é a só evitável com atenção extraordinária, com especial habilidade.

Culpa contratual é a decorrente do contrato.

Culpa extracontratual ou aquiliana é a que decorre do respeito à pessoa ou bens alheios.

Culpa *in eligendo* significa a escolha incorreta de um representante ou prestador de serviço.

Culpa *in vigilando* é a decorrente da falta de vigilância ou fiscalização. Exemplo seria de o empregador fornecer o equipamento de proteção, mas não fiscalizar o uso pelo empregado.

Culpa *in committendo* compreende a prática de um ato lesivo a outrem.

Culpa *in ommittendo* é decorrente de omissão.

Culpa *in custodiendo* é proveniente da falta de atenção sobre uma pessoa, um animal ou uma coisa, que esteja sob os cuidados do agente.

Culpa *in abstrato* é a que foge ao ato comum praticado pelo *pater familias* do direito romano. O agente se afasta do zelo e da diligência que deveria ter no trato de seus negócios. São excludentes da responsabilidade: a culpa da vítima, o fato de terceiro, o caso fortuito (incêndio, inundação) e a força maior.

Também comete ato ilícito o titular de um direito que, ao exercê-lo, excede manifestamente os limites impostos por seu fim econômico ou social, pela boa-fé ou pelos bons costumes. Se o direito é exercido em contrariedade à boa-fé ou com má-fé, é ilícito o ato. Exemplo do empregado que tem direito a garantia de emprego e espera um ano e 11 meses para postular a reintegração. Age, portanto, de má-fé e comete um ato ilícito. Exerce abusivamente o direito a grávida com direito à garantia de emprego que espera passar os cinco meses após o parto para ajuizar a ação. Pretendia receber sem trabalhar.

Não constituem atos ilícitos: (1) os praticados em legítima defesa ou no exercício regular de um direito reconhecido. São ilícitos, portanto, os atos que não são praticados em legítima defesa ou decorrem do exercício irregular de um direito; (2) a deterioração ou destruição da coisa alheia, ou lesão a pessoa, a fim de remover perigo iminente. O ato será legítimo somente quando as circunstâncias o tornarem absolutamente necessário, não excedendo os limites do indispensável para a remoção do perigo.

16.13 PRESCRIÇÃO E DECADÊNCIA

Praescripto (do verbo *praescribero*, de *prae* + *scribero*, escrever antes do começo) lembra-nos a parte preliminar (escrita antes) da fórmula em que o pretor romano determinava, ao juiz, a absolvição do réu, caso estivesse esgotado o prazo de ação. Uma vez extinto o lapso de tempo para o uso da ação, cabia a exceção de "prescrição temporal", em razão da falta do exercício da ação. Isto se dava no direito pretoriano, pois no Direito Romano antigo, as ações eram perpétuas ou inatingíveis. A prescrição é um instituto que se relaciona com a ação. Historicamente, a prescrição surgiu no sistema formulário no processo romano, como exceção. O pretor, ao criar uma ação, previa um prazo dentro do qual ela deveria ser exercida, sob pena de prescrição. Esta, assim, constituía um instrumento contra o titular do direito que deixou de protegê-lo por meio da ação. Pela prescrição, portanto, o que se atinge é a ação. Com a evolução do conceito de prescrição, esta passou a significar a extinção da ação pela expiração do prazo de sua duração (exercício tardio da ação). Há necessidade de se ter certeza e estabilidade nas relações jurídicas, respeitando o direito adquirido, de acordo com determinado espaço de tempo. O interesse público não se compadece com a incerteza das relações jurídicas, criadoras de desarmonia e instabilidade, e que é protegido quando se baixam normas de prescrição, evitando que se eternizem, sem solução, as situações duvidosas ou controvertidas. As pretensões tardias são inadmissíveis, trazendo incertezas nas relações humanas. Trata-se, pois, de um instituto de ordem jurídica que estabiliza as relações jurídicas. Na ordem pública, os fatos que por muito tempo não sofrem contestação adquirem a presunção de se acharem elaborados e terem gerado direito, pelo que não convém aos interesses sociais a modificação de tal situação.

Prescrição é a perda da pretensão à exigibilidade do direito pelo decurso do prazo. A decadência também é chamada de caducidade ou de prazo extintivo, importando na perda do direito pelo decurso de prazo e não na perda da pretensão.

Representa a prescrição o fenômeno extintivo de uma ação ajuizável, em razão da inércia de seu titular, durante um determinado espaço de tempo que a lei estabeleceu para esse fim. O silêncio da relação jurídica durante um espaço de tempo determinado pela lei significa a perda da pretensão atribuída a um direito e da correspondente capacidade defensiva. Tem a prescrição um interesse público que visa à harmonia social e ao equilíbrio das relações jurídicas, tuteladas pela ordem pública.

A prescrição extingue a exigibilidade da obrigação em juízo e não a própria obrigação.

A matéria prescrição é ligada à segurança jurídica e não à Justiça. Tem natureza pública, pois visa alcançar a paz social.

A prescrição começa a fluir a partir da violação do direito (*actio nata*). A decadência é contada do nascimento do direito. A prescrição é decorrente de lei. A decadência pode ser estabelecida pela convenção das partes. Pode haver renúncia da decadência convencional. A prescrição legal pode ser renunciada, inclusive tacitamente. A decadência prevista em lei pode ser declarada de ofício pelo juiz.

Os fundamentos da prescrição revelam os motivos pelos quais ela foi criada.

No Direito Romano indicavam-se três fundamentos para a prescrição: (a) necessidade de fixar as relações jurídicas incertas, evitando controvérsias (Gaius); (b) visando castigar a negligência (Justiniano), que mostra sua finalidade objetiva; e (c) de sempre haver interesse público (Gaius)[1].

Os autores indicam, de um modo geral, os seguintes fundamentos para a prescrição: (a) ação destruidora do tempo[2]; (b) castigo à negligência[3]; (c) presunção de abandono ou renúncia[4]; (d) presunção de extinção do direito[5]; (e) proteção do devedor (Savigny); (f) diminuição das demandas (Savigny); (g) interesse social e estabilidade das relações jurídicas, obtendo-se a paz social. Não se pode pretender a instabilidade das relações sociais, a incerteza das relações sociais, sacrificando a harmonia social. O Estado deve estabelecer alguma coisa para promover o equilíbrio social, em razão da inércia do titular do direito.

---

1 LEAL, Câmara. *Da prescrição e da decadência*. 3. ed. Rio de Janeiro: Forense, 1978, p. 14 e 16.

2 COVIELLO. *Manual di diritto civile italiano*. Parte geral, § 142.

3 SAVIGNY. *Sistema del derecho romano*. IV, § 237.

4 MENDONÇA, Carvalho. *Doutrina das obrigações*, I, n. 418.

5 COLIN; CAPITANT. *Cours de droit civil français*, II, p. 131.

A relação jurídica não pode ser perpétua entre as partes, sem limitação de tempo. Daí a utilização da prescrição.

A prescrição compreende: (a) a inércia do titular do direito em exercê-lo; (b) o decurso do prazo para o exercício do direito.

A prescrição, assim como a decadência, é tema de direito material e não de direito processual.

O reconhecimento da prescrição gera efeitos processuais, isto é, a sua operacionalização. Entretanto, trata-se de direito material, tanto que é previsto em normas que versam sobre o direito material, como no Código Civil, no Código Penal, no Código Tributário etc., que tratam do prazo de prescrição, de questões de interrupção e suspensão e não no CPC. A prescrição abrange decurso de prazo, enquanto o processo é concernente à atividade do juízo ou das partes.

Consuma-se a prescrição com o decurso do prazo previsto em lei, sendo regulada pela lei em vigor no momento dessa consumação. A sentença apenas declara a prescrição já consumada. O juiz não cria a prescrição. A sentença apenas reconhece uma realidade, que já havia se constituído no mundo fático. O devedor seria, inclusive, livre ou não para arguir a prescrição ou discutir o mérito, provando que cumpriu a obrigação.

A prescrição é fato extintivo do direito do autor. Menciona o inciso II do art. 487 do CPC que é julgado o mérito quando se acolhe a prescrição. Não se trata de pressuposto processual ou condição da ação.

As relações jurídicas abrangidas pela prescrição são, de modo geral, privadas.

Para que ocorra a prescrição, mister se faz a existência dos seguintes pressupostos: existência de uma ação exercitável pelo titular de um direito; inércia desse titular em relação ao uso da ação durante certo tempo; ausência de um ato ou um fato a que a lei atribua uma função impeditiva (suspensiva ou interruptiva) do curso do prazo prescricional.

A prescrição classifica-se em extintiva, em caso de liberação de cumprimento de obrigação, quando decorre da inércia do autor em propor a ação. Pode ser aquisitiva, para adquirir certo direito, em que o exemplo é o usucapião.

Violado o direito, nasce para o titular a pretensão (*actio nata*), a qual se extingue, pela prescrição, nos prazos previstos em lei.

A renúncia da prescrição pode ser expressa ou tácita. Só valerá, sendo feita, sem prejuízo de terceiro, depois que a prescrição consumar-se. Tácita é a renúncia quando são presumidos fatos em relação ao interessado, incompatíveis com a prescrição.

Os prazos de prescrição não podem ser alterados por acordo das partes.

Reza o art. 193 do Código Civil que a prescrição pode ser alegada em qualquer grau de jurisdição, pela parte a quem aproveita.

Não se fala mais em qualquer instância, como era previsto no art. 162 do Código Civil de 1916. Instância em 1916 não tinha significado de grau de jurisdição, mas de processo.

Poderá, agora, a prescrição ser alegada até no STF, que é grau de jurisdição. Não poderá ser alegada na execução, que não é grau de jurisdição, mas fase processual ou processo.

Entendo que a regra contida no art. 193 do Código Civil fere o contraditório e é inconstitucional (art. 5º, LV, da Constituição). Prescrição é matéria de defesa, na qual o réu deve alegar todos os motivos de fato e de direito com que impugna a pretensão do autor (art. 336 do CPC), o que incluiria a prescrição. Logo, a prescrição não pode ser alegada após ser oferecida a defesa, pois viola o contraditório e suprime instância.

A prescrição deve ser arguida apenas pela parte a quem aproveita (art. 193 do Código Civil) e não por outras pessoas. O Ministério Público não tem legitimidade para arguir a prescrição em favor de entidade de direito público, quando atua como fiscal da lei, pois não é parte.

A prescrição também poderá ser pronunciada em qualquer momento, inclusive nos tribunais. A regra se aplica inclusive aos processos que estão em curso e quando forem feitos julgamentos sob a vigência da nova lei, pois a lei processual tem aplicação imediata a partir de sua vigência, não se observando apenas em relação a situações já consumadas.

Não mais se discute se a prescrição é ou não de direito patrimonial. Tanto faz agora a natureza dos direitos em litígio.

Não poderá a prescrição ser alegada depois do trânsito em julgado da sentença, mas apenas antes, pois, do contrário, violará a coisa julgada.

O acolhimento da prescrição de ofício (sem provocação) prestigia mais a segurança jurídica e a celeridade processual, em detrimento do direito do credor e da justiça do direito postulado. A segurança jurídica é elemento fundamental no Direito. É um de seus pilares.

O juiz, ao aplicar a prescrição de ofício, vai acabar favorecendo quem descumpriu a ordem jurídica e cometeu um ato ilícito ao não pagar o que era devido. O Estado não poderia ter interesse em beneficiar quem descumpriu a obrigação.

Trata-se de norma de ordem pública, que será aplicada de ofício pelo juiz. O processo não pode ficar tramitando longos anos se existe prescrição. Sob esse aspecto compreende economia processual na tramitação do processo, evitando a prática de atos inúteis para depois ser declarada a prescrição.

Mesmo em caso de revelia, o juiz irá declarar de ofício a prescrição.

É dever do Estado velar pela rápida solução dos litígios entre as partes. De certa forma, é a aplicação do inciso LXXVIII do art. 5º da Constituição, no sentido de que, no âmbito judicial, são assegurados a razoável duração do processo e os meios que garantam a celeridade de sua tramitação.

A interrupção da prescrição ocorrerá apenas uma vez (art. 202 do Código Civil).

A prescrição iniciada contra uma pessoa continua a correr contra seu sucessor (art. 196 do Código Civil). O novo Código troca a palavra *herdeiro*, que era prevista no art. 165 do Código Civil de 1916, por *sucessor*. A exceção é se existirem menores, hipótese em que não correrá a prescrição (art. 198, I, do Código Civil).

Quando a ação se originar de fato que deva ser apurado no juízo criminal, não correrá a prescrição antes da respectiva sentença definitiva (art. 200 do Código Civil). Exemplo poderá ser justa causa, que é considerada crime, como roubo, furto, apropriação indébita. Enquanto não transitar em julgado a sentença penal, não correrá a prescrição.

Não corre a prescrição: (1) entre os cônjuges, na constância da sociedade conjugal; (2) entre ascendentes e descendentes, durante o poder familiar; (3) entre tutelados e curatelados e seus tutores e curadores, durante a tutela ou curatela; (4) contra os incapazes; (5) contra os ausentes do país em serviço público da União, dos Estados ou dos Municípios; (6) contra os que se acharem servindo às Forças Armadas, em tempo de guerra; (7) pendendo condição suspensiva; (8) não estando vencido o prazo; (9) pendendo ação de evicção.

A interrupção da prescrição, que somente poderá ocorrer uma vez, dar-se-á: (1) por despacho do juiz, mesmo incompetente, que ordenar a citação, se o interessado a promover no prazo e na forma da lei processual; (2) por protesto, nas condições do item anterior; (3) por protesto cambial; (4) pela apresentação do título de crédito em juízo de inventário ou em concurso de credores; (5) por qualquer ato judicial que constitua em mora o devedor; (6) por qualquer ato inequívoco, ainda que extrajudicial, que importe reconhecimento do direito pelo devedor.

A prescrição interrompida recomeça a correr da data do ato que a interrompeu, ou do último ato do processo que a interromper. Não é contado o tempo anterior já transcorrido até o ato que a interrompeu. O prazo começa a correr integralmente novamente.

A interrupção da prescrição efetuada contra o devedor solidário abrange os demais (§ 1º do art. 204 do Código Civil). É o que ocorre no grupo de empresas, em que as empresas pertencentes ao grupo são solidárias (§ 2º do art. 2º da CLT).

Pode ser a prescrição interrompida por qualquer interessado.

A prescrição ocorre em 10 anos quando a lei não lhe fixa prazo menor.

A prescrição intercorrente observará o mesmo prazo de prescrição da pretensão, observadas as causas de impedimento, de suspensão e de interrupção da prescrição previstas no Código Civil (art. 206-A do Código Civil).

Decadência provém do verbo latino *cadere* (cair). É palavra formada pelo prefixo latino *de* (de cima de), pela forma verbal *cado, decadere* e pelo sufixo *encia* (ação ou estado), tendo por significado a ação de cair ou o estado daquilo que caiu.

Juridicamente, decadência indica a extinção do direito pelo decurso do prazo fixado a seu exercício. Decadência é palavra que tem por significado caducidade, prazo extintivo ou preclusivo, que compreende a extinção do direito.

Distingue-se a decadência da prescrição, embora ambas tenham pontos em comum. Decorrem da inércia do detentor do direito, num dado período de tempo. Na prescrição, há a perda da pretensão da exigibilidade do direito de ação pelo decurso de prazo. Na decadência, ocorre a perda do direito pelo decurso do prazo.

A decadência não é interrompida ou fica suspensa, ao contrário da prescrição.

Salvo disposição legal em contrário, não se aplicam à decadência as normas que impedem, suspendem ou interrompem a prescrição. Não corre prazo de decadência em relação aos incapazes.

É nula a renúncia à decadência fixada em lei.

Dispõe o art. 210 do Código Civil que deve o juiz, de ofício, conhecer da decadência, quando estabelecida em lei. Assim, a decadência pode ser declarada de ofício pelo juiz apenas se for prevista em lei. Se tiver previsão no contrato ou na norma coletiva, há necessidade de provocação pelo interessado. Não é, portanto, mera faculdade do juiz, mas obrigação legal.

Se a decadência for convencional, a parte a quem aproveita pode alegá-la em qualquer grau de jurisdição, mas o juiz não pode suprir a alegação.

16.14 DIREITO DAS OBRIGAÇÕES

O direito das obrigações passou a ser estabelecido logo após a parte geral, a partir dos arts. 233 e s. Didaticamente, já se fazia isso anteriormente, pois é mais lógico do que falar antes de família, coisas etc. Suas regras vão ter influência em outros segmentos do Direito Civil, que também têm obrigações.

16.14.1 Conceito

Obrigação vem do latim *obligatio*, do verbo *obligare*, tendo sentido de atar, ligar ou vincular a alguma coisa.

Para os romanos, a obrigação era a relação estabelecida entre duas pessoas, em que uma delas assumia uma prestação à outra, seja de ação ou de abstenção.

O homem, por viver em sociedade, assume obrigações, que necessitam ser reguladas pelo Direito para que não haja abusos. É uma relação jurídica que afasta relações estranhas ao Direito, como obrigações morais e religiosas.

Obrigação é a relação jurídica estabelecida entre devedor e credor, tendo por objeto prestação de dar, de fazer ou não fazer.

A relação jurídica tem sujeito ativo, sujeito passivo, vínculo jurídico e objeto.

Os elementos da obrigação são: o sujeito ativo (credor), o sujeito passivo (devedor) e o objeto (prestação).

São elementos da obrigação: o débito (*debitum, Schuld*, em alemão) e a responsabilidade (*obligatio, Haftung*). Nem sempre débito e responsabilidade estarão presentes, podendo existir o primeiro sem o segundo e vice-versa. Nas obrigações naturais, o devedor tem débito, mas o credor não pode exigi-lo em juízo. Não existe responsabilidade do devedor. Na fiança, o fiador tem responsabilidade pelo não pagamento do valor contratado, mas ele mesmo não contraiu débito. Na fiança, existe responsabilidade sem dívida. Nas dívidas prescritas e de jogo, há dívida sem responsabilidade. Na dívida existe obrigação. Na responsabilidade, há sujeição.

A causa não é elemento relevante na obrigação, pois ela pode ficar dissipada nas demais questões da relação.

Accpiens é o credor. *Solvens* é o devedor.

Credor putativo é o que tem aparência de credor.

16.14.2 Fontes

As obrigações são provenientes dos contratos, das declarações unilaterais de vontade e dos atos ilícitos.

A lei é sempre fonte imediata das obrigações. Não existe obrigação contrária à previsão da lei.

16.14.3 Classificação das obrigações

As obrigações podem ser classificadas em: (a) alternativas: existe mais de uma forma de cumprimento da obrigação. Exemplo: o credor dará ao devedor um cavalo ou um touro; (b) divisíveis ou indivisíveis. Obrigações divisíveis são as prestações que podem ser repartidas, como entregar um bolo e cortá-lo em várias partes para cada uma das pessoas. Obrigações indivisíveis são as prestações que não podem ser repartidas, sem que o todo perca sua unidade, como dividir um veículo; (c) solidárias, quando a obrigação pode ser exigida ao mesmo tempo de duas pessoas ou de apenas uma, por ser obrigada em relação à outra; (d) principais e acessórias. Principais são obrigações dotadas de individualidade. Acessórias são obrigações que dependem da principal, como os frutos em relação à árvore, os juros em relação ao capital, à fiança, à penhora e à hipoteca; (e) líquidas e ilíquidas. Líquida é a obrigação certa quanto a sua existência e determinada quanto a seu objeto. Ex.: pagar R$ 1.000,00. Ilíquida é a obrigação que precisa ser apurada; (f) condicionais, modais e a termo. Condição é a cláusula que subordina o efeito do negócio jurídico a evento futuro e incerto (art. 121 do Código Civil). Modo ou encargo é o estabelecimento de uma liberalidade e uma obrigação ao mesmo tempo, como doar uma casa que será destinada ao abrigo de pessoas idosas. Termo é o prazo de duração da obrigação.

Obrigação de meio compreende a pessoa pretender atingir um resultado, porém sem garantir o êxito. O advogado não promete resultado, apenas a melhor atuação possível no processo. Na obrigação de resultado, o objetivo é atingir o fim pretendido. Exemplo típico é a empreitada.

Obrigações puras são as em que as prestações podem ser exigidas a qualquer momento.

Obrigações a termo são as que têm prazo fixado.

Encargo é uma obrigação imposta ao beneficiário do direito.

Dívidas *quérables* são as recebidas no domicílio do devedor.

Dívidas *portables* ou leváveis são as pagas no domicílio do credor.

16.14.4 Modalidades das obrigações

Obrigações naturais são as decorrentes de dever de ordem moral ou social, pois não podem ser exigidas judicialmente, correspondendo apenas a um dever de justiça. Caso o negócio seja cumprido espontaneamente, será considerado válido. As dívidas de jogo, por exemplo, não obrigam o pagamento (art. 814 do Código Civil). Se há o pagamento espontâneo, ele é considerado válido, salvo se a quantia foi ganha por dolo ou se quem perdeu é menor ou interdito. Não se pode repetir o que se pagou para solver dívida prescrita ou cumprir obrigação judicialmente inexigível (art. 882 do Código Civil). Não terá direito à repetição a pessoa que deu alguma coisa para obter fim ilícito, imoral ou proibido por lei (art. 883 do Código Civil).

Obrigações reais ou *propter rem* (em razão da coisa) são as provenientes do fato de uma pessoa ser proprietária de uma coisa ou titular de direito real. São decorrentes da comunhão, do direito de vizinhança, do usufruto, da servidão e da posse.

As obrigações podem ser de dar, fazer ou não fazer.

Consiste a obrigação de dar em entregar uma coisa ou pagar um valor. A obrigação de dar compreende a de restituir. Pode compreender obrigação de entregar coisa certa, como um veículo Gol 1.6, cor azul, ou coisa incerta, que será indicada pelo gênero e quantidade. O credor de coisa certa não pode ser obrigado a receber outra, ainda que mais valiosa.

Na obrigação de dar coisa incerta, devem-se indicar, ao menos, seu gênero e sua quantidade (art. 243 do Código Civil). Exemplo: o devedor deve entregar 100 sacas de arroz. Gênero é o arroz. Quantidade são 100 sacas do produto.

Na obrigação de fazer, o devedor deve, por exemplo, prestar um serviço, como construir um muro.

Compreende a obrigação de não fazer a abstenção da prática de um ato, como não construir a partir de determinada altura.

16.14.5 Obrigações alternativas

Nas obrigações alternativas, a escolha cabe ao devedor, se outra coisa não se estipulou.

Não pode o devedor obrigar o credor a receber parte em uma prestação e parte em outra.

Nas obrigações conjuntivas ou cumulativas, a pessoa tem de cumprir mais de uma prestação ao mesmo tempo. Ex.: vou entregar uma vaca e um boi, o que ocorrerá ao mesmo tempo, conjuntamente.

Quando a obrigação for de prestações periódicas, a faculdade de opção poderá ser exercida em cada período.

Se uma das duas prestações não puder ser objeto de obrigação ou tornar-se inexequível, subsistirá o débito quanto à outra.

Se, por culpa do devedor, não se puder cumprir nenhuma das prestações, não competindo ao credor a escolha, ficará aquele obrigado a pagar o valor da que por último se impossibilitou, mais as perdas e danos que o caso determinar.

Se todas as prestações se tornarem impossíveis sem culpa do devedor, ficará extinta a obrigação.

16.14.6 Obrigações divisíveis e indivisíveis

Havendo mais de um devedor ou mais de um credor em obrigação divisível, esta presume-se dividida em tantas obrigações iguais e distintas quanto os credores ou devedores.

A obrigação é indivisível quando a prestação tem por objeto uma coisa ou um fato não suscetíveis de divisão, por sua natureza, por motivo de ordem econômica, ou dada a razão determinante do negócio jurídico.

Se, havendo dois ou mais devedores, a prestação não for divisível, cada um será obrigado pela dívida toda.

Perde a qualidade de indivisível a obrigação que se resolver em perdas e danos.

16.14.7 Obrigações solidárias

Há solidariedade quando na mesma obrigação concorre mais de um credor, ou mais de um devedor, cada um com direito, ou obrigado à dívida toda.

A solidariedade não se presume; resulta da lei ou da vontade das partes (art. 264 do Código Civil).

Na solidariedade ativa, cada um dos credores solidários tem direito a exigir do devedor o cumprimento da prestação por inteiro. O pagamento feito a um dos credores solidários extingue a dívida até o montante do que foi pago.

Na solidariedade passiva, o credor tem direito a exigir e receber de um ou alguns dos devedores, parcial ou totalmente, a dívida comum.

16.14.8 Adimplemento e extinção das obrigações

Adimplemento quer dizer cumprimento da obrigação.

16.14.8.1 Pagamento

O pagamento deve ser feito ao credor ou a quem de direito o represente, sob pena de só valer depois de por ele ratificado, ou tanto quanto reverter em seu proveito.

Feito o pagamento de boa-fé ao credor putativo (que tem aparência de credor), é considerado válido, ainda provando-se depois que não era credor.

O devedor que paga tem direito à quitação regular, podendo reter o pagamento enquanto esta lhe não for dada.

A quitação designará o valor e a espécie da dívida quitada, o nome do devedor, ou quem por este pagou, o tempo e lugar do pagamento, com a assinatura do credor, ou de seu representante.

Efetuar-se-á o pagamento no domicílio do devedor, salvo se as partes convencionarem diversamente ou se o contrário dispuserem as circunstâncias, a natureza da obrigação ou a lei.

A nulidade da obrigação principal importa a nulidade da acessória. A nulidade da acessória não implica nulidade da principal.

Prescrita a obrigação principal, estará prescrita a acessória.

16.14.8.2 Pagamento indevido

Toda pessoa que recebeu o que lhe não era devido fica obrigada a restituir.

A mesma obrigação incumbe ao que recebe dívida condicional, antes de cumprida a obrigação.

O remédio para obter de volta o que foi pago indevidamente é a ação de repetição de indébito.

16.14.8.3 Pagamento por consignação

A consignação é a forma de pagamento em que o devedor deposita a coisa ou o valor, que fica à disposição do credor.

Extingue a obrigação o depósito judicial ou em estabelecimento bancário da coisa devida, nos casos e forma legais.

A consignação tem lugar: (1) se o credor não puder, ou, sem justa causa, recusar receber o pagamento, ou dar quitação na devida forma; (2) se o credor não for, nem mandar receber a coisa no lugar, tempo e condição devidos; (3) se o credor for incapaz de receber a coisa no lugar, tempo e condição devidos; (4) se ocorrer dúvida sobre quem deva legitimamente receber o objeto do pagamento; (5) se pender litígio sobre o objeto do pagamento.

Para que a consignação tenha força de pagamento, será preciso concorrer, em relação às pessoas, ao objeto, modo e tempo, todos os requisitos sem os quais não é válido o pagamento.

16.14.8.4 Pagamento com sub-rogação

Na sub-rogação, uma pessoa paga a dívida do devedor, ficando dele credor.

A sub-rogação opera-se, de pleno direito, em favor: (a) do credor que paga a dívida do devedor comum; (b) do adquirente do imóvel hipotecado, que paga ao credor hipotecário; (c) do terceiro interessado, que paga a dívida pela qual era ou podia ser obrigado, no todo ou em parte.

A sub-rogação é convencional quando: (a) o credor recebe o pagamento de terceiro e expressamente lhe transfere todos os seus direitos; (b) terceira pessoa empresta ao devedor a quantia precisa para solver a dívida, sob a condição expressa de ficar o mutuante sub-rogado nos direitos do credor satisfeito.

16.14.8.5 Imputação do pagamento

Na imputação do pagamento, a pessoa obrigada, por dois ou mais débitos da mesma natureza, a um só credor, tem o direito de indicar a qual deles oferece pagamento, se todos forem líquidos e vencidos.

Não tendo o devedor declarado em qual das dívidas líquidas e vencidas quer imputar o pagamento, se aceitar a quitação de uma delas, não terá direito a reclamar contra a imputação feita pelo credor, salvo provando haver ele cometido violência ou dolo.

16.14.8.6 Dação em pagamento

Na dação em pagamento, o credor pode consentir em receber coisa que não seja dinheiro, em substituição da prestação que lhe era devida. É o caso de se substituir o valor devido por imóvel.

Se for título de crédito a coisa dada em pagamento, a transferência importará cessão.

16.14.8.7 Novação

Dá-se a novação quando: (a) o devedor contrai com o credor nova dívida, para extinguir e substituir a anterior; (b) novo devedor sucede ao antigo, ficando este quite com o credor; (c) em virtude da obrigação nova, outro credor é substituído ao antigo, ficando o devedor quite com este.

Na novação objetiva não ocorre a mudança dos sujeitos.

Na novação subjetiva passiva, há a mudança no polo passivo da dívida, em que um devedor sucede ao outro.

A novação subjetiva ativa implica que um credor sucede ao antigo.

16.14.8.8 Compensação

Se duas pessoas forem ao mesmo tempo credor e devedor, uma da outra, as duas obrigações extinguem-se, até onde se compensarem.

A compensação efetua-se entre dívidas líquidas, vencidas e de coisas fungíveis.

Não se admite a compensação em prejuízo de direito de terceiro. O devedor que se torne credor de seu credor, depois de penhorado o crédito deste, não pode opor ao exequente a compensação, de que contra o próprio credor disporia.

16.14.8.9 Transação

Transação vem do latim *transactio*, derivado do verbo *transigire*, formado por *trans* (além de) e *gere* (conduzir).

Clóvis Beviláqua afirma que transação constitui ato jurídico bilateral, pelo qual as partes, fazendo-se concessões recíprocas, extinguem obrigações litigiosas ou duvidosas[6].

---

6 *Comentários ao Código Civil*. São Paulo: Francisco Alves, 1949, v. 4, p. 179.

A transação pressupõe incerteza do direito (*res dubia*) para que possam ser feitas concessões mútuas.

Silvio Rodrigues leciona que é "indispensável a existência de dúvida sobre relação jurídica (*res dubia*), para que se possa falar em transação. Se tal dúvida inexiste, pelo menos no espírito das partes transigentes, a transação perde seu objetivo e o acordo entre os adversários pode se comparar a uma doação ou à remissão de dívidas, mas não ao negócio em exame"[7].

Transação, no Código Civil de 2002, passa a ser espécie de contrato, pois há dupla manifestação de vontade. Não é mais tratada como forma de extinção de obrigações. A transação interpreta-se restritivamente (art. 843 do Código Civil), assim como os negócios jurídicos benéficos interpretam-se estritamente (art. 114 do CC). Pela transação não se transmitem, apenas se declaram ou reconhecem direitos.

Entendo que inexiste coisa julgada na transação, em razão de que a matéria não foi submetida à apreciação do Poder Judiciário. Só se pode falar em transação, em que o juiz extingue o processo com julgamento de mérito (art. 487, III, *b*, do CPC), quando a questão for submetida à apreciação do Poder Judiciário. Do contrário, não há efeito de coisa julgada. Coisa julgada só existe na sentença da qual não cabe mais recurso, do acordo homologado em juízo e não de acordos extrajudiciais.

Só quanto a direitos patrimoniais de caráter privado se permite a transação.

A transação não aproveita, nem prejudica senão aos que nela intervierem, ainda que diga respeito a coisa indivisível. Não prejudica, portanto, terceiros.

É admissível, na transação, a pena convencional.

Sendo nula qualquer das cláusulas na transação, nula será esta.

A transação só se anula por dolo, coação, ou erro essencial quanto à pessoa ou coisa controversa (art. 849 do Código Civil).

16.14.8.10 Confusão

Ocorre confusão quando, na mesma pessoa, se confundam as qualidades de credor e devedor.

A confusão pode verificar-se a respeito de toda a dívida, ou só de parte dela.

A confusão operada na pessoa do credor ou devedor solidário só extingue a obrigação até a concorrência da respectiva parte no crédito, ou na dívida, subsistindo quanto ao mais a solidariedade.

---

7 *Direito civil*: parte geral das obrigações. São Paulo: Saraiva, 1980, v. 2, p. 262.

Cessando a confusão, logo se restabelece, com todos os seus acessórios, a obrigação anterior.

16.14.8.11 Remissão

Remissão é o perdão da dívida feito pelo credor.

A entrega voluntária do título da obrigação, quando por escrito particular, prova a desoneração do devedor e seus coobrigados, se o credor for capaz de alienar, e o devedor, capaz de adquirir.

16.14.8.12 Cessão de crédito

O credor pode ceder seu crédito, se a isso não se opuser a natureza da obrigação, a lei ou a convenção com o devedor. Não havendo qualquer convenção com o devedor, a cessão de crédito será perfeitamente possível.

Salvo disposição em contrário, na cessão de um crédito abrangem-se todos os seus acessórios.

É ineficaz, em relação a terceiros, a transmissão de um crédito, se não celebrar-se mediante instrumento público, ou instrumento particular com a indicação do lugar onde foi passado, a qualificação do outorgante e do outorgado, a data e o objetivo da outorga com a designação e a extensão dos poderes conferidos. Sendo por instrumento particular, a cessão de crédito deve conter a assinatura de duas testemunhas, além de ter de ser feita a transcrição no registro público da cessão, para valer perante terceiros (art. 221 do Código Civil).

A cessão de crédito não tem eficácia quanto ao devedor, senão quando a este notificada.

Ocorrendo várias cessões do mesmo crédito, prevalece a que se completar com a entrega do título do crédito cedido.

Salvo estipulação em contrário, o cedente não responde pela solvência do devedor.

16.14.9 Inadimplemento das obrigações

16.14.9.1 Mora

Mora é o não pagamento da obrigação na época determinada.

Mora solvendi é a mora do devedor em não cumprir a obrigação. *Mora accipiendi* é a mora do credor em não receber o que foi convencionado. *Mora ex re* é a que decorre da coisa ou mora automática. O dia do vencimento interpela o homem (*dies interpellat pro homine*).

Considera-se em mora o devedor que não efetuar o pagamento, e o credor que não o quiser receber no tempo, lugar e forma que a lei ou a convenção estabelecer.

Responde o devedor pelos prejuízos a que sua mora der causa, mais juros, atualização monetária segundo índices oficiais regularmente estabelecidos e honorários de advogado.

Se a prestação, devido à mora, tornar-se inútil ao credor, este poderá enjeitá-la, e exigir a satisfação das perdas e danos.

Purgação da mora é o adimplemento da obrigação. Purga-se a mora: (a) por parte do devedor, oferecendo este a prestação, mais a importância dos prejuízos decorrentes do dia da oferta; (b) por parte do credor, oferecendo-se este a receber o pagamento e sujeitando-se aos efeitos da mora até a mesma data.

Nas obrigações negativas (de não fazer), o devedor fica constituído em mora desde o dia em que executar o ato de que se devia abster.

Nas obrigações provenientes de ato ilícito, considera-se o devedor em mora desde que o tenha praticado.

16.14.9.2 Perdas e danos

As perdas e danos abrangem o que o credor efetivamente perdeu e o que razoavelmente deixou de lucrar.

Ainda que a inexecução resulte de dolo do devedor, as perdas e danos só incluem os prejuízos efetivos e os lucros cessantes por efeito dela direto e imediato.

As perdas e danos, nas obrigações de pagamento em dinheiro, serão pagas com atualização monetária segundo índices oficiais regularmente estabelecidos, abrangendo juros, custas e honorários de advogado, sem prejuízo da pena convencional.

Provado que os juros da mora não cobrem o prejuízo, e não havendo pena convencional, pode o juiz conceder ao credor indenização suplementar.

16.14.9.3 Juros legais

Os juros podem ser convencionais ou legais. São convencionais quando ajustados pelas partes. São legais quando decorrentes da previsão da lei.

Podem os juros ser moratórios ou compensatórios. Os moratórios são decorrentes do atraso no cumprimento da obrigação. Os compensatórios são provenientes do fato de o credor não poder dispor do capital.

Quando os juros moratórios não forem convencionados, ou o forem sem taxa estipulada, ou quando provierem de determinação da lei, serão fixados segundo a taxa que estiver em vigor para a mora do pagamento de impostos devidos à Fazenda Nacional. O parâmetro é dos juros devidos em relação a impostos da Fazenda Nacional e não de contribuições sociais.

Ainda que não se alegue prejuízo, é obrigado o devedor aos juros de mora que se contarão assim às dívidas em dinheiro como às prestações de outra natureza, uma vez que lhes esteja fixado o valor pecuniário por sentença judicial, arbitramento, ou acordo entre as partes.

16.14.9.4 Cláusula penal

É estabelecida a cláusula penal para o cumprimento da obrigação principal, como multa pelo descumprimento de determinada cláusula contratual.

A cláusula penal pode referir-se à inexecução completa da obrigação, à inexecução de alguma cláusula especial ou simplesmente à mora.

O valor da cominação imposta na cláusula penal não pode exceder o da obrigação principal (art. 412 do Código Civil).

A nulidade da obrigação importa a da cláusula penal.

Quando se cumprir em parte a obrigação, poderá o juiz reduzir proporcionalmente a pena estipulada para o caso de mora, ou de inadimplemento (art. 413 do Código Civil).

Para exigir a pena convencional, não é necessário que o credor alegue prejuízo.

16.15 CONTRATOS

16.15.1 Conceito

São encontradas várias denominações para designar o contrato, como ajuste, convenção, pacto.

Contrato é o negócio jurídico entre duas ou mais pessoas sobre obrigação de dar, fazer ou não fazer, visando criar, extinguir ou modificar um direito.

Os contratos têm força de lei entre as partes, sendo que os acordos devem ser cumpridos (*pacta sunt servanda*).

Podem os contratos ser estabelecidos de forma expressa ou tácita. A manifestação expressa ou expressada pode ser escrita ou verbal. Contrato tácito ocorre quando não há oposição de uma parte em relação à outra, que presta a obrigação, sem que nada tenha sido ajustado.

Não é apenas a propriedade que tem função social (art. 5º, XXIII, da Constituição). O contrato também passa a ter função social. A jurisprudência é que vai dizer o que é a função social do contrato.

A liberdade de contratual será exercida nos limites da função social do contrato (art. 421 do Código Civil). Essa função compreende harmonia entre as partes, concessões mútuas, evitando demandas futuras. A função social do contrato implica a composição de interesses individuais e coletivos e a prevalência do social sobre o individual.

Nas relações contratuais privadas, prevalecerão o princípio da intervenção mínima e a excepcionalidade da revisão contratual.

Os contratos civis e empresariais presumem-se paritários e simétricos até a presença de elementos concretos que justifiquem o afastamento dessa presunção, ressalvados os regimes jurídicos previstos em leis especiais, garantido também que:

I – as partes negociantes poderão estabelecer parâmetros objetivos para a interpretação das cláusulas negociais e de seus pressupostos de revisão ou de resolução;

II – a alocação de riscos definida pelas partes deve ser respeitada e observada; e

III – a revisão contratual somente ocorrerá de maneira excepcional e limitada (art. 421-A do Código Civil).

A boa-fé deve existir na pré-contratação, no desenvolvimento da relação contratual, na sua extinção e após o término do contrato.

Boa-fé objetiva implica conduta honesta, leal. Diz respeito ao comportamento das partes.

Boa-fé objetiva é a exteriorização do seu comportamento, mediante condutas confiáveis, honestas, de acordo com uma conduta social adequada. Implica conduta honesta, leal. Diz respeito ao comportamento das partes.

Boa-fé subjetiva é a conduta da pessoa, o modo de agir, a consciência de que está agindo corretamente.

Os contratantes são obrigados a guardar, assim na conclusão do contrato, como em sua execução, os princípios de probidade e boa-fé. Presume-se que as partes estão imbuídas de boa-fé e que são probas. A má-fé deverá ser provada.

É lícito às partes estipular contratos atípicos.

Considera-se celebrado o contrato no lugar em que foi proposto.

Não pode ser objeto de contrato a herança de pessoa viva.

Os negócios jurídicos benéficos serão interpretados restritivamente.

16.15.2 Classificação

Quanto à vontade, podem os contratos abranger obrigações unilaterais e bilaterais. No contrato bilateral ou sinalagmático há direitos e obrigações recíprocas das partes envolvidas. Exemplo: o contrato de venda e compra. Nas obrigações unilaterais, há apenas obrigações para um dos contraentes e direitos para o outro. Exemplos seriam o mandato, o comodato, o mútuo etc.

Quanto à onerosidade, podem ser gratuitos ou onerosos. No contrato oneroso, um dos contraentes paga um valor para obter uma coisa, como na venda e compra. No contrato gratuito, apenas uma das partes sofre um sacrifício patrimonial, como ocorre na doação.

Quanto à reciprocidade de direitos e obrigações, podem ser comutativos e aleatórios. No contrato comutativo, já se sabe de início quais são os direitos e obrigações das pessoas envolvidas, como no contrato de locação de imóvel. No contrato aleatório, uma das partes não sabe de quanto será o montante da prestação que irá receber em troca de sua obrigação. É o que ocorre no contrato de seguro, em que o sinistro pode ou não ocorrer, embora haja o pagamento do prêmio para a cobertura do seguro.

Quanto à causa, os contratos podem ser causais e abstratos. Contratos causais são os que sua eficácia depende da consecução de um fim juridicamente válido, como a locação, a venda e compra etc. Há uma causa definida no contrato. Os contratos abstratos independem do fundamento da obrigação e de seu objeto. Seria exemplo a cambial, em que há responsabilidade independentemente da causa geradora da obrigação.

Quanto à forma, podem ser solenes e não solenes. Contrato solene é o que depende da forma prevista em lei para ter validade, como da escritura pública de venda e compra registrada no Cartório de Registro de Imóveis. Contratos não solenes são os que se aperfeiçoam independentemente de qualquer formalidade. São estabelecidos de forma livre.

Quanto ao aperfeiçoamento, podem ser consensuais e reais. Contrato consensual é o que independe de formalidade, bastando o mero ajuste de vontades, como no contrato de transportes. Nos contratos reais, existe a necessidade da entrega de uma coisa, como na venda e compra, no empréstimo, no comodato etc.

Quanto à denominação, podem ser nominados e inominados. Contratos nominados são os que são identificados, tendo denominação própria, como o mandato, o empréstimo etc. Contratos inominados não têm denominação própria e previsão específica na lei, como de venda de clientela etc.

Contratos reciprocamente considerados são os principais e acessórios. O principal independe da existência de qualquer outro para ter validade, como na locação de imóvel. Contrato acessório é o que depende do anterior para ter validade, como na fiança, que tem por objeto garantir a obrigação.

Quanto ao objeto, podem ser de execução instantânea e de execução diferida. Contrato de execução instantânea é o que sua execução é efetuada de imediato, sem qualquer outro ato, como na venda e compra, em que o comprador paga o preço e o vendedor entrega a coisa. Contrato de execução diferida compreende o cumprimento da obrigação no futuro, como na locação de serviços, que vai sendo prestada dia a dia.

Quanto ao objeto, podem ser definitivos ou preliminares. Definitivo é o pacto ajustado sem a necessidade de outro preliminar, como na venda e compra a vista. No contrato preliminar, há uma convenção de algo antes da celebração do negócio definitivo, como ocorre na promessa de venda e compra, que, geralmente, é feita por instrumento particular, pois o contrato definitivo será feito mediante escritura pública.

Quanto à formação, podem ser paritários e de adesão. Nos contratos paritários, há paridade de ajustes, sendo que ambas as partes elaboram o contrato, sem que exista imposição de uma parte em relação à outra. No contrato de adesão, uma das partes impõe previamente todas as cláusulas sem que a outra possa discuti-las, o que é feito em bloco, como ocorre no contrato de seguro. A parte mais fraca geralmente não tem condições de discutir as cláusulas, pela necessidade de contratar, aderindo ao pacto. É, porém, um contrato pela liberdade da pessoa em contratar ou não, porque só o faz se o quiser.

Quando houver no contrato de adesão cláusulas ambíguas ou contraditórias, dever-se-á adotar a interpretação mais favorável ao aderente.

Nos contratos de adesão, são nulas as cláusulas que estipulem a renúncia antecipada do aderente a direito resultante da natureza do negócio.

O contrato tem as seguintes características: (a) a autonomia privada da vontade de contratar. As partes são livres para contratar; (b) *pacta sunt servanda*, quer dizer, os acordos entabulados devem ser cumpridos. O contrato é considerado lei entre as partes; (c) vincula apenas as partes e não terceiros.

16.15.3 Arras ou sinal

Arras ou sinal é o adiantamento de quantia em dinheiro ou outra coisa fungível (consumível) entregue por um a outro contraente, com o objetivo de assegurar o cumprimento da obrigação. Pode ser considerada princípio do negócio e de seu pagamento.

Se a parte que deu as arras não executar o contrato, poderá a outra tê-lo por desfeito, retendo-as. Se a inexecução for de quem recebeu o sinal, poderá quem as deu haver o contrato por desfeito, e exigir sua devolução mais o equivalente, com atualização monetária segundo índices oficiais regularmente estabelecidos, juros e honorários de advogado.

A parte inocente pode pedir indenização suplementar, se provar maior prejuízo, valendo as arras como taxa mínima. Pode, também, a parte inocente exigir a execução do contrato, com as perdas e danos, valendo as arras como o mínimo da indenização.

16.15.4 Estipulação em favor de terceiro

Pode haver a estipulação de algo em favor de terceiro. O que estipula em favor de terceiro pode exigir o cumprimento da obrigação. Ao terceiro, em favor de quem se estipulou a obrigação, também é permitido exigi-la, ficando, todavia, sujeito às condições e normas do contrato, se a ele anuir, e o estipulante o não inovar.

16.15.5 Vícios redibitórios

Vícios redibitórios são defeitos ocultos da coisa que a tornam imprópria ao fim a que se destina ou lhe diminuem o valor. O devedor não teria feito o contrato se tivesse conhecimento dos defeitos da coisa.

Redibição é a devolução da coisa.

Se o alienante conhecia o vício, restituirá o que recebeu com perdas e danos. Se o não conhecia, tão somente restituirá o valor recebido, mais as despesas do contrato.

Em vez de rejeitar a coisa, cancelando o contrato, pode o adquirente reclamar abatimento no preço.

O adquirente decai do direito de obter o abatimento do preço no prazo de 30 dias se a coisa for móvel, e de um ano se for imóvel, contado da entrega efetiva. Se já estava na posse, o prazo conta-se da venda, reduzido à metade.

16.15.6 Evicção

Evicção é a garantia jurídica decorrente da perda da coisa, em decorrência de decisão judicial.

Nos contratos onerosos, o alienante responde pela evicção. Subsiste esta garantia ainda que a aquisição se tenha realizado em hasta pública.

Podem as partes, por cláusula expressa, reforçar, diminuir ou excluir a responsabilidade pela evicção.

Salvo estipulação em contrário, tem direito o evicto, além da restituição integral do preço ou das quantias que pagou: (1) à indenização dos frutos que tiver sido obrigado a restituir; (2) à indenização pelas despesas dos contratos e pelos prejuízos que diretamente resultarem da evicção; (3) às custas judiciais e aos honorários de advogado por ele constituído.

Subsiste para o alienante esta obrigação, ainda que a coisa alienada esteja deteriorada, exceto havendo dolo do adquirente.

16.15.7 Contrato preliminar

O contrato preliminar, exceto quanto à forma, deve conter todos os requisitos essenciais ao contrato a ser celebrado.

Concluído o contrato preliminar, e desde que dele não conste cláusula de arrependimento, qualquer das partes terá o direito de exigir a celebração do definitivo, assinando prazo à outra para que o efetive.

O contrato preliminar deve ser levado ao registro competente.

16.15.8 Extinção do contrato

O distrato faz-se pela forma exigida para o contrato. Deve-se observar, também, a probidade e a boa-fé.

A resilição unilateral, nos casos em que a lei expressa ou implicitamente o permita, opera mediante denúncia notificada à outra parte.

Se, porém, dada a natureza do contrato, uma das partes houver feito investimentos consideráveis para sua execução, a denúncia unilateral só produzirá efeito depois de transcorrido prazo compatível com a natureza e o vulto dos investimentos.

Nos contratos bilaterais, nenhum dos contratantes, antes de cumprida sua obrigação, pode exigir o implemento da do outro (*exceptio non adimpleti contractus*).

Se depois de concluído o contrato sobrevier a uma das partes contratantes diminuição em seu patrimônio capaz de comprometer ou tornar duvidosa a prestação pela qual se obrigou, pode a outra recusar-se à prestação que lhe incumbe, até que aquela satisfaça a que lhe compete ou dê garantia bastante de satisfazê-la.

Nos contratos de execução continuada ou diferida, se a prestação de uma das partes tornar-se excessivamente onerosa, com extrema vantagem para a outra, em virtude de acontecimentos extraordinários e imprevisíveis, poderá o devedor pedir a resolução do contrato. Os efeitos da sentença que a decretar retroagirão à data da citação.

A resolução poderá ser evitada, oferecendo-se o réu a modificar equitativamente as condições do contrato.

Se no contrato as obrigações couberem a apenas uma das partes, poderá ela pleitear que sua prestação seja reduzida, ou alterado o modo de executá-la, a fim de evitar a onerosidade excessiva.

16.15.9 Espécies de contratos

16.15.9.1 Venda e compra

Pelo contrato de venda e compra, um dos contraentes se obriga a transferir o domínio de certa coisa e, o outro, a pagar-lhe certo preço em dinheiro.

São elementos desse contrato: a coisa, o preço e o consentimento.

A fixação do preço poderá ficar a cargo de terceiro.

Também se poderá deixar a fixação do preço à taxa do mercado, ou da bolsa, em certo e determinado dia e lugar.

Nulo é o contrato de venda e compra, quando se deixa ao arbítrio exclusivo de uma das partes a fixação do preço.

Salvo cláusula em contrário, ficarão as despesas de escritura e registro a cargo do comprador, e a cargo do vendedor, as da tradição.

Não sendo a venda a crédito, o vendedor não é obrigado a entregar a coisa antes de receber o preço.

Até o momento da tradição, os riscos da coisa correm por conta do vendedor, e os do preço, por conta do comprador.

A entrega da coisa vendida, na falta de estipulação expressa, dar-se-á no lugar onde ela estava, ao tempo da venda.

O vendedor, salvo convenção em contrário, responde por todos os débitos que gravem a coisa até o momento da entrega.

Nas coisas vendidas conjuntamente, o defeito oculto de uma não autoriza a rejeição de todas.

A venda e compra pode ser feita de forma pura e simples. Pode também conter cláusulas especiais, como a retrovenda, a venda a contento, a preempção ou preferência, o pacto de melhor comprador, o pacto comissório, a reserva de domínio.

Na retrovenda, o vendedor reserva-se o direito de recomprar a coisa, dentro de três anos, mediante a restituição do preço mais as despesas feitas pelo comprador. Essa cláusula só é válida para bens imóveis.

Na venda a contento, o contrato só termina quando o comprador se declara satisfeito. É a venda realizada sob condição suspensiva. É utilizada a cláusula em relação a coisas que se costumam pesar, medir ou experimentar, como vinho, azeite etc.

Na preempção, o comprador compromete-se a dar preferência ao vendedor caso tenha interesse em vender a coisa a terceiro.

No pacto de melhor comprador, ocorre de a venda ser desfeita caso alguém ofereça preço maior ou melhores condições dentro de certo prazo. O prazo máximo é de um ano.

Pacto compromissório é a estipulação, no contrato, da possibilidade de rescisão automática. O vendedor tem a possibilidade de desfazer a venda se, dentro do prazo convencionado, o comprador não pagar o preço estipulado.

Na reserva de domínio, o comprador só adquire efetivamente o bem depois de pagar integralmente o preço. É o que ocorre na venda a crédito e é utilizada nos consórcios de automóveis, em que o veículo fica alienado enquanto não for pago todo o preço.

Tradição é a entrega da coisa.

16.15.9.2 Doação

Doação é o contrato em que uma pessoa, por liberalidade, transfere de seu patrimônio bens ou vantagens para o de outra, que os aceita.

É feita a doação por escritura pública ou instrumento particular.

A doação feita ao nascituro valerá, sendo aceita por seu representante legal.

A doação de ascendentes a descendentes, ou de um cônjuge a outro, importa adiantamento do que lhes cabe por herança.

O doador pode estipular que os bens doados voltem a seu patrimônio, se sobreviver ao donatário.

É nula a doação de todos os bens sem reserva de parte, ou renda suficiente para a subsistência do doador.

Nula é também a doação quanto à parte que exceder à de que o doador, no momento da liberalidade, poderia dispor em testamento.

Pode ser revogada a doação por ingratidão do donatário, ou por inexecução do encargo.

Podem ser revogadas por ingratidão as doações: (1) se o donatário atentou contra a vida do doador ou cometeu crime de homicídio doloso contra ele; (2) se cometeu contra ele ofensa física; (3) se injuriou-o gravemente ou caluniou-o; (4) se, podendo ministrá-los, recusou ao doador os alimentos de que este necessitava.

Em regra, a doação é irrevogável.

16.15.9.3 Locação

A locação é a cessão de coisa ou serviço a outrem, mediante o pagamento de um preço ajustado.

Na locação de coisas, uma das partes obriga-se a ceder à outra, por tempo determinado ou não, o uso e gozo de coisa não fungível, mediante certa retribuição.

Havendo prazo estipulado à duração do contrato, antes do vencimento não poderá o locador reaver a coisa alugada, senão ressarcindo ao locatário as perdas e danos resultantes, nem o locatário devolvê-la ao locador, senão pagando, proporcionalmente, a multa prevista no contrato.

A locação por tempo determinado cessa de pleno direito findo o prazo estipulado, independentemente de notificação ou aviso.

Se, findo o prazo, o locatário continuar na posse da coisa alugada, sem oposição do locador, presumir-se-á prorrogada a locação pelo mesmo aluguel, mas sem prazo determinado.

Morrendo o locador ou o locatário, transfere-se a seus herdeiros a locação por tempo determinado.

A locação de imóveis urbanos é regulada pela Lei n. 8.245/91. Chama-se locador ou proprietário o que aluga o imóvel. Inquilino ou locatário é a pessoa que alugou o imóvel. O aluguel pode ser livremente estipulado pelas partes, sendo vedada a estipulação em moeda estrangeira e sua vinculação à variação cambial e ao salário mínimo. O prazo mínimo da locação é de 30 meses.

16.15.9.3.1 *Prestação de serviço*

Locação de serviços (*locatio operarum*) é o negócio jurídico em que uma das partes (locador) obriga-se a prestar uma atividade a outrem (locatário), mediante o pagamento de remuneração e sem subordinação. É o que ocorre em serviços de profissionais liberais, como advogado, médico, contador, engenheiro, economista, administrador etc.

O Código Civil de 2002 denomina a locação de serviços prestação de serviços.

O prestador dos serviços assume os riscos de sua atividade, que é desenvolvida com autonomia.

O contrato de prestação de serviço é um pacto de atividade. Não interessa o resultado do trabalho, mas o próprio serviço prestado.

Toda a espécie de serviço ou trabalho lícito, material ou imaterial, pode ser contratada mediante retribuição.

A prestação de serviço que não estiver sujeita às leis trabalhistas (ex.: CLT) ou a lei especial (Código de Defesa do Consumidor) rege-se pelos arts. 593 a 609 do Código Civil.

O contrato pode ser rescindido mediante aviso prévio de uma das partes à outra, no sentido de que não quer mais continuar o que foi ajustado.

16.15.9.4 Empreitada

Empreitada (*locatio operis*) é o contrato em que uma das partes (empreiteiro) obriga-se a realizar trabalho para a outra (dona da obra), sem subordinação, com ou sem fornecimento de material, mediante pagamento de remuneração global ou proporcional ao serviço feito.

Pode ser a empreitada de mão de obra ou também chamada de lavor ou a empreitada mista, em que o empreiteiro presta os serviços, mas também fornece o material a ser utilizado na obra.

O contrato de empreitada é um pacto de resultado. Não importa, em princípio, quem vai fazer o serviço, mas apenas o resultado, que é a construção da casa, a pintura do muro, o reparo da instalação hidráulica ou elétrica etc.

A obrigação de fornecer os materiais não se presume, resulta da lei ou da vontade das partes.

O contrato para elaboração de um projeto não implica a obrigação de executá-lo, ou de fiscalizar-lhe a execução.

Quando o empreiteiro fornece os materiais, correm por sua conta os riscos até o momento da entrega da obra, a contento de quem a encomendou, se este não estiver em mora de receber; mas se estiver, por sua conta correrão os riscos.

Se o empreiteiro só forneceu mão de obra, todos os riscos em que não tiver culpa correrão por conta do dono.

16.15.9.5 Empréstimo

16.15.9.5.1 *Comodato*

Comodato é o empréstimo gratuito de coisas infungíveis, como o de imóvel. Perfaz-se com a entrega do objeto.

São características do comodato: (a) gratuidade. Se houver exigência de pagamento, haverá locação; (b) infungibilidade. Não se pode substituir uma coisa por outra. Não se pode também pagar o equivalente, mas restituir a coisa emprestada; (c) temporariedade.

Se o comodato não tiver prazo convencional, presumir-se-lhe-á o necessário para o uso concedido.

O comodatário (que recebeu o empréstimo) é obrigado a conservar, como se sua própria fora, a coisa emprestada, não podendo usá-la senão de acordo com o contrato, ou a natureza dela, sob pena de responder por perdas e danos.

Pode-se estabelecer no contrato que o comodatário arque com as despesas de conservação da coisa e pelo pagamento de taxas sobre ela incidentes.

O comodato extingue-se com a morte do comodatário.

16.15.9.5.2 *Mútuo*

O mútuo é o empréstimo de coisas fungíveis, como de dinheiro.

O mutuário é obrigado a restituir ao mutuante o que dele recebeu em coisas do mesmo gênero, qualidade e quantidade.

O mútuo feito a pessoa menor, sem prévia autorização daquele sob cuja guarda estiver, não pode ser reavido nem do mutuário, nem de seus fiadores.

Destinando-se o mútuo a fins econômicos, presumem-se devidos juros, os quais, sob pena de redução, não poderão exceder a taxa em vigor para mora de impostos federais (Selic).

16.15.9.6 Depósito

Depósito é o contrato em que uma das partes recebe de outra coisa móvel, obrigando-se a guardá-la temporariamente para ser restituída no futuro.

O contrato de depósito é gratuito, exceto se houver convenção em contrário, se resultante de atividade negocial ou se o depositário o praticar por profissão.

Se o depósito for oneroso e a retribuição do depositário não constar de lei, nem resultar de ajuste, será determinada pelos usos do lugar, e, na falta destes, por arbitramento.

O depositário é obrigado a ter na guarda e conservação da coisa depositada o cuidado e diligência que costuma com o que lhe pertence, bem como a restituí-la, com todos os frutos e acréscimos, quando o exija o depositante.

Se o depósito se entregou fechado, colado, selado ou lacrado, nesse mesmo estado se manterá.

Salvo disposição em contrário, a restituição da coisa deve dar-se no lugar em que tiver de ser guardada. As despesas de restituição correm por conta do depositante.

É depósito necessário: (1) o que se faz em desempenho de obrigação legal; (2) o que se efetua por ocasião de alguma calamidade, como o incêndio, a inundação, o naufrágio ou o saque.

Os hospedeiros responderão como depositários, assim como furtos e roubos que perpetrarem as pessoas empregadas ou admitidas em seus estabelecimentos. A remuneração do depósito está incluída na hospedagem.

O depósito necessário não se presume gratuito.

Determina o inciso LXVII do art. 5º da Constituição que não haverá prisão civil por dívida, salvo a do responsável pelo inadimplemento voluntário e inescusável de obrigação alimentícia e a do depositário infiel.

16.15.9.7 Mandato

Dá-se o mandato quando alguém recebe de outrem poderes para, em seu nome, praticar atos ou administrar interesses.

A ideia central do mandato é a representação, a aproximação de uma pessoa por outra, visando à realização do negócio.

O mandato envolve uma operação triangular: o mandante, que delega poderes a outrem para agir em seu nome; o mandatário, que recebe poderes para agir em nome do mandante; e a terceira pessoa.

O instrumento do mandato é a procuração, que pode ser por instrumento público ou privado.

Todas as pessoas capazes são aptas para dar procuração mediante instrumento particular, que valerá desde que tenha a assinatura do outorgante. O instrumento particular deve conter o lugar em que for passado, a data, o nome do outorgante, a individuação de quem seja o outorgado, e bem assim o objetivo da outorga, a natureza, a designação e extensão dos poderes conferidos.

O mandato pode ser expresso ou tácito, verbal ou escrito.

De modo geral, o mandato é gratuito, quando não se estipulou retribuição, salvo se o objeto do mandato for daqueles que o mandatário trata por ofício ou profissão lucrativa.

Para os casos em que se exige mandato escrito, não se admite mandato verbal.

A aceitação do mandato pode ser tácita e resulta do começo de execução.

Pode o mandato ser especial a um ou mais negócios determinadamente, ou geral a todos os do mandante.

16.15.9.8 Gestão de negócios

A gestão de negócios é a administração espontânea de negócio alheio, sem procuração para tanto.

O gestor de negócios dirige o negócio segundo o interesse e a vontade presumível de seu dono, ficando responsável a este e às pessoas com quem tratar.

O gestor envidará toda sua diligência habitual na administração do negócio, ressarcindo ao dono o prejuízo resultante de qualquer culpa na gestão.

Se o negócio for utilmente administrado, cumprirá ao dono as obrigações contraídas em seu nome, reembolsando ao gestor as despesas necessárias ou úteis que houver feito, com os juros legais, desde o desembolso, respondendo ainda pelos prejuízos que este houver sofrido por causa da gestão.

16.15.9.9 Comissão

O contrato de comissão tem por objeto a aquisição ou a venda de bens pelo comissário, em seu próprio nome, à conta do comitente.

O comissário é obrigado a agir de conformidade com as ordens e instruções do comitente, devendo, na falta destas, não podendo pedi-las a tempo, proceder segundo os usos em casos semelhantes.

O comissário não responde pela insolvência das pessoas com quem tratar, exceto em caso de culpa.

16.15.9.10 Corretagem

Em Roma os corretores eram chamados de proxenetas.

Na Idade Média, eram conhecidos por *sensalis*, *proxenetas*, *mediator*. Faziam intervenção nos negócios à distância e serviam como intérpretes para os estrangeiros. Não poderiam exercer o comércio por conta própria.

Os arts. 36 a 67 do Código Comercial de 1850 tratavam do corretor. Ele era considerado um auxiliar do comércio.

O Código Civil de 1916 não tinha um capítulo sobre o tema. Tinha a corretagem, sob esse aspecto, natureza de contrato inominado.

Passou o Código Civil de 2002 a tratar da corretagem no Capítulo XIII, do Título VI (Das Várias Espécies de Contratos), nos arts. 722 a 729. Agora, é possível afirmar que o contrato de corretagem é típico ou nominado, pois foi regulado em lei. O novo Código revogou os arts. 36 a 67 do Código Comercial.

Corretor vem de *courratiers*, *courretiers*, ou, por corruptela, de *courtiers*, com raízes no verbo *cursitare*, com o sentido de correr de um lugar para outro. Corretor, assim, é proveniente de corredor, daquele que "corre" de interessado a interessado, visando intermediar a realização de um negócio.

Dispõe o art. 722 do Código Civil que "pelo contrato de corretagem, uma pessoa, não ligada a outra em virtude de mandato, de prestação de serviços ou por qualquer relação de dependência, obriga-se a obter para a segunda um ou mais negócios, conforme as instruções recebidas".

Comitente ou dono do negócio é a pessoa que contrata o corretor.

O objetivo da corretagem é aproximar o vendedor e o comprador para a realização de certo negócio.

O art. 725 do Código Civil faz referência a "resultado previsto no contrato de mediação".

Entretanto, a mediação tem a característica de aproximar as partes, mas também de fazer propostas, sugestões para que cheguem a um acordo sobre um determinado conflito. Nesse sentido, é forma de solução de conflitos. Na corretagem não existe conflito, mas aproximação das partes para a concretização do negócio. O mediador deve ser imparcial. O interesse do corretor é aproximar as partes para a realização do negócio, visando atender o interesse do comitente para receber sua comissão. Defende, portanto, o interesse do comitente.

Não se caracteriza a corretagem como intermediação. Nesta o intermediário aufere lucro com a diferença entre o preço que comprou a mercadoria e o preço que a vende. Na corretagem não existe venda e compra de bem, mas serviço, que é remunerado mediante comissão. O corretor não adquire um bem para revendê-lo com lucro. O corretor apenas aproxima as partes. O intermediário não é remunerado pelas partes ou por uma delas, mas lucra com a compra de um bem com a venda a outra pessoa. O corretor não tem lucro, mas recebe remuneração pelo serviço prestado, sob a forma de comissão.

O corretor intervém num negócio alheio. Não cuida do negócio próprio.

Na corretagem não existe mandato. O corretor não representa o comitente. Não pode o corretor negociar em seu nome ou de outrem.

A corretagem é um contrato bilateral, pois envolve o corretor e o comitente e obrigações recíprocas entre eles.

Tem característica sinalagmática, pois compreende direitos e obrigações recíprocas para as partes.

O contrato de corretagem é um pacto acessório ao contrato principal, como, por exemplo, o de venda e compra. Sem o aperfeiçoamento do contrato de venda e compra não se pode falar em corretagem. Ele depende, portanto, da existência do contrato principal. Visa a formação de outro contrato.

Aperfeiçoa-se o contrato de corretagem pelo consenso entre as partes.

Tem natureza onerosa o contrato de corretagem, pois exige um pagamento, que é a comissão. Não se trata, assim, de contrato gratuito.

O contrato tem característica aleatória, pois compreende o elemento sorte na concretização do contrato principal para se falar no direito às comissões.

É um contrato de resultado o pacto de corretagem. O art. 725 do Código Civil mostra que "a remuneração é devida ao corretor uma vez que tenha conseguido o resultado previsto no contrato de mediação".

Exige o pacto de corretagem implemento de condição suspensiva, pois, se não realizado o contrato principal, não se efetiva o direito à comissão. O corretor, portanto, assume o risco das suas atividades, principalmente pelo fato de que o negócio entre o comitente e o cliente não se realizou.

O contrato termina com a aproximação feita pelo corretor entre o comitente e o comprador, que concluem o negócio. O corretor não vai concluir o negócio entre comitente e comprador.

A corretagem pode ser oficial, em que há previsão em lei quanto ao exercício da profissão (corretor de imóveis, corretor de navios). Pode ser livre, sem que haja previsão legal.

O corretor pode ser profissional, que exercita a corretagem com habitualidade, ou ocasional, que é feita uma vez ou outra.

O corretor de imóveis é regido pela Lei n. 6.530/78. O Decreto n. 81.871/78 regulamenta a referida norma. O art. 1º do regulamento prevê que o exercício da profissão de corretor de imóveis, no território nacional, somente é deferido ao possuidor do título de técnico em transações imobiliárias, inscrito no Conselho Regional de Corretores de Imóveis (Creci) da jurisdição.

O corretor tem por deveres: (a) lealdade, de atender aos interesses do comitente; (b) diligência. Sua inércia ou ociosidade implica perder o direito à comissão (art. 726, parte final, do Código Civil); (c) prudência, como se administrasse seu negócio próprio, não revelando informações do comitente; (d) informar. Deve prestar ao comitente todas as informações e esclarecimentos necessários à conclusão do negócio (art. 723 do Código Civil); (e) obedecer às instruções do comitente, pois "obriga-se a obter para a segunda um ou mais negócios, conforme as instruções obtidas" (art. 722 do Código Civil).

A remuneração do corretor é a corretagem ou a comissão. A denominação corretagem se confunde com o próprio contrato.

Estabelece o art. 725 do Código Civil que a remuneração é devida ao corretor uma vez que tenha conseguido o resultado previsto no contrato de mediação.

A jurisprudência entendia ser indevida a remuneração nos casos em que o contrato não se efetivasse em virtude de arrependimento das partes. Hoje, o art. 725 do Código Civil é claro no sentido de que a remuneração é devida mesmo que o pacto não se efetive em decorrência do arrependimento das partes. Isso se justifica em razão de que o corretor cumpriu com sua parte no negócio de aproximação das partes.

Iniciado e concluído o negócio diretamente entre as partes, nenhuma remuneração será devida ao corretor; mas se, por escrito, for ajustada a corretagem com exclusividade, terá o corretor direito à remuneração integral, ainda que realizado o negócio sem a sua mediação, salvo se comprovada sua inércia ou ociosidade (art. 726 do Código Civil).

Se, por não haver prazo determinado, o dono do negócio dispensar o corretor, e o negócio se realizar posteriormente, como fruto da sua mediação, a corretagem lhe será devida; igual solução se adotará se o negócio se realizar após a decorrência do prazo contratual, mas em razão dos trabalhos do corretor (art. 727 do Código Civil).

Caso o negócio se conclua com a intermediação de mais de um corretor, a remuneração será paga a todos em partes iguais, salvo ajuste em contrário (art. 728 do Código Civil).

A remuneração do corretor de imóveis é, geralmente, de 6% sobre o valor da venda.

O contrato de corretagem pode ser acordado por prazo certo ou indeterminado (art. 727 do Código Civil).

Poderá ou não haver exclusividade na corretagem (art. 726 do Código Civil).

Será também possível existir a fixação de zona fechada para o corretor.

O corretor de imóveis pode ser pessoa física ou jurídica (art. 4º da Lei n. 6.530/78).

O contrato de corretagem é um pacto de resultado, pois a remuneração do corretor depende do resultado que alcançar no negócio.

O corretor autônomo irá assumir os riscos de sua atividade.

Exerce o corretor autônomo uma atividade empresarial, ainda que seja realizada a corretagem por pessoa física.

A característica fundamental do corretor é a sua autonomia.

Mostra o art. 723 do Código Civil que o corretor é obrigado a executar a mediação com diligência e prudência e a prestar ao cliente, espontaneamente, todas as informações sobre o andamento do negócio. Deve, ainda, sob pena de responder por perdas e danos, prestar ao cliente todos os esclarecimentos acerca da segurança ou risco do negócio, das alterações de valores e de outros fatores que possam influir nos resultados da incumbência.

16.15.9.11 Transporte

Pelo contrato de transporte alguém se obriga, mediante retribuição, a transportar, de um lugar para outro, pessoas ou coisas.

O transportador responde pelos danos causados às pessoas transportadas e suas bagagens, salvo motivo de força maior, sendo nula qualquer cláusula excludente da responsabilidade.

Não se subordina às normas do contrato de transporte o feito gratuitamente, por amizade ou cortesia.

16.15.9.12 Edição

No contrato de edição, o autor celebra obra literária, científica ou artística e a entrega ao editor, para que a reproduza mediante processo mecânico e a divulgue ao público.

Os direitos autorais são regulados na Lei n. 9.610/98.

16.15.9.13 Seguro

No contrato de seguro, uma das partes paga um prêmio à outra, que se obriga a indenizá-la na ocorrência do sinistro, como incêndio, naufrágio, abalroamento, roubo etc.

O prêmio é o preço que o segurado paga ao segurador para ficar coberto pelo seguro.

Geralmente, o seguro é um contrato de adesão, mas mesmo assim abrange ajuste de vontades no sentido da contratação do seguro.

A apólice de seguro consignará os riscos assumidos, o valor do objeto segurado, o prêmio devido ou pago pelo segurado e quaisquer outras estipulações, que no contrato se firmarem.

16.15.9.14 Jogo e aposta

As dívidas de jogo ou aposta não obrigam a pagamento. Não se pode recobrar a quantia, que voluntariamente se pagou, salvo se foi ganha por dolo, ou se o perdente é menor, ou interdito.

Não se pode exigir reembolso do que se emprestou para jogo, ou aposta, no ato de apostar, ou jogar.

16.15.9.15 Fiança

Dá-se o contrato de fiança quando uma pessoa se obriga por outra, para com seu credor, a satisfazer a obrigação, caso o devedor não a cumpra.

É o que ocorre em contratos de locação de imóveis, em que é estabelecido um fiador, para honrar a dívida, caso o locatário não pague o aluguel.

A fiança é feita por escrito e não admite interpretação extensiva (art. 819 do Código Civil).

16.15.10 Responsabilidade civil

Responsabilidade vem do latim *respondere*, tendo o sentido de responsabilizar-se, garantir ou assumir o pagamento do que se obrigou ou do ato que praticou.

Na responsabilidade objetiva, a indenização deve ser paga sem que se discuta a existência de dolo ou culpa. Haverá necessidade apenas de se verificar o nexo causal. Exemplos: a previsão do § 6º do art. 37 da Constituição, que trata da responsabilidade do Estado pelos atos de seus prepostos; a responsabilidade civil por danos nucleares independe da existência de culpa (art. 21, XXIII, *d*, da Constituição); o Estado indenizará o condenado por erro judiciário, assim como o que ficar preso além do tempo fixado na sentença (art. 5º, LXXV, da Constituição); o INSS por conceder o benefício acidentário ao segurado, tendo por base o fato de que o seguro contra acidentes do trabalho fica por conta do empregador (art. 7º, XXVIII, da Constituição). Importa risco aos direitos de outra pessoa (Ex.: parágrafo único do art. 927 do Código Civil).

A responsabilidade subjetiva é a que decorre de culpa, de negligência, imprudência ou imperícia. É preciso verificar três fatores: (a) o elemento formal, que é o ato de violação de um dever jurídico; (b) o elemento subjetivo: dolo ou culpa (negligência, imprudência e imperícia); (c) o elemento causa-material, que é o dano.

Aquele que, por ato ilícito, causar dano a outrem fica obrigado a repará-lo (art. 927 do Código Civil).

Ilícito é contrariar a previsão legal ou contratual.

A regra do *caput* do art. 927 do Código Civil importa responsabilidade objetiva, que é a prevista na lei, mas também subjetiva, decorrente de negligência, imprudência ou imperícia.

Mesmo não havendo culpa (responsabilidade objetiva), o infrator é obrigado a reparar o dano: (a) nos casos previstos em lei; (b) quando a atividade normalmente desenvolvida pelo autor do dano implicar, por sua natureza, risco para os direitos de outrem. Isso significa que o parágrafo único do art. 927 do Código Civil adotou também a teoria do risco. Se alguém assumiu um risco e, com isso, causou prejuízo a outra pessoa, fica obrigado a pagar a indenização respectiva.

O parágrafo único do art. 927 do Código Civil mostra que, quando a atividade normalmente desenvolvida pelo autor do dano implicar, por sua natureza, risco para os direitos de outrem, haverá obrigação de reparar o dano, como ocorre, por exemplo, em empresas: nuclear, elétrica, que mantêm trabalhos perigosos ou insalubres ou que têm atividades que possibilitam acidente do trabalho aos empregados. O parágrafo único do art. 927 do Código Civil trata da responsabilidade civil objetiva, tendo por fundamento a teoria do risco criado.

A teoria do risco proveito mostra que a pessoa que tem proveito de uma atividade suporta o ônus dela decorrente (*ubi emolumentum, ib onus*), mesmo que não tenha culpa.

Aplica-se a teoria do risco criado quando alguém cria ou acentua riscos em decorrência do exercício das suas atividades (ex.: parágrafo único do art. 927 do Código Civil).

A teoria do risco profissional verifica apenas a atividade da vítima.

A teoria do risco excepcional compreende a atividade perigosa desenvolvida pela vítima, como em atividades insalubres, com eletricidade, explosivos e inflamáveis.

No risco integral, basta existir o dano para que haja a obrigação de indenizar.

O parágrafo único do art. 927 do Código Civil mostra a ideia de que aquele que lucra com a situação deve responder pelo risco ou pelas desvantagens dela resultantes (*Ubi emolumentum, ibi onus; ubi commoda, ibi incommoda*). Quem aufere os cômodos (lucros) deve suportar os incômodos (riscos). Quem aufere o bônus, suporta o ônus. Na atividade perigosa, a atividade é lícita, mas, em razão da periculosidade, sujeita quem a exerce ao ressarcimento, apenas pelo simples implemento de nexo causal. Tem duas partes. A primeira parte do dispositivo dispõe que "haverá obrigação de reparar o dano, independentemente de culpa, nos casos especificados em lei". Essa primeira parte trata de responsabilidade objetiva, pois independe de culpa. A segunda parte do parágrafo é a seguinte: "ou quando a atividade normalmente desenvolvida pelo autor do dano implicar, por sua natureza, risco para os direitos de outrem". O parágrafo mostra uma situação alternativa, pois é usada a conjunção alternativa *ou*. Tanto faz a primeira ou a segunda para caracterizar hipótese de responsabilidade objetiva.

Atividade é exercida pela empresa. Deve ser exercida habitualmente, organizada de forma profissional ou empresarial para realizar fins econômicos. A empresa visa ao lucro, mas assume os riscos da sua atividade.

Atividade de risco é toda aquela que tenha risco próprio, inerente, intrínseco à sua própria atividade.

O fator risco importa sorte ou azar, mas implica a necessidade do dever de segurança.

Fato de serviço é o acidente causado por um serviço defeituoso, entendido como o que não oferece a segurança minimamente esperável. Pode ser o fato de a empresa não fornecer e fiscalizar o uso de equipamentos de proteção individual (EPI) ou coletivo (EPC).

Não há dúvida que são exemplos: empresa que trabalha com explosivos, com elementos radioativos, tóxicos, inflamáveis, nucleares, com gás, transporte aéreo e terrestre, pedreiras, minas de carvão. O parágrafo único do art. 927 do Código Civil não dispõe que são apenas as referidas atividades ou que seriam apenas riscos excessivos, mas qualquer risco.

Afirma a Súmula 492 do STF que "a empresa locadora de veículo responde, civil e solidariamente com o locatário, pelos danos por este causados a terceiros, no uso do carro locado".

Força maior é o evento inevitável, mas previsível, como questões climáticas (tempestades, enchentes). A pessoa nada pode fazer para evitar.

O Código Civil de 1916 previa no artigo 1.058: "O devedor não responde pelos prejuízos resultantes de caso fortuito, ou força maior, se expressamente não se houver por eles responsabilizado, exceto nos casos dos art. 955, 956 e 957. Parágrafo único. O caso fortuito, ou de força maior, verifica-se no fato necessário, cujos efeitos não era possível evitar, ou impedir".

Dispõe o parágrafo único do artigo 393 do Código Civil de 2002 que "o caso fortuito ou de força maior verifica-se no fato necessário, cujos efeitos não era possível evitar ou impedir". Os ingleses chamam de *Act of God*.

Os artigos 246, 393 e 583 do Código Civil também fazem referência a "caso fortuito ou força maior". O parágrafo 1.º do art. 667 e os artigos 575 e 868 do Código Civil fazem menção apenas a caso fortuito.

A doutrina civilista não é absolutamente pacífica se caso fortuito e força maior têm o mesmo significado.

A primeira teoria é chamada de subjetiva[8]. Assevera que caso fortuito pode ser sinônimo de força maior e teriam o mesmo significado ou seriam equivalentes. Pontes de Miranda afirma que "a distinção entre força maior e caso fortuito só teria de ser feita, só seria importante, se as regras jurídicas a respeito daquela e desse fossem diferentes, então, ter-se-ia de definir força maior e caso fortuito, conforme a comodidade da exposição. Não ocorrendo tal necessidade, é escusado estarem os juristas a atribuir significados que não têm base histórica, nem segurança em doutrina"[9]. Venosa entende que não existe interesse prático na distinção dos referidos conceitos[10]. Arnold Wald afirma que caso fortuito e força maior são equiparados pela lei[11]. Rui Stocco é enfático no sentido da inutilidade da distinção entre caso fortuito e força maior, que seriam sinônimas[12].

A segunda teoria é a objetiva. Entende que caso fortuito seria um instituto e força maior seria outro. Se o legislador colocou duas expressões diferentes é sinal que elas não têm o mesmo significado. A conjunção alternativa ou mostraria que são dois institutos diferentes. Caso fortuito seria o ato ou fato alheio à vontade das

---

8 EXNER, Adolphe. *La notion de la force majeure*. Paris: L. Larose & Forcel, Editeurs, Bibliothèque Nationale de France, 1892, p. 3.

9 MIRANDA, Pontes. *Tratado de direito privado*. t. XXII. São Paulo: Revista dos Tribunais, 2012, pp. 158/159.

10 VENOSA, Sílvio de Salvo. *Direito civil*. Teoria geral das obrigações. 2. ed. São Paulo: Atlas, 2002, p. 254.

11 WALD, Arnold. *Curso de direito civil brasileiro*. Obrigações e contratos. 16. ed. São Paulo: Saraiva, 2004, p. 145.

12 STOCCO, Rui. *Responsabilidade civil e sua interpretação jurisprudencial*. 2. ed. São Paulo: Revista dos Tribunais, 1995, p. 65.

partes, como queda de uma ponte ou defeito oculto da mercadoria. Força maior ocorreria em casos de acontecimentos externos ou fenômenos naturais[13] inevitáveis, como tempestade, terremoto, furacão, maremoto, inundação, incêndio, etc. É algo que decorre de uma força natural.

Outros entendem que caso fortuito é o acontecimento proveniente da natureza, no qual não há intervenção da vontade humana. Força maior é o fato de terceiro. É a atuação humana que impossibilita o cumprimento obrigacional[14]. Na força maior há um elemento humano, a ação das autoridades (*factum principis*), como a revolução, o furto ou roubo, o assalto, a desapropriação[15]. Força maior é a força do homem, como o assalto dos ladrões[16].

A teoria da extraordinariedade entende que certos fenômenos são previsíveis, como gear ou nevar no inverno, mas apenas não se pode dizer qual vai ser o dia e o lugar. O terremoto, o maremoto são imprevisíveis.

A teoria da *vis major* afirma que o evento pode ser previsível, mas não dá tempo nem meio de evitá-lo. O caso fortuito seria de todo imprevisto.

A terceira teoria assevera que a força maior decorre de eventos físicos ou naturais, que não se pode compreender, como o granizo, o raio, a inundação. Caso fortuito seria um fato alheio, que opõe um obstáculo para cumprir a obrigação, como a greve, o motim e a guerra[17].

Para a quarta teoria, da diferenciação quantitativa, o caso fortuito não pode ser previsto com a diligência comum. Só a diligência excepcional teria o condão de afastá-lo. A força maior é o acontecimento que diligência alguma pode afastar, mesmo que excepcional.

A teoria do conhecimento afirma que as força naturais são conhecidas, mas não conseguimos controlá-las, como o caso fortuito.

A teoria do reflexo sobre a vontade humana tem característica estática. O vento seria um caso fortuito. O aspecto dinâmico seria a força maior.

Há necessidade da observância de um elemento objetivo: a inevitabilidade do evento; e de um elemento subjetivo: a ausência de culpa da pessoa.

---

13 GONÇALVES, Carlos Roberto. *Direito civil 1*. Parte geral – Obrigações. 7. ed. São Paulo: Saraiva, 2017, p. 694. No mesmo sentido DINIZ, Maria Helena. *Curso de direito civil brasileiro*. Teoria geral das obrigações. 16. ed. São Paulo: Saraiva, 2002, v. 2. p. 346-7.

14 AZEVEDO, Álvaro Villaça. *Teoria geral das obrigações*. 9. ed. São Paulo: Revista dos Tribunais, p. 270.

15 PEREIRA, Caio Maio da Silva. *Responsabilidade civil*. 5. ed. Rio de Janeiro: Forense, 1994, p. 303.

16 MIRANDA, Pontes. *Tratado de direito privado*. Rio de Janeiro: Borsoi, 1958, tomo 23, p. 84.

17 Defendida por Clovis Bevilaqua, João Luís Alves, Washington de Barros Monteiro. *Curso de direito civil*. 32. ed. São Paulo: Saraiva, 2003, v. 4, p. 318.

Se o parágrafo 1º do artigo 667 e os artigos 575 e 868 Código Civil fazem menção apenas a caso fortuito, é sinal de que o legislador quis distingui-lo de força maior e não são iguais os conceitos. Do contrário, em outros artigos não teria falado caso fortuito ou força maior (arts. 246, 393, 583 do Código Civil).

Caso fortuito é o acontecimento decorrente do acaso, imprevisão, de acidente. Não poderia ser previsto e é superior às forças ou à vontade da pessoa para que possa ser evitado.

Caso fortuito externo é o ligado a fenômenos da natureza, como tempestades, inundações, maremotos, neve, furacões, terremotos, que seriam inevitáveis.

A jurisprudência tem entendido que se houver caso fortuito interno, o fato de terceiro não exclui o dever do fornecedor de indenizar, que diz respeito a fato inevitável, mas ligado à organização da empresa, inerente ao risco da atividade da empresa.

Dano emergente representa o que a pessoa perdeu.

Lucro cessante é o que a pessoa deixou de ganhar.

Responsabilidade extracontratual é a aquiliana. Exemplo é a previsão do art. 186 do Código Civil: "aquele que, por ação ou omissão voluntária, negligência ou imprudência, violar direito e causar dano a outrem, ainda que exclusivamente moral, comete ato ilícito".

Responsabilidade contratual é a decorrente do contrato. Exemplo é a previsão do art. 389 do Código Civil.

Os bens do responsável pela ofensa ou violação do direito de outrem ficam sujeitos à reparação do dano causado. Se houver mais de um autor na ofensa, todos responderão solidariamente pela reparação (art. 942 do Código Civil).

Responsabilidade por fato de terceiro é a que compreende ato praticado por pessoa por quem se é responsável, como os pais em relação aos filhos menores (art. 932 do Código Civil).

São responsáveis pela reparação civil: (a) os pais, pelos filhos menores que estiverem sob sua autoridade e em sua companhia; (b) o tutor e o curador, pelos pupilos e curatelados, que se acharem nas mesmas condições; (c) o empregador ou comitente, por seus empregados, serviçais e prepostos, no exercício do trabalho que lhes competir, ou em razão dele; (d) os donos de hotéis, hospedarias, casas ou estabelecimentos, onde se albergue por dinheiro, mesmo para fins de educação, por seus hóspedes, moradores e educandos; (e) os que gratuitamente houverem participado nos produtos do crime, até a concorrente quantia.

Responsabilidade pelo fato da coisa é dividida em: (a) responsabilidade por dano causado por animais (art. 936 do Código Civil); (b) responsabilidade pelo fato de coisa inanimada (arts. 937 e 938 do Código Civil).

A responsabilidade civil é independente da criminal. Não se poderá, porém, questionar mais sobre a existência do fato, ou quem seja seu autor, quando estas questões se acharem decididas no juízo criminal.

O direito de exigir reparação e a obrigação de prestá-la transmitem-se com a herança.

Aquele que demandar por dívida já paga, no todo ou em parte, sem ressalvar as quantias recebidas ou pedir mais do que for devido, ficará obrigado a pagar ao devedor, no primeiro caso, o dobro do que houver cobrado e, no segundo caso, o equivalente do que dele exigir (art. 940 do Código Civil).

O construtor responde pela solidez e segurança da obra durante cinco anos (art. 618 do Código Civil). É o prazo de garantia da obra.

A indenização é quantificada pela extensão do dano causado ao prejudicado (art. 944 do Código Civil).

Por critério de equidade, o juiz pode reduzir a indenização, se verificar excessiva desproporção entre a gravidade da culpa e o dano (parágrafo único do art. 944 do Código Civil). Isso significa que pode não existir o pagamento integral pela extensão causada pelo dano. A vítima não será, portanto, integralmente ressarcida.

A indenização por injúria, difamação ou calúnia consistirá na reparação do dano que delas resulte ao ofendido. Se o ofendido não puder provar prejuízo material, caberá ao juiz fixar, equitativamente, o valor da indenização, na conformidade das circunstâncias do caso.

16.15.11 Preferências e privilégios creditórios

Procede-se à declaração de insolvência toda vez que as dívidas excedam à importância dos bens do devedor.

Não havendo título legal à preferência, terão os credores igual direito sobre os bens do devedor comum.

Os títulos legais de preferência são os privilégios e os direitos reais (sobre as coisas).

O crédito real prefere ao pessoal de qualquer espécie; o crédito pessoal privilegiado, ao simples; e o privilégio especial, ao geral.

Quando concorrerem aos mesmos bens, e por título igual, dois ou mais credores da mesma classe especialmente privilegiados, haverá entre eles rateio proporcional ao valor dos respectivos créditos, se o produto não bastar para o pagamento integral de todos.

O privilégio especial só compreende os bens sujeitos, por expressa determinação legal, ao pagamento do crédito que ele favorece; e o geral, todos os bens não sujeitos a crédito real nem a privilégio especial.

Têm privilégio especial: (1) sobre a coisa arrecadada e liquidada o credor de custas e despesas judiciais feitas com a arrecadação e a liquidação; (2) sobre a coisa salvada o credor por despesas de salvamento; (3) sobre a coisa beneficiada o credor por benfeitorias necessárias ou úteis; (4) sobre os prédios rústicos ou urbanos, fábricas, oficinas ou quaisquer outras construções o credor de materiais, dinheiro, ou serviços para sua edificação, reconstrução ou melhoramento; (5) sobre os frutos agrícolas o credor por sementes, instrumentos e serviços à cultura ou à colheita; (6) sobre as alfaias e utensílios de uso doméstico, nos prédios rústicos ou urbanos, o credor de aluguéis, quanto às prestações do ano corrente e do anterior; (7) sobre os exemplares da obra existente na massa do editor, o autor dela, seus legítimos representantes, pelo crédito fundado contra aquele no contrato de edição; (8) sobre o produto da colheita, para a qual houver concorrido com seu trabalho, e principalmente a quaisquer outros créditos, ainda que reais, o trabalhador agrícola, quanto à dívida de seus salários.

Goza de privilégio geral, na seguinte ordem, sobre os bens do devedor: (1) o crédito por despesa de seu funeral, feito segundo a condição do morto e o costume do lugar; (2) o crédito por custas judiciais ou por despesas com a arrecadação e liquidação da massa; (3) o crédito por despesa com o luto do cônjuge sobrevivo e dos filhos do devedor falecido, se forem moderadas; (4) o crédito por despesas com a doença de que faleceu o devedor, no semestre anterior a sua morte; (5) o crédito pelos gastos necessários à manutenção do devedor falecido e sua família, no trimestre anterior ao falecimento; (6) o crédito pelos impostos devidos à Fazenda Pública, no ano corrente e no anterior; (7) o crédito pelos salários dos empregados do serviço doméstico do devedor, em seus derradeiros seis meses de vida; (8) os demais créditos de privilégio geral.

16.16 DIREITO DAS COISAS

Direito das coisas ou direito real é o conjunto de regras relativas às relações jurídicas referentes aos bens.

Coisa vem do latim *res-rei*.

16.16.1 Posse

Possuidor é a pessoa que tem de fato o exercício, pleno, ou não, de algum dos poderes inerentes à propriedade.

Detentor é a pessoa que possui a coisa em nome de outrem, sob cujas ordens e dependência está. É o que ocorre em relação ao administrador do bem.

16.16.1.1 Classificação da posse

A posse pode ser classificada em:

(a) direta e indireta;
(b) de boa-fé e má-fé;
(c) nova e velha;
(d) justa e injusta.

Posse direta ocorre quando o possuidor detém a coisa. Ocorre posse indireta se o possuidor tem a disponibilidade ou o direito de fazê-lo.

Posse de boa-fé ocorre quando o possuidor ignora o vício ou o obstáculo que lhe impede a aquisição da coisa (art. 1.201 do Código Civil). Dá-se posse de má-fé quando o possuidor conhece o vício que lhe impede a aquisição da coisa ou do direito possuído.

Posse nova é a que tem menos de um ano de duração. Posse velha é a que tem mais de um ano e um dia de duração.

Posse justa é a que não for violenta, clandestina ou precária. A posse injusta é a violenta, clandestina ou precária.

O possuidor de boa-fé tem direito, enquanto ela durar, aos frutos percebidos (art. 1.214 do Código Civil) e também à indenização das benfeitorias necessárias e úteis, bem como, quanto às voluptuárias, se não lhe forem pagas.

Benfeitorias necessárias são as indispensáveis à manutenção da coisa. Benfeitorias úteis são as convenientes para a manutenção da coisa. Benfeitorias voluptuosas não são as necessárias ou úteis, mas feitas por mero deleite.

Composse é o possuidor da coisa toda, em partes ideais não localizadas. É o que ocorre no condomínio de terra não dividida ou demarcada.

O possuidor tem direito a ser mantido na posse, em caso de turbação, e restituído, no de esbulho. Turbação é a perda parcial da posse. Esbulho é a perda total. Os atos de defesa não podem ir além do indispensável à manutenção ou restituição da posse.

Podem ser utilizadas medidas para a proteção da posse. Manutenção da posse diz respeito a manter o possuidor na posse, por ter sido impedido de exercê-la.

Reintegração de posse é a medida judicial para ser o possuidor reintegrado na posse, por ter, por exemplo, sofrido invasão da propriedade. Interdito proibitório serve para o possuidor não ser molestado na posse. A imissão de posse é determinada para quem adquire o bem, aos administradores ou aos mandatários.

16.16.2 Propriedade

No Direito Romano, o proprietário tinha um tríplice direito, que era de usar (*ius utendi*), de fruir ou gozar (*ius fruendi*) e além do uso (*ius abutendi*).

O proprietário tem o direito de usar, gozar e dispor (vender) de seus bens, como de reavê-los de quem quer que injustamente os possua.

A Constituição garante o direito de propriedade (art. 5º, XXII), que deve atender a sua função social (art. 5º, XXIII). A lei estabelecerá o procedimento para desapropriação por necessidade ou utilidade pública, ou por interesse social, mediante justa e prévia indenização em dinheiro.

No caso de iminente perigo público, a autoridade competente poderá usar propriedade particular, assegurada ao proprietário indenização posterior, se houver dano.

A pequena propriedade rural é impenhorável, de acordo com a definição da lei, para pagamento de débitos decorrentes de sua atividade produtiva (art. 5º, XXVI, da Constituição).

A União tem competência para desapropriar, por interesse social, para fins de reforma agrária, o imóvel rural que não esteja cumprindo sua função social, mediante justa e prévia indenização em títulos da dívida agrária, com cláusula de preservação do valor real, resgatáveis no prazo de até 20 anos, a partir do segundo ano de sua emissão (art. 184 da Constituição).

São insuscetíveis de desapropriação, para fins de reforma agrária, a pequena e a média propriedade rural, desde que seu proprietário não possua outra e a propriedade seja produtiva (art. 185 da Constituição).

A função social é cumprida quando a propriedade rural atende, simultaneamente, segundo graus de exigência e critérios estabelecidos em lei, ao aproveitamento racional e adequado, à utilização adequada dos recursos naturais disponíveis e preservação do meio ambiente, à observância das disposições que regulam as relações de trabalho e à exploração que favorece o bem-estar dos proprietários e dos trabalhadores (art. 186 da Constituição).

É protegida a propriedade intelectual de programa de computador (Lei n. 9.609/98).

O direito de propriedade deve ser exercido de acordo com suas finalidades econômicas e sociais e de modo que sejam preservados, de conformidade com o estabelecido em lei especial, a flora, a fauna, as belezas naturais, o equilíbrio ecológico e o patrimônio histórico e artístico, bem como evitada a poluição do ar e das águas.

São proibidos os atos que não trazem ao proprietário qualquer comodidade, ou utilidade, e sejam animados pela intenção de prejudicar outrem.

A propriedade do solo abrange a do espaço aéreo e subsolo correspondentes, em altura e profundidade úteis a seu exercício, não podendo o proprietário opor-se a atividades que sejam realizadas, por terceiros, a uma altura ou profundidade tais, que não tenha ele interesse legítimo em impedi-las.

Não abrangem a propriedade do solo as jazidas, minas e demais recursos minerais, os potenciais de energia hidráulica, os monumentos arqueológicos e outros bens referidos por leis especiais.

O proprietário do solo tem o direito de explorar os recursos minerais no emprego imediato na construção civil, desde que não submetidos a transformação industrial, obedecido em lei especial.

A propriedade presume-se plena e exclusiva, até prova em contrário.

Os frutos e demais produtos da coisa pertencem, ainda quando separados, a seu proprietário, salvo se, por preceito jurídico especial, couberem a outrem.

Adquire-se a propriedade pela transcrição, acessão, usucapião e sucessão.

Na transcrição, o título de transferência da propriedade é descrito no registro de imóveis, individualizando-a.

O proprietário de uma construção-base poderá ceder a superfície superior ou inferior de sua construção a fim de que o titular da laje mantenha unidade distinta daquela originalmente construída sobre o solo (art. 1510-A do Código Civil). O direito real de laje contempla o espaço aéreo ou o subsolo de terrenos públicos ou privados, tomados em projeção vertical, como unidade imobiliária autônoma, não contemplando as demais áreas edificadas ou não pertencentes ao proprietário da construção-base. O titular do direito real de laje responderá pelos encargos e tributos que incidirem sobre a sua unidade. Os titulares da laje, unidade imobiliária autônoma constituída em matrícula própria, poderão dela usar, gozar e dispor. A instituição do direito real de laje não implica a atribuição de fração ideal de terreno ao titular da laje ou a participação proporcional em áreas já edificadas. Os Municípios e o Distrito Federal poderão dispor sobre posturas edilícias e urbanísticas associadas ao direito real de laje. O titular da laje poderá ceder a superfície de sua construção para a instituição de um sucessivo direito real de laje, desde que haja autorização expressa dos titulares da construção-base e das demais lajes, respeitadas as posturas edilícias e urbanísticas vigentes.

É expressamente vedado ao titular da laje prejudicar com obras novas ou com falta de reparação a segurança, a linha arquitetônica ou o arranjo estético do edifício, observadas as posturas previstas em legislação local.

Sem prejuízo, no que couber, das normas aplicáveis aos condomínios edilícios, para fins do direito real de laje, as despesas necessárias à conservação e fruição das partes que sirvam a todo o edifício e ao pagamento de serviços de interesse comum serão partilhadas entre o proprietário da construção-base e o titular da laje, na proporção que venha a ser estipulada em contrato. São partes que servem a todo o edifício: I – os alicerces, colunas, pilares, paredes-mestras e todas as partes restantes que constituam a estrutura do prédio; II – o telhado ou os terraços de cobertura, ainda que destinados ao uso exclusivo do titular da laje; III – as instalações gerais de água, esgoto, eletricidade, aquecimento, ar-condicionado, gás, comunicações e semelhantes que sirvam a todo o edifício; e IV – em geral, as coisas que sejam afetadas ao uso de todo o edifício. É assegurado, em qualquer caso, o direito de qualquer interessado em promover reparações urgentes na construção.

Em caso de alienação de qualquer das unidades sobrepostas, terão direito de preferência, em igualdade de condições com terceiros, os titulares da construção-base e da laje, nessa ordem, que serão cientificados por escrito para que se manifestem no prazo de trinta dias, salvo se o contrato dispuser de modo diverso. O titular da construção-base ou da laje a quem não se der conhecimento da alienação poderá, mediante depósito do respectivo preço, haver para si a parte alienada a terceiros, se o requerer no prazo decadencial de 180 dias, contado da data de alienação. Se houver mais de uma laje, terá preferência, sucessivamente, o titular das lajes ascendentes e o titular das lajes descendentes, assegurada a prioridade para a laje mais próxima à unidade sobreposta a ser alienada.

A ruína da construção-base implica extinção do direito real de laje, salvo: I – se este tiver sido instituído sobre o subsolo; II – se a construção-base não for reconstruída no prazo de cinco anos. O acima mencionado não afasta o direito a eventual reparação civil contra o culpado pela ruína.

Acessão é o acréscimo à propriedade, como a construção. A acessão pode ocorrer: (a) pela formação de ilhas; (b) por aluvião; (c) por avulsão; (d) por abandono de álveo; álveo é o leito por onde passa o rio ou outra qualquer corrente de água; (e) pela construção de obras ou plantações. Aluvião é o lento deslocamento da terra. Avulsão é o deslocamento violento da terra.

Usucapião é a aquisição pela posse por longos anos, sem interrupção ou oposição, durante certo prazo. Aquele que, por 15 anos, sem interrupção, nem oposição, possuir como seu um imóvel, adquirir-lhe-á o domínio, independentemente de título e boa-fé que, em tal caso, se presume, podendo requerer ao juiz que assim o declare por sentença, a qual servirá de título para a transcrição no registro de imóveis (art. 1.238 do Código Civil). A pessoa que, não sendo proprietária de imóvel rural ou urbano, possua por cinco anos ininterruptos, sem oposição, área de terra em zona rural não superior a 50 hectares, tornando-a produtiva por seu trabalho ou de sua família, tendo nela sua moradia, adquirir-lhe-á a propriedade. A pessoa que possuir, como sua, área urbana de até 250 metros quadrados, por cinco anos ininterruptamente e sem oposição, utilizando-a para sua moradia ou de sua família, adquirir-lhe-á o domínio, desde que não seja proprietário de outro imóvel urbano ou rural. Adquire também a propriedade do imóvel aquele que, contínua e incontestadamente, com justo título e boa-fé, o possuir por dez anos (art. 1.242 do Código Civil).

Aquisição originária ocorre no usucapião.

Aquisição derivada dá-se nas causas de *mortis causa* e *inter vivos*.

Perde-se a propriedade: (a) pela alienação (venda); (b) pela renúncia; (c) pelo abandono; (d) pelo perecimento do imóvel; (e) pela desapropriação.

Adquire-se a propriedade móvel: (a) pela ocupação de coisa não apropriada; (b) pela especificação, que é a transformação da matéria-prima, obtendo espécie nova, como do barro obter o vaso; (c) pela confusão, que é a mistura de líquidos; (d) pela comissão, que é a mistura de sólidos; (e) pela adjunção, que é a justaposição de coisas; (f) pelo usucapião. A aquisição do domínio pelo usucapião ocorre se o possuidor a possuir como sua, sem interrupção, nem oposição durante três anos. Se a posse da coisa móvel prolongar-se por cinco anos, produzirá usucapião, independentemente de título e boa-fé.

A propriedade literária, científica ou artística cai no domínio público depois de 60 anos de exploração pelos herdeiros do autor.

O proprietário ou o possuidor de um prédio tem o direito de fazer cessar as interferências prejudiciais à segurança, ao sossego e à saúde dos que o habitam, provocadas pela utilização de propriedade vizinha.

A árvore, cujo tronco estiver na linha divisória, presume-se pertencer em comum aos donos dos prédios confinantes.

As raízes e os ramos de árvore que ultrapassarem a estrema do prédio poderão ser cortados, até o plano vertical divisório, pelo proprietário do terreno invadido.

Os frutos caídos de árvore do terreno vizinho pertencem ao dono do solo onde caíram, se este for de propriedade particular.

O dono do prédio que não tiver acesso a via pública, nascente ou porto, mediante pagamento de indenização cabal, pode constranger o vizinho a lhe dar passagem, cujo rumo será judicialmente fixado, se necessário. Sofrerá o constrangimento o vizinho cujo imóvel mais natural e facilmente se prestar à passagem.

16.16.3 Condomínio

Condomínio é a propriedade em comum, por mais de uma pessoa, de determinada coisa.

Quanto ao objeto, o condomínio pode ser universal e particular. Universal, quando abranger a coisa integralmente, incluindo os frutos ou rendimentos. Particular, quando houver restrição quanto a certas coisas ou frutos.

Quanto à forma, a comunhão é divisível (ou *pro diviso*) e indivisível (ou *pro indiviso*). Na comunhão divisível, o condomínio existe de direito, mas não existe de fato, sendo que cada parte tomou para si um pedaço da coisa. Exemplo seria de um terreno em que cada parte ocupou metade. Na comunhão indivisível, a comunhão existe de fato e de direito. Todos os condôminos são donos de toda a coisa, pois nenhum condômino tomou posse de uma parte da coisa. Exemplo: cinco herdeiros donos de uma casa.

Quanto à origem, o condomínio pode ser: (a) convencional: se resultar de acordo de vontades dos condôminos; (b) incidente ou eventual: em decorrência de causas alheias à vontade dos condôminos, como de herança deixada por vários herdeiros; (c) forçado ou legal: quando decorrer de imposição legal (ex.: compáscuo).

Quanto à necessidade, o condomínio pode ser: (a) ordinário ou transitório: se puder cessar a qualquer momento; (b) permanente: se não for possível extingui-lo em razão da previsão da lei ou de sua natureza indivisível (condomínio forçado).

Cada condômino pode: (a) usar livremente da coisa conforme seu destino e sobre ela exercer todos os direitos compatíveis com a indivisão; (b) reivindicá-la de terceiro; (c) alienar a respectiva parte indivisa ou gravá-la; (d) defender sua posse.

O condômino é obrigado a concorrer, na proporção de sua parte, para as despesas de conservação ou divisão da coisa e suportar na mesma razão os ônus a que estiver sujeita. Presumem-se iguais as partes ideais dos condôminos.

Nenhum dos condôminos pode alterar a destinação da coisa comum, nem dar posse, uso ou gozo dela a estranhos, sem o consenso dos outros.

Cada condômino responde aos outros pelos frutos que percebeu da coisa e pelo dano que lhe causou.

As dívidas contraídas por um dos condôminos em proveito da comunhão, e durante ela, obrigam o contraente.

A Lei n. 4.591/64 dispõe sobre o condomínio em edificações.

Os condôminos de edifício não poderão: (a) mudar a forma externa da fachada; (b) decorar as partes e esquadrias externas com tonalidades ou cores diversas das empregadas no conjunto da edificação; (c) destinar a unidade à utilização diversa da finalidade do prédio, ou usá-la de forma nociva ou perigosa ao sossego, à salubridade e à segurança dos demais condôminos. É o que ocorreria com condomínio residencial em que o proprietário da unidade o destina para o comércio ou para serviços; (d) embaraçar o uso das partes comuns, como corredores.

Pode haver, em terrenos, partes designadas de lotes que são propriedade exclusiva e partes que são propriedade comum dos condôminos (art. 1.358-A do Código Civil). A fração ideal de cada condômino poderá ser proporcional à área do solo de cada unidade autônoma, ao respectivo potencial construtivo ou a outros critérios indicados no ato de instituição. Aplica-se, no que couber, ao condomínio de lotes o disposto sobre condomínio edilício no Código Civil, respeitada a legislação urbanística. Para fins de incorporação imobiliária, a implantação de toda a infraestrutura ficará a cargo do empreendedor.

16.16.3.1 Condomínio em Multipropriedade

Multipropriedade é o regime de condomínio em que cada um dos proprietários de um mesmo imóvel é titular de uma fração de tempo, à qual corresponde a faculdade de uso e gozo, com exclusividade, da totalidade do imóvel, a ser exercida pelos proprietários de forma alternada (art. 1.358-C do Código Civil).

A multipropriedade não se extinguirá automaticamente se todas as frações de tempo forem do mesmo multiproprietário.

O imóvel objeto da multipropriedade: I – é indivisível, não se sujeitando à ação de divisão ou de extinção de condomínio; II – inclui as instalações, os equipamentos e o mobiliário destinados a seu uso e gozo.

Cada fração de tempo é indivisível. O período correspondente a cada fração de tempo será de, no mínimo, 7 (sete) dias, seguidos ou intercalados, e poderá ser: I – fixo e determinado, no mesmo período de cada ano; II – flutuante, caso em que a determinação do período será realizada de forma periódica, mediante procedimento objetivo que respeite, em relação a todos os multiproprietários, o princípio da isonomia, devendo ser previamente divulgado; ou III – misto, combinando os sistemas fixo e flutuante.

Institui-se a multipropriedade por ato entre vivos ou testamento, registrado no competente cartório de registro de imóveis, devendo constar daquele ato a duração dos períodos correspondentes a cada fração de tempo.

Além das cláusulas que os multiproprietários decidirem estipular, a convenção de condomínio em multipropriedade determinará: I – os poderes e deveres dos multiproprietários, especialmente em matéria de instalações, equipamentos e mobiliário do imóvel, de manutenção ordinária e extraordinária, de conservação e limpeza e de pagamento da contribuição condominial; II – o número máximo de pessoas que podem ocupar simultaneamente o imóvel no período correspondente a cada fração de tempo; III – as regras de acesso do administrador condominial ao imóvel para cumprimento do dever de manutenção, conservação e limpeza; IV – a criação de fundo de reserva para reposição e manutenção dos equipamentos, instalações e mobiliário; V – o regime aplicável em caso de perda ou destruição parcial ou total do imóvel, inclusive para efeitos de participação no risco ou no valor do seguro, da indenização ou da parte restante; VI – as multas aplicáveis ao multiproprietário nas hipóteses de descumprimento de deveres.

O instrumento de instituição da multipropriedade ou a convenção de condomínio em multipropriedade poderá estabelecer o limite máximo de frações de tempo no mesmo imóvel que poderão ser detidas pela mesma pessoa natural ou jurídica. Em caso de instituição da multipropriedade para posterior venda das frações de tempo a terceiros, o atendimento a eventual limite de frações de tempo por titular estabelecido no instrumento de instituição será obrigatório somente após a venda das frações.

São direitos do multiproprietário, além daqueles previstos no instrumento de instituição e na convenção de condomínio em multipropriedade: I – usar e gozar, durante o período correspondente à sua fração de tempo, do imóvel e de suas instalações, equipamentos e mobiliário; II – ceder a fração de tempo em locação ou comodato; III – alienar a fração de tempo, por ato entre vivos ou por causa de morte, a título oneroso ou gratuito, ou onerá-la, devendo a alienação e a qualificação do sucessor, ou a oneração, ser informadas ao administrador; IV – participar e votar, pessoalmente ou por intermédio de representante ou procurador, desde que esteja quite com as obrigações condominiais, em: a) assembleia geral do condomínio em multipropriedade, e o voto do multiproprietário corresponderá à quota de sua fração de tempo no imóvel; b) assembleia geral do condomínio edilício, quando for o caso, e o voto do multiproprietário corresponderá à quota de sua fração de tempo em relação à quota de poder político atribuído à unidade autônoma na respectiva convenção de condomínio edilício.

A transferência do direito de multipropriedade e a sua produção de efeitos perante terceiros dar-se-ão na forma da lei civil e não dependerão da anuência ou cientificação dos demais multiproprietários.

A administração do imóvel e de suas instalações, equipamentos e mobiliário será de responsabilidade da pessoa indicada no instrumento de instituição ou na convenção de condomínio em multipropriedade, ou, na falta de indicação, de pessoa escolhida em assembleia geral dos condôminos.

O instrumento de instituição poderá prever fração de tempo destinada à realização, no imóvel e em suas instalações, em seus equipamentos e em seu mobiliário, de reparos indispensáveis ao exercício normal do direito de multipropriedade.

O condomínio edilício (condomínio de apartamentos ou de residências) poderá adotar o regime de multipropriedade em parte ou na totalidade de suas unidades autônomas, mediante: I – previsão no instrumento de instituição; ou II – deliberação da maioria absoluta dos condôminos.

As convenções dos condomínios edilícios, os memoriais de loteamentos e os instrumentos de venda dos lotes em loteamentos urbanos poderão limitar ou impedir a instituição da multipropriedade nos respectivos imóveis, vedação que somente poderá ser alterada no mínimo pela maioria absoluta dos condôminos.

16.16.4 Servidão

Servidão é o direito real sobre coisa alheia, em que é imposto ônus em proveito de outro imóvel. O imóvel que suporta a servidão é denominado de serviente. Dominante é o imóvel beneficiado.

A servidão proporciona utilidade para o prédio dominante, e grava o prédio serviente, que pertence a diverso dono. É constituída mediante declaração expressa dos proprietários, ou por testamento, e subsequente registro no Cartório de Registro de Imóveis.

O dono de uma servidão pode fazer todas as obras necessárias a sua conservação e uso, e, se a servidão pertencer a mais de um prédio, serão as despesas rateadas entre os respectivos donos.

As servidões prediais são indivisíveis, e subsistem, no caso de divisão dos imóveis, em benefício de cada uma das porções do prédio dominante, e continuam a gravar cada uma das partes do prédio serviente, salvo se, por natureza ou destino, só se aplicarem a certa parte de um ou de outro.

16.16.5 Usufruto

Usufruto é o direito de se utilizar temporariamente de um bem alheio como se fosse proprietário, não podendo alterar-lhe a substância. Usufrutuário é a pessoa beneficiada do usufruto. Nu-proprietário é a pessoa que concede o usufruto. O usufruto pode ser vitalício ou temporário.

O usufruto pode recair em um ou mais bens, móveis ou imóveis, em um patrimônio inteiro, ou parte deste, abrangendo-lhe, no todo ou em parte, os frutos e utilidades.

O usufruto de imóveis, quando não resulte de usucapião, constituir-se-á mediante registro no Cartório de Registro de Imóveis.

Salvo disposição em contrário, o usufruto estende-se aos acessórios da coisa e seus acrescidos.

O usufrutuário tem direito à posse, uso, administração e percepção dos frutos.

16.16.6 Uso

Uso é o direito de utilizar-se da coisa de acordo com as necessidades da pessoa ou de sua família.

O usuário usará da coisa e perceberá seus frutos, quando o exigirem as necessidades pessoais suas e de sua família.

As necessidades pessoais do usuário serão avaliadas conforme sua condição social e o lugar onde viver.

Enfiteuse é a transferência dos poderes referentes ao domínio útil do imóvel mediante renda anual e conservação da substância da coisa. É também denominado emprazamento ou aforamento. Enfiteuta ou foreiro é a pessoa que usa, goza e dispõe da coisa com certas restrições. O senhorio tem direito ao laudêmio, que é um pagamento recebido por ele pelas alienações eventualmente realizadas pelo enfiteuta. Geralmente, a enfiteuse é realizada sobre terrenos.

Foro é a prestação anual feita pelo titular do domínio útil ao titular da propriedade.

16.16.7 Direitos reais de garantia

16.16.7.1 Penhor

Penhor é a tradição efetiva, que, em garantia do débito, ao credor, ou a quem o represente, faz o devedor, ou alguém por ele, de um objeto móvel, suscetível de avaliação. O penhor só incide sobre bens móveis. Sobre bens imóveis dá-se a hipoteca.

Distingue-se o penhor da penhora. Penhor é direito real de garantia sobre coisa móvel. Penhora é garantia da execução no processo.

O penhor destina-se ao cumprimento de uma obrigação.

Pode ser o penhor rural (agrícola ou pecuário), industrial, comercial, de direito e títulos de crédito, de veículos (art. 1.461 do Código Civil) e legal.

O penhor legal independe de convenção. São exemplos: (a) do hospedeiro sobre as bagagens, móveis, joias dos consumidores ou fregueses; (b) do dono do prédio rústico ou urbano sobre os bens móveis que o inquilino possuir guarnecendo o prédio.

16.16.7.2 Anticrese

Anticrese é a transferência da posse do imóvel para que sejam percebidos os frutos e rendimentos e dar por cumprida a dívida.

Pode o devedor, ou outrem por ele, entregando ao credor um imóvel, ceder-lhe o direito de perceber, em compensação da dívida, os frutos e rendimentos.

16.16.7.3 Hipoteca

Hipoteca vem do latim *hypotheca*, que significa dar como empenho. A hipoteca pode ser legal, convencional e judicial.

Hipoteca é o direito real de garantia sobre bens de propriedade do devedor, visando ao cumprimento de uma obrigação. Geralmente, incide sobre bens imóveis. Por exceção legal, pode incidir sobre bens móveis (ex.: navios).

Visa garantir a dívida.

Podem ser hipotecados: (a) os imóveis; (b) os acessórios dos imóveis conjuntamente com eles; (c) o domínio direto; (d) o domínio útil; (e) as estradas de ferro; (f) os recursos naturais, independentemente do solo onde se acham; (g) os navios; (h) as aeronaves.

16.17 DIREITO DE FAMÍLIA

A família na pré-história não era monogâmica. Os homens eram poligâmicos e as mulheres praticavam a poliandria (matrimônio de mulher com vários homens).

É talvez a família a menor célula da sociedade. Representa um corpo intermediário entre o indivíduo e o Estado.

É a família a base da sociedade, tendo especial proteção do Estado.

16.17.1 Conceitos

Vínculo conjugal é a união entre marido e mulher.

Concubinato vem de cum, cubere, que significa dormir juntos. É comunhão de leitos.

Concubinato é a união de pessoas impedidas de casar, como, por exemplo, os casados, dois irmãos etc.

Na união estável não há impedimento para casar. No concubinato, as pessoas moram juntas, mas estão impedidas de casar (art. 1.727 do Código Civil).

O concubinato incestuoso é o previsto nos incisos I a V do artigo 1.521 do Código Civil. A relação se forma entre pessoas com vínculos sanguíneos ou de afinidade familiar.

O concubinato adulterino ocorre entre pessoas casadas (art. 1.521, VI, do Código Civil).

O concubinato sancionador ocorre quando o cônjuge sobrevivente está impedido de contrair matrimônio com o autor condenado pelo homicídio do seu consorte (art. 1.521, VII, do Código Civil).

Concubinato impuro ocorre quando existem os impedimentos do artigo 1.521 do Código Civil.

Concubinato puro dá-se quando uma das pessoas não tem ciência da existência de impedimentos para casar com a outra.

Parentesco civil é o determinado pela lei, como na adoção.

Parentesco consanguíneo é proveniente do mesmo sangue, como entre pai e filho.

Parentesco por afinidade é a relação que une um cônjuge à família de outro cônjuge, como na relação entre cunhados.

Parentesco por linha reta significa a relação entre descendente e ascendente, como entre neto, filho, pai, avô etc.

Parentesco por linha colateral não abrange a relação entre ascendente e descendente e ocorre entre primos, tios, sobrinhos. São as pessoas que provêm de um só tronco, sem descenderem umas das outras, até o quarto grau (art. 1.592 do Código Civil).

Prevê o art. 1.594 do Código Civil que se contam, na linha reta, os graus de parentesco pelo número de gerações, e, na colateral, também pelo número delas, subindo de um dos parentes ao ascendente comum, e descendo até encontrar o outro parente.

Cada geração é contada em um grau. Dessa forma, pai e filho são parentes em linha reta e de primeiro grau. Não existe limitação na contagem.

Na linha colateral, deve-se subir até o ascendente comum e chegar ao parente que se pretende. Primos são parentes em quarto grau, pois o primeiro grau é o pai, o segundo o avô, o terceiro o irmão do pai e o quarto o primo. Na linha colateral, há limitação da contagem até o quarto grau.

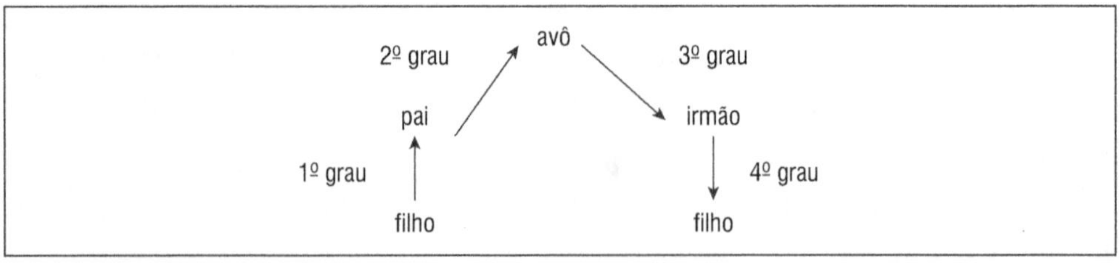

16.17.2 Casamento

Para Santo Agostinho, o casamento envolve *proles*, *fides* e *sacramentum*, isto é, a procriação e educação dos filhos (*proles*), a fé recíproca dos cônjuges (*fides*), havendo do casamento um veículo para a santificação (*sacramentum*).

Casamento é a união entre homem e mulher, de acordo com a lei, para se reproduzirem, se ajudarem mutuamente e criarem seus filhos.

O casamento não deixa de ser uma espécie de contrato entre os cônjuges. Como, porém, existe maior dificuldade para sua rescisão, a maioria da doutrina entende que se trata de instituição, de algo que perdura no tempo.

O casamento é um ato solene, pois depende de uma série de formalidades contidas na lei.

Casamento nuncupativo ou *in extremis* é o celebrado pelos próprios nubentes, na presença de seis testemunhas, quando um dos contraentes estiver em iminente risco de morte, não existindo tempo para a habilitação e celebração regular.

Casamento putativo é o que tem aparência de casamento. É o casamento nulo ou anulável que tenha sido contraído de boa-fé e tenha resultado filho comum, produzindo os mesmos efeitos do casamento válido, em relação aos filhos e ao contraente de boa-fé.

A habilitação para o casamento é a verificação dos documentos para a união, dando-se plena publicidade ao ato. A celebração é feita perante o juiz de paz. Há impedimentos para o casamento, como entre ascendentes e descendentes, entre pessoas casadas etc. (art. 1.521 do Código Civil).

O casamento é civil e gratuita a celebração.

O casamento religioso tem efeito civil, nos termos da lei.

O homem e a mulher com 16 anos podem casar, exigindo-se autorização de ambos os pais, ou de seus representantes legais, enquanto não atingida a maioridade civil. Somente aos 18 anos é que não mais haverá necessidade de autorização dos pais para a pessoa casar.

Até a celebração do casamento podem os pais ou tutores revogar a autorização.

A denegação do consentimento, quando injusta, pode ser suprida pelo juiz.

Excepcionalmente, será permitido o casamento de quem ainda não alcançou a idade de 16 anos, para evitar imposição ou cumprimento de pena criminal ou em caso de gravidez.

É também reconhecida a união estável entre o homem e a mulher como entidade familiar, devendo a lei facilitar sua conversão em casamento (§ 3º do art.

226 da Constituição). Entende-se como entidade familiar a comunidade formada por qualquer dos pais e seus descendentes. União estável é a convivência pública, contínua, duradoura, visando a constituição de família (art. 1º da Lei n. 9.278/96). Na união estável, as pessoas não são impedidas de casar, mas vivem juntas.

As relações pessoais entre os companheiros obedecerão aos deveres de lealdade, respeito e assistência, e de guarda, sustento e educação dos filhos.

Na união estável, salvo contrato escrito entre os companheiros, aplica-se às relações patrimoniais, no que couber, o regime da comunhão parcial de bens.

A união estável poderá converter-se em casamento, mediante pedido dos companheiros ao juiz e assento no Registro Civil.

As relações não eventuais entre o homem e a mulher, impedidos de casar, constituem concubinato. É a convivência *more uxorio*, como se fossem marido e mulher.

Salvo se a formação do patrimônio se der com o produto de bens adquiridos anteriormente ao início da união, os bens móveis e imóveis havidos por um ou por ambos os conviventes, na constância da união estável e a título oneroso, são considerados fruto do trabalho e da colaboração comum, passando a pertencer a ambos em condomínio e em partes iguais, salvo se os envolvidos estabelecerem de forma diversa. Se um dos conviventes falecer, o outro tem direito de habitação em relação ao imóvel destinado à residência da família.

São deveres de ambos os cônjuges: (a) fidelidade recíproca; (b) vida em comum, no domicílio conjugal; (c) mútua assistência; (d) sustento, guarda e educação dos filhos; (e) respeito e consideração mútuas.

Os direitos e deveres relativos à sociedade conjugal são exercidos igualmente pelo homem e pela mulher (§ 5º do art. 226 da Constituição).

A direção da sociedade conjugal será exercida, em colaboração, pelo marido e pela mulher, sempre no interesse do casal e dos filhos. Havendo divergência, qualquer dos cônjuges poderá recorrer ao juiz, que decidirá tendo em consideração aqueles interesses.

Os cônjuges são obrigados a concorrer, na proporção de seus bens e dos rendimentos do trabalho, para o sustento da família e a educação dos filhos, qualquer que seja o regime matrimonial.

O domicílio do casal será escolhido por ambos os cônjuges, mas um e outro podem ausentar-se do domicílio conjugal para atender a encargos públicos, ao exercício de sua profissão ou a interesses particulares relevantes.

16.17.2.1 Regime de bens entre cônjuges

São três os regimes de bens: comunhão universal, comunhão parcial e separação.

O regime de comunhão universal importa a comunicação de todos os bens presentes e futuros dos cônjuges e suas dívidas passivas. Na constância da sociedade conjugal, a propriedade e posse dos bens é comum. Cada cônjuge é proprietário de uma metade ideal, que é a meação.

No regime de comunhão limitada ou parcial, excluem-se da comunhão: (a) os bens que cada cônjuge possuir ao casar e os que lhe sobrevierem, na constância do matrimônio, por doação ou por sucessão; (b) os adquiridos com valores exclusivamente pertencentes a um dos cônjuges em sub-rogação dos bens particulares; (c) as obrigações anteriores ao casamento; (d) as obrigações provenientes de atos ilícitos, salvo reversão em proveito do casal; (e) os bens de uso pessoal, os livros e instrumentos da profissão; (f) os proventos do trabalho pessoal de cada cônjuge; (g) as pensões, meios-soldos, montepios e outras rendas semelhantes.

Entram na comunhão: (a) os bens adquiridos na constância do casamento por título oneroso, ainda que só em nome de um dos cônjuges; (b) os adquiridos por fato eventual, com ou sem o concurso de trabalho ou despesa anterior; (c) os adquiridos por doação, herança ou legado, em favor de ambos os cônjuges; (d) as benfeitorias em bens de cada cônjuge; (e) os frutos dos bens comuns, ou dos particulares de cada cônjuge, percebidos na constância do casamento, ou pendentes ao tempo de cessar a comunhão dos adquiridos. Não havendo convenção, ou sendo nula, vigorará, quanto aos bens entre os cônjuges, o regime de comunhão parcial (art. 1.640 do Código Civil).

Aquestos são todos os bens adquiridos durante o casamento.

No regime de separação de bens, cada cônjuge mantém a propriedade de seus bens e de cada um que vier a adquirir no futuro. Há a incomunicabilidade de bens. É obrigatório o regime de separação de bens no casamento: (a) das pessoas que o contraírem com inobservância das causas suspensivas da celebração do casamento; (b) da pessoa maior de 70 anos; (c) de todos os que dependem, para casar, de suprimento judicial.

16.17.3 Separação e divórcio

A separação pode ser judicial ou consensual. Na separação judicial litigiosa não existe acordo quanto aos termos da separação. Na separação consensual, as partes estão concordes com os termos da separação.

A separação judicial pode ser pedida por um só dos cônjuges quando: (a) imputar ao outro conduta desonrosa ou qualquer outro ato que importe em grave violação dos deveres do casamento e tornem insuportável a vida em comum; (b) for provada a ruptura da vida em comum há mais de um ano consecutivo e a impossibilidade de sua reconstituição.

O divórcio passou a ser permitido no Brasil com a Emenda Constitucional n. 9/77 e a Lei n. 6.515/77.

Prevê o § 6º do art. 226 da Constituição que o casamento civil pode ser dissolvido pelo divórcio. Não há mais necessidade de prévia separação judicial por mais de um ano ou comprovada a separação de fato por mais de dois anos. O divórcio permite que os cônjuges possam se casar novamente.

Após o divórcio, os cônjuges divorciados somente poderão restabelecer a união conjugal mediante novo casamento.

Havendo separação judicial, o cônjuge responsável prestará ao outro, se dela necessitar, a pensão alimentícia fixada pelo juiz.

O direito a alimentos é transmissível por herança.

Os parentes podem requerer o pagamento de alimentos, caso deles necessitarem. É um direito recíproco de pais e filhos.

No caso de união estável, se a convivência se dissolver, um dos conviventes irá pagar alimentos ao que necessitar.

Os alimentos devem ser fixados na proporção das necessidades do reclamante e dos recursos da pessoa obrigada (§ 1º do art. 1.694 do Código Civil). Isso implica dizer que os alimentos serão determinados de acordo com a possibilidade de quem os presta e as necessidades do alimentado.

16.17.4 Filiação

Fundado nos princípios da dignidade da pessoa humana e da paternidade responsável, o planejamento familiar é livre decisão do casal, competindo ao Estado propiciar recursos educacionais e científicos para o exercício desse direito, vedada qualquer forma coercitiva por parte de instituições oficiais ou privadas.

Os filhos, havidos ou não da relação do casamento, ou por adoção, terão os mesmos direitos e qualificações, proibidas quaisquer designações discriminatórias relativas à filiação (§ 6º do art. 227 da Constituição).

Filhos legítimos são os havidos na constância do casamento. Filho ilegítimo é o nascido de progenitores que, à época da concepção, não eram casados entre si. Filhos espúrios podem ser adulterinos e incestuosos. Filhos adulterinos são os concebidos por pessoa casada com outra pessoa fora do casamento. Filhos incestuosos decorrem do impedimento para o casamento dos pais pelo parentesco. A Constituição não mais admite as referidas distinções.

Os filhos menores estão sujeitos ao poder familiar.

A Lei n. 8.560/92 regula a investigação de paternidade dos filhos havidos fora do casamento.

Presumem-se concebidos na constância do casamento: (a) os filhos nascidos 180 dias, pelo menos, depois de estabelecida a convivência conjugal; (b) os nascidos dentro dos 300 dias subsequentes à dissolução da sociedade conjugal, por morte, nulidade e anulação do casamento; (c) os havidos por fecundação artificial homóloga, mesmo que falecido o marido; (d) os havidos, a qualquer tempo, quando se tratar de embriões excedentários, decorrentes de concepção artificial homóloga; (e) os havidos por inseminação artificial heteróloga, desde que tenha prévia autorização do marido.

Ninguém pode vindicar estado contrário ao que resulta do registro de nascimento, salvo provando-se erro ou falsidade do registro.

O Estado assegurará a assistência à família na pessoa de cada um dos que a integram, criando mecanismos para coibir a violência no âmbito de suas relações.

Os pais têm o dever de assistir, criar e educar os filhos menores, e os filhos maiores têm o dever de ajudar e amparar os pais na velhice, carência ou enfermidade.

A lei punirá severamente o abuso, a violência e a exploração sexual da criança e do adolescente.

A família, a sociedade e o Estado têm o dever de amparar as pessoas idosas, assegurando sua participação na comunidade, defendendo sua dignidade e bem-estar e garantindo-lhes o direito à vida.

16.17.5 Adoção

A adoção decorre da vontade de uma pessoa e não pelo vínculo sanguíneo.

Podem adotar os maiores de 18 anos, independentemente do estado civil. Poderá ser formalizada a adoção por ambos os cônjuges ou concubinos, desde que um deles tenha completado 18 anos de idade, comprovada a estabilidade da família. O adotante deverá ser, pelo menos, 16 anos mais velho do que o adotado. Não podem adotar os ascendentes e os irmãos do adotado. A adoção não pode ser feita por procuração. O adotando deve contar com, no máximo, 18 anos à data do pedido, salvo se já estiver sob a guarda ou tutela dos adotantes. Será deferida a adoção quando apresentar reais vantagens para o adotando e fundar-se em motivos legítimos. Será precedida de estágio de convivência, pelo prazo que a autoridade judiciária fixar. Para o adotando maior de 12 anos de idade, será necessário seu consentimento.

Ninguém pode ser adotado por duas pessoas, salvo se forem marido e mulher, ou se viverem em união estável.

Os divorciados e os judicialmente separados poderão adotar conjuntamente, contanto que acordem sob a guarda e o regime de visitas, e desde que o estágio de convivência tenha sido iniciado na constância da sociedade conjugal.

Somente será admitida a adoção que constituir efetivo benefício para o adotando.

A adoção atribui a situação de filho ao adotado, desligando-o de qualquer vínculo com os pais e parentes consanguíneos, salvo quanto aos impedimentos para o casamento.

A decisão confere ao adotado o sobrenome do adotante, podendo determinar a modificação de seu prenome, se menor, a pedido do adotante ou do adotado.

A adoção de maiores de 18 anos dependerá da assistência efetiva do poder público e de sentença constitutiva, aplicando-se, no que couber, as regras gerais da Lei n. 8.069/90 (Estatuto da Criança e do Adolescente). Não há necessidade de concordância com a adoção em relação aos pais biológicos.

A gestante ou mãe que manifeste interesse em entregar seu filho para adoção, antes ou logo após o nascimento será encaminhada à Justiça da Infância e da Juventude (art. 19-A da Lei n. 8.069). A gestante ou mãe será ouvida pela equipe interprofissional da Justiça da Infância e da Juventude, que apresentará relatório à autoridade judiciária, considerando inclusive os eventuais efeitos do estado gestacional e puerperal. De posse do relatório, a autoridade judiciária poderá determinar o encaminhamento da gestante ou mãe, mediante sua expressa concordância, à rede pública de saúde e assistência social para atendimento especializado. A busca à família extensa respeitará o prazo máximo de 90 dias, prorrogável por igual período. É garantido à mãe o direito ao sigilo sobre o nascimento.

A adoção será precedida de estágio de convivência com a criança ou adolescente, pelo prazo máximo de 90 dias, observadas a idade da criança ou adolescente e as peculiaridades do caso. O prazo máximo pode ser prorrogado por até igual período, mediante decisão fundamentada da autoridade judiciária. Em caso de adoção por pessoa ou casal residente ou domiciliado fora do país, o estágio de convivência será de, no mínimo, 30 dias e, no máximo, 45 dias, prorrogável por até igual período, uma única vez, mediante decisão fundamentada da autoridade judiciária. Ao final do prazo previsto no § 3º do art. 19-A, deverá ser apresentado laudo fundamentado pela equipe, que recomendará ou não o deferimento da adoção à autoridade judiciária. O estágio de convivência será cumprido no território nacional, preferencialmente na comarca de residência da criança ou adolescente, ou, a critério do juiz, em cidade limítrofe, respeitada, em qualquer hipótese, a competência do juízo da comarca de residência da criança.

O prazo máximo para conclusão da ação de adoção será de 120 dias, prorrogável uma única vez por igual período, mediante decisão fundamentada da autoridade judiciária.

Guarda é o processo inicial para a tutela e a adoção.

Guarda compartilhada é um regime no qual as obrigações do filho menor de 18 anos são atribuídas ao pai e à mãe ao mesmo tempo, de forma dividida. As decisões devem ser tomadas em conjunto por pai e mãe.

Na tutela, o menor é colocado em família substituta.

16.17.6 Tutela e curatela

Os filhos menores são postos em tutela: (a) falecendo os pais, ou sendo estes julgados ausentes; (b) decaindo os pais do poder familiar. Na falta de tutor nomeado pelos pais, incumbe a tutela aos parentes consanguíneos do menor, por esta ordem: (a) aos ascendentes, preferindo o de grau mais próximo ao mais remoto; (b) aos colaterais até o terceiro grau, preferindo os mais próximos aos mais remotos, e, no mesmo grau, os mais velhos aos mais moços. Em qualquer dos casos, o juiz escolherá entre eles o mais apto a exercer a tutela em benefício do menor.

Estão sujeitos à curatela: (a) aqueles que, por causa transitória ou permanente, não puderem exprimir sua vontade; (b) os ébrios habituais e os viciados em tóxicos; (c) os pródigos.

O processo que define os termos da curatela deve ser promovido: (a) pelos pais ou tutores; (b) pelo cônjuge, ou por qualquer parente; (c) pelo Ministério Público; (d) pela própria pessoa.

16.18 DIREITO DAS SUCESSÕES

Sucessão em sentido amplo quer dizer substituição de uma pessoa por outra em determinada relação jurídica. No direito das sucessões, é a transmissão do patrimônio da pessoa falecida para outra pessoa viva.

De cujus é a pessoa de quem se fala, o falecido. Cônjuge supérstite é o sobrevivente.

Espólio é a reunião de bens da pessoa que faleceu. Espólio é sujeito de direito, mas não é pessoa.

Herdeiros legítimos são os determinados pela lei e relacionados em ordem de preferência. A ordem é a seguinte: (a) descendentes, em concorrência com o cônjuge sobrevivente, salvo se casado este com o falecido no regime da comunhão universal, ou no da separação obrigatória de bens; ou se, no regime da comunhão parcial, o autor da herança não houver deixado bens particulares; (b) ascendentes, em concorrência com o cônjuge; (c) cônjuge sobrevivente; (d) colaterais.

Entre os descendentes, os em grau mais próximo excluem os mais remotos, salvo o direito de representação.

Os descendentes da mesma classe têm os mesmos direitos à sucessão de seus ascendentes.

São herdeiros necessários os descendentes, os ascendentes e o cônjuge.

Pertence aos herdeiros necessários, de pleno direito, a metade dos bens da herança, constituindo a legítima.

Herdeiros testamentários são os indicados pelo falecido.

Dá-se a herança jacente quando aparentemente não existem herdeiros e é destinada ao Estado. É a herança que jaz à espera de herdeiros, que ainda não tem herdeiros. Herança vacante é a que passa para o domínio público após o prazo de cinco anos da abertura da sucessão (art. 1.822 do Código Civil), sem que ninguém a reclame.

Se o falecido deixa testamento, será chamado de testador.

Toda pessoa capaz pode dispor, por testamento, da totalidade de seus bens, ou de parte deles, para depois de sua morte.

A legítima dos herdeiros necessários não poderá ser incluída no testamento.

São válidas as disposições testamentárias de caráter não patrimonial, ainda que o testador somente a elas se tenha limitado.

O testamento é ato personalíssimo, podendo ser mudado a qualquer tempo.

Extingue-se em cinco anos o direito de impugnar a validade do testamento, contado o prazo da data de seu registro.

Além dos incapazes, não podem testar os que, no ato de fazê-lo, não tiverem pleno discernimento.

Podem testar os maiores de 16 anos.

A incapacidade superveniente do testador não invalida o testamento, nem o testamento do incapaz se valida com a superveniência da capacidade.

Testamento cerrado é o escrito pelo testador. É entregue ao tabelião, na presença de duas testemunhas, para aprovação e devolução ao testador, em invólucro lacrado.

Testamento particular ou ológrafo é o escrito e assinado pelo testador. É lido na presença de três testemunhas, que também o assinam.

Legado é a disposição testamentária em que um testador deixa para um legatário coisa especificada. É a individualização de bens pelo *de cujus*, determinados a certa pessoa.

Porção disponível é a parte dos bens que pode ser livremente disposta pelo titular e que corresponde à outra metade.

Codicilo é um pequeno testamento, sem designação de herdeiros. Serve como ato de última vontade sobre o enterro, esmolas, destinação de roupas.

Indignidade é a exclusão da sucessão, decorrente da previsão legal, em que os herdeiros ou legatários: (a) houverem sido autores, coautores ou partícipes de homicídio doloso, ou tentativa deste, contra a pessoa de cuja sucessão se tratar, seu cônjuge, companheiro, ascendente ou descendente; (b) houverem acusado caluniosamente em juízo o autor da herança ou incorrerem em crime contra sua honra, ou de seu cônjuge ou companheiro; (c) por violência ou meios fraudulentos, inibirem ou obstarem o autor da herança de dispor livremente de seus bens por ato de última vontade.

O direito de demandar a exclusão do herdeiro ou legatário extingue-se em quatro anos, contados da abertura da sucessão.

O excluído da sucessão não terá direito ao usufruto ou à administração dos bens que a seus sucessores couberem na herança, nem à sucessão eventual desses bens.

Deserdação é a exclusão da herança por meio de testamento.

Colação é a restituição ao monte partível dos valores recebidos pelos herdeiros, que foram feitos a título de doação pelo *de cujus*.

No inventário, são arrolados os herdeiros, débitos e créditos do falecido. O administrador do inventário será o inventariante. Após o término do inventário, e sendo pago o imposto de transmissão *causa mortis*, haverá a partilha dos bens.

Legítima é a parte do patrimônio que será transmitida aos ascendentes e descendentes, correspondendo à metade dos bens (art. 1.846 do Código Civil).

Meação é a metade dos bens a que tem direito o cônjuge sobrevivente.

Questionário

1. O que é Direito Civil?
2. Quando começa a personalidade civil do homem?
3. Qual a diferença entre capacidade de direito e processual?
4. Quais são os absolutamente incapazes?
5. Quais são os relativamente incapazes?
6. Como se dá a emancipação?
7. Qual a diferença entre domicílio e residência?
8. O que são bens fungíveis?
9. Qual a diferença entre fato jurídico e ato jurídico?
10. Quais são os requisitos para a validade do ato jurídico?
11. O que é nulidade absoluta?
12. O que é decadência?
13. O que são obrigações solidárias?
14. O que é cláusula penal?
15. Quando ocorre o pagamento por consignação?
16. O que é imputação do pagamento?
17. O que é novação?
18. O que são arras?
19. O que são vícios redibitórios?
20. O que é evicção?
21. O que é comodato?
22. Como pode ser classificada a posse?
23. O que é usucapião?
24. O que é anticrese?
25. O que é parentesco por afinidade?
26. Quais são os regimes de casamento?
27. Quem pode adotar?
28. Qual a diferença entre tutela e curatela?
29. O que é meação?
30. O que é prescrição?
31. Quais são os defeitos do negócio jurídico?

Capítulo 17

DIREITO COMERCIAL

17.1 INTRODUÇÃO

A unificação do Direito Privado era defendida por Teixeira de Freitas no século XIX. Ele foi incumbido pelo Imperador de redigir projeto de Código Civil.

A mesma tese é defendida na Itália por Cesare Vivante, tendo por resultado o Código Civil de 1942.

O Código Civil de 2002 toma por base o Código Civil italiano de 1942, tentando unificar o Direito Privado num único dispositivo normativo.

É certo se falar na unificação das obrigações, que seriam civis ou comerciais, mas não na unificação do Direito Privado, pois, do contrário, deveria aí estar incluído o Direito do Trabalho. Isso é sabidamente impossível, pois cada ramo do Direito tem as suas especificidades.

As atividades negociais são integradas em normas civis. Daí surge a denominação Direito empresarial, tanto que o livro II do Código Civil passa a ser denominado *Do Direito da Empresa*. Entretanto, Direito empresarial ou Direito da empresa compreende várias matérias que digam respeito à empresa, como parte do Direito do Trabalho, do Direito Econômico, do Direito Comercial, do Direito Tributário, do Direito da Seguridade Social, do Direito Penal, em que haja relações incidentes sobre a empresa.

17.2 CONCEITO

Comércio vem do latim *commercium* (*cum*, que é preposição e *merx*, mercadoria).

Direito Comercial é o conjunto de princípios, de regras e de instituições que regula os atos do comércio e das pessoas que exercem profissionalmente esses atos.

São elementos essenciais do comércio a mediação, a habitualidade e o fim lucrativo. A mediação representa a intervenção entre o produtor e o consumidor, aproximando as partes para a consecução do negócio. Para a caracterização do comércio mister se faz a habitualidade. Um único ato isolado não caracteriza o ato de comércio. O comerciante vende a mercadoria com fim lucrativo.

Prevalece no Direito Comercial o princípio da continuidade da empresa, pois ela tem fins sociais, de produção e de dar emprego às pessoas.

17.3 EMPRESA

A empresa tem característica eminentemente econômica e seu conceito é encontrado, principalmente, na Economia.

Hoje, as atividades empresariais são voltadas ao interesse da produção, em oposição ao sistema anterior, em que as atividades eram mais artesanais ou familiares.

Numa concepção econômica, a empresa é a combinação dos fatores da produção: terra, capital e trabalho. Tem a empresa suas atividades voltadas para o mercado.

Poderia também ser dito que a empresa é um centro de decisões, em que são adotadas as estratégias econômicas.

Prevê o art. 6º da Lei n. 4.137/62 que empresa é toda "a organização de natureza civil ou mercantil destinada à exploração por pessoa física ou jurídica de qualquer atividade com fins lucrativos".

Empresa é a atividade econômica organizada para a produção ou circulação de bens e serviços para o mercado, visando ao lucro.

O essencial em qualquer empresa, por natureza, é que ela é criada com a finalidade de se obter lucro na atividade. Normalmente, o empresário não tem por objetivo criar empresa que não tenha por finalidade o lucro. A exceção à regra são as associações beneficentes, as cooperativas, os clubes etc. Lógico também que a empresa pode ter por objetivo a obtenção de outros fins, mas o principal é o de alcançar o lucro, porém é possível dizer que a finalidade principal da empresa não é o lucro, pois este constitui o resultado da atividade empresarial.

A empresa não deixa de ser explicada como uma abstração como entidade jurídica, podendo-se entender que seria uma ficção legal. A relação entre as pessoas e os meios para o exercício da empresa levam à abstração, em que a figura mais importante seria, na verdade, o empresário, para o qual o preponderante é a organização do capital e do trabalho. Do exercício da atividade produtiva somente se tem, portanto, uma ideia abstrata.

O conceito de empresa é utilizado não só no Direito Comercial, mas também no Direito do Trabalho, Tributário e Econômico. A empresa é de certa forma a principal arrecadadora de tributos. No Direito do Trabalho, a empresa normalmente é o empregador. A própria CLT define o empregador como a empresa (art. 2º). No Direito Econômico, também se estuda a empresa, pois esta é um dos principais polos da atividade econômica. No Direito Comercial, o centro de suas preocupações é a empresa, como ela nasce, vive e deixa de existir, inclusive de maneira anormal, como na falência e na recuperação judicial.

A empresa tem várias concepções. O aspecto subjetivo, que corresponderia ao sinônimo de empresário; o aspecto funcional, que compreende a atividade econômica organizada; o aspecto objetivo, em que se utiliza a palavra italiana *azienda*, que compreende o conjunto de bens patrimoniais destinados ao exercício da atividade empresarial; o corporativo ou institucional, que diz respeito à organização de pessoas, incluindo o empresário e seus auxiliares[1]. Essas teorias foram desenvolvidas pelo jurista italiano Asquini.

A posição subjetiva é a que considera a empresa como sujeito de direito, sendo decorrente da definição de empresário do art. 2.082 do Código Civil italiano. Antigamente, essa teoria via a empresa como o empresário, que é a ideia decorrente do direito italiano. Havia, porém, necessidade de se distinguir o empresário da empresa, que não se confundem. Assim, a empresa é fonte de condições de trabalho e de organização e, em decorrência, traz consequências jurídicas.

A posição funcional compreende o desenvolvimento profissional de uma atividade e a organização dos meios para tanto, como da produção, visando à prestação de serviços ou à produção de bens. É a combinação do capital e do trabalho na produção. A atividade pressupõe continuidade, duração e, ao mesmo tempo, orientação, que tem por objetivo dirigir a produção para o mercado. Alguns autores costumam dizer que a empresa é o fundamento do comércio. O empresário seria, entretanto, o sujeito da empresa. Essa seria a atividade, e o estabelecimento o meio

1 BARRETO FILHO, Oscar. Formas jurídicas da empresa pública. *Revista da Faculdade de Direito da USP*, v. 72:400, 1977.

destinado à consecução dos objetivos da empresa. Assim, seria possível dizer que a empresa se caracteriza como a atividade profissional do empresário, porém não de qualquer maneira, mas de forma organizada.

A posição objetiva entende que tanto a empresa como o estabelecimento constituem a finalidade do empresário. A empresa também poderia ser a forma do exercício do estabelecimento. O estabelecimento seria estático e a empresa seria compreendida num conceito dinâmico, correspondendo, portanto, a um bem imaterial. Seria possível ver a empresa não como pessoas jurídicas, mas como objeto, e não como sujeitos de direito, porque a empresa é uma forma de atividade do empresário. O sujeito de direito, assim, seria o empresário. Se for entendido, porém, que a atividade pode constituir-se em objeto de direito sob certa tutela jurídica, a empresa pode ser considerada como objeto de direito.

A teoria institucional é defendida por Maurice Hauriou e Georges Rennard. A instituição seria uma coisa imóvel, que se vai modificando em estágios sucessivos. Instituição é o que perdura no tempo, tendo acepção de algo durável, contínuo. Representa, assim, o que surge para durar. Poderia ser lembrada a expressão popular: os homens passam, as instituições ficam. À medida que o conceito de empresa vai-se desenvolvendo é que ela vai adquirindo autonomia jurídica. A empresa desprende-se de seu criador e passa a ter uma realidade objetiva, cumprindo os fins que lhe são inerentes.

O fim da sociedade é o lucro, obtido pela exploração do seu objeto. Objeto é civil, comercial ou de prestação de serviços.

A empresa tem por funções: (a) econômica: (a.1) produção de bens e serviços para o mercado; (a.2) desenvolvimento econômico; (b) social: de proporcionar emprego às pessoas.

A característica corporativa da empresa compreende uma organização de pessoas, representada pelo empresário e seus colaboradores (empregados, prestadores de serviços).

A empresa é concebida para durar no tempo. Mostra o princípio da continuidade.

17.4 EMPRESÁRIO

O comerciante passou a ser chamado de empresário pelo Código Civil de 2002, não importando se exerce atos de comércio ou produz bens ou serviços.

Empresário é a pessoa física que exerce profissionalmente atividade econômica organizada para a produção ou circulação de bens ou de serviços (art. 966 do Código Civil) para o mercado, tendo por objetivo o lucro. O art. 966 do Código Civil é praticamente a tradução literal do art. 2.088 do Código Civil italiano.

A característica do empresário é a profissionalidade. Ele deve exercer sua atividade com habitualidade, daí por que se fala profissionalmente. Se a atividade é exercida uma vez ou outra, não há profissionalidade.

Pratica o empresário profissionalmente os atos de intermediação com finalidade de lucro.

O conceito de empresário mostra que pouco importa a atividade por ele exercida, se mercantil ou civil.

Não se considera empresário quem exerce profissão intelectual, de natureza científica, literária ou artística, ainda que com o concurso de auxiliares ou colaboradores, salvo se o exercício da profissão constituir elemento de empresa (parágrafo único do art. 966 do Código Civil). Isso significa que os profissionais liberais, que exercem, por exemplo, atividade intelectual, não são empresários. A exceção será quando esses profissionais constituírem uma empresa para explorar sua atividade, como ocorreria com a sociedade de advogados, de contadores, de engenheiros etc. Auxiliares ou colaboradores poderão ser a secretária, o *office boy*.

É obrigatória a inscrição do empresário no Registro Público de Empresas Mercantis da respectiva sede, antes do início de sua atividade (art. 967 do Código Civil). A inscrição a que se refere a lei é a da pessoa física que irá exercer o comércio. É a antiga firma individual, em que o empresário exercia o comércio sozinho, sem a constituição de sociedade. O Registro Público de Empresas Mercantis é a Junta Comercial de cada Estado.

O nome do empresário deve distinguir-se de qualquer outro já inscrito no mesmo registro. Se o empresário tiver nome idêntico ao de outros já inscritos, deverá acrescentar designação que o distinga.

A inscrição do empresário far-se-á mediante requerimento que contenha: (1) seu nome, nacionalidade, domicílio, estado civil e, se casado, o regime de bens; (2) a firma, com a respectiva assinatura autógrafa; (3) o capital; (4) o objeto e a sede da empresa.

Será a inscrição feita no livro próprio do Regime Público de Empresas Mercantis, obedecendo a número de ordem contínuo para todas as empresas inscritas. As alterações serão averbadas à margem da inscrição.

O empresário que instituir sucursal, filial, ou agência, em lugar sujeito à jurisdição de outro Registro Público de Empresas Mercantis, neste deverá também inscrevê-la, com a prova da inscrição originária. É o que ocorre com empresas que têm filiais em outros Estados, que terão de inscrever as filiais no Registro Público de Empresas Mercantis do referido Estado. A filial também será averbada no Registro Público de Empresas Mercantis da respectiva sede.

A lei assegurará tratamento favorecido, diferenciado e simplificado ao empresário rural e ao pequeno empresário, quanto à inscrição e aos efeitos daí decorrentes. O tratamento diferenciado a microempresa e empresa de pequeno porte é determinado na Lei Complementar n. 123/2006.

O empresário, cuja atividade rural constitua sua principal profissão, pode requerer inscrição no Registro Público de Empresas Mercantis da respectiva sede, caso em que, depois de inscrito, ficará equiparado, para todos os efeitos, ao empresário sujeito a registro.

Opera o empresário sob firma constituída por seu nome, completo ou abreviado, aditando-lhe, se quiser, designação mais precisa de sua pessoa ou do gênero de atividade, como Sergio Pinto – Empório.

Podem exercer a atividade de empresário os que estiverem em pleno gozo da capacidade civil e não forem legalmente impedidos (art. 972 do Código Civil). Isso significa que a pessoa deve ter, em princípio, mais de 18 anos e não ser, por exemplo, falida, pois nesse caso está impedida de comerciar.

A pessoa legalmente impedida de exercer atividade própria de empresário, se a exercer, responderá pelas obrigações contraídas.

Poderá o incapaz, por meio de representante ou devidamente assistido, continuar a empresa antes exercida por ele enquanto incapaz, por seus pais ou pelo autor da herança.

É faculdade dos cônjuges contratar sociedade, entre si ou com terceiros, desde que não tenham casado no regime da comunhão universal de bens, ou no da separação obrigatória (art. 977 do Código Civil). Os cônjuges não poderão, portanto, contratar no regime da comunhão universal de bens ou no da separação obrigatória. Só poderão constituir sociedade, assim, no regime de comunhão parcial de bens. Não deveria haver, porém, essa proibição. As sociedades entre cônjuges, casados no regime de comunhão universal de bens, constituídas anteriormente à vigência do Código Civil de 2002, não precisam se adaptar às suas disposições, pois havia ato jurídico perfeito.

O empresário casado pode, sem necessidade de outorga conjugal, qualquer que seja o regime de bens, alienar os imóveis que integrem o patrimônio da empresa ou gravá-los de ônus real.

17.5 ESTABELECIMENTO

Estabelecimento é o complexo de bens, materiais e imateriais, organizado, para o exercício da empresa, por empresário ou por sociedade empresária (art. 1.142 do Código Civil), visando à produção de bens ou serviços para o mercado. A referência a empresário diz respeito a firma individual, ao exercício do comércio pela própria pessoa física, sem a constituição de sociedade. Sociedade empresária é a sociedade comercial.

O estabelecimento não se confunde com o local onde se exerce a atividade empresarial, que poderá ser físico ou virtual.

Quando o local onde se exerce a atividade empresarial for virtual, o endereço informado para fins de registro poderá ser, conforme o caso, o do empresário individual ou o de um dos sócios da sociedade empresária.

Quando o local onde se exerce a atividade empresarial for físico, a fixação do horário de funcionamento competirá ao Município.

Compreende o estabelecimento não só bens materiais, como máquinas, móveis e utensílios, como também bens imateriais, como a marca, a freguesia etc.

Pode o estabelecimento ser objeto unitário de direitos e de negócios jurídicos, translativos ou constitutivos, que sejam compatíveis com sua natureza (art. 1.143 do Código Civil). Isso significa que cada estabelecimento pode prestar serviços ou fazer vendas.

O art. 1.046 do Código Civil mostra que o estabelecimento é uma universalidade de direito, pois com a venda do estabelecimento seguem as dívidas contabilizadas.

O contrato que tenha por objeto a alienação, o usufruto ou arrendamento do estabelecimento só produzirá efeitos quanto a terceiros depois de averbado à margem da inscrição do empresário, ou da sociedade empresária, no Registro Público de Empresas Mercantis, e de publicado na imprensa oficial.

Se ao alienante não restarem bens suficientes para solver seu passivo, a eficácia da alienação do estabelecimento depende do pagamento de todos os credores, ou do consentimento destes, de modo expresso ou tácito, em 30 dias a partir da notificação.

O adquirente do estabelecimento responde pelo pagamento dos débitos anteriores à transferência, desde que regularmente contabilizados, continuando o devedor primitivo solidariamente obrigado pelo prazo de um ano, a partir, quanto aos créditos vencidos, da publicação, e, quanto aos outros, da data do vencimento.

Não havendo autorização expressa, o alienante do estabelecimento não pode fazer concorrência ao adquirente, nos cinco anos subsequentes à transferência.

No caso de arrendamento ou usufruto do estabelecimento, a proibição persistirá durante o prazo do contrato.

A cessão dos créditos referentes ao estabelecimento transferido produzirá efeito em relação aos respectivos devedores, desde o momento da publicação da transferência, mas o devedor ficará exonerado se de boa-fé pagar ao cedente.

17.6 FUNDO EMPRESARIAL

Para denominar fundo de comércio, são encontradas as expressões: *fonds de commerce*, *maison de commerce*, em francês; *azienda*, *fondaco*, em italiano; *hacienda*, em espanhol; *goodwill* e *business*, em inglês.

Fundo empresarial é o instrumento da atividade do empresário. Reúne o conjunto de elementos materiais e imateriais para que o comerciante possa atrair sua clientela. São elementos materiais ou corpóreos os bens móveis, como as mercadorias, as vitrinas, prateleiras, móveis, imóveis, como o terreno, o prédio etc. São elementos imateriais ou incorpóreos o título do estabelecimento, o nome comercial, o estabelecimento, o nome de fantasia, as expressões ou sinais de propaganda, as marcas, patentes, invenções, desenhos, o aviamento etc.

17.6.1 Elementos do fundo empresarial

O ponto é o local em que o comerciante expõe e vende suas mercadorias.

Firma ou razão social são utilizadas para o comerciante individual e para as sociedades em comandita simples, em nome coletivo. Exemplos seriam: José da Silva (empresário individual), José da Silva & Cia. (firma coletiva).

A denominação é utilizada pela sociedade anônima. Empresa de Rolamentos Martins S.A. Podem ter o patronímico do fundador, como Indústrias Reunidas Francisco Matarazzo S.A. Não se confunde a denominação com o título do estabelecimento, nome de fantasia ou insígnia (Pão de Açúcar).

Marca é o sinal individualizador do produto a ser apresentado no mercado. Pode ser de: (a) indústria, como Gillette, Volkswagen; (b) de comércio, como Extra; (c) de serviços, Hertz-Car etc.

Marca de produto ou serviço é a usada para distinguir produto ou serviço de outro idêntico, semelhante ou afim, de origem diversa.

Marca de certificação é a usada para atestar a conformidade de um produto ou serviço com determinadas normas ou especificações técnicas, notadamente quanto à qualidade, natureza, material utilizado e metodologia empregada.

Marca coletiva é a usada para identificar produtos ou serviços provindos de determinada entidade (art. 123, III, da Lei n. 9.279/96).

Aviamento é o resultado dos elementos confluentes para o estabelecimento comercial e destinado à produção e ao lucro[2]. Compreende os bens corpóreos e incorpóreos do estabelecimento, como as instalações, a localização, a reputação, a freguesia.

A freguesia está compreendida no aviamento, sendo um de seus elementos. Representa o conjunto de pessoas que habitualmente se utilizam do estabelecimento.

17.7 AGENTES AUXILIARES DO COMÉRCIO

São agentes auxiliares de comércio: (a) os corretores de fundos públicos, de mercadorias, de navios; (b) os leiloeiros, voluntários ou oficiais; (c) os despachantes, administrativos, de importação e exportação ou aduaneiros; (d) os agentes não oficiais, como os representantes comerciais e os comissários.

17.8 ATO DE COMÉRCIO

O comerciante condiciona a existência do ato de comércio. O principal ato de comércio é a venda e compra.

17.9 NOME EMPRESARIAL

Considera-se nome empresarial a firma ou a denominação adotada para o exercício da empresa.

Equipara-se ao nome empresarial, para os efeitos da proteção da lei, a denominação das sociedades simples, associações e fundações.

Firma ou razão social é destinada às sociedades em nome coletivo e em comandita simples.

---

2 ALMEIDA, Amador Paes de. *Locação comercial*. 9. ed. São Paulo: Saraiva, 1997, p. 28.

Denominação é destinada à sociedade anônima.

Podem usar razão social ou denominação tanto a sociedade limitada como a sociedade em comandita por ações.

A sociedade em que houver sócios de responsabilidade ilimitada operará sob firma, na qual somente os nomes daqueles poderão figurar, bastando para formá-la aditar ao nome de um deles a expressão *e companhia* ou sua abreviatura. Exemplo é a sociedade em nome coletivo.

Ficam solidária e ilimitadamente responsáveis pelas obrigações contraídas sob a firma social aqueles que, por seus nomes, figurarem na firma da sociedade.

Não pode o nome empresarial ser objeto de alienação. O adquirente de estabelecimento, por ato entre vivos, pode, se o contrato o permitir, usar o nome do alienante, precedido de seu próprio, com a qualificação de sucessor.

O nome do sócio que vier a falecer, for excluído ou se retirar não pode ser conservado na firma social.

A inscrição do empresário, ou dos atos constitutivos das pessoas jurídicas, ou as respectivas averbações, no registro próprio, asseguram o uso exclusivo do nome nos limites do respectivo Estado. O uso estende-se a todo o território nacional, se registrado na forma da lei especial.

Cabe ao prejudicado, a qualquer tempo, ação para anular a inscrição do nome empresarial feita com violação da lei ou do contrato.

A inscrição do nome empresarial será cancelada, a requerimento de qualquer interessado, quando cessar o exercício da atividade para que foi adotado, ou quando ultimar-se a liquidação da sociedade que o inscreveu.

17.10 SOCIEDADES COMERCIAIS

Celebram contrato de sociedade as pessoas que reciprocamente se obrigam a contribuir, com bens ou serviços, para o exercício de atividade econômica e a partilha, entre si, dos resultados (art. 981 do Código Civil).

Não se confunde sociedade e condomínio. Na sociedade há intenção de ser sócio. No condomínio isso não existe, pois os condôminos não têm interesse em ser sócios de outra pessoa, há apenas propriedade em comum.

A atividade da sociedade pode restringir-se à realização de um ou mais negócios determinados.

Empresária é a sociedade que tem por objeto o exercício de atividade própria de empresário sujeito a registro. Sociedade empresária é a sociedade empresarial que visa a produção ou circulação de bens ou serviços para o mercado com o objetivo de lucro. Ela é organizada em torno do empresário. Exemplos de sociedades empresárias são a anônima, a comandita por ações, em nome coletivo, limitada, em comandita simples. É registrada nas Juntas Comerciais (art. 1.150 do Código Civil).

Sociedades simples são as demais, como a cooperativa. É a sociedade que não tem por objetivo a produção ou a circulação de bens ou serviços para o mercado. A sociedade simples pode ser constituída conforme os tipos mencionados no parágrafo anterior. Não o fazendo, subordina-se às normas que lhe são próprias.

A lei especial pode impor a constituição da sociedade segundo determinado tipo (parágrafo único do art. 983 do Código Civil). O art. 16 da Lei n. 8.906/94 não permite a constituição de sociedade de advogados sob a forma mercantil. Assim, é uma sociedade de prestação de serviços. Será, portanto, uma sociedade simples e não empresária.

A sociedade adquire personalidade jurídica com a inscrição, no registro próprio e na forma da lei, de seus atos constitutivos.

17.10.1 Classificação

As sociedades podem ser classificadas como de pessoas e de capital. As sociedades de pessoas têm como elemento preponderante os sócios, pois tudo gira em torno deles. Prevalece a vontade dos sócios na constituição e desenvolvimento da sociedade. São sociedades de pessoas: a sociedade em nome coletivo, em comandita simples.

Nas sociedades de capitais não interessa quem são as pessoas que fazem parte da sociedade, mas o capital que nela circula. A vontade dos sócios é irrelevante, prevalecendo o fato de o sócio ingressar ou sair da sociedade adquirindo ou vendendo suas cotas ou ações. Vale o individualismo do capital. São sociedades de capitais: a sociedade anônima e a sociedade em comandita por ações.

Quanto à responsabilidade dos sócios, as sociedades são de responsabilidade limitada, ilimitada e mista. A sociedade de responsabilidade limitada compreende a limitação da responsabilidade da sociedade ao montante do capital subscrito e integralizado pelo sócio, como na sociedade limitada e na sociedade por ações. O sócio ou acionista não responde além do capital integralizado. Nas sociedades de responsabilidade ilimitada, os sócios respondem sem qualquer limite ao capital subscrito e integralizado, havendo responsabilidade subsidiária e solidária, dependendo do caso, como na sociedade em nome coletivo. São sociedades mistas as sociedades em comandita simples, as sociedades em comandita por ações e as sociedades por quotas de responsabilidade limitada.

Quanto ao modo de instituição, as sociedades são contratuais ou institucionais. Contratuais quando dependem do estabelecimento do contrato social entre os sócios. Institucionais quando dependem de atas, publicações, arquivamento de documentos, como as sociedades anônimas.

Não há mais distinção entre sociedade civil e comercial. O Código Civil faz classificação no sentido de sociedade empresária e sociedade simples.

Sociedades não personificadas são a sociedade em comum e a sociedade em conta de participação.

Sociedades personificadas são a simples, em nome coletivo, em comandita simples, limitada, anônima, em comandita por ações, cooperativa.

Sociedade de fato é a que existe entre as partes, sem contrato escrito. Tem natureza tácita, sem oposição de qualquer pessoa. Ela vai realizando seus negócios, como se houvesse existido entre as partes um contrato.

A sociedade não personificada é a irregular, a que ainda não foi registrada no órgão competente. É a sociedade que não foi registrada no prazo de 30 dias após sua constituição.

Na sociedade irregular, a sociedade entre as partes existe, porém, não é levada a registro no órgão competente ou, apesar de existir contrato escrito, ele ainda não foi levado ao registro no órgão competente.

17.10.2 Sociedade não personificada

17.10.2.1 Sociedade em comum

Sociedade em comum é o tipo de sociedade que anteriormente era chamada de irregular e de fato. É uma sociedade em formação ou organização.

Os sócios, nas relações entre si ou com terceiros, somente por escrito podem provar a existência da sociedade, mas os terceiros podem prová-la de qualquer modo.

Os bens e as dívidas sociais constituem patrimônio especial, do qual os sócios são titulares em comum. Não são mais bens dos sócios.

Os bens da sociedade respondem pelos atos de gestão praticados por qualquer dos sócios, salvo pacto expresso limitativo de poderes, que somente terá eficácia contra o terceiro que o conheça ou deva conhecer.

Todos os sócios respondem solidária e ilimitadamente pelas obrigações sociais, excluído do benefício de ordem aquele que contratou pela sociedade. A responsabilidade solidária é uma sanção para que a sociedade seja regularizada o mais rapidamente possível.

17.10.2.2 Sociedade em conta de participação

Chama-se em conta de participação a sociedade em razão de que é aberta uma conta para indicar as operações realizadas e os resultados. A participação será a divisão dos lucros entre os sócios.

A sociedade em conta de participação não está sujeita às formalidades prescritas para a formação das outras sociedades e pode provar-se por todo o gênero de provas admitidas em Direito.

Na verdade, a sociedade em conta de participação não é uma pessoa jurídica, não tem personalidade jurídica, mas representa um contrato entre os sócios. Não tem razão social, nem o contrato social é registrado. A sociedade não incorrerá em falência ou concordata. É uma espécie de sociedade secreta, em que se faz um contrato de "gaveta". Tem mais característica de contrato do que de sociedade, tanto que não é registrada e não tem personalidade jurídica.

Sócio ostensivo é o sócio aparente, que comercia e se obriga perante terceiros.

Sócio oculto é o anônimo, o desconhecido. A atual legislação faz referência ao sócio participante.

A sociedade em conta de participação não pode ter firma ou denominação (art. 1.162 do Código Civil).

A atividade constitutiva do objeto social é exercida unicamente pelo sócio ostensivo, em seu nome individual e sob sua própria e exclusiva responsabilidade, participando os demais dos resultados correspondentes (art. 991 do Código Civil). A responsabilidade, portanto, é apenas do sócio ostensivo.

Obriga-se perante terceiro tão somente o sócio ostensivo. O sócio participante ou oculto obriga-se exclusivamente perante o ostensivo, nos termos do contrato social.

O contrato social produz efeito somente entre os sócios, e a eventual inscrição de seu instrumento em qualquer registro não confere personalidade jurídica à sociedade. A inscrição é uma faculdade e não uma obrigação.

Sem prejuízo do direito de fiscalizar a gestão dos negócios sociais, o sócio participante não pode tomar parte nas relações do sócio ostensivo com terceiros, sob pena de responder solidariamente com este pelas obrigações em que intervier.

A contribuição do sócio participante constitui, com a do sócio ostensivo, patrimônio especial, objeto da conta de participação relativa aos negócios sociais.

A especialização patrimonial somente produz efeitos em relação aos sócios.

A falência do sócio ostensivo acarreta a dissolução da sociedade e a liquidação da respectiva conta, cujo saldo constituirá crédito quirografário (comum).

Falindo o sócio participante, o contrato social fica sujeito às normas que regulam os efeitos da falência nos contratos bilaterais do falido.

Salvo estipulação em contrário, o sócio ostensivo não pode admitir novo sócio sem o consentimento expresso dos demais (art. 995 do Código Civil).

17.10.3 Sociedade personificada

17.10.3.1 Sociedade simples

A sociedade simples é a prestadora de serviços. É a antiga sociedade prevista no Código Civil de 1916. Sociedade simples é a sociedade civil de profissão regulamentada, como a sociedade de advogados. É a registrada no Registro Civil das Pessoas Jurídicas, como se depreende dos arts. 998, 1.000 e 1.150 do Código Civil.

A constituição da sociedade simples é feita mediante contrato escrito, particular ou público, que, além das cláusulas estipuladas pelas partes, mencionará: (1) nome, nacionalidade, estado civil, profissão, residência dos sócios, se pessoas naturais, e a firma ou a denominação, nacionalidade e sede dos sócios, se jurídicas; (2) denominação, objeto, sede e prazo da sociedade; (3) capital da sociedade, expresso em moeda corrente, podendo compreender qualquer espécie de bens, suscetíveis de avaliação pecuniária; (4) a quota de cada sócio no capital social e o modo de realizá-la; (5) as prestações a que se obriga o sócio, cuja contribuição consista em serviços; (6) as pessoas naturais incumbidas da administração da sociedade, seus poderes e atribuições; (7) a participação de cada sócio nos lucros e nas perdas; (8) se os sócios respondem, ou não, subsidiariamente, pelas obrigações sociais (art. 997 do Código Civil).

É ineficaz em relação a terceiros qualquer pacto separado, contrário ao disposto no instrumento do contrato.

Nos 30 dias subsequentes a sua constituição, a sociedade deve requerer a inscrição do contrato social no Registro Civil das Pessoas Jurídicas do local de sua sede (art. 998 do Código Civil).

O pedido de inscrição será acompanhado do instrumento autenticado do contrato, e, se algum sócio nele houver sido representado por procurador, o da respectiva procuração, bem como, se for o caso, da prova de autorização da autoridade competente.

As modificações do contrato social, que tenham por objeto matéria indicada no art. 997 do Código Civil, dependem do consentimento de todos os sócios. As demais podem ser decididas por maioria absoluta de votos, se o contrato não determinar a necessidade de deliberação unânime.

A sociedade simples que instituir sucursal, filial ou agência na circunscrição de outro Registro Civil de Pessoas Jurídicas, neste deverá também inscrevê-la, com a prova da inscrição originária.

As obrigações dos sócios começam imediatamente com o contrato, se este não fixar outra data, e terminam quando, liquidada a sociedade, se extinguirem as responsabilidades sociais.

O sócio não pode ser substituído no exercício de suas funções, sem o consentimento dos demais sócios, expresso em modificação do contrato social.

A cessão total ou parcial da quota, sem a correspondente modificação do contrato social com o consentimento dos demais sócios, não terá eficácia quanto a estes e à sociedade.

Até dois anos depois de averbada a modificação do contrato responde o cedente (o que cedeu) solidariamente com o cessionário, perante a sociedade e terceiros, pelas obrigações que tinha como sócio (parágrafo único do art. 1.003 do Código Civil). O prazo de dois anos é contado da averbação no registro competente e não da assinatura da alteração do contrato social. Essa responsabilidade abrange obrigações que tinha à época como sócio. Se na época não havia sido constituída nenhuma obrigação do sócio, porque suas contas estavam em dia, não há responsabilidade do cedente.

Salvo estipulação em contrário, o sócio participa dos lucros e das perdas, na proporção das respectivas quotas, mas aquele, cuja contribuição consiste em serviços, somente participa dos lucros na proporção da média do valor das quotas.

É nula a estipulação contratual que exclua qualquer sócio de participar dos lucros e das perdas.

A distribuição de lucros ilícitos ou fictícios acarreta responsabilidade solidária dos administradores que a realizarem e dos sócios que os receberem, conhecendo ou devendo conhecer-lhes a ilegitimidade.

Quando, por lei ou pelo contrato social, competir aos sócios decidir sobre os negócios da sociedade, as deliberações serão tomadas por maioria de votos, contados segundo o valor das quotas de cada um.

Para formação da maioria absoluta são necessários votos correspondentes a mais de metade do capital.

Prevalece a decisão sufragada por maior número de sócios no caso de empate e, se este persistir, decidirá o juiz.

O administrador da sociedade deverá ter, no exercício de suas funções, o cuidado e a diligência que todo homem ativo e probo costuma empregar na administração de seus próprios negócios.

A administração da sociedade, nada dispondo o contrato social, compete separadamente a cada um dos sócios.

Se a administração competir separadamente a vários administradores, cada um pode impugnar a operação pretendida por outro, cabendo a decisão aos sócios, por maioria de votos.

No silêncio do contrato, os administradores podem praticar todos os atos pertinentes à gestão da sociedade. A oneração ou a venda de bens imóveis depende do que a maioria dos sócios decidir.

Os administradores respondem solidariamente perante a sociedade e os terceiros prejudicados, por culpa (negligência, imprudência ou imperícia) no desempenho de suas funções. Nesse caso, responderão com seus bens particulares e sem qualquer limite.

O administrador que, sem consentimento escrito dos sócios, aplicar créditos ou bens sociais em proveito próprio ou de terceiros, terá de restituí-los à sociedade, ou pagar o equivalente, com todos os lucros resultantes, e, se houver prejuízo, por ele também responderá.

Ao administrador é vedado fazer-se substituir no exercício de suas funções, sendo-lhe facultado, nos limites de seus poderes, constituir mandatários da sociedade, especificados no instrumento os atos e operações que poderão praticar.

São irrevogáveis os poderes do sócio investido na administração por cláusula expressa no contrato social, salvo justa causa, reconhecida judicialmente, a pedido de qualquer dos sócios (art. 1.019 do Código Civil). A justa causa, portanto, só poderá ser reconhecida judicialmente.

São revogáveis, a qualquer tempo, os poderes conferidos a sócio por ato separado, ou a quem não seja sócio.

Os administradores são obrigados a prestar aos sócios contas justificadas de sua administração, e apresentar-lhes o inventário anualmente, bem como o balanço patrimonial e o de resultado econômico (demonstração do resultado do exercício).

Salvo estipulação que determine época própria, o sócio pode, a qualquer tempo, examinar os livros e documentos, e o estado do caixa e da carteira da sociedade.

Se os bens da sociedade não lhe cobrirem as dívidas, respondem os sócios pelo saldo, na proporção em que participem das perdas sociais, salvo cláusula de responsabilidade solidária.

Os bens particulares dos sócios não podem ser executados por dívidas da sociedade, senão depois de executados os bens da sociedade (art. 1.024 do Código Civil).

O sócio admitido em sociedade já constituída não se exime das dívidas sociais anteriores a sua admissão (art. 1.025 do Código Civil).

O credor particular de sócio pode, na insuficiência de outros bens do devedor, fazer recair a execução sobre o que a este couber nos lucros da sociedade, ou na parte que lhe tocar em liquidação.

Se a sociedade não estiver dissolvida, pode o credor requerer a liquidação da quota de devedor, cujo valor será depositado em dinheiro, no juízo da execução, até 90 dias após essa liquidação.

Os herdeiros do cônjuge de sócio, ou o cônjuge do que se separou judicialmente, não podem exigir desde logo a parte que lhes couber na quota social, mas concorrer à divisão periódica dos lucros, até que se liquide a sociedade.

No caso de morte de sócio, liquidar-se-á sua quota, salvo: (1) se o contrato dispuser diferentemente; (2) se os sócios remanescentes optarem pela dissolução da sociedade; (3) se, por acordo com os herdeiros, regular-se a substituição do sócio falecido.

Além dos casos previstos na lei ou no contrato, qualquer sócio pode retirar-se da sociedade. Se de prazo indeterminado, mediante notificação aos demais sócios, com antecedência mínima de 60 dias. Se de prazo determinado, provando judicialmente a justa causa.

Nos 30 dias subsequentes à notificação, podem os demais sócios optar pela dissolução da sociedade.

O sócio pode ser excluído judicialmente, mediante iniciativa da maioria dos demais sócios, por falta grave no cumprimento de suas obrigações, ou, ainda, por incapacidade superveniente (art. 1.030 do Código Civil). Será excluído da sociedade o sócio declarado falido.

A retirada, exclusão ou morte do sócio não o exime, ou a seus herdeiros, da responsabilidade pelas obrigações sociais anteriores, até dois anos após averbada a resolução da sociedade; nem nos dois primeiros casos, pelas posteriores e em igual prazo, enquanto não se requerer a averbação (art. 1.032 do Código Civil). Os dois primeiros casos são retirada e exclusão do sócio. As obrigações posteriores serão as de dois anos após a retirada ou exclusão do sócio, enquanto não se requerer a averbação no registro competente e não a contar da retirada ou exclusão.

Dissolve-se a sociedade quando ocorrer: (1) o vencimento do prazo de duração, salvo se, vencido este e sem oposição de sócio, não entrar a sociedade em liquidação, caso em que se prorrogará por tempo indeterminado; (2) o consenso unânime dos sócios; (3) a deliberação de pluralidade de sócios, não reconstituída no prazo de 180 dias; (4) a extinção, na forma da lei, de autorização para funcionar.

Ocorrida a dissolução, cumpre aos administradores providenciar imediatamente a investidura do liquidante, e restringir a gestão própria aos negócios inadiáveis, vedadas novas operações, pelas quais responderão solidária e ilimitadamente.

Dissolvida de pleno direito a sociedade, pode o sócio requerer, desde logo, a liquidação judicial.

17.10.3.2 Sociedade em nome coletivo

A sociedade em nome coletivo tem previsão nos arts. 1.039 a 1.044 do Código Civil. Não é muito utilizada na prática, em razão da responsabilidade ilimitada dos sócios.

É uma sociedade de pessoas, tendo característica *intuitu personae* (em função de determinada pessoa).

Somente pessoas físicas podem fazer parte da sociedade em nome coletivo. É vedada, portanto, a participação de pessoas jurídicas na referida sociedade.

Todos os sócios respondem de forma solidária e ilimitada pelas obrigações sociais.

Sem prejuízo da responsabilidade perante terceiros, podem os sócios, no ato constitutivo, ou por unânime convenção posterior, limitar entre si a responsabilidade de cada um. Essa limitação, assim, não vale perante terceiros.

O contrato deverá mencionar a firma social.

A administração da sociedade compete exclusivamente a sócios, sendo o uso da firma, nos limites do contrato, privativo dos que tenham os necessários poderes.

O credor particular do sócio não pode, antes de dissolver-se a sociedade, pretender a liquidação da quota do devedor. Poderá fazê-lo quando: (a) a sociedade houver sido prorrogada tacitamente; (b) tendo ocorrido prorrogação contratual, for acolhida judicialmente oposição do credor, levantada no prazo de 90 dias, contado da publicação do ato dilatório.

Exemplo da razão social é Sergio Pinto Martins & Companhia ou Pinto Martins & Cia.

17.10.3.3 Sociedade em comandita simples

A sociedade em comandita simples tem previsão nos arts. 1.045 a 1.051 do Código Civil. Não é muito utilizada na prática.

Na sociedade em comandita simples há os sócios comanditados e comanditários. Os sócios comanditados são pessoas físicas, responsáveis solidária e ilimitadamente pelas obrigações sociais. Não podem ser pessoas jurídicas. Os sócios comanditários obrigam-se apenas pelo valor de sua quota.

O contrato social deverá discriminar os comanditados e os comanditários.

Aplicam-se à sociedade em comandita simples as normas da sociedade em nome coletivo, desde que haja compatibilidade.

O comanditário pode participar das deliberações da sociedade e fiscalizar suas operações, mas não pode praticar qualquer ato de gestão, nem pode ter o nome na firma social, sob pena de ficar sujeito à responsabilidade solidária e ilimitada.

Pode o comanditário ser constituído procurador da sociedade, para negócio determinado e com poderes especiais.

Somente após averbada a modificação do contrato, produz efeito, quanto a terceiros, a diminuição da quota do comanditário, em consequência de ter reduzido o capital social, sem prejuízo dos credores preexistentes.

O sócio comanditário não é obrigado à reposição de lucros recebidos de boa-fé e de acordo com o balanço.

No caso de morte de sócio comanditário, a sociedade, salvo disposição do contrato, continuará com seus sucessores, que designarão quem os represente.

Dissolve-se a sociedade nas hipóteses previstas em lei e quando por mais de 180 dias perdurar a falta de uma das categorias de sócio.

Na falta de sócio comanditado, os comanditários nomearão administrador provisório para praticar, durante o período de 180 dias e sem assumir a condição de sócio, os atos de administração.

17.10.3.4 Sociedade limitada

A partir da Revolução Francesa de 1789, houve necessidade de que os sócios respondessem de forma limitada pelos riscos da atividade mercantil. Foram sendo criadas sociedades nesse sentido no comércio inglês, com as chamadas *private companies*.

As sociedades limitadas foram criadas pelo legislador alemão em 1892. Eram um tipo intermediário entre a sociedade de capital e a de pessoas.

Em 1901, o legislador português criou as sociedades limitadas, acrescentando a expressão "por quotas" para distingui-las das sociedades por ações.

O Brasil regulou a matéria por meio do Decreto n. 3.708/19. A norma foi baseada no anteprojeto de Código Comercial de Inglez de Souza, que foi apresentado ao Congresso Nacional em 1912. O Código era inspirado na legislação portuguesa.

Pelo que se depreende do art. 1.053 do Código Civil, a sociedade limitada é regida, nas omissões dos arts. 1.052 a 1.087 do Código Civil, pelas normas da sociedade simples. O Código Civil não dispõe que ela é regida por lei especial. Assim, está revogado o Decreto n. 3.708/19, em razão de que o Código Civil regulou inteiramente a matéria. Não há revogação expressa, mas tácita, por ter sido tratada integralmente a matéria na nova disposição.

A denominação empregada era sociedade por quotas de responsabilidade limitada. O Código Civil de 2002 passou a chamá-la apenas de sociedade limitada.

O contrato social da sociedade limitada é que irá identificar se ela será de pessoas ou de capital. Se no contrato houver impedimento à substituição de sócios, alienação de quotas, recepção de herdeiros do sócio falecido, a sociedade será de pessoas. Se o contrato social permitir a livre transferência de quotas a terceiros ou não tratar do tema, a sociedade será de capital.

Na sociedade limitada, a responsabilidade de cada sócio é restrita ao valor de suas quotas, mas todos respondem solidariamente pela integralização do capital social (art. 1.052 do Código Civil). Com a integralização do capital, o sócio passa a ter responsabilidade limitada a cada quota. A mera subscrição do capital, sem integralização, não dá ao sócio o direito à responsabilidade limitada, mas sua responsabilidade será ilimitada. Ainda que o sócio já tenha integralizado sua quota, irá responder pela integralização do restante do capital social, se outros sócios não o fizeram. Para que a responsabilidade da sociedade seja limitada, é mister que todos os sócios tenham integralizado o capital.

A responsabilidade solidária diz respeito ao capital faltante e não a todo o capital, pois o art. 1.052 do Código Civil faz referência à solidariedade pela integralização do capital social. Logo, diz respeito apenas ao capital faltante e não a todo o capital. Em relação ao capital integralizado, a responsabilidade é limitada.

Com a integralização do capital, há a separação patrimonial entre a pessoa jurídica e seus sócios.

A limitação da responsabilidade dos sócios na sociedade limitada visa estimular a exploração das atividades econômicas.

A sociedade limitada pode ser constituída por uma ou mais pessoas.

Se for unipessoal, aplicar-se-ão ao documento de constituição do sócio único, no que couber, as disposições sobre o contrato social.

O contrato social poderá prever a regência supletiva da sociedade limitada pelas normas da sociedade anônima (parágrafo único do art. 1.053 do Código Civil). Isso significa que ela pode ter Conselho de Administração ou outras regras da sociedade anônima. Quem irá fazer a previsão é o contrato social. Ela não é estabelecida no próprio Código Civil.

Se o contrato social não estabelecer que podem ser aplicadas regras supletivas das sociedades anônimas, ela será regida pelas regras da sociedade simples, nas omissões do Capítulo IV (sociedade limitada) do Código Civil. Caso as regras da sociedade simples não resolvam a questão, serão consultadas as normas sobre associações (parágrafo único do art. 44 do Código Civil).

O capital social divide-se em quotas, iguais ou desiguais, cabendo uma ou diversas a cada sócio. Pela exata estimação de bens conferidos ao capital social respondem solidariamente todos os sócios, até o prazo de cinco anos da data do registro da sociedade. É vedada contribuição que consista em prestação de serviços.

A quota é indivisível em relação à sociedade, salvo para efeito de transferência. No caso de condomínio de quota, os direitos a ela inerentes somente podem ser exercidos pelo condômino representante, ou pelo inventariante do espólio de sócio falecido.

Na omissão do contrato, o sócio pode ceder sua quota, total ou parcialmente, a quem seja sócio, independentemente de audiência dos outros, ou a estranho, se não houver oposição de titulares de mais de um quarto do capital social. A cessão terá eficácia quanto à sociedade e terceiros com base na averbação do respectivo instrumento, subscrito pelos sócios anuentes.

Não integralizada a quota de sócio remisso, os outros sócios podem tomá-la para si ou transferi-la a terceiros, excluindo o primitivo titular e devolvendo-lhe o que houver pago, deduzidos os juros de mora, as prestações estabelecidas no contrato mais as despesas.

Os sócios serão obrigados à reposição dos lucros e das quantias retiradas, a qualquer título, ainda que autorizados pelo contrato, quando tais lucros ou quantia se distribuírem com prejuízo do capital.

A sociedade limitada é administrada por uma ou mais pessoas designadas no contrato social ou em ato separado. Pode a administração ser feita por qualquer sócio ou por não sócio, se assim for determinado no contrato social. A administração atribuída no contrato a todos os sócios não se estende aos que posteriormente adquiram essa qualidade. A administração, porém, será feita por pessoa física (art. 997, VI, do Código Civil) e não por pessoa jurídica.

A designação de administradores não sócios dependerá de aprovação da unanimidade dos sócios, enquanto o capital não estiver integralizado, e de 2/3, no mínimo, após a integralização.

O exercício do cargo de administrador cessa pela destituição, em qualquer tempo, do titular, ou pelo término do prazo se, fixado no contrato ou em ato separado, não houver recondução. Tratando-se de sócio nomeado administrador no contrato, sua destituição somente se opera pela aprovação de titulares de quotas correspondentes, no mínimo, a dois terços do capital social, salvo disposição contratual diversa. A cessação do exercício do cargo de administrador deve ser averbada no registro competente, mediante requerimento apresentado nos dez dias seguintes ao da ocorrência. A renúncia de administrador torna-se eficaz, em relação à sociedade, desde o momento em que esta toma conhecimento da comunicação escrita do renunciante e, em relação a terceiros, após a averbação e publicação.

O uso da firma ou denominação social é privativo dos administradores que tenham os necessários poderes.

Ao término de cada exercício social, será elaborado o inventário, o balanço patrimonial e o balanço de resultado econômico (demonstração do resultado do exercício). Balanço de determinação será o levantado para apuração dos haveres do sócio retirante.

O contrato social pode instituir conselho fiscal, composto de três ou mais membros, eleitos na assembleia anual. Não existe obrigatoriedade da constituição do conselho fiscal, mas mera faculdade prevista no contrato social. Em sociedades limitadas maiores ou mais complexas ele acabará sendo necessário. Em sociedades de poucos sócios ele não será implantado, em razão da maior burocracia que necessita. O membro do conselho fiscal pode tanto ser sócio ou não. Deverá residir no país, mas não se exige que seja brasileiro nato ou naturalizado, podendo, portanto, ser estrangeiro. Haverá tantos suplentes quantos forem os titulares.

É assegurado aos sócios minoritários, que representarem pelo menos um quinto do capital social, o direito de eleger, separadamente, um dos membros do conselho fiscal e o respectivo suplente.

A remuneração dos membros do conselho fiscal será fixada, anualmente, pela assembleia dos sócios que os eleger.

Além de outras atribuições determinadas na lei ou no contrato social, aos membros do conselho fiscal incumbem-se, individual ou conjuntamente, os deveres seguintes: (1) examinar, pelo menos trimestralmente, os livros e papéis da sociedade e o estado da caixa e da carteira, devendo os administradores ou liquidantes prestar-lhes as informações solicitadas; (2) lavrar no livro de atas e pareceres do conselho fiscal o resultado dos exames referidos no item 1; (3) exarar no mesmo livro e apresentar à assembleia anual dos sócios parecer sobre os negócios e as operações sociais do exercício em que servirem, tomando por base o balanço patrimonial e o de resultado econômico (demonstração do resultado do exercício); (4) denunciar os erros, fraudes ou crimes que descobrirem, sugerindo providências úteis à sociedade; (5) convocar a assembleia dos sócios, se a diretoria retardar por mais de 30 dias sua convocação anual, ou sempre que ocorram motivos graves e urgentes; (6) praticar, durante o período da liquidação da sociedade, os atos a que se referem os itens anteriores, tendo em vista as disposições especiais reguladoras da liquidação.

O conselho fiscal poderá escolher para assisti-lo no exame dos livros, dos balanços e das contas, contabilista legalmente habilitado, mediante remuneração aprovada pela assembleia dos sócios.

Dependem da deliberação dos sócios, além de outras matérias indicadas na lei ou no contrato: (1) a aprovação das contas da administração; (2) a designação dos administradores, quando feita em separado; (3) a destituição dos administradores; (4) o modo de sua remuneração, quando não estabelecido no contrato; (5) a modificação do contrato social; (6) a incorporação, a fusão e a dissolução da sociedade, ou a cessação do estado de liquidação; (7) a nomeação e destituição dos liquidantes e o julgamento de suas contas.

Serão tomadas as deliberações dos sócios em reunião ou assembleia, conforme previsto no contrato social, devendo ser convocadas pelos administradores nos casos previstos em lei ou no contrato. O contrato social é que estabelecerá a necessidade de reunião ou assembleia. Reunião será para sociedades com poucos sócios, no máximo até dez. A deliberação em assembleia será obrigatória se o número dos sócios for superior a dez. Dispensa a convenção quando todos os sócios comparecerem ou se declararem por escrito, cientes do local, data, hora e ordem do dia. A reunião ou assembleia tornam-se dispensáveis quando todos os sócios decidirem, por escrito, sobre a matéria que seria objeto delas.

O ideal seria estabelecer a necessidade de assembleia em razão do faturamento ou do número de empregados da empresa para verificar se ela é de grande porte ou não. Muitas grandes sociedades limitadas têm menos de dez sócios, até mesmo montadoras de veículos.

As deliberações tomadas de conformidade com a lei e o contrato vinculam todos os sócios, ainda que ausentes ou dissidentes.

A reunião ou a assembleia podem também ser convocadas: (1) por sócio, quando os administradores retardarem a convocação, por mais de 60 dias, nos casos previstos em lei ou no contrato, ou por titulares de mais de um quinto do capital, quando não atendido, no prazo de oito dias, pedido de convocação fundamentado, com indicação das matérias a serem tratadas; (2) pelo conselho fiscal, se houver.

A assembleia dos sócios instala-se com a presença, em primeira convocação, de titulares de no mínimo três quartos do capital social, e, em segunda, com qualquer número.

O sócio pode ser representado na assembleia por outro sócio, ou por advogado, mediante outorga de mandato com especificação dos atos autorizados, devendo o instrumento ser levado a registro, juntamente com a ata.

Nenhum sócio, por si ou na condição de mandatário, pode votar matéria que lhe diga respeito diretamente.

A assembleia será presidida e secretariada por sócios escolhidos entre os presentes.

Quando houver modificação do contrato, fusão da sociedade, incorporação de outra, ou dela por outra, o sócio que dissentiu terá o direito de retirar-se da sociedade, nos 30 dias subsequentes à reunião.

A assembleia dos sócios deve realizar-se ao menos uma vez por ano, nos quatro meses seguintes ao término do exercício social, com o objetivo de: (1) tomar as contas dos administradores e deliberar sobre o balanço patrimonial e o de resultado econômico (demonstração do resultado do exercício); (2) designar administradores, quando for o caso; (3) tratar de qualquer outro assunto constante da ordem do dia.

As deliberações infringentes do contrato ou da lei tornam ilimitada a responsabilidade dos que expressamente as aprovaram.

Ressalvado o disposto em lei especial, integralizadas as quotas, pode ser o capital aumentado, com a correspondente modificação do contrato. Até 30 dias após a deliberação, terão os sócios preferência para participar do aumento, na proporção das quotas de que sejam titulares. Decorrido o prazo de preferência, e assumida pelos sócios, ou por terceiros, a totalidade do aumento, haverá reunião ou assembleia dos sócios, para que seja aprovada a modificação do contrato.

Pode a sociedade reduzir o capital, mediante a correspondente modificação do contrato: (1) depois de integralizado, se houver perdas irreparáveis. A redução será realizada com a diminuição proporcional do valor nominal das quotas, tornando-se efetiva a partir da averbação, no Registro Público de Empresas Mercantis, da ata da assembleia que a tenha aprovado; (2) se excessivo em relação ao objeto da sociedade. A redução nesse caso será feita restituindo-se parte do valor das quotas aos sócios, ou dispensando-se as prestações ainda devidas, com diminuição proporcional, em ambos os casos, do valor nominal das quotas.

No prazo de 90 dias, contado da data da publicação da ata da assembleia que aprovar a redução, o credor quirografário, por título líquido anterior a essa data, poderá opor-se ao deliberado.

A redução somente se tornará eficaz se, no prazo de 90 dias, não for impugnada, ou se provado o pagamento da dívida ou o depósito judicial do respectivo valor.

Quando a maioria dos sócios, representativa de mais da metade do capital social, entender que um ou mais sócios estão pondo em risco a continuidade da empresa, em virtude de atos de inegável gravidade, poderá excluí-los da sociedade, mediante alteração do contrato social, desde que prevista neste a exclusão por justa causa.

A exclusão somente poderá ser determinada em reunião ou assembleia especialmente convocada para esse fim, ciente o acusado em tempo hábil para permitir seu comparecimento e o exercício do direito de defesa.

Pode a sociedade limitada adotar firma ou denominação, integradas pela palavra final *limitada* ou sua abreviatura (ltda.) (art. 1.158 do Código Civil).

A firma será composta com o nome de um ou mais sócios, desde que pessoas físicas, de modo indicativo da relação social. Exemplo: Sérgio Pinto Martins & Cia. Ltda.

A denominação deve designar o objeto da sociedade, sendo permitido nela figurar o nome de um ou mais sócios. Comercial de Material de Construção Sérgio Pinto Martins Ltda.

A omissão da palavra *limitada* determina a responsabilidade solidária e ilimitada dos administradores que assim empregarem a firma ou a denominação da sociedade (§ 3º do art. 1.158 do Código Civil).

17.10.3.5 Sociedades por ações

As sociedades por ações são divididas em sociedades anônimas e comandita por ações.

17.10.3.5.1 *Sociedades anônimas*

A antiga lei das sociedades anônimas era o Decreto-Lei n. 2.627/40, que foi substituída pela Lei n. 6.404/76.

As sociedades anônimas são regidas pela Lei n. 6.404/76. Nos casos omissos da Lei n. 6.404/76, são aplicadas as disposições do Código Civil, relativas às sociedades (art. 1.089 do Código Civil).

17.10.3.5.1.1 *Denominação*

A sociedade anônima opera sob denominação, integrada pelas expressões "sociedade anônima" ou "companhia", por extenso ou abreviadamente, facultada a designação do objeto social (art. 1.160 do Código civil). Exemplos: Companhia Brasileira de Distribuição, Lubrificantes Martins S.A.

Pode constar da denominação o nome do fundador, acionista ou pessoa que haja concorrido para o bom êxito da formação da empresa. Exemplo: Indústrias Reunidas Francisco Matarazzo S.A.

O art. 1.160 do Código Civil derrogou o art. 3º da Lei n. 6.404/76 no ponto em que este não permitia o uso da palavra *companhia* ao final. Agora, é possível que a sociedade anônima tenha a palavra *companhia* ao final da sua denominação. O objetivo do legislador em 1976 era que a sociedade anônima não se confundisse com a sociedade de pessoas.

As sociedades de pessoas têm contrato social. As sociedades por ações têm estatuto.

17.10.3.5.1.2 *Objeto social*

O art. 1.160 do Código Civil passou a indicar a necessidade de a sociedade anônima indicar seu objeto social, que não era previsto na Lei n. 6.404/76.

Pode ser objeto da sociedade anônima qualquer empresa de fim lucrativo, não contrário à lei, à ordem pública e aos bons costumes. Qualquer que seja o objeto, a companhia será mercantil e rege-se pelas leis e usos do comércio.

O estatuto social definirá o objeto de modo preciso e completo. Deve o estatuto satisfazer a todos os requisitos exigidos para os contratos das sociedades mercantis em geral e aos peculiares às companhias, contendo as normas pelas quais se regerá a companhia.

A companhia pode ter por objeto participar de outras sociedades. Ainda que não prevista no estatuto, a participação é facultada como meio de realizar o objeto social, ou para beneficiar-se de incentivos fiscais.

17.10.3.5.1.3 *Espécies*

A sociedade anônima poderá ser aberta ou fechada. Sociedade aberta é a que tem os valores mobiliários de sua emissão negociados no mercado de valores mobiliários. Sociedade fechada é a que não tem suas ações negociadas na bolsa de valores, sendo, geralmente, familiar.

17.10.3.5.1.4 *Capital*

O estatuto da companhia fixará o valor do capital social, expresso em moeda nacional. Não poderá o capital ser expresso em moeda estrangeira.

O capital poderá ser formado com contribuições em dinheiro ou em qualquer espécie de bens suscetíveis de avaliação em dinheiro.

Subscrição é o ato pelo qual o sócio ou acionista irá comprometer-se a efetivar o pagamento do valor da quota ou ação. Integralização é o pagamento da quota ou ação.

Subscrição pública compreende a obtenção de grandes capitais. Subscrição particular é feita por um grupo de pessoas.

A subscrição, para a constituição da sociedade, deve ser feita por pelo menos duas pessoas quanto às ações em que se divide o capital social fixado no estatuto (art. 80 da Lei n. 6.404/76).

A entrada deve ser de no mínimo 10% do preço de emissão das ações subscritas em dinheiro. Será feito depósito no Banco do Brasil ou em outro estabelecimento bancário autorizado pela Comissão de Valores Mobiliários, da parte do capital realizado em dinheiro, no prazo de cinco dias contados do recebimento das quantias.

O pedido de registro de emissão obedecerá às normas expedidas pela Comissão de Valores Mobiliários e será instruído com: (a) o estudo de viabilidade econômica e financeira do empreendimento; (b) o projeto do estatuto social; (c) o prospecto, organizado e assinado pelos fundadores e pela instituição financeira intermediária.

O estatuto pode conter autorização para aumento do capital social independentemente de reforma estatutária. A autorização deverá especificar: (a) o limite de aumento, em valor do capital ou em número de ações, e as espécies e classes das ações que poderão ser emitidas; (b) o órgão competente para deliberar sobre as emissões, que poderá ser a assembleia geral ou o Conselho de Administração; (c) as condições a que estiverem sujeitas as emissões; (d) os casos ou as condições em que os acionistas terão direito de preferência para subscrição, ou de inexistência desse direito.

17.10.3.5.1.5 *Responsabilidade dos acionistas*

A responsabilidade dos sócios ou acionistas será limitada ao preço de emissão das ações subscritas ou adquiridas.

O mais certo é que a responsabilidade dos sócios na sociedade anônima fique adstrita ao preço de emissão das ações (art. 1.088 do Código Civil) e não ao valor nominal das ações (art. 1º da Lei n. 6.404/76), que é o resultado da divisão do capital social pelo número de ações da companhia e que, na maioria das vezes, não reflete o valor de mercado das ações.

17.10.3.5.1.6 *Títulos*

Ação é a parte do capital das sociedades por ações. Ação também é o documento que comprova a qualidade de acionista.

O estatuto irá determinar a quantidade e as classes de ações em que se divide o capital.

Quanto aos direitos ou vantagens que asseguram aos respectivos titulares, podem as ações ser ordinárias, preferenciais e de gozo ou fruição (art. 15 da Lei n. 6.404/76).

Ações ordinárias não conferem privilégios ou restrições aos acionistas, que têm direitos comuns, como participação nos lucros e administração da sociedade. Os acionistas portadores de ações ordinárias participam nas deliberações das assembleias.

Ações preferenciais são as que possibilitam aos acionistas vantagens especiais, como prioridade na distribuição de dividendos da sociedade, reembolso de capital. O número de ações preferenciais sem direito a voto, ou sujeitas a restrições no exercício desse direito, não pode ultrapassar 50% do total das ações emitidas. As preferências ou vantagens das ações preferenciais podem consistir: (a) em prioridade na distribuição de dividendo, fixo ou mínimo; (b) em prioridade no reembolso do capital, com prêmio ou sem ele; (c) na acumulação das preferências e vantagens de que tratam as letras *a* e *b* mencionadas. Independentemente do direito de receber ou não o valor de reembolso do capital, com prêmio ou sem ele, as ações preferenciais sem direito de voto ou com restrição ao exercício deste direito somente serão admitidas à negociação no mercado de valores mobiliários se a elas for atribuída pelo menos uma das seguintes preferências ou vantagens: (a) direito de participar de dividendo a ser distribuído, correspondente a, pelo menos, 25% do lucro líquido do exercício, de acordo com o seguinte critério: (1) prioridade no recebimento dos dividendos correspondentes a, no mínimo, 3% do valor de patrimônio líquido da ação; (2) direito de participar dos lucros distribuídos em igualdade de condições com as ordinárias, depois de a estas assegurado dividendo igual ao mínimo prioririo estabelecido em conformidade com o número anterior; (b) direito ao recebimento de dividendo, por ação preferencial, pelo menos 10% maior do que o atribuído a cada ação ordinária; (c) direito de serem incluídos na oferta pública de alienação de controle, assegurado o dividendo pelo menos igual ao das ações ordinárias. Deverão constar do estatuto, com precisão e minúcia, outras preferências ou vantagens que sejam atribuídas aos acionistas sem direito a voto, ou com voto restrito.

Ações de gozo ou fruição são as que substituem outros tipos de ações.

Resgate é o pagamento de ações que serão retiradas de circulação.

Quanto à forma, as ações são divididas em nominativas, endossáveis e ao portador.

Nas ações nominativas, há a identificação de seus titulares, sendo inscritas no Registro de Ações Nominativas.

Nas ações endossáveis, a transferência da propriedade é feita pela assinatura do proprietário no verso do título.

As ações ao portador não têm o nome do proprietário.

Ações escriturais são as mantidas em contas de depósito, em nome de seus titulares, na instituição que designar, sem emissão de certificados.

Partes beneficiárias são títulos negociáveis sem valor nominal e estranhos ao capital social. As partes beneficiárias conferirão a seus titulares direito de crédito eventual contra a companhia, consistente na participação nos lucros anuais. A participação atribuída às partes beneficiárias, inclusive para formação de reserva para resgate, se houver, não ultrapassará um décimo dos lucros.

A companhia aberta está proibida de emitir partes beneficiárias (parágrafo único do art. 47 da Lei n. 6.404/76).

Debêntures são títulos que conferirão a seus titulares direito de crédito contra a sociedade, nas condições constantes da escritura de emissão e, se houver, do certificado. São utilizadas para obtenção de empréstimos. A debênture poderá ser conversível em ações nas condições constantes da escritura de emissão.

Bônus de subscrição são títulos que conferirão a seus titulares, nas condições constantes do certificado, direito de subscrever ações do capital social, que será exercido mediante apresentação do título à companhia e pagamento do preço de emissão das ações. Os bônus de subscrição terão a forma nominativa (art. 78 da Lei n. 6.404/76). Podem ser endossáveis ou ao portador. Quem os possui não é acionista.

Cautelas são documentos provisórios emitidos pela sociedade, representativos das ações que serão substituídas.

17.10.3.5.1.7 *Acionistas*

O acionista é obrigado a realizar, nas condições previstas no estatuto ou no boletim de subscrição, a prestação correspondente às ações subscritas ou adquiridas.

São direitos dos acionistas: (a) participar dos lucros sociais; (b) participar do acervo da companhia, em caso de liquidação; (c) fiscalizar a gestão dos negócios sociais; (d) preferência para subscrição de ações, partes beneficiárias conversíveis em ações, debêntures conversíveis em ações e bônus de subscrição; (e) retirar-se da sociedade.

As ações de cada classe conferirão iguais direitos a seus titulares.

A cada ação ordinária corresponde um voto nas deliberações da assembleia geral. O estatuto poderá estabelecer limitação ao número de votos de cada acionista. É vedado atribuir voto plural a qualquer classe de ação.

Acionista controlador é a pessoa física ou jurídica ou o grupo de pessoas vinculadas por acordo de voto, ou sob controle comum, que: (a) é titular de direitos de sócio que lhe assegurem, de modo permanente, a maioria dos votos nas deliberações da assembleia geral e o poder de eleger a maioria dos administradores da companhia; (b) usa efetivamente seu poder para dirigir as atividades sociais e orientar o funcionamento dos órgãos da companhia.

O acionista controlador responde pelos danos causados por atos praticados com abuso de poder.

São modalidades de exercício abusivo do poder: (a) orientar a companhia para fim estranho ao objeto social ou lesivo ao interesse nacional, ou levá-la a favorecer outra sociedade, brasileira ou estrangeira, em prejuízo da participação dos acionistas minoritários nos lucros ou no acervo da companhia, ou da economia nacional; (b) promover a liquidação de companhia próspera, ou a transformação, incorporação, fusão ou cisão da companhia, com o fim de obter, para si ou para outrem, vantagem indevida, em prejuízo dos demais acionistas, dos que trabalham na empresa ou dos investidores em valores mobiliários emitidos pela companhia; (c) promover alteração estatutária, emissão de valores mobiliários ou adoção de políticas ou decisões que não tenham por fim o interesse da companhia e visem a causar prejuízo a acionistas minoritários, aos que trabalham na empresa ou aos investidores em valores mobiliários emitidos pela companhia; (d) eleger administrador ou fiscal que sabe inapto, moral ou tecnicamente; (e) induzir, ou tentar induzir, administrador ou fiscal a praticar ato ilegal, ou, descumprindo seus deveres definidos em lei e no estatuto, promover, contra o interesse da companhia, sua ratificação pela assembleia geral; (f) contratar com a companhia, diretamente ou por meio de outrem, ou de sociedade na qual tenha interesse, em condições de favorecimento ou não equitativas; (g) aprovar ou fazer aprovar contas irregulares de administradores, por favorecimento pessoal, ou deixar de apurar denúncia que saiba ou devesse saber procedente, ou que justifique fundada suspeita de irregularidade; (h) subscrever ações com a realização em bens estranhos ao objeto social da companhia.

Os acionistas têm direito de receber como dividendo obrigatório, em cada exercício, a parcela dos lucros estabelecida no estatuto, ou, se este for omisso, a importância determinada de acordo com as seguintes normas: (1) metade do lucro líquido do exercício diminuído ou acrescido dos seguintes valores: (a) importância destinada à constituição da reserva legal; (b) importância destinada à formação da reserva para contingências e reversão da mesma reserva formada em exercícios anteriores; (2) o pagamento do dividendo determinado nos termos do item 1 poderá ser limitado ao montante do lucro líquido do exercício que tiver sido realizado, desde que a diferença seja registrada como reserva de lucros a realizar; (3) os lucros registrados na reserva de lucros a realizar, quando realizados e se não tiverem sido absorvidos por prejuízos em exercícios subsequentes, deverão ser acrescidos ao primeiro dividendo declarado após a realização.

Quando o estatuto for omisso e a assembleia geral deliberar alterá-lo para introduzir norma sobre a matéria, o dividendo obrigatório não poderá ser inferior a 25% do lucro líquido ajustado nos termos do item 1 mencionado.

A assembleia geral pode, desde que não haja oposição de qualquer acionista presente, deliberar a distribuição de dividendo inferior ao obrigatório ou à retenção de todo o lucro líquido, nas seguintes sociedades: (a) companhias abertas exclusivamente para a captação de recursos por debêntures não conversíveis em ações; (b) companhias fechadas, exceto nas controladas por companhias abertas que não se enquadrem na condição prevista na letra *a*.

Do § 6º do art. 202 da Lei n. 6.404/76 depreende-se que todo lucro deve ser distribuído na sociedade anônima sob a forma de dividendos. Antes, porém, será destinado à formação de reserva legal, reservas para contingências, retenção de lucros e reservas de lucros a realizar.

17.10.3.5.1.8 *Órgãos*

A sociedade anônima tem os seguintes órgãos: assembleia geral, Conselho de Administração, diretoria, Conselho Fiscal.

17.10.3.5.1.8.1 *Assembleia geral*

A assembleia geral é o órgão deliberativo da companhia. Nela, serão tomadas as deliberações da sociedade. Tem poderes para decidir todos os negócios relativos ao objeto da companhia e tomar as resoluções que julgar convenientes a sua defesa e desenvolvimento.

Compete privativamente à assembleia geral: (a) reformar o estatuto social; (b) eleger ou destituir, a qualquer tempo, os administradores e fiscais da companhia; (c) tomar, anualmente, as contas dos administradores, e deliberar sobre as demonstrações financeiras por eles apresentadas; (d) autorizar a emissão de debêntures; (e) suspender o exercício dos direitos do acionista; (f) deliberar sobre a avaliação de bens com que o acionista concorrer para a formação do capital social; (g) autorizar a emissão de partes beneficiárias; (h) deliberar sobre transformação, fusão, incorporação e cisão da companhia, sua dissolução e liquidação, eleger e destituir liquidantes e julgar as suas contas; (i) autorizar os administradores a confessar falência e a pedir recuperação judicial; (j) deliberar, quando se tratar de companhias abertas, sobre a celebração de transações com partes relacionadas, a alienação ou a contribuição para outra empresa de ativos, caso o valor da operação corresponda a mais de 50% do valor dos ativos totais da companhia constantes do último balanço aprovado.

Em caso de urgência, a confissão de falência ou o pedido de recuperação judicial poderá ser formulado pelos administradores, com a concordância do acionista controlador, se houver, convocando-se imediatamente a assembleia geral, para manifestar-se sobre a matéria.

Compete ao Conselho de Administração, se houver, ou aos diretores, observado o disposto no estatuto, convocar a assembleia geral. A assembleia geral pode também ser convocada: (a) pelo Conselho Fiscal; (b) por qualquer acionista, quando os administradores retardarem, por mais de 60 dias, a convocação, nos casos previstos em lei ou no estatuto; (c) por acionistas que representem 5%, no mínimo, do capital social, quando os administradores não atenderem, no prazo de oito dias, a pedido de convocação que apresentarem, devidamente fundamentado, com indicação das matérias a serem tratadas; (d) por acionistas que representem 5%, no mínimo, do capital votante, ou 5%, no mínimo, dos acionistas sem direito a voto, quando os administradores não atenderem, no prazo de oito dias, a pedido de convocação de assembleia para instalação do conselho fiscal.

A assembleia geral ordinária será convocada, anualmente, nos quatro primeiros meses seguintes ao término do exercício social, que deverá: (a) tomar as contas dos administradores, examinar, discutir e votar as demonstrações financeiras; (b) deliberar sobre a destinação do lucro líquido do exercício e a distribuição de dividendos; (c) eleger os administradores e os membros do Conselho Fiscal, quando for o caso; (d) aprovar a correção da expressão monetária do capital social.

A assembleia geral será instalada, em primeira convocação, com a presença de acionistas que representem, no mínimo, 1/4 do total de votos conferidos pelas ações com direito a voto e, em segunda convocação, instalar-se-á com qualquer número.

A assembleia geral extraordinária será convocada para os fins destinados no edital de convocação. A que tiver por objeto a reforma do estatuto somente se instalará em primeira convocação com a presença de acionistas que representem dois terços, no mínimo, do capital com direito a voto, mas poderá instalar-se em segunda convocação com qualquer número.

A assembleia geral extraordinária que tiver por objeto a reforma do estatuto somente se instalará, em primeira convocação, com a presença de acionistas que representem, no mínimo, 2/3 do total de votos conferidos pelas ações com direito a voto, mas poderá instalar-se, em segunda convocação, com qualquer número.

É necessária a aprovação de acionistas que representem metade, no mínimo, das ações com direito a voto, se maior quórum não for exigido pelo estatuto da companhia cujas ações não estejam admitidas à negociação em bolsa ou no mercado de balcão, para deliberação sobre: (a) criação de ações preferenciais ou aumento de classe de ações preferenciais existentes, sem guardar proporção com as demais classes de ações preferenciais, salvo se já previstas ou autorizadas pelo estatuto; (b) alteração nas preferências, vantagens e condições de resgate ou amortização de uma ou mais classes de ações preferenciais, ou criação de nova classe mais favorecida; (c) redução do dividendo obrigatório; (d) fusão da companhia, ou sua incorporação em outra; (e) participação em grupo de sociedades; (f) mudança do objeto da companhia; (g) cessação do estado de liquidação da companhia; (h) criação de partes beneficiárias; (i) cisão da companhia; (j) dissolução da companhia.

A aprovação das matérias descritas nas letras *a* a *f* e *i* dá ao acionista dissidente direito de retirar-se da companhia, mediante reembolso do valor de suas ações.

17.10.3.5.1.8.2 *Conselho de Administração*

O Conselho de Administração é o órgão de deliberação colegiada que visa à administração da sociedade.

A administração da companhia competirá, conforme dispuser o estatuto, ao Conselho de Administração e à diretoria, ou somente à diretoria.

As companhias abertas e as de capital autorizado terão, obrigatoriamente, Conselho de Administração. Nas companhias fechadas, o Conselho de Administração é facultativo.

O Conselho de Administração será composto por, no mínimo, três membros, eleitos pela assembleia geral e por ela destituíveis a qualquer tempo. O prazo de gestão não poderá ser superior a três anos, permitida a reeleição.

Na eleição dos conselheiros, é facultado aos acionistas que representem, no mínimo, um décimo do capital social com direito a voto, esteja ou não previsto no estatuto, requerer a adoção do processo de voto múltiplo, atribuindo-se a cada ação tantos votos quantos sejam os membros do Conselho, e reconhecido ao acionista o direito de cumular os votos num só candidato ou distribuí-los entre vários.

É vedada, nas companhias abertas, a acumulação do cargo de presidente do conselho de administração e do cargo de diretor-presidente ou de principal executivo da companhia.

Compete ao Conselho de Administração: (a) fixar a orientação geral dos negócios da companhia; (b) eleger e destituir os diretores da companhia e fixar-lhes as atribuições, observado o que a respeito dispuser o estatuto; (c) fiscalizar a gestão dos diretores, examinar, a qualquer tempo, os livros e papéis da companhia, solicitar informações sobre contratos celebrados ou em via de celebração, e quaisquer outros atos; (d) convocar a assembleia geral, quando julgar conveniente; (e) manifestar-se sobre o relatório da administração e as contas da diretoria; (f) manifestar-se previamente sobre atos ou contratos, quando o estatuto assim o exigir; (g) deliberar, quando autorizado pelo estatuto, sobre a emissão de ações ou de bônus de subscrição; (h) autorizar, se o estatuto não dispuser em contrário, a alienação de bens do ativo permanente, a constituição de ônus reais e a prestação de garantias a obrigações de terceiros; (i) escolher e destituir os auditores independentes, se houver.

17.10.3.5.1.8.3 *Diretoria*

A diretoria é o órgão executivo da sociedade.

A administração da companhia competirá, conforme dispuser o estatuto, ao Conselho de Administração e à diretoria, ou somente à diretoria.

A representação da companhia é privativa dos diretores.

No silêncio do estatuto e inexistindo deliberação do Conselho de Administração, competirão a qualquer diretor a representação da companhia e a prática dos atos necessários a seu funcionamento regular.

A diretoria será composta de dois ou mais diretores, eleitos e destituíveis a qualquer tempo pelo Conselho de Administração, ou, se inexistente, pela assembleia geral, devendo o estatuto estabelecer: (a) o número de diretores, ou o máximo e o mínimo permitidos; (b) o modo de sua substituição; (c) o prazo de gestão, que não será superior a três anos, permitida a reeleição; (d) as atribuições e poderes de cada diretor.

Os membros do Conselho de Administração, até o máximo de um terço, poderão ser eleitos para cargos de diretores.

O estatuto pode estabelecer que determinadas decisões, de competência dos diretores, sejam tomadas em reunião da diretoria.

A assembleia geral fixará a remuneração dos administradores.

17.10.3.5.1.8.4 *Conselho Fiscal*

Exerce o Conselho Fiscal função fiscalizadora das atividades da sociedade.

A companhia terá um Conselho Fiscal, e o estatuto disporá sobre seu funcionamento, de modo permanente ou nos exercícios sociais em que for instalado a pedido de acionistas.

O Conselho Fiscal será composto de, no mínimo, três e, no máximo, cinco membros, e suplentes em igual número, acionistas ou não, eleitos pela assembleia geral.

Será instalado o Conselho Fiscal pela assembleia geral, quando o funcionamento não for permanente, a pedido de acionistas que representem, no mínimo, um décimo das ações com direito a voto, ou 5% das ações sem direito a voto, e cada período de seu funcionamento terminará na primeira assembleia geral ordinária após sua instalação.

Compete ao Conselho Fiscal:

(a) fiscalizar, por qualquer de seus membros, os atos dos administradores e verificar o cumprimento de seus deveres legais e estatutários;

(b) opinar sobre o relatório anual da administração, fazendo constar de seu parecer as informações complementares que julgar necessárias ou úteis à deliberação da assembleia geral;

(c) opinar sobre as propostas dos órgãos da administração, a serem submetidas à assembleia geral, relativas a modificação do capital social, emissão de debêntures ou bônus de subscrição, planos de investimento ou orçamentos de capital, distribuição de dividendos, transformação, incorporação, fusão ou cisão;

(d) denunciar, por qualquer de seus membros, aos órgãos de administração e, se estes não tomarem as providências necessárias para a proteção dos interesses da companhia, à assembleia geral os erros, as fraudes ou os crimes que descobrirem, e sugerir providências úteis à companhia;

(e) convocar a assembleia geral ordinária, se os órgãos da administração retardarem por mais de um mês essa convocação, e a extraordinária, sempre que ocorrerem motivos graves ou urgentes, incluindo na agenda das assembleias as matérias que considerar necessárias;
(f) analisar, ao menos trimestralmente, o balancete e demais demonstrações financeiras elaboradas periodicamente pela companhia;
(g) examinar as demonstrações financeiras do exercício social e sobre elas opinar;
(h) exercer essas atribuições, durante a liquidação, tendo em vista as disposições especiais que a regulam.

O funcionamento do Conselho Fiscal nas sociedades de economia mista é permanente.

17.10.3.5.1.9 *Exercício social*

O exercício social terá duração de um ano, e a data do término será fixada no estatuto.

Na constituição da companhia e nos casos de alteração estatutária, o exercício social poderá ter duração diversa.

17.10.3.5.1.10 *Demonstrações financeiras*

Ao fim de cada exercício social, a diretoria fará elaborar, com base na escrituração mercantil da companhia, as seguintes demonstrações financeiras, que deverão exprimir com clareza a situação do patrimônio da companhia e as mutações ocorridas no exercício: (a) balanço patrimonial; (b) demonstração dos lucros ou prejuízos acumulados; (c) demonstração do resultado do exercício; (d) demonstração dos fluxos de caixa; (e) se companhia aberta, demonstração do valor adicionado.

As demonstrações de cada exercício serão publicadas com a indicação dos valores correspondentes das demonstrações do exercício anterior.

As contas semelhantes poderão ser agrupadas. Os pequenos saldos poderão ser agregados, desde que indicada sua natureza e não ultrapassem um décimo do valor do respectivo grupo de contas. É vedada a utilização de designações genéricas, como *diversas contas* ou *contas correntes*.

As demonstrações financeiras registrarão a destinação dos lucros segundo a proposta dos órgãos da administração, no pressuposto de sua aprovação pela assembleia geral.

Serão as demonstrações financeiras complementadas por notas explicativas e outros quadros analíticos ou demonstrações contábeis necessárias para esclarecimento da situação patrimonial e dos resultados do exercício.

As notas explicativas devem indicar:

(a) os principais critérios de avaliação dos elementos patrimoniais, especialmente estoques, dos cálculos de depreciação, amortização e exaustão, de constituição de provisões para encargos ou riscos, e dos ajustes para atender a perdas prováveis na realização de elementos do ativo;
(b) os investimentos em outras sociedades, quando relevantes;
(c) o aumento de valor de elementos do ativo resultante de novas avaliações;
(d) os ônus reais constituídos sobre elementos do ativo, as garantias prestadas a terceiros e outras responsabilidades eventuais ou contingentes;
(e) a taxa de juros, as datas de vencimento e as garantias das obrigações a longo prazo;
(f) o número, as espécies e as classes das ações do capital social;
(g) as opções de compra de ações outorgadas e exercidas no exercício;
(h) os ajustes de exercícios anteriores;
(i) os eventos subsequentes à data de encerramento do exercício que tenham, ou possam vir a ter, efeito relevante sobre a situação financeira e os resultados futuros da companhia.

A escrituração da companhia será mantida em registros permanentes, com obediência aos preceitos da legislação comercial e aos princípios de contabilidade geralmente aceitos[3], devendo observar métodos ou critérios contábeis uniformes no tempo e registrar as mutações patrimoniais segundo o regime de competência (do mês a que se refere e não do pagamento).

As demonstrações financeiras do exercício em que houver modificação de métodos ou critérios contábeis, de efeitos relevantes, deverão indicá-la em nota e ressaltar esses efeitos.

Observarão, ainda, as demonstrações financeiras das companhias abertas as normas estabelecidas pela Comissão de Valores Mobiliários, e serão obrigatoriamente fiscalizadas por auditores independentes registrados na mesma Comissão.

Serão assinadas as demonstrações financeiras pelos administradores e por contabilistas legalmente habilitados. Os técnicos em contabilidade podem assinar os balanços e demonstrações financeiras.

No balanço, as contas serão classificadas segundo os elementos do patrimônio que registrem, e agrupadas de modo que facilite o conhecimento e a análise da situação financeira da companhia.

---

3 Entidade, continuidade, oportunidade, competência, prudência, registro do valor original.

No ativo, as contas serão dispostas em ordem decrescente de grau de liquidez dos elementos nelas registrados, nos seguintes grupos: (a) ativo circulante; (b) ativo não circulante, composto de ativo realizável a longo prazo, investimentos, imobilizado e intangível.

No ativo circulante serão classificadas as contas: disponibilidades, direitos realizáveis no curso do exercício social subsequente e aplicações de recursos em despesas do exercício seguinte.

No ativo realizável a longo prazo serão incluídos: os direitos realizáveis após o término do exercício seguinte, assim como os derivados de vendas, adiantamentos ou empréstimos a sociedades coligadas ou controladas, diretores, acionistas ou participantes no lucro da companhia, que não constituírem negócios usuais na exploração do objeto da companhia.

Em investimentos serão classificadas: as participações permanentes em outras sociedades e os direitos de qualquer natureza, não classificáveis no ativo circulante, e que não se destinem à manutenção da atividade da companhia ou das empresas.

No ativo imobilizado serão classificados os direitos que tenham por objeto bens corpóreos destinados à manutenção das atividades da companhia ou da empresa, ou exercidos com essa finalidade, inclusive os decorrentes de operações que transfiram à companhia os benefícios, riscos e controle desses bens.

No ativo intangível serão classificados os direitos que tenham por objeto bens incorpóreos destinados à manutenção da companhia ou exercidos com essa finalidade, inclusive o fundo de comércio adquirido.

No passivo, as contas serão classificadas nos seguintes casos: (a) passivo circulante; (b) passivo não circulante; (c) patrimônio líquido, dividido em capital social, reservas de capital, ajustes de avaliação patrimonial, reservas de lucros, ações em tesouraria e prejuízos acumulados.

Serão classificadas no passivo circulante as obrigações da companhia, inclusive financiamentos para aquisição de direitos no ativo não circulante, quando vencerem no exercício seguinte e no passivo não circulante. Serão classificadas as obrigações da companhia que tiverem vencimento em prazo maior.

A conta do capital social discriminará o montante subscrito e, por dedução, a parcela ainda não realizada.

Como reservas de capital serão classificadas as contas que registrarem: (a) a contribuição do subscritor de ações que ultrapassar o valor nominal e a parte do preço de emissão das ações, sem valor nominal, que ultrapassar a importância destinada à formação do capital social, inclusive nos casos de conversão em ações de debêntures ou partes beneficiárias; (b) o produto da alienação de partes beneficiárias e bônus de subscrição.

As reservas de capital somente poderão ser utilizadas para: (a) absorção de prejuízos que ultrapassarem os lucros acumulados e as reservas de lucros; (b) resgate, reembolso ou compra de ações; (c) resgate de partes beneficiárias; (d) incorporação ao capital social; (e) pagamento de dividendo a ações preferenciais, quando essa vantagem lhes for assegurada.

Serão classificadas como ajustes de avaliação patrimonial, enquanto não computadas no resultado do exercício em obediência ao regime de competência, as contrapartidas de aumentos ou diminuições do valor atribuído a elementos do ativo e do passivo, em decorrência da sua avaliação a valor justo.

Como reservas de lucros serão classificadas as contas constituídas pela apropriação de lucros da companhia.

As ações em tesouraria deverão ser destacadas no balanço como dedução da conta do patrimônio líquido que registrar a origem dos recursos aplicados em sua aquisição.

Os saldos devedores e credores que a companhia não tiver direito de compensar serão classificados separadamente.

A demonstração dos lucros ou prejuízos acumulados discriminará: (a) o saldo do início do período, os ajustes de exercícios anteriores e a correção monetária do saldo inicial; (b) as reversões de reservas e o lucro líquido do exercício; (c) as transferências para reservas, os dividendos, a parcela dos lucros incorporada ao capital, o saldo ao fim do período.

Discriminará a demonstração do resultado do exercício: (a) a receita bruta das vendas e serviços, as deduções das vendas, os abatimentos e os impostos; (b) a receita líquida de vendas e serviços, o custo das mercadorias e serviços vendidos e o lucro bruto; (c) as despesas com as vendas, as despesas financeiras, deduzidas das receitas, as despesas gerais e administrativas, e outras despesas operacionais; (d) o lucro ou prejuízo operacional, as outras receitas e as outras despesas; (e) o resultado do exercício antes do imposto de renda e a provisão para o pagamento do imposto; f) as participações de debêntures, de empregados, administradores e partes beneficiárias, mesmo na forma de instrumentos financeiros, e de instituições ou fundos de assistência ou previdência de empregados que não se caracterizem como despesa; (g) o lucro ou prejuízo líquido do exercício e o seu montante por ação do capital social.

Na determinação do resultado do exercício serão computados: (a) as receitas e os rendimentos ganhos no período, independentemente de sua realização em moeda; (b) custos, despesas, encargos e perdas, pagos ou incorridos, correspondentes a essas receitas e rendimentos.

As participações estatutárias de empregados, administradores e partes beneficiárias serão determinadas, sucessivamente e nessa ordem, com base nos lucros que remanescerem depois de deduzida a participação anteriormente calculada.

Lucro líquido do exercício é o resultado do exercício que remanescer depois de deduzidas as participações estatutárias.

Do lucro líquido do exercício, 5% será aplicado, antes de qualquer outra destinação, na constituição da reserva legal, que não excederá 20% do capital social.

A demonstração de fluxos de caixa e, se companhia aberta, a demonstração do valor adicionado indicarão, no mínimo:

(1) demonstração dos fluxos de caixa – as alterações ocorridas, durante o exercício, no saldo de caixa e equivalentes de caixa, segregando-se essas alterações em, no mínimo, três fluxos:
   (a) das operações;
   (b) dos financiamentos; e
   (c) dos investimentos.

(2) demonstração do valor adicionado – o valor da riqueza gerada pela companhia, a sua distribuição entre os elementos que contribuíram para a geração dessa riqueza, tais como empregados, financiadores, acionistas, governo e outros, bem como a parcela da riqueza não distribuída.

O saldo das reservas de lucros, exceto para as contingências, de incentivos fiscais e de lucros a realizar, não poderá ultrapassar o capital social. Atingindo esse limite, a assembleia deliberará sobre aplicação do excesso na integralização ou no aumento do capital social ou na distribuição de dividendos.

A assembleia geral poderá, por proposta dos órgãos de administração, destinar para a reserva de incentivos fiscais a parcela do lucro líquido decorrente de doações ou subvenções governamentais para investimentos, que poderá ser excluída da base de cálculo do dividendo obrigatório.

Aplicam-se às sociedades de grande porte, ainda que não constituídas sob a forma de sociedades por ações, as disposições da Lei n. 6.404/76, sobre escrituração e elaboração de demonstrações financeiras, e a obrigatoriedade de auditoria independente por auditor registrado na Comissão de Valores Mobiliários.

Considera-se de grande porte a sociedade ou conjunto de sociedades sob controle comum que tiver, no exercício social anterior, ativo total superior a R$

240.000.000,00 ou receita bruta anual superior a R$ 300.000.000,00 (§ único do art. 3º da Lei n. 11.638/2007).

17.10.3.5.1.11 *Controle*

São coligadas as sociedades quando uma participa com 10% ou mais do capital da outra, sem controlá-la.

Considera-se controlada a sociedade na qual a controladora, diretamente ou por meio de outras controladas, é titular de direitos de sócio que lhe assegurem, de modo permanente, preponderância nas deliberações sociais e o poder de eleger a maioria dos administradores.

Subsidiária integral é a constituição de companhia, mediante escritura pública, tendo como único acionista sociedade brasileira. A companhia pode ser convertida em subsidiária integral mediante aquisição, por sociedade brasileira, de todas as suas ações.

A sociedade controladora e suas controladas podem constituir grupo de sociedades, mediante convenção pela qual se obriguem a combinar recursos ou esforços para a realização dos respectivos objetos, ou a participar de atividades ou empreendimentos comuns. A sociedade controladora, ou de comando do grupo, deve ser brasileira e exercer, direta ou indiretamente, e de modo permanente, o controle das sociedades filiadas como titular de direitos de sócio ou acionista, ou mediante acordo com outros sócios ou acionistas. O grupo de sociedades terá designação de que constarão as palavras *grupo de sociedades* ou *grupo*.

As companhias e quaisquer outras sociedades, sob o mesmo controle ou não, podem constituir consórcio para executar determinado empreendimento. O consórcio não tem personalidade jurídica, e as consorciadas somente se obrigam nas condições previstas no respectivo contrato, respondendo cada uma por suas obrigações, sem presunção de solidariedade. Será constituído o consórcio mediante contrato aprovado pelo órgão da sociedade competente para autorizar a alienação de bens do ativo permanente, do qual constarão: (a) designação do consórcio, se houver; (b) empreendimento que constitua o objeto do consórcio; (c) duração, endereço e foro; (d) definição das obrigações e responsabilidade de cada sociedade consorciada e das prestações específicas; (e) normas sobre recebimento de receitas e partilha de resultados; (f) normas sobre administração do consórcio, contabilização, representação das sociedades consorciadas e taxa de administração, se houver; (g) forma de deliberação sobre assuntos de interesse comum, com o número de votos que cabe a cada consorciado; (h) contribuição de cada consorciado para as despesas comuns, se houver.

17.10.3.6 Sociedade em comandita por ações

A sociedade em comandita por ações terá o capital dividido em ações, sendo regida pelas normas relativas às sociedades anônimas (Lei n. 6.404/76).

A sociedade em comandita por ações pode, em lugar de firma, adotar denominação, aditada da expressão "comandita por ações", facultada a designação do objeto social (art. 1.161 do Código Civil).

A sociedade poderá comerciar sob firma ou denominação, da qual só farão parte os nomes dos sócios diretores ou gerentes. A denominação ou firma deve ser acrescida da expressão *Comandita por ações*, por extenso ou abreviadamente.

Apenas o acionista tem qualidade para administrar ou gerir a sociedade e, como diretor, responder subsidiária, mas ilimitadamente, pelas obrigações da sociedade.

As pessoas que figurarem na firma ou razão social terão responsabilidade solidária e ilimitada.

Os sócios comanditados têm responsabilidade ilimitada e solidária pelas obrigações sociais. Os sócios comanditários têm responsabilidade limitada ao valor das ações que possuírem.

Os diretores ou gerentes serão nomeados, sem limitação de tempo, no estatuto da sociedade, e somente poderão ser destituídos por deliberação de acionistas que representem dois terços do capital social.

Havendo mais de um diretor, serão solidariamente responsáveis, depois de esgotados os bens sociais.

O diretor destituído ou exonerado continua, durante dois anos, responsável pelas obrigações sociais contraídas sob sua administração. Depois de dois anos, não haverá mais responsabilidade do ex-diretor.

A assembleia geral não pode, sem o consentimento dos diretores ou gerentes, mudar o objeto essencial da sociedade, prorrogar-lhe o prazo de duração, aumentar ou diminuir o capital social, criar debêntures ou partes beneficiárias nem aprovar a participação em grupo de sociedade.

17.10.3.7 Sociedade de Garantia Solidária e Sociedade de Contragarantia

É autorizada a constituição de Sociedade de Garantia Solidária (SGS), sob a forma de sociedade por ações, para a concessão de garantia a seus sócios participantes (art. 69 da Lei Complementar n. 123/2006).

Os atos da sociedade de garantia solidária serão arquivados no Registro Público de Empresas Mercantis e Atividades Afins.

É livre a negociação, entre sócios participantes, de suas ações na respectiva sociedade de garantia solidária, respeitada a participação máxima que cada sócio pode atingir.

Podem ser admitidos como sócios participantes os pequenos empresários, microempresários e microempreendedores e as pessoas jurídicas constituídas por esses associados.

Sem prejuízo do disposto nesta Lei Complementar, aplicam-se à sociedade de garantia solidária as disposições da lei que rege as sociedades por ações.

O contrato de garantia solidária tem por finalidade regular a concessão da garantia pela sociedade ao sócio participante, mediante o recebimento de taxa de remuneração pelo serviço prestado, devendo fixar as cláusulas necessárias ao cumprimento das obrigações do sócio beneficiário perante a sociedade (art. 61-F da Lei Complementar n. 123/2006).

Para a concessão da garantia, a sociedade de garantia solidária poderá exigir contragarantia por parte do sócio participante beneficiário, respeitados os princípios que orientam a existência daquele tipo de sociedade.

A sociedade de garantia solidária pode conceder garantia sobre o montante de recebíveis de seus sócios participantes que sejam objeto de securitização.

É autorizada a constituição de sociedade de contragarantia, que tem como finalidade o oferecimento de contragarantias à sociedade de garantia solidária, nos termos a serem definidos por regulamento.

A sociedade de garantia solidária e a sociedade de contragarantia integrarão o Sistema Financeiro Nacional e terão sua constituição, organização e funcionamento disciplinados pelo Conselho Monetário Nacional, observado o disposto nesta Lei Complementar.

17.10.3.8 Sociedades cooperativas

A Lei n. 5.764/71 trata das sociedades cooperativas.

Prevê o inciso XVIII do art. 5º da Constituição que a criação de cooperativas independe de autorização, sendo vedada a interferência estatal em seu funcionamento.

Determina o § 2º do art. 174 da Lei Maior que a lei apoiará e estimulará o cooperativismo e outras formas de associativismo.

Cooperativa é a sociedade de pessoas que tem por objetivo a organização de esforços em comum para a consecução de determinado fim[4].

4 MARTINS, Sergio Pinto. *Cooperativas de trabalho*. 7. ed. São Paulo: Saraiva, 2020, p. 66.

Indica o art. 4º da Lei n. 5.764/71 que as cooperativas são sociedades de pessoas com forma e natureza jurídica próprias, de natureza civil, não sujeitas à falência, constituídas para prestar serviços aos associados.

Os membros da cooperativa não têm subordinação entre si, mas vivem num regime de colaboração.

As cooperativas têm as seguintes características:

(a) adesão voluntária, com número ilimitado de associados, salvo impossibilidade técnica de prestação de serviços;
(b) variabilidade do capital social representado por quotas-partes ou dispensa do capital social;
(c) limitação do número de quotas-partes do capital para cada associado, facultado, porém, o estabelecimento de critérios de proporcionalidade, se assim for mais adequado para o cumprimento dos objetivos sociais;
(d) impossibilidade de cessão das quotas-partes do capital a terceiros, estranhos à sociedade, ainda que por herança;
(e) singularidade de voto, podendo as cooperativas centrais, federações e confederações de cooperativas, com exceção das que exerçam atividade de crédito, optar pelo critério da proporcionalidade;
(f) quórum para o funcionamento e deliberação da assembleia geral baseado no número de associados presentes à reunião e não no capital;
(g) retorno das sobras líquidas do exercício, proporcionalmente às operações realizadas pelo associado, salvo deliberação em contrário da assembleia geral;
(h) indivisibilidade dos fundos de reserva e de assistência técnica, educacional e social, ainda que em caso de dissolução da sociedade;
(i) prestação de assistência aos associados e, quando previsto nos estatutos, aos empregados da cooperativa;
(j) área de admissão de associados limitada às possibilidades de reunião, controle, operações e prestação de serviços;
(k) número mínimo de 20 associados.

São várias as espécies de cooperativas: (a) de consumo, que tem por finalidade a aquisição de bens a preço mais em conta para seus associados; (b) de crédito, que financia seus associados com taxas de juros inferiores às de mercado; (c) de produção, que atua na produção agrícola ou industrial; (d) de trabalho, pela prestação de serviços por meio de seus associados.

Estabelece o art. 5º da Lei n. 5.764/71 que as cooperativas poderão adotar por objeto qualquer gênero de serviço, operação ou atividade, assegurando-lhes o direito exclusivo e exigindo-lhes a obrigação do uso da expressão *cooperativa* em sua denominação.

Atos cooperativos são os praticados entre as cooperativas e seus associados, entre estes e aquelas e pelas cooperativas entre si, quando associadas, para consecução dos objetivos sociais (art. 79 da Lei n. 5.764/71). O ato cooperativo não implica operação de mercado, nem contrato de compra e venda de produto ou mercadoria.

A remuneração do sócio é proporcional às atividades por ele realizadas para a conclusão de determinado trabalho (art. 4º, VII, da Lei n. 5.764/71).

As cooperativas poderão fornecer bens e serviços a não associados, desde que tal faculdade atenda aos objetivos sociais (art. 88 da Lei n. 5.764/71).

Terá a cooperativa os seguintes órgãos: assembleia, diretoria e conselho fiscal.

Na sociedade cooperativa, a responsabilidade dos sócios pode ser limitada ou ilimitada. É limitada a responsabilidade na cooperativa em que o sócio responde somente pelo valor de suas quotas e pelo prejuízo verificado nas operações sociais, guardada a proporção de sua participação nas mesmas operações. É ilimitada a responsabilidade na cooperativa em que o sócio responde solidária e ilimitadamente pelas obrigações sociais.

A sociedade cooperativa funciona sob denominação integrada do vocábulo *cooperativa*.

A Lei n. 12.690/2012 trata da cooperativa de trabalho.

17.10.4 Sociedades coligadas

Consideram-se coligadas as sociedades que, em suas relações de capital, são controladas, filiadas, ou de simples participação.

É controlada: (1) a sociedade de cujo capital outra sociedade possua a maioria dos votos nas deliberações dos quotistas ou da assembleia geral e o poder de eleger a maioria dos administradores; (2) a sociedade cujo controle, referido no item anterior, esteja em poder de outra, mediante ações ou quotas possuídas por sociedades ou sociedades por esta já controladas.

São coligadas as sociedades nas quais a investidora tenha influência significativa.

Considera-se que há influência significativa quando a investidora detém ou exerce o poder de participar nas decisões das políticas financeira ou operacional da investida, sem controlá-la.

É presumida influência significativa quando a investidora for titular de 20% ou mais dos votos conferidos pelo capital da investida, sem controlá-la.

É de simples participação a sociedade de cujo capital outra sociedade possua menos de 10% do capital com direito de voto.

Salvo disposição especial da lei, a sociedade não pode participar de outra, que seja sua sócia, por montante superior, segundo o balanço, ao das próprias reservas, excluída a reserva legal.

Aprovado o balanço em que se verifique ter sido excedido esse limite, a sociedade não poderá exercer o direito de voto correspondente às ações ou quotas em excesso, as quais devem ser alienadas nos 180 dias seguintes à aprovação.

17.10.5 Liquidação da sociedade

Dissolvida a sociedade e nomeado o liquidante, procede-se a sua liquidação, ressalvado o disposto no ato constitutivo ou no instrumento da dissolução. O liquidante, que não seja administrador da sociedade, investir-se-á nas funções, averbada sua nomeação no registro próprio.

Constituem deveres do liquidante:

(1) averbar e publicar ata, sentença ou instrumento da dissolução da sociedade;
(2) arrecadar os bens, livros e documentos da sociedade, onde quer que estejam;
(3) proceder, nos 15 dias seguintes ao da sua investidura e com a assistência, sempre que possível, dos administradores, à elaboração do inventário e do balanço geral do ativo e do passivo;
(4) ultimar os negócios da sociedade, realizar o ativo, pagar o passivo e partilhar o remanescente entre os sócios ou acionistas;
(5) exigir dos quotistas, quando insuficiente o ativo à solução do passivo, a integralização de suas quotas e, se for o caso, as quantias necessárias, nos limites de responsabilidade de cada um e proporcionalmente à respectiva participação nas perdas, repartindo-se, entre os sócios solventes e na mesma proporção, o devido pelo insolvente;
(6) convocar assembleia dos quotistas, a cada seis meses, para apresentar relatório e balanço do estado da liquidação, prestando conta dos atos praticados durante o semestre, ou sempre que necessário;
(7) confessar a falência da sociedade e pedir recuperação judicial, de acordo com as formalidades prescritas para o tipo de sociedade liquidanda;
(8) finda a liquidação, apresentar aos sócios o relatório da liquidação e suas contas finais;

(9) averbar a ata da reunião ou da assembleia, ou o instrumento firmado pelos sócios, que considerar encerrada a liquidação.

Em todos os atos, documentos ou publicações, o liquidante empregará a firma ou denominação social sempre seguida da cláusula "em liquidação" e de sua assinatura individual, com a declaração de sua qualidade.

As obrigações e a responsabilidade do liquidante regem-se pelos preceitos peculiares às dos administradores da sociedade liquidanda.

Compete ao liquidante representar a sociedade e praticar todos os atos necessários a sua liquidação, inclusive alienar bens móveis ou imóveis, transigir, receber e dar quitação.

Sem estar expressamente autorizado pelo contrato social, ou pelo voto da maioria dos sócios, não pode o liquidante gravar de ônus reais os móveis e imóveis, contrair empréstimos, salvo quando indispensáveis ao pagamento de obrigações inadiáveis, nem prosseguir, embora para facilitar a liquidação, na atividade social.

Respeitados os direitos dos credores preferenciais, pagará o liquidante as dívidas sociais proporcionalmente, sem distinção entre vencidas e vincendas, mas, em relação a estas, com desconto.

Se o ativo for superior ao passivo, pode o liquidante, sob sua responsabilidade pessoal, pagar integralmente as dívidas vencidas.

Os sócios podem resolver, por maioria de votos, antes de ultimada a liquidação, mas depois de pagos os credores, que o liquidante faça rateios por antecipação da partilha, à medida que se apurem os haveres sociais.

Pago o passivo e partilhado o remanescente, convocará o liquidante assembleia dos sócios para a prestação final de contas.

Aprovadas as contas, encerra-se a liquidação, e a sociedade se extingue, ao ser averbada no registro próprio a ata da assembleia.

O dissidente tem o prazo de 30 dias, a contar da publicação da ata, devidamente averbada, para promover a ação que couber.

Encerrada a liquidação, o credor não satisfeito só terá direito a exigir dos sócios, individualmente, o pagamento de seu crédito, até o limite da soma por eles recebida em partilha, e a propor contra o liquidante ação de perdas e danos.

17.10.6 Transformação, incorporação, fusão e cisão das sociedades

Transformação é a operação pela qual a sociedade passa, independentemente de dissolução e liquidação, de um tipo para outro. É o que ocorre se a sociedade passar de limitada para sociedade por ações.

O ato de transformação independe de dissolução ou liquidação da sociedade, e obedecerá aos preceitos reguladores da constituição e inscrição próprios do tipo em que se vai converter.

A transformação depende do consentimento de todos os sócios, salvo se prevista no ato constitutivo, caso em que o dissidente poderá retirar-se da sociedade.

Não modificará a transformação nem prejudicará, em qualquer caso, os direitos dos credores.

A falência da sociedade transformada somente produzirá efeitos em relação aos sócios que, no tipo anterior, a eles estariam sujeitos, se o pedirem os titulares de créditos anteriores à transformação, e somente a estes beneficiará.

Incorporação é a operação pela qual uma ou várias sociedades são absorvidas por outra, que lhes sucede em todos os direitos e obrigações.

A deliberação dos sócios da sociedade incorporada deverá aprovar as bases da operação e o projeto de reforma do ato constitutivo.

A sociedade que houver de ser incorporada tomará conhecimento desse ato, e, se o aprovar, autorizará os administradores a praticar o necessário à incorporação, inclusive a subscrição em bens pelo valor da diferença que se verificar entre o ativo e o passivo.

A deliberação dos sócios da sociedade incorporadora compreenderá a nomeação dos peritos para a avaliação do patrimônio líquido da sociedade, que tenha de ser incorporada.

Aprovados os atos da incorporação, a incorporadora declarará extinta a incorporada, e promoverá a respectiva averbação no registro próprio.

Fusão é a operação pela qual se unem duas ou mais sociedades para formar sociedade nova, que lhes sucederá em todos os direitos e obrigações.

A fusão será decidida, na forma estabelecida para os respectivos tipos, pelas sociedades que pretendam unir-se.

Em reunião ou assembleia dos sócios de cada sociedade, deliberada a fusão e aprovado o projeto do ato constitutivo da nova sociedade, bem como o plano de distribuição do capital social, serão nomeados os peritos para a avaliação do patrimônio da nova sociedade.

Apresentados os laudos, os administradores convocarão reunião ou assembleia dos sócios para tomar conhecimento deles, decidindo sobre a constituição definitiva da nova sociedade.

É proibido aos sócios votar o laudo de avaliação do patrimônio da sociedade de que façam parte.

Constituída a nova sociedade, aos administradores incumbe fazer inscrever, no registro próprio da sede, os atos relativos à fusão.

Cisão é a operação pela qual a companhia transfere parcelas de seu patrimônio para uma ou mais sociedades, constituídas para esse fim ou já existentes, extinguindo-se a companhia cindida, se houver versão de todo o seu patrimônio, ou dividindo-se seu capital, se parcial a versão.

Até 90 dias após publicados os atos relativos à incorporação, fusão ou cisão, o credor anterior, por ela prejudicado, poderá promover judicialmente a anulação deles.

Ocorrendo no prazo de 90 dias a falência da sociedade incorporada, da sociedade nova ou da cindida, qualquer credor anterior terá direito a pedir a separação dos patrimônios, para o fim de serem os créditos pagos pelos bens das respectivas massas.

17.10.7 Sociedade dependente de autorização

A competência para autorização será sempre do Poder Executivo federal. Exemplo é o de empresa de telecomunicações, de energia elétrica etc.

Na falta de prazo estipulado em lei ou em ato do poder público, será considerada caduca a autorização se a sociedade não entrar em funcionamento nos 12 meses seguintes à respectiva publicação.

Ao Poder Executivo é facultado, a qualquer tempo, cassar a autorização concedida a sociedade nacional ou estrangeira que infringir disposição de ordem pública ou praticar atos contrários aos fins declarados em seu estatuto.

17.10.7.1 Sociedade nacional

É nacional a sociedade organizada de conformidade com a lei brasileira e que tenha no país a sede de sua administração.

Quando a lei exigir que todos ou alguns sócios sejam brasileiros, as ações da sociedade anônima terão, no silêncio da lei, a forma nominativa. Qualquer que seja o tipo da sociedade, em sua sede ficará arquivada cópia autêntica do documento comprobatório da nacionalidade dos sócios.

Não haverá mudança de nacionalidade de sociedade brasileira sem o consentimento unânime dos sócios ou acionistas.

O requerimento de autorização de sociedade nacional deve ser acompanhado de cópia de contrato, assinada por todos os sócios, ou, tratando-se de sociedade anônima, de cópia, autenticada pelos fundadores, dos documentos exigidos pela lei especial.

Ao Poder Executivo é facultado exigir que se façam alterações ou aditamento no contrato ou no estatuto, devendo os sócios, ou, tratando-se de sociedade anônima, os fundadores, cumprir as formalidades legais para revisão dos atos constitutivos, e juntar ao processo prova regular.

O Poder Executivo poderá recusar a autorização, se a sociedade não atender às condições econômicas, financeiras ou jurídicas especificadas em lei.

Expedido o decreto de autorização, cumprirá à sociedade publicar os atos em 30 dias, no órgão oficial da União, cujo exemplar representará prova para inscrição, no registro próprio, dos atos constitutivos da sociedade.

A sociedade promoverá, também no órgão oficial da União e no prazo de 30 dias, a publicação do termo de inscrição.

Dependem de aprovação as modificações do contrato ou do estatuto da sociedade sujeita a autorização do Poder Executivo, salvo se decorrerem de aumento do capital social, em virtude de utilização de reservas ou reavaliação do ativo.

17.10.7.2 Sociedade estrangeira

A sociedade estrangeira, qualquer que seja seu objeto, não pode, sem autorização do Poder Executivo, funcionar no país, ainda que por estabelecimentos subordinados, podendo, todavia, ressalvados os casos expressos em lei, ser acionista de sociedade anônima brasileira.

É facultado ao Poder Executivo, para conceder a autorização, estabelecer condições convenientes à defesa dos interesses nacionais.

Aceitas as condições, expedirá o Poder Executivo decreto de autorização, do qual constará o montante de capital destinado às operações no país.

A sociedade autorizada não pode iniciar sua atividade antes de inscrita no registro próprio do lugar em que se deva estabelecer.

Ficará sujeita às leis e aos tribunais brasileiros a sociedade estrangeira autorizada a funcionar no Brasil, quanto aos atos ou operações praticados no Brasil.

Funcionará a sociedade estrangeira no território nacional com o nome que tiver em seu país de origem, podendo acrescentar as palavras *do Brasil* ou *para o Brasil*. Não existe obrigação legal nesse sentido, mas mera faculdade.

A sociedade estrangeira autorizada a funcionar é obrigada a ter, permanentemente, representante no Brasil, com poderes para resolver quaisquer questões e receber citação judicial pela sociedade.

Mediante autorização do Poder Executivo, a sociedade estrangeira admitida a funcionar no país pode nacionalizar-se, transferindo sua sede para o Brasil.

17.10.8 Sociedade de capital e indústria

Na sociedade de capital e indústria, um sócio entrava com o capital e o outro com o trabalho (indústria).

O sócio de indústria tinha a técnica, mas não o capital.

O sócio de capital tinha capital para investir, mas não tinha a técnica.

A sociedade de capital e indústria não mais tem previsão expressa na legislação. Era prevista nos arts. 317 a 324 do Código Comercial, que foram revogados pelo novo Código Civil. Entretanto, ainda são encontrados alguns resquícios da referida sociedade.

O sócio, cuja contribuição consista em serviços (de indústria), não pode, salvo convenção em contrário, empregar-se em atividade estranha à sociedade, sob pena de ser privado de seus lucros e dela ser excluído (art. 1.006 do Código Civil).

A pessoa cuja contribuição consiste em serviços (sócio de indústria) somente participa dos lucros na proporção da média do valor das quotas (art. 1.007 do Código Civil).

17.10.9 Microempresas

Prevê o inciso IX do art. 170 da Constituição tratamento favorecido para as empresas de pequeno porte constituídas sob as leis brasileiras e que tenham sua sede e administração no país.

A União, os Estados, o Distrito Federal e os Municípios dispensarão às microempresas e às empresas de pequeno porte, assim definidas em lei, tratamento jurídico diferenciado, visando incentivá-las pela simplificação de suas obrigações administrativas, tributárias, previdenciárias e creditícias, ou para eliminação ou redução destas por meio de lei.

A Lei Complementar n. 123/2006 estabeleceu o Estatuto Nacional da Microempresa e da Empresa de Pequeno Porte.

Microempresa é a pessoa jurídica e a firma individual que tiver receita bruta anual igual ou inferior a R$ 360.000,00. Empresa de pequeno porte é a pessoa jurídica e a firma individual que, não enquadrada como microempresa, tiver receita bruta anual superior a R$ 360.000,00 e igual ou inferior a R$ 4.800.000,00.

A microempresa adotará em seguida ao nome a expressão *microempresa* ou *ME*, e a empresa de pequeno porte, a expressão *empresa de pequeno porte* ou *EPP*.

17.10.10 Empresa individual de responsabilidade limitada

A empresa individual de responsabilidade limitada será constituída por uma única pessoa titular da totalidade do capital social, devidamente integralizado, que não será inferior a 100 vezes o salário mínimo vigente no país (art. 980-A do Código Civil).

O nome empresarial deverá ser formado pela inclusão da expressão "EIRELI" após a firma ou a denominação social da empresa individual da responsabilidade limitada. Exemplo é Sergio Pinto Martins EIRELI.

A pessoa natural que constituir empresa individual da responsabilidade limitada somente poderá figurar em uma única empresa dessa modalidade.

A empresa individual de responsabilidade limitada também poderá resultar da concentração das quotas de outra modalidade societária num único sócio, independentemente das razões que motivaram tal concentração.

Poderá ser atribuída à empresa individual de responsabilidade limitada constituída para a prestação de serviços de qualquer natureza a remuneração decorrente da cessão de direitos patrimoniais do autor ou de imagem, nome, marca ou vez de que seja detentor e titular da pessoa jurídica, vinculados à atividade profissional.

Aplicam-se à empresa individual de responsabilidade limitada, no que couber, as regras previstas para as sociedades limitadas.

Somente o patrimônio social da empresa responderá pelas dívidas da empresa individual de responsabilidade limitada, hipótese em que não se confundirá, em qualquer situação, com o patrimônio do titular que a constitui, ressalvados os casos de fraude.

17.11 REGISTRO

A sociedade empresária é registrada na Junta Comercial e a sociedade simples no Registro Civil das Pessoas Jurídicas.

O registro dos atos será requerido pela pessoa obrigada em lei, e, no caso de omissão ou demora, pelo sócio ou qualquer interessado.

Os documentos necessários ao registro deverão ser apresentados no prazo de 30 dias, contado da lavratura dos atos respectivos.

Requerido além do prazo previsto anteriormente, o registro somente produzirá efeito a partir da data de sua concessão.

As pessoas obrigadas a requerer o registro responderão por perdas e danos, em caso de omissão ou demora.

Cabe ao órgão incumbido do registro verificar a regularidade das publicações determinadas em lei. As publicações serão feitas no órgão oficial da União ou do Estado, conforme o local da sede do empresário ou da sociedade e em jornal de grande circulação. As publicações das sociedades estrangeiras serão feitas nos órgãos oficiais da União e do Estado onde tiverem sucursais, filiais ou agências. O anúncio de convocação da assembleia de sócios será publicado por três vezes, ao menos, devendo mediar, entre a data da primeira inserção e a da realização da assembleia, o prazo mínimo de oito dias, para a primeira convocação, e de cinco dias, para as posteriores.

Cumpre à autoridade competente, antes de efetivar o registro, verificar a autenticidade e a legitimidade do signatário do requerimento, bem como fiscalizar a observância das prescrições legais concernentes ao ato ou aos documentos apresentados.

Das irregularidades encontradas deve ser notificado o requerente, que, se for o caso, poderá saná-las, obedecendo às formalidades da lei.

O ato sujeito a registro, ressalvadas disposições especiais da lei, não pode, antes do cumprimento das respectivas formalidades, ser oposto a terceiro, salvo prova de que este o conhecia. O terceiro não pode alegar ignorância, desde que cumpridas as referidas formalidades.

O Número de Identificação do Registro de Empresas (Nire) será atribuído a todo ato constitutivo de empresa. O Registro na Junta Comercial do Estado compreende: (a) a matrícula e seu cancelamento: dos leiloeiros, tradutores públicos e intérpretes comerciais, trapicheiros e administradores de armazéns-gerais; (b) o arquivamento: (1) dos documentos relativos à constituição, alteração, dissolução e extinção de firmas mercantis individuais, sociedades mercantis e cooperativas; (2) dos atos relativos a consórcio e grupo de sociedade; (3) dos atos concernentes a empresas mercantis estrangeiras autorizadas a funcionar no Brasil; (4) das declarações de microempresas; (5) de atos ou documentos que, por determinação legal, sejam atribuídos ao Registro Público de Empresas Mercantis e Atividades Afins ou daqueles que possam interessar ao empresário e às empresas mercantis; (c) a autenticação dos instrumentos de escrituração das empresas mercantis registradas e dos agentes auxiliares do comércio. A proteção ao nome empresarial decorre automaticamente do arquivamento dos atos constitutivos de firma individual e de sociedades, ou de suas alterações. Os atos levados a arquivamento nas Juntas Comerciais são dispensados de reconhecimento de firma, exceto quando se tratar de procuração.

17.12 LIVROS

O Diário é um livro obrigatório do comerciante. É escriturado no sistema de partidas dobradas, de débitos e créditos. Os lançamentos são feitos diária ou mensalmente, sendo fechado o balanço no final do exercício. O balanço compreenderá o ativo e o passivo, indicando a situação da empresa.

Determina o art. 19 da Lei n. 5.474/68 que o livro de Registro de Duplicatas é obrigatório para o vendedor.

São livros auxiliares o Razão, o Caixa, o de Contas-correntes, o Borrador e o Copiador. O livro Razão serve de resumo das contas e dos débitos e créditos das contas, porém não tem o histórico do lançamento. O Caixa serve apenas para verificar as entradas e saídas de numerário. O livro de Contas-correntes indica a situação de cada cliente. O Borrador, como o próprio nome diz, é um borrão, um rascunho para posteriormente ser passado para os outros livros. Copiador é o registro de cartas-missivas, como contas, faturas e instruções.

Os leiloeiros devem ter Diário de Entrada, Diário de Saída, Contas-correntes, Protocolo, Diário de Leilões e Livro-talão.

Os armazéns gerais devem ter Registro de Entrada e de Saída de Mercadorias.

As sociedades anônimas devem ter também os livros: Registro de Ações Nominativas, Registro de Partes Beneficiárias Nominativas, Transferência de Ações Nominativas, Transferência de Partes Beneficiárias Nominativas, Atas de Assembleias Gerais, Presença de Acionistas, Atas de Reuniões de Diretoria e Atas e Pareceres do Conselho Fiscal.

O empresário e a sociedade empresária são obrigados a seguir um sistema de contabilidade, mecanizado ou não, com base na escrituração uniforme de seus livros, em correspondência com a documentação respectiva, e a levantar anualmente o balanço patrimonial e o de resultado econômico (demonstração do resultado do exercício).

O número e a espécie de livros ficam a critério dos interessados.

É dispensado das exigências mencionadas o pequeno empresário.

Além dos demais livros exigidos por lei, é indispensável o Diário, que pode ser substituído por fichas no caso de escrituração mecanizada ou eletrônica. A adoção de fichas não dispensa o uso de livro apropriado para o lançamento do balanço patrimonial e do de resultado econômico (demonstração do resultado do exercício).

Salvo disposição especial de lei, os livros obrigatórios e, se for o caso, as fichas, antes de postos em uso, devem ser autenticados no Registro Público de Empresas Mercantis. A autenticação não se fará sem que esteja inscrito o empresário, ou a sociedade empresária, que poderá fazer autenticar livros não obrigatórios.

17.13 ESCRITURAÇÃO

A escrituração fiscal ficará sob a responsabilidade de contabilista legalmente habilitado, salvo se nenhum houver na localidade. O técnico em contabilidade pode fazer escrituração contábil e assinar balanços, mas não pode fazer auditoria e perícia, que são atividades privativas do contador.

Será feita a escrituração em idioma e moeda corrente nacionais e em forma contábil, por ordem cronológica de dia, mês e ano, sem intervalos em branco, nem entrelinhas, borrões, rasuras, emendas ou transportes para as margens. É permitido o uso de código de números ou de abreviaturas, que constem de livro próprio, regularmente autenticado.

É escriturado o Diário no sistema de partidas dobradas, de débitos e créditos. Os lançamentos serão individualizados, com clareza e caracterização do documento respectivo (art. 1.184 do Código Civil). Serão feitos diariamente, por escrita direta ou reprodução, em relação a todas as operações pertinentes ao exercício da empresa. Admite-se a escrituração resumida do Diário, com totais que não excedam o período de 30 dias, relativamente a contas cujas operações sejam numerosas ou realizadas fora da sede do estabelecimento, desde que utilizados livros auxiliares regularmente autenticados, para registro individualizado, e conservados os documentos que permitam sua perfeita verificação. Serão lançados no Diário o balanço patrimonial e o de resultado econômico. Balanço e Diário devem ser assinados pelo contador legalmente habilitado e pelo empresário ou sociedade empresária.

O empresário ou sociedade empresária que adotar o sistema de fichas de lançamentos poderá substituir o livro Diário pelo livro Balancetes Diários e Balanços, observadas as mesmas formalidades extrínsecas exigidas para aquele.

O livro Balancetes Diários e Balanços será escriturado de modo que registre: (1) a posição diária de cada uma das contas ou títulos contábeis, pelo respectivo saldo, em forma de balancetes diários; (2) o balanço patrimonial e o de resultado econômico, no encerramento do exercício.

Na coleta dos elementos para o inventário, serão observados os critérios de avaliação a seguir determinados:

(1) os bens destinados à exploração da atividade serão avaliados pelo custo de aquisição, devendo, na avaliação dos que se desgastaram ou depreciaram com o uso, pela ação do tempo ou outros fatores, atender-se à desvalorização respectiva, criando-se fundos de amortização para assegurar-lhes a substituição ou a conservação do valor;

(2) os valores mobiliários, matéria-prima, bens destinados à alienação, ou que constituem produtos ou artigos da indústria ou comércio da empresa, podem ser estimados pelo custo de aquisição ou de fabricação, ou pelo preço corrente, sempre que este for inferior ao preço de custo, e quando o preço corrente ou venal estiver acima do valor do custo de aquisição,

ou fabricação, e os bens forem avaliados pelo preço corrente, a diferença entre este e o preço de custo não será levada em conta para a distribuição de lucros, nem para as porcentagens referentes a fundos de reserva;

(3) o valor das ações e dos títulos de renda fixa pode ser determinado com base na respectiva cotação da Bolsa de Valores. Os não cotados e as participações não acionárias serão considerados por seu valor de aquisição;

(4) os créditos serão considerados de conformidade com o presumível valor de realização, não se levando em conta os prescritos ou de difícil liquidação, salvo se houver, quanto aos últimos, previsão equivalente.

Entre os valores do ativo podem figurar, desde que se preceda, anualmente, a sua amortização: (1) as despesas de instalação da sociedade, até o limite correspondente a 10% do capital social; (2) os juros pagos aos acionistas da sociedade anônima, no período antecedente ao início das operações sociais, à taxa não superior a 12% ao ano, fixada no estatuto; (3) a quantia efetivamente paga a título de aviamento de estabelecimento adquirido pelo empresário ou sociedade.

O balanço patrimonial deve exprimir com fidelidade e clareza a situação real da empresa, e, atendidas as peculiaridades desta, bem como as disposições das leis especiais, indicará, distintamente, o ativo e o passivo, evidenciando a situação da empresa. Lei especial disporá sobre as informações que acompanharão o balanço patrimonial, em caso de sociedades coligadas.

O balanço de resultado econômico ou demonstração da conta lucros e perdas ou demonstração do resultado do exercício acompanhará o balanço patrimonial e dele constarão crédito e débito.

Nenhuma autoridade, juiz ou tribunal, sob qualquer pretexto, poderá fazer ou ordenar diligência para verificar se o empresário ou a sociedade empresária observam, ou não, em seus livros e fichas, as formalidades prescritas em lei.

O juiz só poderá autorizar a exibição integral dos livros e papéis de escrituração quando necessário para resolver questões relativas a sucessão, comunhão ou sociedade, administração ou gestão à conta de outrem, ou em caso de falência (art. 1.191 do Código Civil). Isso indica que são exaustivas as hipóteses mencionadas. Entretanto, na prática o juiz poderá determinar outras situações de exibição, como para fazer prova no processo, como se verifica do § 1º do art. 1.191 do Código Civil, que faz referência ao que interessar à questão judicial.

Pode o juiz, de ofício, ordenar à parte a exibição parcial dos livros e documentos, extraindo-se deles a suma que interessar ao litígio, bem como reproduções autenticadas (art. 421 do CPC). O exame de livros comerciais, em ação judicial, fica limitado às transações entre os litigantes (Súmula 260 do STF).

O juiz ou tribunal que conhecer de medida cautelar ou de ação pode, a requerimento ou de ofício, ordenar que os livros de qualquer das partes, ou de ambas, sejam examinados na presença do empresário ou da sociedade empresária a que pertencerem, ou de pessoas por estes nomeadas, para deles se extrair o que interessar à questão (§ 1º do art. 1.191 do Código Civil). Achando-se os livros em outra jurisdição, nela se fará o exame, perante o respectivo juiz.

Recusada a apresentação dos livros, nos casos mencionados, serão apreendidos judicialmente e, na hipótese do parágrafo anterior, será considerado verdadeiro o alegado pela parte contrária para se provar pelos livros. A confissão resultante da recusa pode ser elidida por prova documental em contrário.

As restrições ao exame da escrituração, em parte ou por inteiro, não se aplicam às autoridades fazendárias, no exercício da fiscalização do pagamento de impostos, nos termos estritos das respectivas leis especiais.

O empresário e a sociedade empresária são obrigados a conservar em boa guarda toda a escrituração, correspondência e papéis concernentes a sua atividade, enquanto não ocorrer prescrição ou decadência no tocante aos atos neles consignados.

As disposições mencionadas aplicam-se às sucursais, filiais ou agências, no Brasil, do empresário ou sociedade com sede em país estrangeiro.

17.14 PREPOSTOS

Preposto vem do latim *praepostus*, de *praeponere*, que tem o significado de posto adiante, à testa da operação, para conduzi-la ou dirigi-la.

Preposto é um representante ou mandatário do empresário. O preposto é um substituto do empresário, não querendo dizer necessariamente que é um empregado, mas pode sê-lo.

Os arts. 74 a 85 do Código Comercial, que foram revogados pelo Código Civil de 2002, faziam referência a prepostos, que poderiam ou não ser empregados, como os feitores, os guarda-livros (hoje contadores), os caixeiros.

Pelo Código Civil, o preposto pode ser qualquer pessoa, mas também o gerente, o contabilista ou outros auxiliares (arts. 1.169 a 1.178). Não precisa ser necessariamente empregado.

O preposto não pode, sem autorização escrita, fazer-se substituir no desempenho da preposição, sob pena de responder pessoalmente pelos atos do substituto e pelas obrigações por ele contraídas (art. 1.169 do Código Civil).

Não pode negociar por conta própria ou de terceiro, nem participar, embora indiretamente, de operação do mesmo gênero que lhe foi cometido, salvo autorização expressa, sob pena de responder por perdas e danos e de serem retidos pelo preponente os lucros da operação.

Considera-se perfeita a entrega de papéis, bens ou valores ao preposto, encarregado pelo preponente, se os recebeu sem protesto, salvo nos casos em que haja prazo para reclamação.

17.14.1 Gerente

Gerente é o preposto permanente no exercício da empresa, na sede desta, ou em sucursal, filial ou agência (art. 1.172 do Código Civil). Gerente é a pessoa que administra negócios, bens ou serviços. Ele faz atos de gestão, admitindo, advertindo, suspendendo ou dispensando trabalhadores. Faz negócios em nome da empresa. Pode ter procuração conferida pela empresa. A lei não dispõe que o gerente tem necessariamente de ser empregado. Pode ser qualquer pessoa. Se tiver subordinação, pode ser empregado.

Quando a lei não exigir poderes especiais, considera-se o gerente autorizado a praticar todos os atos necessários ao exercício dos poderes que lhe foram outorgados. Na falta de estipulação diversa, consideram-se solidários os poderes conferidos a dois ou mais gerentes.

As limitações contidas na outorga de poderes, para serem opostas a terceiros, dependem do arquivamento e averbação do instrumento no Registro Público de Empresas Mercantis, salvo se provado serem conhecidas da pessoa que tratou com o gerente. Para o mesmo efeito e com idêntica ressalva, deve a modificação ou revogação do mandato ser arquivada e averbada no Registro Público de Empresas Mercantis.

O preponente responde com o gerente pelos atos que este pratique em seu próprio nome, mas à conta daquele (art. 1.175 do Código Civil). Preponente é a pessoa que concedeu a gerência.

O gerente pode estar em juízo em nome do preponente, pelas obrigações resultantes do exercício de sua função.

17.14.2 Contabilista

Os assentos lançados nos livros ou fichas do preponente, por qualquer dos prepostos encarregados de sua escrituração, produzem, salvo se houver procedido de má-fé, os mesmos efeitos como se o fossem por aquele.

No exercício de suas funções, os prepostos são pessoalmente responsáveis, perante os preponentes, pelos atos culposos (negligência, imprudência ou imperícia) e, perante terceiros, solidariamente com o preponente, pelos atos dolosos – que envolvem vontade de praticá-los.

Os preponentes são responsáveis pelos atos de quaisquer prepostos, praticados em seus estabelecimentos e relativos à atividade da empresa, ainda que não autorizados por escrito.

Quando tais atos forem praticados fora do estabelecimento, somente obrigarão o preponente nos limites dos poderes conferidos por escrito, cujo instrumento pode ser suprido pela certidão ou cópia autêntica de seu teor.

17.15 TÍTULOS DE CRÉDITO

17.15.1 Conceito

Título de crédito é um documento literal e autônomo, com força executiva, representativo da dívida.

Título à ordem é o que pode ser endossado. É o que ocorre com o cheque, nota promissória e letra de câmbio.

Título não à ordem é o que não pode ser endossado.

17.15.2 Características

São características dos títulos de crédito: (a) literalidade. O título vale na medida exata do que for nele declarado. A obrigação é literal, devendo ser cumprida tal qual foi ajustada. Só vale o que está escrito no texto. Não é possível fazer interpretação extensiva; (b) cartularidade. É imprescindível o documento para o exercício do direito da pessoa. É o que consta da carta encerrada no documento; (c) autonomia. A autonomia é a desvinculação da causa do título quanto aos coobrigados; (d) abstração. O título deve ter uma causa, mas há títulos que independem da causa que lhes dá origem. A obrigação depende daquilo que está previsto no título, daí ser abstrata. Na abstração, há desvinculação da causa em relação ao próprio título.

Quanto à emissão, podem ser causais e não causais. Os primeiros ficam condicionados a uma causa para a emissão, como ocorre com a duplicata mercantil na venda e compra. Os não causais decorrem de qualquer causa, como cheque e nota promissória.

Quanto à natureza, podem ser próprios e impróprios. São próprios os que têm natureza cambial, como o cheque. São impróprios os que não têm todas as características dos títulos de crédito, como bilhetes de cinema.

O título de crédito será sempre um documento visando ao direito que representa.

O conteúdo do título é decorrente do que nele está escrito, daí por que se diz que é literal.

Devem ser observadas as formalidades previstas em lei para a validade do título de crédito. Se no título não estiver escrito letra de câmbio, nota promissória, duplicata, expressas por algarismos e por extenso, indicando época de pagamento, lugar em que é passado e assinaturas, não terá qualquer valor. É, portanto, um documento formal.

Os títulos de créditos abrangem obrigação solidária, pois todos os envolvidos podem ser chamados para solver o débito.

A omissão de qualquer requisito legal, que tire ao escrito sua validade como título de crédito, não implica a invalidade do negócio jurídico que lhe deu origem (art. 888 do Código Civil). Isso significa que o título pode ser inválido, mas não o será o negócio jurídico entabulado pelas partes e que tiver como garantia o título de crédito. Poderá o prejudicado ajuizar ação, provando o negócio jurídico entre as partes, que tinha como garantia o título. Será uma ação ordinária, sem ter garantia de título executivo.

Deve o título de crédito conter a data da emissão, a indicação precisa dos direitos que confere e a assinatura do emitente.

É a vista o título de crédito que não contenha indicação de vencimento.

Considera-se lugar de emissão e de pagamento, quando não indicado no título, o domicílio do emitente.

O título poderá ser emitido com base nos caracteres criados em computador ou meio técnico equivalente e que constem da escrituração do emitente, observados os requisitos mínimos mencionados.

São consideradas não escritas no título a cláusula de juros, a proibitiva de endosso, a excludente de responsabilidade pelo pagamento ou por despesas, a que dispense a observância de termos e formalidades prescritas e a que, além dos limites fixados em lei, exclua ou restrinja direitos e obrigações.

O título de crédito, incompleto ao tempo da emissão, deve ser preenchido de conformidade com os ajustes realizados.

Aquele que, sem ter poderes, ou excedendo os que tem, lança sua assinatura em título de crédito, como mandatário ou representante de outrem, fica pessoalmente obrigado, e, pagando o título, tem ele os mesmos direitos que teria o suposto mandante ou representado.

A transferência do título de crédito implica a de todos os direitos que lhe são inerentes. Basta, portanto, a entrega do título, que transmite ao possuidor todos os direitos a ele inerentes.

O portador de título representativo de mercadoria tem o direito de transferi-lo, de conformidade com as normas que regulam sua circulação, ou de receber aquela independentemente de quaisquer formalidades, além da entrega do título devidamente quitado. São exemplos o *warrant* e o conhecimento de frete ou de transporte.

Enquanto o título de crédito estiver em circulação, só ele poderá ser dado em garantia, ou ser objeto de medidas judiciais, e não, separadamente, os direitos ou mercadorias que representa.

O título de crédito não pode ser reivindicado do portador que o adquiriu de boa-fé e na conformidade das normas que disciplinam sua circulação.

O pagamento de título de crédito, que contenha obrigação de pagar soma determinada, pode ser garantido por aval.

Fica validamente desonerado o devedor que paga título de crédito ao legítimo portador, no vencimento, sem oposição, salvo se agiu de má-fé. Pagando, pode o devedor exigir do credor, além da entrega do título, quitação regular.

Não é o credor obrigado a receber o pagamento antes do vencimento do título, e aquele que o paga, antes do vencimento, fica responsável pela validade do pagamento. No vencimento, não pode o credor recusar pagamento, ainda que parcial. No caso de pagamento parcial, em que se não opera a tradição do título, além da quitação em separado, outra deverá ser firmada no próprio título.

São circuláveis os títulos de crédito, pois têm por objetivo a realização do negócio. Podem ser transmitidos pela tradição ou pelo endosso.

Pro solvendo vem do latim *pro* (a título de) e *solvendo* significa a título de débito ou obrigação que deve ser solvido, com pagamento em parcelas. Quer dizer que a coisa dada em pagamento ainda não é em quitação, pois a obrigação somente será extinta depois do atendimento de certos requisitos.

17.15.3 Endosso

Endosso é uma das formas de transmissão da propriedade dos títulos de crédito. O proprietário pode fazer o endosso com o lançamento de sua assinatura no verso ou anverso do próprio título.

O endosso não tem por objetivo reforçar a garantia do título, mas a possibilidade da transferência do título.

O endossante é fiador da solvabilidade do devedor do título, assim como dos endossos anteriores.

Endosso em branco ou incompleto é feito apenas pela aposição da assinatura, sem se identificar o destinatário.

Endosso em preto ou completo envolve a aposição da assinatura e mais a indicação do nome do beneficiário.

O endosso-mandato transfere ao mandatário ou procurador o exercício e a conservação do direito.

O endosso-caução ou pignoratício é a emissão de uma letra de câmbio, que é dada em garantia do próprio débito ou de um crédito em conta corrente, como ocorre no mercado bancário.

Pode o endossante designar o endossatário, e, para validade do endosso, dado no verso do título, é suficiente a simples assinatura do endossante.

A transferência por endosso completa-se com a tradição do título.

Considera-se não escrito o endosso cancelado, total ou parcialmente.

É legítimo possuidor o portador do título à ordem com série regular e ininterrupta de endossos, ainda que o último seja em branco. Aquele que paga o título está obrigado a verificar a regularidade da série de endossos, mas não a autenticidade das assinaturas.

Entende-se não escrita no endosso qualquer condição a que o subordine o endossante. É nulo o endosso parcial.

O endossatário de endosso em branco pode mudá-lo para endosso em preto, completando-o com seu nome ou de terceiro. Pode endossar novamente o título, em branco ou em preto, ou pode transferi-lo sem novo endosso.

Ressalvada cláusula expressa em contrário, constante do endosso, não responde o endossante pelo cumprimento da prestação constante do título.

Assumindo responsabilidade pelo pagamento, o endossante torna-se devedor solidário. Pagando o título, tem o endossante ação de regresso contra os coobrigados anteriores.

O devedor, além das exceções fundadas nas relações pessoais que tiver com o portador, só poderá opor a este as exceções relativas à forma do título e a seu conteúdo literal, à falsidade da própria assinatura, a defeito de capacidade ou de representação no momento da subscrição, e à falta de requisito necessário ao exercício da ação.

As exceções, fundadas em relação do devedor com os portadores precedentes, somente poderão ser por ele opostas ao portador, se este, ao adquirir o título, tiver agido de má-fé.

A cláusula constitutiva de mandato, lançado no endosso, confere ao endossatário o exercício dos direitos inerentes ao título, salvo restrição expressamente estatuída. É o chamado endosso-mandato.

O endossatário de endosso-mandato só pode endossar novamente o título na qualidade de procurador, com os mesmos poderes que recebeu.

Com a morte ou a superveniente incapacidade do endossante, não perde eficácia o endosso-mandato.

Pode o devedor opor ao endossatário de endosso-mandato somente as exceções que tiver contra o endossante.

A cláusula constitutiva de penhor, lançada no endosso, confere ao endossatário o exercício dos direitos inerentes ao título.

O endossatário de endosso-penhor só pode endossar novamente o título na qualidade de procurador.

Não pode o devedor opor ao endossatário de endosso-penhor as exceções que tinha contra o endossante, salvo se aquele tiver agido de má-fé.

A aquisição de título à ordem, por meio diverso do endosso, tem efeito de cessão civil.

O endosso posterior ao vencimento produz os mesmos efeitos do anterior.

17.15.4 Aval

O avalista obriga-se pelo avalizado, comprometendo-se a satisfazer a obrigação, caso o devedor principal não a pague.

Distingue-se o aval da fiança. A fiança precisa ser feita por escrito, enquanto o aval não necessita dessa formalidade. Na fiança, a responsabilidade é subsidiária, enquanto no aval é solidária. A fiança é dada para a garantia de contratos. O aval é prestado para a garantia de títulos de crédito. O aval só pode ser dado no próprio título. A fiança pode ser dada em documento em separado. A fiança é uma garantia pessoal. O aval é garantia do título.

O aval deve ser dado no verso ou no anverso do próprio título. Para a validade do aval, dado no anverso do título, é suficiente a simples assinatura do avalista. Considera-se não escrito o aval cancelado.

É vedado o aval parcial.

O avalista equipara-se àquele cujo nome indicar. Na falta de indicação, ao emitente ou devedor final. Pagando o título, tem o avalista ação de regresso contra seu avalizado e demais coobrigados anteriores. Subsiste a responsabilidade do avalista, ainda que nula a obrigação daquele a quem se equipara, a menos que a nulidade decorra de vício de forma.

O aval posterior ao vencimento produz os mesmos efeitos do anteriormente dado. É o chamado aval póstumo. Ninguém normalmente será avalista depois do vencimento do título. Em tese, ele pode existir.

17.15.5 Aceite

O ato de submeter o título ao reconhecimento do sacado é a apresentação.

O aceite é o reconhecimento da validade da ordem, em que o sacado apõe sua assinatura no documento. É permitido o aceite parcial (art. 26 da Lei Uniforme das Letras).

17.15.6 Protesto

Protesto é a apresentação pública do título ao devedor, visando ser aceito ou para o próprio pagamento.

17.15.7 Espécies

Os títulos de crédito podem ser divididos em públicos ou particulares ou comerciais. Podem, ainda, ser subdivididos em títulos nominativos e ao portador. Nos títulos nominativos, há o nome do beneficiário. Nos títulos ao portador, não há identificação do beneficiário.

17.15.7.1 Título ao portador

A transferência de título ao portador faz-se por simples tradição, isto é, com a entrega.

O possuidor de título ao portador tem direito à prestação nele indicada, mediante sua simples apresentação ao devedor.

A prestação é devida ainda que o título tenha entrado em circulação contra a vontade do emitente.

O devedor só poderá opor ao portador exceção fundada em direito pessoal, ou em nulidade de sua obrigação.

É nulo o título ao portador sem autorização de lei especial (art. 907 do Código Civil). A Lei n. 8.021/90 extinguiu as ações endossáveis e ao portador.

O possuidor de título dilacerado, porém identificável, tem direito a obter do emitente a substituição do anterior, mediante a restituição do primeiro e o pagamento de despesas.

O proprietário que perder ou extraviar o título, ou for injustamente desapossado dele, poderá obter novo título em juízo, bem como impedir sejam pagos a outrem capital e rendimentos. O pagamento, feito antes de ter ciência da ação proposta, exonera o devedor, salvo se se provar que ele tinha conhecimento do fato.

17.15.7.2 Título nominativo

É título nominativo o emitido em favor da pessoa cujo nome conste do registro do emitente.

Transfere-se o título nominativo mediante termo, em registro do emitente, assinado pelo proprietário e pelo adquirente.

O título nominativo pode ser à ordem e não à ordem. O primeiro circula pela detenção acompanhada de endosso. O segundo, pela cessão civil de crédito.

O título nominativo também pode ser transferido por endosso que contenha o nome do endossatário.

A transferência mediante endosso só tem eficácia perante o emitente, uma vez feita a competente averbação em seu registro, podendo o emitente exigir do endossatário que comprove a autenticidade da assinatura do endossante.

O endossatário, legitimado por série regular e ininterrupta de endossos, tem o direito de obter a averbação no registro do emitente, comprovada a autenticidade das assinaturas de todos os endossantes.

Caso o título original contenha o nome do primitivo proprietário, tem direito o adquirente a obter do emitente novo título, em seu nome, devendo a emissão do novo título constar no registro do emitente.

Ressalvada proibição legal, pode o título nominativo ser transformado em à ordem ou ao portador, a pedido do proprietário e a sua custa.

Fica desonerado de responsabilidade o emitente que de boa-fé fizer a transferência.

Qualquer negócio ou medida judicial, que tenha por objeto o título, só produz efeito perante o emitente ou terceiros, uma vez feita a competente averbação no registro do emitente.

17.15.7.3 Letra de câmbio

Na Idade Média, as cidades italianas faziam comércio. Os comerciantes traziam moedas de várias partes do mundo, com necessidade de troca. Os comerciantes receavam voltar para a sua cidade com grandes quantias em moeda. Os banqueiros começaram a emitir um documento, no qual declaravam que no local nele designado pagariam idêntico valor ao depositado. O banqueiro enviava uma carta, *lettera di pagamento* ou *lettera di cambio*. Essa é a origem da letra de câmbio como ordem de pagamento.

A letra de câmbio é uma ordem de pagamento, sacada por um credor contra seu devedor, favorável a alguém. Esse pode ser um terceiro ou o próprio sacador. Saque é a emissão do título. Quem emite a letra é o sacador. Sacado é o devedor contra quem foi emitida a letra. O sacado tem 24 horas para aceitar ou não o título.

Endossante é o proprietário do título, que o transfere para outrem, que é chamado de endossatário.

17.15.7.4 Nota promissória

A nota promissória é uma promessa de que na data do vencimento haverá seu pagamento, sendo emitida pelo próprio devedor. É, portanto, uma promessa de pagamento.

Difere a nota promissória da letra de câmbio. A primeira é uma promessa de pagamento e a segunda é uma ordem de pagamento.

Não admite aceite a nota promissória, por ser uma promessa de pagamento.

17.15.7.5 Cheque

O cheque é uma ordem de pagamento a vista (art. 32 da Lei n. 7.357/85), sacada por uma pessoa contra um banco.

Emissor ou emitente é a pessoa que assina o cheque e determina a ordem de pagamento. Beneficiário ou portador é a pessoa destinatária da ordem de pagamento.

Não tem qualquer valor a determinação no sentido de que o cheque não pode ser pago a vista.

O cheque pode ser nominal ou ao portador, podendo ser transmitido por endosso.

Cheque cruzado é o que contém duas linhas paralelas em seu anverso. O cruzamento indica que ele só poderá ser pago pelo banco, devendo ser depositado. Se contiver o nome do referido banco, só este paga o cheque.

Cheque marcado é aquele em que o banco marca outra data para o pagamento, caso o portador concorde. Nele se costuma colocar "bom para o dia tal".

Cheque para ser creditado em conta é apenas para ser contabilizado, não podendo ser pago em dinheiro.

Cheque de viagem ou *traveller's check* serve como meio de pagamento nas viagens. Contém duas assinaturas do emitente, uma na parte superior e outra na parte inferior, que é lançada no ato da emissão.

Cheque especial dá ao titular da conta crédito especial, aberto pelo banco, geralmente garantindo valor superior ao do crédito aberto pela entidade financeira.

No cheque visado, a quantia é logo transferida para o banco, ficando à disposição do portador.

Deve o cheque ser apresentado ao sacado no prazo de 30 dias, caso seja da própria praça, ou de 60 dias, caso seja de outra praça. A não apresentação do cheque nos referidos prazos importa apenas a decadência da ação de execução contra os endossantes e seus avalistas.

A execução prescreve em seis meses contada da expiração do prazo de apresentação do cheque (art. 59 da Lei n. 7.357/85).

17.15.7.6 Duplicata

Duplicata é o título de crédito decorrente da venda e compra mercantil ou de prestação de serviços. Ao emitir a fatura de venda, o comerciante saca uma duplicata para circulação como título de crédito. É emitida para ser o pagamento feito a prazo.

Duplicata é um título causal e de aceite obrigatório.

A Lei n. 5.474/68 dispõe sobre as duplicatas.

A duplicata somente pode ser recusada em casos de avaria, não recebimento de mercadorias, vícios redibitórios e divergência quanto aos prazos e preços (art. 8º da Lei n. 5.474/68).

A duplicata deve ser apresentada ao devedor no prazo de 30 dias de sua emissão para aceite, que deve ser feito em 10 dias. O prazo para protesto da duplicata é de 30 dias, a partir do vencimento.

17.15.7.7 Conhecimento de depósito e *warrant*

Conhecimento de depósito é o título que representa a mercadoria depositada. Quem tem o referido conhecimento é o titular do domínio das mercadorias.

Warrant é um título que compreende penhor. É emitido com base em gêneros ou mercadorias em depósito. Fazendo-se o endosso, o cessionário tem o direito de penhor sobre as mercadorias depositadas.

17.15.7.8 Títulos de crédito rurais

A cédula rural pignoratícia comprova a existência de um penhor rural.

Representa a cédula rural hipotecária não só o crédito, mas também a garantia hipotecária.

Nota de crédito rural contém financiamento, gozando de privilégio especial. Representa empréstimo em dinheiro.

Cédula de produto rural é uma promessa de entrega de produtos rurais, com ou sem garantia. Tem previsão na Lei n. 8.929/94. É título líquido e certo, exigível pela qualidade e quantidade do produto nela previsto.

17.15.7.9 Nota comercial

A nota comercial, valor mobiliário, é título de crédito não conversível em ações, de livre negociação, representativo de promessa de pagamento em dinheiro, emitido exclusivamente sob a forma escritural por meio de instituições autorizadas a prestar o serviço de escrituração pela Comissão de Valores Mobiliários (art. 45 da Lei n. 14.195/2021).

Podem emitir a nota comercial as sociedades anônimas, as sociedades limitadas e as sociedades cooperativas. A deliberação sobre emissão de nota comercial é de competência dos órgãos de administração, quando houver, ou do administrador do emissor, observado o que dispuser a respeito o respectivo ato constitutivo.

A nota comercial terá as seguintes características, que deverão constar de seu termo constitutivo:

I – a denominação "Nota Comercial";

II – o nome ou razão social do emitente;

III – o local e a data de emissão;

IV – o número da emissão e a divisão em séries, quando houver;

V – o valor nominal;

VI – o local de pagamento;

VII – a descrição da garantia real ou fidejussória, quando houver;

VIII – a data e as condições de vencimento;

IX – a taxa de juros, fixa ou flutuante, admitida a capitalização;

X – a cláusula de pagamento de amortização e de rendimentos, quando houver;

XI – a cláusula de correção por índice de preço, quando houver; e

XII – os aditamentos e as retificações, quando houver.

As notas comerciais de uma mesma série terão igual valor nominal e conferirão a seus titulares os mesmos direitos.

A alteração das características dependerá de aprovação da maioria simples dos titulares de notas comerciais em circulação, presentes em assembleia, se maior quórum não for estabelecido no termo de emissão.

A nota comercial é título executivo extrajudicial, que pode ser executado independentemente de protesto, com base em certidão emitida pelo escriturador ou pelo depositário central, quando esse título for objeto de depósito centralizado. A nota comercial poderá ser considerada vencida na hipótese de inadimplemento de obrigação constante do respectivo termo de emissão.

A titularidade da nota comercial será atribuída exclusivamente por meio de controle realizado nos sistemas informatizados do escriturador ou no depositário central, quando esse título for objeto de depósito centralizado.

A Comissão de Valores Mobiliários poderá estabelecer requisitos adicionais aos previstos nesta Lei, inclusive a eventual necessidade de contratação de agente fiduciário, relativos à nota comercial que seja:

I – ofertada publicamente; ou

II – admitida à negociação em mercados regulamentados de valores mobiliários.

Nas distribuições privadas, o serviço de escrituração deverá ser efetuado em sistemas que atendam aos seguintes requisitos:

I – comprovação da observância de padrões técnicos adequados, em conformidade com os Princípios para Infraestruturas do Mercado Financeiro do Bank for International Settlements (BIS), inclusive no que diz respeito à segurança, à governança e à continuidade de negócios;

II – garantia de acesso integral às informações mantidas por si ou por terceiros por elas contratados para realizar atividades relacionadas com a escrituração;

III – garantia de acesso amplo a informações claras e objetivas aos participantes do mercado, sempre observadas as restrições legais de acesso a informações; e

IV – observância de requisitos e emprego de mecanismos que assegurem a interoperabilidade com os demais sistemas de escrituração autorizados pela Comissão de Valores Mobiliários.

As instituições autorizadas a prestar o serviço de escrituração não poderão escriturar títulos em que sejam participantes como credoras ou emissoras, direta ou indiretamente.

A oferta privada de nota comercial poderá conter cláusula de conversibilidade em participação societária, exceto em relação às sociedades anônimas.

17.16 CONTRATOS MERCANTIS

Leasing ou arrendamento mercantil é o negócio jurídico realizado entre pessoa jurídica, na qualidade de arrendadora, e pessoa física ou jurídica, na qualidade de arrendatária, e que tenha por objeto o arrendamento de bens adquiridos pela arrendadora, segundo especificações da arrendatária e para uso próprio desta (parágrafo único do art. 1º da Lei n. 6.099/74). É um contrato típico, que tem características próprias, em que há o aluguel de determinado bem por determinado período, podendo o locatário comprar o bem ao término do referido período, mas importa investimento, com amortização dos bens alugados. O *leasing* abrange atividade de financiamento. Suas operações são subordinadas ao controle e fiscalização do Banco Central do Brasil, segundo normas estabelecidas pelo Conselho Monetário Nacional.

Franchising ou franquia é o sistema pelo qual um franqueador autoriza por meio de contrato um franqueado a usar marcas e outros objetos de propriedade intelectual, sempre associados ao direito de produção ou distribuição exclusiva ou não exclusiva de produtos ou serviços e também ao direito de uso de métodos e sistemas de implantação e administração de negócio ou sistema operacional desenvolvido ou detido pelo franqueador, mediante remuneração direta ou indireta, sem caracterizar relação de consumo ou vínculo empregatício em relação ao franqueado ou a seus empregados, ainda que durante o período de treinamento (art. 1º da Lei n. 13.966/2019). São partes nesse contrato o *franchisor* (o franqueador), aquele que cede o uso da marca ou dos produtos; e o *franchisee* (franqueado), que é a pessoa que se compromete a utilizar a marca, vender os produtos, ou que vai fazer a prestação de serviços. Cobra-se, normalmente, uma taxa de adesão ao contrato, ou, então, um preço pelo uso da marca, ou, ainda, uma porcentagem sobre o faturamento, o que é mais usual, como ocorre em relação ao movimento das lojas dos *shopping centers*.

Factoring é o contrato mercantil em que uma pessoa (faturizado) cede a outra pessoa (faturizador) seus créditos de vendas a prazo, na totalidade ou parte deles, recebendo o primeiro do segundo o montante desses créditos, antecipadamente ou não antes da liquidação, mediante pagamento de uma remuneração. Partes no contrato são o faturizador, o que compra o faturamento, e o faturizado, o que cede ou vende o crédito a prazo de que é detentor junto a terceiros. É o *factoring* uma operação complexa, um contrato atípico, bilateral, comutativo, oneroso, de execução continuada e *intuitu personae*. Geralmente, é um contrato de adesão, imposto pelo faturizador ao faturizado. A onerosidade é caracterizada pelo pagamento da comissão devida ao faturizador pelo faturizado. O faturizado não pode manter contratos semelhantes com outros faturizadores. É uma técnica financeira e não uma operação de crédito. O faturizador compra o faturamento geralmente por preço inferior ao valor real, auferindo na diferença sua remuneração, ou aceitando-o com um porcentual de desconto a título de comissão.

Concessão mercantil é uma forma de distribuição e venda de produtos, em que uma empresa passa a atuar em nome da outra, como ocorre com as concessionárias de veículos automotores (Volkswagen, Ford, General Motors, Fiat etc.). São feitos contratos de adesão para esse fim, autorizando o uso da marca. A montadora cede o uso da marca, mediante condições, para a concessionária comercializar seus produtos e prestar serviços de assistência técnica, vender peças etc.

A Lei n. 6.729/79 trata da concessão mercantil entre produtores e distribuidores de veículos automotores de via terrestre.

Contrato de fornecimento é o negócio jurídico em que o vendedor fornece mercadorias para entrega em prazo determinado, mediante o pagamento de um preço, que pode ser fixado antecipadamente para as entregas ou pode ser ajustado em cada entrega.

O contrato de *know-how* compreende transferência de conhecimentos técnicos.

Cartão de crédito é um contrato em que seu portador tem facilidades para operações comerciais. Não há mais necessidade de se levar dinheiro para fazer uma compra. Basta levar o cartão de crédito, que é chamado dinheiro de plástico. A pessoa pode assinar uma espécie de fatura, após verificada a validade do cartão e seu limite, podendo fazer a compra.

17.17 FALÊNCIA

Falência é um processo de execução coletiva contra o devedor insolvente[5]. Abrange a arrecadação dos bens do falido para o juízo universal da falência, visando à venda judicial forçada para o pagamento proporcional ao crédito de cada um dos credores. É um estado patrimonial.

A falência e a concordata eram reguladas pelo Decreto-Lei n. 7.661/45. Está atualmente a falência prevista na Lei n. 11.101/2005.

As palavras *falência* e *concordata* estavam ligadas à ideia de fraude. Optou-se por mudar a denominação para recuperação judicial (saneamento da empresa) e extrajudicial, com um sentido econômico em vez de sancionatório.

---

[5] ALMEIDA, Amador Paes de. *Curso de falência e de recuperação de empresa*. 23. ed. São Paulo: Saraiva, 2007, p. 17.

A falência apenas ocorre em relação a empresa ou empresário registrados no Registro do Comércio.

Considera-se falida a empresa ou empresário que, sem relevante razão de direito, não pagam no vencimento obrigação líquida constante de título que legitime a ação executiva. O que caracteriza a falência é a impontualidade.

A falência, ao promover o afastamento do devedor de suas atividades, visa a: I – preservar e a otimizar a utilização produtiva dos bens, dos ativos e dos recursos produtivos, inclusive os intangíveis, da empresa; II – permitir a liquidação célere das empresas inviáveis, com vistas à realocação eficiente de recursos na economia; III – fomentar o empreendedorismo, inclusive por meio da viabilização do retorno célere do empreendedor falido à atividade econômica.

O processo de falência atenderá aos princípios da celeridade e da economia processual.

Será decretada a falência do devedor que: (1) sem relevante razão de direito, não paga, no vencimento, obrigação líquida materializada em título ou títulos executivos protestados cuja soma ultrapasse o equivalente a 40 salários mínimos na data do pedido de falência; (2) executado por qualquer quantia líquida, não paga, não deposita e não nomeia à penhora bens suficientes dentro do prazo legal; (3) pratica qualquer dos seguintes atos, exceto se fizer parte de plano de recuperação judicial: (a) faz a liquidação precipitada de seus ativos ou lança mão de meio ruinoso ou fraudulento para realizar pagamentos; (b) realiza ou, por atos inequívocos, tenta realizar, com o objetivo de retardar pagamentos ou fraudar credores, negócio simulado ou alienação de parte ou da totalidade de seu ativo a terceiro, credor ou não; (c) transfere estabelecimento a terceiro, credor ou não, sem o consentimento de todos os credores e sem ficar com bens suficientes para solver seu passivo; (d) simula a transferência de seu principal estabelecimento com o objetivo de burlar a legislação ou a fiscalização ou para prejudicar credor; (e) dá ou reforça garantia a credor por dívida contraída anteriormente sem ficar com bens livres e desembaraçados suficientes para saldar seu passivo; (f) ausenta-se sem deixar representante habilitado e com recursos suficientes para pagar os credores, abandona o estabelecimento ou tenta ocultar-se de seu domicílio, do local de sua sede ou de seu principal estabelecimento; (g) deixa de cumprir, no prazo estabelecido, obrigação assumida no plano de recuperação judicial.

Requerida a falência com base no item 1, não será decretada se o requerido provar: (1) falsidade de título; (2) prescrição; (3) nulidade de obrigação ou de título; (4) pagamento da dívida; (5) qualquer outro fato que extinga ou suspenda obrigação ou não legitime a cobrança de título; (6) vício em protesto ou em seu instrumento; (7) apresentação de pedido de recuperação judicial no prazo da contestação; (8) cessação das atividades empresariais mais de dois anos antes do pedido de falência, comprovada por documento hábil do Registro Público de Empresas, o qual não prevalecerá contra prova de exercício posterior ao ato registrado.

Não será decretada a falência de sociedade anônima após liquidado e partilhado seu ativo, nem do espólio após um ano da morte do devedor.

Podem requerer a falência do devedor: (1) o próprio devedor. É a chamada autofalência; (2) o cônjuge sobrevivente, qualquer herdeiro do devedor ou o inventariante; (3) o cotista ou o acionista do devedor na forma da lei ou do ato constitutivo da sociedade; (4) qualquer credor.

A falência e recuperação judicial não se aplicam: (a) a empresa pública e sociedade de economia mista; (b) a instituição financeira pública ou privada, cooperativa de crédito, consórcio, entidade de previdência complementar, sociedade operadora de plano de assistência à saúde, sociedade seguradora, sociedade de capitalização e outras entidades legalmente equiparadas às anteriores.

A decretação da falência ou o deferimento do processamento da recuperação judicial implica: I – suspensão do curso da prescrição das obrigações do devedor sujeitas ao regime desta Lei; II – suspensão das execuções ajuizadas contra o devedor, inclusive daquelas dos credores particulares do sócio solidário, relativas a créditos ou obrigações sujeitos à recuperação judicial ou à falência; III – proibição de qualquer forma de retenção, arresto, penhora, sequestro, busca e apreensão e constrição judicial ou extrajudicial sobre os bens do devedor, oriunda de demandas judiciais ou extrajudiciais cujos créditos ou obrigações sujeitem-se à recuperação judicial ou à falência. Terá prosseguimento no juízo no qual estiver se processando a ação que demandar quantia ilíquida. É permitido pleitear, perante o administrador judicial, habilitação, exclusão ou modificação de créditos derivados da relação de trabalho, mas as ações de natureza trabalhista serão processadas perante a justiça especializada até a apuração do respectivo crédito, que será inscrito no quadro-geral de credores pelo valor determinado em sentença. O juiz competente para as ações referidas nos §§ 1º e 2º do art. 6º da Lei n. 11.101/2005 poderá determinar a reserva da importância que estimar devida na recuperação judicial ou na falência, e, uma vez reconhecido líquido o direito, será o crédito incluído na classe própria. Na recuperação judicial, as suspensões e a proibição de que tratam os incisos I, II e III do *caput* deste artigo perdurarão pelo prazo de 180 dias, contado do deferimento do processamento da recuperação, prorrogável por igual período, uma única vez, em caráter excepcional, desde que o devedor não haja concorrido com a superação do lapso temporal. Independentemente da verificação periódica perante os cartórios de distribuição, as ações que venham a ser propostas contra o devedor deverão ser comunicadas ao juízo da falência ou da recuperação judicial: (a) pelo juiz competente, quando do recebimento da petição inicial; (b) pelo devedor, imediatamente após a citação. As execuções de natureza fiscal não são suspensas pelo deferimento da recuperação judicial, ressalvada a concessão de parcelamento nos termos do Código Tributário Nacional e da legislação ordinária específica.

É vedado ao devedor, até a aprovação do plano de recuperação judicial, distribuir lucros ou dividendos a sócios e acionistas (art. 6º-A da Lei n. 11.101).

A verificação dos créditos será realizada pelo administrador judicial, com base nos livros contábeis e documentos comerciais e fiscais do devedor e nos documentos que lhe forem apresentados pelos credores, podendo contar com o auxílio de profissionais ou empresas especializadas.

Publicado o edital, os credores terão o prazo de 15 dias para apresentar ao administrador judicial suas habilitações ou suas divergências quanto aos créditos relacionados.

O administrador judicial, com base nas informações e documentos colhidos, fará publicar edital contendo a relação de credores no prazo de 45 dias contado do fim do prazo de 15 dias acima mencionado, devendo indicar o local, o horário e o prazo comum em que as pessoas terão acesso aos documentos que fundamentaram a elaboração dessa relação.

No prazo de dez dias, contado da publicação da relação referida no art. 7º, § 2º, da Lei n. 11.101/2005, o Comitê, qualquer credor, o devedor ou seus sócios ou o Ministério Público podem apresentar ao juiz impugnação contra a relação de credores, apontando a ausência de qualquer crédito ou manifestando-se contra a legitimidade, importância ou classificação de crédito relacionado.

A habilitação de crédito, realizada pelo credor, deverá conter: (a) o nome, o endereço do credor e o endereço em que receberá comunicação de qualquer ato do processo; (b) o valor do crédito, atualizado até a data da decretação da falência ou do pedido de recuperação judicial, sua origem e classificação; (c) os documentos comprobatórios do crédito e a indicação das demais provas a ser produzidas; (d) a indicação da garantia prestada pelo devedor, se houver, e o respectivo instrumento; (e) a especificação do objeto da garantia que estiver na posse do credor.

Os títulos e documentos que legitimam os créditos deverão ser exibidos no original ou por cópias autenticadas se estiverem juntados em outro processo.

Não observado o prazo estipulado, as habilitações de crédito serão recebidas como retardatárias.

Na recuperação judicial, os titulares de créditos retardatários, excetuados os titulares de créditos derivados da relação de trabalho, não terão direito a voto nas deliberações da assembleia geral de credores.

Na falência, os créditos retardatários perderão o direito a rateios eventualmente realizados e ficarão sujeitos ao pagamento de custas, não se computando os acessórios compreendidos entre o término do prazo e a data do pedido de habilitação.

As habilitações de crédito retardatárias, se apresentadas antes da homologação do quadro-geral de credores, serão recebidas como impugnação.

Após a homologação do quadro-geral de credores, aqueles que não habilitaram seu crédito poderão, observado, no que couber, o procedimento ordinário previsto no Código de Processo Civil, requerer ao juízo da falência ou da recuperação judicial a retificação do quadro-geral para inclusão do respectivo crédito.

Os credores cujos créditos forem impugnados serão intimados para contestar a impugnação, no prazo de cinco dias, juntando os documentos que tiverem e indicando outras provas que reputem necessárias.

A impugnação será dirigida ao juiz por meio de petição, instruída com os documentos que tiver o impugnante, o qual indicará as provas consideradas necessárias. Cada impugnação será autuada em separado, com os documentos a ela relativos, mas terão uma só autuação as diversas impugnações versando sobre o mesmo crédito.

Caso não haja impugnações, o juiz homologará, como quadro-geral de credores, a relação dos credores constante do edital.

O juiz determinará, para fins de rateio, a reserva de valor para satisfação do crédito impugnado.

O administrador judicial será responsável pela consolidação do quadro-geral de credores, a ser homologado pelo juiz, com base na relação dos credores e nas decisões proferidas nas impugnações oferecidas.

O quadro-geral, assinado pelo juiz e pelo administrador judicial, mencionará a importância e a classificação de cada crédito na data do requerimento da recuperação judicial ou da decretação da falência, será juntado aos autos e publicado no órgão oficial, no prazo de cinco dias, contado da data da sentença que houver julgado as impugnações.

O administrador judicial será profissional idôneo, preferencialmente advogado, economista, administrador de empresas ou contador, ou pessoa jurídica especializada. Se o administrador judicial nomeado for pessoa jurídica, declarar-se-á o nome de profissional responsável pela condução do processo de falência ou de recuperação judicial, que não poderá ser substituído sem autorização do juiz.

Ao administrador judicial compete sob a fiscalização do juiz e do Comitê:

(a) na recuperação judicial e na falência:

(1) enviar correspondência aos credores, comunicando a data do pedido de recuperação judicial ou da decretação da falência, a natureza, o valor e a classificação dada ao crédito;

(2) fornecer, com presteza, todas as informações pedidas pelos credores interessados;

(3) dar extratos dos livros do devedor, que merecerão fé de ofício, a fim de servirem de fundamento nas habilitações e impugnações de créditos;

(4) exigir dos credores, do devedor ou seus administradores quaisquer informações;

(5) elaborar a relação de credores;

(6) consolidar o quadro-geral de credores;

(7) requerer ao juiz convocação da assembleia geral de credores nos casos previstos na lei ou quando entender necessária sua ouvida para a tomada de decisões;

(8) contratar, mediante autorização judicial, profissionais ou empresas especializadas para, quando necessário, auxiliá-lo no exercício de suas funções;

(9) manifestar-se nos casos previstos nesta Lei;

(b) na recuperação judicial:

(1) fiscalizar as atividades do devedor e o cumprimento do plano de recuperação judicial;

(2) requerer a falência no caso de descumprimento de obrigação assumida no plano de recuperação;

(3) apresentar ao juiz, para juntada aos autos, relatório mensal das atividades do devedor;

(4) apresentar o relatório sobre a execução do plano de recuperação;

(c) na falência:

(1) avisar, pelo órgão oficial, o lugar e a hora em que, diariamente, os credores terão à sua disposição os livros e documentos do falido;

(2) examinar a escrituração do devedor;

(3) relacionar os processos e assumir a representação judicial da massa falida;
(4) receber e abrir a correspondência dirigida ao devedor, entregando a ele o que não for assunto de interesse da massa;
(5) apresentar, no prazo de 40 dias contado da assinatura do termo de compromisso, prorrogável por igual período, relatório sobre as causas e circunstâncias que conduziram à situação de falência, no qual apontará a responsabilidade civil e penal dos envolvidos;
(6) arrecadar os bens e documentos do devedor e elaborar o auto de arrecadação;
(7) avaliar os bens arrecadados;
(8) contratar avaliadores, de preferência oficiais, mediante autorização judicial, para a avaliação dos bens, caso entenda não ter condições técnicas para a tarefa;
(9) praticar os atos necessários à realização do ativo e ao pagamento dos credores;
(10) requerer ao juiz a venda antecipada de bens perecíveis, deterioráveis ou sujeitos a considerável desvalorização ou de conservação arriscada ou dispendiosa;
(11) praticar todos os atos conservatórios de direitos e ações, diligenciar a cobrança de dívidas e dar a respectiva quitação;
(12) remir, em benefício da massa e mediante autorização judicial, bens apenhados, penhorados ou legalmente retidos;
(13) representar a massa falida em juízo, contratando, se necessário, advogado cujos honorários serão previamente ajustados e aprovados pelo Comitê de Credores;
(14) requerer todas as medidas e diligências que forem necessárias para proteção da massa ou a eficiência da administração;
(15) apresentar ao juiz para juntada aos autos, até o décimo dia do mês seguinte ao vencido, conta demonstrativa da administração, que especifique com clareza a receita e a despesa;
(16) entregar a seu substituto todos os bens e documentos da massa em seu poder, sob pena de responsabilidade;
(17) prestar contas ao final do processo, quando for substituído, destituído ou renunciar ao cargo. As remunerações dos auxiliares do administrador judicial serão fixadas pelo juiz, que considerará a comple-

xidade dos trabalhos a serem executados e os valores praticados no mercado para o desempenho de atividades semelhantes.

O administrador judicial que não apresentar, no prazo estabelecido, suas contas ou qualquer dos relatórios previstos em lei será intimado pessoalmente a fazê-lo no prazo de cinco dias, sob pena de desobediência. Decorrido o prazo mencionado acima, o juiz destituirá o administrador judicial e nomeará substituto para elaborar relatórios ou organizar as contas, explicitando as responsabilidades de seu antecessor.

O juiz fixará o valor e a forma de pagamento da remuneração do administrador judicial, observados a capacidade de pagamento do devedor, o grau de complexidade do trabalho e os valores praticados no mercado para o desempenho de atividades semelhantes. Em qualquer hipótese, o total pago ao administrador judicial não excederá 5% do valor devido aos credores submetidos à recuperação judicial ou do valor de venda dos bens na falência. Será reservado 40% do montante devido ao administrador judicial para o respectivo pagamento.

Caberá ao devedor ou à massa falida arcar com as despesas relativas à remuneração do administrador judicial e das pessoas eventualmente contratadas para auxiliá-lo.

O Comitê de Credores será constituído por deliberação de qualquer das classes de credores na assembleia geral e terá a seguinte composição: (1) um representante indicado pela classe de credores trabalhistas, com dois suplentes; (2) um representante indicado pela classe de credores com direitos reais de garantia ou privilégios especiais, com dois suplentes; (3) um representante indicado pela classe de credores quirografários e com privilégios gerais, com dois suplentes.

Terá o Comitê de Credores as seguintes atribuições: (1) na recuperação judicial e na falência: (a) fiscalizar as atividades e examinar as contas do administrador judicial; (b) zelar pelo bom andamento do processo e pelo cumprimento da lei; (c) comunicar ao juiz caso detecte violação dos direitos ou prejuízo aos interesses dos credores; (d) apurar e emitir parecer sobre quaisquer reclamações dos interessados; (e) requerer ao juiz a convocação da assembleia geral de credores; (f) manifestar-se nas hipóteses previstas nesta Lei; (2) na recuperação judicial: (a) fiscalizar a administração das atividades do devedor, apresentando, a cada 30 dias, relatório de sua situação; (b) fiscalizar a execução do plano de recuperação judicial; (c) submeter à autorização do juiz, quando ocorrer o afastamento do devedor, a alienação de bens do ativo permanente, a constituição de ônus reais e outras garantias, bem como atos de endividamento necessários à continuação da atividade empresarial durante o período que antecede a aprovação do plano de recuperação judicial.

Não havendo Comitê de Credores, caberá ao administrador judicial ou, na incompatibilidade deste, ao juiz exercer suas atribuições.

O administrador judicial e os membros do Comitê responderão pelos prejuízos causados à massa falida, ao devedor ou aos credores por dolo ou culpa, devendo o dissidente, em deliberação do Comitê, consignar sua discordância em ata para eximir-se da responsabilidade.

A assembleia de credores será presidida pelo administrador judicial, que designará um secretário entre os credores presentes.

O juízo da falência é indivisível e competente para conhecer todas as ações sobre bens, interesses e negócios do falido, ressalvadas as causas trabalhistas e fiscais.

Todas as ações terão prosseguimento com o administrador judicial, que deverá ser intimado para representar a massa falida, sob pena de nulidade do processo.

A decretação da falência determina o vencimento antecipado das dívidas do devedor e dos sócios ilimitada e solidariamente responsáveis, com o abatimento proporcional dos juros, e converte todos os créditos em moeda estrangeira para a moeda do país, pelo câmbio do dia da decisão judicial.

Serão considerados habilitados os créditos remanescentes da recuperação judicial, quando definitivamente incluídos no quadro-geral de credores, tendo prosseguimento as habilitações que estejam em curso.

A decisão que decreta a falência da sociedade com sócios ilimitadamente responsáveis também acarreta a falência destes, que ficam sujeitos aos mesmos efeitos jurídicos produzidos em relação à sociedade falida e, por isso, deverão ser citados para apresentar contestação, se assim o desejarem. Essa regra aplica-se ao sócio que tenha se retirado voluntariamente ou que tenha sido excluído da sociedade, há menos de dois anos, quanto às dívidas existentes na data do arquivamento da alteração do contrato, no caso de não terem sido solvidas até a data da decretação da falência.

As sociedades falidas serão representadas na falência por seus administradores ou liquidantes, os quais terão os mesmos direitos e, sob as mesmas penas, ficarão sujeitos às obrigações que cabem ao falido.

A responsabilidade pessoal dos sócios de responsabilidade limitada, dos controladores e dos administradores da sociedade falida, estabelecida nas respectivas leis, será apurada no próprio juízo da falência, independentemente da realização do ativo e da prova da sua insuficiência para cobrir o passivo.

Prescreverá em dois anos, contados do trânsito em julgado da sentença de encerramento da falência, a ação de responsabilização.

O juiz poderá, de ofício, ou mediante requerimento das partes interessadas, ordenar a indisponibilidade de bens particulares dos réus, em quantidade compatível com o dano provocado, até o julgamento da ação de responsabilização.

O falido fica inabilitado para exercer qualquer atividade empresarial a partir da decretação da falência e até a sentença que extingue suas obrigações. Findo o período de inabilitação, o falido poderá requerer ao juiz da falência que proceda à respectiva anotação em seu registro.

Desde a decretação da falência ou do sequestro, o devedor perde o direito de administrar os seus bens ou deles dispor. O falido poderá, contudo, fiscalizar a administração da falência, requerer as providências necessárias para a conservação de seus direitos ou dos bens arrecadados e intervir nos processos em que a massa falida seja parte ou interessada, requerendo o que for de direito e interpondo os recursos cabíveis.

O devedor em crise econômico-financeira que julgue não atender aos requisitos para pleitear sua recuperação judicial deverá requerer ao juízo sua falência (autofalência), expondo as razões da impossibilidade de prosseguimento da atividade empresarial.

Ato contínuo à assinatura do termo de compromisso, o administrador judicial efetuará a arrecadação dos bens e documentos e a avaliação dos bens, separadamente ou em bloco, no local em que se encontrem, requerendo ao juiz, para esses fins, as medidas necessárias.

Os bens arrecadados ficarão sob a guarda do administrador judicial ou de pessoa por ele escolhida, sob responsabilidade daquele, podendo o falido ou qualquer de seus representantes ser nomeado depositário dos bens.

O estabelecimento será lacrado sempre que houver risco para a execução da etapa de arrecadação ou para a preservação dos bens da massa falida ou dos interesses dos credores.

A decretação da falência suspende: (1) o exercício do direito de retenção sobre os bens sujeitos à arrecadação, os quais deverão ser entregues ao administrador judicial; (2) o exercício do direito de retirada ou de recebimento do valor de suas quotas ou ações, por parte dos sócios da sociedade falida.

Os contratos bilaterais, como o contrato de trabalho, não se resolvem pela falência e podem ser cumpridos pelo administrador judicial se o cumprimento reduzir ou evitar o aumento do passivo da massa falida, ou for necessário à manutenção e preservação de seus ativos, mediante autorização do Comitê. O contratante pode interpelar o administrador judicial, no prazo de até 90 dias, contado da assinatura do termo de sua nomeação, para que, dentro de 10 dias, declare se cumpre ou não o contrato. A declaração negativa ou o silêncio do administrador judicial confere ao contraente o direito à indenização, cujo valor, apurado em processo ordinário, constituirá crédito quirografário.

Contra a massa falida não são exigíveis juros vencidos após a decretação da falência, previstos em lei ou em contrato, se o ativo apurado não bastar para o pagamento dos credores subordinados.

O proprietário de bem arrecadado no processo de falência ou que esteja em poder do devedor na data da decretação da falência poderá pedir sua restituição. Também pode ser pedida a restituição de coisa vendida a crédito e entregue ao devedor nos 15 dias anteriores ao requerimento de sua falência, se ainda não alienada.

Proceder-se-á à restituição em dinheiro: (1) se a coisa não mais existir ao tempo do pedido de restituição, hipótese em que o requerente receberá o valor da avaliação do bem, ou, no caso de ter ocorrido sua venda, o respectivo preço, em ambos os casos no valor atualizado; (2) da importância entregue ao devedor, em moeda corrente nacional, decorrente de adiantamento a contrato de câmbio para exportação, desde que o prazo total da operação, inclusive eventuais prorrogações, não exceda o previsto nas normas específicas da autoridade competente; (3) dos valores entregues ao devedor pelo contratante de boa-fé na hipótese de revogação ou ineficácia do contrato; (4) às Fazendas Públicas, relativamente a tributos passíveis de retenção na fonte, de descontos de terceiros ou de sub-rogação e a valores recebidos pelos agentes arrecadadores e não recolhidos aos cofres públicos.

O pedido de restituição deverá ser fundamentado e descreverá a coisa reclamada.

A classificação dos créditos na falência obedece à seguinte ordem: (1) créditos extraconcursais, que são os constituídos depois da quebra; (2) os créditos derivados da legislação trabalhista, limitados a 150 (cento e cinquenta) salários-mínimos por credor, e aqueles decorrentes de acidentes de trabalho; (3) créditos gravados com direito real de garantia até o limite do valor do bem gravado, que provavelmente serão os bancários; (4) créditos tributários, independentemente da sua natureza e do tempo de sua constituição, exceto os créditos e as multas tributárias; (5) créditos quirografários: (a) aqueles não previstos nos itens acima; (b) os saldos dos créditos não cobertos pelo produto da alienação dos bens vinculados ao seu pagamento; (c) os saldos dos créditos derivados da legislação do trabalho que excederem o limite estabelecido no item 2; (6) as multas contratuais e as penas pecuniárias por infração das leis penais ou administrativas, incluídas as multas tributárias; (7) créditos subordinados: (a) os previstos em lei, como as debêntures subordinadas, que não gozam de qualquer garantia (§ 4º do art. 58 da Lei n. 6.404/76) ou em contrato; (b) os créditos dos sócios e dos administradores sem vínculo empregatício cuja contratação não tenha observado as condições estritamente comutativas e as práticas de mercado; (8) os juros vencidos após a decretação da falência.

Não são oponíveis à massa os valores decorrentes de direito de sócio ao recebimento de sua parcela do capital social na liquidação da sociedade.

As cláusulas penais dos contratos unilaterais não serão atendidas, se as obrigações neles estipuladas se vencerem em virtude da falência.

Os créditos trabalhistas cedidos a terceiros serão considerados quirografários.

Serão considerados créditos extraconcursais e serão pagos com precedência sobre os mencionados anteriormente, na ordem a seguir, os relativos a: (1) remunerações devidas ao administrador judicial e seus auxiliares, e créditos derivados da (2) ao valor efetivamente entregue ao devedor em recuperação judicial pelo financiador; (3) aos créditos em dinheiro objeto de restituição; (4) às remunerações devidas ao administrador judicial e aos seus auxiliares, aos reembolsos devidos a membros do Comitê de Credores, e aos créditos derivados da legislação trabalhista ou decorrentes de acidentes de trabalho relativos a serviços prestados após a decretação da falência; (5) às obrigações resultantes de atos jurídicos válidos praticados durante a recuperação judicial ou após a decretação da falência; (6) quantias fornecidas à massa pelos credores; (7) despesas com arrecadação, administração, realização do ativo e distribuição do seu produto, bem como custas do processo de falência; (8) custas judiciais relativas às ações e execuções em que a massa falida tenha sido vencida; (9) tributos relativos a fatos geradores ocorridos após a decretação da falência.

Pagos todos os credores, o saldo, se houver, será entregue ao falido.

Logo após a arrecadação dos bens, com a juntada do respectivo auto ao processo de falência, será iniciada a realização do ativo.

A alienação dos bens será realizada de uma das seguintes formas, observada a seguinte ordem de preferência: (1) alienação da empresa, com a venda de seus estabelecimentos em bloco; (2) alienação da empresa, com a venda de suas filiais ou unidades produtivas isoladamente; (3) alienação em bloco dos bens que integram cada um dos estabelecimentos do devedor; (4) alienação dos bens individualmente considerados.

A realização do ativo terá início independentemente da formação do quadro-geral de credores.

17.18 RECUPERAÇÃO JUDICIAL

A recuperação judicial tem por objetivo viabilizar a superação da situação de crise econômico-financeira do devedor, a fim de permitir a manutenção da fonte produtora, do emprego dos trabalhadores e dos interesses dos credores, promovendo, assim, a preservação da empresa, sua função social e o estímulo à atividade econômica.

Poderá requerer recuperação judicial o devedor que, no momento do pedido, exerça regularmente suas atividades há mais de dois anos e que atenda aos seguintes requisitos, cumulativamente: (1) não ser falido e, se o foi, estejam declaradas extintas, por sentença transitada em julgado, as responsabilidades daí decorrentes; (2) não ter, há menos de cinco anos, obtido concessão de recuperação judicial; (3) não ter, há menos de cinco anos, obtido concessão de recuperação judicial com base no plano especial; (4) não ter sido condenado ou não ter, como administrador ou sócio controlador, pessoa condenada por qualquer dos crimes previstos na lei de falências.

A recuperação judicial também poderá ser requerida pelo cônjuge sobrevivente, herdeiros do devedor, inventariante ou sócio remanescente.

Estão sujeitos à recuperação judicial todos os créditos existentes na data do pedido, ainda que não vencidos.

Os credores do devedor em recuperação judicial conservam seus direitos e privilégios contra os coobrigados, fiadores e obrigados de regresso.

As obrigações anteriores à recuperação judicial observarão as condições originalmente contratadas ou definidas em lei, inclusive no que diz respeito aos encargos, salvo se de modo diverso ficar estabelecido no plano de recuperação judicial.

Tratando-se de credor titular da posição de proprietário fiduciário de bens móveis ou imóveis, de arrendador mercantil, de proprietário ou promitente vendedor de imóvel cujos respectivos contratos contenham cláusula de irrevogabilidade ou irretratabilidade, inclusive em incorporações imobiliárias, ou de proprietário em contrato de venda com reserva de domínio, seu crédito não se submeterá aos efeitos da recuperação judicial e prevalecerão os direitos de propriedade sobre a coisa e as condições contratuais, observada a legislação respectiva, não se permitindo, contudo, durante o prazo de suspensão a venda ou a retirada do estabelecimento do devedor dos bens de capital essenciais a sua atividade empresarial.

Constituem meios de recuperação judicial, observada a legislação pertinente a cada caso, entre outros:

(1) concessão de prazos e condições especiais para pagamento das obrigações vencidas ou vincendas;

(2) cisão, incorporação, fusão ou transformação de sociedade, constituição de subsidiária integral, ou cessão de cotas ou ações, respeitados os direitos dos sócios, nos termos da legislação vigente;
(3) alteração do controle societário;
(4) substituição total ou parcial dos administradores do devedor ou modificação de seus órgãos administrativos;
(5) concessão aos credores de direito de eleição em separado de administradores e de poder de veto em relação às matérias que o plano especificar;
(6) aumento de capital social;
(7) trespasse ou arrendamento de estabelecimento, inclusive à sociedade constituída pelos próprios empregados;
(8) redução salarial, compensação de horários e redução da jornada, mediante acordo ou convenção coletiva;
(9) dação em pagamento ou novação de dívidas do passivo, com ou sem constituição de garantia própria ou de terceiro;
(10) constituição de sociedade de credores;
(11) venda parcial dos bens;
(12) equalização de encargos financeiros relativos a débitos de qualquer natureza, tendo como termo inicial a data da distribuição do pedido de recuperação judicial, aplicando-se inclusive aos contratos de crédito rural, sem prejuízo do disposto em legislação específica;
(13) usufruto da empresa;
(14) administração compartilhada;
(15) emissão de valores mobiliários;
(16) constituição de sociedade de propósito específico para adjudicar, em pagamento dos créditos, os ativos do devedor.
(17) conversão de dívida em capital social;
(18) venda integral da devedora, desde que garantidas aos credores não submetidos ou não aderentes condições, no mínimo, equivalentes àquelas que teriam na falência, hipótese em que será, para todos os fins, considerada unidade produtiva isolada.

O plano de recuperação será apresentado pelo devedor em juízo no prazo improrrogável de 60 dias da publicação da decisão que deferir o processamento da recuperação judicial, sob pena de convolação em falência.

Não poderá prever o plano de recuperação judicial prazo superior a um ano para pagamento dos créditos derivados da legislação do trabalho ou decorrentes de acidentes do trabalho vencidos até a data do pedido de recuperação judicial. O plano não poderá, ainda, prever prazo superior a 30 dias para o pagamento, até o limite de cinco salários mínimos por trabalhador, dos créditos de natureza estritamente salarial vencidos nos três meses anteriores ao pedido de recuperação judicial.

Implica novação o plano de recuperação judicial dos créditos anteriores ao pedido, e obriga o devedor e todos os credores a ele sujeitos, sem prejuízo das garantias.

A decisão judicial que conceder a recuperação judicial constituirá título executivo judicial.

Proferida a decisão, o devedor permanecerá em recuperação judicial até que se cumpram todas as obrigações previstas no plano que se vencerem até dois anos depois da concessão da recuperação judicial. Durante o referido período, o descumprimento de qualquer obrigação prevista no plano acarretará a convolação da recuperação em falência.

Durante o procedimento de recuperação judicial, o devedor ou seus administradores serão mantidos na condução da atividade empresarial, sob fiscalização do Comitê, se houver, e do administrador judicial.

Após a distribuição do pedido de recuperação judicial, o devedor não poderá alienar ou onerar bens ou direitos de seu ativo não circulante, salvo mediante autorização do juiz, depois de ouvido o Comitê de Credores, se houver, com exceção daqueles previamente autorizados no plano de recuperação judicial.

Serão considerados extraconcursais os créditos decorrentes de obrigações contraídas pelo devedor durante a recuperação judicial, inclusive aqueles relativos a despesas com fornecedores de bens ou serviços e contratos de mútuo, em caso de decretação de falência.

Os créditos quirografários sujeitos à recuperação judicial pertencentes a fornecedores de bens ou serviços que continuarem a provê-los normalmente após o pedido de recuperação judicial terão privilégio geral de recebimento em caso de decretação de falência, no limite do valor dos bens ou serviços fornecidos durante o período da recuperação.

As Fazendas Públicas e o Instituto Nacional do Seguro Social (INSS) poderão deferir, nos termos da legislação específica, parcelamento de seus créditos, em sede de recuperação judicial, de acordo com os parâmetros estabelecidos no Código Tributário Nacional.

As microempresas e as empresas de pequeno porte, conforme definidas em lei, poderão apresentar plano especial de recuperação judicial, desde que afirmem sua intenção de fazê-lo em petição inicial. O pedido de recuperação judicial com base em plano especial não acarreta a suspensão do curso da prescrição nem das ações e execuções por créditos não abrangidos pelo plano.

O juiz decretará a falência durante o processo de recuperação judicial: (1) por deliberação da assembleia geral de credores; (2) pela não apresentação, pelo devedor, do plano de recuperação; (3) quando houver sido rejeitado o plano de recuperação proposto pelos credores; (4) por descumprimento de qualquer obrigação assumida no plano de recuperação; (5) por descumprimento dos parcelamentos pela decisão que, por qualquer outro motivo, rejeite o pedido de recuperação judicial; (6) quando identificado o esvaziamento patrimonial da devedora que implique liquidação substancial da empresa, em prejuízo de credores não sujeitos à recuperação judicial, inclusive as Fazendas Públicas.

Na convolação da recuperação em falência, os atos de administração, endividamento, oneração ou alienação praticados durante a recuperação judicial presumem-se válidos, desde que realizados de acordo com a lei.

17.19 RECUPERAÇÃO EXTRAJUDICIAL

O devedor que preencher os requisitos legais poderá propor e negociar com credores plano de recuperação extrajudicial.

Não se aplica a recuperação extrajudicial a titulares de créditos de natureza tributária e a sujeição dos créditos de natureza trabalhista e por acidentes de trabalho exige negociação coletiva com o sindicato da respectiva categoria profissional.

O plano não poderá contemplar o pagamento antecipado de dívidas nem tratamento desfavorável aos credores que a ele não estejam sujeitos.

17.20 LIQUIDAÇÃO EXTRAJUDICIAL

As instituições financeiras privadas e as públicas não federais, as cooperativas de crédito, as distribuidoras de títulos e valores mobiliários e as corretoras de câmbio estão sujeitas à intervenção e liquidação extrajudicial, efetuadas pelo Banco Central do Brasil. A matéria é regulada pela Lei n. 6.024/74.

São também sujeitas à liquidação extrajudicial as companhias de seguro (Decreto-Lei n. 73/66), as sociedades de capitalização, as cooperativas (Lei n. 5.764/71), os consórcios, fundos mútuos e distribuição gratuita de prêmios (Lei n. 5.768/71).

As entidades de previdência privada fechada não estão sujeitas à falência, mas somente à liquidação extrajudicial (art. 47 da Lei Complementar n. 109/2001).

A intervenção ocorrerá em caso de anormalidade na instituição financeira, com prejuízos consideráveis.

O período de intervenção será de seis meses, prorrogáveis por mais seis meses.

Será nomeado um interventor, com plenos poderes de gestão, salvo quanto à oneração de bens e admissão e dispensa de empregados.

Produz a intervenção os seguintes efeitos: (a) suspensão da exigibilidade das obrigações vencidas; (b) suspensão da fluência de prazos das obrigações não vencidas; (c) bloqueio dos depósitos existentes à data da decretação.

A liquidação extrajudicial produz os mesmos efeitos da falência. O Banco Central nomeia um liquidante, com amplos poderes de administração e de liquidação.

A liquidação extrajudicial produz os seguintes efeitos, entre outros: (a) suspensão das ações e execuções individuais; (b) vencimento antecipado das dívidas.

São sujeitos à correção monetária desde o vencimento, até o efetivo pagamento, sem interrupção ou suspensão, os créditos junto a entidades submetidas aos regimes de intervenção ou liquidação extrajudicial, mesmo quando esses regimes sejam convertidos em falência.

O liquidante é como se fosse o síndico da liquidação. O juiz da liquidação será o Banco Central.

Cessa a liquidação extrajudicial com a normalização da empresa, com a transformação em liquidação ordinária, com a aprovação das contas finais do liquidante e baixa no registro público competente, ou com a decretação da falência.

A falência da entidade sob liquidação extrajudicial será requerida pelo liquidante, se o ativo for inferior a 50% dos créditos quirografários, ou quando houver indício de crime falimentar.

A intervenção e a liquidação extrajudicial acarretam a indisponibilidade de todos os bens dos administradores até a apuração e liquidação final de suas responsabilidades. Alcançará todos os administradores que tenham estado no exercício de suas funções nos 12 meses anteriores.

As pessoas que tiverem decretada a indisponibilidade de bens não poderão ausentar-se do foro da intervenção sem prévia autorização do Banco Central ou do juiz da falência.

17.21 DIREITO DO CONSUMIDOR

A Ordem Econômica tem por base o princípio da defesa do consumidor (art. 170, V, da Constituição).

Prevê que o Estado promoverá, na forma da lei, a defesa do consumidor (art. 5º, XXXII, da Lei Magna). A Lei n. 8.078/90 instituiu a proteção do consumidor.

Consumidor é toda pessoa física ou jurídica que adquire ou utiliza produto ou serviço como destinatário final. Equipara-se a consumidor a coletividade de pessoas, ainda que indetermináveis, que intervenham nas relações de consumo.

Fornecedor é toda pessoa física ou jurídica, pública ou privada, nacional ou estrangeira, bem como os entes despersonalizados, que desenvolvem atividades de produção, montagem, criação, construção, transformação, importação, exportação, distribuição ou comercialização de produtos ou prestação de serviços.

Produto é qualquer bem, móvel ou imóvel, material ou imaterial.

Serviço é qualquer atividade fornecida no mercado de consumo, mediante remuneração, inclusive as de natureza bancária, financeira, de crédito e securitária, salvo as decorrentes das relações de caráter trabalhista.

A Política Nacional das Relações de Consumo tem por objetivo o atendimento das necessidades dos consumidores. Reconhece-se a vulnerabilidade do consumidor no mercado de consumo, devendo existir ação governamental para protegê-lo efetivamente. O consumidor e o fornecedor devem ser educados e informados quanto a seus direitos e deveres, visando à melhoria do mercado de consumo.

O consumidor é protegido contra publicidade enganosa e abusiva, métodos comerciais coercitivos e desleais, bem como contra práticas e cláusulas abusivas ou impostas no fornecimento de produtos e serviços. Tem direito a modificação das cláusulas contratuais que estabeleçam prestações desproporcionais ou sua revisão em razão de fatos supervenientes que as tornem excessivamente onerosas. Faz jus o consumidor à inversão do ônus da prova a seu favor, no processo, quando, a critério do juiz, for verossímil a alegação ou quando for ele hipossuficiente.

O fabricante, o produtor, o construtor, nacional ou estrangeiro, e o importador respondem, independentemente da existência de culpa, pela reparação dos danos causados aos consumidores por defeitos decorrentes de projeto, fabricação, construção, montagem, fórmulas, manipulação, apresentação ou acondicionamento de seus produtos, bem como por informações insuficientes ou inadequadas sobre sua utilização e riscos.

O produto é defeituoso quando não oferece a segurança que dele legitimamente se espera, levando-se em consideração as circunstâncias relevantes, entre as quais: (a) sua apresentação; (b) o uso e os riscos que razoavelmente dele se esperam; (c) a época em que foi colocado em circulação.

O comerciante é responsável quando: (a) o fabricante, o construtor, o produtor ou o importador não puderem ser identificados; (b) o produto for fornecido sem identificação clara de seu fabricante, produtor, construtor ou importador; (c) não conservar adequadamente os produtos perecíveis.

Os fornecedores de produtos de consumo duráveis ou não duráveis respondem solidariamente pelos vícios de qualidade ou quantidade que os tornem impróprios ou inadequados ao consumo a que se destinam ou lhes diminuam o valor, assim como por aqueles decorrentes da disparidade, com as indicações constantes do recipiente, da embalagem, rotulagem ou mensagem publicitária, respeitadas as variações decorrentes de sua natureza, podendo o consumidor exigir a substituição das partes viciadas.

O direito de reclamar pelos vícios aparentes ou de fácil constatação caduca em: (a) 30 dias, tratando-se de fornecimento de serviço e de produto não durável; (b) 90 dias, tratando-se de fornecimento de serviço e de produto durável.

O juiz poderá desconsiderar a personalidade jurídica da sociedade quando, em detrimento do consumidor, houver abuso de direito, excesso de poder, infração da lei, fato ou ato ilícito ou violação dos estatutos ou contrato social. A desconsideração também será efetivada quando houver falência, estado de insolvência, encerramento ou inatividade da pessoa jurídica provocados por má administração.

A oferta e a apresentação de produtos ou serviços devem assegurar informações corretas, claras, precisas, ostensivas e em língua portuguesa sobre suas características, qualidades, quantidade, composição, preço, garantia, prazos de validade e origem, entre outros dados, bem como sobre os riscos que apresentam à saúde e segurança dos consumidores.

Os fabricantes e importadores deverão assegurar a oferta de componentes e peças de reposição enquanto não cessar a fabricação ou importação do produto. Cessadas a produção ou importação, a oferta deverá ser mantida por período razoável.

É proibida a publicidade enganosa ou abusiva.

Na cobrança de débitos, o consumidor inadimplente não será exposto ao ridículo, nem será submetido a qualquer tipo de constrangimento ou ameaça.

O consumidor terá acesso às informações existentes em cadastros, fichas, registros e dados pessoais e de consumo arquivados sobre ele, bem como sobre suas respectivas fontes. Poderá o consumidor pedir sua imediata correção, caso os dados sejam incorretos.

Os contratos que regulam as relações de consumo não obrigarão os consumidores, se não lhes for dada a oportunidade de tomar conhecimento prévio de seu conteúdo, ou se os respectivos instrumentos forem redigidos de modo a dificultar a compreensão de seu sentido e alcance. As cláusulas contratuais serão interpretadas de maneira mais favorável ao consumidor. Os contratos de adesão serão redigidos em termos claros e com caracteres ostensivos e legíveis, de modo a facilitar sua compreensão pelo consumidor. As cláusulas que implicarem limitação de direito do consumidor deverão ser redigidas com destaque, permitindo sua imediata e fácil compreensão.

Nas ações coletivas propostas para a defesa do consumidor, a sentença fará coisa julgada: (a) perante todas as pessoas, exceto se o pedido for rejeitado por insuficiência de provas, hipótese em que qualquer legitimado poderá intentar outra ação, com idêntico fundamento, valendo-se de nova prova; (b) limitada ao grupo, categoria ou classe, salvo rejeição do pedido por insuficiência de provas; (c) perante todos, apenas no caso de acolhimento do pedido, para beneficiar todas as vítimas e seus sucessores.

Da nota fiscal de venda deve constar a informação do valor aproximado correspondente à totalidade dos tributos federais, estaduais e municipais, cuja incidência influi na formação dos respectivos preços de venda (art. 1º da Lei n. 12.741/2012). Isso significa os impostos e contribuições que formam o preço de venda da mercadoria. Impostos e contribuições federais são: IPI, IOF, PIS/PASEP, Cofins, Contribuição de Intervenção sobre o Domínio Econômico. Imposto estadual é o ICMS. Imposto municipal é o ISS.

O Código de Defesa do Consumidor é aplicável às instituições financeiras (Súmula 297 do STJ).

Aplica-se o Código de Defesa do Consumidor aos contratos de plano de saúde, salvo os administrados por entidades de autogestão (Súmula 608 do STJ).

Questionário

1. O que é Direito Comercial?
2. Qual a diferença entre razão social e denominação social?
3. O que é fundo de comércio?
4. Indique exemplos de sociedades de capital.
5. Indique exemplos de sociedade de pessoas.
6. O que é sociedade irregular?
7. Como se caracteriza a sociedade em nome coletivo?
8. Como se caracteriza a sociedade de capital e indústria?
9. Como se caracteriza a sociedade em conta de participação?
10. Como são divididas as sociedades por ações?
11. O que é subscrição?

12. O que são ações preferenciais?
13. O que são debêntures?
14. Quantas pessoas integram o Conselho de Administração?
15. Quantas pessoas integram o Conselho Fiscal?
16. O que é fusão?
17. O que é cisão?
18. O que são sociedades coligadas?
19. O que é aval?
20. O que é aceite?
21. O que é *warrant*?
22. O que é *franchising*?
23. O que é *factoring*?
24. O que é autofalência?
25. Em que casos ocorre a liquidação extrajudicial?

Capítulo 18

DIREITO DO TRABALHO

18.1 HISTÓRICO

O Direito do Trabalho surge como uma forma de proteger o empregado contra os abusos praticados pelo empregador. Era comum o trabalhador ficar sujeito a jornadas excessivas, de sol a sol.

A partir do momento em que foi inventada a luz artificial, o trabalhador ainda prestava serviços por mais horas do que o normal. As mulheres e menores eram explorados, pois trabalhavam muito e tinham salário inferior ao do homem. Assim, começam a surgir leis que limitam a jornada de trabalho e proíbem o trabalho de menores e mulheres em certas condições.

As Constituições dos países começam a versar sobre Direito do Trabalho, que é a chamada fase do constitucionalismo social. A primeira Constituição que veio a tratar do tema foi a do México, em 1917, em seu art. 123, prevendo, entre outros direitos, jornada de oito horas, proibição de trabalho de menores de 12 anos, limitação da jornada dos menores de 16 anos a seis horas, jornada máxima noturna de sete horas, proteção à maternidade, salário mínimo, direito de sindicalização e de greve, seguro social e proteção contra acidentes do trabalho. A segunda Constituição a versar sobre o assunto foi a de Weimar, de 1919, autorizando a liberdade de coalização dos trabalhadores, criando um sistema de seguros sociais.

No Brasil, a primeira Constituição a tratar de Direito do Trabalho foi a de 1934, garantindo a liberdade sindical, isonomia salarial, salário mínimo, jornada de oito horas de trabalho, proteção do trabalho das mulheres e menores, repouso semanal, férias anuais remuneradas (art. 121).

A Carta Constitucional de 10 de novembro de 1937 tinha conteúdo corporativista, inspirada na Carta del Lavoro, de 1927, e na Constituição polonesa. O próprio art. 140 da referida Carta era claro no sentido de que a economia era organizada em corporações, sendo consideradas órgãos do Estado, exercendo função delegada de poder público. Instituiu o sindicato único, imposto por lei, vinculado ao Estado, exercendo funções delegadas de poder público, podendo haver intervenção estatal direta em suas atribuições. Foi criado o imposto sindical, sendo que o Estado participava do produto de sua arrecadação. Estabeleceu-se a competência normativa dos tribunais do trabalho, que tinham por objetivo principal evitar o entendimento direto entre trabalhadores e empregadores. A greve e o *lockout* foram considerados recursos antissociais, nocivos ao trabalho e ao capital e incompatíveis com os interesses da produção nacional (art. 139).

O Decreto-Lei n. 5.452, de 1º de maio de 1943, aprova a Consolidação das Leis do Trabalho (CLT). A CLT não é um código, apenas reúne as normas já existentes de forma sistematizada.

Prevê a Constituição de 1946 a participação dos trabalhadores nos lucros (art. 157, IV), repouso semanal remunerado (art. 157, VI), estabilidade (art. 157, XII), direito de greve (art. 158), entre outros direitos.

Os direitos trabalhistas são encontrados na Constituição de 1967 no art. 158. A Emenda Constitucional n. 1, de 1969, repetiu praticamente a Norma Ápice de 1967, no art. 165, no que diz respeito aos direitos trabalhistas.

A Constituição de 1988 trata de direitos trabalhistas nos arts. 7º a 11.

18.2 DENOMINAÇÃO

Utilizou-se inicialmente a denominação Legislação do Trabalho, pois havia muitas leis esparsas tratando sobre o tema. O § 1º do art. 121 da Constituição de 1934 usava a expressão *legislação do trabalho*. Algumas faculdades de Ciências Econômicas, Contábeis e Administrativas ainda se utilizam da denominação Legislação do Trabalho. A matéria estudada não vai versar apenas sobre a legislação do trabalho, mas sobre conceitos, institutos etc.

A denominação *Direito Operário* é originária da França. Lá é empregada a expressão *Droit Ouvrier* (Direito Operário). Dispunha a Constituição de 1937 sobre a competência da União para legislar sobre Direito Operário (art. 16, XVI). O Direito do Trabalho não vai estudar apenas os operários, mas também os patrões e outros tipos de trabalhadores.

Surge a expressão Direito Industrial após a Revolução Industrial. Inicialmente utilizava-se da nomenclatura Legislação Industrial. As questões trabalhistas atualmente não dizem respeito apenas à indústria, mas ao comércio, aos bancos, às empresas prestadoras de serviço etc.

Nos regimes totalitários era utilizada a denominação Direito Corporativo, como em Portugal ou na Itália. No Brasil, esse nome aparece com o corporativismo implantado por Getúlio Vargas a partir de 1937, criando a Justiça do Trabalho atrelada ao Executivo, os sindicatos únicos etc. O Direito do Trabalho não irá estudar apenas as corporações, mas a relação entre empregado e empregador.

Cesarino Jr. falava em Direito Social, que era destinado a proteger os hipossuficientes. Em seu bojo estariam incluídas não só questões de Direito do Trabalho, mas de Direito Coletivo, assistencial e previdenciário. Seria um Direito destinado a promover a justiça social[1]. O Direito por natureza já é social, feito para estabelecer regras para a sociedade. Todos os ramos do Direito têm essa característica.

O Direito Sindical serve apenas para mostrar as relações do sindicato. Abrange apenas um dos segmentos do Direito do Trabalho.

A melhor denominação é mesmo Direito do Trabalho. A partir da Constituição de 1946 a expressão utilizada passou a ser Direito do Trabalho. Atualmente, é empregada na Constituição de 1988, no inciso I do art. 22. O Direito do Trabalho vai estudar principalmente o trabalho subordinado, mas também irá analisar o trabalho temporário, os trabalhadores avulsos, os domésticos etc.

18.3 CONCEITO

Direito do Trabalho é o conjunto de princípios, regras e instituições atinentes à relação de trabalho subordinado e situações análogas, que visa assegurar melhores condições de trabalho e sociais ao trabalhador, de acordo com as medidas de proteção que lhe são destinadas[2].

---

1 CESARINO JR., Antonio Ferreira. *Direito social brasileiro*. São Paulo: Saraiva, 1957, v. 1, p. 35.

2 MARTINS, Sergio Pinto. *Direito do trabalho*. 37. ed. São Paulo: Saraiva, 2021, p. 63.

O objetivo principal do Direito do Trabalho é estudar o trabalho subordinado, mas também as situações análogas, como o trabalho do avulso.

O Direito do Trabalho é dividido em Teoria Geral, Direito Individual do Trabalho, que estuda o contrato de trabalho, empregado, empregador, suspensão, interrupção e cessação do contrato de trabalho; Direito Tutelar do Trabalho, que analisa a jornada de trabalho, intervalos, férias, trabalho da mulher e do menor etc.; e Direito Coletivo do Trabalho, que estuda a organização sindical, os sindicatos, as convenções e acordos coletivos e a greve.

18.4 FONTES

São fontes do Direito do Trabalho: a Constituição, as leis, os decretos, os costumes (art. 8º da CLT), as sentenças normativas, os acordos, as convenções, o regulamento de empresa e os contratos de trabalho.

Desde a Constituição de 1934 existem normas trabalhistas especificadas nesse tipo de regra. A Constituição de 1988 traz vários direitos trabalhistas nos arts. 7º a 11. Compete privativamente à União legislar sobre Direito do Trabalho (art. 22, I, da Constituição), impedindo que o façam os Estados-membros e os Municípios.

A principal lei trabalhista é a Consolidação das Leis do Trabalho (CLT), consubstanciada no Decreto-Lei n. 5.452/43. A CLT apenas organiza e sistematiza a legislação esparsa já existente, não sendo, portanto, um código. A CLT não é a única norma trabalhista, pois existe também a legislação esparsa, como a Lei n. 5.811/72 (empregados que trabalham em plataformas de petróleo), a Lei n. 7.064/82 (serviços no exterior), entre outras.

O Poder Executivo já editou decretos-leis; exemplo é a CLT (Decreto-Lei n. 5.452/43). Edita ainda decretos, como o Decreto n. 57.155/65 (13º salário), o Decreto n. 73.626/74 (trabalho rural), entre outros. São expedidas, também, portarias, instruções normativas etc.

Sentença normativa é a decisão dos tribunais trabalhistas que estabelece normas e condições de trabalho aplicáveis às partes envolvidas. Seu fundamento está no § 2º do art. 114 da Constituição. São criadas, modificadas ou extintas normas e condições aplicáveis ao trabalho, gerando direitos e obrigações a empregados e empregadores. É o resultado do dissídio coletivo.

Convenção coletiva é o negócio jurídico firmado entre o sindicato patronal e o sindicato dos trabalhadores sobre condições de trabalho (art. 611 da CLT). Acordo coletivo é o ajuste celebrado entre uma ou mais de uma empresa e o sindicato da categoria profissional a respeito de condições de trabalho (§ 1º do art. 611 da CLT).

O empregador fixa condições de trabalho no regulamento de empresa. Por esse motivo é considerado fonte extraestatal, autônoma.

Menciona o art. 8º da CLT que as disposições contratuais são fontes do Direito do Trabalho. São as regras especificadas no contrato de trabalho, que estipulam condições de trabalho, determinando direitos e deveres do empregado e do empregador.

A reiteração na aplicação de uma regra pela sociedade mostra que passa a ser fonte de direitos e obrigações. O exemplo no Direito do Trabalho era a gratificação de Natal, que era paga espontaneamente pelo empregador. Em razão da habitualidade de seu pagamento, passou a ser reivindicada pelos trabalhadores. A prestação fornecida habitualmente pelo empregador tem natureza salarial (art. 458 da CLT).

18.5 PRINCÍPIOS

Determina o art. 8º da CLT que, na falta de disposições legais ou contratuais, o intérprete pode socorrer-se dos princípios de Direito do Trabalho, mostrando que esses princípios são fontes supletivas da referida matéria.

São princípios do Direito do Trabalho: proteção do trabalhador, irrenunciabilidade de direitos, continuidade da relação de emprego e primazia da realidade.

Visa o princípio da proteção compensar a superioridade econômica do empregador em relação ao empregado, dando a este último superioridade jurídica. A proteção é determinada pela lei. Na dúvida, deve-se interpretar a norma a favor do operário (*in dubio pro operario*). Se houver mais de uma norma aplicável, deve-se observar a mais favorável ao trabalhador, seja em sua elaboração, na hierarquia entre normas, seja em sua interpretação. Emprega-se também a condição mais benéfica ao trabalhador. Havendo mais de uma condição a ser observada, utiliza-se a mais benéfica ao trabalhador, pois a regra já se incorporou ao contrato de trabalho do empregado, como indica a Súmula 51 do TST: "as cláusulas regulamentares, que revoguem ou alterem vantagens deferidas anteriormente, só atingirão os trabalhadores admitidos após a revogação ou alteração do regulamento" (I). Uma cláusula menos favorável aos trabalhadores só tem validade em relação aos novos obreiros admitidos na empresa e não quanto aos antigos, aos quais essa cláusula não se aplica.

O trabalhador não poderá renunciar, por exemplo, ao recebimento de suas férias, em razão de que a empresa passa por dificuldades financeiras. Se tal fato ocorrer, não terá qualquer validade o ato do operário, podendo o obreiro postular os salários não pagos na Justiça do Trabalho. Incide a regra do art. 9º da CLT, em que "serão nulos de pleno direito os atos praticados com o objetivo de desvirtuar, impedir ou fraudar a aplicação dos preceitos" trabalhistas.

Presume-se que o contrato de trabalho vigora por tempo indeterminado. Essa é a regra. A exceção ocorre nos contratos por prazo determinado. A Súmula 212 do TST adota o referido princípio.

Valerão no Direito do Trabalho muito mais os fatos do que a forma empregada pelas partes. De nada adianta rotular o empregado de autônomo, pagando-o com recibo de pagamento de autônomo (RPA), determinando sua inscrição no Conselho Regional dos Representantes Comerciais Autônomos e celebrando contrato escrito de representação comercial, pois valerá a situação de fato existente entre as partes.

18.6 CONTRATO DE TRABALHO

O Direito Individual do Trabalho é o segmento do Direito do Trabalho que estuda o contrato individual do trabalho e as regras legais ou normativas a ele aplicáveis. É uma parte do Direito do Trabalho.

Contrato individual de trabalho é o acordo, tácito ou expresso, correspondente à relação de emprego (art. 442 da CLT). Essa definição contém aspectos mistos, da teoria contratualista e da teoria institucionalista. A redação do citado dispositivo é proveniente de composição havida entre os membros que elaboraram a CLT e que tinham diferentes posições. Indica o referido preceito uma ideia contratual (ajuste de vontades), combinada com a teoria institucionalista (relação de emprego).

No contrato de trabalho contrata-se atividade e não resultado. Há um acordo de vontades, ao se estabelecer seu conteúdo, caracterizando a autonomia privada das partes.

São encontradas duas teorias para justificar a natureza jurídica do contrato de trabalho: a teoria contratualista e a teoria anticontratualista.

A teoria contratualista considera que a relação entre empregado e empregador é um contrato, por depender da vontade das partes para sua formação. Na maioria dos contratos de trabalho tem-se um pacto de adesão. O empregado adere às cláusulas especificadas pelo empregador no contrato, sem discuti-las.

A teoria anticontratualista sustenta que o trabalhador incorpora-se à empresa, a partir do momento em que passa a trabalhar para o empregador. Não haveria autonomia de vontade na discussão do conteúdo do contrato de trabalho. A empresa, por ser uma instituição, impõe regras aos trabalhadores, como ocorre com o Estado em relação ao funcionário público.

A redação do art. 442 da CLT mostra uma concepção mista, porque a Comissão encarregada de elaborar o projeto da CLT era integrada por dois institucionalistas e dois contratualistas. O consenso acabou por levar a redação do art. 442 da CLT a ter aspectos contratualistas, quando menciona o acordo tácito ou expresso, e institucionalistas, quando fala em relação de emprego.

O contrato de trabalho tem, porém, natureza contratual, pois não deixa de ser um ajuste de vontades entre as partes, pois o empregado e o empregador fazem a contratação porque querem e não por obrigação legal.

São requisitos do contrato de trabalho: (a) continuidade, pois o pacto laboral é um ajuste de duração, compreendendo prestações sucessivas; (b) onerosidade: o contrato de trabalho não é gratuito; (c) pessoalidade: o contrato de trabalho é *intuitu personae*, estabelecido em razão de certa e específica pessoa, que é o empregado; (d) alteridade: trabalhar por conta alheia e não por conta própria. Não são requisitos essenciais: (a) exclusividade, pois o empregado pode ter mais de um emprego, se houver compatibilidade de horários; (b) profissionalidade: não se exige nenhum grau escolar para que o empregado possa trabalhar.

Para a validade do negócio jurídico é preciso que sejam respeitadas as condições determinadas pelo art. 104 do Código Civil, que exige agente capaz, objeto lícito e forma prescrita ou não defesa em lei.

A capacidade no Direito do Trabalho está atualmente regulada no inciso XXXIII do art. 7º da Constituição, que proíbe o trabalho do menor de 16 anos, salvo na condição de aprendiz, a partir de 14 anos. Logo, é permitido o trabalho do menor aprendiz de 14 a 18 anos (art. 428 da CLT). O menor poderá firmar recibo de salários, porém, na rescisão de seu contrato de trabalho, há necessidade da assistência dos responsáveis legais, para efeito de dar quitação ao empregador pelo recebimento das verbas que lhe são devidas (art. 439 da CLT).

Qualquer que seja o ramo de atividade da sociedade cooperativa, não existe vínculo empregatício entre ela e seus associados, nem entre estes e os tomadores de serviços daquela (parágrafo único do art. 442 da CLT).

A Lei n. 12.690/2012 dispõe sobre a organização e o funcionamento das Cooperativas de Trabalho. A Cooperativa de Trabalho não pode ser utilizada para intermediação de mão de obra subordinada (art. 5º).

A contratação de trabalhadores por empresa interposta é ilegal, formando-se o vínculo de emprego diretamente com o tomador dos serviços, salvo no caso de trabalho temporário (Lei n. 6.019/74) (Súmula 331, I, do TST). A contratação irregular do trabalhador, por meio de empresa interposta, não gera vínculo de emprego com os órgãos da Administração Pública Direta, Indireta, ou Fundacional, em razão da necessidade de ser feito o concurso público (art. 37, II, da Constituição) (Súmula 331, II, do TST). Não forma vínculo de emprego com o tomador a contratação de serviços de vigilância (Lei n. 7.102/83), de conservação e limpeza, bem como a de serviços especializados ligados à atividade-meio do tomador, desde que inexistente a pessoalidade e a subordinação direta. O inadimplemento das obrigações trabalhistas, por parte do empregador, implica a responsabilidade subsidiária do tomador dos serviços quanto àquelas obrigações, desde que haja participado da relação processual e conste também do título executivo judicial (IV).

Os entes integrantes da Administração Pública direta e indireta respondem subsidiariamente, nas mesmas condições do item IV, caso evidenciada a sua conduta culposa no cumprimento das obrigações da Lei n. 8.666/93, especialmente na fiscalização do cumprimento das obrigações contratuais e legais da prestadora dos serviços como empregadora. A aludida responsabilidade não decorre do mero inadimplemento das obrigações trabalhistas assumidas pela empresa regularmente contratada.

Em relação a atividades ilícitas, não há vínculo de emprego entre as partes, pois não foi observado um dos requisitos para a validade do ato jurídico. Será considerado nulo o ato jurídico quando for ilícito ou impossível seu objeto (art. 166, II, do CC). É o que ocorre em relação a empregados que prestam serviços em bancas de jogo do bicho (OJ 199 da SBDI-1 do TST). O próprio trabalhador não poderá dizer que desconhecia a ilicitude da atividade do tomador dos serviços, pois "ninguém se escusa de cumprir a lei, alegando que não a conhece" (art. 3º do Decreto-Lei n. 4.657/42).

A forma de celebração do contrato de trabalho tanto pode ser por escrito, como verbalmente (art. 443 da CLT). Só haverá necessidade de contrato de trabalho escrito nos casos previstos em lei, como os contratos de atleta profissional, contrato de artistas (art. 9º da Lei n. 6.533/78) e o contrato de aprendizagem (art. 428 da CLT).

Ajuste tácito é o que não é expresso, mas decorre da continuidade da prestação de serviços por parte do empregado sem oposição pelo empregador. É a utilização da expressão *quem cala consente*, revelando a existência do acordo tácito.

Os contratos de trabalho podem ser celebrados por tempo determinado ou indeterminado (art. 443 da CLT). No contrato por tempo determinado, as partes ajustam antecipadamente seu termo, enquanto no contrato de prazo indeterminado não há prazo para a terminação do pacto laboral.

Contrato de trabalho por prazo determinado é "o contrato de trabalho cuja vigência dependa de termo prefixado ou da execução de serviços especificados ou ainda da realização de certo acontecimento suscetível de previsão aproximada" (§ 1º do art. 443 da CLT). Exemplo de serviço condicionado à execução de serviço específico seria a montagem de uma máquina numa certa localidade.

Há termo especificado quando as partes estabelecem seu final. Acontecimento suscetível de previsão aproximada é o que ocorre com o contrato de safra, em que se sabe quando aproximadamente ela será colhida, tendo previsão no parágrafo único do art. 14 da Lei n. 5.889/73.

Só é válido o contrato de trabalho por prazo determinado em se tratando de: (a) serviço cuja natureza ou transitoriedade justifique a predeterminação do prazo; (b) atividades empresariais de caráter transitório; (c) contrato de experiência (§ 2º do art. 443 da CLT).

Serviços cuja natureza justifiquem a predeterminação de prazo são os serviços transitórios, efêmeros, temporários. No caso, é o serviço que é transitório, e não a atividade da empresa, que é permanente.

Exemplo de atividade empresarial de caráter transitório é a abertura de empresa especialmente para fabricar e vender panetone no Natal. Não se trata de uma atividade permanente da empresa, mas apenas eventual.

O empregado doméstico pode ser contratado por prazo determinado para atender necessidades familiares de natureza transitória e para substituição temporária de empregado doméstico com contrato de trabalho interrompido ou suspenso (art. 4º, II, da Lei Complementar n. 150/2015).

São espécies de contratos por tempo determinado: do técnico estrangeiro (Decreto-Lei n. 691/69), do atleta profissional de futebol (art. 30 da Lei n. 9.615/98), de artistas (art. 9º da Lei n. 6.533/78), de obra certa (Lei n. 2.959/58), de safra (art. 14 da Lei n. 5.889/73).

O prazo máximo do contrato de trabalho de prazo determinado é de dois anos (art. 445 da CLT), inclusive para o doméstico. Os contratos de experiência só poderão ser fixados por, no máximo, 90 dias (parágrafo único do art. 445 da CLT), inclusive para o doméstico. Só é permitida uma única prorrogação (art. 451 da CLT), sob pena de ficar evidenciado contrato de prazo indeterminado. Havendo a prorrogação por uma única vez, não poderá exceder de dois anos ou 90 dias.

Será vedado pactuar um novo contrato de trabalho por prazo determinado com o mesmo empregado senão após seis meses da conclusão do pacto anterior (art. 452 da CLT), exceto se a expiração do pacto dependeu da execução de serviços especializados ou da realização de certos acontecimentos.

O contrato de obra certa é previsto na Lei n. 2.959/56. É uma espécie de contrato de prazo determinado. Não poderá exceder de dois anos. O art. 1º da Lei n. 2.959/56 exige que a anotação do contrato por obra certa na CTPS do obreiro seja feita pelo construtor, que será o empregador.

Hoje, o contrato de experiência é considerado uma espécie de contrato de trabalho de prazo determinado.

O prazo máximo do contrato de experiência é de 90 dias (parágrafo único do art. 445 da CLT). Se o referido prazo for excedido por mais de 90 dias, vigorará como se fosse contrato por prazo indeterminado.

A prorrogação do contrato de experiência só pode ser feita uma única vez (art. 451 da CLT). O que não pode é ser excedido o prazo máximo de 90 dias e a prorrogação por mais de uma vez.

Dispensando o empregado antes do termo final do contrato, o empregador deverá pagar-lhe, a título de indenização, e por metade, a remuneração a que teria direito até o término do contrato (art. 479 da CLT).

Considera-se como intermitente o contrato de trabalho no qual a prestação de serviços, com subordinação, não é contínua, ocorrendo com alternância de períodos de prestação de serviços e de inatividade, determinados em horas, dias ou meses, independentemente do tipo de atividade do empregado e do empregador, exceto para os aeronautas, regidos por legislação própria (art. 443, § 3º, da CLT). O contrato de trabalho intermitente deve ser celebrado por escrito e deve conter especificamente o valor da hora de trabalho, que não pode ser inferior ao valor horário do salário mínimo ou àquele devido aos demais empregados do estabelecimento que exerçam a mesma função em contrato intermitente ou não.

O empregador convocará, por qualquer meio de comunicação eficaz, para a prestação de serviços, informando qual será a jornada, com, pelo menos, três dias corridos de antecedência. Recebida a convocação, o empregado terá o prazo de um dia útil para responder ao chamado, presumindo-se, no silêncio, a recusa. A recusa da oferta não descaracteriza a subordinação para fins do contrato de trabalho intermitente. Aceita a oferta para o comparecimento ao trabalho, a parte que descumprir, sem justo motivo, pagará à outra parte, no prazo de trinta dias, multa de 50% (cinquenta por cento) da remuneração que seria devida, permitida a compensação em igual prazo. O período de inatividade não será considerado tempo à disposição do empregador, podendo o trabalhador prestar serviços a outros contratantes. Ao final de cada período de prestação de serviço, o empregado receberá o pagamento imediato das seguintes parcelas: I – remuneração; II – férias proporcionais com acréscimo de um terço; III – décimo terceiro salário proporcional; IV – repouso semanal remunerado; e V – adicionais legais. O recibo de pagamento deverá conter a discriminação dos valores pagos relativos a cada uma das parcelas referidas no § 6º deste artigo. O empregador efetuará o recolhimento da contribuição previdenciária e o depósito do Fundo de Garantia do Tempo de Serviço, na forma da lei, com base nos valores pagos no período mensal e fornecerá ao empregado comprovante do cumprimento dessas obrigações. A cada doze meses, o empregado adquire direito a usufruir, nos doze meses subsequentes, um mês de férias, período no qual não poderá ser convocado para prestar serviços pelo mesmo empregador.

Teletrabalho é a prestação de serviços preponderantemente fora das dependências do empregador, com a utilização de tecnologias de informação e de comunicação que, por sua natureza, não se constituam como trabalho externo (art. 75-B da CLT). O comparecimento às dependências do empregador para a realização de atividades específicas que exijam a presença do empregado no estabelecimento não descaracteriza o regime de teletrabalho.

A prestação de serviços na modalidade de teletrabalho deverá constar expressamente do contrato individual de trabalho, que especificará as atividades que serão realizadas pelo empregado (art. 75-C da CLT). Poderá ser realizada a alteração entre regime presencial e de teletrabalho desde que haja mútuo acordo entre as partes, registrado em aditivo contratual. Poderá ser realizada a alteração do regime de teletrabalho para o presencial por determinação do empregador, garantido prazo de transição mínimo de quinze dias, com correspondente registro em aditivo contratual.

As disposições relativas à responsabilidade pela aquisição, manutenção ou fornecimento dos equipamentos tecnológicos e da infraestrutura necessária e adequada à prestação do trabalho remoto, bem como ao reembolso de despesas arcadas pelo empregado, serão previstas em contrato escrito (art. 75-D da CLT). As utilidades não integram a remuneração do empregado.

Nenhum empregado pode trabalhar sem apresentar sua CTPS ao empregador. Deve o empregado ser registrado desde o primeiro dia de trabalho, mesmo no contrato de experiência. O empregador tem o prazo de cinco dias úteis para anotar a CTPS do empregado, quanto à data de admissão, à remuneração as condições especiais, se houver, facultada a adoção de sistema manual, mecânico ou eletrônico, conforme instruções a serem expedidas pelo Ministério da Economia (art. 29 da CLT). Deve, também, o empregador anotar a CTPS do empregado quanto a condições especiais do seu trabalho, como condições insalubres ou perigosas, inclusive de contratos de prazo determinado, como o de experiência ou de trabalho temporário.

O trabalhador deverá ter acesso às informações da sua CTPS no prazo de até 48 (quarenta e oito) horas a partir de sua anotação.

Para fins de contratação, o empregador não exigirá do candidato a emprego comprovação de experiência prévia por tempo superior a seis meses no mesmo tipo de atividade.

18.7 EMPREGADO

Empregado é a pessoa física que presta serviços contínuos ao empregador, sob a subordinação deste e mediante pagamento de salário (art. 3º da CLT).

São cinco os requisitos para ser tipificada a condição de empregado: (a) pessoa física; (b) continuidade; (c) subordinação; (d) salário; (e) pessoalidade.

O empregado só pode ser pessoa física. Não é possível o empregado ser pessoa jurídica ou animal.

A CLT usa a expressão trabalho de natureza não eventual. Na verdade, o mais correto seria falar em trabalho contínuo. O contrato de trabalho é de trato sucessivo, de duração, que não se exaure numa única prestação, como ocorre com a venda e compra, na qual é pago o preço e entregue a coisa. No pacto laboral existe a habitualidade na prestação dos serviços, que na maioria das vezes é feita diariamente, mas poderia ter outra periodicidade, como duas vezes por semana etc.

Emprega a CLT a palavra *dependência*. O termo mais correto é *subordinação*. A subordinação é o aspecto da relação de emprego visto pelo lado do empregado, enquanto o poder de direção é a mesma acepção vista pelo lado do empregador. É evidenciada a subordinação pelo número de ordens de serviço a que está sujeito o empregado. Tem-se entendido que a subordinação é jurídica, pois é decorrente do contrato de trabalho e da lei (art. 3º da CLT).

O contrato de trabalho é oneroso. O empregado recebe salários pela prestação de serviços ao empregador. Não existe contrato de trabalho gratuito, como ocorre com o filho que lava o veículo do pai.

O contrato de trabalho é *intuitu personae*, é pessoal. É celebrado em função de certa e específica pessoa, que é o empregado. Se o empregado faz-se substituir constantemente por outra pessoa, como por seu irmão, inexiste o elemento pessoalidade na referida relação. Esse elemento é encontrado na parte final da definição de empregador (art. 2º da CLT).

O trabalho voluntário prestado por pessoa física de forma gratuita a entidade pública de qualquer natureza não gera vínculo empregatício (Lei n. 9.608/98). É o que ocorre com trabalhos cívicos, culturais, educacionais, recreativos ou de assistência social.

Empregado em domicílio é a pessoa que presta serviços em sua própria residência ao empregador, que o remunera (art. 83 da CLT). Estão presentes todos os elementos da condição de empregado. É o que ocorre com as costureiras que trabalham em casa para o empregador, tendo subordinação. Não se distingue entre o trabalho realizado no estabelecimento do empregador, o executado no domicílio do empregado e o realizado a distância, desde que estejam caracterizados os pressupostos da relação de emprego (art. 6º da CLT). Os meios telemáticos e informatizados do comando, controle e supervisão se equiparam, para fins de subordinação jurídica, aos meios pessoais e diretos do comando, controle e supervisão do trabalho alheio. O uso de instrumentos telemáticos ou informatizados fornecidos pela empresa ao empregado, por si só, não caracteriza o regime de sobreaviso (Súmula 428, I, do TST). Considera-se em sobreaviso o empregado que, a distância e submetido a controle patronal por instrumentos telemáticos ou informatizados, permanecer em regime de plantão ou equivalente, aguardando a qualquer momento o chamado para o serviço durante o período de descanso. A remuneração mínima do empregado em domicílio é de um salário mínimo por mês (art. 83 da CLT).

Empregado doméstico é o que presta serviços de forma contínua, subordinada, onerosa e pessoal e de finalidade não lucrativa à pessoa ou à família, para o âmbito residencial destas, por mais de dois dias por semana (art. 1º da Lei Complementar n. 150/2015). São empregados domésticos a cozinheira, o jardineiro, o motorista, o mordomo etc. O serviço do doméstico não é prestado apenas dentro da residência do empregador, mas também pode ser prestado fora de sua residência, como o motorista.

Os empregados porteiros, zeladores, faxineiros e serventes de prédios de apartamentos residenciais são regidos pela CLT, desde que a serviço da administração do edifício e não de cada condômino em particular (art. 1º da Lei n. 2.757/56).

Empregado rural é a pessoa física que, em propriedade rural ou prédio rústico, presta serviços com continuidade a empregador rural, mediante dependência e salário (art. 2º da Lei n. 5.889/73). A CLT não se observa em relação ao empregado rural, salvo se houver determinação em sentido contrário (art. 7º, *b*, da CLT). O empregado rural distingue-se do urbano pelo fato de prestar serviços para um empregador que explora atividade rural com finalidade de lucro. Hoje os trabalhadores rurais têm os mesmos direitos dos urbanos (art. 7º da Constituição).

O contrato de trabalho temporário é uma espécie de contrato de prazo determinado, porém com disposições especiais previstas na Lei n. 6.019/74. O contrato de trabalho temporário, com relação ao mesmo empregador, não poderá exceder ao prazo de 180 dias, consecutivos ou não (art. 10, § 1º, da Lei n. 6.019/74). O contrato poderá ser prorrogado por até 90 dias, consecutivos ou não, quando comprovada a manutenção das condições que o ensejaram.

Trabalhador temporário é a pessoa física contratada "por empresa de trabalho temporário, para prestação de serviço destinado a atender à necessidade transitória de substituição de pessoal regular e permanente ou a acréscimo extraordinário de tarefas de outras empresas" (art. 16 do Decreto n. 73.841/74).

O empregado que for demitido não poderá prestar serviços para esta mesma empresa na qualidade de empregado de empresa prestadora de serviços antes do decurso de prazo de 18 meses, contados a partir da demissão do empregado (art. 5º-D da Lei n. 6.019/74).

Trabalhador autônomo é a pessoa física que presta serviços habitualmente por conta própria a uma ou mais de uma pessoa, assumindo os riscos de sua atividade econômica (art. 12, IV, *b*, da Lei n. 8.212/91). Não é o autônomo subordinado, pois exerce sua atividade por conta própria e não do empregador.

A contratação do autônomo, cumpridas por este todas as formalidades legais, com ou sem exclusividade, de forma contínua ou não, afasta a qualidade de empregado prevista no art. 3º da CLT (art. 442-B da CLT). O autônomo poderá prestar serviços de qualquer natureza a outros tomadores de serviços que exerçam ou não a mesma atividade econômica, sob qualquer modalidade de contrato de trabalho, inclusive como autônomo. Presente a subordinação jurídica, será reconhecido o vínculo empregatício.

Trabalhador eventual é a pessoa física contratada para prestar serviços num certo evento (art. 12, IV, *a*, da Lei n. 8.212/91), como reparar as instalações hidráulicas de uma empresa etc. É o trabalho prestado em caráter ocasional, fortuito, esporádico para o tomador.

Trabalhador avulso é a pessoa física que presta serviços sem vínculo empregatício, de natureza urbana ou rural, a diversas empresas, sendo sindicalizado ou não, com intermediação obrigatória do sindicato da categoria profissional ou do órgão gestor de mão de obra (art. 12, VI, da Lei n. 8.212/91). Não é o trabalhador avulso subordinado nem ao tomador dos serviços, muito menos ao sindicato, que apenas arregimenta a mão de obra e paga os prestadores de serviço, de acordo com o valor recebido das empresas. Exemplo mais comum de trabalhador avulso é o estivador do porto ou de minérios. A Constituição estabeleceu igualdade de direitos entre o trabalhador com vínculo empregatício permanente e o trabalhador avulso (art. 7º, XXXIV).

O diretor de sociedade será empregado se tiver subordinação ao empregador (Súmula 269 do TST). Do contrário, não será empregado.

Os salões de beleza poderão celebrar contratos de parceria, por escrito, com os profissionais que desempenham as atividades de Cabeleireiro, Barbeiro, Esteticista, Manicure, Pedicure, Depilador e Maquiador (art. 1º-A da Lei n. 12.592/2012). Os estabelecimentos e os profissionais serão denominados salão-parceiro e profissional-parceiro, respectivamente, para todos os efeitos jurídicos. O salão-parceiro será responsável pela centralização dos pagamentos e recebimentos decorrentes das atividades de prestação de serviços de beleza realizadas pelo profissional-parceiro. Configurar-se-á vínculo empregatício entre a pessoa jurídica do salão-parceiro e o profissional-parceiro quando: I – não existir contrato de parceria formalizado na forma descrita nesta Lei; II – o profissional-parceiro desempenhar funções diferentes das descritas no contrato de parceria.

O estagiário não é empregado, desde que cumpridas as determinações da Lei n. 11.788/2008. O estágio é feito em relação a alunos regularmente matriculados que frequentam o ensino regular em instituições de educação superior, de educação profissional, de ensino médio, da educação especial e dos anos finais do ensino fundamental, na modalidade profissional da educação de jovens e adultos. O estagiário receberá bolsa no estágio não obrigatório (art. 12 da Lei n. 11.788/2008). Terá direito o estagiário, no estágio não obrigatório, a seguro contra acidentes pessoais, que deve ficar a cargo do concedente. A jornada de atividade em estágio será definida de comum acordo entre a instituição de ensino, a parte concedente e o aluno estagiário ou seu representante legal, devendo constar do termo de compromisso ser compatível com as atividades escolares e não ultrapassar: (a) 4 horas diárias e 20 horas semanais, no caso de estudantes de educação especial e dos anos finais de ensino fundamental, na modalidade profissional de educação de jovens e adultos; (b) 6 horas diárias e 30 horas semanais, no caso de estudantes de ensino superior, da educação profissional de nível médio e de ensino médio regular. A duração do estágio, na mesma parte concedente, não poderá exceder dois anos, exceto quando se tratar de estagiário portador de deficiência. É assegurado ao estagiário, sempre que o estágio tenha duração igual ou superior a um ano, período de recesso de 30 dias, a ser gozado preferencialmente durante as férias escolares. O recesso será remunerado se o estagiário receber bolsa ou outra forma de contraprestação. Os dias de recesso serão proporcionais se o estágio tiver duração superior a um ano.

18.8 EMPREGADOR

Empregador é a pessoa física ou jurídica que, assumindo os riscos da atividade econômica, admite, assalaria e dirige a prestação pessoal de serviços (art. 2º da CLT).

Outras pessoas também serão empregadores, como a União, Estados-membros, municípios, autarquias, fundações, a massa falida, o espólio, a microempresa. A empresa pública, a sociedade de economia mista e outras entidades que explorem atividade econômica têm obrigações trabalhistas, sendo consideradas empregadoras.

O empregador assume os riscos de sua atividade, ou seja, tanto os resultados positivos como os negativos. Esses riscos da atividade econômica não podem ser transferidos para o empregado, como ocorre na falência, na recuperação judicial, e quando da edição de planos econômicos governamentais.

Dirige o empregador a atividade do empregado, pois tem o primeiro poder sobre o segundo, estabelecendo, inclusive, normas disciplinares no âmbito da empresa.

Poder de direção é a forma como o empregador decide como serão desenvolvidas as atividades do empregado decorrentes do contrato de trabalho. É dividido em poder de organização, de controle e disciplinar. No poder de direção, o empregador organiza o empreendimento. O poder de controle importa a fiscalização do empregado, como de marcar ponto (§ 2º do art. 74 da CLT). No poder disciplinar, o empregador pode impor sanções ao empregado, como advertência e suspensão. O empregador não poderá fazer revistas íntimas e vexatórias no empregado.

Cabe ao empregador definir o padrão de vestimenta no meio ambiente laboral, sendo lícita a inclusão no uniforme de logomarcas da própria empresa ou de empresas parceiras e de outros itens de identificação relacionados à atividade desempenhada (art. 456-A da CLT). A higienização do uniforme é de responsabilidade do trabalhador, salvo nas hipóteses em que forem necessários procedimentos ou produtos diferentes dos utilizados para a higienização das vestimentas de uso comum.

As empresas privadas, os órgãos e entidades da administração pública, direta e indireta, ficam proibidos de adotar qualquer prática de revista íntima de suas funcionárias e de clientes do sexo feminino (art. 1º da Lei n. 13.271/2016). Pelo não cumprimento da regra anterior, ficam os infratores sujeitos a: I – multa de R$ 20.000,00 ao empregador, revertidos aos órgãos de proteção dos direitos da mulher; II – multa em dobro do valor estipulado no inciso I, em caso de reincidência, independentemente da indenização por danos morais e materiais e sanções de ordem penal.

É dever do motorista profissional submeter-se a teste e a programa de controle de uso de droga e de bebida alcoólica, instituído pelo empregador, com ampla ciência do empregado (art. 235-B da CLT). A recusa do empregado em submeter-se ao teste e ao programa de controle de uso de droga e de bebida alcoólica será considerada infração disciplinar, passível de punição nos termos da lei.

Empregador rural é a pessoa física ou jurídica, proprietária ou não, que explora atividade agroeconômica, em caráter permanente ou temporário, diretamente ou por meio de prepostos e com auxílio de empregados (art. 3º da Lei n. 5.889/73).

Empregador doméstico é a pessoa ou família que, sem finalidade lucrativa, admite empregado doméstico para lhe prestar serviços de natureza contínua para seu âmbito residencial. Não pode, portanto, o empregador doméstico ser pessoa jurídica.

Empresa de trabalho temporário é a pessoa jurídica, devidamente registrada no Ministério do Trabalho, responsável pela colocação de trabalhadores à disposição de outras empresas temporariamente (art. 4º da Lei n. 6.019/74). Pode atuar no âmbito urbano ou rural.

Prestação de serviços a terceiros é a transferência feita pela contratante da execução de quaisquer de suas atividades, inclusive sua atividade principal, à pessoa jurídica de direito privado prestadora de serviços que possua capacidade econômica compatível com a sua execução (art. 4-A da Lei n. 6.019/74). A empresa prestadora de serviços contrata, remunera e dirige o trabalho realizado por seus trabalhadores, ou subcontrata outras empresas para realização desses serviços. Não se configura vínculo empregatício entre os trabalhadores, ou sócios das empresas prestadoras de serviços, qualquer que seja o seu ramo, e a empresa contratante.

Contratante é a pessoa física ou jurídica que celebra contrato com empresa de prestação de serviços relacionados a quaisquer de suas atividades, inclusive sua atividade principal (art. 5.º-A da Lei n. 6.019/74).

Sempre que uma ou mais empresas, tendo, embora, cada uma delas, personalidade jurídica própria, estiverem sob direção, controle ou administração de outra, ou ainda quando, mesmo guardando cada uma sua autonomia, integrem grupo econômico, serão responsáveis solidariamente pelas obrigações decorrentes da relação de emprego (art. 2º, § 2º, da CLT). Para haver grupo econômico perante o Direito do Trabalho é mister a existência de duas ou mais empresas que estejam sob comando único. Não caracteriza grupo econômico a mera identidade de sócios, sendo necessárias, para a configuração do grupo, a demonstração do interesse integrado, a efetiva comunhão de interesses e a atuação conjunta das empresas dele integrantes (art. 2º, § 3º, da CLT).

O § 1º do art. 2º da CLT equipara a empregador certas pessoas. Embora não sejam "empresas" no sentido estrito da palavra, o profissional autônomo, as instituições de beneficência, as associações recreativas ou outras instituições sem fins lucrativos, como os sindicatos, se admitirem empregados, serão equiparados a empregador, exclusivamente para os efeitos da relação de emprego.

O condomínio de apartamentos também pode ser considerado equiparado a empregador, desde que possua empregados. Para que o condomínio seja considerado empregador, é preciso que seus empregados (porteiros, zeladores, faxineiros) estejam a serviço da administração do edifício e não de cada condômino em particular (art. 1º da Lei n. 2.757/56). Os condôminos responderão apenas proporcionalmente pelas obrigações previstas nas leis trabalhistas, inclusive as judiciais e extrajudiciais (art. 3º da Lei n. 2.757/56).

As alterações na propriedade (mudança de sócios) ou na estrutura jurídica (mudança no tipo societário) da empresa não modificam os direitos dos empregados (arts. 10 e 448 da CLT).

Caracterizada a sucessão empresarial ou de empregadores prevista nos arts. 10 e 448 da CLT, as obrigações trabalhistas, inclusive as contraídas à época em que os empregados trabalhavam para a empresa sucedida, são de responsabilidade do sucessor (art. 448-A da CLT). A empresa sucedida responderá solidariamente com a sucessora quando ficar comprovada fraude na transferência.

18.9 REMUNERAÇÃO

Remuneração é o conjunto de prestações recebidas habitualmente pelo empregado pela prestação de serviços, seja em dinheiro, seja em utilidades, provenientes do empregador ou de terceiros, mas decorrentes do contrato de trabalho, de modo a satisfazer suas necessidades vitais básicas e às de sua família[3].

---

3 MARTINS, Sergio Pinto. *Direito do trabalho*, cit., p. 376.

A remuneração tanto é a paga diretamente pelo empregador, que se constitui no salário, como é a feita por terceiro, em que o exemplo específico é a gorjeta, cobrada na nota de serviço ou fornecida espontaneamente pelo cliente.

O salário deve ser pago em dinheiro, em moeda de curso forçado (art. 463 da CLT). Objetiva-se evitar o chamado *truck system*, ou seja, o pagamento em vales, cupons, bônus etc., e também o pagamento em moeda estrangeira.

A invenção pode ser de serviço, livre ou de empresa ou estabelecimento.

Na invenção de serviço, o empregado faz a pesquisa, mas o invento é de propriedade do empregador, que paga salário ao empregado pelo serviço prestado. A patente é do empregador, que pode explorar livremente o invento.

Na invenção livre, o empregado é o único proprietário do invento.

Na invenção de empresa ou de estabelecimento, vários empregados fazem o trabalho, não podendo ser indicado o responsável pela invenção. Entende-se que o proprietário da empresa é o dono da invenção.

A invenção e o modelo de utilidade pertencem exclusivamente ao empregador quando decorrerem de contrato de trabalho cuja execução ocorra no Brasil e que tenha por objeto a pesquisa ou a atividade inventiva, ou resulte esta da natureza dos serviços para os quais foi o empregado contratado (art. 88 da Lei n. 9.279/96). Salvo expressa disposição contratual em contrário, a retribuição pelo trabalho a que se refere limita-se ao salário ajustado. Salvo prova em contrário, consideram-se desenvolvidos na vigência do contrato a invenção ou o modelo de utilidade, cuja patente seja requerida pelo empregado até um ano após a extinção do vínculo empregatício. O empregador, titular da patente, poderá conceder ao empregado, autor de invento ou aperfeiçoamento, participação nos ganhos econômicos resultantes da exploração da patente, mediante negociação com o interessado ou conforme disposto em norma da empresa. A participação não se incorpora, a qualquer título, ao salário do empregado. Pertencerá exclusivamente ao empregado a invenção ou o modelo de utilidade por ele desenvolvido, desde que desvinculado do contrato de trabalho e não decorrente da utilização de recursos, meios, dados, materiais, instalações ou equipamentos do empregador (art. 90). A propriedade de invenção ou de modelo de utilidade será comum, em partes iguais, quando resultar da contribuição pessoal do empregado e de recursos, dados, meios, materiais, instalações ou equipamentos do empregador, ressalvada expressamente disposição em contrário (art. 91). Sendo mais de um empregado, a parte que lhes couber será dividida igualmente entre todos, salvo ajuste em contrário. É garantido ao empregador o direito exclusivo de licença de exploração e assegurada ao empregado a justa remuneração. A exploração do objeto da patente, na falta de acordo, deverá ser iniciada pelo empregador dentro do prazo de um ano, contado da data de sua concessão, sob pena de passar à exclusiva propriedade do empregado a titularidade da patente, ressalvadas as hipóteses de falta de exploração por razões legítimas. No caso de cessão, qualquer dos cotitulares, em igualdade de condições, poderá exercer o direito de preferência.

A Lei n. 9.609/98 trata de programas de computador. Salvo estipulação em contrário, pertencerão exclusivamente ao empregador, contratante de serviços ou órgão público, os direitos relativos ao programa de computador, desenvolvido e elaborado durante a vigência de contrato ou de vínculo estatutário, expressamente, destinado à pesquisa e desenvolvimento, ou em que a atividade do empregado, contratado de serviço ou servidor seja prevista, ou, ainda, que decorra da própria natureza dos encargos concernentes a esses vínculos (art. 4º). Ressalvado ajuste em contrário, a compensação do trabalho ou serviço prestado limitar-se-á à remuneração ou ao salário convencionado. Pertencerão, com exclusividade, ao empregado, contratado de serviços ou servidor, os direitos concernentes a programa de computador gerado sem relação com o contrato de trabalho, prestação de serviços ou vínculo estatutário, e sem a utilização de recursos, informações tecnológicas, segredos industriais e de negócios, materiais, instalações ou equipamentos do empregador, da empresa ou entidade com a qual o empregador mantenha contrato de prestação de serviços ou assemelhados, do contratante de serviços ou órgão público. Os direitos sobre as derivações autorizadas pelo titular dos direitos de programa de computador, inclusive sua exploração econômica, pertencerão a pessoa autorizada que as fizer, salvo estipulação contratual em contrário.

Se o serviço for desenvolvido no estrangeiro, por meio da Internet, haverá problemas de se saber qual a legislação aplicável ao trabalhador.

O art. 458 da CLT permite o pagamento do salário em utilidades, ou seja, além do pagamento em dinheiro o empregador poderá fornecer utilidades ao empregado, como alimentação, habitação, vestuário ou outras prestações *in natura*. O requisito principal é o fornecimento habitual da utilidade. Não é considerado salário utilidade o fornecimento de bebidas alcoólicas ou drogas nocivas (parte final do art. 458 da CLT), inclusive o cigarro (Súmula 367, II, do TST). O salário não pode ser pago integralmente em utilidades, pois 30% do salário mínimo deverá ser pago em dinheiro. Os restantes 70% poderão ser pagos em utilidades (art. 82, parágrafo único, da CLT). Não serão consideradas como salário as seguintes utilidades concedidas pelo empregador: (a) vestuário, equipamentos e outros acessórios fornecidos aos empregados e utilizados no local de trabalho, para a prestação de serviços; (b) educação, em estabelecimento de ensino próprio ou de terceiros, compreendendo os valores relativos a matrícula, mensalidade, anuidade, livros e material didático; (c) transporte destinado ao deslocamento para o trabalho e retorno, em percurso servido ou não por transporte público; (d) assistência médica, hospitalar e odontológica, prestada diretamente ou mediante seguro-saúde; (e) previdência privada. O equipamento de proteção individual do trabalhador, que lhe é fornecido gratuitamente pelo empregador (art. 166 da CLT), não é considerado salário utilidade, pois destina-se a ser usado exclusivamente no local de trabalho, para proteger o empregado durante a prestação de serviços. A alimentação fornecida ao empregado em decorrência do Programa de Alimentação do Trabalhador (PAT), criado pela Lei n. 6.321/76, não tem natureza salarial. O vale-transporte não é considerado salário *in natura* (art. 2º, *a*, da Lei n. 7.418/85).

O valor relativo à assistência prestada por serviço médico ou odontológico, próprio ou não, inclusive o reembolso de despesas com medicamentos, óculos, aparelhos ortopédicos, próteses, órteses, despesas médico-hospitalares e outras similares, mesmo quando concedido em diferentes modalidades de planos e coberturas, não integram o salário do empregado para qualquer efeito nem o salário de contribuição (art. 458, § 5º, da CLT).

O abono consiste num adiantamento em dinheiro, numa antecipação salarial ou num valor a mais que é concedido ao empregado. Abono não tem natureza salarial (§ 2º do art. 457 da CLT).

Adicional é um acréscimo salarial decorrente da prestação de serviços do empregado em condições mais gravosas.

O adicional de horas extras é devido pelo trabalho extraordinário à razão de pelo menos 50% sobre a hora normal (art. 7º, XVI, da Constituição).

O adicional noturno será de 20% sobre a hora diurna para o empregado urbano (art. 73 da CLT), e de 25% sobre a remuneração normal para o empregado rural (art. 7º, parágrafo único, da Lei n. 5.889/73).

O adicional de insalubridade é devido ao empregado que presta serviços em atividades insalubres, sendo calculado à razão de 10% (grau mínimo), 20% (grau médio) e 40% (grau máximo) sobre o salário mínimo (art. 192 da CLT) e não sobre o salário profissional.

Faz jus ao adicional de periculosidade o empregado que presta serviços em contato permanente com elementos inflamáveis, explosivos, energia elétrica, roubos ou outras espécies de violência física nas atividades profissionais de segurança pessoal ou patrimonial e trabalho com motocicleta. O adicional será de 30% sobre o salário do empregado, sem os acréscimos resultantes de gratificações, prêmios ou participações nos lucros da empresa (art. 193, § 1º, da CLT). Incide o adicional de periculosidade apenas sobre o salário básico do empregado, e não sobre tal salário acrescido de outros adicionais (Súmula 191 do TST).

O trabalho exercido em condições perigosas, embora de forma intermitente, dá direito ao empregado a receber o adicional de periculosidade de forma integral, em razão de que não se estabeleceu qualquer proporcionalidade em relação ao seu pagamento (Súmula 361 do TST).

Tem direito ao adicional de periculosidade o empregado exposto permanentemente ou que, de forma intermitente, sujeita-se a condições de risco. Indevido, apenas, quando o contato dá-se de forma eventual, assim considerado o fortuito, ou que, sendo habitual, dá-se por tempo extremamente reduzido (Súmula 364, I, do TST).

Faz jus ao adicional de periculosidade o empregado exposto permanentemente ou que, de forma intermitente, sujeita-se a condições de risco. Indevido, apenas, o adicional quando o contato dá-se de forma eventual, assim considerado o fortuito, ou o que sendo habitual, dá-se por tempo extremamente reduzido.

Os empregados que operam bomba de gasolina têm direito ao adicional de periculosidade (Súmula 39 do TST).

O bombeiro civil tem direito ao adicional de periculosidade de 30% sobre o salário mensal, sem os acréscimos resultantes de gratificações, prêmios ou participações nos lucros da empresa (art. 6º, III, da Lei n. 11.901/2009).

É devido o adicional de transferência ao empregado quando for transferido provisoriamente para outro local, desde que importe mudança de sua residência (art. 469, § 3º, da CLT). Nas transferências definitivas, o adicional é indevido. O porcentual é de 25% sobre o salário.

A ajuda de custo é um pagamento destinado a que o empregado possa executar seus serviços. Não serve para custear despesas de viagens. Não integram a remuneração do empregado as ajudas de custo (§ 2º do art. 457 da CLT).

O auxílio-alimentação não integra o salário, mas é vedado o seu pagamento em dinheiro.

As comissões integram o salário (art. 457, § 1º, da CLT). Caso o empregado receba somente comissões, não tendo salário fixo, o empregador deve assegurar ao obreiro pelo menos um salário mínimo no mês em que as comissões não atingirem essa importância (parágrafo único do art. 78 da CLT e Lei n. 8.716/93). Se a norma coletiva da categoria estabelecer piso salarial, este deve ser observado como mínimo a ser pago ao empregado, e mais as comissões.

Diária é o pagamento feito ao empregado para compensar despesas com o deslocamento, hospedagem e alimentação e sua manutenção, quando precisa viajar para executar as determinações do empregador. São pagamentos ligados à viagem feita pelo empregado para a prestação dos serviços ao empregador. A diária para viagem não integra a remuneração (art. 457, § 2º, da CLT), independentemente de ser superior ou inferior 50% de tal retribuição.

Gratificação significa dar graças, mostrar-se reconhecido. A gratificação pode ser ajustada de forma expressa (por escrito ou oralmente) e tacitamente. O fato de constar do recibo de pagamento de gratificação o caráter de liberalidade não basta, por si só, para excluir a existência de um ajuste tácito (Súmula 152 do TST). Gratificação legal e as gratificações de função integram o salário.

Gorjeta é não só a importância espontaneamente dada pelo cliente ao empregado, como também a que for cobrada pela empresa ao cliente, como serviço ou adicional, a qualquer título, e destinada à distribuição aos empregados (art. 457, § 3º, da CLT). A gorjeta é paga por um terceiro, o cliente, porém é decorrente do contrato de trabalho. As gorjetas não poderão ser utilizadas para a complementação do salário mínimo, pois este último é pago diretamente pelo empregador (art. 76 da CLT), e a gorjeta deve ser paga por um terceiro: o cliente. O empregado deverá receber o salário mínimo e mais as gorjetas que forem pagas pelo cliente.

A gorjeta não constitui receita própria dos empregadores. Destina-se aos trabalhadores e será distribuída segundo critérios de custeio e de rateio definidos em convenção ou acordo coletivo de trabalho (art. 457, § 12, da CLT). Inexistindo previsão em convenção ou acordo coletivo de trabalho, os critérios de rateio e distribuição da gorjeta e os percentuais de retenção previstos nos §§ 14 e 15 do art. 457 da CLT serão definidos em assembleia geral dos trabalhadores, na forma do art. 612 da CLT. As empresas que cobrarem a gorjeta deverão: I – quando inscritas em regime de tributação federal diferenciado, lançá-la na respectiva nota de consumo, facultada a retenção de até 20% da arrecadação correspondente, mediante previsão em convenção ou acordo coletivo de trabalho, para custear os encargos sociais, previdenciários e trabalhistas derivados da sua integração à remuneração dos empregados, devendo o valor remanescente ser revertido integralmente em favor do trabalhador; II – quando não inscritas em regime de tributação federal diferenciado, lançá-la na respectiva nota de consumo, facultada a retenção de até 33% da arrecadação correspondente, mediante previsão em convenção ou acordo coletivo de trabalho, para custear os encargos sociais, previdenciários e trabalhistas derivados da sua integração à remuneração dos empregados, devendo o valor remanescente ser revertido integralmente em favor do trabalhador; III – anotar na Carteira de Trabalho e Previdência Social e no contracheque de seus empregados o salário contratual fixo e o percentual percebido a título de gorjeta. A gorjeta, quando entregue pelo consumidor diretamente ao empregado, terá seus critérios definidos em convenção ou acordo coletivo de trabalho, facultada a retenção. Cessada pela empresa a cobrança da gorjeta, desde que cobrada por mais de 12 meses, essa se incorporará ao salário do empregado, tendo como base a média dos últimos 12 meses, sem prejuízo do estabelecido em convenção ou acordo coletivo de trabalho. Para empresas com mais de 60 empregados, será constituída comissão de empregados, mediante previsão em convenção ou acordo coletivo de trabalho, para acompanhamento e fiscalização da regularidade da cobrança e distribuição da gorjeta, e, para as demais empresas, será constituída comissão intersindical para o referido fim. Comprovado o descumprimento do que foi dito anteriormente, o empregador pagará ao trabalhador prejudicado, a título de multa, o valor correspondente a 1/30 da média da gorjeta por dia de atraso, limitada ao piso da categoria, assegurados, em qualquer hipótese, o contraditório e a ampla defesa. A limitação será triplicada na hipótese de reincidência do empregador. Considera-se reincidente o empregador que, durante o período de 12 meses, descumprir o disposto nos §§ 12, 14, 15 e 17 do art. 457 da CLT por período superior a 60 dias.

O 13º salário passa a ser devido a todo empregado (art. 1º da Lei n. 4.090/62). O cálculo do 13º salário é feito com base na remuneração integral (art. 7º, VIII, da Constituição). O cálculo é de 1/12 por mês de serviço. Considera-se como mês a fração igual ou superior a 15 dias de trabalho. A primeira parcela do 13º salário deverá ser paga entre os meses de fevereiro e novembro (até 30-11) de cada ano, o que vem a ser um adiantamento, correspondendo à metade do salário recebido pelo empregado no mês anterior ao do pagamento. O empregador não estará obrigado a pagar a primeira parcela a todos os seus empregados no mesmo mês (art. 2º, § 1º, da Lei n. 4.749/65). Poderá, ainda, a primeira parcela ser paga na ocasião em que o empregado sair em férias, desde que este o requeira no mês de janeiro do correspondente ano (art. 2º, § 2º, da Lei n. 4.749/65). A segunda metade deverá ser saldada até o dia 20 de dezembro (art. 1º da Lei n. 4.749/65), compensando-se a importância paga a título de adiantamento, ou seja, a primeira parcela. É devido o 13º salário em caso de dispensa sem justa causa (art. 3º da Lei n. 4.090/62) ou de pedido de demissão (Súmula 157 do TST). Sendo o empregado demitido por justa causa, não fará jus ao 13º salário (art. 3º da Lei n. 4.090/62, interpretado *a contrario sensu*).

Prevê o inciso XI do art. 7º da Constituição de 1988, como direito dos trabalhadores urbanos e rurais: "participação nos lucros, ou resultados, desvinculada da remuneração, e, excepcionalmente, na gestão da empresa, conforme definido em lei". Atualmente, a Lei n. 10.101/2000 versa sobre o assunto.

A participação nos lucros é o pagamento feito pelo empregador ao empregado, em decorrência do contrato de trabalho, referente à distribuição do resultado positivo obtido pela empresa, o qual o obreiro ajudou a conseguir[4]. Atualmente, a participação nos lucros é uma forma de complementação do pagamento feito ao empregado. Como é uma forma de participação, não é salário. Trata-se de um pagamento condicionado, ou seja, o pagamento só será feito na ocorrência de lucros. A participação será estabelecida por comissão escolhida pelas partes, integrada, também, por um representante indicado pelo sindicato da respectiva categoria. É proibido o pagamento de qualquer antecipação ou distribuição de valores a título de participação nos lucros ou resultados da empresa em mais de duas vezes no mesmo ano civil e em periodicidade inferior a um trimestre civil. A participação será tributada pelo imposto sobre a renda exclusivamente na fonte, em separado dos demais rendimentos recebidos, no ano de recebimento ou crédito, com base na tabela progressiva anual constante do Anexo da Lei n. 10.101/2000 e não integrará a base de cálculo de imposto devido pelo beneficiário na Declaração de Ajuste Anual.

Prêmios são as liberalidades concedidas pelo empregador, em forma de bens, serviços ou valor em dinheiro, a empregado ou a grupo de empregados, em razão de desempenho superior ao ordinariamente esperado no exercício de suas atividades (§ 4º do art. 457 da CLT). Esse prêmio não integrará a remuneração do empregado (art. 457, § 2º, da CLT).

O salário é irredutível. Somente pode ser reduzido por convenção ou acordo coletivo (art. 7º, VI, da Constituição).

O pagamento de salários será efetuado em dia útil e no local de trabalho, dentro do horário de serviço ou imediatamente após o encerramento deste, salvo quando efetuado por depósito em conta bancária (art. 465 da CLT). Qualquer que seja a modalidade do trabalho, o pagamento do salário não pode ser estipulado por período superior a um mês, salvo quanto às comissões, percentagens ou gratificações (art. 459 da CLT).

---

4 MARTINS, Sergio Pinto. *Participação nos lucros das empresas*. 5. ed. São Paulo: Saraiva, 2021, p. 38.

Vige no Direito do Trabalho o princípio da intangibilidade salarial. Os descontos que podem ser feitos no salário do obreiro são apenas os previstos em lei, norma coletiva ou decorrentes de adiantamentos (art. 462 da CLT).

Em caso de dolo o desconto pode ser feito no salário do empregado (art. 462, § 1º, da CLT). Havendo culpa (negligência, imprudência ou imperícia), o desconto deve ser autorizado pelo empregado.

É proibido ao empregador doméstico efetuar descontos no salário do empregado por fornecimento de alimentação, vestuário, higiene ou moradia, bem como por despesas com transporte, hospedagem e alimentação em caso de acompanhamento em viagem (art. 18 da Lei Complementar n. 150/2015). É facultado ao empregador efetuar descontos no salário do empregado em caso de adiantamento salarial e, mediante acordo escrito entre as partes, para a inclusão do empregado em planos de assistência médico-hospitalar e odontológica, de seguro e de previdência privada, não podendo a dedução ultrapassar 20% do salário. Poderão ser descontadas as despesas com moradia quando essa se referir a local diverso da residência em que ocorrer a prestação de serviço, desde que essa possibilidade tenha sido expressamente acordada entre as partes. As despesas referidas não têm natureza salarial nem se incorporam à remuneração para quaisquer efeitos. O fornecimento de moradia ao empregado doméstico na própria residência ou em morada anexa, de qualquer natureza, não gera ao empregado qualquer direito de posse ou de propriedade sobre a referida moradia.

Os empregados regidos pela CLT poderão autorizar, de forma irrevogável e irretratável, o desconto em folha de pagamentos ou na sua remuneração disponível dos valores referentes ao pagamento de empréstimos, financiamentos cartões de crédito e operações de arrendamento mercantil concedidos por instituições financeiras e sociedades de arrendamento mercantil, quando previsto nos respectivos contratos. O desconto também poderá incidir sobre verbas rescisórias até o limite de 35% (art. 1º da Lei n. 10.820/2004).

Os salários são impenhoráveis, salvo para efeito de pagamento de prestação alimentícia (art. 833, IV, do CPC).

Os direitos oriundos do contrato de trabalho subsistem em caso de falência ou dissolução da empresa (art. 449 da CLT). A recuperação judicial do empregador não impede a execução de crédito nem a reclamação do empregado na Justiça do Trabalho (Súmula 227 do STF).

Os contratos bilaterais, como o contrato de trabalho, não se resolvem pela falência, podendo ser cumpridos pelo administrador judicial se o cumprimento reduzir ou evitar o aumento do passivo da massa falida, ou for necessário à preservação de seus ativos, mediante autorização do Comitê de Credores (art. 117 da Lei n. 11.101/2005).

Veda o inciso XXX do art. 7º da Constituição diferença de salários, de exercício de funções e de critério de admissão por motivo de sexo, idade, cor ou estado civil. Havendo o exercício da mesma função, o salário deve ser igual. Sendo idêntica a função, a todo trabalho de igual valor, prestado ao mesmo empregador, no mesmo estabelecimento empresarial, corresponderá igual salário, sem distinção de sexo, etnia, nacionalidade ou idade (art. 461 da CLT). Trabalho de igual valor será o que for feito com igual produtividade e com a mesma perfeição técnica, entre pessoas cuja diferença de tempo de serviço para o mesmo empregador não seja superior a quatro anos e a diferença de tempo na função não seja superior a dois anos. A contagem do tempo de serviço é feita na função e não no emprego (Súmula 202 do STF e Súmula 6, II, do TST). Não haverá equiparação salarial quando o empregador tiver pessoal organizado em quadro de carreira ou adotar, por meio de norma interna da empresa ou de negociação coletiva, plano de cargos e salários, dispensada qualquer forma de homologação ou registro em órgão público. As promoções poderão ser feitas por merecimento e por antiguidade, ou por apenas um destes critérios, dentro de cada categoria profissional. Não será possível a equiparação salarial em relação ao paradigma que estiver em regime de readaptação em nova função por motivo de deficiência física ou mental declarada pela Previdência Social (art. 461, § 4º, da CLT). Presentes os pressupostos do art. 461 da CLT, é irrelevante a circunstância de que o desnível salarial tenha origem em decisão judicial que beneficiou o paradigma, exceto se decorrente de vantagem pessoal ou de tese jurídica superada pela jurisprudência de Corte Superior (Súmula 6, VI, do TST). A equiparação salarial só será possível entre empregados contemporâneos no cargo ou na função, ficando vedada a indicação de paradigmas remotos, ainda que o paradigma contemporâneo tenha obtido a vantagem em ação judicial própria. No caso de comprovada discriminação por motivo de sexo ou etnia, o juízo determinará, além do pagamento das diferenças salariais devidas, multa, em favor do empregado discriminado, no valor de 50% do limite máximo dos benefícios do Regime Geral de Previdência Social.

A equivalência salarial será realizada quando não haja sido estipulado salário, nem exista prova sobre a importância ajustada, ocasião em que o salário deva ser pago em razão do serviço equivalente, ou do que for habitualmente pago por serviço semelhante. Dois são os requisitos a serem observados: (a) que não haja estipulação de salário, quando do início da contratação; (b) que não exista prova sobre a importância ajustada. A equivalência salarial, porém, não é feita em relação ao mesmo estabelecimento, mas na própria empresa, ou seja, em função do mesmo empregador.

Enquanto perdurar a substituição que não tenha caráter meramente eventual, o empregado substituto fará jus ao salário contratual do substituído (Súmula 159, I, do TST). A substituição não eventual ocorre quando o substituto passa a ocupar o cargo do substituído por ocasião de férias, pois há um fato previsível, compulsório e periódico; na doença prolongada, licença-maternidade etc.

O salário mínimo é estabelecido no inciso IV do art. 7º da Constituição: "salário mínimo, fixado em lei, nacionalmente unificado, capaz de atender a suas necessidades básicas e as de sua família com moradia, alimentação, educação, saúde, lazer, vestuário, higiene, transporte e previdência social, com reajustes salariais que lhe preservem o poder aquisitivo, sendo vedada sua vinculação para qualquer fim".

Somente pode ser fixado o salário mínimo por lei e não por decreto. Deve ser estabelecido para todo o país e não para certas regiões.

Assegura-se, ainda, a garantia de salário, nunca inferior ao mínimo, para os que percebem remuneração variável (art. 7º, VII, da Constituição). É o que ocorre com quem ganha por comissões, por peças ou tarefas, que deve perceber pelo menos um salário mínimo por mês.

Dispõe o art. 6º da Lei n. 8.542/92 que o salário mínimo é a contraprestação mínima devida e paga diretamente pelo empregador a todo trabalhador.

Reza o inciso V do art. 7º da Lei Maior sobre o "piso salarial proporcional à extensão e à complexidade do trabalho". Não se confunde o salário profissional com o salário normativo, que é o estabelecido em sentença normativa, em convenções ou acordos coletivos. Salário profissional é o estabelecido em lei para certas profissões, como médicos (Lei n. 3.999/61), engenheiros (Lei n. 4.950-A/66). O piso salarial diz respeito ao valor mínimo que pode ser recebido por certo trabalhador pertencente a determinada categoria profissional.

18.10 MODIFICAÇÕES NO CONTRATO DE TRABALHO

O contrato de trabalho não pode ser modificado unilateralmente pelo empregador. É o princípio da imodificabilidade ou inalterabilidade do contrato de trabalho. Dispõe o art. 468 da CLT: "nos contratos individuais de trabalho só é lícita a alteração das respectivas condições por mútuo consentimento e, ainda assim, desde que não resultem, direta ou indiretamente, prejuízos ao empregado, sob pena de nulidade da cláusula infringente desta garantia". É lícito o contrato de trabalho ser alterado: (a) por mútuo consentimento; (b) desde que não haja prejuízos ao empregado. Mesmo havendo mútuo consentimento, não poderá ser feita modificação no contrato de trabalho que, direta ou indiretamente, cause prejuízos ao empregado.

O empregador poderá fazer, unilateralmente, ou em certos casos especiais, pequenas modificações no contrato de trabalho que não venham a alterar significativamente o pacto laboral (*ius variandi*), nem importem prejuízo ao operário, que decorre do poder de direção do empregador. O empregador pode, por exemplo, alterar a função, o horário e o local de trabalho do empregado (art. 469 da CLT). O empregado de confiança pode retornar, por determinação do empregador, ao exercício do cargo que ocupara antes do exercício do cargo de confiança (§ 1º do art. 468).

A alteração do contrato de trabalho, com ou sem justo motivo, não assegura ao empregado o direito à manutenção do pagamento da gratificação correspondente, que não será incorporada, independentemente do tempo de exercício da respectiva função (art. 468, § 2º, da CLT).

Para existir transferência é preciso haver mudança de domicílio do obreiro (art. 469, parte final, da CLT). A interpretação do art. 469 da CLT é feita no sentido de que o empregado é transferido quando muda de residência. Os empregados que exerçam cargo de confiança podem ser transferidos pelo empregador, como os gerentes ou diretores. Poderá o obreiro ser transferido em caso da existência de cláusula explícita em seu contrato de trabalho. "Cláusula explícita" quer dizer expressa, escrita, não sendo verbal. A transferência deverá decorrer, porém, de "real necessidade de serviço". "Presume-se abusiva a transferência de que trata o § 1º do art. 469 da CLT, sem a comprovação da necessidade do serviço" (Súmula 43 do TST). Se o contrato de trabalho tiver cláusula implícita de transferência, esta poderá ser feita. É o que ocorre com o aeronauta, o motorista rodoviário, o marítimo etc. Haverá também real necessidade de serviço para a transferência. Com a extinção do estabelecimento, o empregador poderá transferir o empregado para outra localidade (art. 469, § 2º, da CLT). Só será devido o adicional de transferência quando esta for provisória, isto é, "enquanto perdurar essa situação" (art. 469, § 3º, da CLT). O adicional é de 25% sobre o salário que o empregado percebia na localidade.

O empregador deverá pagar as despesas de transferência do empregado, tanto na provisória como na definitiva, que são as de mudança, de transporte, inclusive dos familiares do trabalhador, de aluguel, pagamento de multa contratual em caso de rescisão abrupta do contrato de locação do empregado no local em que residia etc. Mesmo quando o empregado é transferido para local mais distante de sua residência, tem o obreiro direito às despesas de transferência incorridas (Súmula 29 do TST).

18.11 SUSPENSÃO E INTERRUPÇÃO DO CONTRATO DE TRABALHO

Quando a empresa não deve pagar salários, nem contar o tempo de serviço do empregado que estiver afastado, há suspensão dos efeitos do contrato de trabalho. Na interrupção, há necessidade do pagamento dos salários no afastamento do trabalhador e, também, há a contagem do tempo de serviço.

São hipóteses, entre outras, de interrupção do contrato de trabalho: as férias do empregado; os dias autorizados pela lei ou norma coletiva como de faltas justificadas, como para casamento (três dias consecutivos); falecimento de cônjuge, ascendente ou descendente (dois dias consecutivos); nascimento de filho (um dia); doação de sangue (um dia a cada 12 meses); alistamento eleitoral (até dois dias), no período em que o trabalhador tiver de cumprir as exigências do Serviço Militar; nos dias em que estiver comprovadamente realizando provas de exame vestibular para ingresso em estabelecimento de ensino superior; pelo tempo que se fizer necessário para comparecer em juízo; pelo tempo que se fizer necessário, quando, na qualidade de representante da entidade sindical, estiver participando de reunião oficial de organismo internacional do qual o Brasil seja membro; até dois dias para acompanhar consultas médicas e exames complementares durante o período de gravidez de sua esposa ou companheira; um dia por ano para acompanhar filho de até seis anos em consulta médica; até três dias, em cada 12 meses de trabalho, em caso de realização de exames preventivos de câncer devidamente comprovada; de faltas que foram consideradas justificadas pelo empregador, as faltas do professor por gala ou luto (9 dias), os 15 primeiros dias de afastamento por acidente do trabalho ou auxílio-doença; licença-maternidade.

Ocorrerá a suspensão do contrato de trabalho: em caso de greve e desde que atendidas as condições da Lei n. 7.783/89 (art. 7º); a partir do 16º dia do afastamento em razão de auxílio-doença, porém, haverá necessidade de observar certas condições; aposentadoria por invalidez; encargo público, como de o empregado ser eleito vereador, prefeito, deputado, governador etc.

Durante a interrupção ou suspensão do contrato de trabalho o empregado terá direito a todas as vantagens que, em sua ausência, tenham sido atribuídas à categoria a que pertencia na empresa (art. 471 da CLT).

O afastamento do empregado por motivo do serviço militar ou de encargo público não será fundamento para a alteração ou rescisão do contrato de trabalho pelo empregador (art. 472 da CLT). O empregado deverá notificar o empregador, por telegrama ou carta registrada, no prazo máximo de 30 dias a contar da baixa ou da terminação do encargo a que estava obrigado, para que tenha direito a voltar a exercer o cargo que anteriormente ocupava na empresa (art. 472, § 1º, da CLT).

Assegura-se o direito à manutenção de plano de saúde ou de assistência médica oferecido pela empresa ao empregado, não obstante suspenso o contrato de trabalho em virtude de auxílio-doença acidentário ou de aposentadoria por invalidez (Súmula 440 do TST).

O contrato de trabalho poderá ser suspenso, por um período de dois a cinco meses, para participação do empregado em curso ou programa de qualificação profissional oferecido pelo empregador, com duração equivalente à suspensão contratual, mediante previsão em convenção ou acordo coletivo de trabalho e aquiescência formal do empregado. O empregador deverá notificar o respectivo sindicato, com antecedência mínima de 15 dias da suspensão contratual. O contrato de trabalho não poderá ser suspenso mais de uma vez no período de 16 meses. O empregador poderá conceder ajuda compensatória mensal, sem natureza salarial, durante o período de suspensão contratual, com valor a ser definido em convenção ou acordo coletivo. Se ocorrer a dispensa do empregado no transcurso do período de suspensão contratual ou nos três meses subsequentes a seu retorno ao trabalho, o empregador pagará ao empregado, além das parcelas indenizatórias previstas na legislação em vigor, multa a ser estabelecida em convenção ou acordo coletivo, sendo de, no mínimo, 100% sobre o valor da última remuneração mensal anterior à suspensão do contrato. Se durante a suspensão do contrato não for ministrado curso ou programa de qualificação profissional, ou o empregado permanecer trabalhando para o empregador, ficará descaracterizada a suspensão, sujeitando o empregador ao pagamento imediato dos salários e dos encargos sociais referentes ao período, às penalidades cabíveis previstas na legislação em vigor, bem como às sanções previstas em convenção ou acordo coletivo.

18.12 CESSAÇÃO DO CONTRATO DE TRABALHO

A cessação do contrato de trabalho é a terminação do vínculo de emprego, com a extinção das obrigações para os contratantes.

Dispõe o inciso I do art. 7º da Constituição que haverá "relação de emprego protegida contra despedida arbitrária ou sem justa causa, nos termos de lei complementar, que preverá indenização compensatória, dentre outros direitos". Até o momento essa lei complementar inexiste. Dispensa arbitrária é a que não se fundar em motivo disciplinar, técnico, econômico ou financeiro (art. 165 da CLT). Motivo técnico diz respeito à organização da atividade da empresa, como o fechamento de uma filial ou de uma seção, com a despedida dos empregados. Motivo econômico ou financeiro é o relativo à insolvência da empresa, por questões, *v. g.*, relativas a receitas e despesas. Motivo disciplinar é o pertinente à dispensa por justa causa (art. 482 da CLT).

O empregado pode ser dispensado sem justa causa, cessando, assim, o contrato de trabalho. Para tanto, porém, deverá pagar o empregador: aviso prévio, 13º salário proporcional, férias vencidas e proporcionais, saldo de salários, levantamento do FGTS, indenização de 40% sobre os depósitos fundiários e seguro-desemprego.

A justa causa vem a ser o procedimento incorreto do empregado, tipificado na lei, que dá ensejo à ruptura do vínculo empregatício. A maioria das hipóteses está no art. 482 da CLT. Para haver justa causa é preciso gravidade do ato praticado pelo empregado, de modo a abalar a fidúcia que deve existir na relação de emprego. Deve haver proporcionalidade entre o ato faltoso e a punição. O empregador deve punir as faltas mais leves com penas mais brandas, e as faltas mais graves com penas mais severas. O despedimento deve ficar reservado para a última falta ou para a mais grave. A atualidade ou imediação é um dos principais requisitos objetivos na aplicação da sanção ao empregado. A pena deve ser aplicada o mais rápido possível, para não descaracterizá-la. O empregador não poderá aplicar duas vezes a sanção pela mesma falta praticada pelo empregado, ou seja, *non bis in idem*. Se o empregado já foi suspenso por faltar sem justificativa, não pode ser dispensado por justa causa pela mesma falta já punida anteriormente.

As hipóteses de justa causa são: (a) improbidade, como no furto, roubo ou apropriação indébita praticados pelo empregado; (b) incontinência de conduta, que são obscenidades praticadas pelo empregado, a libertinagem, a pornografia; (c) mau procedimento; (d) negociação habitual; (e) condenação criminal com trânsito em julgado e desde que não tenha havido suspensão condicional da pena (*sursis*); (f) desídia, que é negligência, preguiça, má vontade, displicência[5]; (g) embriaguez habitual ou em serviço; (h) violação de segredo da empresa, como divulgação de fórmulas do empregador; (i) indisciplina, que é o descumprimento de ordens gerais de serviço; (j) insubordinação, que diz respeito ao descumprimento de ordens pessoais de serviço, como ordens do chefe; (k) abandono de emprego, em que é mister

---

[5] MARTINS, Sergio Pinto. *Manual da justa causa*. 7. ed. São Paulo: Saraiva, 2018, p. 11.

que haja faltas ao serviço durante certo período, que seria de 30 dias, com base analógica no art. 474 da CLT; (l) ato lesivo à honra e boa fama do empregador ou superiores hierárquicos; (m) ofensa física contra qualquer pessoa, o empregador e superiores hierárquicos, salvo em caso de legítima defesa, própria ou de outrem; (n) prática constante de jogos de azar; (o) atos atentatórios à segurança nacional; (p) perda da habilitação ou dos requisitos estabelecidos em lei para o exercício da profissão, em decorrência de conduta dolosa do empregado.

O empregado dispensado por justa causa não faz jus a: aviso prévio, férias proporcionais, 13º salário, levantamento do FGTS e indenização de 40%, nem ao fornecimento do seguro-desemprego. Terá direito apenas ao saldo de salários e às férias vencidas, se houver.

O pedido de demissão é o aviso que o empregado faz ao empregador de que não mais deseja trabalhar na empresa. Não tem o empregado direito à indenização, ao levantamento do FGTS, à indenização de 40% do FGTS e às guias do seguro-desemprego. Fará jus, porém, ao 13º salário proporcional (Súmula 157 do TST), a férias vencidas e férias proporcionais (Súmulas 171 e 261 do TST).

A rescisão indireta ou dispensa indireta é a forma de cessação do contrato de trabalho por decisão do empregado, em virtude de falta grave praticada pelo empregador (art. 483 da CLT). Ocorrerá quando: (a) forem exigidos serviços superiores às forças do empregado; (b) serviços proibidos por lei. Seria o caso de o menor fazer serviços perigosos, insalubres ou trabalho noturno; (c) serviços contrários aos bons costumes; (d) serviços alheios ao contrato de trabalho; (e) for dado tratamento com rigor excessivo por parte do empregador ou de seus superiores hierárquicos em relação ao empregado; (f) o empregado correr perigo de mal considerável; (g) houver descumprimento pelo empregador das obrigações contratuais; (h) o empregador ou seus prepostos ofenderem a honra e boa fama do empregado ou pessoas de sua família (calúnia, injúria ou difamação); (i) ocorrerem ofensas físicas praticadas pelo empregador contra o empregado, salvo em caso de legítima defesa, própria ou de outrem; (j) o empregador reduzir o trabalho do empregado, sendo este por peça ou tarefa, de modo a afetar sensivelmente os salários mensais recebidos. Na rescisão indireta são devidas as seguintes verbas: aviso prévio, férias proporcionais, 13º salário proporcional, levantamento do FGTS, acrescido da indenização de 40%, seguro-desemprego.

A aposentadoria espontânea não é causa de extinção de contrato de trabalho se o empregado permanece prestando serviços ao empregador após a jubilação. Assim, por ocasião da sua dispensa imotivada, o empregado tem direito à indenização de 40% do FGTS sobre a totalidade dos depósitos efetuados no curso do pacto laboral (Orientação Jurisprudencial 361 da SBDI-1 do TST). Com a aposentadoria, há levantamento do FGTS (art. 20, III, Lei n. 8.036/90). Terá direito a 13º salário proporcional e a férias proporcionais, além das férias vencidas.

O contrato de trabalho poderá ser extinto por acordo entre empregado e empregador, caso em que serão devidas as seguintes verbas trabalhistas: I – por metade: a) o aviso prévio, se indenizado; e b) a indenização sobre o saldo do Fundo de Garantia do Tempo de Serviço; II – na integralidade, as demais verbas trabalhistas (art. 484-A da CLT).

A cessação do contrato de trabalho pode ter sido decorrência de uma falta praticada tanto pelo empregado como por parte do empregador, daí a existência de culpa recíproca. A falta do empregado estaria capitulada no art. 482 da CLT, e a falta do empregador estaria elencada no art. 483 da CLT. Havendo culpa recíproca, a indenização devida ao empregado será reduzida à metade (art. 484 da CLT), assim como o aviso prévio, as férias proporcionais e o 13º salário proporcional (Súmula 14 do TST).

Força maior é o acontecimento inevitável e previsível, em relação à vontade do empregador, e para a realização do qual este não concorreu, direta ou indiretamente (art. 501 da CLT). Exemplos de força maior seriam o incêndio, o terremoto, a inundação etc. A imprevidência do empregador exclui a razão de força maior (§ 1º do art. 501 da CLT). À ocorrência do motivo de força maior que não afetar substancialmente, nem for suscetível de afetar, em tais condições, a situação econômica e financeira da empresa, não se aplicam as restrições previstas na lei, como a indenização pela metade, o pagamento pela metade da indenização de 40% do FGTS etc., devendo pagar as verbas rescisórias pertinentes por inteiro. A falência do empregador não será considerada como força maior, pois decorre dos riscos de seu negócio.

O pedido de demissão do empregado estável só será válido com a assistência do sindicato, do Ministério do Trabalho ou da Justiça do Trabalho (art. 500 da CLT).

A entrega ao empregado de documentos que comprovem a comunicação da extinção contratual aos órgãos competentes bem como o pagamento dos valores constantes do instrumento de rescisão ou recibo de quitação deverão ser efetuados até dez dias contados a partir do término do contrato (art. 477, § 6º, da CLT).

O pagamento a que fizer jus o empregado será efetuado: I – em dinheiro, depósito bancário ou cheque visado, conforme acordem as partes; ou II – em dinheiro ou depósito bancário quando o empregado for analfabeto.

O empregador que não observar o prazo previsto no § 6º do art. 477 da CLT deverá pagar multa ao empregado no valor de seu salário, devidamente corrigido pelo BTN, salvo se o trabalhador, comprovadamente, der causa à mora (art. 477, § 8º, da CLT).

Na extinção do contrato de trabalho, o empregador fará a anotação na Carteira de Trabalho e Previdência Social, comunicar a dispensa aos órgãos competentes e realizar o pagamento das verbas rescisórias no prazo e na forma estabelecidos no art. 477 da CLT.

A anotação da extinção do contrato na Carteira de Trabalho e Previdência Social é documento hábil para requerer o benefício do seguro-desemprego e a movimentação da conta vinculada no Fundo de Garantia do Tempo de Serviço, nas hipóteses legais, desde que a comunicação tenha sido realizada.

As dispensas imotivadas individuais, plúrimas ou coletivas equiparam-se para todos os fins, não havendo necessidade de autorização prévia de entidade sindical ou de celebração de convenção coletiva ou acordo coletivo de trabalho para sua efetivação (art. 477-A da CLT).

Plano de Demissão Voluntária ou Incentivada, para dispensa individual, plúrima ou coletiva, previsto em convenção coletiva ou acordo coletivo de trabalho, enseja quitação plena e irrevogável dos direitos decorrentes da relação empregatícia, salvo disposição em contrário estipulada entre as partes (art. 477-B da CLT).

É facultado a empregados e empregadores, na vigência ou não do contrato de emprego, firmar o termo de quitação anual de obrigações trabalhistas perante o sindicato dos empregados da categoria (art. 507-B da CLT). O termo discriminará as obrigações de dar e fazer cumpridas mensalmente e dele constará a quitação anual dada pelo empregado, com eficácia liberatória das parcelas nele especificadas.

O dirigente sindical não pode ser dispensado desde o registro de sua candidatura a cargo de direção ou representação de entidade sindical até um ano após o término do seu mandato, inclusive como suplente, salvo se cometer falta grave devidamente apurada mediante inquérito para apuração de falta grave (art. 543, § 3º, da CLT).

É assegurada a estabilidade provisória ao empregado dirigente sindical, ainda que a comunicação do registro da candidatura ou da eleição e da posse seja realizada fora do prazo previsto no art. 543, § 5º, da CLT, desde que a ciência ao empregador, por qualquer meio, ocorra na vigência do contrato de trabalho (Súmula 369, I, do TST).

O empregado eleito para cargo de direção da CIPA não pode ser dispensado desde o registro de sua candidatura até um ano após o final de seu mandato (art.

10, II, *a*, do ADCT). Essa garantia se aplica ao suplente da CIPA (Súmula 676 do STF e Súmula 339, I, do TST).

A gestante não pode ser dispensada desde a confirmação da gravidez até cinco meses após o parto. O referido direito se estende, no caso do falecimento da genitora, a quem detiver a guarda do seu filho (art. 1º da Lei Complementar n. 146/2014). A confirmação do estado de gravidez advindo no curso do contrato de trabalho, ainda que durante o aviso prévio trabalhado ou indenizado, assegura à empregada gestante a garantia do emprego desde a confirmação da gravidez até cinco meses após o parto (art. 391-A da CLT).

A empregada gestante tem direito à estabilidade provisória prevista no art. 10, II, *b*, do Ato das Disposições Constitucionais Transitórias, mesmo na hipótese de admissão mediante contrato por tempo determinado (Súmula 224, III, do TST).

É vedada a dispensa do empregado acidentado até 12 meses após a cessação do auxílio-doença acidentário (art. 118 da Lei n. 8.213/91).

Desde o registro da candidatura até um ano após o fim do mandato, o membro da comissão de representantes dos empregados não poderá sofrer despedida arbitrária, entendendo-se como tal a que não se fundar em motivo disciplinar, técnico, econômico ou financeiro (art. 510-D, § 3º, da CLT).

Para empresas com mais de 60 empregados, será constituída comissão de empregados, mediante previsão em convenção ou acordo coletivo de trabalho, para acompanhamento e fiscalização da regularidade da cobrança e distribuição da gorjeta, cujos representantes serão eleitos em assembleia geral convocada para esse fim pelo sindicato laboral e gozarão de garantia de emprego vinculada ao desempenho das funções para que foram eleitos (art. 457, § 18, da CLT).

O empregado submetido a contrato de trabalho por tempo determinado goza da garantia provisória de emprego, decorrente de acidente de trabalho, prevista no art. 118 da Lei n. 8.213/91 (Súmula 378, III, do TST).

Presume-se discriminatória a despedida de empregado portador do vírus HIV ou de outra doença grave que suscite estigma ou preconceito. Inválido o ato, o empregado tem direito à reintegração no emprego (Súmula 443 do TST). Demitir o portador de HIV do emprego é crime (art. 1º da Lei n. 12.984/2014).

18.13 AVISO PRÉVIO

Tem o aviso prévio a natureza de uma parte comunicar a outra do contrato de trabalho que não há mais interesse na continuação do pacto. Em segundo lugar, representa o período de tempo mínimo que a lei determina para que seja avisada a parte contrária de que vai ser rescindido o contrato de trabalho, de modo a que o empregador possa conseguir novo empregado para a função ou o empregado possa procurar novo emprego. Por fim, compreende o pagamento que vai ser efetuado pelo empregador ao empregado pela prestação de serviços durante o restante do contrato de trabalho, ou à indenização substitutiva pelo não cumprimento do aviso prévio por qualquer das partes.

O pedido de dispensa do cumprimento do aviso prévio "não exime o empregador de pagar o valor respectivo, salvo comprovação de haver o prestador dos serviços obtido novo emprego" (Súmula 276 do TST).

Cabe o aviso prévio nos contratos de prazo indeterminado (art. 487 da CLT). Nos contratos de trabalho de prazo determinado, o aviso prévio é incabível, pois as partes já sabem de antemão quando é que vai terminar o pacto laboral.

É cabível o aviso prévio na rescisão indireta (art. 487, § 4º, da CLT).

Reza o inciso XXI do art. 7º da Constituição que o aviso prévio será de, no mínimo, 30 dias. O aviso prévio será concedido na proporção de 30 dias aos empregados que contem até um ano de serviço na mesma empresa (art. 1º da Lei n. 12.506/2011). Ao aviso prévio previsto neste artigo serão acrescidos três dias por ano de serviço prestado na mesma empresa, até o máximo de 60 dias, perfazendo um total de até 90 dias. O doméstico tem direito ao mesmo aviso prévio proporcional.

Integra o aviso prévio o contrato de trabalho para todos os efeitos, inclusive para o cálculo de mais 1/12 de 13º salário e férias em razão de sua projeção. Cessa o pacto laboral no último dia de aviso prévio (art. 489 da CLT). Mesmo no aviso prévio indenizado ocorre sua integração no tempo de serviço do empregado, para todos os efeitos.

A falta de aviso prévio por parte do empregador dá ao empregado o direito aos salários do respectivo aviso (art. 487, § 1º, da CLT), garantindo-se a integração do citado aviso no tempo de serviço do empregado. A falta de aviso prévio por parte do empregado que pretende desligar-se da empresa dá ao empregador o direito de descontar o saldo de salários correspondentes ao prazo respectivo (art. 487, § 2º, da CLT).

Durante o aviso prévio concedido pelo empregador ao empregado, a jornada de trabalho deste será reduzida em duas horas, sem prejuízo do salário integral (art. 488 da CLT). O empregado poderá optar entre trabalhar sem a redução de duas horas diárias em seu horário normal de trabalho, faltando no serviço por sete dias corridos, sem prejuízo do salário.

No caso do empregado rural, se a rescisão for promovida pelo empregador, o empregado terá direito a faltar um dia por semana para procurar novo emprego (art. 15 da Lei n. 5.889/73).

18.14 FGTS

A partir de 5 de outubro de 1988, o FGTS passou a ser um direito do trabalhador, inexistindo opção. Desapareceu o sistema alternativo que vigorava até então de estabilidade ou FGTS. Passa o FGTS a ser devido não só aos empregados urbanos, mas também aos empregados rurais.

O FGTS é um depósito bancário destinado a formar uma poupança para o trabalhador, a qual poderá ser sacada nas hipóteses previstas na lei, principalmente quando é demitido sem justa causa. Servem os depósitos como forma de financiamento para aquisição de moradia pelo Sistema Financeiro da Habitação[6].

São contribuintes do FGTS o empregador, seja pessoa física, seja jurídica, de direito privado ou de direito público, da administração direta, indireta ou fundacional de qualquer dos Poderes da União, dos Estados-membros, do Distrito Federal e dos Municípios, que admitir trabalhadores regidos pela CLT a seu serviço. Os trabalhadores sujeitos a legislação especial que não a de funcionários públicos, como a de trabalho temporário (Lei n. 6.019/74), também serão contribuintes do sistema. A própria lei determina que se considera como empregador o fornecedor ou tomador de mão de obra.

Terão direito aos depósitos os trabalhadores regidos pela CLT, os avulsos, os empregados rurais, o trabalhador temporário, os domésticos, ficando excluídos os autônomos, os eventuais e os servidores públicos civis e militares.

As empresas poderão equiparar seus diretores não empregados aos demais trabalhadores sujeitos ao regime do FGTS. Considera-se diretor a pessoa que exerça cargo de administração previsto em lei, estatuto ou contrato social, independentemente da denominação do cargo (art. 16 da Lei n. 8.036/90).

Os valores pertinentes aos depósitos não recolhidos deverão ser pagos e creditados na conta vinculada do empregado, sendo vedado o pagamento direto ao trabalhador. O art. 18 da Lei n. 8.036/90 determina também o depósito dos valores relativos ao mês da rescisão e ao imediatamente anterior que ainda não houverem sido recolhidos.

O FGTS incidirá sobre a remuneração paga ao empregado. Incidirá também sobre as horas extras prestadas (Súmula 63 do TST) ou sobre outros adicionais pagos ao empregado, como adicional de transferência, noturno, de insalubridade, periculosidade etc.

---

[6] MARTINS, Sergio Pinto. *Manual do FGTS*. 5. ed. São Paulo: Saraiva, 2017, p. 56.

O depósito será obrigatório no período em que o empregado estiver prestando serviço militar e em caso de licença decorrente de acidente do trabalho (art. 15, § 5º, da Lei n. 8.036/90), pois tais períodos serão computados no tempo de serviço do empregado para efeito de indenização e estabilidade (art. 4º, parágrafo único, da CLT).

É devido o depósito do FGTS na conta do trabalhador cujo contrato de trabalho seja declarado nulo na hipótese de falta de concurso público em relação a Administração Pública, quando mantido o direito ao salário.

O prazo para o depósito do FGTS é até o dia 7 de cada mês subsequente ao vencido. O recolhimento fora de prazo será feito com correção monetária. Sobre o valor atualizado incidirão juros de mora de 1% ao mês e multa de 20%. Se o débito for pago até o último dia útil do mês de seu vencimento, a multa será reduzida para 10%.

O FGTS poderá ser sacado nas seguintes hipóteses: (a) despedida sem justa causa por parte do empregador, nos casos de despedida indireta, de culpa recíproca e de força maior; (b) extinção total da empresa, fechamento de quaisquer de seus estabelecimentos, filiais ou agências, supressão de parte de suas atividades, ou, ainda, falecimento do empregador pessoa física, sempre que qualquer dessas ocorrências implique a rescisão do contrato de trabalho, comprovada por declaração escrita da empresa, suprida, quando for o caso, por decisão judicial transitada em julgado; (c) aposentadoria concedida pela Previdência Social; (d) pagamento de parte das prestações decorrentes do financiamento habitacional concedido no âmbito do Sistema Financeiro da Habitação, desde que: (1) o mutuário conte com o mínimo de três anos de trabalho sob o regime do FGTS, na mesma empresa ou em empresas diferentes; (2) o valor bloqueado seja utilizado, no mínimo, durante o prazo de 12 meses; (3) o valor do abatimento atinja, no máximo, 80% do montante da prestação; (e) liquidação ou amortização extraordinária do saldo devedor de financiamento imobiliário, observadas as condições estabelecidas pelo Conselho Curador, entre elas a de que o financiamento seja concedido no âmbito do SFH e haja interstício mínimo de dois anos para cada movimentação; (f) pagamento total ou parcial do preço da aquisição de moradia própria, observado o seguinte: (1) o mutuário deverá contar com o mínimo de três anos de trabalho sob o regime do FGTS, na mesma empresa ou empresas diferentes; (2) seja a operação financiável nas condições vigentes para o SFH; (g) quando o trabalhador permanecer três anos ininterruptos, a partir de 1º de junho de 1990, fora do regime do FGTS, podendo o saque, neste caso, ser efetuado a partir do mês de aniversário do titular; (h) extinção normal do contrato a termo, inclusive a dos trabalhadores temporrios regidos pela Lei n. 6.019/74; (i) suspensão total do trabalho do avulso por período igual ou superior a 90 dias, comprovada mediante declaração do sindicato da categoria; (j) falecimento do trabalhador, sendo o saldo pago a seus dependentes, para esse fim habilitados perante a Previdência Social, segundo critério adotado para a concessão de pensões por morte. Na falta de dependentes, farão jus ao recebimento do saldo da conta vinculada seus sucessores previstos na lei civil, indicados em alvará judicial, expedido a requerimento do interessado, independentemente de inventário ou arrolamento; (k) quando o trabalhador ou qualquer de seus dependentes for acometido de neoplasia maligna, isto é, tumor maligno; (l) aplicação em quotas de Fundos Mútuos de Privatização, regidos pela Lei n. 6.385/76, permitida a utilização máxima de 50% do saldo existente e disponível em sua conta vinculada do FGTS, na data em que exercer a opção; (m) quando o trabalhador ou qualquer de seus dependentes for portador de vírus HIV; (n) quando o trabalhador ou qualquer de seus dependentes estiver em estágio terminal, ou em razão de doença grave; (o) quando o trabalhador tiver idade igual ou superior a 70 anos; (p) necessidade pessoal, cuja urgência e gravidade decorram de desastre natural, conforme disposto em regulamento, observadas as seguintes condições: (1) o trabalhador deverá ser residente em áreas comprovadamente atingidas de município ou do Distrito Federal em situação de emergência ou em estado de calamidade pública, formalmente reconhecidos pelo governo federal; (2) a solicitação de movimentação da conta vinculada será admitida até 90 dias após a publicação do ato de reconhecimento pelo governo federal, da situação de emergência ou de estado de calamidade pública; (3) o valor máximo do saque da conta vinculada será definido na forma do regulamento; (q) integralização de cotas do FI-FGTS, respeitado o disposto na alínea *i* do inciso XIII do art. 5º desta Lei, permitida a utilização máxima de 30% do saldo existente e disponível na data em que exercer a opção; (r) quando o trabalhador com deficiência, por prescrição, necessite adquirir órtese ou prótese para promoção de acessibilidade e de inclusão social; (s) pagamento total ou parcial do preço de aquisição de imóveis da União inscritos em regime de ocupação ou aforamento, a que se referem o art. 4º da Lei n. 13.240, de 30 de dezembro de 2015, e o art. 16-A da Lei n. 9.636, de 15 de maio de 1998, respectivamente, observadas as seguintes condições: 1) o mutuário deverá contar com o mínimo de três anos de trabalho sob o regime do FGTS, na mesma empresa ou em empresas diferentes; 2) seja a operação financiável nas condições vigentes para o Sistema Financeiro da Habitação (SFH) ou ainda por intermédio de parcelamento efetuado pela Secretaria do Patrimônio da União (SPU), mediante a contratação da Caixa Econômica Federal como agente financeiro dos contratos de parcelamento; 3) sejam observadas as demais regras e condições estabelecidas para uso do FGTS; (t) extinção do contrato de trabalho prevista no art. 484-A da CLT; (u) anualmente, no mês de aniversário do trabalhador, por meio da aplicação dos valores constantes do Anexo desta Lei, observado o disposto no art. 20-D desta Lei; (v) a qualquer tempo, quando seu saldo for inferior a R$ 80,00 (oitenta reais) e não houver ocorrido depósitos ou saques por, no mínimo, um ano, exceto na hipótese prevista no inciso I do § 5º do art. 13 da Lei n.º 8.036/90; (w) quando o trabalhador ou qualquer de seus dependentes for, nos termos do regulamento, pessoa com doença rara, consideradas doenças raras aquelas assim reconhecidas pelo Ministério da Saúde, que apresentará, em seu sítio na internet, a relação atualizada dessas doenças.

A extinção do contrato por mútuo acordo permite a movimentação da conta vinculada do trabalhador no Fundo de Garantia do Tempo de Serviço, limitada até 80% do valor dos depósitos (§ 1º do art. 484-A da CLT).

A extinção de contrato de trabalho intermitente permite a movimentação da conta vinculada do trabalhador no FGTS na forma do inciso I-A do art. 20 da Lei n. 8.036/90, limitada a até 80% do valor dos depósitos (§ 1º do art. 452-E da CLT).

A Lei n. 7.670/88 permite o levantamento do FGTS ao doente de AIDS, independentemente de rescisão do contrato de trabalho ou de qualquer outro tipo de pecúlio a que o paciente tenha direito.

Na dispensa do empregado, inclusive na rescisão indireta, é devida a indenização de 40% sobre o montante de todos os depósitos realizados na conta vinculada durante a vigência do contrato de trabalho, atualizados monetariamente, e acrescidos dos respectivos juros. Havendo culpa recíproca ou força maior, reconhecida pela Justiça do Trabalho, o porcentual será reduzido para 20% (art. 18, § 2º, da Lei n. 8.036/90). A indenização de 40 ou 20% deve ser depositada na conta vinculada do empregado.

O empregador doméstico depositará a importância de 3,2% sobre a remuneração devida, no mês anterior, a cada empregado, destinada ao pagamento da indenização compensatória da perda do emprego, sem justa causa ou por culpa do empregador (art. 22 da Lei Complementar n. 150/2015). Nas hipóteses de dispensa por justa causa ou a pedido, de término do contrato de trabalho por prazo determinado, de aposentadoria e de falecimento do empregado doméstico, os valores previstos no *caput* serão movimentados pelo empregador. Na hipótese de culpa recíproca, metade dos valores previstos no *caput* será movimentada pelo empregado, enquanto a outra metade será movimentada pelo empregador. Os valores serão depositados na conta vinculada do empregado, e somente poderão ser movimentados por ocasião da rescisão contratual.

Para os casos em que a ciência da lesão ocorreu a partir de 13 de novembro de 2014, é quinquenal a prescrição do direito de reclamar contra o não recolhimento de contribuição para o FGTS, observado o prazo de dois anos após o término do contrato. Para os casos em que o prazo prescricional já estava em curso em 13 de novembro de 2014, aplica-se o prazo prescricional que se consumar primeiro: trinta anos, contados do termo inicial, ou cinco anos, a partir de 13 de novembro de 2014 (STF, ARE-709212/DF) (Súmula 362 do TST).

18.15 JORNADA DE TRABALHO

A duração normal do trabalho não pode ser "superior a oito horas diárias e quarenta e quatro semanais, facultada a compensação de horários e a redução da jornada, mediante acordo ou convenção coletiva de trabalho" (art. 7º, XIII, da Constituição).

Jornada significa o que é diário. Para as 44 horas semanais usa-se a expressão módulo semanal.

Para os empregados sujeitos a 40 horas semanais de trabalho, aplica-se o divisor 200 (duzentos) para o cálculo do valor do salário-hora (Súmula 431 do TST).

Considera-se trabalho em regime de tempo parcial aquele cuja duração não exceda a 30 horas semanais, sem a possibilidade de horas suplementares semanais, ou, ainda, aquele cuja duração não exceda a 26 horas semanais, com a possibilidade de acréscimo de até seis horas suplementares semanais (art. 58-A da CLT). Na hipótese de o contrato de trabalho em regime de tempo parcial ser estabelecido em número inferior a 26 horas semanais, as horas suplementares a este quantitativo serão consideradas horas extras para fins do pagamento estipulado no § 3º, estando também limitadas a seis horas suplementares semanais (art. 58, § 4º, da CLT). As horas suplementares da jornada de trabalho normal poderão ser compensadas diretamente até a semana imediatamente posterior à da sua execução, devendo ser feita a sua quitação na folha de pagamento do mês subsequente, caso não sejam compensadas.

É facultado às partes, mediante acordo individual escrito, convenção coletiva ou acordo coletivo de trabalho, estabelecer horário de trabalho de doze horas seguidas por trinta e seis horas ininterruptas de descanso, observados ou indenizados os intervalos para repouso e alimentação (art. 59-A da CLT). A remuneração mensal pactuada pelo horário previsto abrange os pagamentos devidos pelo descanso semanal remunerado e pelo descanso em feriados e serão considerados compensados os feriados e as prorrogações de trabalho noturno, quando houver.

O trabalho em tempo parcial do doméstico não pode exercer 25 horas semanais.

A duração normal do trabalho dos bancários é de 6 horas (art. 224 da CLT); dos empregados em serviços de telefonia, telegrafia submarina e subfluvial, de radiotelegrafia e radiotelefonia é de 6 horas diárias ou 36 horas semanais (art. 227 da CLT); dos operadores cinematográficos é de 6 horas (art. 234 da CLT); dos empregados em minas de subsolo é de 6 horas diárias ou 36 semanais (art. 293 da CLT); dos jornalistas profissionais é de 5 horas (art. 303 da CLT); o professor poderá lecionar em um mesmo estabelecimento por mais de um turno, desde que não ultrapasse o módulo semanal de trabalho de 44 horas, assegurado o intervalo de uma hora, que não será computado na jornada (art. 318 da CLT); dos médicos será de 2 horas, no mínimo, e de 4 horas, no máximo, sendo que seus auxiliares trabalharão 4 horas diárias (art. 8º da Lei n. 3.999/61); dos cabineiros de elevadores será de 6 horas (art. 1º da Lei n. 3.270/57); do assistente social será de 30 horas semanais (art. 5º-A da Lei n. 8.662/83).

Não serão descontadas nem computadas como jornada extraordinária as variações de horário no registro de ponto não excedentes de cinco minutos, observado o limite máximo de 10 minutos. Superado esse limite, será considerada como extra a totalidade do tempo que exceder a jornada normal.

Por não se considerar tempo à disposição do empregador, não será computado como período extraordinário o que exceder a jornada normal, ainda que ultrapasse o limite de cinco minutos previsto no § 1º do art. 58 da CLT, quando o empregado, por escolha própria, buscar proteção pessoal, em caso de insegurança nas vias públicas ou más condições climáticas, bem como adentrar ou permanecer nas dependências da empresa para exercer atividades particulares, entre outras: I – práticas religiosas; II – descanso; III – lazer; IV – estudo; V – alimentação; VI – atividades de relacionamento social; VII – higiene pessoal; VIII – troca de roupa ou uniforme, quando não houver obrigatoriedade de realizar a troca na empresa (art. 4º, § 2º, da CLT).

O tempo despendido pelo empregado desde a sua residência até a efetiva ocupação do posto de trabalho e para o seu retorno, caminhando ou por qualquer meio de transporte, inclusive o fornecido pelo empregador, não será computado na jornada de trabalho, por não ser tempo à disposição do empregador (art. 58, § 2º, da CLT).

Certos empregados são excluídos da proteção normal da jornada de trabalho: (a) os empregados que exercem atividade externa incompatível com a fixação de horário de trabalho (ex.: vendedores externos, motoristas etc.), devendo tal condição ser anotada na CTPS e no registro de empregados; (b) os gerentes, assim considerados os exercentes de cargos de gestão, aos quais se equiparam os diretores e chefes de departamento ou filial (art. 62 da CLT). Isso quer dizer que não têm direito a horas extras e a adicional noturno e hora noturna reduzida. O cargo de confiança poderá ter uma gratificação de função, que será de 40%.

Horas extras são as prestadas além do horário contratual, legal ou normativo, que devem ser remuneradas com o adicional respectivo. A hora extra pode ser realizada tanto antes do início do expediente como após seu término normal ou durante os intervalos destinados a repouso e alimentação.

Em relação ao empregado doméstico responsável por acompanhar o empregador prestando serviços em viagem, serão consideradas apenas as horas efetivamente trabalhadas no período, podendo ser compensadas as horas extraordinárias em outro dia (art. 11 da Lei Complementar n. 150/2015). O acompanhamento do empregador pelo empregado em viagem será condicionado à prévia existência de acordo escrito entre as partes. A remuneração-hora do serviço em viagem será, no mínimo, 25% superior ao valor do salário-hora normal. Poderá ser convertido, mediante acordo, em acréscimo no banco de horas, a ser utilizado a critério do empregado.

São considerados tempo de espera as horas em que o motorista profissional empregado ficar aguardando carga ou descarga do veículo nas dependências do embarcador ou do destinatário e o período gasto com a fiscalização da mercadoria transportada em barreiras fiscais ou alfandegárias, não sendo computados como jornada de trabalho e nem como horas extraordinárias. As horas relativas ao período do tempo de espera serão indenizadas na proporção de 30% do salário-hora normal.

Nos casos em que o motorista tenha que acompanhar o veículo transportado por qualquer meio onde ele siga embarcado e em que o veículo disponha de cabine leito ou a embarcação disponha de alojamento para gozo do intervalo de repouso diário previsto no § 3º do art. 235-C da CLT, esse tempo será considerado como tempo de descanso.

É permitida a remuneração do motorista em função da distância percorrida, do tempo de viagem ou da natureza e quantidade de produtos transportados, inclusive mediante oferta de comissão ou qualquer outro tipo de vantagem, desde que essa remuneração ou comissionamento não comprometa a segurança da rodovia e da coletividade ou possibilite a violação das normas previstas em lei (art. 235-G da CLT).

O acordo de prorrogação de horas é o ajuste de vontade feito pelas partes, no sentido de que a jornada de trabalho possa ser elastecida além do limite legal, mediante o pagamento de adicional de horas extras. O acordo pode ser feito por prazo determinado ou indeterminado.

Será o acordo necessariamente escrito, podendo ser um adendo ao contrato de trabalho ou inserido no próprio pacto laboral ou, ainda, por meio de acordo ou convenção coletiva, que é o significado da palavra contrato coletivo. O adicional será de no mínimo 50% (art. 7º, XVI, da Constituição). O advogado terá adicional de horas extras de 100% (§ 2º do art. 20 da Lei n. 8.906/94).

A duração diária do trabalho poderá ser acrescida de horas extras, em número não excedente de duas, por acordo individual, convenção coletiva ou acordo coletivo de trabalho (art. 59 da CLT).

Os cabineiros de elevadores não podem prorrogar sua jornada de trabalho (art. 1º da Lei n. 3.270/57).

A compensação da jornada de trabalho ocorre quando o empregado trabalha mais horas num determinado dia para prestar serviços em um número menor de horas noutro dia, ou não prestá-los em certo dia da semana. O inciso XIII do art. 7º da Lei Fundamental determina que a compensação ou redução da jornada só podem ser feitas por intermédio de "acordo ou convenção coletiva de trabalho".

Na hipótese de rescisão do contrato de trabalho sem que tenha havido a compensação integral da jornada extraordinária, o trabalhador terá direito ao pagamento das horas extras não compensadas, calculadas sobre o valor da remuneração na data da rescisão (art. 59, § 3º, da CLT).

O banco de horas poderá ser pactuado por acordo individual escrito, desde que a compensação ocorra no período máximo de seis meses (art. 59, § 5º, da CLT).

É lícito o regime de compensação de jornada estabelecido por acordo individual, tácito ou escrito, para a compensação no mesmo mês (art. 59, § 6º, da CLT).

O não atendimento das exigências legais para compensação de jornada, inclusive quando estabelecida mediante acordo tácito, não implica a repetição do pagamento das horas excedentes à jornada normal diária se não ultrapassada a duração máxima semanal, sendo devido apenas o respectivo adicional (art. 59-B da CLT). A prestação de horas extras habituais não descaracteriza o acordo de compensação de jornada e o banco de horas.

Convenção e acordo coletivo poderão prever jornada especial de 12 horas de trabalho por 36 horas de descanso para o trabalho do motorista, em razão da especificidade do transporte, de sazonalidade ou de característica que o justifique (art. 235-F da CLT).

Permite-se a prorrogação da jornada normal de trabalho, ocorrendo necessidade imperiosa. Esta pode ser entendida como a decorrente de força maior, para atendimento de serviços inadiáveis ou cuja inexecução possa acarretar prejuízo manifesto (art. 61 da CLT).

Em casos de força maior, a lei não determina quanto seria o máximo da jornada de trabalho o que leva a crer que não há limite. O empregador deverá fazer a comunicação da prorrogação à DRT no prazo de 10 dias (art. 61, § 1º, da CLT). Haverá necessidade de pagamento de adicional de horas extras, por se tratar de horas suplementares, sendo que a Constituição não faz qualquer distinção quanto a esse aspecto. O adicional será de 50% (art. 7º, XVI).

A jornada para trabalho realizado em turnos ininterruptos de revezamento é de seis horas (art. 7º, XIV, da Constituição). É o que ocorre com quem trabalha das 6 às 12, das 12 às 18, das 18 às 24, das 24 às 6 horas, em semanas alternadas.

Os intervalos fixados para descanso e alimentação durante a jornada de seis horas e o repouso semanal remunerado não descaracterizam o sistema de turnos ininterruptos de revezamento para o efeito do inciso XIV do art. 7º da Constituição (Súmula 675 do STF e Súmula 360 do TST).

Estabelecida jornada superior a seis horas e limitada a oito horas por meio de regular negociação coletiva, os empregados submetidos a turnos ininterruptos de revezamento não têm direito ao pagamento das 7ª e 8ª horas como extras.

O horário de trabalho será anotado em registro de empregados (art. 74 da CLT).

Para os estabelecimentos com mais de 20 trabalhadores, será obrigatória a anotação da hora de entrada e de saída, em registro manual, mecânico ou eletrônico, conforme instruções expedidas pela Secretaria Especial de Previdência e Trabalho do Ministério da Economia, permitida a pré-assinalação do período de repouso (§ 2º do art. 74 da CLT).

Se o trabalho for executado fora do estabelecimento, o horário dos empregados constará do registro manual, mecânico ou eletrônico em seu poder, sem prejuízo do que dispõe o *caput* deste artigo.

Fica permitida a utilização de registro de ponto por exceção à jornada regular de trabalho, mediante acordo individual escrito, convenção coletiva ou acordo coletivo de trabalho.

Considera-se horário noturno para os empregados urbanos e para o doméstico o trabalho executado entre as 22 h de um dia e 5 h do dia seguinte (art. 73, § 2º, da CLT). O adicional noturno é de 20%, inclusive para o doméstico. Para os empregados rurais, o horário noturno será das 21 às 5 h, na lavoura, e das 20 às 4 h, na pecuária.

O trabalho noturno deve ter remuneração superior à do diurno (art. 7º, IX, da Constituição).

Cada hora noturna é considerada de 52 minutos e 30 segundos (art. 73, § 1º, da CLT) para o empregado urbano e para o doméstico. O trabalhador rural não é beneficiário da hora noturna reduzida, pois o adicional de 25% visa compensar a inexistência da hora noturna reduzida (art. 7º, parágrafo único, da Lei n. 5.889/73). O vigia noturno também tem direito à hora noturna reduzida de 52 minutos e 30 segundos (Súmula 65 do TST).

18.16 INTERVALOS PARA DESCANSO

Intervalos para descanso são períodos na jornada de trabalho, ou entre uma e outra, em que o empregado não presta serviços, seja para alimentar-se, seja para descansar.

Em qualquer trabalho contínuo cuja duração exceda de seis horas, é obrigatória a concessão de um intervalo para repouso ou alimentação, o qual será, no mínimo, de uma hora e, salvo acordo escrito ou contrato coletivo em contrário, não poderá exceder de duas horas. Não excedendo de seis horas o trabalho, será concedido intervalo de 15 minutos, quando a duração ultrapassar quatro horas. O objetivo do intervalo é para que o trabalhador possa alimentar-se ou descansar. O intervalo não é computado na duração do trabalho.

É obrigatória a concessão de intervalo para repouso ou alimentação pelo período de, no mínimo, uma hora e, no máximo, duas horas, admitindo-se, mediante prévio acordo escrito entre empregador e empregado, sua redução a 30 minutos (art. 13 da Lei Complementar n. 150/2015). Caso o empregado resida no local de trabalho, o intervalo poderá ser desmembrado em dois períodos, desde que cada um deles tenha, no mínimo, uma hora, até o limite de 4 horas ao dia. Em caso de modificação do intervalo, é obrigatória a sua anotação no registro diário de horário, vedada sua prenotação.

A não concessão ou a concessão parcial do intervalo intrajornada mínimo, para repouso e alimentação, a empregados urbanos e rurais, implica o pagamento, de natureza indenizatória, apenas do período suprimido, com acréscimo de 50% sobre o valor da remuneração da hora normal de trabalho (art. 71, § 4º, da CLT).

Ultrapassada habitualmente a jornada de seis horas de trabalho, é devido o gozo do intervalo intrajornada mínimo de uma hora, obrigando o empregador a remunerar o período para descanso e alimentação não usufruído como extra, acrescido do respectivo adicional, na forma prevista no art. 71, *caput* e § 4º, da CLT (Súmula 437, IV, do TST).

O intervalo poderá ser reduzido e/ou fracionado, e aquele estabelecido no § 1º do art. 71 da CLT poderá ser fracionado, quando compreendidos entre o término da primeira hora trabalhada e o início da última hora trabalhada, desde que previsto em convenção ou acordo coletivo de trabalho, ante a natureza do serviço e em virtude das condições especiais de trabalho a que são submetidos estritamente os motoristas, cobradores, fiscalização de campo e afins nos serviços de operação de veículos rodoviários, empregados no setor de transporte coletivo de passageiros, mantida a remuneração e concedidos intervalos para descanso menores ao final de cada viagem (art. 71, § 5º, da CLT).

Nas viagens de longa distância com duração superior a 7 dias, o repouso semanal será de 24 horas por semana ou fração trabalhada, sem prejuízo do intervalo de repouso diário de 11 horas, totalizando 35 horas, usufruído no retorno do motorista à base (matriz ou filial) ou ao seu domicílio, salvo se a empresa oferecer condições adequadas para o efetivo gozo do referido repouso (art. 235-D da CLT).

Nos serviços permanentes de mecanografia (datilografia, escrituração e cálculo), a cada período de 90 minutos de trabalho consecutivo haverá um intervalo de 10 minutos, que não será deduzido da duração normal de trabalho (art. 72 da CLT). O digitador também tem direito a esse intervalo (Súmula 346 do TST).

Para os empregados que trabalham no interior de câmaras frigoríficas e para os que movimentam mercadorias do ambiente quente ou normal para o frio e vice-versa, após 1 hora e 40 minutos de trabalho contínuo, será assegurado um intervalo de 20 minutos de repouso, computada essa pausa como de trabalho efetivo (art. 253 da CLT). O empregado submetido a trabalho contínuo em ambiente artificialmente frio, nos termos do parágrafo único do art. 253 da CLT, ainda que não labore em câmara frigorífica, tem direito ao intervalo intrajornada previsto no *caput* do art. 253 da CLT (Súmula 438 do TST).

O intervalo interjornada diz respeito ao espaço de tempo que deve haver entre uma jornada de trabalho e outra, que deve ser, no mínimo, de 11 horas consecutivas para descanso. Dentro do período de 24 horas, são asseguradas 11 horas de descanso, sendo facultados o seu fracionamento e a coincidência com os períodos de parada obrigatória na condução do veículo estabelecida no Código de Trânsito Brasileiro, garantidos o mínimo de 8 horas ininterruptas no primeiro período e o gozo do remanescente dentro das 16 horas seguintes ao fim do primeiro período (§ 3º do art. 235-C da CLT).

18.17 REPOUSO SEMANAL REMUNERADO

Prevê a Constituição de 1988 "repouso semanal remunerado, preferencialmente aos domingos" (art. 7º, XV). A Lei n. 605/49 trata do repouso semanal remunerado.

Repouso semanal remunerado é o período em que o empregado deixa de prestar serviços uma vez por semana ao empregador, de preferência aos domingos, e nos feriados, mas percebendo remuneração. Esse período é de 24 horas consecutivas (art. 1º da Lei n. 605/49). O empregador poderá conceder folga compensatória em outro dia da semana.

Nas viagens com duração superior a uma semana, o descanso semanal será de 36 horas por semana trabalhada ou fração semanal trabalhada, e seu gozo ocorrerá no retorno do motorista à base (matriz ou filial) ou em seu domicílio, salvo se a empresa oferecer condições adequadas para o efetivo gozo do referido descanso (art. 235-E, § 1º, da CLT). É permitido o fracionamento do descanso semanal em 30 horas mais seis horas a serem cumpridas na mesma semana e em continuidade de um período de repouso diário. O motorista fora da base da empresa que ficar com o veículo parado por tempo superior à jornada normal de trabalho fica dispensado do serviço, exceto se for exigida permanência junto ao veículo, hipótese em que o tempo excedente à jornada será considerado de espera. É garantido ao motorista que trabalha em regime de revezamento repouso diário mínimo de seis horas consecutivas fora do veículo em alojamento externo ou, se na cabine leito, com o veículo estacionado.

Para fazer jus à remuneração do repouso semanal, o empregado precisa ter: (a) assiduidade; (b) pontualidade durante a semana anterior.

Dispõe a Lei n. 9.033/95 que são feriados civis: (a) os declarados em lei federal: 1º de janeiro (Dia da Paz Mundial, Lei n. 662/49), 21 de abril (Tiradentes), 1º de maio (Dia do Trabalho, conforme Lei n. 662/49), 7 de setembro (Independência do Brasil, conforme Lei n. 662/49), 12 de outubro (Nossa Senhora Aparecida, padroeira do Brasil, Lei n. 6.802/80), 2 de novembro (Finados, conforme Lei n. 662/49), 15 de novembro (Proclamação da República, conforme Lei n. 662/49) e 25 de dezembro (Natal, conforme Lei n. 662/49). O dia de eleições gerais também será considerado feriado civil; (b) a data magna do Estado fixada em Lei Estadual. São feriados religiosos os dias de guarda, declarados em lei municipal, de acordo com a tradição local e em número não superior a quatro, nestes incluída a sexta-feira da Paixão. Normalmente, nesses feriados são incluídos os dias de fundação dos próprios municípios, como 25 de janeiro (fundação da cidade de São Paulo). Na cidade de São Paulo são incluídos, ainda, o dia de Corpus Christi, conforme a Lei Municipal n. 7.008/67. São também feriados os dias do início e do término do ano do centenário de fundação do Município, fixados em lei municipal (art. 1º, III, da Lei n. 9.093/95).

Nos feriados civis e religiosos, assim como no dia de repouso, é vedado o trabalho, porém o empregado perceberá a remuneração respectiva, embora não preste serviços (art. 8º da Lei n. 605/49). Trabalhando o empregado em dias de repouso ou feriados, deve receber em dobro (art. 9º da Lei n. 605/49), exceto se o empregador conceder a folga em outro dia. O repouso semanal não concedido em outro dia deverá ser remunerado em dobro e não em triplo (Súmula 461 do STF e Súmula 146 do TST).

Fica autorizado o trabalho aos domingos nas atividades de comércio em geral, observada a legislação municipal. O repouso semanal remunerado deverá coincidir, pelo menos uma vez no período máximo de três semanas, com o domingo, respeitadas as demais normas de proteção ao trabalho e outras a serem estipuladas em negociação coletiva.

É permitido o trabalho em feriados nas atividades de comércio em geral, desde que autorizado em convenção coletiva de trabalho e observada a legislação municipal.

18.18 FÉRIAS

Somente a cada período de 12 meses de vigência do contrato de trabalho do empregado é que haverá o direito às férias. É o chamado período aquisitivo.

No trabalho intermitente, a cada doze meses, o empregado adquire direito a usufruir, nos doze meses subsequentes, um mês de férias, período no qual não poderá ser convocado para prestar serviços pelo mesmo empregador. O empregado, mediante prévio acordo com o empregador, poderá usufruir suas férias em até três períodos, nos termos dos §§ 1º e 2º do art. 134 da CLT.

Em relação ao empregado regido pela CLT, os dias de férias são corridos, de acordo com a tabela prevista no art. 130:

n. de faltas injustificadas no período aquisitivo	período de gozo de férias
até 5	30 dias corridos
de 6 a 14	24 dias corridos
de 15 a 23	18 dias corridos
de 24 a 32	12 dias corridos

Acima de 32 faltas o empregado não tem direito a férias.

O empregado doméstico terá direito a férias anuais remuneradas de 30 dias após cada período de 12 meses de trabalho, prestado à mesma pessoa ou família.

No trabalho a tempo parcial do doméstico, após cada período de 12 meses de vigência do contrato de trabalho, o empregado terá direito a férias, na seguinte proporção: (a) 18 dias, para a duração do trabalho semanal superior a 22 horas, até 25 horas; (b) 16 dias, para a duração do trabalho semanal superior a 20 horas, até 22 horas; (c) 14 dias, para a duração do trabalho semanal superior a 15 horas, até 20 horas; (d) 12 dias, para a duração do trabalho semanal superior a 10 horas, até 15 horas; (e) 10 dias, para a duração do trabalho semanal superior a 5 horas, até 10 horas; (f) 8 dias, para a duração igual ou inferior a 5 horas.

Será o período de férias computado como tempo de serviço do empregado na empresa, para todos os efeitos (art. 130, § 2º, da CLT).

Deixa de ter direito a férias o empregado que, no curso do período aquisitivo: (a) deixar o emprego e não for readmitido dentro dos 60 dias subsequentes a sua saída; (b) permanecer em gozo de licença, com percepção de salários, por mais de 30 dias; (c) deixar de trabalhar, com percepção do salário, por mais de 30 dias, em virtude de paralisação parcial ou total dos serviços da empresa; (d) tiver percebido da Previdência Social prestações de acidente do trabalho ou de auxílio-doença por mais de seis meses, ainda que descontínuos (art. 133 da CLT). Inicia-se novo período aquisitivo quando o empregado incorrer em quaisquer das situações expostas nos itens *a* a *d*, anteriormente descritos, a partir do momento de seu retorno ao serviço (art. 133, § 2º, da CLT).

O período concessivo é o interregno de 12 meses após o empregado ter adquirido o direito às férias.

O empregador irá fixar a data da concessão das férias do empregado e não este, de acordo com a época que melhor atenda aos interesses da empresa (art. 136 da CLT).

Em casos excepcionais, as férias poderão ser gozadas em dois períodos, desde que um deles não seja inferior a 10 dias corridos. Os maiores de 50 anos e os menores de 18 anos terão a concessão das férias feita de uma só vez (art. 134, § 2º, da CLT).

Desde que haja concordância do empregado, as férias poderão ser usufruídas em até três períodos, sendo que um deles não poderá ser inferior a quatorze dias corridos e os demais não poderão ser inferiores a cinco dias corridos, cada um (art. 134, § 1º, da CLT).

É vedado o início das férias no período de dois dias que antecede feriado ou dia de repouso semanal remunerado (art. 134, § 3º, da CLT).

Os membros de uma mesma família, que trabalhem no mesmo estabelecimento ou na mesma empresa, terão direito de gozar suas férias num mesmo período, desde que assim o requeiram e não cause prejuízo ao serviço. O empregado estudante, que tenha menos de 18 anos, terá direito a fazer coincidir suas férias com as férias escolares (art. 136, § 2º, da CLT).

Devem as férias ser comunicadas por escrito ao empregado. Não há a possibilidade da comunicação das férias de maneira verbal. A comunicação das férias deve ser feita com antecedência de, no mínimo, 30 dias. Dessa participação o empregado dará recibo (art. 135 da CLT).

Nos casos em que o empregado possua a CTPS em meio digital, a anotação será feita nos sistemas informatizados, na forma do regulamento, dispensadas as anotações em livro ou nas fichas de registro dos empregados.

O pagamento das férias deverá ser feito até dois dias antes do início do período de gozo (art. 145 da CLT).

Sempre que as férias forem concedidas após o período concessivo, deverão ser pagas em dobro (art. 137 da CLT). Se houver a concessão de parte das férias dentro do período concessivo e parte fora desse lapso de tempo, apenas a remuneração dos últimos dias é que será paga em dobro (Súmula 81 do TST).

É devido o pagamento em dobro da remuneração de férias, quando, ainda que gozadas na época própria, o empregador tenha descumprido o prazo de pagá-las dois dias antes da data da fruição das férias (Súmula 450 do TST).

As férias são chamadas coletivas quando são concedidas não apenas a um empregado, mas a todos os empregados da empresa ou de determinados estabelecimentos ou setores da empresa (art. 139 da CLT).

Podem as férias coletivas ser gozadas em dois períodos anuais, desde que nenhum deles seja inferior a 10 dias corridos.

O empregador deverá comunicar à DRT e aos sindicatos das categorias profissionais, com antecedência mínima de 15 dias, as datas de início e término de férias, esclarecendo quais os setores ou estabelecimentos da empresa que foram abrangidos pela referida medida. O aviso das férias coletivas também será afixado no local de trabalho.

Os empregados que tiverem menos de 12 meses na empresa gozarão de férias proporcionais, iniciando-se, então, novo período aquisitivo. Caso seja concedido ao empregado um número de dias de férias que não teria, em razão de seu pouco tempo de serviço na empresa, o restante deverá ser considerado como licença remunerada por parte da empresa.

Embora o empregado não trabalhe nas férias, receberá sua remuneração, com um terço a mais (art. 7º, XVII, da Lei Magna). O terço é devido não só quando as férias são gozadas, mas também quando são indenizadas, sejam integrais, sejam proporcionais (Súmula 328 do TST).

O empregado tem a faculdade de converter 1/3 de suas férias em abono pecuniário (10 dias), no valor da remuneração que lhe seria devida nos dias correspondentes (art. 143 da CLT). O empregado em tempo parcial também poderá fazer essa conversão.

O abono de férias será requerido 15 dias antes do término do período aquisitivo.

Não sendo excedente de 20 dias do salário do obreiro, o abono não integra a remuneração, para os efeitos da legislação do trabalho (art. 144 da CLT).

O pagamento do abono deverá ser feito até dois dias antes do início das férias, assim como ocorre com o pagamento destas.

Tendo o empregado mais de um ano de empresa e não sendo dispensado por justa causa, terá direito à remuneração das férias do período incompleto, à razão de 1/12 por mês de serviço ou fração superior a 14 dias. Mesmo pedindo demissão, o empregado terá direito às férias proporcionais correspondentes ao período incompleto de 12 meses anteriores (Súmula 261 do TST).

Considera-se mês o período igual ou superior a 15 dias.

18.19 TRABALHO DA MULHER

O trabalho noturno da mulher é permitido em qualquer local, devendo-se observar as determinações do art. 73 da CLT quanto ao adicional de 20% sobre a hora diurna, hora noturna reduzida de 52 minutos e 30 segundos, compreendida entre as 22 e as 5 horas.

A mulher pode trabalhar em subterrâneos, nas minerações em subsolo, nas pedreiras, nas obras de construção pública e particular, em atividades insalubres e perigosas, pois não há mais restrição na legislação nesse sentido.

Ao empregador será vedado empregar a mulher em serviço que demande o emprego de força muscular superior a 20 quilos para o trabalho contínuo, ou 25 quilos para o trabalho ocasional. Será permitido o trabalho com pesos, se utilizada impulsão ou tração de vagonetes sobre trilhos, de carros de mão ou quaisquer aparelhos mecânicos (parágrafo único do art. 390 da CLT).

O período de afastamento da mulher em fase de gestação é de 120 dias (art. 7º, XVIII, da Lei Magna), sem prejuízo do emprego e do salário. A Lei n.

8.213/91 especificou que a segurada empregada, a trabalhadora avulsa, a empregada doméstica e a segurada especial terão direito à licença de 28 dias antes e 92 dias depois do parto (art. 71), totalizando os 120 dias (aproximadamente 17 semanas).

A empregada deve, mediante atestado médico, notificar o empregador da data do início do afastamento do emprego, que poderá ocorrer entre o 28º dia antes do parto e a ocorrência deste.

À empregada que adotar ou obtiver guarda judicial para fins de adoção de criança ou adolescente será concedida licença-maternidade (art. 392-A da CLT).

> Art. 394-A. Sem prejuízo de sua remuneração, nesta incluído o valor do adicional de insalubridade, a empregada deverá ser afastada de: I – atividades consideradas insalubres em grau máximo, enquanto durar a gestação; II – atividades consideradas insalubres em grau médio ou mínimo, durante a gestação; III – atividades consideradas insalubres em qualquer grau (art. 394-A da CLT). Quando não for possível que a gestante ou a lactante afastada nos termos do *caput* deste artigo exerça suas atividades em local salubre na empresa, a hipótese será considerada como gravidez de risco e ensejará a percepção de salário-maternidade, nos termos da Lei n. 8.213/91, durante todo o período de afastamento.

O salário-maternidade da empregada é pago pela empresa, que adianta o valor à empregada e o desconta da contribuição previdenciária devida ao INSS.

O início do afastamento será determinado por atestado médico.

Em casos excepcionais, os períodos de repouso antes e depois do parto poderão ser aumentados por mais duas semanas cada um, mediante atestado médico. Em caso de parto antecipado, a mulher também terá direito aos 120 dias. Em hipóteses excepcionais, a empregada poderá mudar de função mediante determinação do médico. A mulher grávida também poderá rescindir o contrato de trabalho em razão da gravidez, desde que a continuação do trabalho lhe seja prejudicial à saúde, conforme determinação médica, não sendo necessário conceder aviso prévio ao empregador.

Havendo aborto não criminoso, comprovado por atestado médico, a mulher terá direito a um repouso remunerado de duas semanas, podendo retornar à função que ocupava antes de seu afastamento.

O contrato de trabalho da empregada não poderá ser rescindido sob o argumento de que a obreira contraiu matrimônio ou está grávida.

À empregada e ao segurado que adotar ou obtiver guarda judicial para fins de adoção de criança será concedido salário-maternidade, o período será de 120 dias. A licença-maternidade só será concedida mediante apresentação do termo judicial de guarda à adotante ou guardiã.

A Lei n. 11.770/2008 permite à pessoa jurídica prorrogar por mais 60 dias a licença-maternidade de 120 dias da gestante.

A empregada gestante ou lactante será afastada, enquanto durar a gestação e a lactação, de quaisquer atividades, operações ou locais insalubres, devendo exercer suas atividades em local salubre (art. 394-A da CLT).

Para amamentar seu filho, inclusive se advindo de adoção, até que este complete 6 (seis) meses de idade, a mulher terá direito, durante a jornada de trabalho, a 2 (dois) descansos especiais de meia hora cada um (art. 396 da CLT). Esse período de seis meses poderá ser dilatado, a critério da autoridade competente. Os horários dos descansos deverão ser definidos em acordo individual entre a mulher e o empregador.

A empregada gestante não poderá ser dispensada desde a confirmação da gravidez até cinco meses após o parto (art. 10, II, *b*, do ADCT), inclusive a doméstica.

18.20 TRABALHO DA CRIANÇA E DO ADOLESCENTE

O inciso XXXIII do art. 7º da Constituição proibiu o trabalho noturno, perigoso ou insalubre aos menores de 18 anos e de qualquer trabalho a menores de 16 anos, salvo na condição de aprendiz, a partir dos 14 anos.

É proibido também o trabalho do menor em atividades penosas (art. 67, II, da Lei n. 8.069/90).

O menor também não poderá fazer serviços que demandem o emprego de força muscular superior a 20 quilos para o trabalho contínuo ou 25 quilos para o trabalho ocasional. A remoção de material feita por impulsão ou tração de vagonetes sobre trilhos, por carros de mão ou quaisquer aparelhos mecânicos, será permitida ao menor (art. 390 e seu parágrafo único c/c § 5º do art. 405 da CLT).

O aprendiz é o menor entre 14 e 24 anos que esteja sujeito à formação metódica de um mister, em que exerça seu trabalho. O contrato de aprendizagem é um pacto de trabalho especial, de prazo determinado, ajustado por escrito. Deve haver anotação na CTPS do empregado da condição especial, que é a aprendizagem. O aprendiz deve estar matriculado e frequentando a escola. Receberá o salário mínimo/hora. O pacto não poderá ser estipulado por mais de dois anos. A duração do trabalho do aprendiz não excederá de seis horas diárias, sendo vedadas a prorrogação e a compensação de horários. Extingue-se o contrato de aprendizagem em seu termo ou quando o aprendiz completar 24 anos, ou, ainda, antecipadamente, nas seguintes hipóteses: (a) falta disciplinar grave (art. 482 da CLT); (b) ausência injustificada à escola que implique a perda do ano letivo; (c) desempenho insuficiente ou inadaptação do aprendiz; (d) a pedido do aprendiz. As empresas são obrigadas a matricular aprendizes no Serviço Nacional de Aprendizagem entre 5 e 15% dos trabalhadores existentes em cada estabelecimento, cujas funções demandem formação profissional.

O empregador deve proporcionar tempo suficiente ao menor para que este possa frequentar aulas (art. 427 da CLT).

É lícito ao menor de 18 anos firmar recibo de pagamento dos salários. Tratando-se, porém, de rescisão do contrato de trabalho, é vedado ao menor de 18 anos dar, sem assistência de seus responsáveis legais, quitação ao empregador pelo recebimento da indenização que lhe for devida.

Contra menores de 18 anos não corre nenhum prazo de prescrição (art. 440 da CLT).

O empregado tem dois anos para ajuizar a ação contra o empregador, a contar da cessação do contrato de trabalho, podendo reclamar os últimos cinco anos trabalhados (art. 7º, XXIX, da Constituição) a contar da propositura da ação.

O empregador deverá instruir os empregados em teletrabalho, de maneira expressa e ostensiva, quanto às precauções a tomar a fim de evitar doenças e acidentes de trabalho (art. 75-E da CLT). O empregado deverá assinar termo de responsabilidade comprometendo-se a seguir as instruções fornecidas pelo empregador.

18.21 DIREITO COLETIVO DO TRABALHO

18.21.1 Conceitos

Direito Coletivo do Trabalho é o segmento do Direito do Trabalho encarregado de tratar da organização sindical, da greve e da representação dos trabalhadores.

Sindicato é a associação de pessoas físicas ou jurídicas que têm atividades econômicas ou profissionais, visando à defesa dos interesses coletivos e individuais de seus membros ou da categoria. É uma associação espontânea entre as pessoas.

18.21.2 Organização sindical

De acordo com nosso sistema sindical, consagrado no inciso II do art. 8º da Constituição, não há a possibilidade da criação de mais de uma organização sindical, em qualquer grau, representativa de categoria profissional ou econômica, na mesma base territorial, que não poderá ser inferior à área de um município.

A unidade sindical é o sistema em que os próprios interessados se unem para a formação de sindicatos. É feita pela própria vontade dos interessados. Não há nenhuma imposição da lei.

Decorre a unicidade sindical da lei e não da vontade das pessoas na formação do sindicato. O inciso II do art. 8º da Constituição determinou a unicidade sindical, pois não é permitida a criação de mais de uma organização sindical na mesma base territorial, que não poderá ser inferior à área de um município.

A lei não poderá exigir autorização do Estado para a fundação de sindicato, ressalvado o registro no órgão competente (art. 8º, I, da Constituição). O registro no Ministério do Trabalho é recebido pela atual Constituição apenas para fins cadastrais e de verificação da unicidade sindical, sem qualquer interferência, intervenção ou autorização do Estado em relação às atividades do sindicato, tendo por finalidade o reconhecimento de sua personalidade enquanto entidade sindical. Até que lei venha a dispor a respeito, incumbe ao Ministério do Trabalho fazer ao registro das entidades sindicais e zelar pela observância do princípio da unicidade (Súmula 677 do STF).

Categoria é o conjunto de pessoas que têm interesses profissionais ou econômicos em comum, decorrentes de identidade de condições ligadas ao trabalho. A *categoria econômica* é a que ocorre quando há solidariedade de interesses econômicos dos que empreendem atividades idênticas, similares ou conexas, constituindo vínculo social básico entre essas pessoas (art. 511, § 1º, da CLT). Similares são as atividades que se assemelham, como as que numa categoria pudessem ser agrupadas por empresas que não são do mesmo ramo, mas de ramos que se parecem, como hotéis e restaurantes. Conexas são as atividades que, não sendo semelhantes, complementam-se, como as várias atividades existentes na construção civil, por exemplo: alvenaria, hidráulica, esquadrias, pastilhas, pintura, parte elétrica etc. *Categoria profissional* ocorre quando existe similitude de vida oriunda da profissão ou trabalho em comum, em situação de emprego na mesma atividade econômica ou em atividades econômicas similares ou conexas.

Categoria diferenciada é "a que se forma dos empregados que exerçam profissões ou funções diferenciadas por força do estatuto profissional especial ou em consequência de condições de vida singulares" (art. 511, § 3º, da CLT). Exemplos de categorias diferenciadas são a dos condutores de veículos rodoviários (motoristas), cabineiros de elevadores (ascensoristas), secretárias etc.

O sindicato compõe-se de três órgãos: assembleia geral, diretoria e conselho fiscal.

A diretoria será composta de um mínimo de três membros e um máximo de sete membros, entre os quais será eleito o presidente do sindicato. Trata-se de um órgão executivo, que tem por função administrar o sindicato. O conselho fiscal será composto de três membros. Esses membros serão eleitos pela assembleia geral (art. 522 da CLT), tendo mandato de três anos.

A assembleia geral irá eleger os associados para representação da categoria, tomar e aprovar as contas da diretoria, aplicar o patrimônio do sindicato, julgar os atos da diretoria, quanto a penalidades impostas a associados, deliberar sobre as relações ou dissídios do trabalho, eleger os diretores e membros do conselho fiscal.

O conselho fiscal terá por competência a fiscalização da gestão financeira do sindicato.

As entidades sindicais de grau superior são as federações e as confederações (art. 533 da CLT).

As federações são entidades sindicais de grau superior organizadas nos Estados-membros. Poderão ser constituídas desde que congreguem número não inferior a cinco sindicatos, representando a maioria absoluta de um grupo de atividades ou profissões idênticas, similares ou conexas (art. 534 da CLT).

Os órgãos internos das federações são: (a) diretoria; (b) conselho de representantes; (c) conselho fiscal. A diretoria será constituída de no mínimo três membros, não havendo número máximo. O conselho fiscal terá três membros. Ambos serão eleitos pelo conselho de representantes para mandato de três anos. O conselho de representantes será formado pelas delegações dos sindicatos ou de federações filiadas, constituída cada delegação de dois membros, com mandato de três anos, cabendo um voto a cada delegação. O conselho fiscal terá competência para fiscalizar a gestão financeira.

As confederações são entidades sindicais de grau superior de âmbito nacional. São constituídas de no mínimo três federações, tendo sede em Brasília (art. 535 da CLT). As confederações formam-se por ramo de atividade (indústria, comércio, transportes etc.). Seus órgãos internos são os mesmos da federação (diretoria, conselho fiscal e conselho de representantes), aplicando-se-lhes as mesmas disposições. A Diretoria será constituída de no mínimo três membros, não havendo número máximo. O Conselho Fiscal terá três membros. Ambos serão eleitos pelo Conselho de Representantes para mandato de três anos. Só poderão ser eleitos os integrantes dos planos das Confederações. O presidente da Confederação será escolhido pela Diretoria, entre seus membros. O Conselho Fiscal terá competência para fiscalizar a gestão financeira.

O empregado eleito para cargo de administração sindical ou representação profissional, inclusive junto a órgão de deliberação coletiva, não poderá ser impedido do exercício de suas funções, nem transferido para lugar ou mister que lhe dificulte ou torne impossível o desempenho de suas atribuições sindicais (art. 543 da CLT). Pedindo o empregado para ser transferido ou aceita a transferência, perderá o mandato (art. 543, § 1º, da CLT).

É vedada a dispensa do empregado sindicalizado a partir do registro da candidatura a cargo de direção ou representação sindical e, se eleito, ainda que suplente, até um ano após o final do mandato, salvo se cometer falta grave nos termos da lei. Nada impede que a lei ordinária venha a estender a garantia de emprego ao associado que se candidata a cargo de direção ou de representação de associação profissional, como menciona o § 3º do art. 543 da CLT.

18.21.3 Funções sindicais

Ao sindicato cabe a defesa dos direitos e interesses coletivos ou individuais da categoria, inclusive em questões judiciais (dissídios coletivos) ou administrativas (art. 8º, III, da Constituição). O sindicato representa os associados e também a categoria em juízo ou fora dele (art. 513 da CLT).

A função negocial do sindicato é a que se observa na prática das convenções e acordos coletivos de trabalho. O sindicato participa das negociações coletivas que irão culminar com a concretização de normas coletivas (acordos ou convenções coletivas de trabalho), a serem aplicadas à categoria. É obrigatória a participação dos sindicatos nas negociações coletivas (art. 8º, VI, da Constituição). A alínea *b* do art. 513 da CLT declara que é prerrogativa do sindicato celebrar convenções e acordos coletivos de trabalho.

O art. 564 da CLT veda ao sindicato, direta ou indiretamente, o exercício de atividade econômica.

A alínea *d* do art. 521 da CLT proíbe ao sindicato exercer qualquer das atividades não compreendidas nas finalidades elencadas no art. 511 da CLT, especialmente as de caráter político-partidário.

Mostra a alínea *b* do art. 514 da CLT que é dever do sindicato manter assistência judiciária aos associados, independentemente do salário que percebam. O art. 14 da Lei n. 5.584/70 determina que a assistência judiciária em juízo seja prestada pelo sindicato aos que não tenham condições de ingressar com ação, sendo devida a todo aquele que perceber salário igual ou inferior ao dobro do mínimo legal, ficando assegurado igual benefício ao trabalhador que tiver salário superior, desde que comprove que sua situação econômica não lhe permite demandar sem prejuízo do sustento próprio ou da família. Essa assistência será prestada ainda que o trabalhador não seja sócio do sindicato (art. 18 da Lei n. 5.584/70).

A assistência nas rescisões dos empregados com mais de um ano de emprego (art. 477 da CLT) e dos empregados estáveis demissionários (art. 500 da CLT) é prestada pelo sindicato e pela Superintendência Regional do Trabalho.

18.21.4 Receitas sindicais

Tem o sindicato como receitas não só a contribuição sindical (art. 8º, IV, da Constituição, c/c arts. 578 a 610 da CLT), mas a contribuição confederativa (art. 8º, IV, da Constituição), a contribuição assistencial (art. 513, *e*, da CLT) e a mensalidade dos sócios do sindicato (art. 548, *b*, da CLT).

Corresponde a contribuição sindical a um dia de trabalho para os empregados (art. 580, I, da CLT). É descontada no mês de março e recolhida pela empresa no mês de abril; calculada sobre o capital da empresa, para os empregadores (art. 580, III, da CLT); e para os trabalhadores autônomos e profissionais liberais toma-se por base um porcentual fixo (art. 580, II, da CLT).

A contribuição sindical depende da vontade da pessoa em querer contribuir (arts. 545, 578, 579, 582, 583, 587 da CLT). Tem natureza facultativa a contribuição sindical.

Os profissionais liberais poderão optar pelo pagamento da contribuição sindical unicamente à entidade sindical representativa da respectiva profissão, desde que a exerça, efetivamente, na firma ou empresa e como tal sejam nelas registrados (art. 585 da CLT). Nesse caso, o empregador deixará de efetuar o desconto da contribuição sindical do empregado.

Prescreve o inciso IV do art. 8º da Constituição que "a assembleia geral fixará a contribuição que, em se tratando de categoria profissional, será descontada em folha, para custeio do sistema confederativo da representação sindical respectiva, independentemente da contribuição prevista em lei". O Precedente n. 119 do TST esclareceu que "fere o direito à plena liberdade de associação e de sindicalização cláusula constante de acordo, convenção coletiva ou sentença normativa fixando contribuição a ser descontada dos salários dos trabalhadores não filiados a sindicato profissional, sob a denominação de taxa assistencial ou para o custeio do sistema confederativo. A Constituição da República, nos arts. 5º, inciso XX, e 8º, inciso V, assegura ao trabalhador o direito de livre associação e sindicalização". A contribuição confederativa só é exigível dos filiados ao sindicato respectivo (Súmula Vinculante 40 do STF).

Consiste a contribuição assistencial num pagamento feito pela pessoa pertencente à categoria profissional ou econômica ao sindicato da respectiva categoria, em virtude de este ter participado das negociações coletivas, de ter incorrido em custos para esse fim, ou para pagar determinadas despesas assistenciais realizadas pela agremiação. É encontrada nas sentenças normativas, acordos e convenções coletivas, visando custear as atividades assistenciais do sindicato, principalmente pelo fato de o sindicato ter participado das negociações para obtenção de novas condições de trabalho para a categoria, e compensar a agremiação com os custos incorridos naquela negociação. O STF entende que só pode ser exigida dos associados ao sindicato.

A mensalidade sindical é paga apenas pelos associados ao sindicato, sendo prevista pelo estatuto de cada entidade sindical (art. 548, *b*, da CLT), pois beneficiam-se dos serviços prestados pelo sindicato, como atendimento médico, dentário, assistência judiciária etc.

18.21.5 Representação dos trabalhadores nas empresas

Nas empresas de mais de 200 empregados, é assegurada a eleição de um representante destes com a finalidade exclusiva de promover-lhes o entendimento direto com os empregadores (art. 11 da Constituição). O representante dos trabalhadores não tem de ser necessariamente sindicalizado.

A comissão será composta: I – nas empresas com mais de duzentos e até três mil empregados, por três membros; II – nas empresas com mais de três mil e até cinco mil empregados, por cinco membros; III – nas empresas com mais de cinco mil empregados, por sete membros. No caso de a empresa possuir empregados em vários Estados da Federação e no Distrito Federal, será assegurada a eleição de uma comissão de representantes dos empregados por Estado ou no Distrito Federal.

A comissão de representantes dos empregados terá as seguintes atribuições: I – representar os empregados perante a administração da empresa; II – aprimorar o relacionamento entre a empresa e seus empregados com base nos princípios da boa-fé e do respeito mútuo; III – promover o diálogo e o entendimento no ambiente de trabalho com o fim de prevenir conflitos; IV – buscar soluções para os conflitos decorrentes da relação de trabalho, de forma rápida e eficaz, visando à efetiva aplicação das normas legais e contratuais; V – assegurar tratamento justo e imparcial aos empregados, impedindo qualquer forma de discriminação por motivo de sexo, idade, religião, opinião política ou atuação sindical; VI – encaminhar reivindicações específicas dos empregados de seu âmbito de representação; VII – acompanhar o cumprimento das leis trabalhistas, previdenciárias e das convenções coletivas e acordos coletivos de trabalho (art. 510-B da CLT). As decisões da comissão de representantes dos empregados serão sempre colegiadas, observada a maioria simples. A comissão organizará sua atuação de forma independente.

A eleição será convocada, com antecedência mínima de trinta dias, contados do término do mandato anterior, por meio de edital que deverá ser fixado na empresa, com ampla publicidade, para inscrição de candidatura (art. 510-C da CLT). Será formada comissão eleitoral, integrada por cinco empregados, não candidatos, para a organização e o acompanhamento do processo eleitoral, vedada a interferência da empresa e do sindicato da categoria. Os empregados da empresa poderão candidatar-se, exceto aqueles com contrato de trabalho por prazo determinado, com contrato suspenso ou que estejam em período de aviso prévio, ainda que indenizado. Serão eleitos membros da comissão de representantes dos empregados os candidatos mais votados, em votação secreta, vedado o voto por representação. A comissão tomará posse no primeiro dia útil seguinte à eleição ou ao término do mandato anterior. Se não houver candidatos suficientes, a comissão de representantes dos empregados poderá ser formada com número de membros inferior ao previsto no art. 510-A da CLT. Se não houver registro de candidatura, será lavrada ata e convocada nova eleição no prazo de um ano.

O mandato dos membros da comissão de representantes dos empregados será de um ano (art. 510-D da CLT). O membro que houver exercido a função de representante dos empregados na comissão não poderá ser candidato nos dois períodos subsequentes. O mandato de membro de comissão de representantes dos empregados não implica suspensão ou interrupção do contrato de trabalho, devendo o empregado permanecer no exercício de suas funções.

18.21.6 Participação na gestão

Excepcionalmente é possível o estabelecimento da participação na gestão da empresa, conforme definido em lei (art. 7º, XI, da Constituição). Prevê o art. 621 da CLT que empregados e empregador, por meio de acordo ou convenção coletiva, estabeleçam nesses dispositivos cláusulas sobre comissões mistas de consulta e colaboração, no plano da empresa. As cláusulas deverão conter o modo de funcionamento e as atribuições das comissões.

18.21.7 Convenção e acordo coletivo de trabalho

Convenção coletiva é o negócio jurídico entre um ou mais sindicatos de empregados e de empregadores sobre condições de trabalho (art. 611 da CLT).

Acordo coletivo é o negócio jurídico entre uma ou mais empresas com o sindicato da categoria profissional, em que são estabelecidas condições de trabalho (art. 611, § 1º, da CLT).

Cláusulas obrigacionais são as que fixam direitos e obrigações a serem cumpridas pelas partes. Cláusulas normativas são as que estabelecem condições de trabalho, aplicáveis aos convenentes.

As cláusulas normativas dos acordos coletivos ou convenções coletivas integram os contratos individuais de trabalho e somente poderão ser modificadas ou suprimidas mediante negociação coletiva de trabalho (Súmula 227 do TST).

A convenção coletiva e o acordo coletivo devem ser feitos por escrito. Seu prazo máximo de validade é de dois anos (§ 3º do art. 614 da CLT), sendo vedada a sua incorporação ao contrato de trabalho (ultratividade). Entram em vigor três dias após a data do depósito na DRT.

As condições estabelecidas em acordo coletivo de trabalho sempre prevalecerão sobre as estipuladas em convenção coletiva de trabalho (art. 620 da CLT), mesmo que forem menos favoráveis que a convenção coletiva.

A convenção coletiva e o acordo coletivo de trabalho têm prevalência sobre a lei quando, entre outros, dispuserem sobre: I – pacto quanto à jornada de trabalho, observados os limites constitucionais; II – banco de horas anual; III – intervalo intrajornada, respeitado o limite mínimo de trinta minutos para jornadas superiores a seis horas; IV – adesão ao Programa Seguro-Emprego (PSE), de que trata a Lei n. 13.189/15; V – plano de cargos, salários e funções compatíveis com a condição pessoal do empregado, bem como identificação dos cargos que se enquadram como funções de confiança; VI – regulamento empresarial; VII – representante dos trabalhadores no local de trabalho; VIII – teletrabalho, regime de sobreaviso, e trabalho intermitente; IX – remuneração por produtividade, incluídas as gorjetas percebidas pelo empregado, e remuneração por desempenho individual; X – modalidade de registro de jornada de trabalho; XI – troca do dia de feriado; XII – enquadramento do grau de insalubridade; XIII – prorrogação de jornada em locais insalubres, sem licença das autoridades competentes do Ministério do Trabalho; XIV – prêmios de incentivo em bens ou serviços, eventualmente concedidos em programas de incentivo; XV – participação nos lucros ou resultados da empresa (art. 611-A da CLT). A inexistência de expressa indicação de contrapartidas recíprocas em convenção coletiva ou acordo coletivo de trabalho não ensejará sua nulidade por não caracterizar um vício do negócio jurídico.

Constituem objeto ilícito de convenção coletiva ou de acordo coletivo de trabalho, exclusivamente, a supressão ou a redução dos seguintes direitos: I – normas de identificação profissional, inclusive as anotações na Carteira de Trabalho e Previdência Social; II – seguro-desemprego, em caso de desemprego involuntário; III – valor dos depósitos mensais e da indenização rescisória do FGTS; IV – salário mínimo; V – valor nominal do décimo terceiro salário; VI – remuneração do trabalho noturno superior à do diurno; VII – proteção do salário na forma da lei, constituindo crime sua retenção dolosa; VIII – salário-família; IX – repouso semanal remunerado; X – remuneração do serviço extraordinário superior, no mínimo, em 50% à do normal; XI – número de dias de férias devidas ao empregado; XII – gozo de férias anuais remuneradas com, pelo menos, um terço a mais do que o salário normal; XIII – licença-maternidade com a duração mínima de 120 dias; XIV – licença-paternidade nos termos fixados em lei; XV – proteção do mercado de trabalho da mulher, mediante incentivos específicos, nos termos da lei; XVI – aviso prévio proporcional ao tempo de serviço, sendo no mínimo de trinta dias, nos termos da lei; XVII – normas de saúde, higiene e segurança do trabalho previstas em lei ou em normas regulamentadoras do Ministério do Trabalho; XVIII – adicional de remuneração para as atividades penosas, insalubres ou perigosas; XIX – aposentadoria; XX – seguro contra acidentes de trabalho, a cargo do empregador; XXI – ação, quanto aos créditos resultantes das relações de trabalho, com prazo prescricional de cinco anos para os trabalhadores urbanos e rurais, até o limite de dois anos após a extinção do contrato de trabalho; XXII – proibição de qualquer discriminação no tocante a salário e critérios de admissão do trabalhador com deficiência; XXIII – proibição de trabalho noturno, perigoso ou insalubre a menores de dezoito anos e de qualquer trabalho a menores de dezesseis anos, salvo na condição de aprendiz, a partir de quatorze anos; XXIV – medidas de proteção legal de crianças e adolescentes; XXV – igualdade de direitos entre o trabalhador com vínculo empregatício permanente e o trabalhador avulso; XXVI – liberdade de associação profissional ou sindical do trabalhador, inclusive o direito de não sofrer, sem sua expressa e prévia anuência, qualquer cobrança ou desconto salarial estabelecidos em convenção coletiva ou acordo coletivo de trabalho; XXVII – direito de greve, competindo aos trabalhadores decidir sobre a oportunidade de exercê-lo e sobre os interesses que devam por meio dele defender; XXVIII – definição legal sobre os serviços ou atividades essenciais e disposições legais sobre o atendimento das necessidades inadiáveis da comunidade em caso de greve; XXIX – tributos e outros créditos de terceiros; XXX – as disposições previstas nos arts. 373-A, 390, 392, 392-A, 394, 394-A, 395, 396 e 400 da CLT (art. 611-B da CLT). Regras sobre duração do trabalho e intervalos não são consideradas como normas de saúde, higiene e segurança do trabalho.

A fixação de vencimentos dos servidores públicos não pode ser objeto de convenção coletiva (Súmula 679 do STF), mas apenas de lei.

18.21.8 Greve

Greve é a suspensão coletiva, temporária e pacífica, total ou parcial, de prestação pessoal de serviços a empregador (art. 2º da Lei n. 7.783/89).

Aos trabalhadores é que compete decidir sobre a oportunidade do exercício do direito de greve (art. 1º da Lei n. 7.783/89). Eles é que irão julgar qual o momento conveniente em que a greve irá ser deflagrada. A legitimidade, porém, para a instauração da greve pertence à organização sindical dos trabalhadores, visto que se trata de um direito coletivo. O inciso VI do art. 8º da Lei Fundamental estabelece que nas negociações coletivas deve haver a participação obrigatória do sindicato profissional.

A greve não poderá ser deflagrada quando haja acordo, convenção coletiva ou sentença normativa em vigor (art. 14 da Lei n. 7.783/89), a não ser que tenham sido modificadas as condições que vigiam.

Cabe, também, aos trabalhadores dizer quais os interesses que serão defendidos por meio da greve.

A entidade sindical dos empregados deverá convocar assembleia geral que irá definir as reivindicações da categoria, deliberando sobre a paralisação coletiva (art. 4º da Lei n. 7.783/89). A assembleia geral será convocada nos termos dos estatutos do sindicato (art. 4º, § 1º, da Lei n. 7.783/89).

O aviso prévio de greve deverá ser fornecido com antecedência mínima de 48 horas ao sindicato patronal ou aos empregadores (parágrafo único do art. 3º da Lei

n. 7.783/89). Em serviços ou atividades essenciais, o sindicato profissional ou os trabalhadores deverão fazer a comunicação da paralisação aos empregadores e aos usuários com antecedência mínima de 72 horas (art. 13 da Lei n. 7.783/89).

É lícita a greve nos serviços essenciais. Consideram-se serviços ou atividades essenciais: (a) tratamento e abastecimento de água; produção e distribuição de energia elétrica, gás e combustíveis; (b) assistência médica e hospitalar; (c) distribuição e comercialização de medicamentos e alimentos; (d) funerários; (e) transporte coletivo; (f) captação e tratamento de esgoto e lixo; (g) telecomunicações; (h) guarda, uso e controle de substâncias radioativas, equipamentos e materiais nucleares; (i) controle de tráfego aéreo e navegação aérea; (j) compensação bancária; (k) processamento de dados ligados a serviços essenciais; (l) atividades médico-periciais relacionadas com o regime geral de previdência social e a assistência social; (m) atividades médico-periciais relacionadas com a caracterização do impedimento físico, mental, intelectual ou sensorial da pessoa com deficiência, por meio da integração de equipes multiprofissionais e interdisciplinares, para fins de reconhecimento de direitos previstos em lei, em especial na Lei n. 13.146, de 6 de julho de 2015 (Estatuto da Pessoa com Deficiência); (n) outras prestações médico-periciais da carreira de Perito Médico Federal indispensáveis ao atendimento das necessidades inadiáveis da comunidade; (o) atividades portuárias. São taxativas tais situações, e não meramente exemplificativas.

O atendimento das necessidades inadiáveis da comunidade será disciplinado pela lei ordinária (art. 9º, § 1º, da Lei Maior). Nos serviços ou atividades essenciais, os sindicatos, os empregadores e os trabalhadores ficam obrigados, de comum acordo, a garantir, durante a paralisação, a prestação de serviços indispensáveis ao atendimento das necessidades inadiáveis da comunidade (art. 11 da Lei n. 7.783/89).

Consideram-se necessidades inadiáveis da comunidade as que, se não atendidas, possam colocar em perigo iminente a sobrevivência, a saúde ou a segurança da população (art. 11, parágrafo único, da Lei n. 7.783/89), como a de hospitais.

No decorrer da greve, o sindicato ou a comissão de negociação, por intermédio de acordo com a entidade patronal ou diretamente com o empregador, manterá em atividade equipes de empregados com o objetivo de assegurar os serviços cuja paralisação resulte em prejuízo irreparável, pela deterioração irreversível de bens, máquinas e equipamentos, bem como a manutenção daqueles essenciais à retomada das atividades da empresa, quando da cessação do movimento (art. 9º da Lei n. 7.783/89).

Inexistindo acordo, é permitido ao empregador, enquanto perdurar a paralisação, o direito de contratar diretamente os serviços necessários à manutenção de bens e equipamentos e dos bens necessários à retomada das atividades da empresa, quando da cessação do movimento (art. 9º, parágrafo único, da Lei n. 7.783/89).

Os grevistas têm os seguintes direitos, entre outros: (a) o emprego de meios pacíficos tendentes a persuadir ou aliciar os trabalhadores a aderirem à greve; (b) a arrecadação de fundos e a livre divulgação do movimento (art. 6º da Lei n. 7.783/89).

Os abusos cometidos sujeitam os responsáveis às penas da lei (art. 9º, § 2º, da Lei Magna).

Desde que observadas as determinações da Lei n. 7.783/89, a participação em greve suspende o contrato de trabalho, devendo as relações obrigacionais durante o período ser regidas por acordo, convenção, laudo arbitral ou decisão da Justiça do Trabalho (art. 7º). Ao contrário, se forem desrespeitadas as disposições da Lei n. 7.783/89, não haverá suspensão do contrato de trabalho.

Durante a greve o empregador não poderá rescindir o contrato de trabalho dos empregados, nem admitir trabalhadores substitutos (art. 7º, parágrafo único, da Lei n. 7.783/89), a não ser para contratar os serviços necessários para a manutenção de máquinas e equipamentos durante a greve (art. 9º, parágrafo único, da Lei n. 7.783/89), ou na hipótese da continuidade da paralisação após a celebração de norma coletiva (art. 14 da Lei n. 7.783/89). Os trabalhadores que, entretanto, excederem-se em suas manifestações, configurando abuso de direito, poderão ser demitidos por justa causa. A simples adesão à greve não constitui, porém, falta grave, como já decidiu o STF (Súmula 316).

Os atos abusivos praticados pelos obreiros poderão ser capitulados no art. 482 da CLT, com a consequente dispensa por justa causa.

Os trabalhadores poderão ser responsabilizados penalmente por crime de dano à coisa, de lesão corporal, nos termos do Código Penal. Havendo indício de prática de delito, o Ministério Público deverá, de ofício, requisitar a abertura de inquérito e oferecer denúncia (art. 15, parágrafo único, da Lei n. 7.783/89).

O direito de greve do servidor público será exercido nos termos e limites definidos em lei específica (art. 37, VII, da Constituição). O militar não tem direito a greve (art. 142, § 3º, IV, da Constituição).

Compete à Justiça do Trabalho processar e julgar as ações que envolvam exercício do direito de greve (art. 114, II, da Constituição).

Frustrada a negociação coletiva, as partes poderão eleger árbitros (art. 114, § 1º, da Constituição).

Recusando-se qualquer das partes à negociação coletiva ou à arbitragem, é facultado a elas, de comum acordo, ajuizar dissídio coletivo de natureza econômica, em que são estabelecidas condições de trabalho, podendo a Justiça do Trabalho decidir o conflito, respeitadas as disposições mínimas legais de proteção ao trabalho, bem como as convencionadas anteriormente. As disposições mínimas legais de proteção ao trabalho são as normas de ordem pública que não podem ser modificadas pela vontade das partes, salvo se for situação mais favorável ao trabalhador.

Em caso de greve em atividade essencial, com possibilidade de lesão do interesse público, o Ministério Público poderá ajuizar dissídio coletivo, competindo à Justiça do Trabalho decidir o conflito. É exemplo a greve nos serviços de transporte coletivo, como metrô e ônibus.

18.21.9 *Lockout*

Lockout é a paralisação realizada pelo empregador, com o objetivo de exercer pressões sobre os trabalhadores, visando frustrar negociação coletiva ou dificultar o atendimento de reivindicações. A paralisação por motivos econômicos e financeiros da empresa ou em protesto contra o governo não é exatamente *lockout*, segundo a Lei n. 7.783/89. O *lockout* é proibido (art. 17 da Lei n. 7.783/89).

18.22 COMISSÕES DE CONCILIAÇÃO PRÉVIA

As Comissões de Conciliação Prévia não são obrigatórias. Podem ser criadas por empresa, grupo de empresa, entre sindicatos e Núcleos Intersindicais de Conciliação.

Há representação paritária, de empregados e empregadores. Terão as comissões no mínimo dois membros e no máximo 10 membros, sendo metade indicada pelo empregador e metade eleita pelos empregados. Existirão tantos suplentes quantos forem os titulares. O mandato de seus membros é de um ano, permitida uma recondução. O representante de empregados não poderá ser dispensado até um ano após o final do mandato, salvo se cometer falta grave.

Qualquer demanda trabalhista será submetida à Comissão de Conciliação Prévia antes de ser ajuizada a ação trabalhista, desde que na localidade tenha sido instituída. O STF entende que não há necessidade de passar pela Comissão de Conciliação Prévia antes de se ajuizar a ação (ADIn 2.160-5/DF, Rel. Min. Marco Aurélio, j. 13-5-2009).

A demanda será formulada por escrito ou reduzida a termo por qualquer um dos membros da Comissão. A tentativa de conciliação será realizada num prazo máximo de 10 dias. Se não prosperar a conciliação, será fornecida ao empregado declaração da tentativa conciliatória frustrada. Esse documento passa a ser necessário para a propositura da ação trabalhista.

O acordo celebrado perante a comissão terá eficácia liberatória geral, salvo se forem opostas ressalvas justificadas no termo de conciliação. Esse termo vale como título executivo extrajudicial, podendo ser executado na Justiça do Trabalho.

Questionário

1. O que é Direito do Trabalho?
2. O que é convenção coletiva?
3. O que é empregado?
4. O que é empregador?
5. Quais são os princípios do Direito do Trabalho?
6. Qual o prazo do contrato de experiência?
7. Qual o prazo do contrato de trabalho temporário?
8. O que é remuneração?
9. Quando é que se paga o 13º salário?
10. Qual a diferença entre suspensão e interrupção dos efeitos do contrato de trabalho?
11. Para que serve o aviso prévio?
12. Indique duas hipóteses de saque do FGTS.
13. Qual a duração do trabalho assegurada na Constituição?
14. Quando se configura o período aquisitivo de férias?
15. A mulher pode transportar pesos? Explicar.
16. O que é categoria diferenciada? Exemplificar.
17. Qual o aviso prévio de greve?
18. O que é *lockout*?
19. O que é acordo coletivo?
20. O que é salário?
21. O que é gorjeta?

Capítulo 19

DIREITO INTERNACIONAL PRIVADO

19.1 HISTÓRIA

Na antiguidade, havia a difusão da xenofobia de que "a diversidade ao estrangeiro é permanente". O lema era a intolerância com o estrangeiro. O estrangeiro era considerado um inimigo e, assim, hostilizado. Quando era aprisionado, tornava-se escravo. As leis de Manu faziam comparação entre os animais e os estrangeiros, e estes eram colocados abaixo dos elefantes. Dessa forma, não havia lugar para a internacionalização do Direito.

No Egito, considerava-se que a humanidade concentrava-se em torno das delimitações do rio Nilo. O egípcio nem sequer apertava a mão de um grego ou comia a carne de boi que tivesse sido cortada por essa pessoa.

Os gregos também foram hostis aos estrangeiros, que eram os metecos. O isótele, o estrangeiro domiciliado em Atenas, gozava de alguns direitos políticos e civis. Ainda em Atenas, o próxeno era a pessoa que, em razão de um decreto na assembleia do povo, recebia a honra de proteger e ajudar o estrangeiro que estivesse em trânsito ou fosse ali domiciliado, auxiliando nas transações comercias do último, inclusive como guia ou conselheiro.

Sócrates difundia a ideia de universalização dos direitos dos homens, devendo haver uma justiça que fosse válida para todos.

No Deuteronômio, havia a permissão da admissão de estrangeiro no convívio com os hebreus. Os romanos foram convivendo com outros povos, por meio das guerras, tomando conhecimento de regras jurídicas distintas e estabelecendo um direito especial para os estrangeiros. Em 242 a.C. foi estabelecida a magistratura especial do *praetor peregrinus*, que era uma espécie de juiz de estrangeiros, que tinha por incumbência julgar as causas entre cidadãos e peregrinos ou entre mais de um peregrino.

A equidade surgiu das atividades dos pretores, da aplicação da justiça do caso concreto.

O *ius civile* só era aplicado a quem tinha cidadania romana, quando havia um romano em cada lado de determinada relação.

Começa a surgir em Roma o *ius gentium*, ou direito das gentes, em contraposição ao *ius civile*, aplicando-se entre um romano e um estrangeiro. O estrangeiro peregrino sempre teve algum direito, mas inicialmente na condição de súdito. Os peregrinos, que eram os estrangeiros, eram divididos em ordinários e deditícios. Os ordinários eram os habitantes das cidades que tinham concluído tratados de paz com Roma e passavam a ser aliados dos romanos (*se dederunt*) e que, ao final, acabaram firmando tratados de aliança com os vencedores romanos. Os deditícios não tinham nenhum dos atributos do *ius civitatis*, porém podiam comerciar. O *ius gentium* é semelhante ao Direito Internacional Privado, como preparação, mas não se identifica com este. O Edito de Caracalla, em 212, concedeu o direito de cidadania aos peregrinos, excluindo os deditícios. O pretor peregrino tinha a possibilidade de aplicar o *ius gentium* às relações jurídicas dos estrangeiros, invocando preceitos para a solução dos casos que lhe eram postos em exame.

Com a queda do Império Romano, há a invasão dos referidos territórios pelos bárbaros, que consideravam o estrangeiro excluído de suas instituições jurídicas; aos estrangeiros aplicava-se seu próprio direito e aos bárbaros, o direito das tribos a que estivessem vinculados.

Passa-se também a verificar a personalidade do indivíduo, indagando-se *sub qua legis vives?* O interessado respondia, indicando o direito a ser aplicado, tendo, portanto, natureza pessoal. O direito aplicado era o direito do povo a que pertencesse a pessoa, independentemente do local em que a pessoa se encontrasse. Chama-se esse direito de *professio iuris*. Tal sistema, contudo, criava injustiças, pois os juízes não conheciam todos os direitos e as próprias partes não conheciam os direitos respectivos. Isso fez com que o sistema fosse aos poucos desaparecendo, inclusive pelo fato de que as leis gerais que iam surgindo aplicavam-se a todos os habitantes da região.

No Feudalismo, a Europa passa a viver num sistema intramuros, em que se verificavam três classes: a igreja, os nobres (donos das terras) e os servos da gleba.

O sistema da personalidade vigora até o primeiro período da Idade Média. Depois, temos o sistema do território: *quiquid est in territorium est etian de territorio* (quem é do território está no território). Logo depois da dissolução do Império Carolíngio, com a morte de Carlos Magno, passa-se para o regime territorialista, pois as principais relações existentes eram entre o homem e a terra. O direito a ser observado era aquele dentro dos limites do feudo, dominado pelo senhor feudal. Nenhum vassalo poderia invocar outro direito a não ser o vigente no feudo, pois se sujeitava ao direito existente neste. O senhor feudal não respeitava direitos adquiridos em feudos estranhos ao seu.

O comércio floresceu intensamente em cidades próximas, como Gênova, Módena, Pisa, Veneza, Bolonha, Florença, Milão, Pavia, Perúgia. Tais cidades tinham um comércio muito intenso e eram muito populosas, comerciando com o leste. Possuíam essas cidades seus próprios estatutos, libertando-se do Império Lombardo, em 1813, pelo Tratado de Constança. Tinham, portanto, direito próprio, escrito ou não, que era chamado de *statuta*, opondo-se ao direito romano, que era denominado de *lex*. Pode-se dizer que os estatutos eram as regras que vigiam no norte da Itália, para as pessoas que lá viviam. A aplicação da lei das cidades acarretava problemas de comércio, e foi necessário observar a referida lei para pessoas que se achassem no exterior. As repúblicas admitiam a aplicação do estatuto das repúblicas vizinhas, dando um declínio da ideia da territorialidade.

Aldricus foi o primeiro jurisconsulto a tentar resolver problemas segundo o direito dos conflitos. O juiz aplicava o direito que achasse mais útil, da melhor forma a resolver o litígio.

Os glosadores, juristas filiados à escola de Bolonha, foram os primeiros a apreciar aspectos fáticos entre conflitos de normas nas relações comerciais e pessoais vigentes na época. Tais juristas interpretavam o direito romano, fazendo glosas a essas disposições.

A fase seguinte é das escolas estatutárias. O direito da época era consubstanciado nos estatutos das diversas cidades, que eram diferentes das leis, por terem um âmbito mais amplo. Havia os estatutos reais e pessoais. Bártolo foi um dos juristas de maior expressão nessa época. Entre outras coisas, esse jurista examinou a possibilidade do estatuto de um município estender-se a pessoas provenientes de outros municípios.

Frederico, na Prússia, passa a adotar o princípio da nacionalidade, paralelamente ao princípio da autonomia, como forma de resolver os conflitos de leis no espaço.

O Código Civil francês de Napoleão, de 1804, tem as regras de conflito determinadas no art. 3º, evidenciando a igualdade de todos perante a lei e a abolição do feudalismo. A referida norma tende a respeitar os princípios da Revolução Francesa de liberdade, igualdade e fraternidade, além de ser o homem o centro de suas preocupações. O referido art. 3º consagra o nacionalismo e o territorialismo para resolver os conflitos de leis no espaço.

Pode-se dizer que foram as guerras e as conquistas que influíram no desenvolvimento do Direito Internacional Privado. Mais recentemente, verifica-se a existência do comércio internacional que começa a difundir a matéria.

Existem vários sistemas jurídicos. Cada país pode adotar o seu. A aplicação do sistema seria apenas no território desse país e não em outro lugar.

Em razão dos deslocamentos das pessoas, como na globalização, surgem os conflitos de leis no espaço.

19.2 CONCEITO

Direito Internacional Privado é, para Irineu Strenger, "um complexo de normas e princípios de regulação que, atuando nos diversos ordenamentos legais ou convencionais, estabelece qual o direito aplicável para resolver conflitos de leis ou sistemas, envolvendo relações jurídicas de natureza privada ou pública, com referências internacionais ou interlocais"[1].

O objeto do Direito Internacional Privado é o estudo e a solução dos conflitos de leis no espaço. Havendo mais de uma norma a ser aplicada, irá estabelecer critérios para verificar qual vai ser observada.

19.3 FUNDAMENTOS

Os principais fundamentos do Direito Internacional Privado são: (a) a multiplicidade do fator estrangeiro, em que se passa a verificar o elemento estrangeiro; (b) os ordenamentos jurídicos autônomos. Em Roma, havia hegemonia dos cidadãos romanos; não se reconhecia poder de outros grupos. Agora, passa-se a observar as nações-estado, que são soberanas; (c) a benevolência em relação ao estrangeiro.

Mussolini, entretanto, era nacionalista, deixando de haver desenvolvimento do Direito Internacional Privado nesse período.

---

[1] STRENGER, Irineu. *Direito internacional privado*. 3. ed. São Paulo: LTr, 1996, p. 76.

19.4 ELEMENTOS DE CONEXÃO

No Brasil, utiliza-se a denominação *elementos de conexão*. Na Alemanha, usa-se a expressão *Anknüpfungspunkt*, que tem o significado de vínculo ativo. Na Itália, *punto de collegamento, momenti di collegamento, criterio di collegamento*. Na França, *point de rattachement* ou *circonstances*. Na Espanha, *circunstancia de conexión* ou *puntos de conexión*. Na Inglaterra, *localizer*. Em outros países de língua inglesa, também são utilizadas as expressões: *connecting factors* ou *points of contact*.

Haroldo Valladão menciona que os elementos de conexão "são as diretrizes, as chaves, as cabeças-de-ponte para a solução dos conflitos de leis, em linguagem atual são os mísseis que põem em órbita a regra de DIP"[2]. Visam os elementos de conexão à aplicabilidade da lei mais justa.

Define Giuseppe Barile elemento de conexão como a circunstância da relação jurídica à qual a norma de direito internacional privado atribui relevância na solução de conflito de leis[3].

Irineu Strenger esclarece que elemento de conexão é o "fator de vinculação, de ligação a determinado sistema jurídico, porque através dele que sabemos qual o direito aplicável. É o vínculo que relaciona um fato qualquer a determinado sistema jurídico"[4]. Em outra obra, o autor explica que "elementos de conexão são expressões legais de conteúdo variável, de efeito indicativo, capazes de permitir a determinação do direito que deve tutelar a relação jurídica em questão"[5].

Os elementos de conexão serão a chave para a resolução do conflito de leis no espaço. Indicarão o direito que será aplicável ao caso em tela.

Poderão os elementos de conexão variar de acordo com cada ordenamento jurídico. Não há, muitas vezes, uma solução uniforme e universal para resolver o conflito de leis no espaço.

O Decreto-Lei n. 4.657/42 prevê, em alguns de seus artigos, critérios para a solução dos conflitos de leis no espaço.

Em matéria de capacidade da pessoa física, há três sistemas: o da territorialidade, o da nacionalidade e o do domicílio.

A territorialidade ou *lex fori* implica que a lei do Estado sobre capacidade é a que será aplicada a todas as pessoas que se encontrem em seu território.

---

2 VALLADÃO, Haroldo. *Direito internacional privado*. Rio de Janeiro: Freitas Bastos, 1971, v. 1, p. 266.

3 BARILE, Giuseppe. Collegamento. Verbete da *Enciclopédia del diritto*. Varese: Giuffrè. 1960, v. 7, p. 351.

4 STRENGER, Irineu. *Curso de direito internacional privado*. Rio de Janeiro: Forense, 1978, p. 386.

5 STRENGER, Irineu. *Direito internacional privado*. 3. ed. São Paulo: LTr, 1996, p. 353.

Pouco importa se são nacionais, estrangeiros, ou se as pessoas estão de passagem pela localidade.

Na nacionalidade (*lex patriae*), verifica-se a pessoalidade, como em matéria de divórcio. O Código Civil francês de 1804 determina a capacidade pela nacionalidade. Em alguns países, a nacionalidade é elemento fundamental, pois a mulher adquire sempre a nacionalidade do marido. O Brasil não adota, porém, esse critério. A nacionalidade pode fundamentar-se no nascimento, na naturalização ou no casamento. O nascimento pode dizer respeito ao sangue ou ao solo. A nacionalidade do filho corresponderia à nacionalidade dos pais (*ius sanguinis*). No segundo caso, a nacionalidade depende do local em que a pessoa nasce (*ius soli*). O Brasil adota um critério misto, pois a letra *a* do inciso I do art. 12 da Constituição consagra o critério do *ius soli*, ao fazer referência que os nascidos no Brasil, ainda que de pais estrangeiros, terão nacionalidade brasileira, e as alíneas *b* e *c* do inciso I do mesmo artigo tratam do *ius sanguinis*, ao preverem que são brasileiros natos os nascidos no estrangeiro de pai brasileiro ou mãe brasileira, desde que sejam registrados em repartição brasileira competente ou venham a residir na República Federativa do Brasil e optem, em qualquer tempo, depois de atingida a maioridade, pela nacionalidade brasileira. O art. 8º do Decreto-Lei n. 4.657/42 dispõe que a lei nacional da pessoa determina a capacidade civil, os direitos de família, as relações pessoais dos cônjuges e o regime dos bens no casamento, sendo lícita quanto a este a opção pela lei brasileira.

A pessoa estabelece hábitos no local do domicílio (*lex domicilii*). Assim, deve ser observada a lei desse local. O art. 7º do Decreto-Lei n. 4.657/42 menciona que a lei do país em que for domiciliada a pessoa determina as regras sobre o começo e o fim da personalidade, o nome, a capacidade e os direitos de família. O art. 9º da mesma norma esclarece que será aplicada subsidiariamente a lei do domicílio e, na falta desta, a da residência: (a) quando a pessoa não tiver nacionalidade; (b) quando se lhe atribuírem duas nacionalidades, por conflito, não resolvido, entre as leis do país do nascimento e as do país de origem; caso em que prevalecerá, se um deles for o Brasil, a lei brasileira.

Na lei do local do ato (*locus regit actum* ou *lex loci regit actum*), vale a norma do local em que foi praticado o ato. Para Wilson de Souza Campos Batalha, o Decreto-Lei n. 4.657/42 consagrou a regra do *locus regit actum* no § 1º do art. 9º que estabelece: "destinando-se a obrigação a ser executada no Brasil e dependendo de forma essencial, será esta observada, admitidas as peculiaridades da lei estrangeira quanto aos requisitos extrínsecos do ato". Admite Batalha que, caso a obrigação a ser executada no Brasil dependa de forma especial, esta deverá ser observada, admitidas as peculiaridades da lei estrangeira relativamente aos requisitos extrínsecos do ato[6]. O STF, julgando testamento ológrafo de uma pessoa, feito na Itália, de acordo com a lei italiana, que era nesse país domiciliada, entendeu que deveria ser observada a lei italiana[7]. No Direito Internacional Privado inglês, o consentimento dos pais dos nubentes para a celebração do casamento está ligado à *lex loci actus*.

A lei do local da execução (*lex loci executionis*) indica o local da obrigação onde deve ser executada. Exemplo é a nossa lei cambial, que permite que as operações cambiais sejam pagas no lugar designado. Não é possível cobrar a dívida em moeda estrangeira, salvo nas hipóteses previstas em lei. A regra a ser observada no contrato de trabalho é a lei do local da prestação de serviços (*lex loci laboris*) ou da execução do contrato. O TST adota essa orientação na Súmula 207: "a relação jurídica trabalhista é regida pelas leis vigentes no país de prestação do serviço e não por aquelas do local da contratação".

Pode também ser usada a lei do lugar da execução do pagamento (*lex loci solutionis*).

Lex loci contractus é a lei do lugar do contrato ou lei onde foi celebrado ou concluído o contrato (*lex loci celebrationis*). Devem, porém, ser observadas como limites a ordem pública internacional e a capacidade das partes. O art. 9º do Decreto-Lei n. 4.657/42 prevê que, para qualificar e reger as obrigações, aplicar-se-á a lei do país em que se constituírem. O § 2º do mesmo artigo menciona que a obrigação resultante do contrato reputa-se constituída no lugar em que residir o proponente.

Os bens são regidos pela lei do local em que estão situados. É o lugar da situação da coisa (*lex loci rei sitae*). O art. 8º do Decreto-Lei n. 4.657/42 reza que, para qualificar os bens e regular as relações a eles concernentes, aplicar-se-á a lei do país em que estiverem situados. Os direitos reais (sobre a coisa) ou o direito de propriedade terão como elemento de conexão o lugar da situação da coisa. Aplicar-se-á a lei do país em que for domiciliado o proprietário, quanto aos bens móveis que ele trouxer, ou se destinarem a transporte para outros lugares. O penhor regula-se pela lei do domicílio que tiver a pessoa, em cuja posse está a coisa apenhada.

A autonomia da vontade pode indicar o critério a ser aplicado para a solução do conflito, inclusive a lei respectiva para esse fim. É a lei escolhida pelas partes (*lex voluntatis*). As leis obrigatórias, imperativas ou de ordem pública, limitam, porém, o critério da autonomia, pois basta a norma dizer em contrário ao que foi

---

6 BATALHA, Wilson de Souza Campos. *Tratado de direito internacional privado*. São Paulo: Revista dos Tribunais, 1977, v. 2, p. 326.

7 *RTJ* 61/99-104, jul. 1972, Rel. Min. Luiz Gallotti.

pactuado, para que haja a incidência da norma de ordem pública, que não pode ser modificada pela vontade das partes. O Decreto-Lei n. 4.657/42 já não trata da referida regra.

Muitas vezes, as partes inserem uma cláusula no contrato, determinando onde o conflito deve ser dirimido. É a aplicação da lei do foro (*lex fori*). Talvez seja o mais antigo elemento de conexão, que era observado desde a *Summa Codicis*. O foro é o lugar em que se move a ação. Todos os atos processuais se disciplinam pela lei do foro. O art. 15 do Decreto-Lei n. 4.657/42 menciona que será executada no Brasil a sentença proferida no estrangeiro, desde que atendidos certos requisitos. Há necessidade, muitas vezes, de verificar se a vontade das pessoas não está violando normas de ordem pública, que fixam competência, para constatar a validade de tal determinação.

Lex loci delicti commissi é a lei do local em que o delito foi cometido.

Na devolução ou reenvio, a norma estrangeira faz remissão a outra lei para ser aplicada. O art. 16 do Decreto-Lei n. 4.657/42 não admite a devolução: quando se houver de aplicar a lei estrangeira, ter-se-á em vista a disposição desta, sem considerar-se qualquer remissão por ela feita a outra lei.

19.5 CONTRATOS COMERCIAIS INTERNACIONAIS

Os contratos comerciais de venda e compra eram impostos no comércio britânico. Houve a unificação do direito comercial sob a bandeira inglesa no século XIX[8], mas não havia uma unificação mundial sobre as questões relativas ao comércio.

São fontes formais da *Lex mercatoria*: contratos-tipo, condições gerais de venda e compra, Comecon, Incoterms.

Contratos-tipo são os contratos internacionais que podem ser realizados por comerciantes individualmente ou pelas associações dessas pessoas.

A Comissão Econômica para a Europa, com sede em Genebra, estabeleceu condições gerais de venda e compra para serem adotadas pelas pessoas.

Comecon é o Conselho de Entreajuda Econômica que era feito pelos países: União das Repúblicas Socialistas Soviéticas, Polônia, Tchecoslováquia, Bulgária, Romênia, Hungria, Albânia e a antiga República Democrática Alemã. Esse sistema já não existe desde 1991.

---

[8] KAHN, Philippe. *La vente commerciale internacionale*. Paris: Sirey, 1961, p. 20.

Foram estabelecidas normas para a interpretação dos termos comerciais em âmbito mundial. São chamados de Incoterms (International Commercial Terms), de 1953. São os termos relativos às vendas comerciais mais frequentes. São regras facultativas, que ficam a critério das partes.

Atestado de Conformidade é a declaração escrita do vendedor, em que afirma estar a mercadoria conforme o acordado, tendo sido cumpridas todas as obrigações contratuais.

No Conhecimento de Embarque (*bill of lading, connaissement*), há a prova da existência do contrato de transporte e do efetivo carregamento da mercadoria a bordo do navio.

Conhecimento de embarque limpo (*clean bill of lading*) é o que não contém qualquer cláusula adicional, mencionando o estado defeituoso da mercadoria ou da embalagem.

Ex works quer dizer a obrigação do vendedor de liberar a mercadoria, colocá-la à disposição do comprador no prazo contratual, embalá-la adequadamente. O comprador é notificado da data de entrega, sendo informado da data em que a mercadoria estará a sua disposição. O vendedor arca com as operações de checagem e os riscos e despesas que possam ocorrer até a entrega ao comprador.

No For-Fot (*free on rail, free on truck* = livre no vagão, livre no caminhão), o vendedor libera a mercadoria, contratando transporte. Pode entregá-la na estação ferroviária onde será feito o despacho. Os riscos e despesas da mercadoria são suportados pelo vendedor até a entrega da mercadoria em custódia na ferrovia. Arca o vendedor com a checagem e embalagem da mercadoria. Providencia documento de embarque, certificado de origem, assim como documentação. O comprador fornece as instruções necessárias para o despacho. Responsabiliza-se pela mercadoria a partir de sua entrega à ferrovia.

O FAS (*free alongside ship*) quer dizer livre ao longo do navio, no costado ou no porto de embarque indicado. O vendedor coloca a mercadoria no costado do navio. Fornece a embalagem da mercadoria. Paga o custo das operações de verificação, medição, pesagem, contagem etc. O comprador deve informar ao vendedor, com antecedência, o nome do navio, o local do carregamento e a data da entrega ao navio. Assume o comprador os riscos e os custos da mercadoria desde o momento em que tenha sido efetivamente colocada no costado do navio. Se o navio não chegou na data estipulada, o comprador assume as despesas adicionais decorrentes de tal fato.

FOB (*free on board*) significa livre a bordo do navio. O vendedor coloca a mercadoria a bordo do navio indicado pelo comprador, no respectivo porto, no prazo estipulado. Fornece o vendedor a embalagem da mercadoria. Paga o custo de operações de verificação (medição, pesagem, contagem). O comprador tem por obrigação assumir os custos e riscos da mercadoria quando ela é colocada no navio, assim como os custos e riscos decorrentes de atraso do navio. Se o navio ficar atracado longe do cais, como por falta de profundidade das águas, a mercadoria será transportada até o navio, por balsa, chata ou transporte manual. A obrigação do vendedor só cessa a partir do momento em que colocar a mercadoria a bordo do navio.

No FOB Vessel, estão incluídas todas as obrigações normais do vendedor mais o carregamento da mercadoria vendida.

No C&F (*cost and freight* – custo e frete), o vendedor entrega a mercadoria. O transporte da mercadoria é feito para o porto de destino convencionado em navio transoceânico. Paga o vendedor o frete e outras despesas de desembarque no porto de descarga. A licença de exportação ou autorização governamental é obtida pelo vendedor. O comprador suporta todos os custos e despesas incorridos pela mercadoria durante a viagem pelo mar até a chegada ao porto de destino, assim como os custos de desembarque.

No CIF (*cost, insurance and freight* – custo, frete e seguro), o vendedor contrata o transporte da mercadoria até o porto de destino. O seguro é feito pelo vendedor, assim como ele paga o frete. Paga o vendedor o custo das operações de verificação, bem como todos os impostos ou taxas que incidem sobre a mercadoria até o momento do embarque. O comprador suporta todos os custos e despesas incorridos pela mercadoria durante a viagem, com exceção do frete e do seguro marítimo.

Ex ship quer dizer no navio, no porto de destino indicado. O vendedor coloca a mercadoria à disposição do comprador a bordo do navio no local de descarga usual do porto convencionado, arcando com a embalagem, transporte, permitindo ao comprador retirá-la com o equipamento de descarga apropriado à natureza da mercadoria. As despesas e os riscos da mercadoria até o momento em que é posta à disposição do comprador são obrigações do vendedor. Os custos das operações de verificação ficam a cargo do vendedor. O comprador assume os riscos e as despesas da mercadoria desde o momento em que ela é posta a sua disposição. Os impostos de importação e retirada da mercadoria da alfândega ficam por conta do comprador.

Ex quay – Duty paid significa no cais com os impostos pagos, no porto indicado. O vendedor coloca a mercadoria à disposição do comprador no cais do porto convencionado, fornece a licença de importação por sua conta e risco, paga o custo de qualquer operação de verificação. Assume o vendedor todos os riscos e despesas da mercadoria até o momento em que tenha sido efetivamente colocada à disposição do comprador. Este assume os riscos e despesas da mercadoria desde o momento que tenha sido efetivamente posta a sua disposição.

No FOB *Airport*, são mantidas as contratações sob a cláusula FOB, porém o transporte é feito por aeronave.

No *Freight or Carriage*, o frete é pago até determinado local. O vendedor arca com os riscos da mercadoria até o transportador, providenciando embalagem, operação de checagem, documentação. O comprador arca com os riscos da mercadoria a partir do momento em que ela chega ao destino, inclusive despesas alfandegárias, impostos e taxas.

No *Free carrier*, o vendedor coloca a mercadoria nas mãos do transportador designado pelo comprador, na data ou dentro do prazo estipulado. Se o comprador deixar de designar o transportador, ou se o transportador designado pelo comprador deixar de encarregar-se da mercadoria no tempo convencionado, o comprador assume todos os gastos suplementares.

No delivered – Duty Paid, a mercadoria é colocada no porto de destino convencionado no país de importação. O vendedor paga os tributos alfandegários e encargos, o frete e os custos de transporte. O comprador assume os riscos com a entrega da mercadoria, suportando custos de desembarque ou descarregamento.

Os conflitos podem ser solucionados pela arbitragem, quando um terceiro é indicado de comum acordo entre as partes para resolver o litígio, ou pela jurisdição, em que o Estado, por meio do juiz, irá dizer o direito aplicado ao caso concreto.

A Corte Internacional de Arbitragem (CCI) é sediada em Paris, e é composta de árbitros de todas as nacionalidades.

No Brasil, a Lei n. 9.307/96 trata da arbitragem. Esta pode ser de direito ou de equidade. A arbitragem serve para dirimir litígios relativos a direitos patrimoniais disponíveis. Quanto a direitos indisponíveis, não é possível a arbitragem como de família, sucessões, menores, da Fazenda Pública. Cláusula compromissória é a convenção pela qual as partes em um contrato comprometem-se a submeter à arbitragem os litígios que possam vir a surgir, relativamente ao contrato. Compromisso arbitral é a convenção por intermédio da qual as partes submetem um litígio à arbitragem de uma ou mais pessoas, podendo ser judicial ou extrajudicial.

19.6 ESTRANGEIRO

Imigrante é a pessoa nacional de outro país ou apátrida que trabalha ou reside e se estabelece temporária ou definitivamente no Brasil.

Emigrante é o brasileiro que se estabelece temporária ou definitivamente no exterior.

Residente fronteiriço é a pessoa nacional de país limítrofe ou apátrida que conserva a sua residência habitual em município fronteiriço de país vizinho.

Visitante é a pessoa nacional de outro país ou apátrida que vem ao Brasil para estadas de curta duração, sem pretensão de se estabelecer temporária ou definitivamente no território nacional.

Apátrida é a pessoa que não seja considerada como nacional por nenhum Estado, segundo a sua legislação, nos termos da Convenção sobre o Estatuto dos Apátridas, de 1954, promulgada pelo Decreto n. 4.246, de 22 de maio de 2002, ou assim reconhecida pelo Estado brasileiro.

A Lei n. 13.445/2017 é a lei de migração. O Decreto n. 9.199, de 20.11.17, regulamenta lei de migração.

A política migratória brasileira rege-se pelos seguintes princípios e diretrizes: I – universalidade, indivisibilidade e interdependência dos direitos humanos; II – repúdio e prevenção à xenofobia, ao racismo e a quaisquer formas de discriminação; III – não criminalização da migração; IV – não discriminação em razão dos critérios ou dos procedimentos pelos quais a pessoa foi admitida em território nacional; V – promoção de entrada regular e de regularização documental; VI – acolhida humanitária; VII – desenvolvimento econômico, turístico, social, cultural, esportivo, científico e tecnológico do Brasil; VIII – garantia do direito à reunião familiar; IX – igualdade de tratamento e de oportunidade ao migrante e a seus familiares; X – inclusão social, laboral e produtiva do migrante por meio de políticas públicas; XI – acesso igualitário e livre do migrante a serviços, programas e benefícios sociais, bens públicos, educação, assistência jurídica integral pública, trabalho, moradia, serviço bancário e seguridade social; XII – promoção e difusão de direitos, liberdades, garantias e obrigações do migrante; XIII – diálogo social na formulação, na execução e na avaliação de políticas migratórias e promoção da participação cidadã do migrante; XIV – fortalecimento da integração econômica, política, social e cultural dos povos da América Latina, mediante constituição de espaços de cidadania e de livre circulação de pessoas; XV – cooperação internacional com Estados de origem, de trânsito e de destino de movimentos migratórios, a fim de garantir efetiva proteção aos direitos humanos do migrante; XVI – integração e desenvolvimento das regiões de fronteira e articulação de políticas públicas regionais capazes de garantir efetividade aos direitos do residente fronteiriço; XVII – proteção integral e atenção ao superior interesse da criança e do adolescente migrante; XVIII – observância ao disposto em tratado; XIX – proteção ao brasileiro no exterior; XX – migração e desenvolvimento humano no local de origem, como direitos inalienáveis de todas as pessoas; XXI – promoção do reconhecimento acadêmico e do exercício profissional no Brasil, nos termos da lei; e XXII – repúdio a práticas de expulsão ou de deportação coletivas (art. 3º da Lei n. 13.445/2017).

O visto é o documento que dá a seu titular expectativa de ingresso em território nacional (art. 6º da Lei n. 13.445/2017).

Não se concede visto a menor de 18 (dezoito) anos desacompanhado ou sem autorização de viagem por escrito dos responsáveis legais ou de autoridade competente (art. 10, III, da Lei n. 13.445/2017).

O visto de visita poderá ser concedido ao visitante que venha ao Brasil para estada de curta duração, sem intenção de estabelecer residência, nos seguintes casos: I – turismo; II – negócios; III – trânsito; IV – atividades artísticas ou desportivas; e V – outras hipóteses definidas em regulamento (art. 13 da Lei n. 13.445/2017).

Poderá ser concedido o visto temporário ao imigrante que venha ao Brasil com o intuito de estabelecer residência por tempo determinado e que se enquadre em pelo menos uma das seguintes hipóteses: I – o visto temporário tenha como finalidade: a) pesquisa, ensino ou extensão acadêmica; b) tratamento de saúde; c) acolhida humanitária; d) estudo; e) trabalho; f) férias-trabalho; g) prática de atividade religiosa ou serviço voluntário; h) realização de investimento ou de atividade com relevância econômica, social, científica, tecnológica ou cultural; i) reunião familiar; j) atividades artísticas ou desportivas com contrato por prazo determinado; II – o imigrante seja beneficiário de tratado em matéria de vistos; III – outras hipóteses definidas em regulamento (art. 14 da Lei n. 13.445/2017). O visto temporário para pesquisa, ensino ou extensão acadêmica poderá ser concedido ao imigrante com ou sem vínculo empregatício com a instituição de pesquisa ou de ensino brasileira, exigida, na hipótese de vínculo, a comprovação de formação superior compatível ou equivalente reconhecimento científico. O visto temporário para tratamento de saúde poderá ser concedido ao imigrante e a seu acompanhante, desde que o imigrante comprove possuir meios de subsistência suficientes. O visto temporário para acolhida humanitária poderá ser concedido ao apátrida ou ao nacional de qualquer país em situação de grave ou iminente instabilidade institucional, de conflito armado, de calamidade de grande proporção, de desastre ambiental ou de grave violação de direitos humanos ou de direito internacional humanitário, ou em outras hipóteses, na forma de regulamento. O visto temporário para estudo poderá ser concedido ao imigrante que pretenda vir ao Brasil para frequentar curso regular ou realizar estágio ou intercâmbio de estudo ou de pesquisa. Observadas as hipóteses previstas em regulamento, o visto temporário para trabalho poderá ser concedido ao imigrante que venha exercer atividade laboral, com ou sem vínculo empregatício no Brasil, desde que comprove oferta de trabalho formalizada por pessoa jurídica em atividade no País, dispensada esta exigência se o imigrante comprovar titulação em curso de ensino superior ou equivalente. O visto temporário para férias-trabalho poderá ser concedido ao imigrante maior de 16 anos que seja nacional de país que conceda idêntico benefício ao nacional brasileiro, em termos definidos por comunicação diplomática. Não se exigirá do marítimo que ingressar no Brasil em viagem de longo curso ou em cruzeiros marítimos pela costa brasileira o visto temporário, bastando a apresentação da carteira internacional de marítimo, nos termos de regulamento. É reconhecida ao imigrante a quem se tenha concedido visto temporário para trabalho a possibilidade de modificação do local de exercício de sua atividade laboral.

A fim de facilitar a sua livre circulação, poderá ser concedida ao residente fronteiriço, mediante requerimento, autorização para a realização de atos da vida civil (art. 23 da Lei n. 13.445/2017).

No asilo, a pessoa perseguida está no território em que sofre o constrangimento. A pessoa não tem mobilidade, pois fica no mesmo local.

O asilo político, que constitui ato discricionário do Estado, poderá ser diplomático ou territorial e será outorgado como instrumento de proteção à pessoa (art. 27 da Lei n. 13.445/2017).

O refugiado é acolhido por país diverso do seu.

A repatriação consiste em medida administrativa de devolução de pessoa em situação de impedimento ao país de procedência ou de nacionalidade (art. 49 da Lei n. 13.445/2017).

Deportação vem do latim *deportatio*, que significa desterro. Mostra a ideia de porto a porto. A deportação é medida decorrente de procedimento administrativo que consiste na retirada compulsória de pessoa que esteja em situação migratória irregular em território nacional (art. 50 da Lei n. 13.445/2017). A deportação será precedida de notificação pessoal ao deportando, da qual constem, expressamente, as irregularidades verificadas e prazo para a regularização não inferior a 60 dias, podendo ser prorrogado, por igual período, por despacho fundamentado e mediante compromisso de a pessoa manter atualizadas suas informações domiciliares. A notificação não impede a livre circulação em território nacional, devendo o deportando informar seu domicílio e suas atividades. Vencido o prazo sem que se regularize a situação migratória, a deportação poderá ser executada. Os procedimentos conducentes à deportação devem respeitar o contraditório e a ampla defesa e a garantia de recurso com efeito suspensivo (art. 51 da Lei n. 13.445/2017).

A expulsão consiste em medida administrativa de retirada compulsória de migrante ou visitante do território nacional, conjugada com o impedimento de reingresso por prazo determinado (art. 54 da Lei n. 13.445/2017). Poderá dar causa à expulsão a condenação com sentença transitada em julgado relativa à prática de: I – crime de genocídio, crime contra a humanidade, crime de guerra ou crime de agressão, nos termos definidos pelo Estatuto de Roma do Tribunal Penal Internacional, de 1998, promulgado pelo Decreto n. 4.388, de 25 de setembro de 2002; ou II – crime comum doloso passível de pena privativa de liberdade, consideradas a gravidade e as possibilidades de ressocialização em território nacional. Não se procederá à expulsão quando: I – a medida configurar extradição inadmitida pela legislação brasileira; II – o expulsando: a) tiver filho brasileiro que esteja sob sua guarda ou dependência econômica ou socioafetiva ou tiver pessoa brasileira sob sua tutela; b) tiver cônjuge ou companheiro residente no Brasil, sem discriminação alguma, reconhecido judicial ou legalmente; c) tiver ingressado no Brasil até os 12 anos de idade, residindo desde então no País; d) for pessoa com mais de 70 (setenta) anos que resida no País há mais de 10 anos, considerados a gravidade e o fundamento da expulsão (art. 55 da Lei n. 13.445/2017).

Não se fará a repatriação, deportação ou expulsão coletivas (art. 61 da Lei n. 13.445/2017). Não se fará a repatriação, a deportação ou a expulsão de nenhum indivíduo quando subsistirem razões para acreditar que a medida poderá colocar em risco a vida ou a integridade pessoal.

Não haverá penas de banimento (art. 5º, XLVII, *d*, da Constituição), que significa não mandar sair do país uma pessoa que foi condenada por crime, com a impossibilidade de retornar a ele quando não for cumprida a pena.

O filho de pai ou de mãe brasileiro nascido no exterior e que não tenha sido registrado em repartição consular poderá, a qualquer tempo, promover ação de opção de nacionalidade (art. 63 da Lei n. 13.445/2017).

Será concedida a naturalização ordinária àquele que preencher as seguintes condições: I – ter capacidade civil, segundo a lei brasileira; II – ter residência em território nacional, pelo prazo mínimo de quatro anos; III – comunicar-se em língua portuguesa, consideradas as condições do naturalizando; e IV – não possuir condenação penal ou estiver reabilitado, nos termos da lei (art. 65 da Lei n. 13.445/2017).

A naturalização extraordinária será concedida a pessoa de qualquer nacionalidade fixada no Brasil há mais de 15 (quinze) anos ininterruptos e sem condenação penal, desde que requeira a nacionalidade brasileira (art. 67 da Lei n. 13.445/2017).

A naturalização especial poderá ser concedida ao estrangeiro que se encontre em uma das seguintes situações: I – seja cônjuge ou companheiro, há mais de 5 (cinco) anos, de integrante do Serviço Exterior Brasileiro em atividade ou de pessoa a serviço do Estado brasileiro no exterior; ou II – seja ou tenha sido empregado em missão diplomática ou em repartição consular do Brasil por mais de 10 (dez) anos ininterruptos (art. 68 da Lei n. 13.445/2017).

São requisitos para a concessão da naturalização especial: I – ter capacidade civil, segundo a lei brasileira; II – comunicar-se em língua portuguesa, consideradas as condições do naturalizando; e III – não possuir condenação penal ou estiver reabilitado, nos termos da lei (art. 69 da Lei n. 13.445/2017).

A naturalização provisória poderá ser concedida ao migrante criança ou adolescente que tenha fixado residência em território nacional antes de completar 10 anos de idade e deverá ser requerida por intermédio de seu representante legal (art. 70 da Lei n. 13.445/2017). A naturalização será convertida em definitiva se o naturalizando expressamente assim o requerer no prazo de dois anos após atingir a maioridade.

O naturalizado perderá a nacionalidade em razão de condenação transitada em julgado por atividade nociva ao interesse nacional, nos termos do inciso I do § 4º do art. 12 da Constituição (art. 75 da Lei n. 13.445/2017).

O brasileiro que houver perdido a nacionalidade, uma vez cessada a causa, poderá readquiri-la ou ter o ato que declarou a perda revogado, na forma definida pelo órgão competente do Poder Executivo (art. 76 da Lei n. 13.445/2017).

A extradição é a medida de cooperação internacional entre o Estado brasileiro e outro Estado pela qual se concede ou solicita a entrega de pessoa sobre quem recaia condenação criminal definitiva ou para fins de instrução de processo penal em curso (art. 81 da Lei n. 13.445/2017).

Não se concederá a extradição quando: I – o indivíduo cuja extradição é solicitada ao Brasil for brasileiro nato; II – o fato que motivar o pedido não for considerado crime no Brasil ou no Estado requerente; III – o Brasil for competente, segundo suas leis, para julgar o crime imputado ao extraditando; IV – a lei brasileira impuser ao crime pena de prisão inferior a 2 (dois) anos; V – o extraditando estiver respondendo a processo ou já houver sido condenado ou absolvido no Brasil pelo mesmo fato em que se fundar o pedido; VI – a punibilidade estiver extinta pela prescrição, segundo a lei brasileira ou a do Estado requerente; VII – o fato constituir crime político ou de opinião; VIII – o extraditando tiver de responder, no Estado requerente, perante tribunal ou juízo de exceção; ou IX – o extraditando for beneficiário de refúgio, nos termos da Lei n. 9.474, de 22 de julho de 1997, ou de asilo territorial (art. 82 da Lei n. 13.445/2017).

São condições para concessão da extradição: I – ter sido o crime cometido no território do Estado requerente ou serem aplicáveis ao extraditando as leis penais desse Estado; e II – estar o extraditando respondendo a processo investigatório ou a processo penal ou ter sido condenado pelas autoridades judiciárias do Estado requerente a pena privativa de liberdade (art. 83 da Lei n. 13.445/2017).

Quando mais de um Estado requerer a extradição da mesma pessoa, pelo mesmo fato, terá preferência o pedido daquele em cujo território a infração foi cometida (art. 85 da Lei n. 13.445/2017). Em caso de crimes diversos, terá preferência, sucessivamente: I – o Estado requerente em cujo território tenha sido cometido o crime mais grave, segundo a lei brasileira; II – o Estado que em primeiro lugar tenha pedido a entrega do extraditando, se a gravidade dos crimes for idêntica; III – o Estado de origem, ou, em sua falta, o domiciliar do extraditando, se os pedidos forem simultâneos.

Questionário

1. O que é Direito Internacional Privado?
2. Quais são os fundamentos do Direito Internacional Privado?
3. Quais são os elementos de conexão?
4. Os bens são regidos por qual lei?
5. O que é devolução ou reenvio?
6. O que é a autonomia privada como elemento de conexão?
7. O que é FAS?
8. O que é FOB?
9. O que é CIF?
10. O que é FOB Vessel?
11. O que é deportação?
12. Quando se dá a expulsão do estrangeiro?

Parte IV

ÉTICA PROFISSIONAL

Capítulo 20

ÉTICA PROFISSIONAL

Ética vem do grego *ethos*, com o significado de modo de ser ou caráter. Diz respeito a um comportamento que deve ser seguido pelo hábito.

Ética tem também significado de costume.

Ética eudemonológica é a que visa conduzir à felicidade natural. É a ética das virtudes (Aristóteles, *Ética a Nicômaco)*.

Ética legalista é a dos deveres, em que há obrigações e direitos.

Ética axiológica é a que diz respeito aos valores.

Ética cristã é a que visa a felicidade eterna (S. Agostinho, S. Tomás de Aquino).

Ética utilitarista é a dos prazeres; visa à renúncia de prazeres interiores e imediatos em vista de prazeres futuros e superiores (Epicuro e Bentham).

Prevê o inciso XIII do art. 5º da Constituição o livre exercício de qualquer trabalho, ofício ou profissão, atendidas as qualificações profissionais que a lei determinar.

Não basta ao bacharel o término do curso superior. É preciso que venha a se inscrever no órgão de registro profissional (CRA, CRC, CREA, OAB etc.) para o exercício dessa atividade. Há órgãos que exigem que o bacharel passe por um exame, como a OAB e o CRC.

Os órgãos de classe podem ter âmbito federal e estadual. O órgão federal tem jurisdição sobre todo o Brasil, como a Ordem dos Advogados do Brasil (OAB), o Conselho Federal de Contabilidade (CFC) etc. O âmbito estadual diz respeito ao espaço regional de atuação do órgão, como o Conselho Regional de Contabilidade (CRC), o Conselho Regional de Administração (CRA).

O órgão de classe irá fiscalizar o exercício da profissão, bem como cobrar a contribuição anual pelo exercício da profissão.

É considerada contravenção penal o exercício da profissão ou atividade econômica sem preencher as condições que a lei estabelece (art. 47 do Decreto-Lei n. 3.608/41), ficando sujeito a prisão simples de 15 dias a três meses e multa. Quem exerce atividade a que está impedido por decisão administrativa tem pena de detenção de três meses a dois anos ou multa (art. 205 do Código Penal).

O profissional poderá ter responsabilidade civil pelos danos que praticar ao cliente.

O exercício profissional pode ser realizado pelo profissional liberal (autônomo), na condição de empregado (regido pela CLT) ou como funcionário público.

A Lei n. 8.906/94 trata do estatuto do advogado. A Resolução n. 2/2015 do Conselho Federal da OAB estabelece o Código de Ética e Disciplina da OAB.

O médico e o cirurgião-dentista têm regulamentação nas Leis n. 3.999/61, 6.932/81 e 7.217/84. O médico veterinário é regulado pela Lei n. 5.517/68.

O profissional de engenharia, química, arquitetura, agronomia e veterinária é regulado pela Lei n. 4.950-A/66. As regras sobre o engenheiro naval são determinadas no Decreto n. 91.983/85; sobre o engenheiro de operação, no Decreto-Lei n. 241/67; sobre o engenheiro agrimensor, na Lei n. 3.144/57.

O contador tem regulamentação da profissão na Lei n. 3.384/58 e no Decreto-Lei n. 9.295/46. A Lei n. 2.811/56 versa sobre o técnico em contabilidade. Somente o contador e o auditor podem fazer perícias e auditoria. O técnico em contabilidade pode assinar balanços.

A profissão de economista é regulamentada nas Leis n. 1.411/51, 6.021/74 e 6.537/78. A Lei n. 7.387/85 trata do economista doméstico.

A regulamentação da profissão de técnico de administração é feita nas Leis n. 4.769/65 e 6.642/79. A Lei n. 7.321/85 altera a denominação para administrador.

O assistente social tem a disciplina da profissão na Lei n. 3.352/57, Decreto n. 994/62 e Lei n. 8.622/93.

Questionário

1. Pode o bacharel exercer diretamente sua profissão?
2. Como pode o profissional exercer sua profissão?
3. Para que serve o órgão de classe? Como são divididos?

REFERÊNCIAS

ABBAGNANO, Nicola. *Dicionário de filosofia*. São Paulo: Mestre Jou, 1982.

ACCIOLY, Hildebrando. *Manual de direito internacional público*. 10. ed. São Paulo: Saraiva, 1973.

ACQUAVIVA, Marcos Cláudio. *Teoria geral do estado*. 2. ed. São Paulo: Saraiva, 2000.

ALMEIDA, Amador Paes de. *Manual das sociedades comerciais*. 10. ed. São Paulo: Saraiva, 1998.

________. *Locação comercial*. 9. ed. São Paulo: Saraiva, 1997.

________. *Curso de falência e de recuperação de empresa*. 23. ed. São Paulo: Saraiva, 2007.

________. *Teoria e prática dos títulos de crédito*. 21. ed. São Paulo: Saraiva, 2002.

ANDRADE, Jorge Pereira. *Manual de falências e concordatas*. 3. ed. São Paulo: Atlas, 1992.

ASCENSÃO, José de Oliveira. *O direito*: introdução e teoria geral. Lisboa: Fundação Calouste Gulbenkian, 1978.

AZAMBUJA, Darcy. *Teoria geral do estado*. 5. ed. Porto Alegre: Globo, 1969.

AZEVEDO, Álvaro Villaça. *Curso de direito civil*: teoria geral das obrigações. 3. ed. São Paulo: Revista dos Tribunais, 1981.

________. *Estatuto da família de fato*. 2. ed. São Paulo: Atlas, 2002.

________. *Teoria geral dos contratos típicos e atípicos*. São Paulo: Atlas, 2002.

BARRETO FILHO, Oscar. Formas jurídicas da empresa pública. *Revista da Faculdade de Direito da USP*, v. 72/400, 1977.

BATALHA, Wilson de Souza Campos. *Introdução ao estudo do direito*. Rio de Janeiro: Forense, 1981.

BEVILÁQUA, Clóvis. *Teoria geral do direito civil*. 2. ed. Rio de Janeiro: Editora Rio, 1980.

________. *Comentários ao Código Civil*. São Paulo: Francisco Alves, 1949. v. 4.

BOULANGER, Jean. Principes généraux du droit positif: le droit privé français au milieu du siècle. *Études offertes à Georges Ripert*. Paris: LGDJ, 1950.

BRANCATO, Ricardo Teixeira. *Instituições de direito público e de direito privado*. 11. ed. São Paulo: Saraiva, 1998.

BULGARELLI, Waldírio. *Contratos mercantis*. 14. ed. São Paulo: Atlas, 2001.

________. *Títulos de crédito*. 18. ed. São Paulo: Atlas, 2001.

________. *Normas jurídicas empresariais*. 2. ed. São Paulo: Atlas, 2000.

________. *Tratado de direito empresarial*. 4. ed. São Paulo: Atlas, 2000.

________. *Contratos e títulos empresariais*. São Paulo: Atlas, 2001.

________. *Concentração de empresas e direito antitruste*. 3. ed. São Paulo: Atlas, 1977.

________. *Sociedades comerciais*. 9. ed. São Paulo: Atlas, 2000.

________. *Direito comercial*. 15. ed. São Paulo: Atlas, 2000.

________. *Fusões, incorporações e cisões de sociedades*. 6. ed. São Paulo: Atlas, 2000.

________. *Manual das sociedades anônimas*. 13. ed. São Paulo: Atlas, 2001.

CALMON, Pedro. *Curso de direito público*. Rio de Janeiro: Freitas Bastos, 1938.

CARVALHO, Paulo de Barros. *Curso de direito tributário*. 4. ed. São Paulo: Saraiva, 1991.

CASTRO, Araújo. *A nova constituição brasileira*. Rio de Janeiro: Freitas Bastos, 1936.

CESARINO JR., Antonio Ferreira. *Direito social brasileiro*. São Paulo: Saraiva, 1957.

CLÈVE, Clèmerson Merlin. *Atividade legislativa do Poder Executivo no Estado Contemporâneo e na Constituição de 1988*. São Paulo: Revista dos Tribunais, 1993.

COUTURE, Eduardo J. *Vocabulário jurídico*. Montevidéu, 1960.

CRETELLA JR., José. Os cânones do direito administrativo. *Revista de Informação Legislativa*, Brasília, ano 25, n. 97.

________. *Curso de direito administrativo*. 11. ed. Rio de Janeiro: Forense, 1991.

DALLARI, Dalmo de Abreu. *Elementos de teoria geral do estado*. 11. ed. São Paulo: Saraiva, 1985; 19. ed. São Paulo: Saraiva, 1995.

DI PIETRO, Maria Sylvia Zanella. *Direito administrativo*. 20. ed. São Paulo: Atlas, 2007.

DWORKIN, Ronald. *Taking right seriously*. Londres: Duckworth, 1987.

FERRAZ JÚNIOR, Tércio Sampaio. *A ciência do direito*. São Paulo: Atlas, 1977.

________. *Introdução ao estudo do direito*. São Paulo: Atlas, 1988.

FERREIRA, Aurélio Buarque de Holanda. *Novo dicionário Aurélio da língua portuguesa*. 2. ed. Rio de Janeiro: Nova Fronteira, 1996.

FIGUEIREDO, Marcelo. *Teoria geral do estado*. 2. ed. São Paulo: Atlas, 2001.

GARCIA MÁYNEZ, Eduardo. *Introdución al estudio del derecho*. México: Porrúa, 1968.

GIGLIO, Wagner. *Direito processual do trabalho*. 12. ed. São Paulo: LTr, 2002.

GRAU, Eros Roberto. *A ordem econômica na Constituição de 1988:* interpretação e crítica. 2. ed. São Paulo: Revista dos Tribunais, 1991.

________. *Direito urbano*. São Paulo: Revista dos Tribunais, 1983.

________. *Planejamento econômico e regra jurídica*. São Paulo: Revista dos Tribunais, 1977.

________. *Elementos de direito econômico*. São Paulo: Revista dos Tribunais, 1981.

________. Algumas notas para a reconstrução do princípio da legalidade. *Revista da Faculdade de Direito da Universidade de São Paulo*, v. 78, p. 161, 1983.

________. *Direito, conceitos e normas jurídicas*. São Paulo: Revista dos Tribunais, 1988.

GUSMÃO, Paulo Dourado de. *Introdução à ciência do direito*. 3. ed. Rio de Janeiro: Forense, 1978.

HUSEK, Carlos Roberto. *Curso de direito internacional público*. 5. ed. São Paulo: Atlas, 2004.

JACQUES, Paulino. *Introdução ao estudo do direito*. 3. ed. Rio de Janeiro: Forense, 1978.

________. *Curso de direito constitucional*. Rio de Janeiro: Forense, 1954.

KANT, Immanuel. *Crítica da razão pura*. (Dialética.)

KELSEN, Hans. *Teoria pura do direito*. São Paulo: Martins Fontes, 1987.

LAFERRIÈRE, J. *Manuel de droit constitutionnel*. 2. ed. Paris: Domat, 1947.

LIMA, Hermes. *Introdução à ciência do direito*. 4. ed. Rio de Janeiro: Nacional de Direito, 1944.

MANS PUIGARNAU, Jaime M. *Los principios generales del derecho*. Barcelona: Bosch, 1947.

MARTINS, Sergio Pinto. *A terceirização e o direito do trabalho*. 15. ed. São Paulo: Saraiva, 2018.

________. *Direito da seguridade social*. 39. ed. São Paulo: Saraiva, 2021.

________. *Direito do trabalho*. 37. ed. São Paulo: Saraiva, 2021.

________. *Direito processual do trabalho*. 43. ed. São Paulo: Saraiva, 2021.

________. *Flexibilização das condições de trabalho*. 6. ed. São Paulo: Saraiva, 2020.

________. *Manual do FGTS*. 5. ed. São Paulo: Saraiva, 2017.

________. *Manual do ISS*. 10. ed. São Paulo: Saraiva, 2017.

________. *Participação dos empregados nos lucros das empresas*. 5. ed. São Paulo: Saraiva, 2021.

________. *Manual de direito tributário*. 18. ed. São Paulo: Saraiva, 2019.

________. *Cooperativas de trabalho*. 7. ed. São Paulo: Saraiva, 2020.

________. *Teoria geral do Estado*. 2. ed. São Paulo: Saraiva, 2018.

________. *Teoria geral do processo*. 6. ed. São Paulo: Saraiva, 2021.

________. *Introdução ao estudo do direito*. São Paulo: Saraiva, 2018.

________. *Manual da justa causa*. 7. ed. São Paulo: Saraiva, 2018.

MEIRELLES, Hely Lopes. *Direito administrativo brasileiro*. 16. ed. São Paulo: Revista dos Tribunais, 1991.

________. *Direito administrativo brasileiro*. 24. ed. São Paulo: Malheiros, 1999.

MELLO, Celso Antonio Bandeira de. *Curso de direito administrativo*. 7. ed. São Paulo: Malheiros, 1995.

MIRABETE, Julio Fabbrini. *Manual de direito penal*. 18. ed. São Paulo: Atlas, 2002.

MONTEIRO, Washington de Barros. *Curso de direito civil*. 18. ed. São Paulo: Saraiva, 1983. v. 4.

MONTORO, André Franco. *Introdução à ciência do direito*. São Paulo: Revista dos Tribunais, 1995.

MORAES, Alexandre de. *Direito constitucional*. 11. ed. São Paulo: Atlas, 2002.

MORAES, Bernardo Ribeiro de. *Compêndio de direito tributário*. Rio de Janeiro: Forense, 1984.

_______. *Doutrina e prática das taxas*. São Paulo: Revista dos Tribunais, 1976.

NOGUEIRA, Ruy Barbosa. *Curso de direito tributário*. 8. ed. São Paulo: Saraiva, 1987.

NORONHA, Edgar de Magalhães. *Direito penal*. 20. ed. São Paulo: Saraiva, 1982.

PASQUIER, Claude du. *Introduction à la theorie génerale et à la philosophie du droit*. Paris: Delachoux e Niestlé, 1978.

PINHO, Ruy Rebello; NASCIMENTO, Amauri Mascaro. *Instituições de direito público e privado*. 24. ed. São Paulo: Atlas, 2004.

REALE, Miguel. *Filosofia do direito*. 6. ed. São Paulo: Saraiva, 1972. v. 2.

_______. *Lições preliminares de direito*. 23. ed. São Paulo: Saraiva, 1996.

_______. *O direito como experiência*. 2. ed. São Paulo: Saraiva, 1999.

_______. *Teoria do direito e do estado*. 2. ed. São Paulo: Martins, 1960.

REZEK, José Francisco. *Direito internacional público*. 7. ed. São Paulo: Saraiva, 1998.

RODRIGUES, Silvio. *Direito civil*. São Paulo: Max Limonad, 1962.

_______. *Direito civil*: parte geral das obrigações. São Paulo: Saraiva, 1980. v. 2.

RODRIGUES JUNIOR, Otavio Luiz. *Revisão judicial dos contratos*. São Paulo: Atlas, 2002.

RUSSOMANO, Mozart Victor. *Comentários à CLT*. 13. ed. Rio de Janeiro: Forense, 1990.

SALVETTI NETTO, Pedro. *Curso de teoria do estado*. 4. ed. São Paulo: Saraiva, 1981.

SILVA, De Plácido e. *Vocabulário jurídico*. Rio de Janeiro: Forense, 1990.

SILVA, José Afonso da. *Aplicabilidade das normas constitucionais*. São Paulo: Revista dos Tribunais, 1982.

_______. *Curso de direito constitucional positivo*. 13. ed. São Paulo: Malheiros, 1997.

SILVA, Luiz de Pinho Pedreira da. *Principiologia do direito do trabalho*. São Paulo: LTr, 1997.

SOUSA, Rubens Gomes de. *Compêndio de legislação tributária*. 2. ed. Rio de Janeiro: Financeiras, 1954.

STRENGER, Irineu. *Curso de direito internacional privado*. Rio de Janeiro: Forense, 1978.

________. *Direito internacional privado*. 3. ed. São Paulo: LTr, 1996.

VENOSA, Sílvio de Salvo. *Direito civil*. São Paulo: Atlas, 2011. v. 1 a 8.

VILLEGAS, Hector B. Verdades e ficções em torno da taxa. *RDP 17/329*.

WALRAT, Luís Alberto. A *definição jurídica*. Porto Alegre: Atrium, 1977.

ZANZUCCHI, Marco Tullio. *Istituzioni di diritto pubblico*. Milão: Giuffrè, 1948.

ÍNDICE REMISSIVO

(Os números referem-se aos itens do livro.)